KB041591

헌법재판강의

이효원 지음

박영사

머 리 말

법은 재판을 통해 자신을 드러냅니다. 헌법 역시 헌법재판을 통해 살아있는 법규범이라는 것을 스스로 증명합니다. 헌법재판은 국가의 조직과 운영에 관한 분쟁을 최종적으로 해결함으로써 헌법이 구체적 현실에 적용될 수 있도록 하는 사법절차입니다. 헌법의 존재의미를 이해하기 위해서는 헌법재판을 제대로 알아야 합니다. 이 책은, 제가 대한민국의 헌법재판에 대해 공부하면서 나름대로 체계화한 내용을 강의교재로 정리한 것입니다.

법이란 서로 다른 생각과 생활방식이 공존하는 기술이고, 헌법은 국민들의 다양한 주권적 의사를 수렴하여 국가의 비전과 미래상을 제시함으로써 국가공동체를 유지합니다. 우리 헌법은 민주적 법치국가를 요체로 하는데, 민주적 법치국가를 실현하기 위한 헌법적 가치는 헌법재판을 통해 생명력을 가지게 됩니다. 헌법재판은 헌법이 추상적인 선언에 머물지 않고 생활세계에 깊이 스며들어 우리의 구체적 삶들이 헌법의 틀에서 공존하도록 질서를 세웁니다. 이러한 것들을, 저는 헌법재판을 공부하면서 알게 되었습니다.

이 책은 대학에서 법학을 전공하는 학생들에게 헌법재판을 강의하는 교재로 기획되었습니다. 제가 헌법을 공부하고 로스쿨과 대학원에서 가르치면서 강의안으로 준비한 자료를 기초로 하였으며, 다음과 같은 특징을 갖습니다.

첫째, 헌법재판에 적용되는 절차법에 관하여 규범적 기준을 체계화하였습니다. 헌법재판은 일반재판과 달리 자신의 소송법을 갖지 않고, 민사소송에 관한 법령과 같이 일반재판에 적용되는 소송법을 준용합니다. 즉, 헌법재판에서는 일반재판에 적용되는 소송법을 그대로 적용하는 것이 아니라, 헌법재판의 특성에 맞추어 그 의미를 변화시켜 적용해야 합니다. 따라서 헌법재판에 적용되는 절차법적 기준은 매우 불명확합니다. 이 책에서는 일반재판과의 공통점과 차이점에 유의하면서 헌법재판을 규율하는 절차법적 기준을 구체적으로 제시하고자 하였습니다.

둘째, 헌법재판소의 결정례와 법원의 판례가 헌법재판에 대해 제시하는 법령해석을 요약하여 정리하였습니다. 헌법재판을 규율하는 법령의 내용이 충분하지 않기 때문에 헌법재판소와 법원은 구체적 사건을 재판하는 과정에서 그 법령해석에 관한 기준을 스스로 창조하기도 합니다. 헌법재판소는 수많은 결정례를 통해 헌법재판에 적용되는 법령의 해석원칙을 도출하였고, 법원은 개별사건의 재판에서 헌법재판소와 다른 해석원칙을 제시하기도 하였습니다. 이 책에서는 결정례와 판례를 그대로 소개하지 않고, 심판유형의 특징을 반영하는 규범적 기준을 추출하고자 하였습니다.

셋째, 헌법재판의 범위와 한계에 대한 헌법재판소의 불명확한 해석기준을 명확히 제시하고자 하였습니다. 그 동안 헌법재판소는 헌법질서를 유지하기 위해 적극적으로 심판권을 행사함으로써 국가권력의 남용을 통제하고 기본권을 보장하는 역할을 수행하였습니다. 하지만, 헌법재판관도 헌법과 법률에 의해 그 양심에 따라 독립하여 심판해야 합니다. 이 책에서는 헌법재판소가 최종적인 헌법해석기관으로서 그 권한남용을 통제할 수단이 거의 없다는 것에 주목하여 헌법재판을 통제하기 위한 규범적 기준을 명확히 하고자 하였습니다.

소송에 관한 법령은 재판절차에 관한 것이어서 재판을 직접 경험하지 않은 상태에서는 상상력을 동원하여 공부해야 합니다. 저는 헌법을 강의하면서 학생들이 헌법재판에 대해 좀 더 쉽게 공부할 수 있는 교재에 대해 고민을 하게 되었고, 이 책은 그 결과로 탄생한 것입니다. 이 책에는 학생들이 수업을 통해 저에게 준 학문적 영감이 담겨 있으며, 함께 궁구하고 토론한 내용도 녹아 있습니다. 학생들에게 깊이 감사합니다.

헌법학은 구체적 현실에서 고유한 자기실현으로 존재해야 한다는, 실존적 헌법학을 밝혀주신 김철수 선생님과 성낙인 선생님께 다시 한번 존경과 감사의 마음을 드립니다. 제가 헌법재판을 공부할 수 있었던 것은 그 동안 헌법국가를 염원하면서 헌법과 헌법재판을 학문적으로 깊이 연구해주신 선배와 동료 학자님들의 덕분이라고 생각합니다. 이 책의 원고를 읽고 소중한 조언과 교정을 봐준 친애하는 제자들인 한철웅 변호사, 김현창 검사, 최건호 검사, 박종원 판사에게도 고마운 마음을 전합니다.

2022년 2월

Kalos Agatos(아름답고 선한 것)를 꿈꾸며

이 효 원

차 례

제 1 편 헌법재판의 이해

제 1 장 헌법재판

제 2 장 헌법재판소의 지위

제 3 장 헌법재판소의 구성과 조직

제 2 편 일반심판절차

제 1 장 헌법재판의 법원(法源)

제 2 장 재 판 부

제 3 장 당 사 자

제 4 장 심판청구

제 5 장 심판절차

제6장 심 리

제7장 평의와 평결

제 8 장 종국결정

제 9 장 가 처 분

제10장 재 심

제 3 편 특별심판절차

제 1 장 위헌법률심판

제 2 장 탄핵심판

제 3 장 정당해산심판

제 4 장 권한쟁의심판

제 5 장 헌법소원심판

참고문헌

김하열, 헌법소송법, 박영사, 2021
김학성, 헌법학원론, 피엔씨미디어, 2018
박종보, 헌법주석, 한국헌법학회, 경인문화사, 2018
성낙인, 헌법학, 법문사, 2021
신　평, 헌법재판법, 법문사, 2011
양　건, 헌법강의, 법문사, 2018
이준일, 헌법학강의, 홍문사, 2019
장영수, 헌법학, 홍문사, 2021
정재황, 헌법재판론, 박영사, 2021
정종섭, 헌법소송법, 박영사, 2019
한수웅, 헌법학, 법문사, 2021
허완중, 헌법소송법, 박영사, 2019
허　영, 헌법소송법론, 박영사, 2021
홍성방, 헌법소송법, 박영사, 2015

(이상 각주 인용 시에는 저자명, 책명, 면수만 표시했음)

제 1 편

헌법재판의 이해

제 1 장 헌법재판

제1절 규범적 의미

1. 개념

헌법재판이란 헌법분쟁을 해결하는 재판이다. 헌법은 국가의 조직과 운영에 관한 기본법인데, 국가를 운영하는 과정에서는 헌법분쟁이 발생할 수 있다. 정치권력을 통해 국가를 운영하는 것은 결국, 사람이기 때문이다. 이때 독립기관이 헌법을 해석하고 적용하여 그 분쟁을 해결하는 재판이 헌법재판이다. 헌법재판은 헌법질서를 수호하는 것을 목적으로 한다.

대한민국의 헌법질서는 민주적 법치국가를 핵심으로 한다. 민주적 법치국가란 내용적으로는 기본권의 보장을 목적으로 하고, 절차적으로는 민주주의에 기초하며, 형식적으로는 법치에 따라 운영되는 국가이다. 헌법재판은 법치국가를 전제로 하는데, 법의 지배(rule of law)는 헌법에 부합하는 법률의 지배를 말하고, 법치란 헌법적 정당성을 갖는 법률에 의한 통치를 의미한다. 따라서 법치국가는 곧 헌법국가이며, 헌법재판은 헌법국가를 실현하기 위한 것이다. 헌법국가에서 헌법분쟁이 발생하면 민주적 법치국가를 실현하는 데 장애가 될 수 있다. 헌법분쟁을 예방하는 것이 최선이겠지만, 피할 수 없다면 이를 합리적으로 해결하는 제도적 장치를 마련해야 한다.

대한민국 헌법은 대의제를 기본으로 하면서 헌법분쟁을 해결하기 위해 권력분립을 채택한다. 국가권력을 입법권, 행정권, 사법권으로 구분하고, 그 권한을 국회, 정부, 법원에 각각 분유함으로써 헌법질서를 유지한다. 하지만, 국가기관이 권한을 남용하여 헌법질서를 파괴한 경우에는 헌법분쟁이 발생하는데, 이를 해결하는 법제도적 장치가 헌법재판이다. 헌법재판은 헌법을 해석하고 적용함으로써 헌법분쟁을 해결하는 재판이라는 점에서 본질적으로 사법권에 속한다.[1] 하지만, 헌법재판은 권력분립에 기초하여 입법권, 행정권, 사법권의 질서를 규율하므로 일반적인 재판작용인 사법권의 행사와는 차원을 달리한다.

2. 일반재판과 구별

헌법은 사법권을 법관으로 구성된 법원에 부여하고, 사법권의 독립을 선언한다. 제103조에서는 "법관은 헌법과 법률에 의하여 그 양심에 따라 독립하여 심판한다"라고 규정한다. 재판은 사법권의 핵심이고, 법을 해석하고 적용함으로써 법적 분쟁을 해결한다. 헌법은 법원의 사법권 이외에 헌법재판을 별도로 규정한다. 즉, 제5장에서 '법원'에 대해 규정하고, 제6장에서 '헌법재판소'에 대해 규정하면서 제111조 제1항에서 헌법재판소의 관장사항을 정한다.

헌법재판을 일반재판과 구별할 실익이 있는가. 헌법재판이 사법권에 포함된다면 일반재판과 구별할 실익이 있어야 독자적인 개념으로 인정할 수 있다. 헌법재판은 일반재판과는 다른 독립적인 소송구조를 가지고 그 고유한 소송법적 원리에 따른다. 헌법재판은 일반재판과는 다음과 같은 차이가 있다.

첫째, 헌법재판은 헌법분쟁을 직접 해결하고, 일반재판은 헌법분쟁 이외의 법적 분쟁을 직접 해결한다. 헌법재판은 헌법분쟁을 해결함으로써 헌법질서를 유지하는 것을 직접적 목적으로 하고, 일반재판은 법률분쟁을 해결함으로써 개인의 법률적 권리를 보장하는 것을 직접적 목적으로 한다. 헌법이 법률과 다른 특징을 가지는 것처럼 헌법재판은 헌법의 특징이 반영되므로 일반재판과 다른 특별한 소송법적 원리가 적용된다.

둘째, 헌법재판에서는 헌법이 심사기준이 되지만, 일반재판에서는 법률이 직접적 심사기준이 되고, 헌법은 재판에 적용되는 법률을 해석하는 범위에서만 간접적으로 심사기준이 된다. 헌법재판에서는 일반재판에서 심사기준이 되는 법률이 심사대상이 되고, 탄핵심판이나 권한쟁의심판의 경우와 같이 부분적으로만 법률이 심사기준이 된다. 하지만, 일반재판에서는 증거를 통해 사실관계를 확정하고, 법률을 해석하여 적용함으로써 원칙적으로 법률이 심사기준이 된다.

셋째, 헌법재판에서는 대부분 국가기관과 같은 공적 기관이 당사자가 되고 정당해산심판과 헌법소원에서만 정당과 개인이 당사자가 될 수 있지만, 일반재

1) 성낙인, 헌법학, 769면.

판에서는 대부분 개인이 당사자가 된다. 헌법재판은 헌법질서를 수호하기 위한 객관소송의 성격이 강하지만, 일반재판은 권리구제를 위한 주관소송의 성격이 강하다. 이는 재판결과의 효력에도 영향을 미친다. 헌법재판에서는 국가기관과 같은 공적 기관이 종국결정을 존중하는 것에 의존하지만, 일반재판에서는 국가기관이 강제절차를 통해 직접 재판을 집행한다.

헌법재판과 일반재판의 차이는 상대적이라는 것을 유의해야 한다. 헌법재판도 재판작용에 속하고 헌법재판과 일반재판 모두 주관소송의 성격과 객관소송의 성격을 함께 갖는다. 헌법은 개별적 법률로 구체화되므로 헌법적 분쟁과 법적 분쟁이 명확하게 구별되는 것도 아니다. 헌법재판에서는 원칙적으로 헌법이 심사기준이고 법률은 심사대상이지만, 법률이 심사기준이 될 수도 있다. 일반재판에서도 법률뿐만 아니라 헌법도 심사기준이 된다. 헌법은 사법권을 헌법재판과 일반재판으로 이원화하고 그 특성을 반영하여 헌법재판소와 법원에 각각 분배한다.

3. 역사적 발전

(1) 미국에서 시작

헌법재판은 법률이 헌법에 위반되었는지 여부를 심판하는 위헌법률심판을 중심으로 발전하였다. 위헌법률심판은 1803년 미국 연방대법원이 내린 Marbury v. Madison 판결에서 시작되었다. 연방국가인 미국은 헌법에서 연방헌법과 연방법률이 주법보다 우월하다고 규정하지만, 연방헌법과 연방법률의 관계에 대해서는 아무런 규정을 두지 않았다. 연방대법원은 위 판결을 통해 연방법률을 해석하고 적용하는 과정에서 연방법률이 연방헌법에 위반되는지 여부를 스스로 판단할 권한을 갖는다고 선언하였다.

연방대법원은 연방헌법이 권력분립의 원칙에 따라 국가기관을 분리하고 서로 다른 권한을 부여하였으므로 국가기관은 그 위임받은 범위를 넘어서 권한을 행사할 수는 없다고 하였다. 연방의회는 헌법에 의해 부여된 범위에서만 법률을 제정할 수 있고, 위헌인 법률을 제정할 수는 없다. 한편, 연방헌법은 연방대법원에게 무엇이 법인지를 확인하고 선언하는 권한을 부여하였는데, 연방대법원은 스스로 연방법률이 위헌인지 여부를 확인하고 선언하는 권한을 가진다고 판단하였다. 이는 “일반법률이 헌법과 모순될 경우에는 상위법 우선의 원칙에 따라 일반법률을 무시하고 헌법을 적용해야 한다”는 영미법의 법리를 근거로 한 것이었다.

(2) 유럽에서 발전

유럽에서는 국민주권을 기초로 국민국가가 형성되었고, 국민의 대표기관인 의회가 국정의 중심적 역할을 담당하였다. 따라서 의회가 제정한 법률을 다른 국가기관이 심사하여 무효화하는 위헌법률심판제도가 등장하기 어려웠다. 하지만, 2차례에 걸쳐 세계대전을 경험하면서 의회중심의 대의제도가 국민주권을 보장하기에는 한계가 있으며, 의회가 다수결로 제정한 법률이라도 헌법적 정당성을 확인해야 한다는 인식이 확산되었다.

오스트리아는 1920년 헌법을 개정하여 법원과 별도로 헌법재판소를 설치하고 연방법률에 대한 위헌심사를 담당하도록 하였다. 독일은 1949년 서독기본법을 제정하면서 헌법재판소를 설치하고, 위헌법률심판과 같은 헌법재판권을 부여하였다. 그 이후 헌법재판제도는 세계적으로 확산되었다. 1990년 이후 중동부유럽의 체제전환국가들이 대부분 헌법재판소를 설치하였으며, 다수의 아시아 국가들도 헌법재판제도를 채택하였다.

(3) 영국도 수용

영국은 역사적으로 절대왕정을 극복하면서 의회주권에 기초하여 의회민주주의를 실현하는 전통을 확립하였다. 의회가 제정한 법률 이외에 독자적인 헌법전을 제정하지 않고, 법률의 헌법적 정당성을 법원이나 다른 기관이 심판하는 것을 허용하지 않았다. 하지만, 2009년 사법개혁을 통해 대법원을 의회로부터 독립시키고, 법률이 EU법이나 유럽인권규약의 국내법률인 인권법을 위반하는지 여부에 대해서는 법원이 심사할 수 있도록 하였다. 영국도 헌법재판을 수용한 것이다. 헌법재판은 미국에서 시작되어 유럽국가들이 발전시켰으며, 우리나라를 비롯한 아시아의 국가들이 이를 수용하는 과정에서 세계적으로 확대되어 대부분의 국가는 다양한 형태의 헌법재판을 도입하고 있다.

제2절 법적 성격

1. 본질에 대한 관점

(1) 권력분립의 원칙

헌법재판의 본질은 무엇일까. 국가권력은 입법권, 행정권, 사법권으로 구분되는데, 그 구체적 권한행사를 규율하는 법적 원리가 서로 다르기 때문에 헌법재판의 본질을 명확하게 이해할 필요가 있다. 입법권은 국민의 다양한 주권적 의사와 이해관계를 조정하여 단일한 의사로 추출하는 권한이며, 국민의 대표기관인 국회가 폭넓은 재량을 가지고 법률을 제정할 권한을 갖는다. 다만, 헌법을 위반해서는 안 된다는 한계를 지켜야 한다. 행정권은 헌법과 법률을 구체적으로 집행하는 권한으로 국가기관은 법치행정을 기본원리로 하여 적법하게 그 권한을 행사해야 한다. 한편, 사법권은 독립기관이 공정한 재판을 통해 법적 분쟁을 해결하는 권한이며, 사법권의 독립을 요체로 한다.

헌법재판은 헌법분쟁을 해결하는 재판인데, 헌법은 정치권력을 규율하는 것이므로 정치와 밀접하게 관련된다. 위헌법률심판은 헌법에 위반되는 법률을 무효화하거나 적용되지 않도록 하는데, 이는 실질적으로 입법의 기능을 수행한다. 한편, 헌법재판은 독립적 재판기관이 당사자의 청구에 의해 개시된 사법절차를 통해 헌법분쟁을 해결하는 것이므로 사법권의 성격도 갖는다. 헌법재판도 국가권력의 일종인데, 이와 같이 다양하고 중층적인 성격을 함께 가진다. 헌법재판의 본질은 그 관점에 따라 다양하게 이해될 수 있다.

(2) 사법작용으로 이해하는 관점

헌법재판을 재판의 일종인 사법작용으로 이해하는 관점이 있다. 헌법재판은 그 유형에 따라 구체적인 내용에 차이가 있지만, 입법권이나 행정권과 구별되는, 사법권에 속하는 공통적 성질을 갖는다. 헌법재판은 사법권과 마찬가지로 당사자의 청구에 의해 소송이 개시되고, 독립된 헌법기관이 헌법을 유권적으로 해석하고 적용함으로써 헌법분쟁을 최종적으로 해결한다. 재판이라는 사법작용은 법을 해석하고 적용함으로써 법적 분쟁을 해결하는 것이고, 이때 법이란 헌법과 법률이 모두 포함된다. 헌법재판이 최소한 사법권의 성격을 갖는

다는 것은 널리 인정된다.[2)]

헌법재판은 헌법분쟁을 해결하는 재판이므로 헌법의 정치적 특징이 반영되어 정치적 성격을 가지게 마련이다. 위헌법률심판은 하위법인 법률이 상위법인 헌법에 위반되는지 여부를 심사하는 규범통제를 통해 위헌이라고 판단되는 하위법을 무효화시키므로 실질적으로는 입법기능을 담당하기도 한다. 하지만, 이는 헌법을 심판기준으로 하는 헌법재판의 특성을 반영하는 것일 뿐, 헌법재판의 본질을 결정하는 것은 아니다. 헌법재판의 본질은 사법작용이지만, 헌법은 헌법재판의 특성을 고려하여 헌법재판소를 설치하여 일반재판과 별도로 특별한 사법권을 부여한 것으로 이해할 수 있다. 헌법은 헌법재판을 일반재판과 구별하고, 헌법재판은 심판기관, 관할대상, 심판절차, 재판의 효과 등에서 일반재판과 차이가 있다.

(3) 정치작용으로 이해하는 관점

헌법재판을 정치작용으로 이해하는 관점이 있다. 헌법은 정치적 결단에 의해 제정된 것이고, 헌법분쟁은 정치적 사건을 대상으로 하므로 헌법재판의 본질은 정치작용이라는 것이다. 헌법재판은 '재판'의 형식으로 행해지지만, 그 실질은 단순히 법적 분쟁을 해결하는 것이 아니라 정치적 갈등과 분쟁을 조정하고 해결하는 것이다. 일반재판은 법적 분쟁을 재판으로 해결하는 사법작용이지만, 헌법재판은 정치적 분쟁을 해결하는 재판이므로 그 자체가 정치적 행위가 된다.

헌법재판을 정치작용으로 이해하면, 헌법재판은 법원 이외의 헌법기관이 담당하는 것이 당연하다. 일반법원으로 하여금 헌법재판을 하지 못하게 함으로써 사법의 정치화를 방지하고 사법권의 독립을 보장할 수 있기 때문이다. 법원이 정치문제에 관여하게 되면 사법의 정치화가 초래될 위험성이 있으며, 재판이 정치적으로 영향을 받게 되면 사법권의 독립성을 해칠 위험이 있다. 따라서 일반재판은 법원이 담당하고, 헌법재판은 헌법재판소가 담당하는 것이 자연스럽다.

헌법재판의 심사기준은 헌법인데, 헌법 그 자체가 정치현실의 결과물이다. 헌법재판의 대상은 정치적 사건인 경우가 많고, 재판결과도 정치현실에 큰 영향을 미친다. 하지만, 이는 헌법재판의 특별한 기능을 설명한 것이지, 헌법재판을 입법권, 행정권, 사법권과 구별시키는 본질적 요소라고 할 수는 없다. 헌법

2) 정재황, 헌법재판론, 25~27면.

재판은 단순히 정치현실을 확인하고 정치적 분쟁을 해결하는 것이 아니라 헌법을 해석하고 적용하여 정치현실을 법치의 틀로 규율하는 것이기 때문이다.

(4) 입법작용으로 이해하는 관점

헌법재판의 입법작용을 강조하는 관점이 있다. 헌법재판은 위헌법률심판을 통해 국회가 제정한 법률을 심사하여 위헌인 경우에 그 효력을 소멸시키거나 변경하므로 입법작용의 하나라는 것이다. 헌법재판은 역사적으로 위헌법률심판으로부터 시작되었고, 위헌법률심판은 헌법재판의 가장 핵심적인 내용에 해당한다. 위헌법률심판은 하위규범인 법률이 상위규범인 헌법에 어긋나지 않도록 규율하는 규범통제의 수단이므로 법규범의 효력을 변화시킬 수 있다. 이 때에는 실질적으로 입법작용으로 기능하기도 한다.

하지만, 헌법재판에는 위헌법률심판뿐만 아니라 탄핵심판, 정당해산심판, 권한쟁의심판, 헌법소원심판과 같이 다양한 심판작용이 포함되므로 헌법재판을 입법작용이라고 일반화시킬 수는 없다. 위헌법률심판에서 법률의 위헌성을 확인하더라도 그 위헌법률을 무효화시킬 수도 있고, 단지 당해사건에 적용하지 않는 것에 그칠 수도 있다. 위헌법률을 무효화시키는 것 역시 헌법재판의 결과로서 헌법과 법률에 의해 발생하는 법적 효과이지, 위헌법률심판 그 자체가 입법작용이라고 할 수는 없다.

(5) 제4의 국가작용으로 이해하는 관점

헌법재판은 제4의 국가작용이라는 관점도 있다. 헌법재판은 전통적인 국가작용인 입법권, 행정권, 사법권의 성격을 모두 부분적으로 가지고 있어 어느 하나에 포함시키기 어려우므로 독자적인 국가작용이라는 것이다.[3] 헌법재판은 정치적 사건을 대상으로 헌법을 해석하고 적용하는 사법절차에 따라 헌법분쟁을 해결함으로써 새로운 법률질서를 형성한다는 점에서 입법권, 행정권, 사법권의 특징을 모두 갖는다. 현대의 국가권력은 입법작용, 행정작용, 사법작용으로 명확하게 구분되지 않고 서로 상관관계를 가지고 영향을 주고받는다는 것을 강조한다.

헌법재판을 전통적인 국가작용의 분류에 포섭하기에는 적합하지 않지만, 그와 구별되는 독자적이고 고유한 법원리를 가진다고 하기는 어렵다. 국가작용

3) 정종섭, 헌법소송법, 9면; 허영, 헌법소송법론, 20～21면.

을 분류하는 것은 그 국가작용에 적용되는 고유한 법원리가 있다는 점에서 그 실익이 있는데, 헌법재판에만 적용되는 고유한 법원리를 인정하기는 어려워 독자적인 국가작용으로 인정할 실익도 없다. 헌법재판은 독자적인 소송법적 원리를 가지나, 이는 재판작용에 적용되는 사법원리의 틀 안에서 헌법재판의 특징이 반영된 것이지 그 자체가 사법작용과 구별되는 고유한 법원리라고 할 수는 없다. 제4의 국가작용이라는 개념은 명확하지 않고 소극적인 분류에 불과하므로 헌법재판의 본질을 적극적으로 설명하기 어렵다. 이 관점은 헌법재판의 특성을 강조하고 있지만, 헌법재판의 본질을 적극적으로 설명하지는 못한다는 점에서 한계가 있다.

2. 특별한 재판

(1) 본질적 사법작용

헌법은 제6장에서 헌법재판소의 조직과 권한에 대해 규정하고, 제111조 제1항에서 위헌법률심판, 탄핵심판, 정당해산심판, 권한쟁의심판, 헌법소원심판을 헌법재판소의 관할사항으로 열거한다. 헌법재판의 유형에 따라 그 기능의 범위와 정도에는 상당한 차이가 있다. 하지만, 헌법재판의 모든 유형에서 공통점으로 추출할 수 있는 본질은 사법적 절차에 의해 헌법분쟁을 해결하는 사법작용이라는 것이다. 다만, 헌법재판은 일반재판과 구별되는 특징을 가졌다는 점에서 특별한 재판이고, 그 정치적 성격이 심판절차에 반영되어 일반재판과 차이가 있을 뿐이다.

헌법재판의 본질에 대해 다양한 관점이 있지만, 현실적으로 헌법재판을 정치작용이라거나 입법작용이라고 주장하는 견해는 없으며, 일반재판과 완전히 동일하다고 이해하는 견해도 없다. 헌법재판을 제4의 국가작용으로 이해하는 관점도 헌법재판의 특징을 강조한 것일 뿐이다. 따라서 헌법재판의 본질은 그 관점에 따라 헌법과 법률에 따른 헌법재판의 심판절차에 차이가 발생하는 것은 아니어서 헌법재판을 사법작용과 본질적으로 구별할 실익이 없다. 헌법재판을 정치적 사법작용이라고 할 때 '정치적'이란 헌법재판의 특징과 기능을 강조한 것이고, 그 본질은 '사법작용'이다.[4)]

4) 한수웅, 헌법학, 1394면.

사법이란 첫째, 구체적 사건에 있어서 법적 분쟁이 발생한 경우에 당사자가 소를 제기함으로써 작동하며, 둘째, 독립기관이 제3자의 입장에서 공정하고 객관적인 법적 절차에 따라 재판하고, 셋째, 법적 판단을 통해 분쟁을 해결하며, 그 종국결정이 법적 효과를 강제로 실현하는 구속력을 갖는 국가작용이다. 헌법재판 역시 구체적인 헌법분쟁에 대해 심판청구를 통해 개시되며, 독립적인 헌법재판소가 사법절차에 따라 헌법과 법률을 해석하여 법적 분쟁을 해결하고, 재판의 실효성을 확보하기 위한 효력을 종국결정에 부여한다. 따라서 헌법재판은 본질적으로 사법작용이다.

(2) 특별한 사법작용

헌법은 제5장에서 법원을, 제6장에서 헌법재판소를 배치하고 있다. 제5장에 속하는 제101조는 “사법권은 법관으로 구성되는 법원에 속한다”라고 규정하고, 제6장에 속하는 제111조는 헌법재판소의 관할사항으로 위헌법률심판 등 5가지를 열거한다. 헌법 제5장과 제6장도 규범조화적으로 해석하여 사법권은 일반적으로 법원에 속하지만, 특별히 헌법 제111조가 열거하는 사항에 대해서는 헌법재판소가 사법권을 가지는 것으로 이해해야 한다.

헌법‘재판소’라는 명칭 역시 사법작용인 재판을 담당하는 국가기관이라는 의미이다. 헌법‘법원’이 아니라 헌법재판소라고 한 것은 헌법재판소는 대법원을 정점으로 하는 특별법원인 행정법원, 가정법원, 특허법원, 회생법원 등과 달리 법원의 조직이 아니라는 것을 표현한 것으로 이해된다. 헌법이 일반재판을 담당하는 법원과 별도로 헌법재판소를 설치하여 헌법재판을 담당하도록 하는 것은 헌법재판의 정치적 특징을 반영할 수 있는 특별한 사법제도를 도입한 것이다.

헌법은 정치권력을 규율하는 최고규범이지만, 추상적이고 개방적이어서 그 실제적 의미는 법령을 통해 구체화된다. 헌법재판은 헌법을 해석하고 적용하는 것이므로 단순히 헌법의 규범적 의미를 확인하는 것에 그치는 것이 아니다. 헌법질서를 수호한다는 것도 헌법적 가치를 적극적이고 구체적으로 만들고 채워가는 작업이다. 헌법은 헌법재판의 특성을 고려하여 법원 이외의 헌법재판소를 설치하여 헌법재판권을 부여한 것이다. 이는 사법권을 헌법재판과 일반재판으로 이원화하여 헌법재판소와 법원에 분배함으로써 사법영역에서 권력분립을 실현하는 것으로 이해할 수 있다.

(3) 정치적 특징을 반영

헌법재판은 정치적 성격을 갖는다. 헌법재판은 국가기관을 당사자로 하는 경우가 많고, 대부분 정치적으로 중요한 의미가 있는 사안을 다루며, 헌법적 쟁점에 대한 정치권력의 대립과 갈등을 조정하여 정치적 평화를 유지한다. 헌법재판은 입법권, 행정권, 사법권이 서로 적절한 균형을 유지하도록 조정하여 모든 국가작용이 헌법의 틀 안에서 작동할 수 있도록 통제한다. 이는 일반적인 입법작용, 행정작용, 사법작용과 구별되는 헌법재판의 특징이다. 이러한 점은 헌법재판의 요건, 절차, 효과를 확정하는 과정에서 제대로 반영되어야 하고, 헌법재판의 심사절차를 규율하는 헌법이나 헌법재판소법과 같은 법령을 해석할 때도 고려해야 한다.

헌법재판이 정치적 특징을 가진다는 점에서 일반재판과 구별되지만, 이는 상대적이다. 일반재판도 많은 사건에서 정치적 사건을 심판함으로써 정치적 기능을 수행한다. 모든 법률은 헌법을 구체화하는 것이므로 법적 분쟁은 헌법적 분쟁의 성격을 가질 수밖에 없다. 법치국가란 정치권력이 헌법과 법률에 따라 행사되어야 한다는 것이고, 헌법재판은 국가의 최고법인 헌법의 규범력을 실현하고 헌법질서를 수호하는 것이 핵심이다. 헌법재판도 국가권력의 행사에 포함되므로 헌법과 법률에서 정하는 요건과 절차에 따라 행해져야 한다.

헌법재판이 정치적 기능을 하더라도 그 자체가 정치행위가 되어서는 안 된다. 헌법재판은 정치의 소용돌이에 휩싸여 정치권력의 한 축을 담당하는 것이 아니라, 정치권력이 헌법의 틀에서 벗어나지 않고 헌법적 가치를 지향하도록 방향타의 역할을 해야 한다. 헌법재판은 사법절차이지, 그 자체가 정치작용이 되어서는 안 된다. 헌법재판이 정치적 기능을 한다는 것은 그 심사기준인 헌법이 정치권력을 규율하는 규범이라는 특징이 재판에서 드러나는 결과이지, 헌법재판이 정치를 대신하거나 정치적 목적을 달성하기 위한 수단으로 활용된다는 것은 아니다. 헌법재판은 민주주의를 적극적으로 실천하는 수단이 아니라 민주주의가 법치의 궤도를 이탈하지 않도록 잡아주는 것이 되어야 한다.

3. 사법소극주의와 사법적극주의

(1) 헌법재판소의 역할에 대한 관점

헌법재판의 역할에 대하여는 두 가지 상이한 관점이 있다. 바로 사법소극주의와 사법적극주의다. 사법소극주의는 헌법재판을 담당하는 사법기관이 다른 국가기관에 대해 소극적 역할에 머물러야 한다는 것이고, 사법적극주의는 그 사법기관이 다른 국가기관에 대해 적극적 역할을 해야 한다는 것이다. 사법소극주의와 사법적극주의는 미국 연방대법원의 역할에 대한 논쟁에서 비롯되었는데, 미국에서는 연방대법원이 헌법재판을 담당하고 별도로 헌법재판소를 설치하지 않고 있어서 '사법(judicial)'이라는 용어가 사용되고 있다.

사법소극주의와 사법적극주의는 그 구별기준에 따라 다르게 이해되기도 한다. 즉, 정치적 · 사회적 변화에 대해 헌법재판을 담당하는 사법기관의 태도를 기준으로 사법보수주의와 사법진보주의를 사법소극주의와 사법적극주의로 치환하기도 한다. 즉, 헌법재판소가 정치적 · 사회적 변화에 대해 보수적인 입장을 취해야 한다는 사법보수주의를 사법소극주의로, 진보적 입장을 취해야 한다는 사법진보주의를 사법적극주의로 각각 설명하기도 한다. 하지만, 사법소극주의와 사법적극주의는 그 용어에서부터 헌법재판의 내용이 아니라 다른 국가기관과의 관계를 기준으로 사용되고 있으므로 다른 국가기관과의 관계를 기준으로 구분하는 것이 타당하다.

(2) 사법소극주의

사법소극주의에 따르면, 헌법재판소는 국회나 정부의 국가작용에 대해 그것이 명백하게 위헌이 아닌 한, 가급적 개입하지 말고 재판권의 행사를 자제해야 한다. 이는 권력분립의 원칙에 기초하여 국회나 정부와 같은 다른 국가기관의 판단을 존중하는 태도이다. 따라서 국회의 입법, 정부의 정책입안과 집행, 그리고 법원의 재판은 합헌적이라고 추정되어 그것이 위헌이라는 것이 입증되기 전까지는 헌법에 합치하는 것으로 존중해야 한다.

사법소극주의에서는 사법기관인 헌법재판소가 정치적인 정책결정에 대해 판단하는 것은 사법의 정치화를 초래하여 민주적 국정운영에 장애가 될 수 있고, 이는 사법권의 독립을 위해서도 바람직하지 않다고 한다. 특히, 국민의 대표기관으로서 민주적 정당성이 강한 국회가 제정한 법률을 헌법재판소가 무효화하거나 국민이 직접 선출한 대통령을 헌법재판소가 탄핵하여 파면하는 것은 비민주적이라고 한다. 정치나 경제와 같은 전문적 분야에 대해서는 정부나 국회가 정책적으로 결정하는 것이 타당하고 비전문가인 사법기관이 판단하고 심사하는 것은 적절하지 않다고 한다.

사법소극주의에 대해서는, 헌법재판소가 다른 국가기관의 작용을 너무 쉽게 수용함으로써 헌법질서를 수호해야 하는 역할을 방기할 위험성이 있다는 비판이 있다. 국가권력이 개인의 기본권을 침해하거나 권력분립의 원칙을 위배하여 권한을 남용하는 것에 대해 소극적으로 대처한다는 것이다. 이는 헌법재판소가 헌법이 부여한 권한과 책무를 소홀히 하는 결과를 초래할 수 있다.

(3) 사법적극주의

사법적극주의에 따르면, 헌법재판소는 국회나 정부의 국가작용에 대해 헌법분쟁이 발생한 경우에는 적극적으로 개입하여 그 국가작용이 위헌인지 여부를 심판해야 한다. 헌법재판소는 국회나 정부와 같은 다른 국가기관의 권력남용을 통제하여 헌법질서를 수호해야 할 책무가 있다는 것이다. 국가권력은 언제나 남용될 위험이 있으므로 헌법의 틀을 벗어나지 않도록 헌법재판소가 적극적으로 감시하고 규율해야 한다고 한다.

사법적극주의에 따르면 헌법분쟁이 발생한 경우에는 헌법재판소가 적극적으로 역할을 수행하여 헌법질서를 수호해야 한다. 국가작용은 합헌적이라고 추정되지 않으며, 개인의 기본권을 보장하기 위해서는 국가권력이 스스로 헌법적 정당성을 증명해야 한다. 헌법재판소는 위헌법률심판을 통해 다수의 횡포로부터 소수를 보호하는 역할을 할 수 있다. 또한, 국회와 정부가 실질적으로 통합되는 정당국가에서는 행정기능이 강화되고 있어 헌법재판소가 적극적으로 그 행정작용의 위헌 여부를 심판함으로써 기능적 권력분립을 실현할 수 있다.

사법적극주의에 대해서는, 헌법재판소가 다른 국가기관의 작용에 지나치게 간섭하여 권력분립의 원칙을 훼손할 수 있다는 비판이 있다. 법적 판단을 전문으로 하는 사법기관이 고도의 정책적 전문성을 요구하는 국가작용에 대해 개입하는 것은 적절하지 않다. 특히, 민주주의에 따라 정치적으로 해결해야 할 사안을 헌법재판에 의존하게 되어 정치의 사법화가 초래될 수 있고, 이는 사법권의 독립을 저해한다는 비판을 받을 수 있다.

(4) 우리나라에 변증적으로 적용

우리 헌법재판소의 태도에 대해서도 사법소극주의와 사법적극주의의 관점으로 평가할 수 있다. 하지만, 미국 연방대법원의 역할과 관련된 논쟁을 우리 헌법재판소에 그대로 대입하는 것은 적절하지 않다. 미국의 연방헌법은 헌법재판에 대해 아무런 규정을 두지 않아 연방대법원이 헌법해석을 통해 위헌법률심판을 도입하였다. 사법소극주의와 사법적극주의는 이 과정에서 연방대법원의 역할에 대해 등장한 논쟁이다.

우리 헌법은 헌법재판소의 구성, 관할사항 등에 대해 명확하게 규정하고, 헌법재판소법을 통해 구체화한다. 헌법재판소의 역할은 헌법해석을 통해 추출할 수 있고, 헌법재판소와 다른 국가기관과의 관계도 헌법과 헌법재판소법의 해석을 통해 드러난다. 헌법재판소는 헌법재판의 유형에 따라 그 역할과 정도가 서로 달라 사법소극주의와 사법적극주의의 논쟁을 그대로 치환할 수도 없다. 하지만, 우리 헌법재판소의 지위와 역할을 정립하고 헌법재판을 합리적으로 운영하기 위해 미국 연방대법원의 역할에 대한 이론적 논쟁을 참고할 수는 있다. 우리 헌법재판소의 지위와 역할에 대해서는 구체적인 사안에 따라 사법소극주의와 사법적극주의를 변증적으로 적용함으로써 헌법재판소가 주권자인 국민이 제정한 헌법에 기초하여 헌법질서의 수호자로 기능할 수 있도록 해야 한다.[5)]

제3절 기능과 한계

1. 기능

(1) 헌법질서의 수호

헌법재판은 헌법질서를 수호하는 것을 목적으로 하며, 이를 통해 헌법의 규범력이 확보된다. 헌법재판은 그 유형에 따라 개별적으로 서로 다른 역할을 수행하지만, 공통적으로는 헌법질서를 수호하는 기능을 한다. 헌법질서를 수호한다는 것은 헌법적 이념과 가치를 실현하는 것이다. 이는 국가권력이 헌법의

5) 성낙인, 헌법학, 770면.

틀에서 벗어나지 않고 제대로 작동하도록 규율하고, 개인의 기본권을 보장하는 것으로 구체화된다.

헌법국가는 헌법에 의해 작동되어야 하며, 헌법의 규범력이 확보되어야 한다. 헌법의 규범력이 확보되기 위해서는 우선 헌법이 침해되지 않아야 한다. 헌법은 권력분립의 원칙에 따라 국가기관을 구분하여 권한을 배분함으로써 견제와 균형을 유지하도록 한다. 하지만, 국가권력은 언제나 남용될 위험성이 있으므로 헌법이 침해되었을 경우를 대비해야 한다.

헌법재판은 헌법이 침해된 경우에 이를 바로잡아 헌법의 규범력을 확보하는 수단이다. 헌법재판은 헌법분쟁이 발생한 경우에 헌법해석을 통해 그 분쟁을 최종적으로 해결함으로써 헌법적 이념과 가치를 적극적으로 실현한다. 헌법재판은 헌법이 스스로 자신의 규범력을 확보함으로써 국가가 헌법의 틀 안에서 정상적으로 작동할 수 있도록 하기 위해 마련한 특별한 사법제도이다. 헌법재판소는 스스로 헌법의 틀 안에서 헌법재판을 수행해야 하고, 헌법재판의 기능도 헌법질서의 테두리 안에서 발휘되어야 한다.

(2) 국가권력에 대한 규율

헌법재판은 국가권력이 헌법질서를 준수하도록 규율한다. 국가권력은 주권자인 국민이 제정한 헌법에 의해 정당화되므로 헌법질서를 지켜야 하고, 헌법질서를 위반하면 그 정당성을 상실하게 된다. 헌법이 국가권력의 행사를 정당화하는 것은 국가권력의 남용을 통제하는 근거가 되기도 한다. 국가권력은 헌법이 규정하는 요건, 내용, 범위, 방법과 절차에 따라서만 행사되어야 하고, 이를 위반하여 행사되어서는 안 된다. 헌법재판은 국가권력의 행사가 권력분립의 원칙을 준수함으로써 적법성과 정당성을 갖는지 여부를 심판한다. 국가권력이 남용되어 헌법을 위반한 경우에는 이를 무효화시키거나 정상적인 상태로 회복시킬 수 있다.

헌법재판은 국가권력이 헌법적 틀 안에서 작동하도록 규율함으로써 대의제도가 정상적으로 유지되도록 한다. 특히, 위헌법률심판을 통해 다원적 민주주의를 실현한다. 국회가 민주적 정당성에 기초하여 다수결에 따라 제정한 법률에 대해 입법권의 남용을 통제함으로써 소수를 보호하는 역할을 한다.[6] 이는 국가기관으로 하여금 국민의 주권적 의사에 기초하여 합리적으로 소통하고, 다

6) 정재황, 헌법재판론, 6~7면.

양한 이해관계를 조정하는 숙의민주주의를 실천하도록 한다. 또한, 국민이 주권자로서 자신의 기본권을 수호하기 위해 헌법소원을 청구함으로써 국가작용에 적극적으로 반응하고 참여하게 하는 기능도 한다.

(3) 기본권의 보호

헌법재판은 개인의 기본권을 보호한다. 국민은 국가의 구성원으로 국가의 정치적 의사를 결정하는 주권자이지만, 현실에서는 국가권력이 행사되는 객체이자 대상에 불과하다. 언제든지 국가권력에 의해 폭력적으로 지배받을 위험이 있는 것이다. 국가와 헌법은 개인의 자유와 권리를 보장할 때에만 존재의미가 있으므로 국가권력이 개인의 자유와 권리를 침해해서는 안 된다. 국가는 소극적으로 기본권을 침해하지 않는 것에 머물러서는 안 되고, 적극적으로 개인이 기본권을 제대로 실현할 수 있도록 해야 한다. 헌법은 개인의 자유와 권리를 침해하는 국가권력의 행사를 허용하지 않는다.

헌법재판소 역시 국가기관으로서 기본권을 보장하기 위해 헌법재판권을 행사해야 한다. 헌법재판도 기본권을 보호하는 수단이므로 헌법분쟁을 해결하는 과정에서 기본권을 침해해서는 안 된다. 헌법재판이 목적으로 하는 헌법질서의 수호는 개인의 기본권을 보장하는 것을 핵심적인 내용으로 하고, 국가권력의 남용을 통제하는 것도 개인의 자유와 권리를 보장하는 것으로 귀결된다. 헌법분쟁에서 모든 국가작용은 최종적으로 기본권과 관련되므로 헌법재판은 헌법분쟁을 해결함으로써 기본권을 보장한다. 특히, 공권력의 행사 또는 불행사로 인하여 기본권이 침해된 경우에는 헌법소원을 통해 국가권력을 통제하고 기본권을 회복시킨다.

(4) 정치적 평화와 사회통합

헌법재판은 정치적 평화와 사회통합을 촉진시킨다. 민주국가에서는 정치세력 사이에 갈등과 대립이 발생할 수밖에 없다. 헌법은 국가의 조직과 운영에 관한 기본적 사항을 추출하여 최고법으로 제정한 것이지만, 국가운영의 핵심적인 사항만 규정하고 있어 그 해석을 둘러싸고 분쟁이 발생할 가능성이 크다. 헌법재판은 헌법적 분쟁을 최종적으로 해결함으로써 민주주의로부터 비롯되는 정치적 갈등과 대립을 헌법해석을 통해 해소하고 국가공동체를 통합하는 기능을 한다.

헌법재판이 정치적 평화와 사회통합을 촉진시키는 방법과 정도는 헌법재판의 유형에 따라 차이가 있다. 위헌법률심판과 정당해산심판은 민주주의의 일탈을 통제하고 다수의 폭력적 지배로부터 소수를 보호하고, 탄핵심판과 권한쟁의심판은 국가기관의 권한남용을 규율하여 헌법질서를 유지한다. 헌법소원은 공권력에 의한 기본권 침해를 구제한다. 헌법재판은 정치권력이 헌법의 틀 안에서 작동되도록 함으로써 사회통합에 기여한다. 이때 정치적 평화와 사회통합을 촉진시킨다는 것은 헌법재판의 결과로 초래되는 효과이지 헌법재판소가 이를 적극적인 목표로 설정해서는 안 된다는 것을 유의해야 한다. 헌법재판은 헌법분쟁에 대한 사법적 판단이지, 그 자체가 정치행위가 되어서는 안 된다.

2. 한계

(1) 헌법의 기본원리를 준수해야

헌법은 스스로 자신의 규범력을 확보하기 위해 헌법재판이라는 수단을 마련하고 있다. 헌법재판은 헌법을 심판기준으로 하므로 헌법재판소는 헌법을 유권적으로 해석할 최종적 권한을 갖는다. 헌법재판의 내용과 절차에 대해서도 헌법재판소가 최종적인 해석권을 가진다. 하지만, 헌법재판도 국가기관의 작용이므로 헌법을 준수해야 하고, 헌법의 틀 안에서 작동되어야 한다. 헌법재판은 국가기관의 권한행사를 통제하지만, 그 자신도 헌법의 기본원리를 준수해야 하는 헌법적 한계를 가진다.

헌법은 대한민국이 민주적 법치국가가 될 것을 헌법적 이념으로 제시하고, 이를 실현하기 위한 헌법적 가치를 구체적으로 제시한다. 이는 헌법의 기본원리로 드러난다. 헌법재판은 헌법의 기본원리에 따라야 하며, 이를 위반해서는 안 된다. 헌법의 기본원리는 국민주권에 기초하며, 개인의 기본권을 보장하는 것을 목적으로 한다. 내용적으로는 자유민주주의와 사회복지, 국제평화, 문화국가를 실현해야 하고, 형식적으로는 법치국가가 되어야 한다.

최근에는 인권이 국제적 보편규범으로 인식되고 있는데, 헌법재판은 국내법의 영역을 벗어나 국제법적 차원에서도 인권을 보장해야 한다는 것이 강조되고 있다. 유럽인권재판소는 회원국가의 헌법재판소가 선고한 결정에 대해 인권을 침해한다는 이유로 그 결정을 파기하는 판결을 선고하기도 하였다. 헌법재판이 국제법적 차원에서도 정당화될 것이 요구되고 있으며, 헌법재판의 기능과 한계도 새로운 관점에서 고찰할 필요성이 제기되고 있다.

(2) 헌법적 관할사항만 심판

헌법재판은 헌법이 부여하는 권한만 행사할 수 있다. 헌법재판은 헌법분쟁을 해결하는 재판이지만, 헌법재판소는 헌법이 규정하는 사항에 대해서만 심판할 수 있다. 헌법 제101조 제1항은 “사법권은 법관으로 구성된 법원에 속한다”라고 규정하여 원칙적으로 사법권을 법원에 부여하므로 법원이 일반재판을 담당하고, 헌법재판소는 헌법 제111조 제1항이 부여하는 5가지 헌법사항에 대한 심판권만 가진다. 즉, 위헌법률심판, 탄핵심판, 정당해산심판, 권한쟁의심판, 헌법소원심판이 그것이다. 이것은 헌법재판의 예시적 규정이 아니라 헌법재판의 종류와 관할을 엄격하게 제한하는 열거적 규정이다.

헌법재판은 헌법이 다른 국가기관에게 부여한 권한을 행사할 수 없다. 헌법재판소는 스스로 입법기관이 되어 입법작용을 하거나 정부를 대신하여 헌법재판의 결과를 이행하거나 구체적으로 행정작용을 집행해서는 안 된다. 또한, 법원을 대신하여 직접 일반재판을 담당해서도 안 된다. 헌법재판소는 헌법에서 부여하는 헌법재판권을 헌법재판소법에서 구체화하는 절차에 따라서 행사해야 한다.

헌법재판의 실효성을 확보하기 위해서는 종국결정이 제대로 이행되어야 한다. 하지만, 헌법재판은 입법작용과 행정작용이 헌법을 위반한 경우에 이를 심판하여 무효화하거나 위헌확인을 결정할 수 있을 뿐, 헌법재판의 결과를 강제로 이행할 수 있는 수단이 없다. 헌법재판의 당사자인 국가기관이나 지방자치단체가 헌법재판의 결과를 스스로 이행하지 않으면 이를 직접적으로 강제할 방법이 없다는 점에서 한계가 있다.

(3) 사법권의 본질적 한계

헌법재판은 본질적으로 사법작용이므로 독립적이고 중립적으로 행해져야 하며, 재판작용에서 비롯되는 한계를 가진다. 헌법재판을 시작하기 위해서는 당사자적격을 갖는 자가 심판을 청구해야 한다. 헌법재판의 대상도 사법적 심판이 필요한 사건이어야 하고, 이는 재판을 할 수 있을 정도로 성숙되어야 한다. 또한, 헌법재판을 통해 법적 분쟁을 해결할 수 있는 구체적 이익이 있어야 한다. 헌법재판은 개인의 권리보호를 위한 주관소송의 성격과 함께 헌법질서의 수호를 위한 객관소송의 성격을 갖는다. 일반재판보다 공익적 성격이 강하고, 헌법재판의 유형에 따라 다양한 소송법적 특징이 반영되어야 한다.

위헌법률심판은 구체적 규범통제를 채택하고 있어 재판의 전제성을 요구하므로 구체적 사건이 재판에 계속 중이어야 한다. 탄핵심판, 정당해산심판, 권한쟁의심판에서는 청구인과 피청구인의 자격과 심판사유가 인정되어야 한다. 헌법소원에서는 개인이 청구인이 되므로 심판대상, 당사자적격, 기본권 침해의 가능성, 권리보호의 이익, 청구기간, 보충성, 변호사강제와 같은 적법요건을 갖추어야 한다.

헌법재판소는 개별적 헌법재판에서 적법요건의 심사기준을 대폭 완화하여 본안판단의 심판범위를 확대하고 있다. 이는 헌법질서를 수호하고 개인의 기본권을 실효적으로 보호하기 위해 형식적 적법요건보다 실질적 심판의 필요성을 우선적으로 강조한 것으로 이해된다. 하지만, 헌법재판소 역시 국가권력기관으로서 그 권한을 남용할 위험성이 있고, 헌법재판은 최종심으로서 불복할 수 있는 수단이 없어 권한남용에 대한 통제가능성이 거의 없으므로 헌법재판권을 합리적으로 통제할 수 있는 제도적 장치도 마련되어야 한다.[7)]

헌법국가에서도 모든 헌법분쟁이 반드시 헌법재판을 통해 해결되어야 하는 것은 아니다. 고도의 정치적 고려가 필요한 정책적 사항은 정치세력 사이에 대화와 설득을 통해 해결하는 것이 바람직하다. 헌법재판은 국가권력이 헌법의 틀과 궤도를 벗어나지 않도록 통제하고, 소극적으로 국가작용이 헌법에 위반되는지 여부를 심판하는 것이다. 헌법재판소가 적극적으로 가장 헌법에 합치되는 국가작용의 내용이나 실현방법을 제시해서는 안 된다. 위헌법률심판에서 헌법재판소는 심판의 대상이 되는 법령이 가장 합리적이고 타당한 수단인가를 심사하는 것이 아니라, 단지 입법자의 정치적 형성이 헌법적 한계 내에 머물고 있는지를 심사하는 데 국한되어야 하는 것도 사법권의 본질적 한계에서 비롯된다.[8)]

(4) 정치적 이용의 금지

헌법재판은 헌법분쟁을 해결하는 수단이고, 헌법분쟁은 대부분 정치적 사

---

7) 한수웅, 헌법학, 1395~1396면.

8) 1997. 1. 16. 90헌마110.

건을 대상으로 한다. 헌법재판은 정치적 특성을 가지지만, 정치의 소용돌이에 휘말리지 않도록 유의해야 한다. 헌법국가에서도 특정한 정치세력이 자신의 목적을 관철시키거나 정치적 책임을 지지 않으려고 헌법재판을 이용하기도 하고, 국회나 정부를 불신하여 정치적 분쟁이나 갈등을 조장하기 위해 헌법재판에 호소하기도 한다. 이는 정치의 사법화를 초래하게 된다. 한편, 정치권력이 헌법재판을 정치적 목적을 위해 이용해서는 안 되지만, 정치적 사건이라도 그것이 헌법분쟁에 해당하면 헌법재판소가 적극적으로 판단해야 한다. 이것은 헌법재판소의 책무이다. 헌법재판소가 정치적 사건이라는 이유로 헌법판단을 회피하는 것은 그 자체가 헌법재판의 정치화를 초래할 위험이 있다.

헌법재판소가 정치적이고 외교적 정책판단이 필요한 사안에 대해 적극적으로 개입하게 되면 헌법재판이 정치적 목적을 달성하기 위한 수단으로 전락하게 되고 헌법재판의 독립성을 위협받게 된다. 이는 사법의 정치화를 초래한다. 헌법재판소는 사법적 판단만 해야지 정치적 고려를 하거나 여론의 영향을 받아서는 안 된다. 헌법재판에서는 정치의 사법화와 함께 사법의 정치화도 경계해야 한다. 정치의 사법화와 사법의 정치화는 모두 바람직하지 않다. 하지만, 정치의 사법화보다 사법의 정치화가 훨씬 더 위험하다.

정치적 갈등은 민주주의에 따라 국회가 중심이 되어 해결해야 한다. 정치적 갈등을 헌법재판에 의존하여 해결하는 것은 국회나 정부가 자신의 역할을 방기하는 무책임한 일이다. 헌법재판소는 민주주의가 제대로 작동하지 않을 경우에 헌법에 따라 민주주의가 정상적으로 작동하도록 보충적으로 개입하는 것이 바람직하다. 헌법재판소는 국회를 비롯한 다른 국가기관과의 관계에서 그 권한을 가급적 존중하고, 그 재판권 행사에 있어서는 소극적인 역할에 머물러야 한다. 헌법재판소가 독립성을 유지하면서 그 기능을 제대로 하기 위해서는 정치권력이 헌법재판소의 권위를 존중하고, 헌법재판소도 적극적으로 정치적 역할을 하지 않도록 자제해야 한다.

(5) 통치행위와 관계

(가) 인정 여부

통치행위란 국가가 고도의 정치적이고 외교적 정책판단에 따라 행사하는 국가작용을 말한다. 통치행위라는 개념을 적극적으로 인정할 경우에는 통치행위에 대해서는 법치가 적용되지 않아 사법심사의 대상이 되지 않으며, 헌법재판의 대상에서 제외되므로 헌법재판의 한계가 될 수 있다. 법치국가에서 모든 국가작용은 사법심사의 대상이 되어야 하므로 통치행위라는 개념을 쉽게 인정해서는 안 된다. 헌법재판소는 헌법재판의 관할사항에 포함됨에도 불구하고 그것이 통치행위라는 이유로 사법심사를 포기해서는 안 된다.

현실적으로는 고도의 정치적이고 외교적 정책판단이 요구되는 경우에 이를 법적으로 판단하기가 바람직하지 않고, 정부나 국회가 정책적 관점에서 정당성을 평가하는 것이 적절한 경우가 있다. 이때에는 헌법재판소가 스스로 사법적 판단을 자제하여 정치적 소용돌이에 빠지지 않고 사법권의 독립을 유지하는 것이 필요할 수 있다. 중요한 것은 통치행위를 인정할 것인지 여부가 아니라 그것을 사법심사의 대상에서 제외할 것인지 여부이다. 헌법재판이 청구되면 헌법재판소는 그에 대한 판단을 회피할 수 없다. 법치국가에서 헌법분쟁이 정치적이고 외교적 정책판단을 포함한다는 이유로 헌법재판의 대상에서 제외할 수는 없다.

(나) 판례의 입장

대법원은 과거에 통치행위를 적극적으로 인정하여 비상계엄의 선포에 대해서는 사법심사를 할 수 없다고 판단한 적이 있다.[9] 그 이후 비상계엄의 선포나 확대가 국헌문란의 목적을 달성하기 위해 행해진 경우에는 사법심사를 할 수 있다고 판단하였다.[10] 특히, 기본권을 보장하고 법치의 이념을 구현하기 위해서는 통치행위의 개념을 지극히 신중하게 인정해야 한다고 하였다.[11]

헌법재판소는 통치행위를 인정하면서도 대통령의 긴급재정경제명령, 신행정수도의 건설과 수도이전에 관한 사항, 한미연합 군사훈련과 전시증원연습에 관한 대통령의 결정에 대해서는 국민의 기본권 침해와 직접 관련되므로 헌법재판의 대상이 된다고 판단하였다.[12] 하지만, 외국에 대한 국군파병결정과 같이 국방 및 외교에 관련된 고도의 정치적 결단이 요구되는 사안에 대해서는 대통령과 국회의 판단이 존중되어야 하므로 헌법재판의 대상이 되지 않는다고 판단하고 각하결정을 선고하였다.[13]

---

9) 대법원 1981. 4. 28. 81도874.
10) 대법원 1997. 4. 17. 96도3376.
11) 대법원 2004. 3. 26. 2003도7878.
12) 1996. 2. 29. 93헌마186; 2004. 10. 21. 2004헌마554등; 2009. 5. 28. 2007헌마369.
13) 2004. 4. 29. 2003헌마814.

(다) 사법심사의 자제

헌법재판소는 권력분립의 원칙과 사법권의 독립을 보장하기 위해 필요한 경우에는 통치행위에 대해 사법심사를 자제할 수 있다. 이때에는 통치행위가 위헌인지 여부에 대해서는 본안판단을 하지 않으므로 각하해야 한다. 하지만, 헌법재판소가 사법심사를 자제할 경우에는 헌법재판을 수행해야 하는 헌법적 책무와 충돌될 수 있다. 이때에는 헌법적 책무가 우선되므로 통치행위라는 이유로 사법심사를 자제해서는 안 된다. 헌법재판소가 통치행위에 대해 사법심사를 자제하기 위해서는 다음과 같은 엄격한 요건을 갖추어야 한다.

첫째, 국가작용이 헌법재판의 심판대상에 포함되고, 그것이 헌법에 위반되는지 여부가 명확하지 않은 경우여야 한다. 국가작용이 처음부터 헌법재판의 심판대상에 포함되지 않는 경우에는 애당초 통치행위인지 여부를 판단할 필요가 없고, 헌법재판소가 사법심사를 자제할 대상도 없다. 또한, 국가작용이 명백하게 헌법에 위반되는 경우에는 고도의 정치적이고 외교적 정책판단이라고 하더라도 심판을 받아야 한다. 특히, 국가작용의 형식과 절차가 헌법에 위반되지 않아야 하며, 국가작용의 실체적 내용과 무관하게 절차적 관점에서 헌법에 위반된 경우에는 당연히 위헌으로 결정해야 한다. 헌법적 절차를 위반한 국가작용은 어떠한 경우에도 허용될 수 없다.

둘째, 국가작용이 기본권의 침해와 직접 관련이 없어야 한다. 국가작용이 기본권을 제한하여 그 침해여부가 문제된 경우에는 통치행위라는 이유로 사법심사를 자제해서는 안 된다. 헌법재판은 헌법질서를 수호하기 위한 것이고, 이는 최종적으로 개인의 기본권을 보호하는 것으로 귀결된다. 따라서 통치행위라도 기본권을 침해할 가능성이 있는 경우에는 헌법재판을 통해 헌법적 기준을 명확하게 제시해야 한다.

셋째, 통치행위에 해당하여 사법심사를 자제할 것인지 여부는 헌법재판소가 스스로 판단해야 한다. 통치행위는 법이론적으로 인정되는 개념이 아니라 헌법정책적 관점에서 인정되는 것이다. 따라서 사법심사를 자제할 것인지 여부는 통치행위에 해당하는지에 따라 형식논리적으로 결정되는 것이 아니라 헌법재판소가 개별적인 헌법재판에서 사법심사를 자제할 필요성이 있는지 여부를 스스로 판단하여 결정해야 한다. 헌법재판소가 사법자제를 할 경우에는 그에 대한 판단이 결정서에 충분히 설명되어야 한다.

제4절 유형

1. 담당기관에 따른 유형

헌법재판의 유형은 헌법이론이나 소송법적 원리에 따라 결정되는 것이 아니라 특정한 국가의 역사적 현실에 따라 정책적으로 선택될 수 있다. 헌법재판은 헌법재판을 담당하는 기관을 기준으로 일반법원형, 헌법재판소형, 정치기관형으로 구분할 수 있다.

일반법원형은 일반재판을 담당하는 사법기관이 일반재판을 하면서 헌법재판도 함께 담당한다. 일반법원형에서는 일반법원이 헌법해석권과 법률해석권을 모두 가진다. 헌법재판이 일반재판과 함께 일반법원에 분산되어 귀속된다는 의미에서 이를 분산형이라고도 한다. 헌법재판은 일반재판과 분산되어 진행되지만, 재판의 심급원리에 따라 최고법원이 헌법재판의 통일성을 유지한다. 미국, 캐나다, 일본, 호주 등이 일반법원형을 채택한다.

헌법재판소형은 일반재판을 담당하는 사법기관 이외에 헌법재판소를 별도로 설치하여 헌법재판만을 담당하도록 한다. 헌법재판소형에서는 일반법원은 구체적 사건을 해결하기 위해 법률해석권을 갖고, 헌법재판소는 최종적인 헌법해석권을 갖는다. 헌법재판기관이 헌법재판만을 집중하여 담당한다는 의미에서 이를 집중형이라고도 한다. 오스트리아, 독일, 이탈리아, 스페인, 터키 등이 헌법재판소형을 채택한다. 이 유형에서는 법원과 헌법재판소가 헌법재판의 업무를 분담하기도 한다.

정치기관형은 직업법관으로 구성된 사법기관이 아니라 정치기관을 구성하여 헌법재판을 담당하도록 한다. 프랑스는 정치기관인 헌법평의회(Conseil constitutionnel)를 설치하여 헌법재판을 담당한다. 헌법평의회는 대통령, 하원의장, 상원의장에 의해 각 3인씩 임명되는 9인의 평의원과 종신평의원인 모든 전직대통령으로 구성된다. 정치기관형은 직업법관으로만 구성되는 것은 아니지만, 그 심판절차는 사법적 절차에 따라 진행된다. 따라서 이 유형은 헌법재판소형에 포함시킬 수도 있다.

2. 위헌법률심판의 유형

헌법재판의 역사에서 위헌법률심판이 가장 중요하며, 좁은 의미의 헌법재판이란 위헌법률심판을 말한다. 위헌법률심판은 법률이 그 상위법인 헌법에 위반되는지 여부를 심판하여 법규범의 통일성을 유지하는 헌법재판이다. 위헌법률심판에는 다양한 유형이 있다.

위헌법률심판은 법률에 대한 심판시기를 기준으로 사전적·예방적 위헌법률심판과 사후적·교정적 위헌법률심판으로 구분할 수 있다. 전자는 법률이 의회에서 통과되고 공포되어 법률이 성립하기 전에 그 위헌여부를 심판하는 것이다. 후자는 법률이 성립되어 시행된 이후에 그 위헌여부를 심판하는 것이다. 독일은 사후적·교정적 위헌법률심판만 인정하고, 프랑스는 사전적·예방적 위헌법률심판과 사후적·교정적 위헌법률심판 모두를 인정한다.

위헌법률심판은 심판절차를 기준으로 구체적 규범통제와 추상적 규범통제로 구분할 수 있다. 전자는 법률의 위헌여부가 구체적 사건이 진행되는 재판에서 적용되는 경우에 한하여 당사자의 신청이나 재판기관의 직권에 의해 법률의 위헌여부를 심판한다. 후자는 구체적 사건이 재판에 계속되는지 여부와 상관없이 법률의 위헌여부에 대해 다툼이 있는 경우에 일정한 국가기관의 신청에 따라 헌법재판기관이 법률의 위헌여부를 심판한다.

본래 구체적 규범통제의 경우에는 법률이 위헌인 경우에는 당해사건에만 개별적으로 적용되지 않을 뿐, 법률 그 자체는 여전히 유효하다. 한편, 추상적 규범통제의 경우에는 법률이 위헌인 경우에는 당해사건에 적용되지 않을 뿐만 아니라 법률 그 자체도 일반적으로 무효화된다. 일반법원형 헌법재판에서는 권력분립의 원칙에 따라 사법부가 입법작용을 할 수 없으므로 구체적 규범통제만 가능하다. 하지만, 헌법재판소형 헌법재판에서는 위헌법률의 효력을 헌법정책적으로 결정할 수 있으므로 헌법의 규정에 따라 구체적 규범통제뿐만 아니라 추상적 규범통제도 가능하다. 독일과 프랑스는 양자를 모두 인정한다.

3. 대한민국의 헌법재판

헌법재판은 헌법분쟁의 유형에 따라 위헌법률심판, 탄핵심판, 정당해산심판, 권한쟁의심판, 헌법소원심판, 선거소송심판, 기본권상실심판 등으로 구분할 수 있다. 특히, 연방국가에서는 연방정부와 주정부, 주정부 사이의 권한쟁의심판이 중요한 헌법재판이 된다. 헌법재판의 종류는 각국의 역사적 현실에 따라 구체적인 내용과 범위에는 차이가 있다.

대한민국 헌법은 제5장에서 법원을, 제6장에서 헌법재판소를 규정하여 일반법원 이외에 헌법재판을 담당하는 헌법재판소를 설치하도록 하므로 헌법재판소형에 속한다. 하지만, 역사적으로 1948년 제정된 헌법에서는 정치기관형인 헌법위원회를 설치하였으며, 그 이후 일반법원형과 헌법재판소형을 두루 경험하였다. 하지만, 과거에는 헌법재판기관이 제대로 기능하지 못하여 헌법재판이 활성화되지 못하였다.

헌법은 헌법재판소로 하여금 국회가 제정한 법률이 헌법에 위반되는지의 여부를 판단하는 위헌법률심판, 고위공무원의 파면을 결정할 수 있는 탄핵심판, 민주적 기본질서를 부정하는 정당을 해산할 수 있는 정당해산심판, 국가기관이나 지방자치단체 사이의 권한의 유무와 범위에 관한 분쟁을 해결하는 권한쟁의심판, 국민의 기본권 침해를 구제하기 위한 헌법소원심판을 헌법재판사항으로 관할하도록 규정한다. 선거소송심판은 법원의 관할사항으로 규정하고, 기본권상실심판은 채택하지 않고 있다.

위헌법률심판에서는 사전적·예방적 위헌법률심판은 인정되지 않고, 사후적·교정적 위헌법률심판만 인정된다. 또한, 추상적 규범통제는 인정되지 않고, 구체적 규범통제만 인정된다. 헌법재판소법은 구체적 규범통제에 따르면서도 법률이 위헌으로 판단되는 경우에는 개별적 효력뿐만 아니라 일반적 효력을 인정한다. 즉, 위헌결정을 받은 법률이 구체적 사건에만 적용이 배제되는 것이 아니라 법률 자체가 일반적으로 무효화되는 것이 특징이다.

제5절 대한민국 헌법재판의 역사

1. 1948년 헌법

대한민국 헌정사에서 헌법재판은 해방되기 전 임시정부가 1919년 9월 제정한 임시헌법에서 임시대통령에 대한 탄핵심판을 규정한 것에서 시작되었다. 1925년 임시의정원은 임시대통령이었던 이승만을 탄핵한 적이 있다. 1948년 건

국헌법은 헌법재판기관으로 '제5장 법원'에서 헌법위원회를, '제3장 국회'에서 탄핵재판소를 두었는데, 헌법위원회의 권한으로는 구체적 규범통제의 방식으로 위헌법률심판만 인정하였다. 명령·규칙에 대한 규범통제는 법원의 권한으로 인정하였다.

헌법위원회는 위원장인 부통령, 대법관 5명과 국회의원 5명의 위원으로 구성되었으나, 비상설기구였다. 헌법위원회법은 헌법위원회 위원의 궐위나 사고를 대비하여 예비위원을 둔 것이 특징이었다. 헌법위원회에서 위헌결정을 하기 위해서는 위원 3분의 2 이상의 찬성이 있어야 하고, 위헌결정된 법률은 장래에 향하여 그 효력을 상실하도록 하였다. 탄핵재판소는 대통령 등이 헌법 또는 법률을 위배한 때에는 국회의 탄핵소추에 따라 탄핵심판을 관할하였다. 탄핵재판소는 위원장인 부통령, 대법관 5명과 국회의원 5명의 위원으로 구성되었으며, 탄핵판결은 심판관 3분의 2 이상의 찬성이 있어야 했다. 탄핵판결은 공직으로부터 파면함에 그치지만, 민사상이나 형사상의 책임이 면제되는 것은 아니다.

헌법위원회는 약 10년간 운영되었는데, 총 6건의 법률에 대해 위헌법률심판을 진행하여 2건에 대해 위헌으로 결정하였다. 농지개혁법은 농지개혁과 관련된 재판에서 최종심을 2심법원까지만 인정하였고, 비상사태하의 범죄처벌에 관한 특별조치령은 일정한 범죄의 심판은 1심법원의 단심으로 재판하도록 규정하였다. 이들 법령조항에 대해, 헌법위원회는 최고법원인 대법원의 심판을 받을 수 있는 재판청구권을 침해하고, 최고법원과 하급법원으로 구성되는 3심제의 원칙을 위반하였다는 이유로 위헌결정하였다.[14] 한편, 탄핵심판은 1건도 없었다.

2. 1960년 헌법

1960년 헌법은 '제8장'에서 법원과 별도로 헌법재판소를 설치하여 위헌법률심사, 헌법에 관한 최종적 해석, 국가기관 간의 권한쟁의, 정당의 해산, 탄핵재판, 대통령·대법원장·대법관의 선거소송을 관할하도록 하였다. 위헌법률심사에서는 구체적 규범통제뿐만 아니라 추상적 규범통제도 인정하여 누구라도 구체적 사건이 재판에 계속되지 않더라도 위헌심사를 청구할 수 있었다. 하지만, 명령·규칙에 대한 구체적 규범통제는 여전히 대법원의 관할사항으로 하였다.

14) 헌법위원회 단기 4285(서기 1952) 9월 9일 결정, 4285헌위1, 헌위2.

헌법재판소는 헌법에 대한 최종적 해석권을 가졌는데, 법원에 사건이 계속되지 않아도 국가기관을 포함하여 누구라도 헌법에 대한 최종적 해석을 제청할 수 있었다. 그 판결은 법원과 기타 국가기관 및 지방자치단체의 기관을 구속하는 기속력을 가졌다. 권한쟁의심판은 국가기관 간의 다툼만 심판대상으로 인정하였고, 대통령 등에 대한 선거소송도 헌법재판소의 관할사항으로 인정한 것이 특징이었다. 이때에도 헌법소원은 인정하지 않았다.

헌법재판소의 심판관은 9인으로 구성되고, 대통령 · 대법원 · 참의원이 각 3인씩 선임하도록 하였다. 헌법재판소장은 심판관 중에서 재적심판관 과반수의 찬성으로 호선하여 대통령이 확인하도록 하였다. 심판관은 법관 자격이 있는 사람 중에서 선임하고, 그 임기는 6년이며 2년마다 3인씩 개임하도록 하였다. 법률의 위헌판결과 탄핵판결은 심판관 6인 이상의 찬성이 있어야 가능하였다.

1961년 4월 헌법재판소법이 제정되었으며, 헌법재판소를 상설기구로 설치할 예정이었다. 하지만, 1개월 만에 5.16 군사쿠데타로 국가재건비상조치법이 제정되고, 이 법률에 의해 헌법재판소의 설치가 정지되었다. 결국 헌법재판소는 구성되지 못하였고, 헌법재판은 전혀 실시되지 않았다.

3. 1962년 헌법

1962년 헌법은 대법원으로 하여금 위헌법률심판, 정당해산심판, 선거소송을 관할하도록 규정하였다. 위헌법률심판에는 구체적 규범통제만 인정하였으며, 대법원이 위헌결정을 한 법률은 일반적으로 그 효력을 상실하는 것이 아니라 구체적인 사건에서만 적용되지 않도록 하였다. 대법원은 명령과 규칙에 대한 최종적인 위헌심사권도 갖고 있었다. 정당해산을 명하는 판결은 대법원 법관 정수의 5분의 3 이상의 찬성을 얻도록 하였다.

'제3장 국회'에서 탄핵심판위원회를 설치하여 대통령 등 고위공무원에 대한 탄핵심판을 관할하도록 하였다. 탄핵심판위원회는 대법원장을 위원장으로 하고, 대법원판사 3인과 국회의원 5인의 위원으로 구성하였다. 탄핵심판위원회에는 예비심판위원을 두고 있었으며, 탄핵결정은 심판위원 6인 이상의 찬성이 있어야 가능하였다.

대법원은 단 1건의 사안에서 2개의 법률을 위헌으로 판결하였다. 국가배상법에서 군인 등에 대해 국가배상청구권을 제한한 것은 손해배상청구권과 평등권을 침해하여 위헌이라고 판결하였다. 또한, 법원조직법에서 위헌법률심판에서는 대법원판사 전원의 3분의 2 이상의 출석과 출석인원 3분의 2 이상의 찬성으로 결정하도록 합의정족수를 가중한 것은 헌법에서 대법원에 부여한 위헌법률심판권을 침해하여 위헌이라고 판결하였다.[15]

이 사건에서 위헌의견을 낸 대법원판사 전원이 재임용에서 탈락되었으며, 이는 판사들이 집단적으로 사표를 제출하여 항의한 이른바 '사법파동'의 원인이 되었다. 이 판결 이후 국가배상법의 관련 조항은 1972년 헌법개정을 통해 헌법에 규정되었고, 현행헌법에도 동일하게 규정되어 있다.

4. 1972년 헌법

1972년 헌법은 법원과 별도로 '제8장'에서 헌법위원회를 규정하여 위헌법률심판, 탄핵심판, 정당해산심판을 관할하도록 하였다. 위헌법률심판에서는 구체적 규범통제만 인정하였다. 헌법위원회는 9인의 위원으로 구성되며, 대통령이 임명하였다. 위원 중 3인은 국회에서 선출하는 자를, 3인은 대법원장이 지명하는 자를 임명하였다. 위원의 자격요건으로 법관의 자격을 요구하지 않았고, 그 임기는 6년이었다. 대통령이 임명하는 위원장과 상임위원 1인을 두었고, 나머지는 명예직의 비상임이었다.

헌법위원회법은 대법원에게 위헌여부제청서를 헌법위원회에 송부하지 않을 수 있는 불송부결정권을 부여하였다. 즉, 당해사건을 재판하는 법원이 위헌법률심판을 제청할 경우에는 반드시 대법원을 거쳐야 하고, 대법원은 제청법률에 대해 일차적으로 심사하여 제청이 불필요하다고 판단하면 헌법위원회에 제청을 하지 않을 수 있었다. 실제로 대법원은 1건의 위헌법률심판도 제청하지 않았고, 헌법위원회도 1건의 헌법재판도 하지 않았다.

1972년 헌법은 부칙에서 대통령의 긴급조치, 10월 유신 당시 비상국무회의에서 제정한 법령과 비상조치, 그리고 정치활동정화법 등에 대해서는 헌법 기타의 이유로 제소하거나 이의를 할 수 없도록 규정하여 위헌법률심판의 대상을 제한하였다.

---

15) 대법원 1971. 6. 22. 70다1010.

5. 1980년 헌법

1980년 헌법은 헌법재판에 대해 1972년 헌법을 그대로 계승하면서 위헌법률심판을 더욱 어렵게 하였다. 대법원이 제청법률을 심사하여 불송부결정권만 가지는 것에 그치지 않고 그 법률이 헌법에 위반되는 것으로 인정할 때에만 헌법위원회에 제청할 수 있도록 하였다. 헌법위원회법도 대법원판사 전원의 3분의 2 이상으로 구성되는 합의체에서 법률이 헌법에 위반되는 것으로 인정할 때에만 위헌여부의 제청서를 헌법위원회에 송부하도록 규정하였다. 이때에도 대법원은 1건의 위헌법률심판도 제청하지 않았고, 헌법위원회도 1건의 헌법재판도 하지 않았다.

1980년 헌법 역시 부칙에서 국가보위입법회의가 제정한 법령과 이에 따라 이루어진 재판, 예산 기타 처분의 효력은 지속되며, 헌법 기타의 이유로 제소하거나 이의를 할 수 없도록 규정하여 헌법 자체에서 위헌법률심판의 대상을 제한하였다.

6. 현행 헌법

1987년 개정된 현행헌법은 헌법재판소를 설치하고 위헌법률심판, 탄핵심판, 정당해산심판, 권한쟁의심판, 헌법소원심판을 관할하도록 규정한다. 탄핵재판소를 별도로 두지 않고 있으며, 헌법의 최종적 해석에 관한 권한, 선거소송심판은 헌법재판소의 관할사항에서 제외하였다.

위헌법률심판은 구체적 규범통제만 인정하여 법원이 위헌제청권을 가지고, 헌법재판소는 위헌결정권을 갖는다. 명령·규칙에 대한 구체적 규범통제는 대법원의 관할사항으로 하였다. 탄핵심판에서는 국회가 탄핵소추권을 가지고, 헌법재판소가 탄핵결정권을 갖는다. 정당해산심판에서는 정부가 제소권을 가지고, 헌법재판소가 결정권을 갖는다. 권한쟁의심판에는 국가기관 상호간뿐만 아니라 국가기관과 지방자치단체간, 지방자치단체 상호간의 권한쟁의도 포함된다. 헌법소원은 권리구제형 헌법소원과 규범통제형 헌법소원으로 구분되고, 헌법재판소법은 법원의 재판을 헌법소원의 대상에서 제외한다.

제 2 장 헌법재판소의 지위

제1절 헌법수호기관

1. 독자적인 헌법기관

헌법은 헌법재판소의 구성, 운영, 권한에 대한 기본적 사항을 직접 규정한다. 헌법재판소는 헌법에 의해 구성되는 헌법기관으로 다른 헌법기관에 종속되지 않고 독립하여 권한을 행사하고 책무를 수행한다. 헌법재판소는 권력분립의 원칙에 따라 국회, 정부, 법원 등 다른 헌법기관과 견제와 균형을 이룰 수 있도록 조화롭게 국가권력을 행사해야 한다. 헌법재판소는 다른 헌법기관과 마찬가지로 독자적인 헌법기관이며, 헌법을 준수할 때에만 헌법적 정당성이 인정된다.

헌법재판소는 다른 헌법기관이 헌법에 따라 권한을 행사하는지를 감시하고 통제하는 기능을 한다. 이는 권력분립의 원칙을 기능적으로 실현하기 위한 것이지 헌법재판소가 다른 헌법기관보다 우월한 지위를 갖는다는 것을 의미하지는 않는다. 대한민국은 국민주권을 이념으로 하고 있어 국가권력의 최종적인 정당성은 주권자인 국민으로부터 나온다. 헌법재판소 역시 헌법에 근거하여 설치되어 헌법질서를 수호하는 헌법기관이다.

헌법재판소는 헌법질서를 수호함으로써 헌법적 이념과 가치를 실현하는 것을 목적으로 한다. 헌법재판소는 위헌법률심판권, 탄핵심판권, 정당해산심판권, 권한쟁의심판권, 헌법소원심판권을 행사하는 과정에서 헌법을 유권적으로 해석한다. 이를 통해 국가권력이 헌법을 침해하지 않도록 통제하고, 기본권을 보장하며, 정치적 평화를 유지한다. 헌법재판소는 권력통제기관, 기본권 보장기관, 정치적 평화유지기관이라는 지위를 가지나, 이는 헌법수호기관이라는 본질적 지위로부터 파생되는 것이다.

2. 최종적 헌법해석기관

헌법해석권은 누가 가질까. 국가기관은 헌법적 가치를 실현해야 하는 의무를 부담하고, 이를 위해서는 헌법을 명확하게 이해해야 하므로 모든 국가기관은 헌법을 해석할 권한과 책무를 갖는다. 국회는 헌법적 가치를 구체화하여 법률을 제정하고, 대통령을 비롯한 정부는 헌법적 가치를 실현하는 정책을 결정하고 법률에 따라 집행한다. 법원도 헌법과 법률에 따라 재판을 한다. 즉, 모든 국가기관은 헌법해석권을 가진다. 헌법은 국가의 조직과 운영에 관한 기본적 사항만을 규정하고 있어 국가기관들은 서로 다르게 헌법을 해석할 가능성이 있다.

헌법재판에서는 국가기관이 헌법분쟁의 당사자인 경우가 많으므로 국가기관이 헌법재판의 객체가 될 수도 있다. 국가기관의 헌법해석이 서로 모순되거나 충돌될 경우에는 헌법재판소가 최종적으로 헌법을 해석하고 적용한다. 다른 국가기관은 헌법재판소의 헌법해석에 따라야 하고, 이를 통해 최고법인 헌법의 규범력이 확보되고, 법률체계의 통일성도 유지될 수 있다.

3. 권력통제기관

헌법재판소는 헌법재판을 통해 국가권력이 헌법의 틀 안에서 헌법적 가치를 실현할 수 있도록 규율한다. 국가권력이 헌법의 틀을 벗어나 행사되어 헌법을 침해하는 경우에는 헌법재판을 통해 이를 바로잡는다. 헌법은 국가권력의 남용으로부터 스스로를 보호하기 위한 장치로서 헌법재판을 마련하고 있는 것이다. 국회가 입법작용을 통해 헌법을 침해하는 경우에는 위헌법률심판을 통해 그 법률을 무효화하고, 대통령을 비롯한 고위공무원이 행정작용을 통해 헌법을 침해하는 경우에는 탄핵심판을 통해 공무원을 공직에서 파면한다. 법원도 사법작용을 통해 헌법을 침해할 수 있다. 이때에는 법관에 대해 탄핵심판을 할 수 있을 뿐, 재판은 헌법소원의 대상에서 제외한다. 이것은 사법권의 독립을 보장하고 법적 분쟁을 신속하게 해결하기 위한 것으로 이해된다.

국가기관이나 지방자치단체가 권한을 행사하는 과정에서 다툼이 발생한 경우에는 권한쟁의심판을 통해 해결하고, 국가기관이 공권력을 행사하거나 불행사하여 개인의 기본권을 침해한 경우에는 헌법소원을 통해 구제할 수 있다. 국가기관은 아니지만 국가운영에 중요한 영향을 미치는 정당에 대해서도 그 목적이나 활동이 민주적 기본질서에 위배하여 헌법을 침해하는 경우에는 헌법재판소가 해산할 수 있다. 헌법은 국가의 최고법이므로 국가권력뿐만 아니라 국민도 헌법질서를 수호해야 한다. 국민도 헌법을 침해할 수 있지만, 헌법재판은 국가권력이 헌법을 침해하는 것을 전제로 헌법질서를 수호한다. 국민이 헌법을 침해할 경우에는 헌법재판이 아니라 일반재판을 통해 헌법질서를 수호한다.

4. 기본권보장기관

헌법은 인간의 존엄과 가치를 존중하고 개인의 기본권을 보장하는 것을 최고의 가치로 삼는다. 헌법재판은 국가권력으로부터 기본권을 보장하는 제도적 장치이다. 특히, 공권력의 행사 또는 불행사에 대한 헌법소원은 기본권을 보장하는 가장 강력한 수단이다. 모든 국가기관은 기본권을 보장해야 할 헌법적 의무를 부담한다. 소극적으로는 기본권을 침해하지 않아야 하고, 적극적으로는 기본권을 실현하도록 해야 한다. 헌법재판소가 기본권을 보장하는 기능은 기본권이 적용되는 영역과 그 내용에 따라 다르게 나타난다.

헌법재판소는 국가가 소극적으로 기본권을 침해하지 않아야 하는 헌법적 의무를 위반했는지 여부를 판단할 때에서는 엄격한 심사기준을 적용하여 국가권력의 남용을 통제한다. 국가가 적극적으로 개인이 기본권을 향유할 수 있도록 해야 할 헌법적 의무를 위반했는지 여부를 판단할 때에는 보다 완화된 심사기준을 적용한다. 국가는 다양한 방법을 선택할 재량을 가지며, 국가가 최소한의 조치를 하지 않았을 경우에만 위헌이 되기 때문이다.

국가는 사적 영역에서 개인의 기본권이 침해되는 결과가 초래되지 않도록 해야 할 헌법적 의무도 부담하는데, 그 헌법적 의무를 위반했는지 여부를 판단할 때에는 더욱 완화된 심사기준을 적용해야 한다. 사적 영역에서는 개인의 사적 자치와 자기책임의 원리가 지배하는데, 이러한 자율적 기능이 상실된 경우에만 국가가 개입하여 규제와 조정을 할 수 있기 때문이다. 이때 국가는 기본권을 보호한다는 이유로 사적 영역에 지나치게 개입하여 개인의 자율성을 침해하는 결과가 되지 않도록 유의해야 한다.

제2절 헌법재판권의 독립

1. 규범적 의미

헌법은 일반재판을 담당하는 법원 이외에 헌법재판을 담당하는 기관으로 헌법재판소를 둔다. 헌법재판 역시 사법권에 속하므로 공정성과 독립성이 보장되어야 하며, 이는 법치와 권력분립의 원칙을 실질적으로 보장하기 위한 것이다. 모든 국가작용은 헌법재판의 대상이 되므로 헌법재판소는 국회·정부·법원과 독립되어야 한다. 특히, 헌법재판소는 법원과 구별되는 독립적인 재판관할권을 가져야 한다. 헌법재판은 정치적 성격을 가지므로 재판의 독립성이 더욱 요청된다.

헌법은 헌법재판권의 독립에 대해서는 아무런 규정을 두지 않고 있다. 법관의 재판에 대해서는 헌법 제103조에서 "법관은 헌법과 법률에 의하여 그 양심에 따라 독립하여 심판한다"라고 규정하고 있는 것과 다르다. 하지만, 헌법재판소법 제4조는 "재판관은 헌법과 법률에 의하여 그 양심에 따라 독립하여 심판한다"라고 규정한다. 헌법재판관 역시 헌법과 법률에 의하여 재판해야 한다. 이 내용은 헌법에 직접 규정하는 것이 바람직하다. 헌법재판권의 독립은 헌법재판이 대내외적인 간섭으로부터 독립적으로 행해져야 한다는 것이 핵심이다. 헌법재판소가 독립적으로 구성되고 운영되어야 하는 것이나 헌법재판관의 신분이 보장되어야 한다는 것도 헌법재판의 독립을 위한 것이다.

2. 헌법재판소의 독립

(1) 국회로부터의 독립

헌법재판소는 국회로부터 독립적으로 구성되고 운영되어야 한다. 국회의원이 재판관을 겸직할 수 없다. 하지만, 국회는 헌법재판소의 구성에 참여하는데, 재판관 9인 가운데 3인은 국회에서 선출한 자를 대통령이 임명한다. 헌법재판소장과 국회에서 선출하는 재판관에 대해서는 국회의 인사청문특별위원회에서 인사청문을 거쳐야 하고, 나머지 재판관에 대해서도 소관 상임위원회에서 인사청문을 거쳐야 한다. 이는 헌법재판소의 구성에 있어서 민주적 정당성을 강화하고 견제와 균형을 통해 임명권자인 대통령의 권한행사를 통제하기 위한 것이다.

헌법재판소는 그 조직과 운영에서도 국회로부터 독립되어야 한다. 헌법은 제113조 제3항에서 "헌법재판소의 조직과 운영 기타 필요한 사항은 법률로 정한다"라고 규정한다. 이는 국민의 대표기관인 국회로 하여금 헌법재판의 기본적 사항을 결정하도록 하여 헌법재판소에 민주적 정당성을 부여하는 한편, 헌법재판소를 민주적으로 통제하기 위한 것이다. 또한, 법률로 헌법재판소의 조직과 운영을 명확하게 규정함으로써 다른 국가기관이 헌법재판소에 부당하게 간섭하지 않도록 한다. 하지만, 이것이 국회가 법률을 통해 헌법재판소에 간섭하거나 헌법재판에 개입하는 것을 허용하는 것은 아니다.

(2) 정부로부터의 독립

헌법재판소는 정부로부터 독립되어야 한다. 정부는 헌법재판소의 구성에 관여할 수 없고, 정부의 공무원이 재판관을 겸직하는 것도 금지된다. 대통령은 헌법재판소의 구성에 참여하는데, 대통령은 헌법재판소장을 포함한 모든 재판관을 임명하고, 그 중 재판관 3인을 직접 선정한다. 대통령이 재판관을 임명하는 것은 국가원수의 지위에서 그 권한을 행사하는 것이다. 대통령이 헌법재판소에 대해 부당한 영향력을 행사하기 위해 재판관의 임명권을 남용해서는 안 된다. 정부는 헌법재판은 물론 헌법재판소의 행정이나 예산에 대해서도 독립성과 자율성을 보장해야 한다.

헌법재판소는 독자적인 예산편성권을 갖지 않고, 정부가 헌법재판소의 예산안을 편성하고, 국회가 최종적으로 확정한다. 법원조직법은 법원의 예산에 대해 독립성과 자율성을 존중해야 한다고 규정하지만, 헌법재판소법은 헌법재판소의 경비는 독립하여 국가의 예산에 계상해야 한다고만 규정한다.[1] 정부는 헌법재판소의 예산을 편성할 때 헌법재판소장의 의견을 최대한 존중해야 하고, 세출예산요구액을 감액하고자 할 때에는 국무회의에서 헌법재판소장의 의견을 들어야 하며, 그 규모 및 이유, 감액에 대한 헌법재판소장의 의견을 국회에 제출해야 한다.[2] 이는 헌법재판소의 예산에 대해 독립성과 자율성을 존중하기 위

1) 법원조직법 제82조 제2항, 헌법재판소법 제11조.

2) 국가재정법 제40조.

한 것이다.

(3) 법원으로부터의 독립

헌법재판소는 법원으로부터 독립되어야 한다. 법원은 헌법재판소의 구성과 운영에 관여할 수 없고, 법관이 재판관을 겸직하는 것도 금지된다. 다만, 법원도 헌법재판소의 구성에 참여하는데, 재판관 9인 가운데 3인에 대해 대법원장이 지명한 자를 대통령이 임명한다. 헌법재판소장은 대법관의 임명에 전혀 관여하지 않는 것과 다르다. 헌법재판소와 법원은 예산에 있어서도 독자적인 편성권을 갖지 않지만, 서로 독립성과 자율성을 존중해야 한다. 헌법재판은 사법권에 속하므로 법원의 일반재판과 공통점이 많지만, 그 심판절차와 효력은 서로 독립적이다.

헌법은 사법권을 법원과 헌법재판소에 나누어 부여하고 있는데, 이는 헌법의 규범력을 확보할 수 있도록 사법권을 효율적으로 행사하기 위한 기능적 권력배분이라고 할 수 있다. 첫째, 법원은 일반재판을 관할하고, 헌법이 열거하는 헌법재판은 헌법재판소가 관할하도록 한다. 둘째, 규범통제에 있어서 법률에 대한 위헌심사권은 헌법재판소에 부여하고, 명령이나 규칙에 대한 위헌·위법심사권은 법원에 부여한다. 셋째, 위헌법률심판에서 법원은 위헌법률심판을 제청할 권한만 가지고, 헌법재판소는 위헌법률심판권을 가진다. 법원과 헌법재판소는 각자의 사법권을 적절하게 행사하여 헌법과 법률이 체계적으로 정합하게 적용되도록 노력해야 한다.

(4) 헌법재판소의 자율성

헌법재판소의 독립을 위해서는 헌법재판소의 자율성이 보장되어야 한다. 헌법재판소는 법률에 저촉되지 아니하는 범위 안에서 심판에 관한 절차, 내부규율과 사무처리에 관한 규칙을 제정할 수 있다.[3] 헌법재판소의 조직과 운영 기타 필요한 사항은 국회가 법률로 정하지만, 헌법재판소는 법률에 저촉되지 않는 범위 안에서 심판절차, 내부규율, 사무처리에 관하여 자율적으로 규칙을 제정할 수 있다. 헌법재판소의 규칙제정권은 헌법재판소의 직무에서 다른 기관의 감독이나 간섭을 받지 않도록 보장하기 위한 것이다.

헌법재판소규칙은 헌법에서 직접 규정하고 있으므로 법률의 규정이나 위

3) 헌법 제113조 제2항.

임이 없어도 헌법재판소가 필요하다고 판단한 경우에는 자율적으로 제정할 수 있다. 헌법재판소규칙은 행정규칙이 아닌 법규명령이라고 해석된다. 헌법재판소가 규칙으로 제정할 수 있는 사항은 심판절차, 내부규율, 사무처리에만 엄격하게 제한되는 것이 아니라 헌법재판소의 권한의 범위 내에서는 헌법과 법률에 위반되지 않는 한, 필요한 사항에 대해 규칙을 제정할 수 있다. 헌법재판소규칙은 재판관회의의 의결을 통해 제정되거나 개정되며, 이를 관보에 게재하여 공포한다.

헌법재판소장은 헌법재판소의 조직 · 인사 · 운영 · 심판절차 그 밖에 헌법재판소의 업무에 관련된 법률의 제정 또는 개정이 필요하다고 인정하는 경우에는 국회에 서면으로 의견을 제출할 수 있다.[4] 헌법은 법률안제출권을 국회와 정부에게만 부여하므로 헌법재판소는 법률안을 제출할 권한이 없다. 하지만, 헌법재판소장은 국회에 헌법재판소의 업무에 관련된 법률의 제정이나 개정에 대해 그 의견을 제출할 수 있다. 이는 헌법재판소의 자율성과 독립성을 강화하기 위한 것이다.

3. 재판관의 신분보장

(1) 재판관의 자격

헌법재판의 독립을 위해서는 헌법재판권을 실제로 행사하는 재판관이 재판업무를 수행하면서 외부의 영향력으로부터 독립되어야 한다. 헌법재판은 다수의사를 확인하는 것이 아니라 법적 이성에 따른 결단이기 때문에 재판관에 대해서는 헌법과 법률에 대한 지식과 경륜과 같은 법률전문가의 자격이 요구된다.

헌법은, 재판관은 법관의 자격을 가질 것을 요구한다.[5] 헌법재판소법은 구체적으로 15년 이상 1) 판사 · 검사 · 변호사, 2) 변호사의 자격이 있는 자로서 국가기관, 국 · 공영기업체, 공공기관의 운영에 관한 법률 제4조에 따른 공공기관 또는 그 밖의 법인에서 법률에 관한 사무에 종사한 자, 3) 변호사의 자격이 있는 자로서 공인된 대학의 법률학 조교수 이상의 직에 있었던 자로서 나이가

4) 헌법재판소법 제10조의 2.

5) 헌법 제111조 제2항.

40세 이상일 것을 자격요건으로 규정한다.[6] 재판관에게 법관의 자격을 요구하는 것은 헌법재판이 사법작용이라는 것을 전제로 한 것으로 이해된다.

재판관의 자격을 헌법과 법률을 통해 제한하는 것은 재판관의 임명에 대한 대통령의 권한을 통제하는 기능을 한다. 이는 헌법재판의 전문성을 확보하여 법치국가적 정당성을 강화할 수 있고, 헌법재판에 대한 국민의 신뢰를 담보할 수 있다. 하지만, 헌법재판의 정치적 특성을 적절히 반영하고, 헌법재판소에 대한 민주적 정당성을 강화하기 위해서는 재판관에게 법률전문가 이상의 덕성과 소양이 요구된다. 인간과 국가에 대한 사랑과 통찰력을 갖춘 자를 재판관으로 선출해야 한다.

(2) 재판관의 임기와 정년

헌법은 재판관의 임기는 6년이며, 법률이 정하는 바에 의하여 연임할 수 있도록 규정한다.[7] 이는 재판관이 임기 동안에는 독립적이고 안정적으로 일할 수 있도록 재판관의 신분을 보장하기 위한 것이다. 또한, 임기가 종료되면 새로운 재판관을 임명하여 헌법재판소의 구성에 변화를 줄 수 있도록 함으로써 신진대사를 원활하게 한다. 재판관의 임기를 보장하면서도 재판관의 연임을 허용하는 것은 헌법재판의 전문성과 숙련된 경험을 활용하고, 헌법재판에 대한 책임성을 강화하기 위한 것이다.

재판관의 임기와 연임은 헌법재판권의 독립을 저해하는 요인으로 작용할 수도 있다. 재판관이 연임을 위해 임명권자인 대통령의 눈치를 볼 수 있다는 것이다. 이에 대한 대안으로는 미국 연방대법관과 같이 종신제로 하여 임명권자인 대통령의 영향력을 최소화하자는 견해에서부터 독일과 같이 9년 또는 12년의 임기를 두되 재판관을 3분의 1씩 교체하며, 연임을 허용하지 말고 단임제로 하자는 견해까지 다양하다.[8] 하지만, 재판관에 대한 임기와 연임의 장단점은 상대적이고, 그 운영의 성패는 제도에 달린 것이 아니라 그 나라의 헌정현실에 의존한다.

헌법은 재판관의 정년에 대해 아무런 규정을 두지 않고 있다. 헌법재판소법은 헌법재판소장과 재판관의 정년을 70세로 규정한다.[9] 재판관의 정년을 인

---

6) 헌법재판소법 제5조 제1항.

7) 헌법 제112조 제1항.

8) 정종섭, 헌법소송법, 50면.

9) 헌법재판소법 제7조 제2항.

정한 것은 재판관이 일정한 나이가 되면 퇴직하게 함으로써 헌법재판소의 노화를 방지하는 한편, 헌법재판의 독립성과 책임성을 강화하는 기능을 한다.

(3) 재판관의 신분보장

헌법은 재판관의 신분을 보장하기 위하여 탄핵 또는 금고 이상의 형의 선고에 의하지 아니하고는 재판관을 파면할 수 없도록 규정한다.[10] 법관에 대해서는 탄핵 또는 금고 이상의 형의 선고에 의하지 아니하고는 파면되지 아니하며, 징계처분에 의하지 아니하고는 정직·감봉 기타 불리한 처분을 받지 않는다고 규정하는 것과 다르다. 헌법재판소법은 탄핵이나 금고 이상의 형의 선고에 의하지 아니하고는 그 의사에 반하여 해임되지 않는다고 규정한다.[11] 하지만, 재판관 역시 법관과 마찬가지로 징계는 물론 직무와 관련하여 불리한 처분을 받지 않으며, 본인의 의사에 반하여 강제적으로 휴직 등을 하게 할 수도 없다.

헌법재판소법은 헌법재판소장의 대우와 보수는 대법원장의 예에 따르며, 재판관은 정무직으로 하고 그 대우와 보수는 대법관의 예에 따르도록 규정한다.[12] 헌법은 법관에 대하여는 중대한 심신상의 장해로 직무를 수행할 수 없을 때에는 강제로 퇴직하게 할 수 있도록 규정한다.[13] 하지만, 재판관에 대하여는 강제퇴직에 대하여는 아무런 규정을 두지 않고, 헌법재판소법도 아무런 규정을 두지 않고 있어 중대한 심신상의 장해가 있더라도 재판관을 강제퇴직하게 할 수는 없다.

(4) 재판관의 정치적 중립성과 직무전념의무

재판관의 독립을 보장하고 재판의 공정성을 기하기 위해서는 정치적 중립성이 보장되어야 한다. 국가권력은 정치적 중립성을 보장하여 재판관을 정치적으로 이용하지 말아야 하고, 재판관 스스로도 정치적 중립성을 유지해야 한다. 헌법은 재판관으로 하여금 정당에 가입하거나 정치에 관여하는 것을 금지하도록 규정한다.[14] 이는 헌법재판이 정치적인 영향을 받게 되는 것을 방지하고, 헌법재판의 정치적 중립성을 실현하기 위한 것이다.

---

10) 헌법 제112조 제3항.
11) 헌법재판소법 제8조.
12) 헌법재판소법 제15조.
13) 헌법 제106조 제2항.
14) 헌법 제112조 제2항.

헌법재판소법은 재판관의 독립과 정치적 중립성을 강화하기 위해 재판관에게 직무에 전념할 수 있는 제도적 장치를 마련하고 있다. 즉, 재판관은 국회 또는 지방의회의 의원의 직, 국회·정부 또는 법원의 공무원의 직, 법인·단체 등의 고문·임원 또는 직원의 직을 겸하는 것이 금지되며, 지방자치단체의 장도 겸직할 수 없다.[15] 또한, 재판관은 영리를 목적으로 하는 사업을 영위할 수 없으며, 이는 재판관의 이해관계가 충돌하는 것을 예방하여 헌법재판의 공정성을 보장하기 위한 것이다.

4. 헌법재판의 독립

(1) 헌법과 법률에 의한 재판

헌법재판권의 독립은 최종적으로 헌법재판의 독립에 의해 보장되며, 헌법재판소의 독립이나 재판관의 신분보장도 헌법재판의 독립을 실현하기 위한 것이다. 재판관은 오직 헌법과 법률에 의하여 그 직무상의 양심에 따라 재판해야 하며, 재판에 영향을 줄 수 있는 어떠한 영향력으로부터도 독립적이어야 한다. 헌법재판은 그 자체가 정치적 특성을 띠지만, 재판관은 정치적 영향에 따라 재판해서는 안 된다. 헌법재판소법 제4조는 "재판관은 헌법과 법률에 의하여 그 양심에 따라 독립하여 심판한다"라고 규정한다.

헌법재판이 헌법과 법률에 따른다는 것은 헌법재판의 헌법적 정당성을 뒷받침한다. 국민이 제정한 헌법이 헌법재판소에 재판권을 부여하고, 국회가 헌법재판에 관한 사항을 법률을 통해 구체화한다. 이때 헌법은 헌법재판의 규범적 기준이 되는 헌법을 의미하며, 법률이란 헌법재판에 대해 구체적으로 내용과 절차를 규정하는 법률을 말한다. 재판관은 헌법과 법률을 해석하고 적용함에 있어서 그 해석의 범위를 넘어 자의적으로 헌법재판을 해서는 안 된다.

헌법재판은 헌법과 법률에 따라야 그 정당성이 확보될 수 있고, 헌법과 법률을 위반해서는 안 된다. 헌법재판은 법률의 위헌여부를 심사할 수 있으므로 이러한 범위에서는 법률에 기속되지 않지만, 이때에도 헌법을 위반해서는 안 된다. 헌법재판소가 헌법에 대한 최종적인 해석권을 가지고 있고 이에 대해서는 불복할 수 있는 수단이 없으므로 헌법재판권을 직접 통제할 수 있는 사법절

---

15) 헌법재판소법 제14조, 지방자치법 제35조 제1항 제2호, 지방자치법 제96조 제1항 제1호.

차는 없다.

(2) 재판관의 양심에 따른 재판

헌법 제103조는 “법관은 헌법과 법률에 의하여 그 양심에 따라 독립하여 심판한다”라고 규정하지만, 헌법재판관에 대해서는 아무런 규정을 두지 않는다. 재판관에 대해서는 헌법이 아니라 헌법재판소법에서 그와 같이 규정한다. 이때 ‘양심’이란 재판관이 개인적으로 갖는 주관적 양심이 아니라 재판관으로서 헌법을 해석하고 적용하는 직업적인 전문가로서 갖는 객관적 양심을 의미한다. 재판관이 헌법과 법률에 의하여 양심에 따라 재판하는 것은 헌법재판의 독립을 보장하기 위한 것이다.

헌법은 제19조에서 양심의 자유를 기본권으로 보장하고, 재판관 역시 국민으로서 기본권의 주체가 된다. 하지만, 재판관이 헌법재판을 할 때 개인의 주관적 양심과 재판관으로서 직무를 행하는 객관적 양심이 충돌하는 경우에는 후자에 따라 재판해야 한다. 이때에는 재판관 개인이 가지는 양심의 자유가 헌법재판의 독립성과 공정성을 위해 제한될 수 있다고 해석된다.[16)]

(3) 대내외적 영향으로부터 독립

(가) 외부기관의 간섭으로부터 독립

재판관은 헌법과 법률에 의해서만 재판해야 하고 그 밖의 대내외적 영향으로부터 독립적이어야 한다. 국가기관은 헌법재판에 간섭할 수 없고 헌법재판소의 종국결정을 존중해야 한다. 국회는 국민의 대표기관이라도 헌법재판에 관여할 수 없고, 국정감사나 국정조사를 하는 경우에도 헌법재판 자체에 대해서는 간섭할 수 없다. 국회가 재판관에 대해 탄핵소추를 하는 것은 헌법질서를 수호하기 위해 헌법재판으로 인정되므로 헌법재판의 독립을 침해하는 것은 아니다.

정부는 정당해산심판이나 권한쟁의심판을 청구할 수 있고, 헌법소원에서는 피청구인이 된다. 헌법재판의 당사자나 참고인으로 의견을 제출하는 방식으로 소송절차에 참여할 수 있지만, 헌법재판에 간섭할 수는 없다. 법원도 권한쟁의심판의 당사자가 될 수 있고, 위헌법률심판을 제청함으로써 헌법재판에 참여할 수 있다. 하지만, 헌법재판에 대해서는 간섭할 수 없고, 위헌법률심판을 제

16) 정종섭, 헌법소송법, 45~46면.

청한 경우에는 헌법재판소의 결정에 따라 재판해야 한다.

(나) 내부적 영향으로부터 독립

헌법재판소는 내부적 영향으로부터도 독립되어야 한다. 헌법재판관회의의 결과나 헌법재판소의 행정작용이 헌법재판에 영향을 미쳐서는 안 된다. 재판관은 헌법재판에서 다른 재판관의 판단에 영향을 받지 않는다. 헌법재판은 사법작용으로서 최종적으로는 단일한 주문을 도출해야 하므로 재판관 9인이 동등한 지위에서 평의하는 합의체로 운영된다. 이때 재판관은 재판의 결론에 대해 평의를 통하여 의논할 수 있지만, 재판관 각자가 독립적으로 자신의 의견을 결정하고 표시한다.

헌법재판소법은 헌법재판에서 심판에 관여한 모든 재판관은 결정서에 의견을 표시하여야 한다고 규정한다.[17] 개별의견의 표시는 재판관 개인의 판단을 존중함으로써 헌법재판의 독립을 보장하는 데 기여한다. 재판관은 종전에 판시한 헌법 또는 법률의 해석과 적용에 관한 의견을 변경할 수 있다. 이는 헌법재판소의 선례에 구속을 받지 않도록 함으로써 헌법재판의 독립을 강화할 수 있다. 다만, 헌법질서의 안정과 국민의 신뢰보호를 위해서는 선례의 변경에 관한 합리적인 기준이 마련되어야 한다.

(다) 당사자나 여론으로부터 독립

재판관은 헌법재판에 있어서 당사자나 이해관계인 또는 참고인으로부터 독립하여 중립적인 제3자의 지위에서 재판해야 한다. 재판관이 당사자 등과 일정한 관계가 있는 경우에 제척·기피·회피를 인정하는 것은 재판의 독립성과 공정성을 보장하기 위한 것이다. 헌법재판이 정치적 성격을 반영하고 헌법현실을 고려하는 것은 필요하지만, 재판관은 정치세력이나 사회적 여론으로부터도 독립하여 재판해야 한다.

17) 헌법재판소법 제36조 제3항.

제3절 다른 국가기관과의 관계

1. 법원과의 관계

(1) 독립된 헌법기관

헌법은 법원과 헌법재판소를 서로 다른 헌법기관으로 인정하지만, 양자의 관계에 대해서는 구체적으로 규정하지 않는다. 헌법은 권력분립의 원칙에 따라 국가권력을 입법권, 행정권, 사법권으로 구분하고, 사법권을 법원과 헌법재판소에 이원적으로 분유한다. 대법원과 헌법재판소는 최고의 사법기관으로서 서로 대등하고 관할사항을 달리하는 상호 독립된 지위를 갖는다.

헌법재판소는 대법원 구성에 관여할 수 없지만, 대법원은 헌법재판소 구성에 관여할 수 있다. 대법원장은 재판관 3인에 대한 지명권을 갖는데, 이는 헌법재판이 정치적 성격을 갖는다는 것을 고려해 국회, 대통령, 대법원의 합동행위로 재판관을 선임하기 위한 것이다. 헌법재판소 재판관이 되기 위해서는 법관의 자격을 가져야 하는데, 이것도 헌법재판이 일반재판과 마찬가지로 사법권에 포함된다는 것을 전제로 그 인적 구성의 풀을 공통적으로 제한한 것이다.

법원과 헌법재판소는 독립적으로 조직되어 사법권을 서로 독립적으로 행사하지만, 헌법재판과 관련해서는 그 특성으로 인하여 사법권의 내용과 범위가 밀접하게 관련되어 서로에게 영향을 주고받는다. 법원과 헌법재판소는 서로 독립된 헌법기관이므로 상대방의 결정을 존중하고, 헌법이 기능적으로 분배한 사법권을 적정하게 행사해야 한다. 하지만, 양자는 모두 독자적으로 사법권을 행사하므로 그 관할사항에서 법적 판단이 모순되거나 충돌할 수도 있다. 이때에는 법률체계의 통일성과 법적 안정성을 유지하고 서로 체계적으로 정합할 수 있도록 조정하는 것이 필요하다.

(2) 헌법해석권과 법률해석권

(가) 헌법재판소

헌법재판소는 헌법해석권과 법률해석권을 갖는다. 헌법재판소는 헌법재판의 심사기준인 헌법을 최종적으로 해석하고, 그 범위에서 법률을 해석할 권한도 갖는다. 위헌법률심판에서 법률의 위헌여부를 심판하기 위해서는 헌법과 법률을 해석해야 하고, 탄핵심판과 권한쟁의심판에서도 헌법은 물론 법률도 해석해야 한다. 명령·규칙 또는 처분이 직접 기본권을 침해한 경우에는 헌법소원에서 헌법재판소가 최종적으로 헌법해석권과 법률해석권을 갖는다.

(나) 법원

법원도 독자적으로 헌법해석권과 법률해석권을 가진다. 법원은 헌법과 법률에 따라 재판해야 하는데, 구체적 사건에 적용되는 법률을 해석하고 적용할 때 그 법률이 헌법에 위반되는지 여부를 독자적으로 심사할 수 있다. 다만, 법률의 위헌여부가 재판의 전제가 되는 때에 위헌의 의심이 있는 경우에는 스스로 위헌으로 결정할 수 없다. 헌법재판소에 위헌법률심판을 제청할 수 있을 뿐이고, 헌법재판소의 결정에 따라 재판해야 한다. 명령·규칙 또는 처분이 헌법이나 법률에 위반되는지 여부가 재판의 전제가 되는 경우에는 대법원이 최종적으로 헌법과 법률을 해석한다.

(다) 권한의 충돌

헌법재판소와 법원은 독자적인 헌법기관으로 자신의 관할사항을 심판하면서 헌법과 법률을 서로 달리 해석할 가능성이 있다. 법원이 당해사건의 당사자가 위헌제청을 신청한 경우 위헌이 아니라고 판단하고 그 신청을 기각하더라도 헌법재판소는 규범통제형 헌법소원을 통해 그 법률에 대해 위헌결정을 할 수 있다. 법원이 당해사건에 적용한 관습법을 헌법재판소가 위헌결정을 할 수도 있다. 헌법재판소는 법원이 행사하는 권한의 유무와 범위에 관한 권한쟁의를 심판하고, 법관에 대해 탄핵심판을 할 수도 있다. 또한, 법원의 사법행정에 대해 헌법소원을 통해 그 위헌여부를 판단할 수 있다. 한편, 헌법재판소규칙이 법률이나 헌법에 위반되는지 여부가 재판의 전제가 되는 경우에는 대법원이 최종적으로 헌법과 법률을 해석하여 그 위헌여부를 심판한다.

헌법재판소는 대법원규칙인 법무사법시행규칙에 대해 위헌결정을 하였고,[18] 헌법재판소의 위헌결정을 따르지 않은 대법원 판결을 취소하기도 하였다.[19] 대법원도 헌법재판소의 한정위헌결정의 기속력을 부인하고 헌법재판소가 위헌이라고 판단한 사항을 적법하다고 판단한 적이 있다.[20] 법원과 헌법재

18) 1990. 10. 15. 89헌마178.
19) 1997. 12. 24. 96헌마172등.
20) 대법원 1996. 4. 9. 95누11405.

판소는 동일한 법률조항에 대해 같은 날 서로 다른 판단을 하기도 했다. 2005년 11월 24일 자동차를 이용한 범죄행위를 한 때에는 반드시 운전면허를 취소하여야 한다고 규정한 도로교통법 조항에 대해 헌법재판소는 명확성의 원칙에 위배되고 직업의 자유 등을 침해한다는 이유로 위헌이라고 결정하였다.[21] 하지만, 같은 날 대법원은 운전면허의 취소에 대해 처분청의 재량의 여지가 없다고 하더라도 도로교통법 조항이 위헌이 아니라고 판결하였다.[22]

(라) 합리적 조정

헌법재판소와 법원의 헌법해석권과 법률해석권을 합리적으로 배분하는 것은 헌법기관의 역할과 기능에 관한 헌법해석의 문제로 귀결된다. 이때 헌법해석의 문제는 헌법정책의 문제와 구별해야 한다. 헌법정책적으로 필요하고 바람직하다는 이유로 헌법규정을 왜곡하거나 모순되게 해석해서는 안 된다. 법원과 헌법재판소는 헌법이 부여하는 사법권을 적정하게 행사해야 하고, 자신의 관할에 관한 헌법을 조화적으로 해석하여 서로의 권한을 침해하지 않도록 함으로써 법원과 헌법재판소의 권한이 통일적이고 체계적으로 행사될 수 있도록 해야 한다.

(3) 명령 · 규칙에 대한 위헌심사권

(가) 권한의 배분과 충돌

헌법은 구체적 규범통제를 채택하여 법률의 위헌여부에 대한 심판권을 헌법재판소에 부여하고, 명령 · 규칙의 위헌 · 위법여부에 대한 최종심판권을 대법원에 부여하여 위헌심사권을 이원화한다.[23] 법률에 대한 위헌심사와 명령 · 규칙에 대한 위헌 · 위범심사는 그 심판대상을 달리하지만, 위헌여부를 심사하는 기준이 되는 헌법은 동일하므로 헌법재판소와 대법원은 헌법을 서로 다르게 해석할 가능성이 있다. 또한, 대법원은 헌법재판소규칙이 재판의 전제가 된 경우에는 그 위헌 · 위법여부를 심사할 수 있고, 헌법재판소는 대법원규칙이 직접 기본권을 침해할 경우에는 헌법소원을 통해 그 위헌여부를 심사할 수 있다. 이때에도 헌법재판소와 대법원 사이에 갈등이 발생할 수 있다.

---

21) 2005. 11. 24. 2004헌가28.

22) 대법원 2005. 11. 24. 2005두8061.

23) 헌법 제107조 제1항, 제2항.

(나) 최종적 위헌심사권

명령·규칙에 대한 최종적인 위헌심사권은 누가 가질까. 헌법은 제107조 제2항에서 명령·규칙이 헌법이나 법률에 위반되는 여부가 재판의 전제가 된 경우에는 대법원은 이를 최종적으로 심사할 권한을 가진다고 규정한다. 따라서 구체적 규범통제의 형식으로 명령·규칙에 대한 위헌심사를 할 경우에는 대법원이 최종적인 위헌심사권을 갖는다. 한편, 공권력의 행사 또는 불행사로 인하여 기본권을 침해받은 자는 헌법재판소에 헌법소원을 청구할 수 있는데, 명령·규칙도 공권력의 행사에 해당하므로 그것이 기본권을 직접적으로 침해한 경우에는 헌법소원의 대상이 되므로 헌법재판소가 위헌심사권을 갖는다.

동일한 명령·규칙이라도 그것이 대법원에 의해 구체적 규범통제의 대상이 되는지, 아니면 헌법재판소에 의해 헌법소원의 대상이 되는지에 따라 그 명령·규칙이 위헌으로 판단된 경우에 법적 효력에 큰 차이가 있다. 즉, 대법원이 구체적 규범통제에서 명령·규칙에 대해 최종적으로 위헌이라고 판단한 때에는 그 명령·규칙은 당해사건에서 적용할 수 없을 뿐, 일반적으로 무효화할 수는 없다. 하지만, 헌법재판소가 그 명령·규칙에 대한 헌법소원에서 위헌이라고 판단하고 인용결정을 한 때에서는 그 명령·규칙은 법규적 효력을 가지므로 일반적으로 무효화되어 그 효력을 상실하게 된다.

명령·규칙에 대한 최종적인 위헌심사권은 헌법재판의 유형에 따라 구분되는데, 헌법이론적으로는 이를 원칙과 예외의 문제로 해석할 수 있다. 즉, 원칙적으로 대법원이 최종적인 위헌심사권을 가지나, 예외적으로 명령·규칙이 기본권을 직접 침해할 경우에는 헌법재판소가 최종적인 위헌심사권을 가진다고 해석할 수도 있다. 하지만, 헌법재판소가 최종적인 헌법해석권을 가지는 것을 전제로 할 경우에는 원칙적으로 헌법재판소가 위헌심사권을 가지나, 예외적으로 그 명령·규칙이 재판의 전제가 되는 경우에는 대법원이 최종적인 위헌심사권을 갖는다고 해석하는 것이 정합적이다.

(다) 입법적 과제

헌법이론적으로는 법률은 물론 명령·규칙도 헌법의 하위규범이므로 헌법재판소가 최종적으로 그 위헌심사권을 갖는다. 특히, 법률이 시행령과 같은 명령이나 규칙과 결합하여 전체로서 하나의 법률체계를 이루는 경우에는 법률과 하위법령을 따로 분리하여 심사하는 것은 헌법의 통일적 해석이나 기본권 보장을 위해서도 바람직하지 않다. 우리 헌법은 1948년 헌법을 제정할 때부터 명령·규칙의 위헌여부가 재판의 전제가 된 경우에는 대법원이 최종적인 위헌심사권을 가진다고 규정하였다. 그 이후 헌법재판기관이 다양하게 변화되었지만, 명령·규칙에 대한 위헌심사권은 계속하여 대법원에게 부여하였다. 입법론적으로는 법률과 마찬가지로 명령·규칙의 위헌여부에 대해서도 헌법재판소가 최종적인 심사권을 갖는 것으로 일원화하는 것이 바람직하다.[24]

(4) 변형결정의 기속력

(가) '위헌결정'의 범위와 변형결정

헌법은 헌법재판소의 관장사항으로 "법원의 제청에 의한 법률의 위헌여부 심판"을 포함시키고, 헌법재판소법 제45조는 "헌법재판소는 제청된 법률 또는 법률조항의 위헌여부만을 결정한다"라고 규정한다. 헌법재판소는 종국결정에서 법률이 위헌인지 여부만 결정할 수 있는 것으로 해석될 수 있다. 하지만, 헌법재판소는 헌법불합치결정이나 한정위헌결정과 같은 변형결정을 자주 선고한다. 이것은 위헌결정으로 법률이 전면적으로 무효화될 경우에 발생하는 법적 공백과 혼란을 방지하고, 권력분립의 원칙에 따라 국회의 입법권을 존중하기 위한 것이다.

헌법재판소가 변형결정을 한 경우에 법원은 그 결정에 기속될까. 헌법재판소법 제47조 제1항은 "법률의 위헌결정은 법원과 그 밖의 국가기관 및 지방자치단체를 기속한다"라고, 제75조 제1항은 "헌법소원의 인용결정은 모든 국가기관과 지방자치단체를 기속한다"라고 각각 규정한다. 이에 따라 법률의 위헌결정과 법령에 대한 헌법소원의 인용결정에 대해서는 기속력이 인정되고, 합헌결정이나 기각결정에 대해서는 기속력이 인정되지 않는다. 이때 위헌결정이나 인용결정에 변형결정도 포함되는 것으로 해석할 수 있을까.

(나) 판례의 입장

대법원은 헌법재판소의 헌법불합치결정에 대해서는 기속력을 인정하지만, 한정위헌결정이나 한정합헌결정에 대해서는 이를 일종의 법률해석으로 이해한다. 법률의 해석과 적용은 법원의 전속적 권한이므로 한정위헌결정이나 한정합헌결정은 법원의 법률해석에 대한 단순한 견해표명에 불과하다고 한다. 따라서

24) 정종섭, 헌법소송법, 21~22면.

법원에 대해 기속력을 갖지 못한다고 판단하고 헌법재판소의 의견에 따르지 않고 재판하였다.[25] 대법원은 한정위헌결정을 구하는 위헌법률심판제청신청에 대해서도 법원의 해석을 다투는 것에 불과하므로 부적법하다고 판단하였다.[26] 또한, 규범통제형 헌법소원에서 한정위헌결정이 선고되더라도 기속력이 없어 재심사유에 해당하지 않는다는 이유로 재심청구를 기각하였다.[27]

헌법재판소는 헌법불합치결정을 포함하여 모든 변형결정은 실질적으로는 위헌결정에 해당하므로 법원을 비롯한 모든 국가기관을 기속한다고 판단하였다.[28] 따라서 법원이 변형결정이 선고된 법령을 적용하여 재판한 경우에는 예외적으로 헌법소원의 대상이 되므로 그 재판은 취소된다. 또한, 규범통제형 헌법소원에서 한정위헌결정이 선고되면 기속력이 있으므로 재심사유에 해당한다고 판단하였다.[29] 나아가 법률에 대한 특정한 해석이나 적용을 다투는 한정위헌을 주장하는 형식으로 위헌법률심판을 신청하거나 헌법소원을 청구한 것도 그것이 법원의 재판에 대한 것이 아닌 이상 허용된다고 판단하였다.[30]

(다) 실질적 위헌성의 확인

헌법재판소의 변형결정이 실질적으로 법률의 위헌성을 확인한 경우에는 위헌결정의 기속력을 인정해야 한다. 변형결정은 국회의 입법재량권을 존중하고 개별적 사안에서 구체적 타당성과 법적 안정성을 조화롭게 실현하기 위하여 위헌의 범위를 질적 또는 시간적으로 제한한 것이다. 헌법재판소의 변형결정은 헌법재판소에 대해 부여된 새로운 유형의 심판권이 아니라 헌법과 헌법재판소법의 해석을 통해 헌법재판소의 종국결정의 하나로 인정된 것이다. 헌법재판소의 변형결정을 인정하는 이상, 헌법해석의 통일성을 기하기 위해 위헌으로 판단한 부분에 대해서는 위헌결정의 범위에 포함되는 것으로 해석하여 기속력을 인정하는 것이 타당하다. 헌법재판소법을 개정하여 헌법재판소의 결정유형과 그 효력에 대해 명확하게 규정하는 것이 바람직하다.

---

25) 대법원 2010. 4. 27. 95재다14.
26) 대법원 2009. 2. 18. 2009아14등.
27) 대법원 2001. 4. 27. 95재다14.
28) 1997. 12. 24. 96헌마172.
29) 2003. 4. 24. 2001헌마386.
30) 2012. 12. 27. 2011헌바117.

(5) 재판에 대한 헌법소원

(가) 원칙적 금지

헌법은 헌법재판소의 관장사항으로 "법률이 정하는 헌법소원에 관한 심판"이라고 규정하여 헌법소원의 구체적 대상을 법률에 위임한다.[31] 헌법재판소법 제68조 제1항은 "… 법원의 재판을 제외하고는 헌법재판소에 헌법소원심판을 청구할 수 있다"라고 규정한다. 법원의 재판을 헌법소원의 대상에서 제외하고 있는 것이다. 따라서 법원의 재판에 대해서는 헌법소원을 청구할 수 없고, 헌법재판소는 그 위헌여부를 심판할 수 없다.

헌법소원은 역사적으로 사법권에 의한 기본권 침해를 구제하기 위한 수단에서 출발하였다. 입법권에 의한 기본권 침해는 규범통제를 통해, 행정권에 의한 기본권 침해는 행정소송을 통해, 사법권에 의한 기본권 침해는 헌법소원을 통해 각각 구제하자는 것이다. 헌법재판소법이 법원의 재판을 헌법소원의 대상에서 제외하는 것은 사법권의 독립을 보장하고 법적 분쟁을 최종적으로 해결하는 법원의 기능을 실효적으로 보장하기 위한 것으로 이해된다. 하지만, 이는 헌법소원을 통해 기본권을 구제하는 범위를 제한함으로써 기본권을 보장한다는 규범적 의미를 약화시키고 있다.

(나) 예외적 허용

법원은 재판을 통해 개인의 법적 권리를 보호하고 법적 분쟁을 최종적으로 해결하지만, 법원도 헌법을 위반하여 기본권을 침해할 가능성이 있다. 헌법재판소는 법원의 재판에 대해서도 예외적으로 헌법소원의 대상으로 인정한다. 즉, 법원이 위헌결정된 법률을 적용하여 재판함으로써 기본권을 침해한 경우에는 헌법소원을 통해 취소할 수 있고, 이때 취소된 재판이 행정처분을 대상으로 한 경우에는 원행정처분도 헌법소원의 대상이 된다고 판단하였다.[32] 이것은 헌법재판의 실효성을 확보하고 헌법해석의 통일성을 유지하기 위한 것이다.

(다) 입법적 과제

헌법재판소법은 공권력에 의해 기본권이 침해된 경우에는 헌법소원을 통해 구제하도록 하지만, 헌법재판소법 제68조 제1항은 단서에서 "다만, 다른 법

31) 헌법 제111조 제1항 제5호.

32) 1997. 12. 24. 96헌마172.

률에 구제절차가 있는 경우에는 그 절차를 모두 거친 후에 청구할 수 있다"라고 규정하여 보충성의 원칙을 적법요건으로 요구한다. 법원의 재판은 개인의 법적 권리와 이익을 구제하는 사법적 절차이므로 헌법소원을 청구하기 위해서는 먼저 일반재판을 통한 구제절차를 거쳐야 하고, 그 구제절차인 법원의 재판에 대해서는 헌법소원을 인정하지 않는다. 결국, 헌법소원의 대상이 되는 것은 일반재판의 대상이 되지 않는 것에 국한되어 기본권 구체수단으로서 기능이 현저히 약화된다.

입법론적으로는 헌법재판소법을 개정하여 법원의 재판에 대해서도 재판 자체가 헌법이나 법률에 위반하여 기본권을 침해하는 경우에는 헌법소원을 청구할 수 있도록 하는 것이 바람직하다. 재판에 대한 헌법소원은 재판의 대상이 된 사건을 심사하는 것이 아니고 재판 자체가 기본권을 침해하였는지 여부를 심사하는 것이다. 국회의 입법형성권에 대한 위헌심사가 가능한 것처럼 법관의 사법형성권에 대해서도 위헌심사를 하는 것이 타당하다. 다만, 사법권의 독립성을 보장하고 사법적 구제절차의 특성을 고려하여 법원의 재판 자체가 위법하게 기본권을 침해하는 경우에 한정하여 헌법소원을 인정해야 할 것이다.

2. 국회와의 관계

(1) 헌법재판소의 구성과 관할

헌법재판소는 독자적 헌법기관으로서 그 구성과 운영이 국회로부터 독립적이다. 헌법재판소는 국회의 구성에 관여할 수 없지만, 국회는 헌법재판소의 구성에 참여한다. 국회는 재판관 3인을 선출하고 헌법재판소장의 임명에 대해 동의권을 갖는다. 헌법재판소장과 국회에서 선출하는 3인에 대해서는 국회의 인사청문특별위원회의 인사청문회를 거쳐 국회에서 임명동의안을 의결해야 한다. 대통령이 임명하는 재판관 3인과 대법원장이 지명하는 재판관 3인에 대해서는 국회의 동의를 거칠 필요가 없지만, 국회의 소관 상임위원회에서 인사청문회를 거쳐야 한다.

국회는 헌법재판소의 관할사항에 대해서도 관계하는데, 헌법재판소법을 제정하거나 개정하여 헌법재판에 관한 기본적 사항을 결정한다. 국회는 헌법재판의 심판절차에 직접 참여하여 재판관을 포함한 고위공직자에 대해 탄핵소추를 할 수 있고, 다른 국가기관이나 지방자치단체에 대해 권한쟁의심판을 청구할 수 있다. 한편, 헌법재판소는 위헌법률심판과 헌법소원심판을 통해 국회의 입법권을 통제한다. 또한, 국회와 다른 국가기관이나 지방자치단체와의 권한쟁의를 심판할 수 있고, 국회가 고위공직자에 대해 소추한 탄핵을 최종적으로 심판한다.

(2) 국회의 입법형성권 존중

(가) 권력분립의 원칙과 국회의 입법재량

헌법 제40조는 "입법권은 국회에 속한다"라고 규정하여 국민의 대표기관인 국회에게 입법권을 부여한다. 헌법은 국가기관의 중요한 사항이나 국민의 권리의무에 관한 사항에 대해 개별적으로 법률유보를 규정하기도 한다. 국회는 입법을 통해 국가정책을 결정하고 다양한 사회적 이해관계를 조정하고 통합한다. 이때 국회는 구체적으로 어떤 입법을 형성할 것인지에 대해 광범위한 재량권을 갖는다. 국회는 헌법이 직접 입법사항으로 규정하는 내용만 입법할 수 있는 것이 아니라, 헌법에 위반되지 않는 한 모든 사항을 입법할 수 있다. 국민으로부터 직접적으로 주권적 위임을 받은 국회에게 강력하고 광범위하게 법률을 제정할 권한을 부여한 것이다.

국회도 입법권을 남용하여 헌법을 침해할 가능성이 있으므로 헌법재판을 통해 통제되어야 한다. 헌법재판소는 국회가 민주주의에 따라 국정을 운영하는 것을 존중하되, 헌법의 틀과 궤도를 벗어날 경우에는 이를 바로잡아 법치국가를 실현해야 한다. 헌법재판소는 권력분립의 원칙에 따라 입법권의 남용을 통제하는 것이지 국회를 대신하여 그 권한을 행사할 수는 없다. 헌법재판에서도 국회가 제정한 법률에 대해서는 국회의 입법형성권을 존중해야 하고, 헌법재판의 과정과 결과에서 이를 반영해야 한다.

(나) 합헌성 심사가 아니라 위헌성 심사

국민의 대표기관인 국회가 제정한 법률은 사실상 헌법에 위반되지 않는다는 추정을 받는다. 위헌법률심판은 본질적으로 법률이 헌법에 합치하는지를 심사하는 것이 아니라 위헌인지 여부를 심사하는 것이다. 국회가 제정한 법률이 위헌인지 여부를 심사하여 위헌이라고 판단되면 위헌결정을 하고 그 법률을 실효시키는 것이다. 헌법재판소가 합헌이라고 결정하는 것도 엄격하게 말하면 위헌이 아니라는 것을 확인한 것이다. 법률의 합헌성을 확인하고 강화하는 것이 아니라 법률의 위헌성을 통제하는 것이다.

위헌법률심판은 실질적으로 국회의 입법형성권이 그 재량의 범위를 일탈한 것인지 여부를 심사하는 것이다. 국회는 1차적으로 입법을 통해 헌법을 구체화하고 헌법적 가치를 실현한다. 헌법재판소는 2차적으로 국회의 입법형성권이 헌법의 틀을 벗어난 것인지 여부를 심사한다. 이는 국회와 헌법재판소가 권력분립의 원칙을 통해 민주주의와 법치국가를 조화롭게 실현하는 제도적 장치라고 할 수 있다.

(다) 입법부작위도 존중

국회의 입법형성권에는 입법의 내용뿐만 아니라 입법을 할지 여부도 포함된다. 국회는 적극적으로 입법작용을 하여 헌법을 침해할 수도 있지만, 소극적으로 입법작용을 하지 않음으로써 헌법을 침해할 수도 있다. 국회가 아무런 입법을 하지 않은 진정입법부작위는 위헌법률심판의 대상에 포함되지 않고, 헌법소원의 대상이 될 뿐이다. 국회가 불완전하게 입법을 한 부진정입법부작위도 부작위 그 자체는 위헌법률심판이나 헌법소원의 대상이 되지 않고, 불완전하게 제정된 법률이 심판대상이 된다.

헌법재판소는 입법부작위에 대해서는 매우 엄격한 요건에 따라 그 위헌여부를 심사한다. 즉, 헌법에서 기본권을 보장하기 위해 법령에 명시적으로 입법할 것을 위임하였음에도 불구하고 국회가 이를 이행하지 않거나, 헌법해석상 특정인에게 구체적인 기본권이 발생하여 이를 보장하기 위한 국가의 행위의무 또는 보호의무가 발생하였음이 명백함에도 불구하고 국회가 아무런 입법조치를 취하지 않은 경우에만 위헌으로 판단한다.[33]

(라) 변형결정의 활용

헌법재판소는 법률을 해석하고 종국결정을 할 때에도 국회의 입법형성권을 존중해야 한다. 법률이 위헌적 요소를 갖더라도 법률해석을 통해 위헌이 아닌 것으로 해석될 여지가 있으면, 위헌결정을 하지 않고 한정위헌으로 결정하여 법률의 규범력을 최대한 유지하게 할 수 있다. 또한, 법률이 위헌이라고 하더라도 법률의 공백상태를 피하고 법적 안정성을 유지하기 위해 헌법불합치로 결정할 수도 있다. 이때에는 잠정적으로 법률의 효력을 유지하면서 계속적용을

33) 1989. 3. 17. 88헌마1.

명하거나 적용중지를 명할 수도 있으며, 국회에 대해 개선입법을 촉구하기도 한다.

(3) 헌법재판소의 종국결정에 대한 존중

(가) 기속력 부여

헌법재판소가 종국결정을 하면 법적 효력이 발생하고, 국회는 그 헌법해석에 관한 판단을 존중해야 한다. 특히, 헌법재판소법은 법률에 대한 위헌결정, 권한쟁의심판의 결정, 헌법소원의 인용결정에 대해 기속력을 부여하고, 법률에 대한 위헌결정에 대해서는 법규적 효력을 부여한다. 국회는 국가기관으로서 종국결정의 기속력에 따라야 하고, 국회가 제정한 법률이라도 위헌으로 확인된 법률은 그 효력을 상실하게 된다.

헌법재판소가 국회의 입법작용에 대해 위헌이라고 판단하면, 국회는 종국결정을 존중하고 그 판단에 위배되는 행위를 해서는 안 된다. 국회는 헌법재판소가 위헌결정을 선고한 법률과 동일한 내용의 법률을 제정할 수 있을까. 이를 위헌결정의 기속력이 미치는 주관적 범위의 문제로 파악하여 국회는 주관적 범위에 포함되지 않으므로 국회에는 기속력이 미치지 않는다고 이해하기도 한다.[34] 하지만, 헌법재판소의 위헌결정은 국가기관인 국회에도 기속력이 미치므로 국회는 위헌결정을 존중해야 한다.

위헌결정의 기속력은 종국결정을 할 당시에 헌법적 판단의 근거가 되는 사실관계와 법률상황을 기준으로 특정한 사건과 관련된 범위에서만 발생하며 법률의 모든 위헌성을 확인한 것이 아니라는 것을 유의해야 한다. 위헌결정에 기속력을 인정하는 것은 헌법재판의 실효성을 확보하고 헌법질서의 통일성을 유지하기 위한 것이다. 위헌결정이 선고된 이후 그 헌법적 판단의 근거가 되는 사실관계나 법률상황이 변화된 경우에는 국회가 입법형성권을 행사하여 동일한 내용의 법률을 제정할 수 있다고 해야 한다. 이는 위헌결정의 기속력에 위반되는 것이 아니다.

(나) 위헌법률의 일반적 효력상실

헌법재판소가 법률에 대해 위헌결정을 하면 법규적 효력이 발생하여 그날부터 법률은 효력을 상실하게 된다. 국회가 제정한 법률의 효력이 일반적으로

34) 정종섭, 헌법소송법, 189～190면.

무효화되는 것이다. 위헌결정의 법규적 효력은 헌법재판소법이 위헌결정에 대해 특별히 법적 효과를 부여하여 그 법률을 무효화하는 것이다. 국회가 사정변경을 이유로 위헌결정이 선고된 법률과 동일한 내용으로 법률을 제정하더라도 이는 위헌결정으로 효력이 상실된 법률과는 별개의 법률이다. 헌법재판소는 국회가 새롭게 제정한 법률에 대해 다시 헌법재판을 통해 위헌결정을 선고할 수는 있다.

3. 정부와의 관계

(1) 헌법재판소의 구성과 관할

정부는 헌법재판소의 구성에 관여하는데, 대통령은 헌법재판소장과 재판관을 임명한다. 헌법재판소의 정치적 성격을 고려하여 대통령이 재판관 3인을 직접 임명하고, 국회가 선출한 재판관 3인과 대법원장이 지명한 재판관 3인을 대통령이 국가원수의 자격으로 임명한다. 다만, 헌법재판소는 정부의 구성에 관여할 수 없다.

정부는 헌법재판소의 관할사항에 대해서도 관계하는데, 헌법재판에 관한 기본적 사항을 규율하는 법률안을 제출할 수 있고, 헌법재판소의 예산안도 작성하여 국회에 제출한다. 정부는 헌법재판의 심판절차에 직접 참여하여 정당해산심판을 청구할 수 있고, 다른 국가기관이나 지방자치단체에 대해 권한쟁의심판을 청구할 수 있다.

(2) 정부에 대한 통제

헌법재판소는 정부의 행정작용이 기본권을 침해한 경우에는 헌법소원을 통해 이를 통제한다. 특히, 고도의 정치적이고 외교적 정책판단에 대해서도 기본권을 침해한 때에는 통치행위라는 이유로 헌법재판의 대상에서 제외해서는 안 된다. 법규명령이나 행정규칙과 같은 행정입법도 헌법소원의 대상이 된다. 다만, 행정소송의 대상이 되는 경우에는 보충성의 요구와 재판소원의 금지로 인하여 헌법소원의 대상이 되지 않는다. 명령·규칙이나 처분이 헌법이나 법률에 위반되는 여부가 재판의 전제가 된 경우에는 헌법재판소가 아니라 대법원이 최종적인 위헌심사권을 가진다.

헌법재판소는 권한쟁의심판을 통해 정부의 권한을 통제한다. 헌법재판소는 국가기관 상호간, 국가기관과 지방자치단체간 및 지방자치단체 상호간의 권한쟁의에 관하여 심판한다. 정부에 소속된 고위공무원이 그 직무집행에 있어서 헌법이나 법률을 위반한 경우에는 국회의 탄핵소추에 따라 헌법재판소가 탄핵심판을 하고, 정부가 정당해산심판을 청구한 경우에는 헌법재판소가 정당해산 여부를 심판한다.

제3장 헌법재판소의 구성과 조직

제1절 구성원리

1. 헌법적 정당성

(1) 권력분립의 원칙

헌법재판소는 독자적 헌법기관으로 권력분립의 원칙에 따라 다른 헌법기관과 권한을 분유한다. 하지만, 최고법인 헌법을 해석하고 적용함으로써 다른 헌법기관의 국가작용이 헌법에 위반되는지 여부를 심판한다는 점에서 헌법재판소는 다른 헌법기관과 구별된다. 그렇다고 헌법재판소가 다른 헌법기관보다 우월한 지위를 갖는다고 할 수는 없다. 헌법재판소도 다른 헌법기관과 마찬가지로 헌법에서 부여하는 권한과 의무를 가지고 서로 견제와 균형을 유지하는 헌법기관의 하나이다.

헌법재판소가 다른 헌법기관의 권한행사를 통제하고 헌법질서를 수호하는 권한과 책무를 부담하는 것은 어떻게 정당화될까. 특히, 국회와 정부는 주권자인 국민이 직접 선출한 국회의원과 대통령에 의해 구성되어 강력한 민주적 정당성을 갖는다. 헌법재판소는 위헌법률심판을 통해 국회가 제정한 법률을 무효화시키고, 헌법재판소가 내린 위헌결정은 모든 국가기관을 기속한다. 국민에 의해 직접 선출된 대통령을 탄핵하여 파면할 수도 있다. 헌법재판의 이러한 특성은 일반재판과는 다르며, 민주주의적 관점에서는 정당화되기 어려운 측면이 있다. 그럼에도 불구하고 헌법재판이 정당성을 갖는다는 것은 공정한 재판을 통해 헌법적 이념과 가치를 제대로 실현할 수 있다는 신뢰를 전제로 한다.

(2) 헌법에 의해 정당성 확보

국민으로부터 선출되지 않은 헌법재판소가 민주적 정당성이 강한 공권력의 행사나 불행사에 대해 심판하고 통제하는 것은 헌법이 직접 그 권한을 부여했다는 것에 의해 정당화될 수 있다. 주권자인 국민이 제정한 헌법이 직접 헌법재판소에 다른 헌법기관의 권한을 통제할 권한을 부여했다는 것이다. 특히, 국회와 대통령에 대해서는 국민에 의해 직접 선출되도록 함으로써 보다 강력한 민주적 정당성을 확보하면서도 헌법재판을 통해 국회와 정부를 통제한다.

헌법재판은 본질적으로 사법권에 속하므로 헌법재판에는 다수의 의사에 따른 민주주의가 아니라 헌법적 원리를 규명하는 법치가 우선적으로 적용되어야 한다. 헌법재판은 민주주의가 법치의 틀을 벗어나 비정상적으로 작동되는 것을 통제하는 비상적인 재판이므로 본질적으로 비민주적 성격을 가지고, 민주주의가 다수의 폭력적 지배가 되지 않도록 규율한다. 하지만, 헌법재판은 정치적 성격을 가지므로 일반재판과는 다른 특징을 가지고 있으며, 이는 헌법재판의 심판절차에도 반영되어야 한다.

헌법재판은 법률적 전문성과 재판권의 독립성을 기초로 하지만, 일반재판과는 다른 독자적 정당성이 추가로 요구된다. 헌법재판은 정치적 사안을 다루는 헌법분쟁을 해결하므로 정치적 중립성이 더욱 강하게 요구된다. 이는 헌법조문에 대한 기계적이고 논리적인 해석을 통해 법적 이성을 발견하고 창조하는 전문적 지식만으로는 확보되지 않고, 인간과 국가공동체의 본질과 상관관계를 읽어내는 통찰력과 경험이 함께 요구된다. 헌법재판은 국가의 헌법적 가치와 정치현실에 대한 폭넓고 깊이 있는 이해를 바탕으로 구체적 사건의 헌법적 의미를 규명하는 작업이기 때문이다. 따라서 재판관은 법률에 대한 전문적 지식뿐만 아니라 개인, 사회, 국가에 대한 깊이 있는 학문적 식견과 경륜을 갖출 것이 요구된다.

2. 민주적 정당성의 강화

(1) 민주적 정당성이 상대적으로 취약

대한민국의 주권은 국민에게 있고, 모든 국가권력은 국민으로부터 나온다.

헌법도 주권자인 국민이 제정한 것이므로 헌법에 의해 부여된 모든 국가권력은 민주적 정당성을 가진다. 하지만, 헌법기관은 서로 다른 구성원리에 따라 상이한 기능과 권한을 가지므로 그 민주적 정당성의 정도에서도 차이가 있다. 즉, 국회와 대통령은 국민의 직접선거를 통해 선출되는 국민의 대표기관이므로 민주적 정당성이 보다 강하고, 법원과 헌법재판소와 같은 사법기관은 국민으로부터 직접 선출된 기관이 아니어서 민주적 정당성이 상대적으로 약하다.

헌법재판은 법적 이성과 법원리에 기초하여 헌법과 법률을 해석하여 적용함으로써 헌법분쟁을 해결하는 것이므로 다수의 의사에 따른 민주주의보다 소수의 권리를 보호하는 법치가 더욱 강하게 요구된다. 하지만, 헌법해석은 단순히 법률적 요건사실을 확인하는 작업이 아니라 그 역사적 환경에서 정치현실과 상관관계를 맺으면서 헌법질서를 수호하고 정치적 안정을 도모하는 작업이다. 헌법재판의 심사기준이 되는 헌법원리는 국가공동체에 존재하는 다양한 가치관과 이해관계를 형량하고 조정함으로써 구체화된다. 헌법재판에서 법치가 우선적으로 요구된다고 하더라도 민주적 정당성이 약화되어서는 안 된다.

(2) 헌법재판소 구성의 개선

대통령은 헌법재판소장과 재판관을 임명하는데, 그 중 재판관 3인은 국회가 선출하고, 재판관 3인은 대법원장이 지명한다. 권력분립의 원칙에 따라 입법, 행정, 사법을 담당하는 헌법기관들이 균형적으로 헌법재판소의 구성에 참여하도록 하고 있는 것이다. 형식적으로 보면, 이는 헌법재판소가 다른 헌법기관에 의해 좌우되지 않고 중립적으로 헌법재판을 할 수 있는 제도적 장치로 볼 수 있다. 하지만, 실질적으로 헌법재판의 정치적 중립성이 보장되기는 어렵다는 한계가 있다.

현대 정당국가에서는 국회의 다수파가 정부와 실질적으로 연결되어 있어 국회와 대통령이 엄격하게 분리되지 않는다. 대통령과 대통령이 소속된 여당이 재판관 6인을 선출할 수 있다. 국회는 관행적으로 여당이 1인, 야당이 1인, 여야합의로 1인을 각각 선출하거나 의석수가 많은 3개 정당이 각 1인씩 선출하고 있다. 대통령은 대법원장과 대법관을 임명할 수 있어 대법원장의 재판관 지명에도 영향력을 행사할 수 있다. 대법원장은 자문기관인 헌법재판소재판관후보추천위원회를 거쳐 단독으로 재판관을 지명할 수 있고, 이들에 대해서는 대법관과 달리 국회의 동의를 받지 않는다.

헌법재판소의 독립을 유지하면서도 그 권한에 비례하여 민주적 정당성을 강화하기 위해서는 그 구성방식을 개선할 필요가 있다. 우선, 대법원장이 재판관 3인을 지명하도록 하는 것은 개선되어야 한다. 헌법기관인 대법원장이 다른 헌법기관인 재판관을 일방적으로 지명하는 것은 체계적으로 정합하지 않다. 이는 사법권의 독립을 위해서도 바람직하지 않고, 헌법재판소는 법원이 제청한 위헌법률심판을 관할하므로 헌법재판의 독립에도 장애가 될 수 있다. 모든 재판관을 국회에서 재적의원 3분의 2 이상의 동의를 받는 가중정족수를 통해 선출하고, 헌법재판소장은 재판관의 호선으로 선출하는 것이 바람직하다.

3. 대법원과 비교

헌법재판소는 사법권을 법원과 분유하는데, 헌법재판의 정치적 특성이 반영되어 일반재판의 최고법원인 대법원과 그 구성방법에는 차이가 있다. 대법원은 최고법원이며, 대법원장은 국회의 동의를 얻어 대통령이 임명한다. 대법원장의 임기는 6년이며, 중임할 수 없다. 대법관은 대법원장이 대법관후보추천위원회의 추천을 거쳐 제청하고, 국회의 동의를 얻어 대통령이 임명한다. 대법관의 임기는 6년이며, 법률이 정하는 바에 의해 연임할 수 있다. 대법원장과 대법관이 아닌 법관은 대법관회의의 동의를 얻어 대법원장이 임명한다.

헌법재판소는 법원과 구별되는 독자적 사법기관이며, 헌법재판소장은 국회의 동의를 얻어 재판관 중에서 대통령이 임명한다. 헌법재판소장의 임기는 6년이고, 중임은 금지된다. 재판관은 대통령이 임명하는데, 그 중 3인은 국회가 선출하고, 3인은 대법원장이 지명한다. 헌법재판소장에 대해서는 국회의 동의를 받아야 한다. 재판관의 임기는 6년이며, 법률이 정하는 바에 의해 연임할 수 있다. 대통령이 자신의 권한으로 임명하는 재판관 3인과 대법원장이 임명하는 재판관 3인에 대해서는 국회의 동의를 받지 않는다.

제2절 헌법재판소의 조직

1. 헌법재판소장

(1) 법적 지위

헌법재판소장은 헌법재판소의 수장으로서 헌법재판소를 대표하고, 그 운영에 있어서 최고의 사법행정권을 갖는다. 헌법재판소장은 헌법재판소의 사무를 통리하며, 소속 공무원을 지휘·감독한다.[1] 헌법재판소장은 헌법재판소의 행정업무를 처리하는 재판관회의의 의장이 된다. 헌법재판소장은 헌법재판에 있어서 전원재판부의 재판장이고, 평의에 있어서는 다른 재판관과 동등하게 재판부 구성원의 1인이다.

헌법재판소장의 임기는 6년이고, 중임은 금지된다. 헌법 제105조 제1항은 "대법원장의 임기는 6년으로 하며, 중임할 수 없다"라고 규정하여 헌법에서 직접 중임을 금지한다. 헌법재판소장의 중임에 대해서도 헌법에서 직접 규정하는 것이 바람직하다. 헌법재판소장은 재판관의 임명에 대해 아무런 권한이 없다. 헌법 제104조 제2항이 "대법관은 대법원장의 제청으로 국회의 동의를 얻어 대통령이 임명한다"라고 규정하는 것과 비교된다. 헌법재판소장의 정년은 70세이며, 대우와 보수는 대법원장의 예에 따른다.[2]

헌법재판소법과 헌법재판소규칙은 헌법재판소장의 대행에 대해 규정한다. 헌법재판소장이 궐위되거나 사고로 말미암아 직무를 수행할 수 없으면 다른 재판관이 그 권한을 대행한다. 헌법재판소장이 일시적인 사고로 직무를 수행할 수 없으면 재판관 중 임명일자순으로 그 권한을 대행하고, 임명일자가 같으면 연장자순으로 대행한다. 헌법재판소장이 궐위되거나 1개월 이상 사고로 직무를 수행할 수 없으면 재판관회의에서 선출된 재판관이 그 권한을 대행한다.[3]

(2) '재판관 중에서' 임명

헌법재판소장은 반드시 재판관 중에서 임명해야 할까. 헌법 제111조 제4항

---

1) 헌법재판소법 제12조 제3항.

2) 헌법재판소법 제7조 제2항, 제15조.

3) 헌법재판소장의 권한대행에 관한 규칙 제3조.

은 “헌법재판소의 장은 국회의 동의를 얻어 재판관 중에서 대통령이 임명한다”라고 규정한다. 이는 헌법 제104조 제1항이 대법원장의 임명에 대해 ‘대법관 중에서’라는 제한을 두지 않는 것과 비교된다. 이때 ‘재판관 중에서’란 반드시 현직에 있는 재판관 가운데 임명해야 하는 것이라는 견해가 있다.[4] 즉, 헌법재판소장은 반드시 현직의 재판관 가운데 임명해야 하며, 새로 헌법재판관의 자격을 부여하면서 헌법재판소장으로 임명할 수는 없다는 것이다. 헌법에서 명확하게 ‘재판관 중에서’라고 규정하므로 대통령이 현직이 아닌 사람을 헌법재판소장으로 임명하기 위해서는 재판관 9인을 임명하고, 그 가운데에서 다시 헌법재판소장을 임명해야 한다고 한다.

대통령은 반드시 현직 재판관이 아니라도 헌법재판관의 자격을 갖춘 사람을 헌법재판소장으로 임명할 수 있다고 해석된다.[5] 헌법이 ‘재판관 가운데’라는 것은 헌법재판소장도 헌법재판관의 1인이라는 의미를 강조한 것으로 헌법재판소장에 임명되는 것은 재판관으로 임명되는 것에 포함된다. 따라서 헌법재판소장으로 임명할 대상을 현직 재판관으로 제한한 것은 아니며, 우리 헌정사에서도 헌법재판소장을 이와 같은 방식으로 임명하기도 하였다.

국회법은 재판관 후보자가 헌법재판소장 후보자를 겸하는 경우에는 인사특별청문회의 인사청문회가 상임위원회의 인사청문회를 겸하는 것으로 규정한다.[6] 이는 현직 재판관이 아니라도 재판관의 자격을 갖춘 사람을 헌법재판소장으로 임명한 기존의 관행을 인정하고 이를 제도적으로 수용한 것이다. 또한, 대통령은 재판관 중 자신이 임명하는 3인 가운데 헌법재판소장을 임명해야 하는 것은 아니므로 국회가 선출하거나 대법원장이 지명한 재판관을 헌법재판소장으로 임명할 수 있다.[7]

(3) 헌법재판소장의 임기 기산점

재판관의 임명과 동시에 헌법재판소장으로 임명된 경우에는 그때부터 임기가 시작된다. 재판관으로 재임하던 중에 헌법재판소장으로 임명된 경우에 그 임기는 어떻게 계산할까. 헌법은 재판관의 임기를 6년으로 규정하고 있을 뿐, 헌법재판소법은 아무런 규정을 두지 않고 있다. 헌법재판소장으로 임명되기 전

4) 홍성방, 헌법소송법, 41～42면.

5) 김하열, 헌법소송법, 76면; 허완중, 헌법소송법, 82면.

6) 국회법 제65조의2 제5항.

7) 허완중, 헌법소송법, 84면.

에 재판관직을 사퇴하고, 새롭게 헌법재판소장으로 임명하면 헌법재판소장으로 새롭게 6년의 임기가 시작되는지도 논란이 된 적이 있다. 2006년 재판관 가운데 헌법재판소장으로 임명하기 위해 재판관을 사퇴하였다가 헌법재판소장으로 임명되지 못한 적이 있다. 2017년에는 재판관으로 재임하다가 헌법재판소장으로 임명된 경우에 기존의 재판관의 임기를 포함하여 총 6년의 임기를 마치고 퇴직한 적도 있다.

헌법은 헌법재판소장의 임기에 대해 아무런 규정을 두지 않아 재판관이 헌법재판소장으로 임명될 경우에는 6년의 임기가 새로 시작된다고 해석할 여지가 있다. 하지만, 재판관의 임기는 헌법재판소장의 임기와 합산하여 6년으로 계산해야 하므로 재판관의 잔여임기만 헌법재판소장의 임기로 인정된다고 해석하는 것이 타당하다.[8] 헌법재판소장의 임기도 대법원장과 마찬가지로 헌법에 규정하는 것이 바람직하다. 헌법재판소법은 헌법재판소장의 중임을 금지할 뿐, 재판관에 대해서는 아무런 규정을 두지 않고 있으므로 재판관의 연임이나 중임이 허용된다. 따라서 재판관이 사퇴하고 대통령이 그를 헌법재판소장으로 임명하는 것은 가능하다고 해석된다. 이에 대해서는 헌법이나 헌법재판소법에서 명확하게 규정하는 것이 필요하다.

2. 재판관

(1) 임명과 인사청문회

헌법재판소는 법관의 자격을 가진 9인의 재판관으로 구성되며, 재판관은 대통령이 임명한다. 재판관 가운데 3인은 국회에서 선출하는 자를, 3인은 대법원장이 지명하는 자를 임명한다. 국회에서 선출하는 재판관 3인에 대해서는 헌법재판소장과 마찬가지로 국회의 인사청문특별위원회의 인사청문회를 하고 그 임명동의안에 대해 국회에서 표결을 거쳐야 한다.[9]

대통령이 자신의 권한으로 임명하는 재판관 3인과 대법원장이 지명하는 재판관 3인은 국회의 동의를 거칠 필요가 없으나, 그 민주적 정당성을 강화하기 위해 이들에 대해서도 국회의 소관 상임위원회에서 인사청문회를 거치도록

8) 허영, 헌법소송법론, 116면; 허완중, 헌법소송법, 83면; 홍성방, 헌법소송법, 43면.
9) 국회법 제46조의3 제1항.

한다. 헌법재판관 후보자가 헌법재판소장 후보자를 겸하는 경우에는 인사특별청문회의 인사청문회가 상임위원회의 인사청문회를 겸하도록 한다.[10)]

(2) 자격

헌법은 재판관은 반드시 법관의 자격을 가져야 한다고 규정한다.[11)] 헌법재판소법은 "재판관은 다음 각 호의 어느 하나에 해당하는 직에 15년 이상 있던 40세 이상인 사람 중에서 임명한다. 다만, 다음 각 호 중 둘 이상의 직에 있던 사람의 재직기간은 합산한다. 1. 판사 · 검사 · 변호사 2. 변호사 자격이 있는 사람으로서 국가기관, 국 · 공영 기업체, 공공기관의 운영에 관한 법률 제4조에 따른 공공기관 또는 그 밖의 법인에서 법률에 관한 사무에 종사한 사람 3. 변호사 자격이 있는 사람으로서 공인된 대학의 법률학 조교수 이상의 직에 있던 사람"이라고 규정한다. 다만, 다른 법령에 따라 공무원으로 임용하지 못하는 사람, 금고 이상의 형을 선고받은 사람, 탄핵에 의해 파면된 후 5년이 지나지 않은 사람, 정당활동을 하였거나 공직선거에 참여한 뒤 일정기간이 지나지 아니한 사람 등은 재판관으로 임명할 수 없다.[12)]

헌법재판소법은 "재판관은 다음 각 호의 어느 하나에 해당하는 직을 겸하거나 영리를 목적으로 하는 사업을 할 수 없다. 1. 국회 또는 지방의회의 의원의 직. 2. 국회 · 정부 또는 법원의 공무원의 직. 3. 법인 · 단체 등의 고문 · 임원 또는 직원의 직"이라고 규정한다.[13)] 이것은 헌법재판의 독립을 보장하기 위한 것이다.

(3) 임기와 신분보장

재판관의 임기는 6년이고, 법률이 정하는 바에 의하여 연임할 수 있다. 재판관의 정년은 70세이다.[14)] 재판관은 정무직으로 하고 그 대우와 보수는 대법관의 예에 따른다.[15)] 헌법은 헌법재판관은 정당에 가입하거나 정치에 관여할 수 없도록 하고, 탄핵 또는 금고 이상의 형의 선고에 의하지 아니하고는 파면

10) 국회법 제65조의2 제2항, 제5항.
11) 헌법 제111조 제2항.
12) 헌법재판소법 제5조 제1항, 제2항.
13) 헌법재판소법 제14조.
14) 헌법재판소법 제7조 제2항.
15) 헌법재판소법 제15조.

되지 아니한다고 규정한다.[16] 헌법재판소법은 파면뿐만 아니라 '그 의사에 반하여 해임되지 않는다'는 내용을 추가한다.[17] 헌법 제106조 제2항은 "법관이 중대한 심신상의 장해로 직무를 수행할 수 없을 때에는 법률이 정하는 바에 의하여 퇴직하게 할 수 있다"라고 규정한다. 하지만, 헌법과 헌법재판소법은 헌법재판관에 대해서는 이와 관련하여 아무런 규정을 두지 않고 있어 헌법재판관에 대해서는 강제퇴직이 인정되지 않는다.

헌법재판소법은 재판관의 임기가 만료되거나 정년이 도래한 경우에는 임기만료일 또는 정년 도래일까지 후임자를 임명해야 하고, 재판관이 임기 중 결원된 경우에는 결원된 날부터 30일 이내에 후임자를 임명해야 한다고 규정한다.[18] 하지만, 현실에서는 이것이 잘 지켜지지 않기도 하였다. 2011년 퇴임한 재판관의 후임으로 국회에서 추천된 재판관 후보자에 대한 선출안이 본회의에서 채택되지 못하여 1년 이상이나 8인의 재판관이 헌법재판을 운영하기도 하였다. 헌법재판소는 국회가 공정한 헌법재판을 받을 권리의 보장을 위해 '상당한 기간'내에 공석인 재판관의 후임자를 선출하여야 할 구체적 작위의무를 부담한다고 하면서도, 후임자를 선출하는 기간에 대해서는 훈시규정으로 판단하고 헌법소원을 각하하였다.[19]

3. 재판관회의

헌법재판소에는 재판관 전원으로 구성하는 재판관회의를 둔다. 헌법재판소장이 재판관회의의 의장이 되며, 회의를 주재하고 의결된 사항을 집행한다. 의장도 의결에서 표결권을 가진다. 재판관회의는 헌법재판소장이 필요하다고 인정하거나 재판관 3인 이상의 요청이 있는 때에 헌법재판소장이 소집한다. 재판관회의는 재판관 7명 이상의 출석과 출석인원 과반수의 찬성으로 의결한다.[20] 재판관회의는 헌법재판소장의 자문기관이나 심의기관이 아니라 의결기관이다. 재판관회의에 회부된 안건은 의결로써 확정되고 그 법적 효력이 발생한다.

16) 헌법 제112조 제2항, 제3항.
17) 헌법재판소법 제8조.
18) 헌법재판소법 제6조 제3항, 제4항.
19) 2014. 4. 24. 2012헌마2.
20) 헌법재판소법 제16조 제1항, 제2항.

재판관회의는 헌법재판소의 운영에 관한 사항을 의결하는데, 헌법재판소법은 “다음 각 호의 사항은 재판관회의의 의결을 거쳐야 한다. 1. 헌법재판소규칙의 제정과 개정, 제10조의2에 따른 입법 의견의 제출에 관한 사항. 2. 예산 요구, 예비금 지출과 결산에 관한 사항. 3. 사무처장, 사무차장, 헌법재판연구원장, 헌법연구관 및 3급 이상 공무원의 임면에 관한 사항. 4. 특히 중요하다고 인정되는 사항으로서 헌법재판소장이 재판관회의에 부치는 사항”이라고 규정한다.[21)]

재판관회의는 전원재판부와 마찬가지로 재판관 전원으로 구성되며, 헌법재판소장이 의장 또는 재판장이 되고, 7인 이상의 출석으로 개의하거나 심리한다. 하지만, 재판관회의는 전원재판부와 법적으로 서로 다른 조직이다. 재판관회의는 헌법재판소의 운영에 관한 중요사항을 의결하는 행정기관이고, 전원재판부는 헌법재판을 심판하는 재판부라는 점에서 차이가 있다.

4. 보조기관

(1) 사무처

헌법재판소는 사무처, 헌법연구관·헌법연구관보·헌법연구위원, 헌법재판연구원을 보조기관으로 두고 있다. 헌법재판소법과 헌법재판소규칙은 이에 대해 자세하게 규정한다.

사무처는 헌법재판소의 행정사무를 처리하는 기관이며, 헌법재판의 심판에는 관여할 수 없다. 사무처에는 사무처장, 사무차장, 실, 국, 과를 둔다. 헌법재판소장은 사무처 공무원을 임면하며, 3급 이상의 공무원의 경우에는 재판관회의의 의결을 거쳐야 한다.[22)] 사무처장은 헌법재판소장의 지휘를 받아 사무처의 사무를 관장하며, 소속 공무원을 지휘·감독한다. 사무처장은 정무직으로 하고, 보수는 국무위원의 보수와 같은 금액으로 한다. 사무처장은 국회 또는 국무회의에 출석하여 헌법재판소의 행정에 관하여 발언할 수 있으며, 헌법재판소장이 행한 처분에 대한 행정소송의 피고가 된다. 사무차장은 사무처장을 보좌하며 정무직 공무원으로 그 보수는 차관의 보수와 같다.[23)]

---

21) 헌법재판소법 제16조 제4항.

22) 헌법재판소법 제16조 제4항, 제17조 제1항, 제3항.

23) 헌법재판소법 제17조 제4항, 제5항, 제6항, 제18조 제2항.

(2) 헌법연구관

헌법연구관은 헌법재판소장의 명을 받아 사건의 심리 및 심판에 관한 조사·연구에 종사한다. 헌법연구관은 특정직 국가공무원으로 헌법재판소장이 재판관회의의 의결을 거쳐 임용한다. 헌법연구관의 임기는 10년이며, 연임할 수 있고, 정년은 60세이다.[24] 헌법연구관을 신규임용하는 경우에는 3년간 별정직 국가공무원인 헌법연구관보로 임용하여 근무하게 한 후, 그 근무성적을 고려하여 헌법연구관으로 임용한다. 헌법연구관보가 근무성적이 불량한 경우에는 재판관회의 의결을 거쳐 면직시킬 수 있다.[25]

헌법연구관의 자격은 판사·검사 또는 변호사의 자격이 있는 사람, 공인된 대학의 법률학 조교수 이상의 직에 있던 사람, 국회, 정부 또는 법원 등 국가기관에서 4급 이상의 공무원으로서 5년 이상 법률에 관한 사무에 종사한 사람, 법률학에 관한 박사학위 소지자로서 국회, 정부, 법원 또는 헌법재판소 등 국가기관에서 5년 이상 법률에 관한 사무에 종사한 사람, 법률학에 관한 박사학위 소지자로서 헌법재판소규칙으로 정하는 대학 등 공인된 연구기관에서 5년 이상 법률에 관한 사무에 종사한 사람이다.[26]

헌법재판소장은 다른 국가기관에 대하여 그 소속 공무원을 헌법연구관으로 근무하게 하기 위해 헌법재판소에의 파견근무를 요청할 수 있으며, 판사와 검사 등이 파견근무하고 있다. 헌법연구관은 헌법적 쟁점과 외국의 사례 등을 검토하여 헌법재판에 중요한 역할을 한다. 헌법재판소에는 헌법연구위원을 둘 수 있으며, 헌법연구위원은 사건의 심리 및 심판에 관한 전문적인 조사·연구에 종사한다. 헌법연구위원은 2급 내지 3급 상당의 별정직 또는 계약직 공무원으로 3년 이내의 범위에서 기간을 정하여 임명한다.[27]

(3) 헌법재판연구원

헌법재판연구원은 헌법 및 헌법재판의 연구와 헌법연구관, 사무처 공무원 등의 교육을 위하여 설치된 기관이다. 헌법재판연구원의 정원은 원장 1명을 포

24) 헌법재판소법 제19조 제1항, 제2항, 제3항, 제4항, 제7항.
25) 헌법재판소법 제19조의2 제1항, 제2항, 제3항, 제4항.
26) 헌법재판소법 제19조 제4항.
27) 헌법재판소법 제19조의3 제1항, 제2항.

함하여 40명 이내로 하고, 원장 밑에 부장, 팀장, 연구관 및 연구원을 둔다.[28] 원장은 헌법재판소장이 재판관회의의 의결을 거쳐 헌법연구관으로 보하거나 1급인 일반직 국가공무원으로 임명한다. 연구관 및 연구원은 헌법연구관, 변호사의 자격이 있는 사람(외국의 변호사 자격을 포함), 학사 또는 석사학위를 취득한 사람으로서 헌법재판소규칙으로 정하는 실적 또는 경력이 있는 사람, 박사학위를 취득한 사람 중에서 헌법재판소장이 보하거나 헌법재판연구원장의 제청을 받아 헌법재판소장이 임명한다.[29]

28) 헌법재판소법 제19조의4 제1항, 제2항.
29) 헌법재판소법 제19조의4 제5항.

제 2 편

일반심판절차

제 1 장 헌법재판의 법원(法源)

제1절 법원(法源)의 유형

1. 헌법, 헌법재판소법, 헌법재판소심판규칙

헌법재판의 제1차적인 법원은 헌법이다. 헌법은 헌법재판소의 구성, 재판관의 임기와 신분보장, 정족수와 같은 헌법재판의 기본적 사항을 규정한다. 이 외에도 제107조 제1항에서 위헌법률심판제청에 대해, 제65조에서 탄핵소추와 결정의 효과에 대해, 제8조 제4항에서 정당해산에 대해 규정한다. 헌법은 헌법재판의 구체적 사항을 법률에 위임하고, 국회가 제정한 헌법재판소법이 헌법재판소의 조직, 운영, 심판절차에 대해 자세하게 규정한다. 헌법재판소법은 심판절차에 대해 일반심판절차와 특별심판절차를 나누어 규정한다. 헌법재판소법은 헌법에서 규정하는 헌법재판에 관한 사항을 위반해서는 안 되고, 그 사항을 구체화하는 것이어야 한다.

헌법은 헌법재판소로 하여금 법률에 저촉되지 아니하는 범위 안에서 규칙을 제정할 수 있도록 규정한다. 헌법재판소법도 개별적인 심판절차에 관한 사항을 규칙에서 정하도록 위임한다. 2021년 12월 현재 헌법재판소는 헌법재판소심판규칙 등 50개의 규칙과 63개의 내규를 제정하여 시행하고 있다. 헌법재판소심판규칙은 헌법재판소법의 위임에 따라 헌법재판소가 자율적으로 규정한 것이다. 따라서 헌법재판의 심판절차에 대해서는 헌법, 헌법재판소법, 헌법재판소심판규칙을 그 순서대로 우선적으로 적용해야 한다.

2. 다른 법률의 준용

헌법재판소법은 헌법재판의 심판절차를 모두 규정하지 않고 민사소송과 같은 다른 재판절차에 관한 규정을 준용하도록 한다. 헌법재판소법 제40조 제1항은 "헌법재판소의 심판절차에 관하여는 이 법에 특별한 규정이 있는 경우를 제외하고는 헌법재판의 성질에 반하지 아니하는 한도에서 민사소송에 관한 법령을 준용한다. 이 경우 탄핵심판의 경우에는 형사소송에 관한 법령을 준용하고, 권한쟁의심판 및 헌법소원심판의 경우에는 행정소송법을 함께 준용한다"라고 규정한다. 형사소송에 관한 법령 또는 행정소송법이 민사소송에 관한 법령에 저촉될 때에는 민사소송에 관한 법령은 준용하지 아니한다.[1)]

법률의 해석과 적용에 있어서 '준용'이란 어떤 사항에 대해 직접 그대로 적용하지 않고, 그와 유사한 사항에 대해 법령을 그 의미에 맞도록 변화시켜 적용하는 것이다. 다양한 법적 영역에서 발생하는 모든 사항을 법률을 제정하여 직접 규율하는 것은 불가능하고, 효율적이지도 않다. 준용은 일반적이고 대표적인 법령을 규정한 다음, 이를 유사한 사항에 대해서도 그 의미에 맞도록 적용하는 입법기술이다.

헌법재판소법은 입법기술적 편의와 경제성을 고려하여 헌법재판의 모든 심판절차에 대해 직접 규정하지 않고 다른 소송법을 준용한다. 헌법재판도 사법작용이어서 다른 소송과 절차법적 원리를 공유하고 있으므로 이미 소송법적 이론이 체계화되고 이를 조문화한 민사소송 등에 관한 법령을 적절하게 활용하자는 것이다. 헌법재판소는 정당해산심판절차에서 민사소송에 관한 법령을 준용하도록 규정한 헌법재판소법 제40조에 대해 이는 정당의 공정한 재판을 받을 권리를 침해하지 않는다고 판단하였다.[2)]

3. 준용되는 다른 소송에 관한 법령

헌법재판에 준용되는 법률은 민사소송에 관한 법령, 행정소송법, 형사소송에 관한 법령이다. 이들 법률은 민사소송, 행정소송, 형사소송에 적용되는 법률인데, 헌법재판소법에 특별한 규정이 있는 경우에는 그 조항을 적용해야 하고,

1) 헌법재판소법 제40조 제2항.

2) 2014. 2. 27. 2014헌마7.

다른 소송에 적용되는 법률을 준용해서는 안 된다. 이들 법률을 준용하는 경우에도 헌법재판의 성질에 반하지 않는 한도에서만 준용할 수 있고, 헌법재판은 그 유형에 따라 서로 다른 특성을 가진다. 헌법재판에 준용되는 법률의 내용과 범위를 확정하기 위해서는 그 법률이 적용되는 다른 소송의 특징을 이해할 필요가 있다.

첫째, 민사소송은 개인들 사이의 권리와 법률관계를 규율하므로 사적 자치를 기초로 한다. 당사자가 소송을 주도하여 소송의 개시·진행·종료를 결정하는 처분권주의를 채택하고, 증거조사에 있어서도 당사자가 제출하고 주장하는 내용에 따르는 변론주의를 채택한다. 법원은 객관적인 지위에서 원칙적으로 당사자의 공격방어에 대해 보충적인 역할을 수행한다. 판결의 효력은 당사자에게만 미치고, 민사집행법의 강제집행절차를 통해 재판의 결과를 강제로 집행할 수 있다. 다만, 민사소송에서도 당사자적격, 제소기간과 같은 소송요건은 공익적 성격을 가지므로 변론주의가 적용되지 않고 법원이 직권으로 조사할 수 있다.

둘째, 행정소송은 공권력을 행사하는 국가기관과 개인의 공법적 분쟁을 해결하는 사법절차로서 민사소송에 비해 공익적 성격이 강하게 반영된다. 행정소송에서도 소의 제기와 종료, 심판대상의 특정은 당사자의 의사에 의해 결정되므로 처분권주의가 적용된다. 다만, 행정소송의 대상이 되는 공법상 권리관계는 당사자가 임의로 처분할 수 없으므로 민사소송에서 인정되는 화해나 인낙은 허용되지 않는다. 또한, 원칙적으로 변론주의가 적용되므로 판결의 기초가 되는 사실과 그에 대한 자료는 당사자가 변론에 현출해야 하고, 변론에 나타나지 않은 사실에 대해서는 판단할 필요가 없다.

행정소송에서는 그 공익적 성격을 고려하여 직권탐지주의를 반영한다. 법원은 직권으로 증거조사를 할 수 있고, 필요하다고 인정할 때에는 당사자가 주장하지 아니한 사실에 대하여도 판단할 수 있다.[3] 그렇다고 법원이 반드시 직권으로 증거를 조사해야 하거나 당사자가 주장하지 아니한 사실까지 무제한으로 판단할 수 있다는 의미는 아니다. 원고의 청구가 이유 있다고 인정하는 경우에도 처분 등을 취소하는 것이 현저히 공공복리에 적합하지 아니하다고 인정하는 때에는 법원은 원고의 청구를 기각하는 사정판결을 할 수도 있다.[4]

행정소송은 재판을 실효적으로 확보하기 위해 특별히 판결의 효력을 강화

3) 행정소송법 제26조.

4) 행정소송법 제28조.

한다. 처분 등을 취소하는 확정판결은 제3자에 대해서도 효력이 있고, 그 사건에 관하여 당사자인 행정청뿐만 아니라 다른 관계행정청도 기속한다.[5] 행정청이 상당한 기간 동안 판결의 기속력에 따른 처분을 하지 아니하는 경우에는 그 지연기간에 따라 일정한 배상을 할 것을 명하거나 즉시 손해배상을 할 것을 명할 수 있도록 하여 간접적으로 판결의 이행을 강제한다.[6]

셋째, 형사소송은 범죄에 대해 국가형벌권을 실현하는 것으로 사적 자치보다 공적 이익을 우선적으로 고려하며, 실체적인 진실을 발견하고 피고인의 방어권을 보장하는 것을 목적으로 한다. 형사소송은 검사의 공소제기로 시작되며 소송절차에서 직권주의와 당사자주의를 적절하게 배합하고 있다. 증거조사에 있어서는 법원이 적극적으로 관여할 수 있는 직권탐지주의를 채택하며 엄격한 증거에 의해서만 유죄판결을 선고할 수 있다. 유죄의 판결에 대해서는 국가가 직접 강제력을 갖고 집행한다.

제2절 준용의 기준과 한계

1. 헌법재판의 특징을 고려

헌법재판에 다른 법령을 준용하기 위해서는 헌법재판이 다른 일반재판과 구별되는 특징을 이해해야 한다. 헌법재판은 일반재판과 마찬가지로 사법작용이지만, 그 심판절차와 효력에서 차이가 있으므로 헌법재판의 특징을 반영하여 그 의미에 맞도록 다른 법령을 준용해야 한다. 헌법재판은 민사소송, 행정소송, 형사소송과 비교하여 다음과 같은 특징을 가진다.

헌법재판은 일반재판의 다른 소송에 비해 권리구제를 위한 주관소송의 성격보다 헌법질서를 수호하기 위한 객관소송의 성격이 강하다. 헌법재판에서는 국가기관이 당사자가 되는 경우가 많고, 심판절차에서는 직권주의를 채택하여 헌법재판의 목적을 달성하기 위한 범위에서 당사자의 주장에 기속되지 않고 직권으로 심판절차를 진행할 수 있다. 증거조사에 있어서도 직권탐지주의를 채택하여 당사자가 제시하지 않은 증거를 통해 사실관계를 확정할 수도 있다. 헌법재판

5) 행정소송법 제29조, 제30조.

6) 행정소송법 제34조 제1항.

에서는 패소자가 소송비용을 부담하는 민사소송과 달리 국가가 소송비용을 부담하고, 사인이 당사자가 되는 헌법재판에서는 변호사강제를 적용하여 변호사만 소송대리를 할 수 있도록 제한한다. 재판부는 적법요건을 완화하여 헌법질서의 유지를 위해 필요한 경우에는 본안판단을 할 수 있는 범위를 확대하기도 한다.

헌법재판은 종국결정의 효력에 있어서 다른 소송과 크게 차이가 난다. 헌법재판은 최종적 심판으로 더 이상 불복할 수 없이 선고와 함께 확정되는데, 헌법재판소는 국가작용에 대해 위헌성을 확인할 수 있을 뿐, 스스로 종국결정을 직접 강제적으로 집행할 수단이 없다. 다른 국가기관을 대상으로 종국결정을 강제로 집행하는 것은 그 국가기관의 권한을 침해하여 권력분립의 원칙에 위반되기 때문이다.

헌법재판의 종국결정은 일사부재리에 따라 불가변력, 불가쟁력, 기판력을 가지고, 선례구속력도 갖는다. 특히, 개별적 헌법재판에서는 특정한 종국결정에 대해 특별한 효력을 부여한다. 즉, 탄핵심판에서 탄핵결정이나 정당해산심판에서 해산결정과 같이 종국결정이 직접 법률효과를 발생시키는 형성력을 부여하고, 법률의 위헌결정, 권한쟁의심판의 결정, 헌법소원의 인용결정에는 기속력을 부여하여 다른 국가기관과 지방자치단체를 구속한다. 위헌결정이 선고된 법률은 법규적 효력이 인정되어 그 결정이 있는 날부터 일반적으로 그 효력을 상실하게 된다.

2. 총괄적 준용

헌법재판소법은 모든 심판절차에서 일반적으로 민사소송에 관한 법령을 준용하고, 탄핵심판의 경우에는 형사소송에 관한 법령을 준용하고, 권한쟁의심판 및 헌법소원의 경우에는 행정소송법을 함께 준용한다. 이를 총괄적 준용이라고 한다. 탄핵심판에서는 형사소송에 관한 법령이, 권한쟁의심판과 헌법소원에서는 행정소송법이 각각 민사소송에 관한 법령에 대해 특별법적 성격을 가지고 우선적으로 준용된다. 다만, 형사소송에 관한 법령 또는 행정소송법이 민사소송에 관한 법령에 저촉될 때에는 민사소송에 관한 법령은 준용하지 아니한다.

민사소송은 개인들 사이의 사적 영역에서 법적 분쟁을 해결함으로써 개인의 권리를 보호하는 절차로서 역사적으로 가장 먼저 법규범으로 체계화되었다. 형사소송, 행정소송, 가사소송과 같은 다른 소송은 민사소송에 관한 법령을 기본으로 하면서 각 소송의 특성을 반영하여 분화되었다. 민사소송에 관한 법령은 소송에 관한 일반법의 성격을 가지며, 다른 소송에 관한 법령은 원칙적으로 민사소송에 관한 법령을 준용한다. 헌법재판에서도 헌법재판소법이 직접 규정하는 것을 제외하고는 원칙적으로 민사소송에 관한 법령을 준용한다. 탄핵심판의 경우에는 형사소송에 관한 법령을 준용하고, 권한쟁의심판과 헌법소원의 경우에는 행정소송법을 함께 준용한다. 소송절차에 있어서는 민사소송법이 일반법이고, 형사소송법과 행정소송법은 특별법적 성격을 가진다. 헌법재판은 민사소송은 물론 형사소송과 행정소송에 대해 특별법적 성격을 가진다고 할 수 있다.

탄핵심판은 고위공직자가 그 직무집행에 있어서 헌법이나 법률에 위배한 경우에 파면하여 그 직무에서 배제하는 헌법재판이다. 탄핵심판에서 형사소송에 관한 법령을 준용하는 것은 심판절차에서 실체적 진실을 규명하고 피소추인의 방어권을 보장할 필요가 크다는 점에서 형사소송과 유사하기 때문이다. 탄핵심판에서는 민사소송에 관한 법령과 형사소송에 관한 법령을 함께 준용하는데, 형사소송에 관한 법령이 민사소송에 관한 법령에 저촉될 때에는 민사소송에 관한 법령을 준용하지 않으므로 형사소송에 관한 법령을 우선적으로 준용한다.

권한쟁의심판과 헌법소원에서는 행정소송법을 준용한다. 권한쟁의심판은 국가기관이나 지방자치단체의 권한쟁의에 관한 심판으로 행정소송법이 규정하는 국가 또는 공공단체의 기관상호간 권한의 존부 또는 그 행사에 관한 다툼을 대상으로 하는 기관소송과 유사하다. 헌법소원은 공권력의 행사 또는 불행사로 인하여 기본권이 침해된 때 이를 구제하는 헌법재판으로 행정청의 처분 등이나 부작위에 대해 제기하는 항고소송과 유사하다. 이때에도 행정소송법을 우선적으로 준용하고, 민사소송에 관한 법령은 보충적으로만 준용한다.

3. 개별적 준용

헌법재판소법은 일반심판절차의 특정한 사항에 대해서는 다른 법률의 개별조항을 준용하기도 한다. 예를 들어, 제24조 제6항에서 "당사자의 제척 및 기피신청에 관한 심판에는 민사소송법 제44조, 제45조, 제46조 제1항, 제2항 및 제48조를 준용한다"라고 규정한다. 또한, 위헌법률심판절차에 관하여 제41조 제3항에서 "제2항의 신청서면의 심사에 관하여는 민사소송법 제254조를 준용한다"라고 규정한다. 이를 개별적 준용이라고 한다. 헌법재판소법은 다른 법령을 총괄적으로 준용하는 경우와 특정한 사항에 대해 다른 법률조항을 개별적으로 준용하는 경우를 모두 규정한다.

헌법재판소법이 특정한 사항에 대해 개별조항을 준용하도록 규정하는 경우에는 그 범위에서 총괄적 법령의 준용을 배제할까. 헌법재판소법은 헌법재판의 유형에 따라 그 특성을 고려하여 다양한 방식으로 특정한 사항에 대해 다른 법률의 개별조항을 준용하도록 규정한다. 개별적 준용은 총괄적 준용에 대해 특별법적 성격을 가지므로 헌법재판소법이 개별적 준용을 규정하는 특정한 사항에 대해서는 원칙적으로 총괄적 준용이 배제되는 것으로 해석할 수 있다. 하지만, 국회가 개별적 준용을 규정하더라도 총괄적 법령의 준용을 무조건적으로 배제하는 것은 아니다. 특정한 사항에 대한 개별적 준용을 강조하기 위한 경우도 있고, 개별적 준용만으로 입법공백을 해결할 수 없는 경우도 있다. 이때에는 개별적 준용을 하더라도 그와 모순되지 않는 범위에서는 총괄적 준용을 할 수 있으므로 개별적 준용이 총괄적 준용을 배제하는 것으로 해석해서는 안 된다. 헌법재판의 유형과 그 특성에 따라 개별적 준용의 입법취지와 총괄적 준용의 필요성을 고려하여 구체적으로 준용하는 내용과 범위를 결정해야 한다.

4. 준용의 한계

헌법재판에서 민사소송 등 다른 재판절차에 관한 법령을 준용하는 경우에도 일정한 한계가 있다. 헌법, 헌법재판소법, 헌법재판소심판규칙에서 특별히 규정하는 사항에 대해서는 준용할 수가 없고, 준용할 필요도 없다. 예를 들어, 헌법재판소법 제24조 제1항은 재판관의 제척사유를 직접 규정하고 있는데, 이때에는 민사소송법 제41조나 형사소송법 제17조의 제척사유를 준용할 수 없다. 헌법재판소법 등이 직접 규정하는 것은 다른 법령의 준용을 배제한다는 의미를 담고 있기 때문이다.

헌법재판에 준용되는 법령은 헌법재판의 성질에 반하지 아니하는 한도에서만 준용할 수 있다. 헌법재판의 성질에 반하는 경우에도 다른 법령을 준용하는 것은 헌법재판을 왜곡할 수 있기 때문이다. 헌법재판의 성질에 반하지 아니하는 경우란 다른 절차법의 준용이 헌법재판의 고유한 성질을 훼손하지 않는 경우를 말하고, 이는 헌법재판소가 개별적 사안에서 구체적 사실관계와 법령의 내용 등을 종합적으로 고려하여 판단한다.[7] 헌법재판소가 어떤 법령을 준용할

7) 2014. 2. 27. 2014헌마7.

수 있는지, 어떤 범위에서 준용할 것인지를 결정하는 것은 쉬운 일이 아니다. 특히, 총괄적 준용규정에 따를 경우에는 구체적인 범위를 확정하기 어렵다. 헌법재판소는 헌법재판의 유형에 따라 그 기능, 목적, 효과 등을 종합적으로 고려하여 결정해야 한다.

제3절 법해석을 통한 보충

1. 필요성

헌법재판소가 심판절차에서 적용할 법령이 없고, 다른 법령을 준용할 수도 없는 경우도 있다. 이때 법령의 부재를 이유로 헌법재판을 거부할 수 없으므로 헌법재판소는 스스로 재판절차에 대한 규범을 창설할 수도 있다. 헌법재판소는 다른 소송에 관한 법령을 유추적용하거나 적법절차의 원칙, 신뢰보호의 원칙, 공정한 재판의 실현 등과 같은 헌법과 소송법의 일반원리에 따라 자율적으로 재판절차를 창설할 수 있다.[8] 헌법재판에서 다른 법령의 준용이 배제되어 법률의 공백이 생기는 경우에는 헌법재판의 목적과 취지에 맞는 절차를 창설하여 실체적 진실을 발견하고 이에 근거하여 헌법정신에 맞는 결론을 도출하는 것은 헌법이 헌법재판소에 부여한 고유한 권한이자 의무이다.[9]

2. 한계

헌법재판소가 심판절차에 관한 규범을 창설할 수 있다고 하더라도 필요에 따라 임의적으로 창설할 수 있는 것은 아니다. 헌법재판소법은 헌법재판의 절차에 대해 자세하게 규정하지 않고 다른 법령을 준용하도록 하면서도 헌법재판의 특성을 반영해야 할 경우에는 필요한 사항을 직접 별도로 규정한다. 헌법재판소는 우선적으로 헌법과 법률의 해석을 통해 심판절차에서 관련 법령을 적용해야 한다. 헌법재판소가 예외적으로 심판절차를 창설하는 것은 법령해석을 통한 적용이 불가능할 경우에만 허용된다. 헌법재판소는 재판절차에서 유추할 수

8) 김하열, 헌법소송법, 95면; 허영, 헌법소송론, 128면.
9) 2014. 2. 27. 2014헌마7.

있는 범위에서만 자율적으로 심판절차를 창설할 수 있을 뿐, 이를 넘어 새로운 관할을 창설하는 것과 같이 완전히 새로운 절차를 창설할 수는 없다.[10)]

헌법재판소법은 헌법재판의 주문에 대해 그 형식과 표시에 대해 아무런 규정을 두지 않고 있다. 헌법재판소는 종국결정의 주문으로 헌법불합치와 같은 변형결정을 할 필요가 있지만, 이에 대해 준용할 다른 법령도 없어 종국결정의 유형으로 변형결정을 창설하였다.[11)] 헌법재판소는 이와 같이 예외적인 경우에만 자율적으로 재판절차를 창설할 수 있다. 하지만, 헌법재판소가 위법하거나 부당하게 재판절차를 창설하는 것에 대해서는 이를 통제할 적절한 수단이 없다는 문제가 있다. 헌법재판은 최종적으로 헌법을 해석하고 적용하는 재판이기 때문이다. 헌법재판소가 스스로 엄격하게 자제하는 것에 의존할 수밖에 없지만, 헌법재판이 법치국가와 권력분립의 원칙에 어긋나지 않도록 이를 합리적으로 통제하는 것이 중요한 과제이다.

제4절 헌법재판의 절차법적 원리

1. 객관소송의 특징을 반영

소송에 대한 절차법적 원리는 소송물의 처분, 사실관계의 주장, 증거에 관한 자료제출 등에 대해 규율한다. 소송물의 처분과 같은 절차의 주도권의 귀속에 대해서는 처분권주의와 직권주의가 규율한다. 처분권주의란 소송의 개시, 심판범위, 종료에 대해 당사자에게 주도권을 인정하여 그 처분에 맡기는 것을 말한다. 법원이 그 주도권을 가지는 직권주의에 대응된다. 소송자료의 수집과 제출에 대한 책임에 대해서는 변론주의와 직권탐지주의가 규율한다. 변론주의란 당사자가 수집하여 변론에서 제출하는 소송자료만을 재판의 기초로 삼는 것을 말한다. 법원이 직권으로 사실과 증거에 관한 소송자료를 수집하는 책임을 지는 직권탐지주의에 대응된다.

처분권주의와 변론주의는 사적 자치를 기초로 하고, 직권주의와 직권탐지주의는 공적 이익의 실현에 바탕을 둔다. 일반적으로 민사소송, 행정소송, 형사

10) 정종섭, 헌법소송법, 208면.
11) 1989. 9. 8. 88헌가6.

소송, 헌법소송의 순서로 주관소송의 성격이 약화되고, 객관소송의 특성이 강화된다. 민사소송에서는 처분권주의와 변론주의를 원칙으로 하고, 행정소송에서는 처분권주의와 변론주의를 원칙으로 하면서 직권탐지주의를 반영하고, 형사소송에서는 직권주의와 직권탐지주의를 원칙으로 한다.

헌법재판에 관한 법령을 해석하고 적용할 때에는 헌법재판에 대한 절차법적 원리에 따라야 한다. 헌법재판은 개인의 권리구제를 위한 주관소송의 성격보다 헌법질서를 수호하기 위한 객관소송의 특징을 강하게 가진다. 헌법재판에는 이러한 특징을 반영하여 절차법적 원리를 확정해야 한다.

2. 직권주의의 강화와 직권탐지주의

헌법재판에서는 처분권주의를 인정하면서도 직권주의를 적극적으로 반영한다. 헌법재판의 개시에 있어서는 처분권주의가 적용되지만, 심판대상의 범위와 소송의 종료에 있어서는 직권주의를 적극적으로 적용한다. 재판부는 청구서의 송달, 기일의 지정, 당사자소환과 같은 심판절차를 주도하며 소송지휘권도 행사한다. 헌법재판소는 심리에 있어서 청구인의 청구서에 기재된 피청구인이나 청구취지에 구애되지 않고 청구인의 주장요지를 종합적으로 검토하여 직권으로 조사할 수 있다. 처분권주의와 직권주의가 적용되는 구체적인 범위와 정도는 헌법재판의 유형에 따라 차이가 있다.

헌법재판에서는 직권탐지주의를 적용한다. 재판부가 직권으로 사실과 증거를 수집하여 사실관계를 확정할 책임이 있다. 당사자가 주장·수집하여 제출하지 않은 소송자료도 직권으로 수집하여 재판의 기초로 삼을 수 있다. 하지만, 당사자도 필요한 증거서류나 참고자료를 제출할 수 있고, 증거조사도 신청할 수 있어 사실관계의 확정에서 일정한 역할을 할 수 있다. 재판부는 보정요구에 대한 답변서의 제출, 변론에서의 소환과 진술 등 일정한 경우에는 당사자에게 재판절차에 협력할 권한과 의무를 부과할 수도 있다.

3. 증명책임

헌법재판에서 직권탐지주의를 적용하더라도 증명이 필요한 사실이나 권리관계에 대해 최종적으로 아무런 증거가 없는 경우에는 이를 주장하는 당사자에게 불이익이 귀속될 수밖에 없다. 이것은 재판절차에서 적용되는 일반적인 절차법적 원리이기도 하다. 헌법재판소는 국가기관이 수사기록의 열람복사의 신청을 거부하였다는 이유로 헌법소원을 청구한 당사자가 그 입증자료를 제출하지 못한 경우에는 당사자의 열람복사에 대한 거부처분이 있었음을 인정할 수 없다고 판단하였다.[12)]

헌법재판에서 기본권의 침해여부를 판단하는 경우에는 객관적 증명책임을 청구인에게 부과할 수는 없다고 해석해야 한다. 즉, 청구인은 공권력에 의해 기본권이 제한되었다는 것만 증명하면 충분하고, 기본권이 침해되었음을 증명해야 하는 것이 아니다. 공권력의 주체인 국가기관이 기본권의 제한이 헌법적으로 정당화된다는 것을 증명해야 한다. 개인의 기본권은 헌법에 의해 보장되고, 그 제한은 예외적으로만 정당화되기 때문에 공권력의 주체가 기본권의 침해가 아니라는 것을 증명해야 한다.

4. 전자헌법재판

헌법재판소법은 '제5장 전자정보처리조직을 통한 심판절차의 수행'에서 전자헌법재판을 규정한다. 이것은 헌법재판의 심판절차에서 제출, 생성, 관리되는 문서를 전자문서로 대체하고, 각종 서류를 전자정보처리조직을 통해 접수, 서명, 송달 등 처리하는 심판절차이다. 이것은 헌법재판의 심판절차를 보다 효율적으로 운용하고 국민이 편리하게 심판절차를 이용할 수 있도록 하기 위한 것이다.

헌법재판소는 홈페이지에 전자헌법재판센터를 구축하여 전자문서의 작성, 제출, 송달, 조회, 출력 등을 지원하는 인터넷 활용공간을 마련하였다. 헌법재판소는 2010년 3월 1일부터 전자접수를 전면적으로 시행하고 있고, 국민들이 인터넷을 통해 사건의 접수, 송달문서 확인, 사건기록열람 등의 서비스를 제공받도록 하고 있다. 2021년에는 영상재판제도를 도입하여 당사자나 조사대상자가 심판정에 출석하기 어려운 경우에는 당사자의 동의를 받아 화상장치를 통해 심판준비절차를 진행하거나 조사기일을 열 수 있도록 하였다.

---

12) 1992. 4. 14. 90헌마145.

제2장 재 판 부

제1절 재판부의 종류

1. 전원재판부

헌법재판을 관장하는 재판부에는 전원재판부와 지정재판부가 있다. 헌법재판은 원칙적으로 재판관 전원으로 구성되는 재판부에서 관장하며, 이를 지정재판부와 구별하여 전원재판부라고도 한다. 재판부의 재판장은 헌법재판소장이 되며, 심판정의 질서와 변론을 지휘하고 평의의 정리를 담당한다. 재판부는 재판관 7인 이상의 출석으로 사건을 심리하며, 종국심리에 관여한 재판관 과반수의 찬성으로 결정한다. 다만, 법률의 위헌결정, 탄핵의 결정, 정당해산의 결정, 헌법소원에 관한 인용결정을 하는 경우, 종전에 헌법재판소가 판시한 헌법 또는 법률의 해석·적용에 관한 의견을 변경하는 경우에는 재판관 6인 이상의 찬성이 있어야 한다.[1)]

2. 지정재판부

헌법재판소장은 재판관 3인으로 구성되는 지정재판부를 두어 헌법소원의 사전심사를 담당하게 할 수 있다. 현재 3개의 지정재판부를 두고 있다. 지정재판부는 헌법소원사건을 처리하기 위해서만 설치할 수 있으며, 심판청구의 남용을 방지하고 소송경제를 확보하기 위한 것이다. 지정재판부는 헌법소원의 적법요건을 사전에 심사하여 재판관 3인의 일치된 의견으로 헌법소원의 심판청구를 각하한다. 지정재판부가 각하결정을 하지 아니하는 경우에는 결정으로 헌법

1) 헌법 제113조 제1항, 헌법재판소법 제23조 제2항.

소원을 재판부의 심판에 회부해야 한다. 헌법소원의 청구 후 30일이 지날 때까지 각하결정이 없는 때에는 심판에 회부하는 결정이 있는 것으로 본다.[2)]

제2절 재판관의 제척 · 기피 · 회피

1. 규범적 의미

헌법재판은 공정하게 이루어져야 한다. 헌법재판소의 결정은 최종적이어서 더 이상 다툴 방법이 없고, 당사자의 주관적 권리를 보호할 뿐만 아니라 객관적 헌법질서를 수호하는 것이므로 그 파급효과가 매우 크다. 재판관이 당해 심판사건과 특별하게 관련되는 경우에는 헌법재판의 공정성과 독립성을 보장하기 어렵다. 이때에는 그 재판관을 심판절차에서 배제해야 한다. 헌법재판소법은 재판관의 제척 · 기피 · 회피에 관한 제도를 규정하고 있는데, 헌법재판의 특성을 고려하여 해석해야 한다.

헌법재판은 객관소송의 성격이 강하고, 국가기관이 당사자인 경우가 많아 일반재판에 비해 재판관과 당사자의 특별한 이해관계가 작용할 가능성이 적다. 전원재판부가 1개뿐이어서 재판부를 교체할 수도 없고 재판관의 궐위나 사고에 대비하여 예비재판관을 두고 있는 것도 아니다. 재판관이 제척 등으로 배제되면, 재판부 구성원의 수가 줄어들게 된다. 재판관 6인 이상의 찬성을 필요로 하는 법률의 위헌결정 등은 더욱 어렵게 되며, 재판관 3인 이상이 재판에서 배제되면 심판정족수가 미달되어 심리 자체가 불가능하게 된다. 따라서 재판관의 제척 등의 사유에 대해서는 보다 엄격하게 제한적으로 해석하여 헌법재판이 정상적으로 진행될 수 있도록 하는 것이 필요하다.[3)]

2) 헌법재판소법 제72조 제4항.

3) 김하열, 헌법소송법, 101～102면.

2. 제척

(1) 사유

재판관의 제척이란 공정한 헌법재판이 이루어질 수 있도록 특정한 사건의 당사자 또는 사건의 내용과 특수한 관계를 가진 재판관을 그 직무의 집행에서 배제하는 것을 말한다. 헌법재판소법 제24조 제1항은 "재판관이 다음 각 호의 어느 하나에 해당하는 경우에는 그 직무집행에서 제척된다. 1. 재판관이 당사자이거나 당사자의 배우자 또는 배우자였던 경우 2. 재판관과 당사자가 친족관계이거나 친족관계였던 경우 3. 재판관이 사건에 관하여 증언이나 감정을 하는 경우 4. 재판관이 사건에 관하여 당사자의 대리인이 되거나 되었던 경우 5. 그 밖에 재판관이 헌법재판소 외에서 직무상 또는 직업상의 이유로 사건에 관여한 경우"라고 규정한다.

제척은 공정한 재판을 보장하기 위한 것이므로 제척사유는 실질적으로 공정한 재판을 해칠 우려가 있는지 여부를 기준으로 판단해야 한다. 제척사유에서 규정하는 '당사자'에는 청구인과 피청구인뿐만 아니라 실질적으로 이해관계가 있는 사람도 포함된다. 규범통제형 헌법소원의 청구인도 당사자에 포함된다. '친족관계'는 민법 제777조에 따라 재판관과 8촌 이내의 혈족, 4촌 이내의 인척을 의미하며, '대리인'에는 소송대리인과 법정대리인이 모두 포함된다. 다만, 법무법인의 소속변호사로 재직하였지만, 담당변호사로 사건에 관여하지 않은 경우에는 제척사유에 해당하지 않는다.[4)]

헌법재판소법 제24조 제1항 제3호와 제4호의 '사건'에는 헌법재판이 계속 중인 당해사건뿐만 아니라 당해사건의 직접적 계기가 되는 전제적 사건도 포함된다. 이러한 사건에서도 재판관이 관여한 경우에는 공정한 재판을 해칠 우려가 있기 때문이다. 하지만, 제5호의 '사건'은 헌법재판이 계속 중인 당해사건만 의미하고, 다른 사건인 경우에는 법적 쟁점이 동일하더라도 그 범위를 지나치게 확장해서는 안 되므로 그 사건에 포함되지 않는다.[5)] 따라서 헌법재판에서 가처분에 대한 결정과 같이 재판절차의 일부를 담당한 것은 제척사유에 해당되지 않는다. 위헌법률심판에서 재판관이 심판대상인 법률의 입법과정에 참여하

4) 김하열, 헌법소송법, 104면.

5) 2006. 7. 27. 2005헌사819.

거나 당해사건과 관련된 중요한 법적 쟁점에 대해 학문적 견해를 표명한 경우도 마찬가지다.[6)]

(2) 절차

(가) 직권 또는 당사자의 신청

재판부는 직권 또는 당사자의 신청에 의해 제척여부를 결정한다. 제척은 법정요건이므로 재판부가 직권으로 제척사유가 있는지 여부를 조사해야 하며, 당사자의 신청은 직권발동을 촉구하는 의미를 가진다. 당사자가 제척신청을 한 경우에는 민사소송법을 준용하여 당사자는 그 이유를 밝혀 신청해야 하고, 신청한 날부터 3일 이내에 그 이유와 소명방법을 서면으로 제출해야 한다. 제척신청의 대상이 된 재판관은 그 결정에 관여하지 못한다. 다만, 제척신청에 대해 의견서를 제출할 수 있고, 다른 재판관의 제척여부의 결정에는 관여할 수 있다.[7)] 제척신청은 재판부에 신청하지만, 수명재판관에 대해서는 그 재판관에게 이유를 밝혀 신청한다. 헌법소원이 청구되어 지정재판부에 계속 중인 때에는 지정재판부에 신청한다. 재판부는 제척신청이 있는 경우에는 그 재판이 확정될 때까지 소송절차를 정지해야 한다. 다만, 제척신청이 각하된 경우 또는 종국결정을 선고하거나 긴급을 필요로 하는 행위를 하는 경우에는 정지하지 않는다.

재판부는 제척신청이 그 방식과 절차를 위반한 경우, 소송지연을 목적으로 하는 것이 분명한 경우, 해당 재판관의 퇴임 등으로 신청이익이 없는 경우에는 신청을 각하한다. 제척사유가 있다고 인정되면 제척결정을 하고, 해당 재판관은 직무집행에서 배제된다. 제척사유가 없다고 판단하면 기각결정을 한다. 헌법재판소는 제척사유가 인정되지 않는 경우에 기각결정뿐만 아니라 각하결정을 하는 사례가 많은데,[8)] 제척사유에 대해 본안판단을 하는 것이므로 기각결정을 하는 것이 옳다. 제척신청에 대해 결정하면 결정서 정본을 신청인에게 송달해야 하고, 신청인은 제척여부의 결정에 대해 불복할 수 없다.

(나) 지정재판부의 제척결정 여부

지정재판부도 제척결정을 할 수 있을까. 지정재판부의 재판관도 당해사건과 특별한 관계가 있으면 공정한 재판을 기대하기 어렵다. 지정재판부의 재판관도

6) 김하열, 헌법소송법, 105~106면.

7) 민사소송법 제44조, 제45조, 제46조 제1항, 제2항, 제48조.

8) 2006. 7. 27. 2005헌사819등.

사전심사에만 참여하는 것이 아니라 전원재판부를 구성하므로 제척대상이 된다. 지정재판부에서 제척결정을 인정하게 되면, 그 사건이 전원재판부로 회부된 이후에도 제척된 재판관은 직무집행에서 배제된다. 이는 전원재판부의 제척결정권을 침해하게 되므로 제척에 대한 결정은 전원재판부에서 하는 것이 타당하다.[9)]

지정재판부는 헌법소원의 적법요건에 대해서만 심사하여 재판관 전원의 일치된 의견으로만 각하결정을 할 수 있는데, 이때 재판관 전원은 재판관 3인이라고 해석해야 하므로 지정재판부가 제척결정을 할 수 없다. 지정재판부에 제척신청이 제기된 경우에는, 지정재판부가 헌법소원에 대해 각하결정을 하지 않으면 사건을 전원재판부로 회부하고, 전원재판부에서 제척결정을 해야 한다. 청구인이 지정재판부에 소속되지 않은 재판관에 대해 제척신청을 한 경우, 지정재판부는 그 사건을 각하하면서 제척신청에 대해서도 이를 유지할 실익이 없다는 이유로 각하할 수는 있다.[10)]

(3) 효과

제척사유가 있으면 재판관은 당연히 해당 사건에 대한 직무집행에서 배제된다. 재판관에 대한 제척사유는 법정요건이므로 당연히 법적 효과가 발생하며, 재판부의 제척결정은 단지 확인적 의미를 가질 뿐이다. 제척사유가 있는 재판관이 직무집행에서 배제되지 않은 상태에서 재판부가 내린 결정은 유효할까. 민사소송에서는 '판결에 관여할 수 없는 법관의 관여'에 대해서는 재심사유로 규정하는데,[11)] 헌법재판에서도 제척사유가 있는 재판관이 제척되지 않고 심판에 관여한 경우에는 당연히 무효가 되는 것이 아니라 재심사유에 해당한다고 해석된다.[12)]

동일한 사건에서 3인 이상의 재판관에게 제척사유가 있는 경우에는 어떻게 될까. 3인 이상의 재판관을 직무집행에서 배제하면 심판정족수가 부족하여 헌법재판을 할 수 없게 된다. 이때에는 의사정족수가 부족하여 어떠한 결정도 할 수 없고, 그렇다고 헌법재판을 포기할 수도 없다. 제척사유가 있는 재판관을 포함시키는 것은 헌법재판의 공정성을 해치게 되므로 헌법재판소가 심판절차에 대한 법규범을 창설하여 심판정족수의 예외를 인정하여 나머지 재판관만으

9) 정종섭, 헌법소송법, 198면.
10) 2015. 7. 7. 2015헌사669.
11) 민사소송법 제451조.
12) 김하열, 헌법소송법, 107면; 정종섭, 헌법소송법, 199면.

로 심판해야 할 것이다. 이러한 입법공백의 상태를 대비하여 예비재판관을 두는 것이 타당하다는 견해도 있지만,[13] 헌법재판에서 재판관 1인의 비중이 막중하다는 점을 고려할 때 예비재판관의 구성과 운영을 통해 재판관 공백의 문제를 실효적으로 해결하기는 어렵다고 판단된다.[14]

3. 기피

(1) 사유

재판관의 기피란 당사자의 신청에 의해 제척 이외의 사유로 공정한 헌법재판을 기대하기 어려운 재판관을 직무집행에서 배제하는 것을 말한다. 기피는 제척사유에 해당하지 않는 경우에도 공정한 심판을 기대하기 어려운 사유가 있는 경우에 인정되므로 제척을 보충하여 재판의 공정성을 보장한다. 기피사유는 공정한 심판을 기대하기 어려운 사유인데, 이는 비정형적이어서 구체적 사건마다 개별적으로 판단할 수밖에 없다. 기피사유는 통상인의 판단으로 재판관에게 공정한 재판을 기대하기 어려운 객관적인 사정이 있는 경우이며, 당사자가 주관적인 의혹을 제기하는 것만으로는 부족하다.[15]

재판관이 신청인이 이전에 제기한 헌법소원 등을 각하하거나 기각하였다는 것만으로는 기피사유에 해당되지 않고,[16] 재판관이 과거에 판사 또는 검사로 재직하면서 처리한 사건에 불만이 있거나 불기소처분에 대한 헌법소원에서 검사로 재직하였다는 것도 심판의 공정을 기대하기 어려운 객관적 사정이 있었다고 할 수 없다.[17] 재판관이 다른 헌법재판에서 당사자에 관한 사건을 처리하였다는 사실도 기피사유에 해당되지 않는다.

(2) 절차와 효과

재판관에 대한 기피신청에 있어서도 제척과 마찬가지로 민사소송법을 준용한다. 재판부는 기피신청에 대해 결정하며, 기피신청을 받은 재판관은 그 재

13) 정종섭, 헌법소송법, 202면.
14) 정재황, 헌법재판론, 57~58면.
15) 정종섭, 헌법소송법, 199면; 대법원 1992. 12. 30. 92마783.
16) 2002. 2. 28. 2002헌사85.
17) 2001. 8. 23. 2001헌사309.

판에서 의견을 진술할 수 있지만, 기피신청에 대한 심판에는 관여하지 못한다. 기피신청의 방법, 제한, 소송절차의 정지와 예외, 기피신청에 대한 재판과 결정 등도 제척의 경우와 마찬가지이다. 다만, 제척과는 다음과 같은 차이점이 있다.

첫째, 기피는 반드시 당사자의 신청에 의해 결정한다. 제척은 직권이나 당사자의 신청으로 재판부가 그에 관해 결정한다. 제척은 사유가 있으면 그 자체로 법적 효과가 발생하고, 당사자의 신청은 직권발동을 촉구하는 의미가 있을 뿐이다. 당사자의 신청에 대한 제척결정은 확인적 효력이 있다. 한편, 기피는 당사자의 신청에 대해 재판부가 결정함으로써 비로소 법적 효과가 발생하므로 형성적 효력이 있다. 따라서 기피결정은 해당 재판관이 그 전에 행한 직무상 행위의 효력에는 영향을 미치지 않는다. 기피는 당사자의 신청에 의해 결정되므로 위헌법률심판에서는 기피가 허용되지 않는다.[18]

둘째, 제척신청에는 시간적 제한이 없지만, 기피신청에는 시간적 제한이 있다. 당사자가 일단 변론기일에 출석하여 본안에 관한 진술을 한 때에는 더 이상 기피신청을 할 수 없다.[19] 이때에는 당사자가 기피신청권을 포기한 것으로 간주하는 것이다. 이는 당사자가 자의적으로 기피를 이용하는 것을 금지하고, 신속한 재판을 보장하기 위한 것이며, 이것이 당사자의 재판청구권을 침해하는 것은 아니다.[20]

셋째, 당사자는 동일한 사건에 대해 2명 이상의 재판관을 기피할 수 없다. 양 당사자가 있을 경우에는 각 1명씩의 재판관에 대해서만 기피할 수 있다.[21] 이는 당사자의 자의적인 기피로 인해 재판의 진행과 결과가 크게 영향을 받을 수 있어 이를 방지하기 위한 것이다. 즉, 재판관 2인 이상에 대해 기피를 하게 되면, 심리정족수가 부족하여 심판절차를 진행할 수 없는 경우가 발생할 수 있으므로 당사자가 재판관 2인 이상에 대해 기피신청을 하면 각하결정을 선고한다.[22] 당사자의 기피신청을 이와 같이 제한하는 것은 당사자의 공정한 헌법재판을 받을 권리를 침해하는 것은 아니다.[23] 제척의 경우에는 제척사유가 있으면 그 법적 효과가 그대로 발생하므로 이러한 제한을 두지 않는다.

18) 정종섭, 헌법소송법, 200면.
19) 헌법재판소법 제24조 제3항.
20) 2007. 6. 28. 2006헌마1482.
21) 헌법재판소법 제24조 제4항.
22) 2003. 10. 31. 2003헌사520.
23) 2016. 11. 24. 2015헌마902.

4. 회피

(1) 사유

재판관의 회피란 재판관이 스스로 제척 또는 기피의 사유가 있다고 판단하여 자발적으로 직무집행에서 배제되는 것을 말한다. 당사자가 제척·기피사유를 알지 못하는 경우도 있고, 위헌법률심판과 같이 당사자가 없는 경우도 있어 회피는 중요한 의미를 가진다. 회피사유는 제척 또는 기피사유와 동일하며, 제척·기피신청이 있는 경우에도 재판관이 스스로 회피할 수 있다.

(2) 절차와 효과

재판관은 스스로 기피사유가 있다고 인정되는 경우에는 재판장의 허가를 받아 회피할 수 있다.[24] 이때에는 재판부가 별도의 심판절차를 거쳐 결정할 필요가 없다. 재판관은 공정한 재판을 위해 회피사유가 있다고 판단하면 스스로 회피하는 것이 바람직하다. 하지만, 회피사유는 비정형적이어서 명확하지 않고, 회피에 대해서는 재판장의 허가를 받도록 하고 있으므로 재판관이 회피사유가 있다고 판단하더라도 회피해야 할 법적 의무가 있는 것은 아니다.

재판관 3인 이상이 회피할 수 있을까. 3인 이상의 재판관이 회피하게 되면 심리정족수가 부족하여 헌법재판을 할 수 없다. 재판관 3인 이상에 대해 제척사유가 있으면 제척되어야 하지만, 그 이외의 경우에는 회피할 수 없으므로 재판장이 허가를 하지 않아야 한다.[25]

재판장은 재판관의 회피를 허가하는데, 재판장도 회피할 수 있을까. 민사소송과 행정소송에서는 법관에게 회피사유가 있는 경우에는 감독권이 있는 법원의 허가를 얻어 회피할 수 있도록 하고,[26] 형사소송에서는 회피사유가 있는 법관의 소속 법원합의부에서 결정하도록 한다.[27] 헌법재판의 경우에도 공정한 재판을 위해 재판장에게 회피사유가 있을 때에는 직무집행에서 배제되어야 한다. 재판장에게 회피사유가 있는 경우에는 제척과 기피의 절차를 유추하여 재판부의 결정으로 회피를 허가하는 것이 타당하다.

---

24) 헌법재판소법 제24조 제5항.
25) 김하열, 헌법소송법, 113면.
26) 민사소송법 제49조, 행정소송법 제8조 제2항.
27) 형사소송법 제24조 제2항, 제21조.

5. 감정인, 헌법재판소사무관 등, 헌법연구관에 대한 준용 여부

헌법재판에서 감정인, 헌법재판소사무관 등, 헌법연구관에 대해서도 제척·기피·회피가 적용될까. 감정인에 대해서는 민사소송법을 준용하여 제척이나 회피할 수는 없지만, 감정인이 성실하게 감정할 수 없는 사정이 있는 때에 당사자는 그를 기피할 수 있다.[28)]

헌법재판소사무관 등에 대해서는 헌법재판소법의 해석을 통해 판단해야 한다. 헌법재판소법은 일반심판절차에서 총괄적으로 민사소송법을 준용한다고 규정하면서도 재판관의 제척과 기피에 대해서는 개별적 준용방식을 추가하고 있다. 즉, 재판관의 제척과 기피에 대해 민사소송법 제44조 등을 준용한다고 규정하면서 민사소송법 제50조를 포함시키지 않고 있다. 민사소송법 제50조 제1항은 "법원사무관 등에 대하여는 이 절의 규정을 준용한다"라고 규정한다. 헌법재판소법이 재판관의 제척 등에 대해 개별적 준용규정에서 민사소송법 제50조를 포함하지 않은 것은 이 조항을 준용하지 않겠다는 입법의사가 반영된 것으로 해석할 수도 있다. 헌법연구관이나 헌법재판소사무관 등에 대해서는 헌법재판의 보조기관으로 헌법재판의 공정성을 해칠 우려가 없으므로 재판관에 대한 제척·기피·회피에 관한 규정을 준용할 수 없다는 견해가 있다.[29)]

헌법재판소법은 재판관의 제척과 기피에 대해 민사소송법을 따르도록 규정할 것일 뿐, 그 이외의 사항에 대해 준용을 배제한 것은 아니다. 헌법재판소사무관 등을 법원사무관 등과 달리 취급하여 제척 등의 대상에서 제외할 이유도 없다. 헌법연구관은 헌법재판소장의 명을 받아 사건의 심리와 심판에 관한 조사와 연구에 종사하는데, 실질적으로 헌법재판에 중요한 기능을 담당하면서 당해사건에 직접 이해관계가 있거나 영향을 줄 수 있다. 따라서 헌법연구관이나 헌법재판소사무관 등에 대해서도 재판관에 대한 제척·기피·회피에 관한 규정을 준용할 수 있다고 해석된다.[30)] 헌법재판소도 헌법재판소사무관 등도 기피신청의 대상이 된다는 것을 전제로 헌법연구관에 대한 기피신청에 대해 신청방식의 흠결을 이유로 각하하였다.[31)]

---

28) 민사소송법 제336조, 제337조.

29) 김하열, 헌법소송법, 111~114면; 허영, 헌법소송법론, 136~137면.

30) 정종섭, 헌법소송법, 196~197면.

31) 2003. 12. 2. 2003헌사535.

제3장 당 사 자

제1절 청구인과 피청구인

1. 당사자의 지위

헌법재판에서 당사자는 다양한 소송법적 권리를 가지며, 종국결정의 효력이 미치는 인적 범위가 되므로 당사자의 지위를 갖는 것은 중요한 의미가 있다. 당사자에는 청구인과 피청구인이 있다. 청구인은 헌법재판의 심판내용과 범위를 특정하여 심판을 청구할 수 있다. 청구인은 원칙적으로 소송의 목적물에 대한 처분권을 가지는데, 심판청구를 통해 소송을 개시한다. 또한, 심판청구의 추가와 변경을 통해 심판대상을 조정할 수 있고, 청구취하를 통해 소송을 종료할 수도 있다. 피청구인 역시 청구인의 상대방으로 소송법적 권리를 가지고 다양한 소송행위를 할 수 있다.

당사자는 심판절차에 참여하여 자신의 이익을 옹호하기 위해 필요한 소송법적 권리를 갖는다. 당사자는 재판관의 제척·기피를 신청할 수 있고, 청구서 또는 답변서를 제출하거나 송달받을 수 있다. 또한, 변론기일에 참여하여 그에 따른 증거조사를 신청할 수 있으며, 자신에게 유리한 자료를 제출하고 의견을 진술할 수 있다. 이를 위해 심판절차의 기일지정을 신청하고, 기일에 소환을 받을 권리도 가진다. 특히, 탄핵심판, 정당해산심판, 권한쟁의심판에서는 필요적 구두변론을 거치므로 당사자의 소송행위가 중요하다. 위헌법률심판과 헌법소원에서도 서면심리를 원칙으로 하지만, 재판부가 필요하다고 인정하는 경우에는 변론을 열어 당사자, 이해관계인, 그 밖의 참고인의 진술을 들을 수 있다. 이때 당사자는 변론에 참여하여 진술할 수 있다.

2. 당사자의 특정

(1) 청구인과 피청구인

헌법재판에서 당사자에는 청구인과 피청구인이 있다. 헌법재판소에 자신의 이름으로 심판을 구하는 당사자가 청구인이고, 그 상대방이 피청구인이다. 헌법재판에서는 주로 국가기관이나 지방자치단체가 당사자가 되지만, 헌법재판의 유형에 따라 개인이나 정당도 당사자가 된다. 헌법재판의 심판절차가 대립적 당사자구조를 가진 경우에는 당사자가 명확하게 나타난다. 헌법재판은 권리구제를 위한 주관소송이라는 성격과 헌법질서의 수호를 위한 객관소송이라는 성격을 가지고 있어서 당사자에게만 종국결정의 효력이 미치는 것은 아니다. 당사자는 헌법재판의 유형에 따라 다르게 특정된다.

(2) 위헌법률심판

위헌법률심판에서는 당사자가 존재하지 않는다. 심판절차의 구조와 진행에서 청구인과 피청구인을 상정하기 어렵다. 위헌법률심판은 법원의 제청에 의해 시작되므로 제청법원을 청구인으로 볼 여지도 있다. 하지만, 소송절차에서 당사자는 심판절차에 참여하여 자신의 이익을 위해 소송법적 권리를 행사할 수 있어야 한다. 제청법원은 심판절차에는 참여하지 않아 당사자로서 소송법적 권리를 갖지 않는다. 위헌제청결정서를 헌법재판소에 제출하고, 그 결정서 정본을 송달받을 뿐이다. 헌법재판소법도 법원을 '청구인'이라고 하지 않고 '제청법원'이라고 표현한다.

위헌법률심판제청서의 기재사항에 '당사자의 표시'가 포함되는데, 이때 당사자는 위헌법률심판의 당사자가 아니라 당해사건의 당사자이다.[1] 제청법원뿐만 아니라 당해사건의 당사자도 청구인이 아니다. 당해사건의 당사자는 헌법재판소에 직접 자신의 이름으로 심판을 청구할 수 없고, 법원에 위헌제청을 신청할 수 있을 뿐이다. 당해사건의 당사자는 법원의 위헌제청서 등본을 송달받고, 법률의 위헌여부에 대한 의견서를 제출할 수 있는데, 이는 위헌법률심판의 결과에 의해 이해관계를 가진다는 점을 고려한 것이지 당사자의 지위가 인정되는 것은 아니다. 당해사건의 당사자인 위헌법률심판제청의 신청인은 위헌법률심판

---

1) 헌법재판소법 제43조 제2호.

의 당사자가 아니어서 위헌법률심판의 종국결정에 대해 재심을 청구할 수 없다.[2)]

위헌법률심판에서는 청구의 상대방인 피청구인도 존재하지 않는다. 법률을 제정한 국회를 피청구인으로 볼 여지가 있지만, 위헌법률심판은 국회의 입법행위가 아니라 법률 자체의 위헌여부를 심판한다. 국회는 심판절차에 참여하지 않으므로 피청구인이 아니다. 법률은 대통령이나 국회의원의 법률안 제출, 국회의 심의, 대통령이나 국회의장의 공포라는 일련의 과정을 거쳐 제정되고 시행되므로 피청구인을 특정하기도 어렵다. 법무부장관이나 법률을 집행하는 국가기관도 당사자가 아니며, 이해관계인으로서 의견서를 제출할 수 있을 뿐이다.

위헌법률심판에서는 청구인과 피청구인이 존재하지 않으므로 청구서에 이를 기재할 여지가 없다. 규범통제형 헌법소원에서도 청구서에 피청구인을 기재하지 않는다. 다만, 규범통제형 헌법소원의 경우에는 법원으로부터 위헌제청신청을 기각당하여 헌법소원을 청구하는 자가 청구인이 된다. 규범통제형 헌법소원에서는 심판청구서의 기재사항에 '제청법원의 표시'는 '청구인 및 대리인의 표시'로 본다.[3)] 이 경우 청구인은 위헌법률심판에서 유일하게 당사자의 지위를 가진다.

(3) 탄핵심판

탄핵심판에서는 심판절차가 대립적 당사자구조를 이루고 있어서 당사자가 명확하게 나타난다. 탄핵소추를 의결한 국회가 청구인이다. 국회 법제사법위원회 위원장은 국회를 대표하여 그 직무를 수행하는 소추위원이지 청구인은 아니다. 한편, 탄핵소추의 대상이 된 고위공직자가 피청구인이 된다. 청구인과 피청구인은 심판절차에서 당사자의 소송법적 권리를 행사할 수 있다.

(4) 정당해산심판

정당해산심판의 경우에는 헌법재판소에 정당해산을 제소하는 정부가 청구인이고, 제소된 정당이 피청구인이다. 헌법재판에서는 법무부장관이 정부를 대표하지만, 그 자신이 당사자인 것은 아니다. 정당해산심판의 청구서에는 해산을 요구하는 정당의 표시를 적어야 한다.[4)]

---

2) 2004. 9. 23. 2003헌아61.
3) 헌법재판소법 제71조 제2항.
4) 헌법재판소법 제56조.

(5) 권한쟁의심판

권한쟁의심판에서는 자신의 권한을 침해당했다고 주장하는 기관이 청구인이고, 그 권한을 침해하였다고 주장되는 기관이 피청구인이다. 권한쟁의심판에서는 국가기관과 지방자치단체의 해석에 따라 당사자가 다르게 특정된다. 권한쟁의심판의 청구서에는 청구인과 피청구인의 표시를 적어야 한다.[5] 권한쟁의심판은 객관적인 헌법질서의 수호라는 공익적 성격이 강하지만, 대등한 당사자 사이의 권한배분에 대한 분쟁이라는 특징이 반영되어 당사자 대립구조를 취하게 된다.

(6) 헌법소원심판

헌법소원은 권리구제를 위한 주관소송의 성격이 강하여 당사자를 특정하기 쉽다. 공권력의 행사 또는 불행사로 인하여 기본권을 침해받았다고 주장하면서 헌법소원을 청구하는 자가 청구인이다. 헌법소원의 피청구인은 공권력의 행사 또는 불행사의 주체가 되는 기관이다. 공권력을 행사하는 주체나 행위의무가 있음에도 행위를 하지 않는 공권력의 주체가 피청구인이 된다. 법령에 대한 권리구제형 헌법소원에 있어서는 위헌법률심판의 경우와 마찬가지로 피청구인을 상정하기 어렵다. 이때 심판대상은 법률 자체가 아니라 공권력의 행사에 해당하는 국회의 입법작용이지만, 국회가 피청구인이 되는 것은 아니다. 헌법소원의 청구서에는 청구인 및 대리인의 표시를 적고, 피청구인에 대해서는 '침해의 원인이 되는 공권력의 행사 또는 불행사'를 기재해야 한다.[6]

헌법소원에서는 재판부가 직권으로 피청구인을 확정할 수 있으므로 청구서에 피청구인을 특정해야 하는 것은 아니다. 청구인이 피청구인을 잘못 특정하더라도 부적법하여 각하되는 것이 아니다. 헌법재판소는 헌법소원에서 청구인의 심판청구서에 기재된 피청구인이나 청구취지에 구애됨이 없이 청구인의 주장요지를 종합적으로 판단하고 청구인이 주장하는 침해된 기본권과 침해의 원인이 되는 공권력을 직권으로 조사하여 피청구인을 확정해야 한다.[7] 하지만, 청구인이 청구서에 피청구인의 기재를 누락시키거나 명확하게 기재하지 아니하

5) 헌법재판소법 제64조.

6) 헌법재판소법 제71조 제1항.

7) 2001. 7. 19. 2000헌마546

여 보정명령을 받았음에도 이에 불응한 경우에는 심판청구를 각하할 수 있다.[8]

3. 당사자변경

(1) 다른 법률을 준용

당사자변경이란 소송계속 중에 당사자의 의사에 의해 당사자를 교체하거나 추가하여 변경하는 것을 말한다. 헌법재판소법은 당사자의 변경에 대해 아무런 규정을 두지 않고 있어 민사소송에 관한 법령, 행정소송법, 그리고 형사소송에 관한 법령을 준용해야 한다. 민사소송법은 필요적 공동소송인의 추가와 피고의 경정에 대해서만 규정한다. 즉, 소송목적이 공동소송인 모두에게 합일적으로 확정되어야 할 공동소송의 경우에 그 일부가 누락된 경우에는 제1심의 변론을 종결할 때까지 원고의 신청에 따라 결정으로 원고 또는 피고를 추가하도록 허가할 수 있다.[9] 또한, 원고가 피고를 잘못 지정한 것이 분명한 경우에는 제1심 법원은 변론을 종결할 때까지 원고의 신청에 따라 결정으로 피고를 경정하도록 허가할 수 있다.[10] 행정소송법은 피고의 경정만 규정하여 원고가 피고를 잘못 지정한 때에 법원은 원고의 신청에 의해 결정으로써 피고의 경정을 허가할 수 있도록 한다.[11] 형사소송법은 당사자변경에 대해 아무런 규정을 두지 않고 있다.

헌법재판에서 당사자변경을 인정할 것인지 여부는 헌법재판의 유형과 당사자변경의 내용에 따라 달리 결정된다.

(2) 임의적 당사자변경은 불가능

헌법재판에서 임의적 당사자변경은 인정되지 않는다. 민사소송법과 행정소송법도 임의적 당사자변경에 대한 규정을 두지 않고 있다. 헌법재판의 동일성이 유지되기 위해서는 재판부, 당사자, 심판대상이 같아야 하는데, 임의적 당사자변경을 인정하게 되면 다른 당사자에 대한 재판이 되어 재판의 동일성이 상실된다. 이는 상대방의 방어권 행사에 지장을 주며, 심판절차의 진행에도 혼

8) 헌법재판소심판규칙 제70조.
9) 민사소송법 제68조.
10) 민사소송법 제260조.
11) 행정소송법 제14조.

란을 초래하게 된다. 헌법재판소도 교환적 당사자변경은 물론 추가적 당사자변경도 허용되지 않는다고 판단하였다.[12]

(3) 피청구인경정은 허용

당사자경정이란 당사자를 잘못 지정하여 이를 올바로 고치는 것이다. 헌법재판소법은 당사자경정에 대해 아무런 규정을 두지 않고 있다. 청구인경정은 청구인이 자신을 잘못 지정하는 것을 전제로 하는데, 이는 기대하기 어려우므로 인정될 여지가 없다. 청구인이 피청구인을 잘못 지정한 경우에는 다른 법률을 준용하여 경정할 수 있다. 민사소송법과 행정소송법은 피고경정을 인정하고 있으므로 헌법재판에서도 이를 준용하여 피청구인경정을 허용할 수 있다.[13] 다만, 피청구인경정은 당사자의 동일성을 상실하게 되는 결과를 초래할 수 있고, 당사자변경을 위해 피청구인경정을 악용할 수 있으므로 일정한 절차를 거쳐 그 사유가 인정되는 경우에만 허용된다. 즉, 청구인은 서면으로 경정을 신청할 수 있고, 재판부가 피고인의 경정사유를 심사하여 결정으로 이를 허가할 수 있다. 피청구인이 경정된 경우에 종전의 피청구인에 대한 청구는 취하된 것으로 본다.

재판부가 당사자를 직권으로 변경할 수 있을까. 청구인의 직권변경은 청구인의 권리를 침해하는 것이므로 인정되지 않는다. 당사자가 임의적으로 피청구인을 변경하는 것은 물론 재판부가 직권으로 피청구인을 변경하는 것도 당사자의 동일성을 해치게 되어 인정되지 않는다. 다만, 헌법재판소는 헌법소원에서 심판청구서에 구애받지 않고 청구인의 주장요지를 종합적으로 판단하여 피청구인을 직권으로 변경하는 것을 인정한다.[14] 이는 청구인이 피청구인을 잘못 지정한 것을 올바르게 고치는 경우에만 인정되고, 실질적으로 피청구인경정에 해당한다.

(4) 당사자표시정정도 허용

당사자표시정정이란 당사자의 표시가 명백하게 잘못 기재된 것을 바로잡는 것을 말한다. 이는 명백한 오기를 바로잡는 것이므로 허용된다. 당사자표시정정은 당사자의 동일성이 그대로 유지된다는 점에서 피청구인경정과 다르다.

---

12) 2003. 12. 18. 2001헌마163.
13) 2007. 7. 26. 2005헌라8등.
14) 2001. 7. 19. 2000헌마546.

당사자표시정정은 재판부가 직권으로 할 수 있는데, 당사자가 신청하더라도 이는 직권발동을 촉구하는 것에 불과하다.

제2절 참가인과 이해관계인

1. 참가인

(1) 다른 법률을 준용

헌법재판에 당사자가 아닌 제3자가 참가할 수 있을까. 소송참가란 다른 사람의 소송계속 중 제3자가 자신의 이익을 위해 참가하는 것을 말한다. 민사소송법은 당사자참가, 보조참가, 공동소송적 보조참가와 같이 다양한 형태의 소송참가를 인정한다. 당사자참가에는 공동소송참가와 독립당사자참가가 있다. 공동소송참가는 소송목적이 한 쪽 당사자와 제3자에게 합일적으로 확정되어야 할 경우에 그 제3자가 공동소송인으로 소송에 참가하는 것이다.[15] 독립당사자참가는 소송목적의 전부나 일부가 자기의 권리라고 주장하거나, 소송결과에 따라 권리가 침해된다고 주장하는 제3자가 당사자의 양 쪽 또는 한 쪽을 상대방으로 하여 당사자로서 소송에 참가하는 것이다.[16]

보조참가는 소송결과에 이해관계가 있는 제3자가 한 쪽 당사자를 돕기 위하여 법원에 계속 중인 소송에 참가하는 것이고, 공동소송적 보조참가는 재판의 효력이 참가인에게도 미치는 경우에는 참가하는 것이다.[17] 제3자의 승계참가도 인정되는데, 이는 소송이 법원에 계속되어 있는 동안에 제3자가 소송목적인 권리 또는 의무의 전부나 일부를 승계하였다고 주장하며 소송에 참가하는 것이다.[18]

행정소송법도 소송참가를 허용한다. 법원은 소송의 결과에 따라 권리 또는 이익의 침해를 받을 제3자가 있는 경우에는 당사자나 제3자의 신청 또는 직권에 의하여 결정으로써 그 제3자를 소송에 참가시킬 수 있다. 또한, 다른 행정청을 소송에 참가시킬 필요가 있다고 인정할 때에는 당사자나 당해 행정청의 신

15) 민사소송법 제83조.
16) 민사소송법 제79조.
17) 민사소송법 제71조, 제78조.
18) 민사소송법 제81조.

청 또는 직권에 의하여 결정으로써 그 행정청을 소송에 참가시킬 수 있다.[19)]

헌법재판소법은 제25조 제1항에서 “당사자(참가인을 포함한다. 이하 같다)…” 라고 규정하여 당사자에 참가인을 포함한다. 헌법재판에서는 민사소송법과 행정소송법을 준용하여 소송참가를 인정할 수 있다. 헌법재판이 청구된 경우에 그 재판결과에 이해관계가 있는 사람이 한꺼번에 재판을 통해 헌법분쟁을 해결할 수 있는 경우에는 이를 허용하는 것이 필요하다. 이해관계인이 별도로 헌법재판을 청구하도록 하는 것은 소송경제적으로 바람직하지 않고, 헌법재판의 모순이 발생할 수도 있기 때문이다.

(2) 헌법재판의 유형에 따라 구별

헌법재판에서는 원칙적으로 민사소송에 관한 법령을 준용하므로 소송참가가 가능하다. 하지만, 구체적인 소송참가는 그 심판유형에 따라 다르게 인정된다. 위헌법률심판에서는 당사자가 없으므로 참가인이 존재할 여지가 없다. 탄핵심판에서는 형사소송법이 우선적으로 적용되는데, 검사의 공소제기에 의해 개시되는 형사소송에서는 소송참가가 허용될 여지가 없어 소송참가가 인정되지 않는다. 하지만, 정당해산심판에서는 민사소송에 관한 법령을 준용하여 소송참가가 허용된다.

행정소송법을 우선적으로 준용하는 권한쟁의심판과 헌법소원의 경우에는 제3자와 다른 행정청의 소송참가도 가능하다. 다만, 법령에 대한 권리구제형 헌법소원에서는 청구인 이외의 제3자는 심판의 결과에 따라 권리 또는 이익의 침해를 받을 제3자에 해당하지 않는다. 이때에는 헌법소원이 인용되면 제3자도 기본권을 구제받게 되고, 각하결정이나 기각결정이 선고되더라도 그로 인하여 권리 또는 이익의 침해를 받지 않기 때문에 행정소송법을 준용할 필요가 없다.[20)]

(3) 소송참가의 요건과 절차

헌법재판에서 소송참가가 허용되는 경우에도 소송참가의 유형에 따라 그 사유가 인정되어야 하고, 참가인의 참가신청이 있어야 한다. 특히, 공동당사자로 참가하기 위해서는 참가신청인이 청구인적격을 가져야 하고, 참가인의 소송참가는 청구기간도 지켜야 한다. 참가인은 청구의 변경이나 청구의 취하와 같

19) 행정소송법 제16조, 제17조.

20) 2010. 10. 28. 2008헌마408.

이 소송물을 처분하는 행위를 할 수 없고, 피참가인의 행위와 모순되는 행위를 할 수 없다. 이는 청구인의 권리를 침해하기 때문이다. 다만, 참가인은 심판절차에 참여하여 공격과 방어 등 소송행위를 할 수 있다.

헌법재판소는 공동소송참가신청이 그 요건을 갖추지 못하더라도 심판의 결과에 이해관계가 인정되어 보조참가의 요건을 갖춘 경우에는 이를 보조참가의 신청으로 인정한다.[21] 헌법재판에서는 청구인추가신청은 추가적 당사자변경에 해당하여 허용되지 않지만, 기존의 청구인과 합일적으로 확정되어야 할 경우에 해당하고 청구기간을 준수하는 등 적법요건을 갖춘 경우에는 별도의 헌법재판을 청구하는 대신 공동소송참가를 신청한 것으로 해석하여 이를 허용할 수도 있다.[22]

2. 이해관계인

(1) 법적 지위

헌법재판에서는 이해관계인을 심판절차에 적극적으로 참여시킬 수 있다. 헌법재판은 헌법질서를 수호하는 객관소송의 성격이 강하고, 헌법재판의 결과는 당사자에게만 그 효과가 미치는 것이 아니라 다른 국가기관을 포함하여 국가 전체에 큰 영향을 미친다. 따라서 헌법소송에서는 당사자뿐만 아니라 이해관계가 있는 개인과 국가기관으로 하여금 재판에 참여하여 의견을 진술하거나 자료를 제출하도록 할 필요가 있다. 특히, 당사자가 존재하지 않는 위헌법률심판에서는 이해관계인이 변론에 참여하고, 의견서와 자료를 제출함으로써 중요한 역할을 한다.

이해관계인은 헌법재판의 당사자가 아니므로 심판절차에서 재판을 청구하거나 자신의 이름으로 결정을 구하는 권리를 갖지 않는다. 또한, 증거조사를 신청하거나, 재판관에 대해 기피를 신청할 수 없으며, 심판절차에서 각종 통지나 송달을 받을 권리도 갖지 않는다. 이해관계인은 당사자의 지위를 갖지 않지만, 헌법재판소법에 따라 일정한 범위에서 의견을 진술한 기회를 가지며, 재판부의 요구에 따라 사실조회, 기록송부, 자료제출 등을 할 수 있다.

---

21) 2008. 2. 28. 2005헌마872.

22) 2020. 4. 23. 2015헌마1149.

(2) 헌법재판의 유형에 따라 구별

헌법재판에서 이해관계인은 주로 국가기관, 공공단체, 개인이지만 구체적인 범위는 헌법재판의 유형에 따라 다르다. 헌법재판의 일반심판절차에서 재판부가 변론을 열 때에는 기일을 정하여 당사자와 관계인을 소환해야 하고, 다른 국가기관 또는 공공단체의 기관에 심판에 필요한 사실을 조회하거나, 기록의 송부나 자료의 제출을 요구할 수도 있다.[23)]

개별심판절차에서 위헌법률심판과 헌법소원 역시 서면심리를 원칙으로 하지만, 재판부는 변론을 열어 당사자, 이해관계인과 참고인의 진술을 들을 수 있다.[24)] 위헌법률심판에서 당해사건의 당사자 및 법무부장관은 헌법재판소에 법률의 위헌여부에 대한 의견서를 제출할 수 있다.[25)] 헌법소원에서는 이해관계가 있는 국가기관 또는 공공단체와 법무부장관은 헌법재판소에 그 심판에 관한 의견서를 제출할 수 있다.[26)]

(3) 국가인권위원회

국가인권위원회도 일정한 경우에는 헌법재판소에 의견을 제출할 수 있다. 국가인권위원회는 인권의 보호와 향상에 중대한 영향을 미치는 헌법재판이 계속 중인 경우에는 헌법재판소의 요청이 있거나 필요하다고 인정할 때에는 법률상의 사항에 관하여 의견을 제출할 수 있다. 국가인권위원회가 조사하거나 처리한 내용에 관하여 헌법재판이 계속 중인 경우에는 헌법재판소의 요청이 있거나 필요하다고 인정할 때에는 사실상 및 법률상의 사항에 관하여 의견을 제출할 수 있다.[27)]

---

23) 헌법재판소법 제30조 제3항, 제32조.
24) 헌법재판소법 제30조 제2항.
25) 헌법재판소법 제44조.
26) 헌법재판소법 제74조.
27) 국가인권위원회법 제28조 제1항, 제2항.

제3절 대표자와 대리인

1. 대표자

헌법재판소법은 헌법재판의 대표자와 대리인에 대해 구체적으로 규정한다. 헌법재판의 심판절차에서 정부가 당사자인 경우에는 법무부장관이 이를 대표한다.[28] 정부는 권한쟁의심판에서 청구인이나 피청구인이 될 수 있고, 정당해산심판에서 청구인이 된다. 법무부장관은 정부의 이름으로 소송을 수행하고, 그 법적 효과는 정부에 귀속된다. 탄핵심판에서 국회가 청구인인 경우에 법제사법위원회 위원장은 국회의 대표자가 된다. 지방자치단체가 당사자인 경우에는 지방자치단체의 장이 대표가 되며, 법인이나 단체가 당사자인 경우에도 그 대표자가 소송행위를 한다. 이때에도 그 법적 효과는 지방자치단체 등 본인에게 귀속된다.

2. 대리인

(1) 국가기관 또는 지방자치단체가 당사자인 경우

국가기관 또는 지방자치단체는 독립된 법적 주체로서 스스로 당사자가 되어 헌법재판의 심판절차에 참여할 수 있다. 국가기관 또는 지방자치단체가 당사자 또는 참가인인 경우에는 변호사 또는 변호사의 자격이 있는 소속 직원을 대리인으로 선임하여 심판을 수행하게 할 수 있다.[29] 국가기관이나 지방자치단체의 경우에는 반드시 변호사를 대리인으로 해야 하는 변호사강제가 적용되지 않는다. 따라서 당사자는 스스로 소송수행을 할 수 있고, 소송대리인을 통해 자신의 권리를 주장할 수도 있다. 다만, 소송대리인을 둘 경우에는 그 소송대리인은 반드시 변호사이거나 변호사 자격이 있는 직원이어야 한다.

---

28) 헌법재판소법 제25조 제1항.

29) 헌법재판소법 제25조 제2항.

(2) 사인(私人)이 당사자인 경우

(가) 변호사강제

1) 정당해산심판과 헌법소원에 적용

헌법재판에서 당사자인 사인은 자신이 변호사의 자격을 가지는 경우를 제외하고는 변호사를 대리인으로 선임하지 않으면 심판청구를 하거나 심판수행을 하지 못한다.[30] 사인이 당사자인 경우에는 스스로 소송행위를 할 수 없고, 반드시 소송대리인을 선임해야 하고, 그 소송대리인은 변호사이어야 한다. 이를 변호사강제라고 한다. 변호사강제는 법률전문가인 변호사를 통해서만 소송을 수행하도록 제한하는 것이다. 사인이 헌법재판에 참여하여 소송을 수행하는 것은 재판의 효율성을 저해하고 헌법질서와 기본권을 제대로 보장하지 못할 우려가 있다는 것을 전제로 한다.

변호사강제는 당사자가 사인인 헌법재판에만 적용된다. 당사자가 없는 위헌법률심판에서는 변호사강제가 적용될 여지가 없고, 당사자가 사인이 아닌 국가기관이나 지방자치단체인 권한쟁의심판에서도 변호사강제가 적용되지 않는다. 청구인이 사인인 경우는 헌법소원이고, 피청구인이 사인인 경우는 정당해산심판이다. 변호사강제는 국선대리인제도와 밀접하게 관련되므로 국선대리인제도를 두고 있는 헌법소원에만 적용된다는 견해가 있다.[31] 정당해산심판에 대해서는 정당은 단순한 사인의 지위가 아니라 국가기관에 준하는 지위에 있으므로 변호사강제가 적용되지 않는다는 견해도 있다.[32] 하지만, 정당해산심판의 피청구인인 정당은 공적 역할을 수행하지만, 그 법적 지위가 권리능력 없는 사단이므로 변호사강제가 적용된다.[33] 헌법소원의 경우에는 권리구제형 헌법소원은 물론 규범통제형 헌법소원에서도 변호사강제가 적용된다.

2) 탄핵심판에도 적용

탄핵심판에도 변호사강제가 적용될까. 탄핵심판의 청구인은 정부이므로 이때에는 변호사강제가 적용되지 않는다. 탄핵심판의 피청구인은 고위공직자로서 공적 직무를 수행하는 자로서 '당사자인 사인'에 해당되지 않으므로 변호사

---

30) 헌법재판소법 제25조 제3항.

31) 한수웅, 헌법학, 1417면.

32) 김하열, 헌법소송법, 133면.

33) 정종섭, 헌법소송법, 131면.

강제가 적용되지 않는다는 견해가 있다.[34] 하지만, 탄핵심판의 피청구인은 국회의 탄핵소추의 의결로 인하여 그 직무에 대한 권한행사가 정지되어 공직을 수행할 수 없게 된다. 탄핵심판은 피청구인을 해당 공직에서 파면할지 여부를 심판대상으로 하고, 탄핵결정은 피청구인의 민사상 또는 형사상 책임을 면제하지 않는다. 이러한 특성을 고려하여 탄핵심판절차에서는 형사소송에 관한 법령을 우선적으로 준용한다. 따라서 탄핵심판의 피청구인에 대해서는 변호사강제를 적용하는 것이 타당하다.[35] 헌법재판소도 탄핵심판에서 변호사강제가 적용된다고 판단하였다.[36]

3) 효과

변호사강제가 적용되는 심판절차에서 변호사의 자격이 없는 당사자가 스스로 소송행위를 수행하는 것은 부적법하여 법적 효력이 발생하지 않는다. 헌법재판에서 변호사강제는 적법요건이므로 이를 위반하면 각하결정을 선고한다. 헌법소원에서 청구인이 변호사를 선임하지 않고 헌법소원을 청구하면 보정명령을 받게 되고, 보정명령에 불응하게 되면 그 심판청구는 부적법하여 각하된다.[37] 대리인인 변호사가 헌법소원을 청구한 경우 변호사가 아닌 당사자나 대리인이 추가로 별개의 심판을 청구하더라도 그 부분은 심판대상에 포함되지 않는다.[38]

변호사강제는 당사자의 재판청구권을 제한하기 위한 것이 아니라 효과적으로 보장하기 위한 것이다. 따라서 변호사인 대리인이 헌법소원을 청구하고 심판절차의 도중에 사임하더라도 그때까지 변호사가 행한 소송수행은 그대로 적법하고 유효하다.[39] 변호사가 아닌 당사자나 사인이 한 심판청구나 소송행위라도 변호사인 대리인이 추인하면 적법한 것으로 인정된다.[40]

4) 입법적 과제

헌법재판에서 변호사강제를 채택하는 것에 대해서는 국민이 직접 재판에 참여하는 것을 제한함으로써 헌법상 기본권인 재판청구권을 침해하고, 소송수

34) 김하열, 헌법소송법 133면.
35) 정종섭, 헌법소송법, 131면.
36) 1990. 9. 3. 89헌마120.
37) 헌법재판소법 제72조 제3항.
38) 2010. 10. 28. 2009헌마438.
39) 1992. 1. 14. 91헌마156.
40) 2009. 12. 29. 2008헌바64.

행에 있어서 변호사의 자격 유무에 따라 당사자를 자의적으로 차별하여 평등권을 침해한다는 비판이 있다.[41] 헌법재판소는 변호사강제는 재판업무에 분업화 원리의 도입이라는 긍정적 측면 외에도 재판을 통한 기본권의 실질적 보장, 사법의 원활한 운영과 질적 개선, 재판심리의 부담경감 및 효율화, 사법운영의 민주화 등 공공복리에 그 기여도가 크고, 무자력자에 대한 국선대리인제도라는 대상조치가 별도로 마련되어 있는 이상 헌법에 위반되지 않는다고 판단하였다.[42] 헌법재판에서 변호사강제를 채택하는 것은 입법정책적으로 결정할 수 있는 사항으로 헌법재판의 공익적 성격을 고려할 때 변호사강제가 위헌이라고 할 수는 없다.

(나) 국선대리인

헌법소원에서는 변호사강제를 채택하면서도 국선대리인제도를 두어 헌법재판청구권을 보완하고 있다. 국선대리인제도는 헌법소원에서만 인정된다. 헌법소원을 청구하려는 자가 변호사를 대리인으로 선임할 자력이 없는 경우에는 헌법재판소에 국선대리인을 선임하여 줄 것을 신청할 수 있다. 헌법재판소는 당사자의 신청이 없더라도 공익상 필요하다고 인정할 때에는 직권으로 국선대리인을 선임할 수 있다.[43] 국선대리인은 선정된 날부터 60일 이내에 심판청구서를 헌법재판소에 제출해야 한다.[44]

헌법재판소는 변호사 중에서 국선대리인을 선정하며, 국선대리인에게는 헌법재판소규칙으로 정하는 바에 따라 국고에서 그 보수를 지급한다.[45] 다만, 그 심판청구가 명백히 부적법하거나 이유 없는 경우 또는 권리의 남용이라고 인정되는 경우에는 국선대리인을 선정하지 않을 수 있다.[46] 헌법재판소는 '헌법재판소 국선대리인의 선임 및 보수에 관한 규칙'을 제정하여 국선대리인의 요건, 대상, 선정 절차, 보수 등에 대해 구체적으로 규정한다.

41) 허영, 헌법소송법론, 141~142면; 정재황, 헌법재판론, 79면.
42) 2004. 4. 29. 2003헌마783.
43) 헌법재판소법 제70조 제1항, 제2항.
44) 헌법재판소법 제70조 제5항.
45) 헌법재판소법 제70조 제6항.
46) 헌법재판소법 제70조 제3항.

제 4 장 심판청구

제1절 심판청구와 접수

1. 심판청구

(1) 신청주의, 서면주의, 도달주의

헌법재판은 심판을 청구하는 당사자의 신청에 따라 개시된다. 이를 신청주의라고 하며, 헌법재판소가 직권으로 심판절차를 개시할 수는 없다. 청구인은 헌법재판의 유형에 따라 심판절차별로 정해진 청구서를 헌법재판소에 제출하도록 하여 서면주의를 채택한다. 다만, 위헌법률심판에서는 법원의 제청서가, 탄핵심판에서는 국회의 소추의결서의 정본이 청구서를 대신한다.[1] 헌법재판에서는 민사소송법이 준용되어 중복제소가 금지되므로 헌법재판이 계속 중인 경우에 당사자는 다시 동일한 헌법재판을 청구할 수 없다.[2] 심판청구는 도달주의에 따라 청구서가 헌법재판소에 도달한 때 청구한 것으로 인정된다. 따라서 청구서를 우편으로 발송하는 경우에는 발송일이 아니라 청구서가 헌법재판소에 접수된 날을 기준으로 청구기간을 준수했는지 여부를 결정한다.[3]

(2) 청구의 방식

청구인은 청구서를 전자문서화하여 전자정보처리조작을 통해 제출할 수도 있다. 각종 심판절차의 당사자나 관계인은 청구서 또는 헌법재판에 제출할 그 밖의 서면을 전자문서화하고 이를 정보통신망을 이용하여 헌법재판소에서 지

1) 헌법재판소법 제26조 제1항.
2) 2006. 3. 7. 2006헌마213.
3) 1990. 5. 21. 90헌마78.

정·운영하는 전자정보처리조직을 통해 제출할 수 있다. 전자정보처리조직을 이용하여 제출된 전자문서는 전자정보처리조직에 전자적으로 기록된 때에 접수된 것으로 보며, 이에 따라 제출된 전자문서는 헌법재판소법에 따라 제출된 서면과 같은 효력을 가진다.

청구인은 청구의 대상을 특정하고 심판대상이 위헌이라는 이유를 구체적으로 주장할 책임이 있다. 따라서 청구서에는 청구이유를 기재해야 하고, 필요한 증거서류 또는 참고자료를 첨부할 수 있다. 청구이유는 심판청구의 중요한 부분인데, 헌법재판의 목적과 심판범위는 신청주의에 따라 청구서에 기재된 청구이유를 기준으로 결정된다. 다만, 재판부는 헌법소원에서 심판대상, 피청구인, 침해된 기본권 등 중요한 법적 쟁점에 대해서는 청구서에 기재된 청구이유에 구속되지 않고 직권으로 조사하여 확정할 수 있다.[4)]

2. 접수와 배당

(1) 접수

청구서가 제출되면 헌법재판소는 이를 사건으로 접수해야 한다. 헌법재판소는 사건을 접수하면서 사건서류의 형식적 요건만 심사할 수 있고, 그 실질적 내용을 심사하여 접수를 거부할 수는 없다. 다만, 청구서에 흠결이 있는 경우에는 이를 보완하기 위해 필요한 안내를 할 수는 있다. 헌법재판소는 사건을 접수한 때에는 사건명과 사건번호를 부여함으로써 사건을 특정한다. 사건명은 사건을 대표할 수 있는 단어를 이용하여 적절하게 작명하고, 사건번호는 연도, 사건부호, 진행번호로 구분된다.

연도는 사건이 접수된 해로 표시하고, 사건부호는 심판유형에 따라 달리 정한다. 즉, 위헌법률심판은 "헌가"로, 탄핵심판은 "헌나"로, 정당해산심판은 "헌다"로, 권한쟁의심판은 "헌라"로, 권리구제형 헌법소원은 "헌마"로, 규범통제형 헌법소원은 "헌바"로, 가처분신청과 같은 각종 신청사건은 "헌사"로, 그 밖에 재심청구와 같은 특별사건은 "헌아"로 각각 표시한다. 진행번호는 그 연도에 사건을 접수한 순서에 따라 일련번호로 표시한다.

---

4) 1993. 5. 13. 91헌마190.

(2) 배당

사건이 접수되면 배당을 하는데, 전자배당시스템에 따른 무작위 전자추첨 방식으로 배당하여 사건을 담당할 주심재판관을 정한다. 헌법재판소장이 사안의 중대성과 난이도 등을 고려하여 주요사건으로 분류한 사건에 대해서는 헌법재판소장이 따로 배당한다. 국선대리인 선임신청과 같이 본안사건에 부수된 신청사건은 그 본안사건이 배당된 주심재판관에게 배당한다.

주심재판관은 청구서에 필수적 기재사항이 제대로 기재되어 있는지 여부와 같은 형식적 사항을 심사하여 그 심판청구가 적법한지를 판단한다. 주심재판관은 청구서가 부적법하더라도 보정할 수 있다고 판단한 경우에는 청구인에게 보정하도록 요구할 것을 재판장에게 요청하고, 보정할 수 없다고 판단하면 각하의견을 제출한다. 재판장은 심판청구가 부적법하더라도 당사자가 보정할 수 있다고 인정하는 경우에는 상당한 기간을 정하여 보정을 요구해야 한다. 재판장은 변론이 개시된 이후에도 보정을 요구할 수 있으며, 재판관 중 1인에게 보정요구를 할 수 있는 권한을 부여할 수 있다.[5)]

청구인이 보정요구에 응하여 보정하면 처음부터 적법한 심판청구가 있는 것으로 본다. 청구인이 보정서면을 제출하면 곧바로 그 보정서면의 등본을 피청구인에게 송달해야 한다. 재판장이 요구한 보정기간은 헌법재판의 심판기간에 산입되지 않는다.[6)] 청구인이 보정요구에 불응하면 심판청구를 각하한다. 헌법소원에서 지정재판부가 심판청구의 적법요건을 사전심사할 경우에도 심판청구의 보정에 관한 규정이 준용된다.[7)]

3. 심판청구의 효과

심판이 청구되면 그 사건은 헌법재판소에 계속되고 헌법재판소는 사건을 심리하여 종국결정을 선고할 의무를 부담한다. 민사소송에서 소가 제기되면 소송계속의 효과가 발생하여 중복제소가 금지되는데, 이는 헌법재판에도 준용된다. 헌법재판소에 심판이 청구되면 이미 소송계속 중인 사건에 대해 동일한 당

5) 헌법재판소법 제28조 제1항, 제5항.
6) 헌법재판소법 제28조 제2항, 제4항.
7) 헌법재판소법 제72조 제5항.

사자가 동일한 심판청구를 다시 할 수 없다. 중복제소금지를 위반한 심판청구는 부적법하여 각하된다.

헌법재판에서는 당사자와 심판대상이 동일하더라도 심판유형이 다르면 동일한 심판청구가 아니다. 권리구제형 헌법소원과 규범통제형 헌법소원은 그 유형과 심판기준이 다르므로 동일한 당사자가 동일한 법률에 대해 권리구제형 헌법소원을 청구하고, 다시 규범통제형 헌법소원을 청구하더라도 중복제소금지에 위반되는 것이 아니다.[8] 재판부는 권리구제형 헌법소원과 규범통제형 헌법소원이 따로 청구된 경우에도 헌법적 쟁점의 핵심적 부분이 동일한 경우에는 양자를 병합하여 심판할 수도 있다.[9]

4. 심판청구의 변경

(1) 원칙적 허용

민사소송에서는 소송계속 중에 법원과 당사자의 동일성을 유지하면서 소송물을 변경하는 청구의 변경을 허용한다.[10] 이는 헌법재판에도 준용되므로 헌법재판의 성질에 반하지 않는 한도에서 청구취지나 그 이유를 변경하는 것이 인정된다. 청구의 변경에는 종래의 청구를 철회하고 새로운 청구를 하는 교환적 변경과 종래의 청구를 유지하면서 새로운 청구를 하는 추가적 변경이 포함된다. 청구취지를 변경하는 경우에는 반드시 서면으로 신청해야 하고, 그 서면은 상대방에게 송달해야 한다. 이때 청구기간은 변경된 청구서가 제출된 시점을 기준으로 계산한다.

청구인이 청구의 변경을 신청할 경우에 재판부는 청구의 변경을 허가할 것인지를 결정한다. 청구의 변경을 인용할 경우에는 변경결정을 하고, 인용하지 않을 경우에는 상대방의 신청에 대해 청구의 변경을 불허하는 결정을 한다. 재판부는 청구인이 심판청구의 변경을 신청하지 않더라도 직권으로 청구인의 주장내용을 고려하여 심판대상을 축소·확장·변경할 수 있다.

8) 2010. 3. 25. 2007헌마933.
9) 2018. 12. 27. 2015헌바77등.
10) 민사소송법 제262조, 제263조.

(2) 변경의 불허

헌법재판에서 심판청구의 변경이 인정되지만 일정한 경우에는 허용되지 않는다. 헌법재판의 심판절차가 진행되고 있는 상태에서 청구를 변경하면 피청구인의 방어권 행사에 지장을 줄 수 있고, 소송경제에도 장애가 된다. 따라서 청구의 변경은 청구의 기초가 바뀌지 아니하는 한도에서만 인정되고, 청구의 변경이 소송절차를 현저히 지연시키는 경우에도 허용되지 않는다. 시간적으로도 변론을 종결할 때까지만 심판청구의 변경이 허용되므로 헌법재판소가 이미 변론을 종결한 경우에는 새로운 청구를 추가할 수는 없고, 별도의 헌법재판을 청구할 수 있을 뿐이다.[11] 헌법재판소가 변론 없이 결정할 경우에는 종국결정을 할 때까지만 허용된다.

(3) 규범통제형 헌법소원과 권리구제형 헌법소원의 변경도 불인정

당사자가 법률을 대상으로 규범통제형 헌법소원을 청구하였다가 이를 권리구제형 헌법소원으로 변경하거나 그 반대도 가능할까. 헌법재판소는 규범통제형 헌법소원에서 예비적 청구를 권리구제형 헌법소원으로 변경하는 것을 허용하고 청구기간의 준수와 같은 적법요건은 변경된 청구를 기준으로 판단해야 한다고 하였다.[12] 또한, 청구인이 권리구제형 헌법소원을 청구하였으나 청구인의 원래 의도를 고려하여 규범통제형 헌법소원으로 인정하여 심판한 적이 있다.[13]

헌법재판에서 청구변경이 인정되기 위해서는 기본적 사실의 동일성이 유지되는 것과 같이 청구의 기초가 같아야 하고, 변경되는 청구에 필요한 적법요건도 갖추고 있어야 한다. 규범통제형 헌법소원과 권리구제형 헌법소원은 형식적으로는 모두 헌법재판이지만 심판유형이 서로 다르고 실질적인 성격과 기능에서도 많은 차이가 있다. 헌법재판의 유형이 다르면 청구의 기초가 바뀌므로 다른 유형의 헌법재판으로 청구변경을 할 수 없다고 해석해야 한다. 따라서 규범통제형 헌법소원과 권리구제형 헌법소원은 하나의 심판절차에서 서로 청구를 변경하는 것은 허용되지 않는다고 해석된다. 헌법재판소는 먼저 청구된 헌법소원이 적법요건을 갖추지 못한 경우에는 이를 각하하고 당사자는 다시 다른

11) 2000. 6. 29. 99헌마289.
12) 2007. 10. 25. 2005헌바68.
13) 2008. 10. 30. 2006헌마447.

유형의 헌법소원을 청구하는 것이 타당하다.[14] 이는 헌법재판소가 소송경제와 헌법질서의 통일성을 위해 양자의 심판을 병합하여 심판하는 것과는 다른 문제이다.

제2절 심판대상의 확정과 사건의 병합

1. 심판대상

헌법재판에 대한 심판절차는 청구인이 청구서를 제출함으로써 시작된다. 이때 헌법재판소는 그 심판대상을 확정해야 한다. 헌법재판소는 심판대상에 대해 심리하여 결정하고, 종국결정의 효력도 심판대상에 대해서만 미치므로 심판대상을 확정하는 것은 중요한 의미가 있다. 심판대상은 헌법재판의 유형에 따라 다르다. 위헌법률심판에서는 당해사건에 적용되는 법률조항의 위헌여부가 심판대상이다. 탄핵심판에서는 피청구인이 직무집행에 있어서 헌법이나 법률을 위반하였는지 여부가, 정당해산심판에서는 피청구인 정당의 목적이나 활동이 민주적 기본질서에 위반되는지 여부가 심판대상이다. 권한쟁의심판에서는 피청구인의 처분 또는 부작위로 청구인의 권한이 침해되었는지 여부가, 헌법소원에서는 공권력의 행사 또는 불행사가 청구인의 기본권을 침해하였는지 여부가 심판대상이 된다.

헌법재판에서 심판대상은 그 사용하는 맥락에 따라 다르게 이해해야 한다. 일반적으로 심판대상이라 하면 심판대상의 객체를 의미하기도 한다. 즉, 위헌법률심판에서는 법률을, 탄핵심판에서는 고위공직자를, 정당해산심판에서는 정당을, 권한쟁의심판에서는 피청구인의 처분 또는 부작위를, 헌법소원에서는 공권력의 행사 또는 불행사를 심판대상이라고 한다.

2. 축소, 확장, 변경

헌법재판의 심판대상은 신청주의에 따라 청구인의 의사를 존중해야 하므로 심판청구를 통해 특정된다. 위헌법률심판에서도 제청법원이 위헌심판을 제

14) 정종섭, 헌법소송법, 285면.

청한 법률이나 법률조항만 심판대상이 된다. 하지만, 헌법재판은 청구인의 권리구제를 목적으로 하는 주관소송일뿐만 아니라 헌법질서의 수호를 위한 객관소송이라는 공익적 성격을 가진다. 헌법재판소는 법질서의 통일성을 기하고 소송의 효율성을 제고하기 위해 직권으로 심판대상을 축소하거나 확대할 수 있고, 필요한 경우에는 변경할 수도 있다. 특히, 법률이나 법률조항에 대해 위헌결정을 하는 경우에는 심판대상에 대해 기속력과 법규적 효력이 발생하므로 중요한 의미가 있다.

위헌법률심판이나 헌법소원에서 제청법원이나 청구인이 재판의 전제성이 인정되는 부분을 넘어서 법률이나 법률조항의 전체를 심판대상으로 제청하거나 청구한 경우에 헌법재판소는 직권으로 재판의 전제성이 인정되는 부분만 특정하여 심판대상을 축소할 수 있다.[15] 또한, 헌법소원에서는 청구인이 주장하는 법률 이외에도 그 법률을 구체화하는 시행령을 심판대상으로 포함시킬 수도 있으며, 청구인이 하위법령에 대해 위헌을 주장한 경우에도 그 상위의 수권법률을 심판대상으로 확대할 수도 있다. 심판대상과 불가분의 관계를 이루면서 전체적으로 하나의 규율대상을 형성하는 경우에는 그 범위까지 심판대상을 확대할 수 있는 것이다.[16] 헌법재판소는 심판청구의 이유를 검토하여 관련 법률조항들의 관계에 따라 직권으로 심판대상을 변경할 수도 있다.

3. 확정의 한계

헌법재판소는 당사자가 심판청구를 통해 위헌을 주장하는 법률조항에 대해 청구의 취지와 이유, 법원에서 진행된 해당사건의 경과, 법률조항이 재판과 맺고 있는 관련성의 정도, 이해관계인의 의견 등을 종합적으로 고려하여 최종적으로 심판대상을 확정할 수 있다.[17] 이는 청구인의 의사를 정확히 반영하는 한편, 헌법을 정점으로 하는 법질서의 통일성과 정합성을 기하고 소송경제를 도모하여 권리구제의 실효성을 제고하기 위한 것이다.

헌법재판소가 직권으로 심판대상을 확정하는 경우에도 자의적으로 심판대상을 결정할 수 있다는 것은 아니다. 법질서의 통일성, 소송경제, 당사자의 권

15) 2007. 5. 31. 2005헌마1139.

16) 2019. 9. 26. 2017헌마1209.

17) 2007. 5. 31. 2005헌마172.

리구제 등을 위해 필요한 경우에 한하여 그 범위에서만 심판대상을 조정할 수 있다. 이때에도 청구인의 진정한 의사를 우선적으로 존중하여 신청주의가 형해화되지 않도록 해야 한다. 헌법재판소는 제청법원이나 청구인이 청구하는 사건과 기본적 사실관계가 동일한 범위에서만 심판대상을 조정할 수 있고, 완전히 새로운 사실관계에 기초하여 심판대상을 확장하거나 변경해서는 안 된다.

4. 사건의 병합

헌법재판에서 심판대상과 헌법적 쟁점이 동일한 사건이 헌법재판소에 계속 중일 경우에는 이들 사건들을 하나의 사건으로 병합하여 처리할 수 있다. 사건을 병합하는 것은 소송의 경제를 도모하고 당사자의 권리구제를 확실하게 하기 위한 것이다. 특히, 위헌법률심판에서 법률에 대해 위헌결정을 하게 되면 그 법률은 효력을 상실하게 되고, 그 이전에 동일한 법률에 대해 심판청구된 사건은 적법요건을 상실하게 되어 각하된다. 따라서 당사자의 권리구제를 위해 하나의 사건으로 병합하여 동시에 선고하는 것이 바람직하다.

재판부는 직권으로 사건을 병합할 수 있다. 당사자는 재판부에 사건의 병합을 신청할 수 있는데, 이는 재판부의 직권을 촉구하는 의미에 불과하다. 사건의 병합은 일반적으로 가장 먼저 접수된 사건에 나머지 사건들을 병합하는 형태로 이루어진다. 심판대상과 헌법적 쟁점이 동일한 경우에는 헌법재판의 유형이 서로 다르더라도 병합할 수 있다. 즉, 법원이 위헌법률심판을 제청한 사건, 규범통제형 헌법소원, 법령에 대한 권리구제형 헌법소원은 심판대상과 헌법적 쟁점이 동일하면 하나의 사건으로 병합될 수 있다.[18]

제3절 청구의 취하

1. 다른 법률을 준용

청구의 취하는 심판청구의 전부나 일부를 철회하는 것이다. 민사소송에서 소의 취하는 원고가 소의 전부 또는 일부를 철회하는 단독적 소송행위이다. 민

18) 2020. 9. 24. 2017헌바157.

사소송에서는 판결이 확정될 때까지 소의 전부나 일부를 취하할 수 있으며, 소의 취하는 상대방이 본안에 관하여 준비서면을 제출하거나 변론준비기일에서 진술하거나 변론을 한 뒤에는 상대방의 동의를 받아야 효력을 가진다.[19] 행정소송법은 소의 취하에 대해 아무런 규정을 두지 않고 민사소송법을 준용하도록 하고,[20] 형사소송에서는 제1심판결의 선고 전까지 공소를 취소할 수 있다.[21]

헌법재판소법은 청구의 취하에 대해 아무런 규정을 두지 않고 있다. 헌법재판에서도 원칙적으로 민사소송법을 준용하여 청구인은 심판청구를 취하할 수 있다. 헌법재판에서 청구인은 전부 또는 일부에 대해 취하할 수 있지만, 종국결정이 있을 때까지만 가능하다. 민사소송법이 준용되는 심판절차에서는 피청구인이 본안에 응소한 이후에는 피청구인의 동의를 받아야 한다. 청구취하의 서면이 송달된 날부터 2주 이내에 상대방이 이의를 제기하지 아니한 경우에는 취하에 동의한 것으로 본다. 청구의 취하는 서면으로 하되, 변론이나 변론준비기일에서는 말로 할 수 있다.

2. 취하의 효과

헌법재판의 심판청구가 취하되면 헌법재판의 소송계속은 소급적으로 소멸되고 심판절차는 종료된다. 소송계속의 효과가 소멸하므로 당사자는 중복제소의 금지를 적용받지 않고 동일한 심판청구를 다시 할 수도 있다. 민사소송에서는 당사자 쌍방이 모두 변론기일에 불출석한 경우에는 소가 취하된 것으로 간주하는데, 헌법재판은 객관소송의 성격을 가지므로 당사자 쌍방이 변론기일에 불출석하더라도 취하간주는 준용되지 않는다.[22]

심판청구가 취하되면 헌법재판소는 심판절차종료선언을 주문으로 결정한다. 헌법재판소는 예외적으로 적법요건을 갖추지 못한 경우라도 헌법질서의 수호를 위해 헌법적 해명이 긴요한 경우에는 심판이익이 있으므로 심판절차를 종료하지 말고 본안판단을 할 수 있다는 견해도 있다.[23] 하지만, 청구가 취하된 경우에는 원칙적으로 신청주의에 따라 소송 자체가 소급하여 종료되므로 심판

19) 민사소송법 제266조 제1항, 제2항.
20) 행정소송법 제8조 제2항.
21) 형사소송법 제255조.
22) 김하열, 헌법소송법, 161면.
23) 정종섭, 헌법소송법, 126~127면, 166면.

절차종료선언을 해야 한다. 다만, 헌법재판에서는 헌법재판의 특성을 반영하여 사적 자치와 처분권주의가 예외적으로 제한될 수 있으므로 헌법재판의 유형에 따라 개별적으로 본안판단을 할 수 있는지 여부를 결정해야 한다.

3. 헌법재판의 유형에 따른 구별

(1) 위헌법률심판

위헌법률심판에서는 당사자가 없고, 헌법질서의 수호를 위한 객관소송이라는 성격이 강하므로 심판청구를 취하할 여지가 없다. 다만, 당해사건의 당사자가 소를 취하하는 등 제청사유가 소멸한 경우에는 제청법원이 제청결정을 취소하고 위헌심판제청을 철회할 수 있다. 제청법원이 위헌심판제청을 철회한 경우에는 심판절차종료선언의 사유가 된다. 한편, 규범통제형 헌법소원에서는 청구인이 존재하므로 청구취하가 인정된다. 이때에도 피청구인은 존재하지 않으므로 피청구인의 동의를 받을 필요는 없다.

제청법원이 위헌제청의 사유가 소멸하였음에도 제청을 철회하지 않은 경우에는 헌법재판소가 재판의 전제성이 없다고 판단되면 위헌제청을 각하한다. 구체적 규범통제에서는 재판의 전제성이 적법요건이므로 당해사건의 당사자가 소를 취하하는 경우에는 재판의 전제성도 소멸한다. 헌법재판소는 재판의 전제성이 없더라도 위헌법률로 인하여 위헌상태가 반복될 위험이 있거나 헌법적 해명이 긴요한 경우에는 본안판단을 할 수 있다는 입장이므로 이에 따르면 예외적으로 본안판단을 할 수도 있다.

(2) 탄핵심판

탄핵심판에서는 국회가 탄핵소추를 종료시키는 방식으로 종국결정이 있을 때까지 청구를 취하할 수 있다. 다만, 소추위원은 탄핵소추권자가 아니므로 임의로 심판청구를 취하할 수 없다. 국회는 탄핵소추의결과 동일한 방식으로 탄핵심판청구의 취하안을 의결하여 심판청구를 취하할 수 있다. 탄핵심판에서 피청구인은 탄핵심판의 유지에 중대한 이해관계를 가지므로 민사소송법을 준용하여 피청구인의 동의를 받아야 한다는 견해가 있다.[24] 하지만, 탄핵심판에는

24) 김하열, 헌법소송법, 161면; 허완중, 헌법소송법, 150면.

형사소송에 관한 법령이 우선적으로 준용되고, 공소취소에 있어서는 상대방의 동의를 요구하지 않는다. 따라서 피청구인이 본안에 응소하더라도 심판청구를 취하하기 위해 그 동의를 받을 필요가 없다.

국회가 탄핵심판청구를 취하한 경우에는 헌법질서의 수호를 위하여 헌법적으로 해명할 긴요한 경우라고 판단하더라도 국회가 탄핵심판청구를 취하함으로써 정치적 분쟁을 종식시키고 더 이상 탄핵심판을 원하지 않으므로 본안판단을 통해 종국결정할 필요가 없고 심판절차종료선언을 해야 한다.

(3) 정당해산심판

정당해산심판에서도 청구의 취하는 가능하다. 정부가 심판청구를 취하하기 위해서는 심판청구를 할 때와 마찬가지로 국무회의의 심의를 거쳐야 한다. 이때에는 민사소송법을 준용하므로 피청구인이 본안에 응소한 경우에는 피청구인의 동의를 받아야 한다. 정부가 해산심판청구를 취하한 경우에도 헌법재판소가 헌법질서의 수호를 위해 헌법적으로 해명이 긴요한 경우라고 판단하더라도 당사자 사이에 정치적 분쟁이 해결된 경우까지 종국결정을 할 필요성이 크지 않으므로 본안판단을 할 것이 아니라 심판절차종료선언을 하는 것이 타당하다.

(4) 권한쟁의심판

권한쟁의심판에서도 민사소송법을 준용하여 심판청구의 취하가 인정된다. 권한쟁의심판에서 헌법적 가치질서를 보호하는 객관적이고 공익적 성격이 인정되더라도 심판청구의 취하를 부인할 수는 없다.[25] 이때에도 피청구인이 본안에 응소한 경우에는 피청구인의 동의를 받아야 한다. 헌법재판소는 권한쟁의심판청구가 취하되더라도 관할의 소재를 분명히 밝혀 권능질서를 확립할 공익적 필요성이 있는 경우에는 심판이익이 있으므로 본안판단을 해야 한다는 견해가 있다.[26] 하지만, 심판청구가 취하된 경우에는 위헌상태가 반복될 위험이 있거나 헌법질서의 수호를 위해 헌법적 해명이 긴요한 경우라고 하더라도 헌법재판소는 권한쟁의심판의 공익적 성격만을 이유로 심판청구의 취하를 배제할 수 없다.[27]

---

25) 2001. 5. 8. 2000헌라1.

26) 허영, 헌법소송법론, 336~337면.

27) 2001. 5. 8. 2000헌라1.

(5) 헌법소원심판

헌법소원은 권리구제를 위한 주관소송의 성격이 강하므로 민사소송법을 준용하여 심판청구를 취하할 수 있다. 이때에도 민사소송법을 준용하여 피청구인이 본안에 응소한 경우에는 피청구인의 동의를 받아야 한다.[28] 헌법소원의 심판청구가 취하된 경우에는 위헌상태가 반복될 위험이 있거나 헌법질서의 수호를 위해 헌법적 해명이 긴요한 경우에도 본안판단을 할 수 없고, 헌법재판소는 민사소송법을 준용하여 심판절차종료선언을 해야 한다.[29]

4. 취하의 철회와 취소

청구의 취하를 철회하거나 취소할 수 있을까. 대법원은 재판에 있어서 소송행위는 법적 안정성을 위해 일반적인 법률행위와 달리 내심의 의사보다 그 형식과 표시를 기준으로 하여 그 의사표시의 효력 유무를 판정한다.[30] 다만, 민사소송에서는 형사상 처벌을 받을 다른 사람의 행위로 말미암아 자백을 하였거나 판결에 영향을 미치는 공격 또는 방어방법의 제출에 방해를 받은 때에는 재심을 청구할 수 있다.[31]

청구취하는 단독적 소송행위이므로 사기, 강박, 착오를 이유로 청구취하의 철회나 취소를 주장할 수 없다. 헌법재판소도 청구취하의 의사표시를 한 이후 피청구인의 기망에 의해 취하하였더라도 그 취하는 무효라고 할 수 없고 이를 임의로 취소할 수도 없다고 판단하였다.[32] 헌법재판에서는 청구취하의 의사표시가 타인의 폭행 등 범죄행위에 의해 이루어진 경우에는 민사소송법을 유추적용하여 판결에 중대한 영향을 미치는 중요한 사항에 대해 사실인정의 명백한 오류가 있는 경우에 해당하는 것으로 판단하여 재심사유로 인정할 수 있다.

---

28) 1995. 12. 15. 95헌마221등.
29) 2005. 2. 15. 2004헌마911.
30) 대법원 2004. 7. 9. 2003다46758.
31) 민사소송법 제451조 제1항 제5호.
32) 2005. 2. 15. 2004헌마911.

제 5 장 심판절차

제1절 송달과 답변서 제출

1. 송달

송달은 소송법상 당사자 기타 이해관계인에게 소송서류의 내용을 알리기 위해 법원이 법률이 정한 절차에 따라 서면을 보내는 행위이다. 당사자는 송달받은 서류의 내용을 기초로 심판절차에서 자신의 이익을 주장할 수 있다. 헌법재판소는 청구서를 접수하면 지체 없이 그 등본을 피청구인에게 송달해야 한다. 위헌법률심판에서는 당사자가 없지만, 법원의 제청이 있으면 법무부장관 및 당해사건의 당사자에게 그 제청서의 등본을 송달해야 한다.[1]

탄핵심판에서는 청구서를 송달할 필요가 없다. 탄핵심판의 청구는 소추위원이 탄핵소추의결서 정본을 제출하는 것이고, 국회의 소추의결서 정본이 청구서를 갈음한다.[2] 국회의장은 탄핵소추의결서 정본을 법제사법위원장인 소추위원에게, 그 등본을 헌법재판소, 피소추자와 그 소속기관의 장에게 송달한다.[3] 따라서 헌법재판소가 별도로 피청구인에게 소추의결서 등본을 송달할 필요가 없다.

헌법재판소는 당사자나 관계인에게 전자정보처리조직과 그와 연계된 정보통신망을 이용하여 결정서나 각종 서류를 송달할 수 있다. 이때 헌법재판소는 당사자나 관계인에게 송달해야 할 결정서 등의 서류를 전자정보처리조직에 입력하여 등재한 다음, 그 등재 사실을 헌법재판소규칙으로 정하는 바에 따라 전자적 방식으로 알려야 한다. 전자정보처리조직을 이용한 서류 송달은 서면으로

1) 헌법재판소법 제27조 제1항, 제2항.

2) 헌법재판소법 제49조 제2항, 제26조 제1항 단서.

3) 국회법 제134조 제1항.

한 것과 동일한 효력을 가진다. 다만, 당사자나 관계인이 동의하지 아니하는 경우에는 그러하지 아니하다.[4)]

2. 답변서 제출

청구서를 송달받은 피청구인은 헌법재판소에 답변서를 제출할 수 있다. 답변은 피청구인이 청구인의 심판청구를 다투는 것이고, 이때에도 서면주의가 적용되므로 답변서의 형식으로 제출한다. 답변서에는 심판청구의 취지와 이유에 대응하는 답변을 기재한다.[5)] 헌법재판에서는 민사소송과 달리 답변서의 제출이 의무가 아니므로 피청구인이 답변서를 제출하지 않았다는 이유로 피청구인에게 불리한 결정을 해서는 안 된다. 헌법재판소는 답변서의 부본을 청구인에게 송달한다.

제2절 심판의 지휘와 공개

1. 심판의 지휘

재판장은 평의에 있어서는 다른 재판관과 동등한 지위에서 표결하지만, 합의를 주재하고 심판정의 질서를 유지하는 등 심판을 지휘하는 권한을 갖는다. 헌법재판에서도 민사소송법을 준용하여 재판장은 변론의 지휘, 석명권의 행사, 보정명령, 수명재판관의 지명, 종국결정의 선고 등의 권한을 가진다. 누구든지 심판정에서 재판장의 허가 없이 녹화·촬영·중계방송 등의 행위를 하지 못한다. 헌법재판에서는 직권주의가 적용되므로 재판장의 소송지휘권은 중요한 의미가 있다. 재판장의 소송지휘권에 대해 당사자가 이의를 신청하면 재판부가 최종적으로 결정한다.

재판장은 심판정의 존엄과 질서를 해할 우려가 있는 자의 입정금지 또는 퇴정을 명하거나 기타 심판절차의 질서유지에 필요한 명령을 발할 수 있다. 재판장은 심판정의 질서를 해친 행위를 하는 자에 대해서는 20일 이내의 감치에 처하거나 100만원 이내의 과태료를 부과하거나 이를 병과할 수 있다. 재판장은

4) 헌법재판소법 제76조, 제78조 제1항, 제3항.

5) 헌법재판소법 제29조.

법정에서 질서유지를 위해 경찰공무원의 파견을 요구할 수 있고, 파견된 경찰공무원은 법정 내외의 질서유지에 관해 재판장의 지휘를 받는다.[6)]

2. 심판의 공개

(1) 원칙적 공개

심판의 변론과 종국결정의 선고는 심판정에서 하는 것이 원칙이다. 다만, 헌법재판소장이 필요하다고 인정하는 경우에는 심판정 외의 장소에서 변론 또는 종국결정의 선고를 할 수 있다.[7)] 심판정에서는 우리말을 사용하며, 심판의 변론과 결정의 선고는 공개한다. 헌법재판소는 홈페이지에 변론 및 선고의 동영상을 게시하고 있다.

헌법재판은 사실관계의 확정 못지않게 헌법적 쟁점에 대한 법리판단이 중요하게 다루어진다. 따라서 국민의 알권리를 보장한다는 차원에서 언론매체를 통해 심판내용을 일반인에게 공개할 필요가 있다. 헌법재판소는 대통령의 탄핵심판, 정당해산심판 등 중요한 사건의 종국결정의 선고에 대해 텔레비전으로 실시간 중계하도록 허용한 적이 있다.

(2) 예외적 비공개

헌법재판의 심리는 국가의 안전보장 또는 안녕질서나 선량한 풍속을 해할 우려가 있는 때에는 그 이유를 밝히고 결정으로 이를 공개하지 아니할 수 있다. 다만, 비공개를 결정한 경우에도 재판장은 적당하다고 인정하는 자의 재정을 허가할 수 있다.[8)] 헌법재판의 서면심리와 평의는 공개하지 아니한다. 이는 재판의 공정성과 독립성을 보장하기 위한 것이다. 이때에도 결정의 선고는 공개해야 한다.

3. 사건기록의 열람 · 복사

헌법재판소법은 사건기록의 열람 · 복사를 폭넓게 허용하면서 그 부작용을

6) 헌법재판소법 제35조 제1항, 제2항.
7) 헌법재판소법 제33조.
8) 헌법재판소법 제34조 제2항.

방지하기 위해 일정한 제한을 둔다. 누구든지 권리구제, 학술연구 또는 공익 목적으로 심판이 확정된 사건기록의 열람 또는 복사를 신청할 수 있다. 이것은 국민의 알권리를 보장하고 공개재판의 원칙을 실현하기 위한 것이다. 사건기록을 열람하거나 복사한 자는 열람 또는 복사를 통하여 알게 된 사항을 이용하여 공공의 질서 또는 선량한 풍속을 침해하거나 관계인의 명예 또는 생활의 평온을 훼손하는 행위를 하여서는 안 된다.[9)]

헌법재판소장은 일정한 사유가 있는 경우에는 사건기록의 열람·복사를 제한할 수 있다. 즉, 변론이 비공개로 진행된 경우, 사건기록의 공개로 인하여 국가의 안전보장, 선량한 풍속, 공공의 질서유지나 공공복리를 현저히 침해할 우려가 있는 경우, 사건기록의 공개로 인하여 관계인의 명예, 사생활의 비밀, 영업비밀 또는 생명·신체의 안전이나 생활의 평온을 현저히 침해할 우려가 있는 경우에는 사건기록을 열람하거나 복사하는 것을 제한할 수 있다. 이때 헌법재판소장은 신청인에게 그 사유를 명시하여 통지해야 한다.[10)]

제3절 심판기간과 심판비용

1. 심판기간

(1) 헌법재판소는 훈시규정으로 해석

헌법재판소는 심판사건을 접수한 날부터 180일 이내에 종국결정의 선고를 해야 한다. 심판사건을 접수한 날이란 청구서 등이 현실적으로 헌법재판소에 도달한 날이다. 다만, 재판관의 궐위로 7인의 출석이 불가능한 경우에 그 궐위된 기간은 심판기간에 산입하지 않는다.[11)] 재판장이 보정명령을 한 때에 그 보정기간도 심판기간에 산입하지 않는다.[12)] 그 기간 동안에는 실질적으로 헌법재판을 심리할 수 없기 때문이다.

헌법재판소는 심판사건을 접수한 날부터 180일을 초과하여 선고하였다고 하더라도 그 결정은 유효하며, 심판기간을 180일로 정한 규정이 신속한 재판을

9) 헌법재판소법 제39조의2 제4항.
10) 헌법재판소법 제39조의2 제1항, 제2항.
11) 헌법재판소법 제38조.
12) 헌법재판소법 제28조 제4항, 72조 제5항.

받을 권리를 침해하는 것은 아니라고 판단하였다.[13] 심판사건의 다양성, 비정형성, 복잡성 및 난이도 등을 고려할 때 모든 사건을 일률적으로 180일 이내에 심판한다는 것은 무리이고, 심판기간을 경과한 심판의 효력이나 심판기간 경과에 대한 제재와 같이 그 심판기간을 관철시키기 위한 특별규정이 없다는 이유로 심판기간에 대한 조항을 훈시규정이라고 해석한 것이다.

(2) 입법개선이 필요

2021년 12월 현재까지 헌법재판의 평균 심판기간은 1년을 초과하고, 최장으로는 9년 3개월을 초과한 경우도 있는 실정이다. 심판기간이 장기화될 경우에는 그 사이 재판관의 교체가 있을 수 있을 뿐만 아니라 사실관계와 법률상황이 변화되어 헌법재판의 결과에도 큰 영향을 미칠 수가 있다. 헌법재판소법은 심판기간에 대해 "선고하여야 한다"라고 규정하고 있으므로 이를 훈시규정으로 해석해서는 안 된다.[14] 법치란 국가권력을 헌법과 법률에 의해 행사해야 한다는 것이다. 헌법재판소는 헌법과 법률을 준수해야 하며, 헌법재판소법을 위반하는 것은 법치국가의 원리를 위반한 것이다. 헌법재판소법을 개정하여 불변기간으로 하고 그 심판기간을 늘이든지 필요한 경우에 연장할 수 있도록 하는 것이 바람직하다.

2. 심판비용

(1) 국가부담의 원칙

심판비용이란 헌법재판에서 지출한 비용 중에서 법령에서 정한 범위에 속하는 비용을 말한다. 심판비용에는 재판수수료와 같이 재판을 위해 지출하는 재판비용과 변호사보수와 같이 당사자가 소송수행을 위해 지출하는 당사자비용이 포함된다. 헌법재판은 헌법질서의 수호를 위한 객관소송으로 공익적 성격이 강하고, 당사자가 주로 국가기관이나 지방자치단체라는 점을 고려하여 원칙적으로 국가가 심판비용을 부담하도록 한다. 이에 따라 심판의 청구서 등 각종 서류에는 인지를 첩부하지 않는다.

---

13) 2009. 7. 30. 2007헌마732.

14) 허영, 헌법소송법론, 169~170면.

(2) 재판비용은 포함, 당사자비용은 제외

헌법재판소는 국가가 부담하는 심판비용에는 재판비용만 포함되고, 당사자비용은 포함되지 않는다고 판단하였다.15) 이는 헌법재판청구권의 남용을 방지하기 위한 것으로 민사소송법과 행정소송법을 준용하여 승소자의 당사자비용을 패소자에게 부담시키는 것은 헌법재판의 성질에 위반된다고 판단한 것이다. 헌법재판의 당사자가 사인인 경우에는 반드시 변호사를 대리인으로 선임해야 하는데, 그 비용은 당사자가 부담해야 한다. 이때에는 청구인이 패소하는 경우는 물론 승소하는 경우라도 변호사선임에 대한 비용을 부담해야 한다. 다만, 국선대리인을 선임한 경우에는 당사자가 그 비용을 부담하지 않는다.

(3) 당사자부담과 공탁금의 납부

심판비용을 국고로 할 경우에는 헌법재판을 남용할 가능성이 있어 이에 대비할 필요가 있다. 재판부는 당사자의 신청에 의한 증거조사의 비용은 헌법재판소규칙으로 정하는 바에 따라 그 신청인에게 부담시킬 수 있다. 특히, 개인이 청구할 수 있는 헌법소원에서는 남소를 방지하기 위해 청구인에 대해 공탁금의 납부를 명할 수 있다. 재판부는 헌법소원의 청구를 각하할 경우 또는 헌법소원을 기각하고 그 심판청구가 권리의 남용이라고 인정되는 경우에는 공탁금의 전부 또는 일부의 국고귀속을 명할 수 있다.16) 국고에 귀속되지 않은 공탁금은 청구인에게 반환된다.

헌법소원에서는 변호사강제가 적용되어 반드시 변호사를 대리인으로 선임하도록 하고 있는데, 헌법소원이 인용되어 국민 전체가 법적 이익을 누릴 수 있는 경우에는 청구인만 변호사비용을 부담할 수 있다. 이러한 결과는 공정하지 않으므로 독일과 같이 소송비용보상제도를 도입해야 한다는 입장도 있다.17) 헌법소원에서 공탁금을 부과하는 것은 개인의 헌법재판청구권을 제약하여 기본권 보장을 약화시킬 수 있으므로 공탁금을 부과하는 객관적 기준을 마련하고 그 이유를 명시적으로 밝혀야 할 것이다.18)

15) 2015. 5. 28. 2012헌사496.

16) 헌법재판소법 제37조 제1항, 제2항.

17) 정종섭, 헌법소송법, 204면; 허영, 헌법소송론, 167168면.

18) 정종섭, 헌법소송법, 205면.

제6장 심 리

제1절 방식과 절차

1. 심리방식

(1) 헌법재판의 유형에 따른 구분

헌법재판의 심리란 종국결정을 하기 위해 기초가 되는 사실관계와 법률상황을 파악하기 위해 필요한 증거나 자료를 수집하고 심사하는 것이다. 헌법재판의 심리는 심판유형에 따라 구두변론 또는 서면심리에 의한다. 탄핵심판, 정당해산심판, 권한쟁의심판은 대립적 당사자구조를 반영하여 반드시 구두변론에 의해야 한다. 이를 필요적 구두변론사건이라고 한다. 한편, 위헌법률심판과 헌법소원심판은 당사자가 없거나 대립적 소송구조를 취하지 않는다는 것을 반영하여 서면심리를 원칙으로 하고, 재판부가 필요하다고 인정하는 경우에는 구두변론을 할 수 있다. 이를 임의적 구두변론사건이라고 한다.[1)]

(2) 구두변론

구두변론은 당사자가 변론기일에 심판정에 출석하여 구술로 사실과 증거자료를 주장하고, 재판부는 이를 들은 후 질문을 하고 답변을 듣는 방식으로 심리를 진행하는 것이다. 구두변론에는 당사자 이외에 이해관계인 또는 참고인의 진술을 듣는 것도 포함된다. 필요적 구두변론은 반드시 법정에서 구술로 제출된 것만 재판자료로 삼아야 하고, 서면심리만으로 심판하는 것은 위법하다. 구두변론은 증거조사를 구술에 집중시켜 사안의 실체를 신속하게 파악할 수 있고, 당사자도 변론과정을 자세하게 알 수 있는 장점이 있다.

1) 헌법재판소법 제30조 제1항, 제2항.

(3) 서면심리

서면심리는 당사자와 이해관계인 등이 제출하는 서면자료를 바탕으로 심리를 진행하는 것이다. 임의적 구두변론에서는 서면심리를 원칙으로 하되, 재판부는 필요하다고 인정하는 경우에는 변론을 열어 구두변론을 할 수 있다. 당사자는 구두변론을 신청할 수 있지만, 이는 재판부에 구두변론을 촉구하는 의미만 있다. 재판부는 그 신청에 기속되지 않고 직권으로 구두변론의 필요성 여부를 판단하여 결정한다. 서면심리는 심리내용을 공개하지 않지만, 사실관계의 파악보다 법적 쟁점을 정리하여 신속하게 심리를 진행할 수 있다는 장점이 있다.

2. 심리절차

(1) 준비절차

헌법재판에서도 준비절차를 실시할 수 있을까. 준비절차란 변론기일에 앞서 변론이 효율적이고 집중적으로 실시될 수 있도록 당사자의 주장과 증거를 정리하여 소송관계를 명확하게 하는 절차이다. 헌법재판소법은 준비절차에 대해 아무런 규정을 두지 않지만, 심판절차를 효율적으로 진행하기 위해 민사소송법을 준용하여 준비절차를 실시할 수 있다. 재판부는 준비절차에서 당사자를 출석시켜 쟁점과 증거를 정리할 수 있고, 증거신청에 대한 결정과 증거조사도 할 수 있다.

(2) 변론절차

재판부가 서면심리를 할 경우에는 변론을 열 필요가 없지만, 구두변론을 할 경우에는 변론기일을 정하여 당사자와 관계인을 소환해야 한다. 구두변론은 청구인이 청구취지에 따라 심판의 목적을 구하는 진술을 하고, 이를 뒷받침하는 주장과 필요한 증거신청을 하는 것으로 시작된다. 피청구인은 심판청구를 배척하기 위해 방어를 하고 필요한 소송자료를 제출한다. 이때 재판관은 언제든지 당사자와 관계인에게 질문을 할 수 있다. 구두변론은 심판정에서 진행하되, 필요하다고 인정하는 경우에는 심판정 외의 장소에서 진행할 수도 있다. 필요적 구두변론사건에서도 청구가 부적법하고 그 흠결을 보정할 수 없음이 명백

한 경우에는 변론을 실시할 실익이 없으므로 민사소송법을 준용하여 변론 없이 각하할 수 있다.[2)]

제2절 증거조사

1. 소송법적 원리

(1) 직권탐지주의

증거조사란 재판관의 심증형성을 위해 법률에서 정한 절차에 따라 인적·물적 증거의 내용을 오관의 작용에 의해 인식하도록 하는 소송행위를 말한다. 헌법재판에서는 헌법적 쟁점에 관한 법리해석이 중요하지만, 적법요건과 본안판단을 위해 증거조사 역시 중요한 의미가 있다. 헌법재판에서는 직권주의를 적극적으로 채택하고, 사실인정에 있어서도 직권탐지주의를 원칙으로 하고 있어 직권으로 증거조사를 실시할 수 있다. 특히, 탄핵심판, 정당해산심판, 권한쟁의심판과 같이 대립적 당사자구조를 채택하는 심판절차에서는 피청구인이 변론에서 공격과 방어를 할 수 있는 절차적 권리를 보장하는 것이 중요하다.

헌법재판에서 사실관계를 확정하는 것은 헌법과 법률에 대한 사법적 판단을 위한 전제가 되므로 중요한 의미가 있다. 헌법재판에서도 사실관계는 증거에 의해 확정되어야 하는데, 헌법재판소가 증거조사를 통해 사실관계를 확정하는 것은 현실적으로 매우 불충분하다. 위헌법률심판과 헌법소원과 같이 서면심리를 하는 경우에도 사실관계의 확정은 헌법현실을 평가하는 자료가 되는데, 사실관계를 확정하는 근거가 제대로 제시되지 못하고 있는 경우가 많다. 헌법재판에서 증거에 의해 사실관계를 합리적으로 확정하는 절차를 마련해야 한다.

(2) 절차

재판부는 사건의 심리를 위해 필요하다고 인정하는 경우에는 직권 또는 당사자의 신청에 의해 증거조사를 할 수 있다. 증거조사는 재판부가 직접 심판정에서 행하는 것이 원칙이고, 위헌법률심판과 헌법소원과 같이 서면심리를 하는 경우에는 심판정에서 하지 않을 수 있다. 재판장은 재판관 중 1인을 수명재

---

2) 민사소송법 제219조.

판관으로 지정하여 증거조사를 하게 할 수 있고,[3] 헌법소원에서는 지정재판부도 증거조사를 할 수 있다.[4]

당사자에게 증거조사에 참여할 기회를 보장해야 할 경우에는 증거조사의 기일과 장소를 당사자에게 통지하고, 긴급한 경우가 아닌 한 당사자를 출석시켜야 한다. 당사자가 출석하지 않더라도 재판부는 직권으로 증거조사를 할 수 있다. 재판부는 당사자가 신청한 증거를 필요하지 아니하다고 인정한 때에는 조사하지 아니할 수 있다. 다만, 그것이 당사자가 주장하는 사실에 대한 유일한 증거인 때에는 조사해야 한다. 재판부는 증거조사를 마치고 나서 변론의 전취지와 증거조사의 결과를 종합적으로 참작하여 최종적으로 자유로운 심증에 따라 증거가치를 판단한다.

2. 방법

(1) 종류

증거조사에는 당사자 또는 증인을 신문하는 일, 당사자 또는 관계인이 소지하는 문서 · 장부 · 물건 또는 그 밖의 증거자료의 제출을 요구하고 영치하는 일, 특별한 학식과 경험을 가진 자에게 감정을 명하는 일, 필요한 물건 · 사람 · 장소 또는 그 밖의 사물의 성상이나 상황을 검증하는 일이 포함된다.[5] 재판부는 당사자신문, 증인신문, 문서나 물건 등 증거자료의 제출, 감정, 검증의 방법으로 증거조사를 한다.

(2) 당사자신문과 증인신문

당사자신문은 당사자를 상대로 신문의 방식으로 하는 증거조사이다. 당사자신문에는 증인신문의 규정이 준용되는데, 증인신문은 증인의 증언으로부터 증거자료를 얻는 증거조사이다. 증인신문은 당사자의 신청이 있어야 가능하고, 재판부가 증인신청을 받아들이면 증인에게 출석을 요구한다. 증인신문은 개별적이고 구체적으로 해야 하고, 증인신문이 증인을 모욕하거나 쟁점과 관계없는

3) 헌법재판소법 제31조 제2항.
4) 헌법재판소법 제72조 제5항.
5) 헌법재판소법 제31조 제1항.

신문 등의 경우에는 재판장이 직권 또는 당사자의 신청에 따라 이를 제한할 수 있다.

(3) 문서나 물건 등 증거자료의 제출

재판부는 당사자 또는 관계인이 소지하는 문서·장부·물건 또는 그 밖의 증거자료의 제출을 요구하고 영치하여 이로부터 증거자료를 얻을 수 있다. 문서나 장부에 대해서는 민사소송법의 서증에 관한 규정을 준용하고, 물건 기타 증거자료는 문서나 장부 이외의 모든 증거자료가 포함된다. 서증은 문서를 열람하여 그 내용을 증거자료로 하는 증거조사이다.

서증신청에는 다양한 방법이 있다. 당사자 본인이 가지고 있는 문서는 직접 재판부에 제출하면 된다. 상대방이나 제3자가 소지하고 있는 문서로 제출의무가 있는 경우에는 제출명령을 신청한다. 상대방이 소송에서 인용한 문서를 소지한 경우, 문서소지자에 대해 그 인도나 열람을 청구할 수 있는 경우, 문서가 신청자의 이익을 위해 작성되었거나 소지자와 법률관계를 위하여 작성된 것인 경우에는 그 소지자가 문서제출의무를 부담한다.[6] 한편, 소지자에게 제출의무가 없는 문서에 대해서는 당사자가 송부촉탁을 신청하거나 당사자가 직접 문서가 있는 장소에 서증조사를 신청할 수도 있다.

(4) 감정과 검증

감정은 특별한 학식과 경험을 가진 자에게 그 전문적 지식과 그에 관한 판단을 보고하도록 하는 증거조사이다. 헌법재판소는 감정인을 지정하고, 감정에 관하여는 민사소송법에서 규정하는 증인신문에 관한 규정을 준용한다. 재판부는 필요하다고 판단할 경우에는 공공기관 등에 감정을 촉탁할 수도 있다.

검증은 재판관이 그 오관의 작용에 의해 직접 사물의 성질과 상태를 검사하는 증거조사이다. 사람은 그 진술내용을 증거로 하는 경우에는 인증이지만, 체격·상처 등 신체의 특징을 검사하는 경우에는 검증물이다. 문서는 그 기재내용을 증거로 하는 경우에는 서증이지만, 그 지질·필적·인영 등을 증거로 하는 경우에는 검증물이 된다. 검증의 절차 등에 대해서는 민사소송법을 준용하는데, 민사소송에서는 검증에 대해 서증신청의 방식 등에 관한 규정을 준용한다.[7]

---

6) 민사소송법 제344조.

7) 민사소송법 제366조.

3. 벌칙

(1) 다른 법률을 준용

헌법재판소법은 증거조사와 관련하여 벌칙을 규정한다. 증인, 감정인, 통역인 또는 번역인으로 소환 또는 위촉을 받고 정당한 사유 없이 출석하지 아니한 자, 증거물의 제출요구 또는 제출명령을 받고 정당한 사유 없이 이를 제출하지 아니한 자, 헌법재판소의 조사 또는 검사를 정당한 사유 없이 거부·방해 또는 기피한 자는 1년 이하의 징역 또는 100만원 이하의 벌금에 처한다.[8] 민사소송에서는 증인이 정당한 사유 없이 출석하지 아니한 때에는 과태료, 감치, 구인을 할 수 있다.[9] 형사소송에서는 정당한 사유 없이 소환에 응하지 아니하는 증인을 구인할 수 있다.[10] 헌법재판소법은 출석을 거부한 자에 대해 민사소송법과 달리 특별히 가중하여 형사처벌하는 규정을 두고 있으므로 이러한 범위에서는 다른 소송에 관한 법령이 준용되지 않는다.

(2) 증인선서의 거부와 증언거부

헌법재판의 심판절차에서 증인선서를 거부하거나 증언을 거부한 경우에도 민사소송법이나 형사소송법을 준용하여 형사처벌이나 행정벌을 부과할 수 있을까. 헌법재판소법은 증인출석을 거부한 자에 대해서만 형벌을 부과하고, 증인선서를 거부하거나 증언을 거부한 증인에 대해서도 아무런 제재를 규정하지 않고 있다. 민사소송이나 형사소송에서는 증인이 선서를 거부하거나 정당한 이유 없이 증언을 거부한 경우에는 과태료에 처하도록 규정한다.[11] 행정소송법은 특별한 규정을 두지 않고 일반적으로 민사소송법을 준용하도록 규정한다.[12]

헌법재판소는 증거조사에 대해 개별적으로 규정하므로 민사소송법 등 다른 법률을 총괄적으로 준용하는 것을 배제하는 것으로 해석할 수도 있다. 하지만, 헌법재판소법이 출석을 거부한 자에 대해서만 민사소송법 등과 달리 특별히 규정하므로 그 범위에서만 민사소송법이 준용되지 않는다고 해석해야 한다.

---

8) 헌법재판소법 제79조.

9) 민사소송법 제311조 제1항, 제2항, 제312조.

10) 형사소송법 제152조.

11) 민사소송법 제318조, 제326조, 형사소송법 제151조 제1항.

12) 행정소송법 제8조 제2항.

따라서 민사소송법과 형사소송법 등을 준용하여 증인을 구인하거나 증인선서나 증언을 거부한 자에 대해 과태료에 처할 수 있다. 헌법재판소심판규칙은 증인의 구인, 증언거부, 증인의 선서거부에 대해 형사소송에 관한 법령과 민사소송에 관한 법령을 준용하여 구인, 과태료를 부과할 수 있도록 규정한다.[13)]

(3) 감정인에 대한 감치와 구인

헌법재판소법은 감정인이 정당한 사유 없이 선서 또는 감정의견보고를 거부한 경우에 제재하는 규정을 두지 않고 있다. 민사소송에서 감정에는 증인신문에 관한 규정을 준용하면서도 감치에 관한 규정을 제외한다.[14)] 형사소송법도 감정에 대해 증인신문에 관한 규정을 준용하면서도 구인에 관한 규정을 제외한다.[15)] 감정은 전문적 지식과 그 판단을 확인하는 것이므로 강제로 감치하거나 구인해서는 그 목적을 달성할 수 없기 때문이다. 헌법재판에서도 감정인에 대해서는 과태료만 부과할 수 있고 감치나 구인을 할 수 없다고 해석해야 한다. 헌법재판소심판규칙은 증인의 경우와 달리 이에 대해 아무런 규정을 두지 않고 있다.

제3절 그 밖의 소송자료 수집

1. 당사자 등 의견제출

헌법재판은 권리구제를 위한 주관소송일 뿐만 아니라 헌법질서를 수호하기 위한 객관소송으로서의 성격을 가진다. 따라서 재판부는 당사자가 아니더라도 사건과 이해관계가 있는 자에 대해서는 의견을 진술할 수 있는 기회를 보장할 필요가 있다. 특히, 전문적인 지식을 가진 사람을 참고인으로 지정하여 그 진술을 듣거나 의견서를 제출하게 하는 것이 중요한 의미를 가진다. 서면심리를 원칙으로 하는 경우에도 재판부는 필요하다고 인정하는 경우에는 변론을 열어 당사자, 이해관계인, 그 밖의 참고인의 진술을 들을 수 있다.[16)]

13) 헌법재판소심판규칙 제30조 제1항, 제2항.
14) 민사소송법 제333조.
15) 형사소송법 제177조.
16) 헌법재판소법 제30조 제2항.

위헌법률심판에서 당해사건의 당사자 및 법무부장관은 헌법재판소에 법률의 위헌 여부에 대한 의견서를 제출할 수 있다.[17] 당해사건의 당사자는 구체적 규범통제에서 법률의 위헌여부에 관하여 가장 이해관계가 크고, 법무부장관은 법률을 집행하는 정부의 대표이자 법집행을 소관하는 주무부서의 장이다. 헌법소원에서는 이해관계가 있는 국가기관 또는 공공단체와 법무부장관은 헌법재판소에 그 심판에 관한 의견서를 제출할 수 있다.[18] 의견서를 제출할 수 있는 기관이나 단체는 사건마다 개별적으로 결정되며, 주무부서의 장관도 이에 포함된다. 헌법재판소심판규칙에서는 모든 심판절차에서 이해관계인에게 의견서를 제출할 기회를 부여한다.[19]

국가인권위원회는 인권의 보호와 향상에 중요한 영향을 미치는 재판이 계속 중일 때 법률상 사항에 관하여 헌법재판소에 의견서를 제출할 수 있고, 국가인권위원회가 조사나 처리한 내용에 관해서 재판이 계속 중일 때에는 사실상 또는 법률상 사항에 관하여 의견서를 제출할 수 있다.[20]

2. 사실조회, 기록송부와 자료제출의 요구

재판부는 결정으로 다른 국가기관 또는 공공단체의 기관에 대해 심판에 필요한 사실을 조회하거나, 기록의 송부나 자료의 제출을 요구할 수 있다. 헌법재판에서는 직권탐지주의에 따라 증거조사를 하기 위해 국가기관 등의 관련 기록이나 자료를 적극적으로 활용할 필요가 있다. 재판부는 국가기관이나 공공단체의 기관에 대해 사실조회, 기록송부나 자료제출을 요구할 것인지 여부를 재량으로 결정한다. 재판부로부터 사실조회 등을 요구받은 국가기관이나 공공단체의 기관은 헌법재판이라는 공적 이익을 실현하기 위해 협조할 의무를 부담한다. 사실조회 등을 요구받은 국가기관이나 공공단체의 기관은 지체 없이 이에 응해야 한다. 다만, 재판·소추 또는 범죄수사가 진행 중인 사건의 기록에 대하여는 송부를 요구할 수 없다.[21]

---

17) 헌법재판소법 제44조.
18) 헌법재판소법 제74조 제1항.
19) 헌법재판소심판규칙 제10조 제1항, 제2항, 제3항.
20) 국가인권위원회법 제28조 제1항, 제2항.
21) 헌법재판소법 제32조.

제7장 평의와 평결

제1절 방식과 절차

1. 평의의 진행

평의란 재판의 결론을 내리기 위해 재판관들이 의견을 교환하고 평가하는 것이고, 평결이란 표결을 통해 최종적으로 주문을 결정하는 것이다. 헌법재판소법은 종국결정을 하는 구체적인 평결방식에 대해 아무런 규정을 두지 않고 있다. 재판장은 평의의 정리를 담당하는데, 실무에서는 주심재판관이 사건에 대한 검토보고서를 첨부한 평의요청서를 작성하여 각 재판관에게 배포하여 평의를 요청한다. 재판장은 재판관들과 협의하여 평의일정을 확정하고 평의일자와 안건목록을 각 재판관에게 통지한다.

평의에서는 주심재판관이 사건에 대한 검토내용을 요약하여 발표하고, 재판관들이 의견을 교환한 다음 최종적으로 표결을 통해 종국결정의 주문을 확정한다. 평결에서는 주심재판관이 먼저 의견을 내고 직무상 최하위 서열인 후임재판관의 순서대로 의견을 내고 재판장이 마지막으로 의견을 낸다.

2. 평결방식

(1) 쟁점별 평결과 주문별 평결

재판부가 평결을 통해 주문을 도출하는 방식은 쟁점별 평결과 주문별 평결로 구분할 수 있다. 쟁점별 평결은 적법요건이나 본안판단에 있어서 쟁점별로 구분하여 각각 표결하여 주문을 도출한다. 주문별 평결은 쟁점별로 구분하지 않고 주문만 표결하여 최종적인 주문을 도출한다. 헌법재판소법은 평결방식에 대해 아무런 규정을 두지 않고 있지만, 헌법재판소는 관행적으로 주문별 평결을 채택하여 쟁점별로 구분하지 않고 적법요건과 본안판단을 포함하여 최종결론에 대한 표결을 통해 주문을 확정한다.

헌법재판소는 스스로 평결방식에 대해 확인한 적이 있다. 헌법재판소는 법률에 대한 규범통제형 헌법소원에서 위헌의견을 제시한 5인의 재판관은 쟁점별 평결을 주장하면서 5인이 적법요건을 갖춘 것으로 인정하였으므로 각하의견을 제시한 4인의 재판관도 본안결정에 참여해야 한다고 주장하였다. 하지만, 나머지 4인의 재판관은 헌법재판소가 채택하여 온 주문별 평결을 이 사건에서만 쟁점별 평결로 바꿀 수는 없고, 판례의 입장을 변경할 다른 사정이 없다는 이유로 각하의견을 제시하였다. 이 사건에서는 주문별 평결방식에 따라 위헌의견이 6인 이상의 찬성을 얻지 못하여 합헌결정이 내려졌다.[1)]

(2) 평결방식의 차이

헌법재판의 적법요건에 대해 의견이 나뉠 때 평결방식에 따라 주문에 큰 차이가 발생한다. 적법요건의 판단에서 의견이 나뉘고 각하의견이 다수가 아닌 경우, 주문별 평결에서는 각하의견을 제시한 재판관은 본안판단에 참여하지 않지만, 쟁점별 평결에서는 각하의견을 제시한 재판관도 쟁점을 달리하는 본안판단에 참여하게 되므로 주문이 달라질 수 있다.

주문별 평결방식을 채택하면, 주문에 대한 의견이 나뉠 경우 극단적인 소수에 의해 주문이 결정되거나 어느 재판관도 제시하지 않은 의견이 주문으로 결정되기도 한다. 즉, 5인의 재판관이 위헌의견을 제시하고, 4인의 재판관이 각하의견을 제시한 경우에 주문은 위헌이나 각하가 아니라 합헌으로 결정된다. 이때 쟁점별 평결방식을 채택하면, 각하의견을 제시한 4인의 재판관도 본안판단에서 의견을 제시할 수 있어 의결정족수에 따라 주문이 다르게 결정될 수 있다.

(3) 쟁점별 평결방식이 바람직

헌법재판은 권리구제를 위한 주관소송이자 헌법질서를 수호하기 위한 객관소송이기도 하므로 모든 헌법적 쟁점에 대해 재판관의 철학과 관점을 명확하게 제시하는 것이 필요하다. 모든 재판관이 헌법적 쟁점에 대해 자신의 의견을

1) 1994. 6. 30. 92헌바23.

표시하도록 하는 것은 헌법이론의 발전에 기여하고 헌법재판에 대한 설득력도 높일 수 있다. 따라서 헌법재판에서는 쟁점별 평결방식을 채택하는 것이 보다 타당하다고 판단된다.[2)]

3. 평결의 대상과 순서

(1) 적법요건에 대한 평결

헌법재판소법은 평결방식에 대해 아무런 규정을 두지 않고 있고, 실무적으로도 평결의 대상과 순서에 대해 명확한 기준이 없다. 쟁점별 평결방식에 따른다고 하더라도 적법요건과 본안판단에 있어서도 쟁점이 다수일 수 있어 평결의 대상과 순서에 대한 기준이 마련되어야 한다. 적법요건의 판단에서 쟁점이 다수이고 재판관의 의견이 서로 다른 경우에는 평결방식에 따라 다른 결정이 주문으로 표시될 수 있다. 예를 들어, 헌법소원에서 기본권 침해의 직접성에 대해 2인이, 권리보호의 이익에 대해 3인이, 보충성의 원칙에 대해 4인이 각하의견을 제시할 수 있다. 이때 주문별 평결에 따르면 모두 각하의견이므로 각하결정을 한다. 하지만, 쟁점별 평결에 따르면 어떠한 쟁점도 각하의견이 과반수를 충족하지 못하므로 적법요건을 갖춘 결과가 되고, 재판부는 본안판단을 해야 한다.

모든 재판관이 각하의견을 제시하였음에도 불구하고 주문에서 본안판단을 통해 기각결정이나 인용결정을 하는 것은 타당하지 않다. 쟁점별 평결방식을 채택하는 경우에도 이러한 모순을 피하기 위해서는 모든 헌법적 쟁점을 구분하여 쟁점별로 평결할 것이 아니라 적법요건과 본안판단을 구분하여 평결하는 것이 타당하다. 즉, 적법요건에 대해 재판관 5인 이상이 각하의견을 제시하면 각하결정을 하고, 5인 이상이 적법한 것으로 판단하면 모두 본안판단에 참여하도록 하는 것이 바람직하다.[3)]

(2) 본안판단에 대한 평결

본안판단에 대해 평결할 경우에 하나의 심판대상이 하나의 헌법규정에 위반되는지 여부가 쟁점인 경우에는 평결방식에 따라 큰 차이가 없다. 심판대상

---

2) 정재황, 헌법재판론, 92면; 정종섭, 헌법소송법, 159~160면; 허영, 헌법소송론, 159면.

3) 김하열, 헌법소송법, 223면.

이 다수인 경우에는 심판대상별로 평결해야 하는데, 이때에는 평결방식에 따라 주문에 차이가 발생할 수 있다. 특히, 하나의 심판대상이 다수의 헌법규정에 위반되는지 여부가 쟁점이 되는 경우에는 쟁점별 평결방식에도 불합리한 결과가 발생할 수 있다.

하나의 법률조항에 대해 직업의 자유와 평등권 등 다수의 기본권 침해가 주장되거나, 기본권 침해의 사유에 대해 법률유보의 원칙, 명확성의 원칙, 과잉제한금지의 원칙 등 다수의 헌법적 쟁점이 주장될 경우가 있다. 이때 주문별 평결에 따르면 개별적 쟁점과 무관하게 재판관 6인 이상의 찬성으로 위헌결정이 가능하지만, 쟁점별 평결에 따르면 개별적 쟁점마다 그에 대해 재판관 6인 이상의 찬성이 있어야 위헌결정을 할 수 있다.

헌법재판에서 다수의 기본권 침해가 쟁점이 되는 경우에는 기본권의 경합을 통해 기본권의 보호영역을 확정함으로써 쟁점을 정리할 수 있고, 재판부가 심판대상을 조정할 수도 있다. 이때에도 평결방식에 따라 종국결정의 주문이 달라지게 되므로 평결방식을 확정하는 것은 중요한 의미가 있다. 본안판단에 대한 평결의 대상과 순서를 확정하는 과정에서는 어떠한 위헌심사기준을 적용할 것인지가 매우 중요하다. 다양한 헌법적 쟁점에 대해 동일한 위헌심사기준을 적용할 경우에는 주문별로 평결하더라도 큰 차이가 없지만, 위헌심사기준을 달리 적용할 경우에는 쟁점별로 위헌여부에 대한 결정에 큰 차이가 발생하게 되므로 쟁점별로 구분하여 평결하는 것이 바람직하다.

제2절 평의의 비밀과 재판관의 의견표시

1. 서면심리와 평의의 비공개

헌법재판에서 심판의 변론과 결정의 선고는 공개한다. 이는 공개적인 투명한 재판을 통해 재판의 공정성을 도모하고 개인의 재판청구권을 보장하기 위한 것이다. 하지만, 서면심리와 평의는 공개하지 않는다. 헌법재판에서 평의는 주문을 도출하기 위해 재판관들이 의논하여 표결하는 과정이다. 평의를 공개하는 것은 헌법재판의 독립성을 저해하고 공정한 재판에도 장애가 될 수 있다. 따라서 평의의 과정에서 이루어지는 개별 재판관의 의견과 그 수, 그리고 합의의

내용은 외부에 공개되어서는 안 된다.[4)]

2. 재판관의 의견표시

재판부가 심리를 마쳤을 때에는 종국결정을 하고, 주문과 이유 등을 기재한 결정서를 작성하고 심판에 관여한 재판관 전원이 이에 서명·날인해야 한다. 재판의 종국결정은 공개해야 하고, 이때 심판에 관여한 재판관은 결정서에 의견을 표시해야 한다. 따라서 심판에 관여한 재판관이 헌법재판소의 공식적인 법정의견에 찬성하지 않더라도 반드시 별도의 의견을 표시해야 한다.[5)] 이것은 헌법재판관이 임명권자의 눈치를 보거나 여론의 영향을 고려하게 되는 우려가 있지만, 헌법적 쟁점에 대한 다양한 의견을 국민에게 투명하게 공개함으로써 재판관의 책임의식을 고양하고 헌법재판의 설득력을 증대시킬 수 있다는 점에서 바람직하다.

3. 법정의견과 개별의견

헌법재판의 종국결정에 대한 의견은 법정의견과 개별의견으로 구분된다. 법정의견은 종국결정의 최종적 주문과 그 이유를 기재한 헌법재판소의 공식의견이고, 개별의견은 법정의견과 주문이나 이유에서 차이가 있는 의견이다. 개별의견은 보충의견과 반대의견으로 구분된다. 보충의견은 법정의견의 주문에는 동의하지만 그 이유에 있어서 차이가 있는 의견이고, 반대의견은 법정의견의 주문과 그 이유에 반대하는 의견이다. 법정의견만 종국결정으로서 법적 효력을 갖는다. 주문에 대한 의견이 갈라지는 경우에 결정문에는 원칙적으로 법정의견을 가장 먼저 기재하고, 개별의견을 나중에 기재한다.

4) 2004. 5. 14. 2004헌나1.
5) 헌법재판소법 제36조 제3항.

제3절 정족수

1. 심리정족수와 결정정족수

(1) 일반정족수

헌법재판은 재판관 7인 이상의 출석으로 사건을 심리하고, 종국심리에 관여한 재판관 과반수의 찬성으로 사건에 관한 결정을 한다. 사건의 심리를 개시하기 위해 필요한 정족수가 심리정족수이고, 사건의 결정을 위해 필요한 정족수가 결정정족수이다. 심리정족수는 재판관 7인 이상이고, 결정정족수는 종국심리에 관여한 재판관의 과반수이다. 헌법재판의 적법요건에 관한 결정, 재판관에 대한 제척·기피결정, 가처분결정에 대해서도 일반적 결정정족수에 따라 재판관 과반수의 찬성으로 결정한다.

(2) 특별정족수

헌법재판에서 재판부가 법률의 위헌결정, 탄핵심판의 파면결정, 정당해산심판의 해산결정, 헌법소원의 인용결정을 하는 경우와 종전에 헌법재판소가 판시한 헌법 또는 법률의 해석적용에 관한 의견을 변경하는 경우에는 재판관 6인 이상의 찬성이 있어야 한다.[6] 헌법재판에서 일정한 경우에는 특별히 가중된 결정정족수를 요구하는 것은 헌법재판의 결과가 미치는 사회적 파급력이 크다는 것을 고려하여 권력분립의 원칙에 따라 다른 국가기관의 행위를 존중하고 그 법적 안정성을 도모하기 위한 것으로 이해된다. 하지만, 법률전문가로 구성된 합의체가 법치를 근간으로 하여 법적 이성을 도출하는 과정에서 재판관 6인 이상의 찬성을 요구하는 가중정족수를 채택하는 것은 설득력이 떨어진다.[7]

헌법재판에서 특별정족수가 필요한 경우에는 종국결정에 대해 의견이 나뉠 때 소수가 주문을 결정하게 되는 문제점이 발생할 수 있다. 즉, 9인의 재판관 가운데 다수인 5인이 위헌이라고 판단하고, 소수인 4인이 위헌이 아니라고 판단하더라도 4인의 의견이 법정의견으로 채택되어 합헌결정이 주문으로 채택된다. 위헌의견인 재판관이 5인이고, 각하의견인 재판관이 4인 경우에는 합헌

6) 헌법재판소법 제23조 제1항, 제2항.

7) 김하열, 헌법소송법, 216면.

결정이 주문으로 채택되어 어느 재판관도 제시하지 않은 의견이 주문으로 결정되는 경우도 발생한다.

헌법재판에서 위헌결정과 같은 중요한 결정을 위해 가중된 결정정족수를 채택하고 있어 재판관 1인의 의견은 매우 중요한 의미를 갖는다. 과거 정치적 이유로 후임 재판관의 임명이 늦어져 7인의 심리정족수가 부족하여 헌법재판이 전면적으로 중단된 적이 있고, 재판관 7인이나 8인으로 운영된 적도 있다. 헌법재판소는 헌법재판소장이 퇴임하고 그 후임자가 선출되지 않은 상태에서 재판관 8인으로 탄핵심판을 심리하고 종국결정한 것은 9인으로 구성된 재판부로부터 공정한 재판을 받을 권리를 침해하는 것이 아니라고 판단하였다.[8)] 하지만, 특별정족수가 필요한 경우에는 재판관 1인의 비중이 매우 커 종국결정의 주문을 좌우할 수 있으므로 재판관의 공백이 생기지 않도록 해야 한다.

(3) 구체적 검토

(가) 권한쟁의심판의 경우

권한쟁의심판에서 모든 종국결정은 심리에 관여한 재판관의 과반수의 찬성으로 결정한다. 이것은 대립적 당사자구조를 취하는 권한쟁송이라는 성격을 고려한 것이다. 권한쟁의심판에서도 의결정족수가 문제되는 경우가 발생할 수 있다. 국회의 입법작용도 권한쟁의심판의 대상이 되는 '피청구인의 처분 또는 부작위'에 포함될 수 있는데, 재판부는 권한침해의 원인이 된 피청구인의 처분을 취소하거나 그 무효를 확인할 수 있다. 이때 권한쟁의심판은 실질적으로 법률에 대한 규범통제의 수단으로 기능하게 된다.

권한쟁의심판에서 헌법재판소가 국회의 입법작용에 대해 취소결정을 하거나 무효확인결정을 할 경우에 결정정족수는 어떻게 될까. 이때에는 실질적으로 규범통제를 하는 것이므로 위헌결정을 위해서는 재판관 6인 이상의 찬성이 있어야 한다고 해석할 수도 있다. 하지만, 헌법과 헌법재판소법은 권한쟁의심판에 대해 일반정족수인 과반수의 찬성에 따라야 한다고 규정하고, 이에 대한 예외를 인정하지 않고 있다. 따라서 일반정족수에 따라 과반수의 찬성으로 결정할 수 있다고 해석하는 것이 타당하다.[9)]

---

8) 2017. 3. 10. 2016헌나1.

9) 김하열, 헌법소송법, 682~683면.

(나) 선례변경의 경우

헌법재판소가 판례를 변경하는 경우에도 재판관 6인 이상의 특별정족수가 요구된다. 위헌법률심판에서 종전에 합헌으로 결정하였던 판례를 위헌으로 변경하는 경우에는 어차피 6인 이상의 찬성이 있어야 하므로 아무런 문제가 없다. 종전에 위헌으로 결정하였던 판례를 변경하려는 재판관이 5인인 경우에는 어떤 결정을 해야 할까. 위헌이라는 의견은 4인이고, 합헌이라는 의견은 5인인데, 위헌결정을 위해 필요한 6인 이상의 찬성이 충족되지 않으므로 합헌결정을 해야 할까. 아니면, 판례변경을 위해 필요한 6인 이상의 찬성이 충족되지 못하므로 종전과 같이 위헌결정을 해야 할까. 헌법재판소는 법적 안정성을 위해 판례변경의 경우에 특별정족수를 규정하고 있으므로 이를 우선적으로 적용하여 종전의 결정을 유지하여 위헌결정을 하는 것이 타당하다.

(다) 지정재판부의 경우

헌법소원에서는 재판관 3인으로 구성되는 지정재판부를 둔다. 지정재판부는 헌법소원의 적법요건을 심판하여 만장일치로 각하의견인 경우에 각하결정을 한다. 지정재판부의 심리정족수와 각하결정을 위한 결정정족수는 모두 재판관 3인이 된다. 헌법소원심판 청구 후 30일이 경과할 때까지 각하결정이 없으면 심판에 회부하는 결정이 있는 것으로 본다.[10]

2. 정족수 미달의 경우

(1) 법원조직법을 준용

헌법재판에서 재판관의 의견이 나뉘어 결정정족수를 충족시키지 못할 경우에는 어떤 주문을 내야 할까. 헌법재판소법은 이에 대해서는 아무런 규정을 두지 않고 있다. 헌법재판소는 법원조직법을 준용하여 결정정족수를 계산한다. 법원조직법은 제66조 제2항에서 “합의에 관한 의견이 3개 이상의 설(說)로 나뉘어 각각 과반수에 이르지 못할 때에는 다음 각 호의 의견에 따른다. 1. 액수의 경우: 과반수에 이르기까지 최다액의 의견의 수에 차례로 소액의 의견의 수를 더하여 그 중 최소액의 의견. 2. 형사의 경우: 과반수에 이르기까지 피고인에게

10) 헌법재판소법 제72조 제4항.

가장 불리한 의견의 수에 차례로 유리한 의견의 수를 더하여 그 중 가장 유리한 의견"이라고 규정한다.

헌법재판소는 이를 준용하여 3개 이상의 설로 나뉘고, 어느 의견도 과반수에 이르지 못할 때에는 청구인에게 가장 유리한 의견을 가진 수에 순차로, 그 다음으로 유리한 의견을 가진 수를 더하여 과반수에 이르게 된 때의 의견을 법정의견인 주문으로 채택한다. 이때 특별히 가중된 결정정족수가 필요한 경우에는 재판관 6인에 이르게 된 때의 의견을 법정의견으로 채택한다.

(2) 청구인에게 가장 유리한 의견의 결정

헌법재판소가 주문을 채택하는 방식에 따를 경우에는 '청구인에게 가장 유리한 의견'의 순서를 정하는 것이 중요하다. 본안과 각하의견이 나뉘는 경우에는 각하의견이 과반수에 이르면 각하결정을 하고, 각하의견이 과반수에 이르지 못하면 본안판단의 인용의견이 기각의견보다 청구인에게 유리한 의견으로 삼는다. 위헌결정을 선고하기 위해 필요한 특별정족수에 미달되면 합헌이나 기각으로 결정한다. 본안판단에 있어서는 헌법재판소는 '위헌 → 일부위헌 → 헌법불합치(잠정중지 → 계속적용) → 한정위헌 → 한정합헌 → 합헌'의 순서대로 청구인에게 유리한 의견으로 삼고 있다. 권한쟁의심판에서는 일반정족수에 따라 판단하는데, 각하의견, 인용의견, 기각의견 모두 과반수에 이르지 못하는 경우에는 기각결정을 한다.

헌법재판소가 재판관의 의견이 3개 이상으로 나뉘어 결정정족수를 충족시키지 못할 경우에 주문을 확정하는 방식은 문제가 있다. 법원조직법은 합의에 관한 의견이 '수액'과 '형량'에 관하여 과반수에 이르지 못할 때 합의심판을 결정하는 방식인데, 이를 헌법재판에 준용하기는 어렵다. 헌법재판에서는 민사소송이나 형사소송과 달리 피청구인의 유리와 불리를 판단하기가 쉽지 않아 헌법재판에 법원조직법의 규정을 일반적으로 준용하는 것은 법원조직법의 의미를 벗어난 것이라는 한계가 있다.

(3) 평결방식에 따라 차이

주문의 결정은 평결방식에 따라 달라지는데, 헌법재판소는 주문별 평결방식을 채택하고 있어 적법요건과 본안판단이 한꺼번에 계산된다. 적법요건에 대한 판단에서 각하의견이 다수가 아닌 경우에 심판이 본안판단으로 넘어가더라도 각하의견을 제시한 재판관은 본안판단에서 따로 의견을 낼 필요가 없다. 위헌결정과 같이 가중된 결정정족수가 필요한 경우에는 1인의 재판관의 판단이 주문결정에 더욱 큰 영향을 미친다. 재판관 1인이 제시한 의견이 주문이 되거나 어느 재판관도 제시하지 않은 의견이 주문으로 결정되는 것은 재판에 대한 설득력을 약화시킨다.

쟁점별 평결방식에 따를 경우 심판이 본안판단으로 넘어가면 비록 심판청구가 적법요건을 갖추지 못하였다는 이유로 각하의견을 제시한 재판관도 본안판단에 참여하여 그에 대한 의견을 따로 제시해야 한다. 쟁점별 평결방식에 따라 적법요건과 본안에 관하여 각각 평결하는 것이 타당하다. 재판관 과반수의 의견이 적법요건을 충족시킨 것으로 판단하면, 적법요건을 갖추지 못하였다고 판단하여 각하의견을 제시한 재판관들도 본안판단에 대해 의견을 제시하는 것이 바람직하다.

제8장 종국결정

제1절 절차

1. 결정서

재판부가 심리를 마치면 종국결정을 한다. 종국결정이란 심판사건을 최종적으로 판단한 결정이다. 헌법재판에는 일반재판과 달리 '판결'이라는 형식이 존재하지 않는다. 실무적으로는 사건에 대해 평결이 이루어지면 주심재판관은 다수의견을 기초로 결정문 초안을 작성하고, 주심재판관이 소수의견을 내면 다수의견의 재판관 중에서 결정문 초안 작성자가 지정된다. 소수의견을 내는 재판관은 다수의견의 결정문 초안을 제공받아 소수의견을 표시한다. 재판관이 자신의 의견을 변경하고자 하면 종국결정이 선고되기 전까지 재평의를 요구할 수도 있다.

종국결정을 할 때에는 결정서를 작성하는데, 결정서에는 사건번호와 사건명, 당사자와 심판수행자 또는 대리인의 표시, 주문, 이유, 결정일을 기재한다. 심판에 관여한 재판관 전원은 결정서에 의견을 표시하고 서명·날인해야 한다.[1] 주문이 여러 개인 경우에는 일반적으로 적법요건에 대한 판단인 각하, 인용하는 취지인 위헌, 기각하는 취지인 합헌의 순서대로 기재한다. 주문에 대한 이유가 여러 개인 경우에는 법정의견인 주문의 이유를 먼저 표시한다. 결정이유는 사건개요, 심판대상, 청구인의 주장과 이해관계인의 의견, 적법요건에 대한 판단, 본안에 대한 판단, 주문으로 표시되는 법정의견, 개별의견의 순서로 기재한다.

---

1) 헌법재판소법 제36조 제2항, 제3항.

2. 종국결정의 선고

헌법재판소법은 종국결정을 선고해야 한다는 규정을 두지는 않고, 선고를 하는 경우에 장소, 공개, 송달에 대해서만 규정한다. 선고해야 할 종국결정의 종류나 범위에 대해서도 아무런 규정이 없다. 하지만, 헌법재판은 헌법분쟁을 해결하는 사법작용이므로 헌법재판소는 반드시 종국결정을 선고해야 할 헌법적 의무를 부담한다. 실무적으로 전원재판부의 심판사건에 대한 종국결정에 한하여 선고를 하고, 신청사건이나 지정재판부의 결정은 선고하지 않고 결정문 정본을 송달하여 고지한다.

선고는 지정된 선고기일에 심판정에서 하되, 헌법재판소장이 필요하다고 인정하면 심판정 이외의 장소에서 할 수도 있다. 선고기일은 기일통지서나 출석요구서를 송달하여 통지한다. 재판장은 결정서 원본에 따라 주문을 읽고 이유의 요지를 설명한다. 종국결정의 효력은 선고시에 발생한다.

3. 결정서의 송달과 공시

종국결정이 선고되면 서기는 지체 없이 결정서 정본을 작성하여 당사자에게 송달해야 한다. 종국결정은 헌법재판소규칙이 정하는 바에 따라 관보에 게재하거나 그 밖의 방법으로 공시한다.[2] 종국결정이 법률의 제정이나 개정과 관련이 있으면 그 결정서 등본을 국회와 이해관계가 있는 국가기관에 송부하고, 실무적으로는 법무부장관 등 이해관계인에게도 그 등본을 송부한다. 종국결정은 헌법재판소 인터넷 홈페이지에 게재하고, 중요한 종국결정은 관보에도 함께 게재함으로써 공시한다. 이는 헌법재판의 종국결정을 외부적으로 알리는 것에 불과하고 종국결정의 효력과는 무관하다.

4. 결정의 경정

헌법재판소는 종국결정을 하더라도 나중에 결정을 경정하는 경우가 있다. 결정의 경정이란 결정서에 잘못된 계산이나 기재 등 형식적 사항에 명백한 오류가 있는 경우에 그 오류를 정정하는 것이다. 종국결정의 판단내용에 오류가

2) 헌법재판소법 제36조 제4항, 제5항.

있거나 판단유탈이 있는 경우에는 경정사유가 되지 않는다. 경정결정은 당사자의 신청이나 직권으로 하며, 원결정의 원본과 부본에 부기하여 한다. 정본이 이미 당사자에게 송달되어 정본에 부기할 수 없는 때에는 따로 경정결정의 정본을 송달한다. 경정결정은 원래의 결정과 일체를 이루는 것이므로 경정결정의 효력은 경정결정시에 발생하지 않고 종국결정을 선고한 시점에 소급하여 발생한다.

제2절 주문의 유형

1. 종국결정의 확정

헌법재판소의 종국결정은 심판사건에 대한 종국적 '판결'에 해당된다. 종국결정은 그 명칭에도 불구하고 심판과정에서 절차적으로 신속하고 간이하게 재판하는 '결정'과는 구별된다. 종국결정은 헌법재판소의 최종적 결론이므로 이에 대해서는 아무런 불복방법이 없고 종국결정을 선고함으로써 곧장 확정된다. 종국결정의 주문은 헌법재판의 유형에 따라 다르게 표현된다.

2. 심판절차종료선언

헌법재판의 심판절차를 종료하는 때에는 "…로 심판절차는 종료되었다"라고 표현한다. 심판절차종료선언은 심판절차의 종료여부가 불명확한 경우에 절차의 종료를 명확하게 확인하는 결정이다. 헌법과 헌법재판소법은 심판절차종료선언에 대해 아무런 규정을 두지 않지만, 헌법재판소는 관행적으로 심판절차가 종료되었음에도 그에 대한 다툼이 있는 경우에는 심판절차의 종료를 명백히 확인하는 의미에서 심판절차종료선언을 선고한다.[3)]

심판청구가 취하된 경우와 청구인이 사망하고 소송수계가 허용되지 않을 때에는 심판절차종료선언을 한다.[4)] 헌법재판에서 심판청구의 존속과 당사자능력은 소송요건에 해당하지만, 심판청구가 취하되거나 청구인이 사망한 경우에

3) 2021. 5. 1. 2020헌마1572.

4) 2016. 9. 29. 2014헌마341.

는 심판절차종료선언을 한다. 청구인이 심판청구를 취하하거나 청구인이 사망하고 소송수계가 허용되지 않는 경우에 헌법재판소는 일반적으로 별도의 종국결정을 선고하지 않고 심판절차를 종료하지만, 청구인이 심판청구의 취하를 취소하거나 철회하는 것과 같이 심판절차의 종료에 대해 다툼이 있는 경우에는 헌법재판소가 이를 명확히 하기 위해 심판절차종료선언을 선고한다. 헌법재판소가 심판절차종료선언을 선고할 경우에는 적법요건이나 본안에 대해 판단하지 않지만, 재판부의 평결결과와 그 이유를 밝힌 경우도 있다.5)

헌법재판소는 청구인이 사망한 경우에도 본안판단을 할 수 있는 예외를 인정한다. 즉, 청구인이 사망한 이후 재심을 청구할 수 있는 자는 헌법소원절차를 수계할 수 있으므로 심판절차가 종료되지 않고 그대로 계속된다. 이때 수계의사표시가 없는 경우에도 이미 결정을 할 수 있을 정도로 사건이 성숙되었고 심판의 필요성이 있으면 종국결정을 할 수 있다고 판단하였다.6) 또한, 청구인이 사망하더라도 생명권과 같은 일신전속적인 기본권이 침해된 경우에는 소송이 승계되거나 상속될 수 없으므로 헌법소원심판절차가 종료되는 것이 원칙이지만,7) 기본권 침해행위가 반복될 위험이 있거나 헌법적 해명이 긴요하고, 청구인이 심판대상인 기본권 침해행위로 인하여 사망한 경우에는 예외적으로 심판이익이 인정되어 심판절차가 종료되지 않고 종국결정을 할 수 있다고 판단하였다.8)

헌법재판은 주관소송뿐만 아니라 객관소송의 성격을 가지지만, 공익을 위해 심판이익이 있다는 이유로 본안판단을 하는 것은 자제해야 한다. 헌법재판소는 심판절차종료선언을 할 때에는 적법요건과 본안을 판단하지 않는데, 심판이익은 헌법재판의 적법요건의 하나이다. 심판절차종료선언을 선고할 사유에 해당함에도 심판이익이 있다는 이유로 본안판단을 하는 것은 논리적이지 못하고, 심판이익이 인정된다고 하더라도 이것이 다른 적법요건을 치유할 수 있는 것도 아니다. 헌법재판은 심판청구로 개시되듯이 심판청구가 취하되거나 청구인이 사망하고 소송수계가 허용되지 않을 때에는 이미 종국결정을 할 수 있을 정도로 사건이 성숙되었다거나 기본권 침해행위가 반복될 위험성이 있거나 헌법적 해명이 긴요하다고 하더라도 심판절차종료선언을 하는 것이 타당하다.

5) 2003. 2. 11. 2001헌마386.
6) 1994. 12. 29. 90헌바13.
7) 2015. 4. 30. 2012헌마38.
8) 2020. 4. 23. 2015헌마1149.

3. 각하결정

헌법재판소는 심리를 거쳐 심판청구가 적법요건을 갖추지 못하여 부적법한 경우에는 본안판단을 하지 않고 각하결정을 한다. 헌법재판의 유형에 따라 요구되는 적법요건이 다르지만, 적법요건을 갖추지 못한 경우에는 모두 각하결정을 선고한다. 헌법재판을 각하하는 경우에는 주문에서 "…각하한다"라고 표현한다.

4. 기각결정

헌법재판소가 본안판단에서 심판청구가 이유 없으면 기각결정을 선고하는데, 헌법재판을 기각하는 경우에는 헌법재판의 유형에 따라 그 표현이 다르다.

위헌법률심판이나 규범통제적 헌법소원에서는 "…헌법에 위반되지 아니한다"라고 표현하고, 그 밖의 경우에는 "…기각한다"라고 표현한다. 헌법재판소는 위헌법률심판에서 위헌의견이 다수지만 재판관 6인의 찬성을 얻지 못한 경우에는 "위헌으로 선언할 수 없다"라고 표현한 적이 있었으나, 1996년 이후 선례변경을 통해 "…헌법에 위반되지 아니한다"라고 표현한다.[9] 탄핵심판에 있어서는 피청구인이 결정 선고 전에 해당 공직에서 파면되었을 때에도 기각결정을 선고한다.[10]

5. 인용결정

헌법재판소가 본안판단에서 심판청구가 이유 있으면 인용결정을 선고한다. 헌법재판을 인용하는 경우에도 헌법재판의 유형에 따라 다양하게 표현된다.

위헌법률심판, 규범통제형 헌법소원과 법령에 대한 권리구제형 헌법소원에서 재판부가 본안에서 법원의 제청이나 심판청구를 받아들여 인용하는 경우에는 "…헌법에 위반된다", "…헌법에 합치되지 아니한다"라고 표현한다. 헌법불합치결정을 하는 경우에는 잠정적 적용여부에 따라 추가하는 내용이 달라진다. 즉, "…헌법에 합치되지 아니한다. …까지 계속적용된다", "…헌법에 합치

9) 1996. 2. 16. 96헌가2등.

10) 헌법재판소법 제53조 제2항.

되지 아니한다. …까지 적용을 중지한다", "…헌법에 합치되지 아니한다. …까지 입법자가 개정하지 아니하면 그 효력을 상실한다", "…헌법에 합치되지 아니한다. …입법자가 개정할 때까지 그 효력을 지속한다"와 같이 표현한다. 한정위헌결정은 "…로 해석하는 한 헌법에 위반된다"라고 표현하고, 한정합헌결정은 "…로 해석하는 한 헌법에 위반되지 않는다"라고 표현하는데, 한정합헌결정은 2002년 이후 선고되지 않고 있다.

탄핵심판을 인용할 때에는 "…파면한다"라고 표현하고, 정당해산심판을 인용할 때에는 "…정당을 해산한다"라고 표현한다. 권한쟁의심판을 인용할 때에는 주문에 따라 "…에 관한 권한은 청구인에게 있음을 확인한다", "…청구인의 권한을 침해한 것이다", "…피청구인의 처분을 취소한다", "…피청구인의 처분이 무효임을 확인한다"라고 각각 표현한다. 권리구제형 헌법소원을 인용할 때에는 주문에 따라 "…(공권력의 행사)를 취소한다" 또는 "…(공권력의 행사 또는 불행사)는 헌법에 위반됨을 확인한다"라고 표현한다.

제3절 종국결정의 효력

1. 효력의 유형

(1) 공통적 효력

헌법은 헌법재판의 공통적 효력에 대해 직접 규정하지 않고 있다. 헌법재판소법은 일반심판절차에 관한 규정인 제39조에서 "헌법재판소는 이미 심판을 거친 동일한 사건에 대하여는 다시 심판할 수 없다"라고만 규정한다. 이를 일사부재리라고 한다. 헌법재판도 법적 분쟁을 해결하는 사법작용이므로 재판이 가지는 공통적인 효력을 갖는데, 헌법재판의 공통적 효력은 헌법재판소, 당사자, 심판사건과 밀접하게 관련된다. 헌법재판소가 종국결정을 선고하면 자신이 선고한 종국결정을 스스로 취소하거나 변경할 수 없고, 이를 불가변력이라고 한다. 당사자도 종국결정에 불복하여 그 취소나 변경을 구할 수 없으며, 이를 불가쟁력이라고 한다. 또한, 이미 심판을 거친 동일한 사건에 대해 다시 심판하거나 종국결정과 모순되는 판단을 할 수 없는데, 이를 기판력이라고 한다.

헌법재판소는 종국결정을 통해 그 내용대로 법적 효과를 발생시킬 수 있지만, 이를 스스로 집행할 수 있는 집행력을 갖지는 않는다. 헌법재판소법은 정당해산심판에서만 정당의 해산을 명하는 헌법재판소의 결정은 중앙선거관리위원회가 정당법에 따라 집행하도록 규정한다.[11] 한편, 헌법재판소는 종국결정을 선고하면 헌법과 법률에 대한 사법적 판단에 스스로 구속되어 다른 헌법재판에서도 동일한 법적 판단을 해야 한다. 이를 선례구속력이라고 한다. 다만, 재판관 6인 이상의 찬성이 있을 경우에는 선례를 변경할 수 있으므로 이러한 범위에서는 선례구속력이 배제된다.

헌법재판의 종국결정은 공통적으로 일사부재리를 근거로 하여 불가변력, 불가쟁력, 기판력을 가지며, 선례구속력을 갖는다고 할 수 있다.

(2) 개별적 효력

헌법재판소법은 특별심판절차에서는 헌법재판의 유형에 따라 종국결정에 대해 개별적 효력을 부여한다. 즉, 위헌법률심판에서는 위헌결정에 대해 기속력과 법규적 효력을, 탄핵심판에서는 파면결정의 효력을, 정당해산심판에서는 해산결정의 효력을, 권한쟁의심판에서는 기속력을, 헌법소원의 인용결정에서는 기속력과 위헌결정의 법규적 효력을 각각 인정한다. 종국결정의 효력에 대한 구체적인 내용은 헌법재판의 본질을 고려하여 헌법재판소법의 해석을 통해 도출해야 한다.

종국결정의 개별적 효력은 헌법재판의 유형에 따라 그 특성이 반영되어 개별적 효력에는 차이가 있다. 헌법재판소, 당사자, 심판사건과 관련되지만, 종국결정의 개별적 효력은 헌법재판의 개별적 유형에 따라 다른 국가기관이나 지방자치단체, 일반국민과도 밀접하게 관련된다. 개별적 헌법재판에서는 종국결정으로 법률관계를 변화시키는 형성력이 인정되는 경우가 있다. 탄핵심판의 피청구인에 대한 파면결정, 정당해산심판의 정당해산결정, 권한쟁의심판에서 취소결정과 무효확인결정, 헌법소원의 취소결정과 위헌확인결정이 이에 해당한다. 종국결정의 형성력은 법률관계를 새롭게 형성하므로 대세적 효력을 갖는다.

법률의 위헌결정, 권한쟁의심판의 결정, 헌법소원의 인용결정에 대해서는 기속력을 부여하는데, 이는 다른 국가기관이나 지방자치단체를 기속하는 효력이다. 위헌법률심판, 규범통제형 헌법소원과 법령에 대한 권리구제형 헌법소원

11) 헌법재판소법 제60조.

에서 위헌결정된 법률은 법규적 효력을 갖는다. 이는 헌법재판이 제기된 계기를 제공한 당해사건에만 적용을 배제하는 것이 아니라 일반적으로 법률로서의 효력을 상실시킨다. 이러한 법규적 효력은 일반 국민에게도 미친다. 법규적 효력은 대세적 효력을 갖는다는 점에서 형성력과 공통된다. 형성력은 종국결정 그 자체의 내용에 따라 법적 효과가 발생하지만, 법규적 효력은 종국결정에 대해 법률이 특별히 부여하는 법적 효과라는 점에서 차이가 있다.

헌법재판의 종국결정은 헌법재판의 유형에 따라 개별적으로 형성력, 기속력, 법규적 효력을 갖는다고 할 수 있다.

2. 일사부재리

(1) 법률규정

헌법재판소법 제39조는 "헌법재판소는 이미 심판을 거친 동일한 사건에 대하여는 다시 심판할 수 없다"라고 일사부재리를 규정한다. 이는 동일한 헌법분쟁에 대해 반복적으로 소송이 제기되거나 심판하는 것을 방지함으로써 종국결정의 실효성을 보장하고, 헌법분쟁을 신속하게 종결하기 위한 것이다. 일사부재리는 재판부가 이미 심리를 마치고 종국결정을 한 경우에 그 사건과 동일한 사건에 관한 후속절차에 미치는 효력이다. 일사부재리는 당사자의 재판청구권을 제한하지만 헌법적으로 정당화되므로 재판청구권을 침해하는 것은 아니다.[12)]

(2) 요건

(가) '이미 심판을 거친' 경우

일사부재리는 이미 헌법재판소의 심판을 거친 경우에 적용된다. 재판부가 종국결정을 한 경우에만 적용되므로 아직 종국결정을 하지 않고 심리를 계속 중인 때에는 일사부재리가 적용되지 않는다. 이때 이미 심판을 거친 심판에는 각하결정과 심판종료절차선언과 같이 본안판단을 하지 않은 종국결정뿐만 아니라 본안판단을 통해 선고한 인용결정이나 기각결정도 포함된다. 다만, 적법요건을 갖추지 못하여 각하결정된 경우에 당사자가 적법요건의 흠결을 보정하

12) 2007. 11. 29. 2005헌바12.

여 동일한 심판청구를 제기한 경우에는 일사부재리에 위반되지 않는다.[13] 각하결정을 선고한 이후 적법요건이 보정될 수 없는 경우에 다시 동일한 심판청구를 하면 일사부재리에 위반되어 각하된다.[14]

일사부재리가 적용되는 '이미 심판을 거친 경우'에는 중간결정도 포함될까. 재판에서 중간결정은 최종적 판결을 선고하기 위한 과정에서 소송절차의 진행을 위해 부수적으로 파생되는 쟁점을 잠정적으로 결정하는 재판이다. 중간결정에는 소송지휘와 같이 절차적인 사항에 관한 결정과 심판과정에서 중간적 쟁의에 대해 잠정적으로 판단하는 결정도 포함된다.

헌법재판에서 중간결정은 실체적 사항에 대해서도 판단할 수 있고 이를 전제로 종국결정을 하며 재판부가 임의로 변경할 수 없으므로 중간결정 역시 일사부재리가 적용된다는 견해도 있다.[15] 일반재판에서 중간판결은 법원이 임의로 취소할 수는 없지만, 종국판결에 흡수되어 종국판결과 일체로 판단된다. 중간판결에 대해서는 당사자가 종국결정과 함께 상소할 수 있을 뿐, 종국판결과 별개로 독립적으로 불복할 수가 없다. 따라서 헌법재판에서 일사부재리는 종국결정에만 적용되고, 헌법재판의 내부적 절차에서 행해지는 심판인 중간결정에는 일사부재리가 적용되지 않는다고 해석된다.

(나) '동일한 사건에 대해서' 적용

일사부재리는 이미 심판을 거친 사건과 동일한 사건에 대해서만 적용된다. 동일한 사건이 되기 위해서는 당사자와 심판대상이 동일해야 한다. 우선, 당사자가 동일해야 한다. 종국결정이 선고되었다고 하더라도 다른 사람이 청구인이 되어 동일한 심판을 청구하는 것은 당사자가 달라지므로 동일한 사건이 아니다. 위헌법률심판에서 동일한 법률에 대한 위헌여부를 심판했다고 하더라도 다른 청구인이 규범통제형 헌법소원을 청구한 경우에도 동일한 사건이 아니어서 일사부재리에 위반되지 않는다.

동일한 사건이 되기 위해서는 심판대상도 동일해야 한다. 당사자가 동일하더라도 심판대상이 다르면 동일한 사건이 아니다. 이때 심판대상이란 추상적이고 일반적인 심판대상이 아니라 구체적이고 개별적인 심판대상을 의미한다. 그 헌법재판에 이르게 된 구체적인 사안이 동일해야 한다는 것이다. 심판대상이

---

13) 1993. 6. 29. 93헌마123.
14) 2019. 8. 29. 2018헌마537.
15) 허완중, 헌법소송법, 293면.

동일한지 여부는 청구취지만 아니라 청구에 이르게 된 이유까지 검토하여 결정된다. 규범통제형 헌법소원에서 청구인과 심판대상이 된 법률조항이 동일하더라도 위헌법률심판의 계기가 된 해당 사건이 다른 경우에는 동일한 사건이 아니다.[16)]

헌법재판소는 심판대상이 동일하더라도 심판유형이 서로 다르면 일사부재리에 위반되지 않는다고 판단하였다.[17)] 동일한 법률에 대해 위헌성을 다투더라도 위헌법률심판과 법률에 대한 헌법소원, 규범통제형 헌법소원과 권리구제형 헌법소원은 심판유형이 서로 다르다. 이때 심판대상이란 위헌법률심판에서 그 위헌여부를 판단하는 법률을 의미한다. 하지만, 위헌법률심판에서 심판대상은 특정한 법률 자체가 아니라 그 법률이 당해사건에 적용되는 것이 위헌인지 여부라고 해석하는 것이 정확하다.

(다) 동일한 심급의 사건에만 적용

일사부재리는 동일한 심급의 사건에 한정될까, 아니면 동일한 사건의 상급심에도 적용될까. 이는 위헌법률심판에서 하급심법원이 법률에 대해 위헌법률심판을 제청하여 헌법재판소가 종국결정을 한 경우에 상급심법원이 다시 위헌제청할 수 있는지에 관한 문제와 직결된다. 일사부재리는 동일한 사건의 동일한 심급에서만 적용되므로 상급심법원은 독자적으로 위헌제청권을 행사할 수 있다는 견해가 있다.[18)] 하지만, 상급심법원이라도 동일한 사건에서는 다시 위헌제청을 하는 것은 법적 안정성과 소송경제에 장애를 초래할 수 있으므로 동일한 사건이면 심급을 달리하더라도 일사부재리가 적용된다. 따라서 상급심법원은 다시 위헌법률심판을 제청할 수 없다.

(라) 재심이 허용되는 경우에는 예외

종국결정에 대해 재심이 허용되는 경우에는 종국결정이 선고된 사건과 재심판하는 사건은 동일한 사건이 아니므로 일사부재리가 적용되지 않는다. 종국결정에 중대한 하자가 있어서 재심사유가 인정되는 경우에는 당사자가 종국결정을 취소하고 이미 종결된 사건을 재심판할 것을 청구할 수 있다. 헌법재판소법은 재심에 대해 아무런 규정을 두지 않고 있지만, 헌법재판소는 민사소송에

16) 2006. 5. 25. 2003헌바115등.
17) 1997. 6. 26. 96헌가8.
18) 정종섭, 헌법소송법, 338면.

관한 법령 등을 준용하여 종국결정에 중대하고 명백한 하자가 있는 경우에는 재심을 허용한다. 이때에도 청구인이 형식적으로는 재심을 청구하였지만 실질적으로는 단순히 종국결정에 불복하는 것에 불과한 경우에는 재심이 허용되지 않고 그 청구는 부적법하여 각하된다.

(3) 효과

일사부재리가 적용되면 동일한 사건에 대해서는 '다시 심판할 수 없다'는 효력이 발생한다. 헌법재판소는 이미 심판을 거친 사건과 실체적으로 동일한 내용으로 심판해야 하는 것이 아니라 절차적으로 다시 심판하는 것 자체가 금지된다. 일사부재리는 헌법재판의 적법요건에 해당하므로 이를 위반한 경우에는 부적법하여 각하된다. 헌법재판은 공통적으로 일사부재리의 효력을 갖는데, 헌법재판소, 당사자, 그리고 심판대상에 대해 서로 다른 법적 효력을 부여한다. 종국결정은 동일한 심판사건에 대해 재판부, 당사자, 후소에 대해 확정력을 가지므로 더 이상 다툴 수가 없다는 것이다. 일사부재리는 종국결정이 재판부에 대해서는 자기구속력(불가변력)을, 당사자에 대해서는 형식적 확정력(불가쟁력)을, 후소에 대해서는 실체적 확정력(기판력)을 부여하는 법적 근거가 된다.

제4절 구체적 효력의 유형

1. 불가변력

헌법재판소는 자신이 내린 헌법재판의 종국결정을 취소하거나 변경할 수 없고, 이미 심판을 거친 동일한 사건에 대해 다시 심판할 수 없다.[19] 이는 헌법재판의 법적 안정성과 신뢰보호를 위한 것이며, 모든 헌법재판에서 인정되는 공통적인 소송법적 효력이다. 헌법소원에 있어서 지정재판부의 각하결정도 불가변력을 갖는다. 재판부가 결정에 누락이 있어서 추가결정을 하는 경우 그 추가결정도 종국결정에 해당하므로 불가변력을 갖는다. 헌법재판소가 불가변력을 위반하여 종국결정을 취소하거나 변경하더라도 이는 무효이다.

헌법재판소가 결정서에 잘못된 계산이나 기재와 같은 명백한 오류를 바로

19) 2007. 1. 16. 2006헌아65.

잡기 위해 행하는 경정결정은 불가변력에 위반한 것이 아니다. 경정결정 자체는 종국결정에 해당하므로 불가변력을 갖는다. 재심은 원래의 심판과 동일한 심판절차가 아니므로 재심이 인정되는 경우에 헌법재판소가 재심절차에서 원심과 다른 결정을 하는 것은 허용된다. 재심결정에 따라 재심을 개시하고 그 재심에서 선고한 종국결정은 재심결정과는 독립적으로 불가변력을 갖는다.

불가변력은 동일한 심판절차에서만 인정되므로 헌법재판소가 다른 사건의 심판절차에서는 이전의 종국결정과 달리 결정할 수 있다. 헌법재판소가 선례를 변경하기 위해서는 재판관 6인 이상의 찬성이 있어야 하며, 선례가 변경되더라도 이미 선고한 종국결정의 효력이 상실되는 것은 아니다.

2. 불가쟁력

헌법재판은 심급제도를 인정하지 않고 최종심으로 작용하므로 종국결정이 선고되면 당사자는 그 취소나 변경을 구할 수 없고, 이미 심판을 거친 동일한 사건에 대해 다시 동일한 심판을 청구할 수도 없다. 이를 불가쟁력 또는 형식적 확정력이라고 한다. 당사자는 당해 심판의 내용을 불문하고 종국결정 자체에 대해 헌법재판소는 물론 다른 재판기관을 통해 다시 다툴 수 없으므로 형식적 측면에서 확정력을 가진다는 것이다. 당사자는 이의신청, 즉시항고, 헌법소원 등 그 명칭을 불문하고 헌법재판소의 종국결정에 불복할 수 없다.[20]

헌법소원의 지정재판부가 전원재판부에 회부하는 결정이나 각하결정을 선고하는 것도 불가쟁력을 가지며, 실체적 사항이나 절차적 사항에 대한 종국결정도 모두 불가쟁력을 갖는다. 당사자가 이의신청과 같은 방법으로 불복하더라도 이는 무효이고 부적법하므로 헌법재판소는 각하한다. 다만, 헌법재판소의 종국결정이 아니라 가처분에 대한 결정에 대해 민사집행법이나 행정소송법을 준용하여 이의신청이 허용되는 것과 같이 법률로 불복수단을 인정하는 경우에는 그 범위에서 불가쟁력을 갖지 않는다.

20) 1996. 1. 24. 96헌아1.

3. 기판력

(1) 본질

(가) 실체적 확정력

종국결정이 선고되면 그 심판절차에서 확정한 사실관계와 법적 판단은 동일한 심판사건에 대해 헌법재판소의 판단과 당사자의 주장을 구속한다. 기판력은 종국결정이 나중에 청구되는 동일한 심판사건에 대해 실체적이고 내용적 측면에서 가지는 실체적 확정력이다. 기판력은 이미 심판한 동일한 사건의 내용적 측면에 주목한 것으로서 당사자가 종국결정에 대해 그 내용과 무관하게 불복할 수 없는 형식적 확정력과 구별된다.

헌법재판소법은 기판력을 직접 규정하지 않고 있지만, 민사소송에 관한 법령 등을 준용하여 일반재판과 마찬가지로 기판력을 인정한다. 기판력과 일사부재리는 동일한 개념은 아니지만, 일사부재리는 기판력을 인정하는 법률적 근거가 된다. 종국결정이 선고되면 그 심판사건과 관련하여 동일한 사건을 다시 심판하거나 종국결정과 모순되는 판단을 할 수 없다. 헌법재판소는 자신이 내린 종국결정과 모순된 판단을 할 수 없고, 당사자도 동일한 사건에 대해 종국결정과 다른 내용을 주장해서는 안 된다.

(나) 모든 종국결정

헌법재판소의 모든 종국결정은 기판력을 갖는다. 전원재판부의 종국결정이나 지정재판부의 종국결정 모두 기판력을 가지며, 실체적 사항은 물론 절차적이고 형식적 사항에 대한 종국결정도 기판력을 가진다. 헌법재판소의 종국결정인 이상 본안판단을 거친 인용결정과 기각결정은 물론 각하결정과 심판절차 종료선언도 기판력을 갖는다. 위헌법률심판에서 선고되는 헌법불합치결정이나 한정위헌결정과 같은 변형결정도 종국결정으로서 기판력을 가지며, 권한쟁의심판이나 헌법소원에서 공권력의 행사를 취소하는 것과 같이 실체법적 효력을 발생시키는 형성적 효력을 갖는 종국결정도 기판력을 가진다.

헌법재판소가 각하결정을 한 경우에도 기판력을 갖지만, 당사자가 적법요건의 흠결을 보정하면 동일한 내용의 심판을 청구할 수 있다.[21] 이때 새로운

21) 2001. 6. 28. 98헌마485.

심판청구는 각하결정된 헌법재판과 동일한 사건이 아니므로 기판력이 미치지 않는다.

(다) 소송법적 효과

기판력은 실체법적 효과일까, 소송법적 효과일까. 헌법재판소와 당사자가 동일한 사건에 대해 종국결정과 다른 판단이나 주장을 할 수 없는 것은 헌법재판소나 당사자에게 종국결정에 대한 법적 권리와 의무를 인정한 것이다. 하지만, 이는 일반적인 법규범을 창설하는 것이 아니고 특정한 소송절차를 전제로 해당 사건에서만 발생하는 법적 효과이므로 소송법적 효과라고 해석된다. 실체법적 효과는 국회가 입법을 통해 발생하는 것이지 헌법재판소가 종국결정을 통해 창설할 수는 없다.

(2) 내용

(가) 반복금지

기판력은 헌법재판소가 종국결정한 사건에 대해 다시 헌법재판이 청구된 경우에 전소의 종국결정이 후소의 심판청구에 미치는 법적 효력이다. 헌법재판의 종국결정에도 불구하고 당사자가 동일한 사건에 대해 다시 헌법재판을 청구한 경우에 헌법재판소는 어떤 주문을 내려야 할까. 기판력의 효과를 모순금지로 이해하면 헌법재판소는 이전 결정과 동일한 내용으로 결정해야 한다고 해석할 수도 있다. 헌법재판소는 모순된 내용으로 판단해서는 안 되므로 동일한 내용으로 종국결정해야 한다는 것이다.

기판력은 헌법재판소뿐만 아니라 당사자도 구속하므로 당사자는 종국결정된 동일한 사건에 대해 그 결정과 모순된 내용을 주장해서는 안 된다. 당사자가 이전의 종국결정과 동일한 내용으로 헌법재판을 청구하면 종국결정의 효력에 반하는 것이고, 그 종국결정과 모순되는 내용을 청구하는 것은 그 자체가 금지된다. 따라서 헌법재판소는 당사자의 청구가 부적법하므로 각하결정을 해야 한다. 이는 불필요한 종국결정을 반복하지 않도록 함으로써 소송의 경제성을 도모할 수 있다는 점에서도 바람직하다. 따라서 기판력은 반복금지의무를 부과하는 소송법적 효과라고 해석된다.

(나) 동일한 사건에 대해 적용

기판력은 종국결정이 선고된 사건과 후소에서 심판청구된 사건이 동일한 사건인 경우에만 적용된다. 후소의 심판청구가 종국결정이 선고된 사건과 그 당사자, 심판대상, 심판유형 중 어느 하나라도 다르면 동일한 사건이 아니므로 다시 심판을 청구할 수 있다. 당사자나 심판대상이 다르면 동일한 사건이 아니며, 헌법재판은 그 심판유형에 따라 규범적 의미가 다르므로 심판유형이 달라도 동일한 사건이 아니다. 특히, 위헌법률심판, 규범통제형 헌법소원, 법령에 대한 권리구제형 헌법소원과 같이 규범통제의 기능을 수행하는 헌법재판은 서로 심판유형이 다르므로 동일한 사건이 아니다. 위헌법률심판에서 제청법원이나 규범통제형 헌법소원의 청구인이 동일하고, 동일한 법률이 심판대상이 된 경우에도 재판의 전제가 되는 당해사건이 동일하지 않으면 동일한 사건이 아니므로 기판력이 미치지 않는다.

(다) 규범통제의 경우

위헌법률심판, 규범통제형 헌법소원, 법령에 대한 권리구제형 헌법소원과 같이 규범통제에 해당하는 헌법재판에서는 종국결정에 따라 기판력이 다르게 적용된다. 위헌결정된 법률에 대해서는 다시 헌법재판을 청구할 수 없는데, 이는 위헌결정의 법규적 효력이 발생하여 그 법률이 실효된 결과로 더 이상 유효한 법률이 아니어서 심판대상이 되지 않기 때문이다. 따라서 위헌결정된 법률에 대해 헌법재판을 청구하면 각하된다. 이는 법률에 대해 위헌결정의 기판력이 미치는 효과가 아니다. 헌법재판소가 법률에 대해 위헌결정을 선고한 경우에 그 종국결정 자체를 다투는 경우에만 기판력이 미친다.

위헌법률심판에서 합헌결정이 선고되거나 법령에 대한 권리구제형 헌법소원에서 기각결정이 선고된 경우에도 그 종국결정 자체를 다투는 경우에는 기판력이 미치므로 각하결정을 해야 한다.[22] 하지만, 이때에도 종국결정이 선고된 법률에 대해 다시 헌법재판이 청구될 수 있는데, 종전에 종국결정이 선고된 사건과 동일한 사건이 아니라면 기판력이 미치지 않는다. 이때에는 각하결정을 할 것이 아니라 다시 본안판단을 해야 한다. 재판부는 당초의 종국결정 이후 선례를 변경할 사정변경이나 필요성이 있으면 위헌결정을 할 수도 있다.

기판력의 효력은 이미 종국결정이 선고된 사건과 동일한 사건에 대해 헌법재판이 청구되었을 때 구체적으로 드러난다. 기판력은 그 효력이 미치는 범위를 통해 확정되는데, 객관적 범위, 주관적 범위, 시간적 범위가 중요하다.

---

22) 2019. 11. 28. 2017헌마791.

(3) 범위

(가) 객관적 범위

객관적 범위는 기판력을 갖는 종국결정의 범위와 그 기판력이 미치는 후소의 범위에 관한 것이다. 재판부가 종국결정에서 실질적으로 심사하여 판단한 심판대상만 기판력을 갖는다. 재판부의 심판은 최종적으로 종국결정의 주문에 표현되므로 원칙적으로 주문에 포함된 내용만 기판력을 갖는다. 종국결정의 주문이 아닌 결정이유는 기판력을 갖지 않으므로 헌법재판소와 당사자는 이전과 달리 판단하거나 주장할 수 있다. 다만, 주문만으로는 소송물을 확정하기 어려워 결정이유를 통해서만 주문의 내용이나 효력이 미치는 범위를 확정할 수 있는 경우에는 그 이유도 주문과 불가분의 일체를 이루므로 그 범위에서는 결정이유도 기판력을 갖는다.[23)]

종국결정은 재판부가 실질적으로 심판한 범위에서 기판력을 갖는데, 기판력을 갖는 종국결정은 심판대상에 대한 모든 헌법적 쟁점을 포괄하는 것이 아니라 특정한 구체적 사건과 관련된 범위에 국한된다는 것을 유의해야 한다. 헌법재판의 유형이 다르면 특정한 구체적 사건에 대한 실질적 심사대상에 차이가 있으므로 후소의 심판에 전소의 기판력이 미치지 않는다. 즉, 규범통제형 헌법소원과 권리구제형 헌법소원은 서로 기판력이 미치지 않는다.

종국결정의 기판력은 전소의 심판대상과 동일한 후소의 심판대상에 대해서만 미친다. 전소의 심판대상이 후소에서 직접적인 심판대상이 아니라 심판의 선결문제가 되는 경우에도 전소의 종국결정과 모순되거나 그에 어긋나는 판단을 해서는 안 되므로 후소의 심판에도 기판력이 미친다. 이와 반대로, 전소의 심판에서 직접적인 심판대상이 되지 않고 선결문제만으로 판단하였던 사항은 전소의 심판에서 주문을 통해 직접 판단하지 않는다. 이때에는 전소의 심판에서 선결문제로 판단한 내용이 후소의 심판대상이 되더라도 전소의 기판력이 미치지 않는다. 다만, 전소에서 선결문제로 판단한 내용이 결정이유로 주문의 내용이나 효력이 미치는 범위를 확정하기 위해 주문과 일체를 이루는 경우에는 기판력을 갖는다.

(나) 주관적 범위

기판력은 헌법재판에 참여한 당사자 또는 그와 동등한 지위에 있는 자로

---

23) 허영, 헌법소송법론, 178면.

서 공격과 방어의 기회가 주어진 사람에 대해서만 기판력이 미친다. 기판력은 당사자는 물론 공동소송적 보조참가인과 승계인에게도 미치지만, 제3자는 물론 이해관계인, 참고인, 보조참가인은 당사자의 지위를 인정하기 어려우므로 이들에게는 기판력이 미치지 않는다. 당사자가 아닌 자가 동일한 내용의 사건에 대해 심판청구를 한 경우까지 전소의 소송결과를 강요할 수는 없기 때문이다. 단체와 그 대표자나 구성원은 서로 법인격을 달리하여 종국결정의 효과는 서로에게 미치지 않는다. 즉, 단체가 당사자인 경우에는 그 대표자나 구성원에게는 기판력이 미치지 않고, 그 반대도 마찬가지다.

주관적 범위는 헌법재판의 유형에 따라 다르게 결정된다. 위헌법률심판에서는 당사자를 상정할 수 없어 당사자를 구속하는 효력은 그 의미가 없다. 헌법재판소는 제청법원은 위헌법률심판의 당사자는 아니지만, 제청인으로 헌법재판소의 심판에 따라 재판해야 하므로 종국결정의 기판력이 법원에도 미친다고 판단하였다.[24] 제청법원은 동일한 사안에서 다시 위헌법률심판을 제청할 수 없으며, 다시 제청한 경우에 헌법재판소는 각하결정을 해야 한다. 하지만, 이러한 효과는 헌법이 구체적 규범통제를 채택하고 있어 그 본질로부터 유래되는 것이므로 종국결정의 기판력과는 다르다. 한편, 규범통제형 헌법소원에서는 당해사건의 당사자가 헌법소원의 청구인이므로 기판력이 미친다.

(다) 시간적 범위

기판력은 종국결정을 내리는 시점을 기준으로 당시의 사실관계와 법률상황에 대해 그 효력을 갖는다. 민사소송에서는 사실심 변론종결시가, 형사소송에서는 사실심 판결선고시가 각각 기판력의 기준이 되는 시점이다. 행정소송법은 아무런 규정을 두지 않고 있지만, 민사소송법을 준용한다. 위헌법률심판과 헌법소원은 서면심리를 원칙으로 하여 임의적 구두변론을 채택하고, 탄핵심판, 정당해산심판, 권한쟁의심판은 필요적 구두변론을 채택한다. 헌법재판에서는 사실심을 별도로 상정하지 않고 직권주의를 채택하고 증거조사에 있어서는 직권탐지주의를 적용한다. 따라서 헌법재판에서는 종국결정을 선고하는 시점을 기준으로 기판력이 발생한다.[25]

헌법재판소가 종국결정한 이후에 그 사실관계 및 법률상황이 변경되면 기

24) 1990. 6. 25. 90헌가11.

25) 허완중, 헌법소송법, 304면.

판력은 그에 미치지 않는다. 종국결정을 하게 된 근거가 된 구체적 사실관계와 그 규범적 판단기준인 헌법이나 법률의 해석에 영향을 주는 규범이 변화된 경우에는 그에 대한 사항은 종국결정에 반영되지 않았으므로 기판력을 갖지 않는다. 따라서 헌법재판소는 사실관계와 법률상황의 변화를 반영하여 종국결정과 다른 새로운 판단을 할 수 있다. 이때 헌법재판소는 헌법과 법률에 대한 사법적 판단에 대해서는 선례변경을 통해 새로운 사실관계와 법률상황을 반영할 수 있을 것이다.

4. 선례구속력

(1) 법적 근거

선례구속력이란 헌법재판소가 종국결정에서 판단한 헌법과 법률의 해석적용에 대한 의견에 스스로 구속되는 효력을 말한다. 헌법재판소의 종국결정은 헌법해석에 관한 최종적인 심판이므로 법적 안정성이 보장되어야 하고, 이에 대한 당사자의 예측가능성과 신뢰도 보호되어야 한다. 종국결정에서 확인된 헌법과 법률에 대한 사법적 판단이 쉽게 변경되면 동일하거나 유사한 사건에 있어서 헌법재판을 받는 당사자 사이에 형평성을 기할 수 없다. 헌법재판소는 자신이 종국결정에서 판단한 헌법과 법률의 해석적용에 관한 의견을 존중하고 그에 위반되거나 모순되는 판단을 해서는 안 된다. 재판관의 교체 등으로 재판부의 구성이 달라지더라도 헌법재판소의 선례는 존중되어야 한다.

헌법재판소가 종전의 선례를 변경하기 위해서는 재판관 6인 이상의 찬성을 얻어야 한다.[26] 이는 종국결정의 선례구속력에 대한 법적 근거가 된다. 헌법재판소법은 종국결정에 대해 선례구속력을 인정하지만, 그 구체적인 내용과 범위에 대해서는 아무런 규정을 두지 않고 있다. 일반재판에서 법원은 종전의 판결이나 대법원의 법적 판단에 사실상 구속되지만, 법적으로 구속되지는 않는다. 헌법재판소가 선고한 종국결정에 대한 선례구속력은 단순히 사실상의 효력이 아니라 헌법재판소를 구속하는 법적 효력이다.

---

26) 헌법재판소법 제23조 제2항 단서 제2호.

(2) 범위

(가) 객관적 범위

객관적 범위는 선례구속력을 갖는 종국결정의 범위와 그 효력이 미치는 헌법재판의 범위에 관한 것이다. 선례구속력은 헌법재판소의 모든 종국결정에 공통적으로 인정된다. 헌법재판의 유형이나 심판사건의 종류와 무관하게 모든 종국결정은 선례구속력을 가진다. 종국결정인 이상 실체적 결정이나 형식적 결정 모두에게 인정되므로 인용결정과 기각결정과 같이 본안판단을 거친 종국결정은 물론 각하결정, 심판절차종료선언도 포함된다. 지정재판부의 종국결정도 선례구속력을 가진다. 재판부가 선고한 종국결정이라도 심판한 모든 사항이 아니라 종국결정을 통해 확인한 헌법해석에 관한 사법적 판단만 선례구속력을 갖는다. 한편, 선례구속력은 종국결정을 선고한 이후의 모든 헌법재판소의 결정에 미친다.

헌법재판의 종국결정에서는 주문뿐만 아니라 결정이유에서 헌법해석에 관한 사법적 판단을 자세하게 설시하는데, 주문에 대해서는 선례구속력을 인정할 실익이 없다는 견해도 있다.[27] 하지만, 주문이야말로 헌법재판소의 헌법해석에 대한 사법적 판단을 핵심적으로 표현한 것이므로 법정의견의 주문은 선례구속력을 갖는다. 선례구속력은 종국결정 그 자체에 구속되는 것이 아니라 종국결정에서 내린 헌법적 판단에 구속되는 것이므로 주문은 물론 결정이유도 중요한 의미가 있다.

결정이유가 헌법해석에 관한 사법적 판단을 포함하여 주문의 내용이나 효력이 미치는 범위를 확정하기 위해 주문과 불가분의 일체를 이루는 경우에는 그 범위에서 선례구속력을 갖는다. 종국결정에서 직접 심판대상에 대해 헌법해석에 관한 사법적 판단을 한 경우는 물론 헌법재판의 선결문제로 판단한 헌법해석에 관한 사법적 판단을 한 경우에도 마찬가지다. 하지만, 법정의견이 아닌 반대의견과 보충의견은 물론 그 이유는 선례구속력을 갖지 않는다.

종국결정에서 헌법해석이 아니라 법률해석에 관하여 행한 사법적 판단도 선례구속력을 가질까. 법률해석권은 원칙적으로 법원의 전속적 권한이지만, 헌법재판에서 특정한 법률해석이 헌법해석과 밀접하게 관련되는 경우에는 그 법률해석에 대한 사법적 판단도 선례구속력을 갖는다. 즉, 헌법이 법률해석의 내

27) 허완중, 헌법소송법, 367면.

용을 규율하고 있거나 법률해석이 헌법을 구체화하여 헌법을 보충하는 경우에는 특정한 법률해석이 헌법해석의 일부가 되므로 선례구속력을 갖는다. 탄핵심판과 권한쟁의심판에서는 헌법뿐만 아니라 법률도 심판의 심사기준이 되므로 이때에는 법률해석에 대한 판단도 선례구속력을 갖는다.

(나) 주관적 범위

선례구속력은 오직 헌법재판소에만 미친다. 헌법재판소는 자신이 선고한 종국결정에 구속되어 선례와 다른 판단을 해서는 안 된다. 선례구속력이 미치는 주관적 범위는 헌법재판소인데, 이때 재판관 개인은 선례에 구속되지 않는다. 재판관은 헌법과 법률에 따라 그 양심에 의하여 재판할 뿐이다. 재판관 6인 이상의 찬성이 있을 때에 판례를 변경할 수 있다는 것도 재판관은 개인적으로 선례에 구속되지 않는다는 것을 의미한다. 재판관은 결정서에 자신의 의견을 표시해야 하고, 이때 선례와 다른 의견을 제시할 수 있다.

선례구속력은 헌법재판소가 스스로 내린 종국결정에 구속되어 임의로 이를 변경할 수 없다는 점에서 불가변력과 동일하다. 하지만, 선례구속력은 헌법재판소가 이전의 종국결정에서 내린 헌법해석에 대한 사법적 판단에 구속된다는 점에서 특정한 헌법재판에서 선고한 종국결정 그 자체를 임의로 변경시킬 수 없는 불가변력과 구별된다.

헌법재판소는 종국결정의 선례에 구속되지만, 종국결정이 선고된 헌법재판의 당사자는 물론 다른 국가기관과 지방자치단체, 그리고 일반 국민에게는 선례구속력이 미치지 않는다. 이들이 헌법재판소의 선례에 구속되어 헌법재판을 청구할 수 없으면, 헌법재판소는 판례를 변경할 기회가 원천적으로 봉쇄되기 때문이다. 헌법재판의 당사자, 다른 국가기관과 지방자치단체, 그리고 일반 국민은 다른 헌법재판에서 종국결정의 선례와 다른 주장을 할 수 있다. 위헌법률심판에서 제청법원은 헌법재판소의 종국결정에 따라 당해사건을 재판해야 하는데, 이것은 구체적 규범통제의 본질에서 비롯되는 것으로 선례구속력이 제청법원에 미치는 것은 아니다.

(다) 시간적 범위

종국결정은 선고된 때부터 선례구속력이 발생하여 그 이후의 심판사건에 적용된다. 하지만, 종국결정은 영구적으로 불변하는 것이 아니라 사실관계와 법률상황의 변화에 따라 그 헌법적 판단은 다르게 평가될 수 있어야 한다. 따라서 선례구속력은 절대적인 구속력이 아니라 잠정적이고 추정적이고 상대적인 구속력이다. 선례구속력은 종국결정이 선고됨으로써 발생하고, 종국결정 이후에 사실관계나 법률상황의 변화와 같이 사정변경이 있더라도 소멸하는 것은 아니다. 종국결정이 선고된 이후의 사정변경은 선례변경의 이유나 근거가 될 수 있을 뿐이다.

헌법재판소는 선례를 변경할 수 있으므로 선례구속력은 선례가 변경되기 전까지만 그 효력을 유지한다. 헌법재판소가 종국결정에 대해 선례변경을 할 경우에는 그 종국결정에는 새로운 선례구속력이 발생하므로 이전의 종국결정은 선례구속력을 상실한다. 하지만, 헌법재판소가 종국결정에 대해 선례변경을 하더라도 그 이전에 행한 종국결정의 효력은 그대로 유지되며, 이는 그 종국결정에 대한 재심사유가 되는 것도 아니다. 만약, 종국결정 그 자체에 재심사유가 있는 경우에는 종국결정을 취소하고 재심판하는 것이므로 이때에는 선례구속력이 적용되지 않는다. 재심을 통해 헌법재판소가 새롭게 종국결정을 하는 경우에 그 종국결정은 선례구속력을 가진다.

(3) 선례의 변경

(가) 심판정족수

헌법재판소는 종국결정의 선례구속력을 존중해야 하지만, 선례에 절대적으로 구속되는 것은 아니다. 헌법과 법률에 대한 해석은 역사적 조건과 상황의 변화에 따라 달라질 수 있으므로 헌법재판소는 종국결정이 선고된 이후에 사실관계나 법률상황의 변화를 고려하여 선례를 변경할 수 있다. 헌법재판소가 이전의 종국결정에서 판단한 헌법이나 법률의 해석적용에 관한 의견을 변경하기 위해서는 재판관 6인 이상의 찬성이 있어야 한다.

선례변경을 위한 특별정족수는 헌법재판의 적법요건에 대한 판단이나 본안판단에서 심판정족수가 변화되는 경우가 발생하므로 중요한 의미를 갖는다. 예를 들어, 선례에 따른 각하의견을 반대하여 본안판단을 해야 한다고 주장하는 재판관이 5인인 경우에는 선례변경을 위한 정족수가 미달하여 종전대로 각하결정을 해야 한다. 이와 반대로, 선례에 따른 본안판단을 반대하여 각하해야 한다고 주장하는 재판관이 5인인 경우에도 선례변경을 위한 정족수가 미달하여 종전대로 본안판단을 해야 한다.

법률에 대한 위헌결정과 같이 재판관 6인 이상의 찬성이 요구되는 본안판단에 있어서도 위헌의견이 5인인 경우에 위헌결정을 할 수 없지만, 위헌결정의 선례가 있는 경우에는 선례변경이 불가능하여 위헌결정의 주문을 낸다. 이때에는 결과적으로 재판관 6인 이상이 아니라 재판관 5인의 찬성으로 위헌결정을 하게 된다. 권한쟁의심판의 경우에도 심판정족수는 재판관 과반수이지만, 선례가 있으면 재판관 5인의 찬성이 있어도 6인 미만이어서 선례를 변경할 수 없다.

종국결정의 선례는 특별정족수에 의하지 않고도 변경되는 경우도 있다. 헌법재판소는 헌법과 법률에 대한 해석과 적용을 통해 심판하는데, 선례보다 헌법과 법률에 의해 보다 강하게 구속된다. 헌법이나 법률이 개정되거나 폐지되어 그 해석과 적용이 달라져 선례와 모순되는 경우에 선례는 규범적 근거를 상실하게 되어 구속력을 갖지 않는다. 이때에는 선례변경을 위해 재판관 6인 이상의 찬성을 필요로 하지 않는다. 다만, 헌법이나 법률이 개정되거나 폐지되더라도 선례와 모순되지 않을 때에는 그대로 선례구속력을 가지므로 선례변경을 위해서는 재판관 6인 이상의 찬성이 필요하다.

(나) 사유

헌법재판소의 종국결정은 법적 안정성과 예측가능성을 가져야 하므로 선례가 쉽게 변경되어서는 안 된다. 종국결정은 법규범은 아니지만 헌법해석에 관한 최종적인 유권해석으로서 모든 국가기관과 국민은 그에 대해 법적 신뢰를 갖게 되고, 이를 전제로 법률관계를 형성한다. 헌법재판소가 임의로 선례를 변경하게 되면 이러한 신뢰를 파괴하고 법적 안정성을 훼손시킬 수 있다. 따라서 헌법재판소가 선례를 변경하기 위해서는 합리적인 이유가 있어야 한다.

헌법재판소가 선례를 변경할 경우에는 그 사실관계와 법률상황의 변화와 같은 사정변경이 있어야 할까. 헌법재판소는 선례를 변경할 만한 사정변경이나 필요성이 발생하였다는 것과 같이 합리적이고 충분한 근거를 제시하는 것이 바람직하다. 하지만, 헌법재판소법은 재판관 6인 이상의 찬성으로 판례변경을 할 수 있다고만 규정하고, 그 구체적인 사유나 근거에 대해서는 재판관의 판단에 맡기고 법률로 규율하지 않고 있다. 따라서 선례를 변경할 만한 사정변경이나 필요성이 선례변경을 위한 법적 요건으로 요구되는 것은 아니다.[28]

헌법재판소가 선례를 변경할 경우에는 그 대상을 명확하게 제시하고 그 선례가 폐기되었다거나 변경되었다는 것을 밝혀야 한다. 하지만, 헌법재판소는

---

28) 2020. 9. 24. 2016헌마889.

주문에서 이를 표시하지 않으며, 결정이유에서도 명확하게 밝히지 않고 선례와 다른 판단을 하는 경우도 있었다.[29] 이때 재판관 6인 이상의 찬성이 있은 경우에는 묵시적으로 판례를 변경한 것으로 해석된다. 헌법재판소가 선례변경을 한 경우에는 종전의 종국결정은 선례구속력을 상실하게 되고, 새롭게 변경된 종국결정이 선례구속력을 갖는다.

(다) 위반시 효과

헌법재판소가 재판관 6인 미만의 찬성으로 종국결정의 선례에 어긋나는 결정을 한 경우에 그 효력은 어떻게 될까. 헌법재판소법이 선례변경을 위해서는 재판관 6인 이상의 찬성을 요구하는 특별정족수를 규정하고 있으므로 이를 직접적으로 위반한 것은 중대한 절차적 하자가 있어 무효라고 할 수도 있다. 이때에는 종국결정으로 인정되지 않는다. 하지만, 헌법재판은 헌법질서의 유지를 위한 객관소송의 성격을 갖고 있어 종국결정의 효력에 대해서는 특별히 법적 안정성을 보장할 필요가 있다.

헌법재판소가 종국결정을 선고한 경우에 그것이 선례를 변경한 것인지가 명확하지 않을 때가 있으며, 선례변경의 대상과 사유를 명확하게 설명하지 않는 경우도 있다. 따라서 재판관 6인 미만의 찬성으로 선례에 어긋나는 결정을 한 경우에도 종국결정을 무효화할 정도로 중대한 절차적 하자가 있다고 판단하기는 쉽지 않다. 일반재판에 있어서 대법원이 종전의 판례를 변경하기 위해서는 대법관 전원의 3분의 2 이상의 합의체에서 심판해야 하는데, 이러한 절차를 위반한 경우에는 이를 당연무효로 보지 않고 재심사유로만 인정한다.[30] 헌법재판소가 심판정족수에 위반하여 선례를 변경한 경우에도 이를 당연무효로 볼 것은 아니고, 재심사유로 인정하는 것이 타당하다.[31]

5. 형성력

(1) 법적 근거

형성력이란 종국결정으로 법률관계를 발생·변경·소멸시키는 효력이다.

29) 1997. 7. 16. 96헌라2.
30) 대법원 2000. 5. 18. 95재다199.
31) 허완중, 헌법소송법, 370~371면.

일반재판에서 형성력은 판결의 선고와 함께 다른 행위의 매개 없이 직접적으로 법률관계를 새롭게 형성하는 형성판결에서만 인정된다. 형성판결은 판결에서 법률관계를 형성하는 내용을 포함하고 있어 그 판결에 따라 발생하는 효력이고, 판결의 형식적인 선고행위에 따라 발생하는 법적 효력이 아니다. 형성력은 형성판결에 대한 법률적 근거가 있는 경우에만 인정된다. 헌법재판의 형성력은 종국결정의 일반적 효력이 아니라 헌법재판소법이 규정하는 경우에만 인정되는 개별적 효력이다.

형성력은 헌법재판소법에 근거하여 선고되는 형성판결의 효력이므로 그 내용과 범위는 형성력이 인정되는 종국결정에 따라 결정된다. 형성력은 종국결정의 내용에 따라 확정되며, 법률의 근거에 따라 효력이 발생하므로 당사자에 국한되지 않고 대세적 효력을 갖는다. 종국결정의 형성력은 헌법재판소법이 형성판결을 규정하는 경우에만 인정된다. 헌법재판소법 제53조 제1항은 "탄핵심판청구가 이유 있는 경우에는 헌법재판소는 피청구인을 해당 공직에서 파면하는 결정을 선고한다"라고 규정하고, 제59조는 "정당의 해산을 명하는 결정이 선고된 때에는 그 정당은 해산된다"라고 규정한다. 헌법재판소의 탄핵결정과 정당해산결정은 형성력을 갖는다.

헌법재판소는 권한쟁의심판에서도 권한침해의 원인이 된 피청구인의 처분을 취소하거나 그 무효를 확인할 수 있고,[32] 헌법소원에서도 기본권 침해의 원인이 된 공권력의 행사를 취소하거나 그 불행사가 위헌임을 확인할 수 있다.[33] 이와 같은 취소결정, 무효확인결정, 위헌확인결정도 새로운 법률관계를 발생·변경·소멸시키는 형성력을 갖는다.

(2) 효과

형성력의 내용과 법적 효과는 종국결정의 내용에 따라 다르다. 탄핵심판에서는 피청구인이 공직에서 파면되고, 정당해산심판에서는 정당이 해산된다. 권한쟁의심판에서는 청구인의 권한을 침해한 피청구기관의 처분이 취소되거나 무효가 되고, 헌법소원에서는 기본권 침해의 원인이 된 공권력의 행사가 취소되고, 그 행사나 불행사가 위헌으로 확정된다. 형성력은 종국결정의 내용에 포함되어 법적 효과가 발생하므로 그 법적 효과를 부인하는 것은 당연히 무효가 된다.

---

32) 헌법재판소법 제66조 제2항.

33) 헌법재판소법 제75조 제3항.

(3) 범위

(가) 객관적 범위

종국결정의 형성력은 헌법재판의 유형에 따라 그 내용이 다르지만, 종국결정의 주문에서 확정한 부분만 형성력을 갖는다. 형성력은 당사자뿐만 아니라 국가기관과 지방자치단체나 일반 국민에게 미치는 대세적 효력을 가진다. 따라서 주문은 그 요건과 범위를 명확하게 표시하여 법적 안정성을 보장해야 한다. 탄핵심판에서는 파면결정, 정당해산심판에서는 정당해산결정, 권한쟁의심판에서는 취소결정과 무효확인결정, 헌법소원에서는 취소결정과 위헌확인결정을 통해 확정된 내용에 대해서만 형성력이 인정된다. 형성판결은 종국결정의 주문을 통해 비로소 발생하므로 종국결정의 주문에서 선고된 내용 이외에 결정이유에 대해서는 형성력이 인정될 여지가 없다.

(나) 주관적 범위

형성력은 대세적인 효력을 갖는다. 형성력은 종국결정의 내용에 따라 새로운 법률관계를 객관적으로 형성하므로 헌법재판소와 심판의 당사자뿐만 아니라 모든 사람에 대해 그 효력이 미친다. 헌법재판은 권리구제를 위한 주관소송일 뿐만 아니라 헌법질서를 수호하기 위한 객관소송이기도 하므로 형성력을 갖는 종국결정에 대하여는 헌법질서의 통일성을 유지하고 법적 안정성을 확보할 필요가 있다. 헌법재판소가 권한쟁의심판에서 국가기관 또는 지방자치단체의 처분을 취소하는 결정을 하더라도 그 처분의 상대방에 대하여 이미 생긴 효력에 영향을 미치지 아니한다.[34]

(다) 시간적 범위

형성력은 원칙적으로 종국결정이 확정된 시점에 발생하며, 그 구체적인 시간적 범위는 심판유형에 따라 다르다. 탄핵심판과 정당해산심판에서는 종국결정의 선고와 함께 장래적으로 형성력이 발생하고 그 효력은 소급하지 않는다. 즉, 탄핵심판에서 파면결정이 선고되면 바로 확정되고 그때부터 파면의 효과가 발생한다. 파면된 고위공직자가 그 이전에 행한 직무수행의 법적 효과는 그대로 유지된다. 정당해산심판에서도 해산결정이 선고되면 바로 확정되고 그때부터 정당해산의 효과가 발생한다. 해산된 정당이 그 이전에 활동한 법적 효력은

34) 헌법재판소법 제67조 제2항.

그대로 유효하다.

권한쟁의심판과 헌법소원에서 선고된 취소결정, 무효확인결정, 위헌확인결정은 행정소송에서와 마찬가지로 원칙적으로 그 법적 효력이 소급하여 소멸하고, 예외적으로 소급효가 제한된다. 헌법재판소법이 권한쟁의심판에 있어서 취소결정이 그 처분의 상대방에 대해 이미 생긴 효력에 영향을 미치지 않도록 제한하는 것도 소급효를 인정하는 것을 전제로 한 것으로 해석된다.

종국결정의 형성력은 법률에 특별한 규정이 없는 한 시간적 제한을 받지 않고 법률관계가 형성된 효과가 계속된다. 종국결정을 할 당시의 사실관계나 법률상황이 변화되더라도 법률의 제정이나 유권적 처분 등에 의해 변경되기 전까지 그 형성력은 그대로 유지된다. 다만, 종국결정이 재심을 통해 취소된 경우에는 형성력이 소멸하게 된다. 이때에는 법률에서 달리 규정하지 않는 이상 형성력도 소급하여 소멸한다.

6. 기속력

(1) 규범적 의미

(가) 법적 근거

헌법은 종국결정의 기속력에 대해 일반적으로 규정하지 않고 있다. 헌법재판소법 제47조 제1항은 "법률의 위헌결정은 법원 기타 국가기관 및 지방자치단체를 기속한다"라고, 제67조 제1항은 "헌법재판소의 권한쟁의심판의 결정은 모든 국가기관과 지방자치단체를 기속한다"라고, 제75조 제1항은 "헌법소원의 인용결정은 모든 국가기관과 지방자치단체를 기속한다"라고 각각 규정한다. 또한, 규범통제형 헌법소원을 인용하는 경우와 부수적 위헌선고의 경우에도 기속력을 인정한다.[35] 헌법재판의 종국결정이 공권력을 행사하는 모든 국가기관과 지방자치단체를 구속하는 효력을 기속력이라고 한다.

종국결정의 기속력은 헌법재판의 당사자가 아닌 다른 국가기관과 지방자치단체로 하여금 종국결정의 내용을 존중하도록 구속하는 것이므로 법률적 근거가 있는 경우에만 인정된다. 기속력은 종국결정의 공통적 효력이 아니라 헌법재판소법이 규정하는 경우에만 인정되는 개별적 효력이다. 헌법재판소법은

35) 헌법재판소법 제75조 제6항.

법률의 위헌결정, 권한쟁의심판의 결정, 헌법소원의 인용결정에 대해서만 종국결정의 기속력을 인정한다. 이러한 종국결정은 모두 국가작용의 위헌성을 확인한 것이 공통적이다. 위헌법률심판의 합헌결정, 탄핵심판의 기각결정, 정당해산심판의 기각결정, 헌법소원의 기각결정은 기속력을 갖지 않는다. 헌법재판에서 공통적으로 선고되는 각하결정이나 심판절차종료선언 역시 헌법재판소가 직접 위헌여부를 판단한 것이 아니므로 기속력을 갖지 않는다.

(나) 필요성

재판에서 판결은 원칙적으로 당사자에게만 효력을 미치고 제3자에게는 미치지 않는데, 이는 당사자만 재판절차에 참여하여 소송법적 권리를 행사할 수 있기 때문이다. 헌법재판의 기속력은 당사자가 아닌 모든 국가기관과 지방자치단체를 구속하는 효력이다. 헌법재판의 당사자는 종국결정에 따라야 하지만, 당사자가 아닌 다른 국가기관이나 지방자치단체는 당연히 종국결정에 따라야 하는 것은 아니다. 헌법재판소는 권력분립의 원칙에 따라 다른 헌법기관과 동등한 지위를 가질 뿐, 국회나 정부와 같은 다른 헌법기관보다 우월한 기관은 아니기 때문이다.

헌법재판은 헌법분쟁을 최종적으로 해결하는 사법작용이고 헌법은 모든 국가작용에 적용되어야 하므로 헌법재판소가 종국결정을 통해 위헌성을 확인한 경우에는 그 효력을 당사자뿐만 아니라 모든 국가기관과 지방자치단체까지 확장할 필요가 있다. 종국결정의 기속력은 헌법재판의 특징과 밀접한 관련이 있다. 헌법재판소는 종국결정을 통해 국가작용의 위헌성을 확인할 수 있을 뿐, 스스로 위헌상태를 제거하고 합헌상태로 회복하는 구체적인 조치를 집행할 권한이 없다. 권한쟁의심판이나 헌법소원에서도 국가작용의 위헌성을 확인하더라도 제한된 범위에서 소극적으로 위헌적 행위를 취소하거나 무효확인을 할 수 있을 뿐이다. 헌법재판의 위헌결정은 모든 국가기관과 지방자치단체에게 기속력을 미침으로써 헌법질서의 실효성과 통일성을 유지하고, 법적 안정성과 평화를 유지할 수 있다.

(다) 기판력과 구별

종국결정의 기속력은 기판력과 다르다. 기속력과 기판력은 모두 헌법재판의 규범력을 실효적으로 보장하고 헌법질서의 통일성을 유지하는 기능을 하고, 종국결정의 심판내용에 대해 법적 구속력을 부여한다는 점에서 공통적이다. 하지만, 기속력은 기판력과는 본질적으로 다른 법적 효력으로 다음과 같은 사항에서 기판력과 구별된다.

첫째, 기판력은 일사부재리가 적용되는 모든 종국결정에서 인정되는 일반적 효력이지만, 기속력은 법률이 인정한 종국결정에서만 인정되는 개별적 효력이다. 기판력은 일사부재리를 근거로 하지만 종국결정 그 자체로부터 도출되며, 기속력은 헌법재판소법이 개별적으로 부여한 법적 효력이다.

둘째, 기판력은 종국결정이 선고된 동일한 사건에 대해 헌법재판소와 당사자가 후소에서 다른 판단과 주장을 할 수 없다는 것이지만, 기속력은 당사자의 관점이 아니라 모든 국가기관과 지방자치단체의 관점에서 종국결정의 취지가 제대로 실현될 수 있도록 한다는 것이 핵심이다. 기속력은 단순히 기판력의 주관적 범위를 당사자를 넘어 국가기관과 지방자치단체로 확장한 것이 아니다.

셋째, 기판력은 전소와 후소와의 관계에서 동일한 사건에 대해 인정되는 법적 효력이지만, 기속력은 후소와 관계 없이 발생하는 법적 효력이다. 기속력은 종국결정이 선고된 동일한 사건에 국한되지 않고 동일한 헌법적 쟁점을 가진 모든 상황에서 공권력의 행사를 기속한다.

넷째, 기속력은 종국결정의 실효성을 보장하는 내용과 범위에서 기판력보다 광범위하다. 기판력은 소극적으로 전소의 종국결정과 모순되는 내용을 주장하거나 반복하는 것을 금지한다. 하지만, 기속력은 다른 국가기관이나 지방자치단체가 자신의 권한을 행사할 때 소극적으로 종국결정과 모순된 내용을 주장하거나 반복하는 것을 금지하는 데에 그치지 않고 적극적으로 종국결정의 내용과 부합하도록 해야 할 의무까지 포함한다.

(2) 기속력을 갖는 종국결정

(가) 위헌법률심판

1) 위헌결정

헌법재판소법 제47조 제1항은 “법률의 위헌결정은 법원 기타 국가기관 및 지방자치단체를 기속한다”라고 규정하여 위헌결정에 대해 기속력을 부여한다. 헌법재판소는 위헌결정을 통해 법률의 위헌성을 확인할 수 있을 뿐, 스스로 위헌상태를 제거하고 합헌상태로 회복하는 구체적인 조치를 집행할 권한이 없다. 기속력은 모든 국가기관과 지방자치단체가 위헌결정을 존중하고 이에 위반되는 행위를 할 수 없다는 법적 효력이며, 이를 통해 헌법재판의 규범력을 확보한다. 위헌결정은 헌법재판소가 법률의 위헌성을 확인한 것이므로 모든 국가기관과 지방자치단체는 위헌결정을 존중해야 하고 그와 모순되는 내용으로 권한을 행사해서는 안 된다.

기속력은 헌법재판의 실효성을 확보하기 위해 법률이 특별히 인정한 것이므로 법률적 근거를 가져야 하는데, 헌법재판소법은 위헌결정에 대해서만 기속력을 부여한다. 기속력은 위헌결정에 대해서만 인정되므로 각하결정과 심판절차종료선언은 기속력을 갖지 않는다. 특히, 합헌결정에는 기속력을 인정하기 어렵다. 헌법재판소의 종국결정은 존중되어야 하고 합헌결정에 대해 반복적으로 위헌법률심판을 하는 것은 소송경제적으로도 불합리한 측면이 있다.

합헌결정은 당해사건에서 심판대상인 법률을 적용하는 것이 위헌이 아니고 그 법률이 유효하게 통용된다는 것을 확인한 것에 불과하다. 재판부가 합헌이라고 결정한 법률도 사후적으로 사실관계나 법률상황이 변화되어 위헌적 상태가 될 수 있으므로 장래에 다른 사건에서 위헌결정이 선고될 수도 있다. 국가기관이 합헌결정된 법률을 준수하는 것은 법률 자체에 기속되는 것이지 합헌결정에 기속되는 것은 아니다. 헌법재판소법이 위헌결정에 대해서만 기속력을 부여하므로 합헌결정은 기속력을 갖지 않는다.

국회는 합헌으로 결정된 법률이라도 언제든지 이를 폐지하거나 개정할 수 있고, 이는 입법형성권에 포함된다. 모든 국가기관과 지방자치단체는 그 법률의 위헌심판제청을 신청할 수 있고, 법원도 다른 사건에서 다시 위헌법률심판을 제청할 수 있다. 헌법재판소는 이에 대해 법률의 위헌여부를 다시 심사해야 한다.[36] 당해사건의 당사자는 물론 일반 국민도 합헌결정이 선고된 법률이라도 위헌제청신청을 하거나 권리구제형 헌법소원을 청구할 수 있다. 하지만, 제청법원은 합헌결정이 선고된 법률을 당해사건에 적용해야 하고 그 법률을 위헌으로 해석하거나 다시 위헌제청을 할 수 없다. 이는 당해사건에 적용되는 법률의 위헌여부에 대해서는 헌법재판소의 판단에 따른다는 구체적 규범통제의 본질과 일사부재리에서 비롯된 것이지 합헌결정의 기속력을 인정한 것은 아니다.

2) 변형결정

헌법재판소의 변형결정은 법령의 형식이나 문언을 변경하지 않고 해석이나 적용의 범위를 제한하여 그 위헌여부를 판단한 것이다. 헌법재판소의 종국

---

36) 2014. 3. 27. 2012헌가21.

결정이 기속력을 갖기 위해서는 실질적으로 위헌성을 확인하는 판단을 한 경우에 국한되므로 변형결정이 기속력을 갖는지 여부는 변형결정의 본질적 효력과 밀접하게 관련된다. 헌법재판소법이 기속력을 부여하는 '위헌결정'에는 위헌결정을 선고한 경우뿐만 아니라 변형결정을 통해 실질적으로 법률의 위헌성을 확인한 결정도 포함된다.

헌법불합치결정은 실질적으로 법률의 위헌성을 확인한 위헌결정의 일종이고, 주문에서 법률의 위헌성을 명확하게 표시하고 있으므로 기속력을 갖는다. 모든 국가기관과 지방자치단체는 헌법불합치결정된 법률을 적용하거나 그에 근거한 후속행위를 속행해서는 안 된다. 다만, 종국결정에서 계속적용을 명한 경우에는 국회가 입법개선을 할 때까지 그 법률을 유효하게 적용하고, 국회가 개선입법시한까지 아무런 조치를 취하지 않으면 그때 비로소 법률은 효력을 상실하게 된다. 헌법재판소는 헌법불합치결정에 대해서도 기속력을 인정하여 헌법불합치결정된 법률에 대해 법원이 위헌제청을 한 경우에는 각하결정을 하였고,[37] 대법원도 헌법불합치결정에 대해서는 헌법재판소와 마찬가지로 법률의 위헌성을 확인한 것이라는 이유로 기속력을 인정하였다.[38]

한정위헌결정은 심판대상인 법률이나 법률조항의 내용에서 합헌적 의미를 넘어 해석하고 적용하는 범위를 특정하여 그 위헌성을 확인하는 결정이다. 따라서 한정위헌결정은 주문에서 법률의 위헌성을 명확하게 제시하고 있어 그 범위에서 기속력을 갖고, 그 이외의 부분에 대해서는 기속력이 인정되지 않는다. 한편, 한정합헌결정은 법률에 대한 일정한 해석가능성에 대해서는 그 합헌성을 명확하게 제시하고 있어 그 범위에서는 기속력이 인정되지 않는다. 하지만, 그 나머지 부분의 해석 가능성에 대해서는 주문에 표시되지 않을 뿐만 아니라 결정이유에서도 법률의 위헌성을 확인한 것인지가 명확하지 않다. 한정합헌결정에 대해서는 합헌이라고 판단한 부분 이외에 대해서는 법률의 위헌성을 명확하게 확인하는 것이 아니므로 기속력을 인정하기 어렵다. 한정합헌결정은 실질적으로 합헌결정과 동일한 효력을 갖는다.

헌법재판소는 한정위헌결정과 한정합헌결정도 모두 본질적으로 질적 일부위헌으로 해석하여 기속력을 갖는다고 판단하였으나,[39] 대법원은 한정위헌결

37) 2006. 6. 29. 2005헌가13.
38) 대법원, 1997. 3. 28. 96누11068.
39) 1997. 12. 24. 96헌마172.

정과 한정합헌결정은 법원의 법률해석권에 어떠한 영향이나 기속력을 갖는다고 할 수 없다고 판단하였다.[40] 한정위헌결정과 한정합헌결정은 법률해석에 대한 견해를 표명한 것에 불과하고, 법률해석권은 전적으로 대법원을 최고법원으로 하는 법원에 속하므로 헌법재판소의 의견에 기속되지 않는다는 것이다.

(나) 권한쟁의심판

권한쟁의심판의 결정은 헌법재판소법에 따라 기속력이 인정된다. 권한쟁의심판의 결정은 위헌법률심판의 위헌결정과 헌법소원의 인용결정이 기속력을 갖는 것과 달리 인용결정이든 기각결정이든 상관없이 기속력을 갖는다. 권한쟁의심판은 국가기관이나 지방자치단체의 권한분쟁을 해결하는 것이어서 인용결정이든 기각결정이든 당사자 일방의 권한행사가 위헌 · 위법이라는 것을 확인하는 것이기 때문이다. 다만, 본안판단을 하지 않는 각하결정이나 심판절차종료선언은 본안판단을 통해 권한행사의 위헌 · 위법을 확인한 것이 아니므로 기속력을 갖지 않는다.

국가기관이나 지방자치단체의 권한 유무 또는 범위에 관한 판단은 물론 권한침해의 원인이 된 피청구인의 처분을 취소하거나 그 무효를 확인하는 결정에도 기속력이 인정된다. 특히, 헌법재판소가 부작위에 대한 심판청구를 인용하는 결정을 한 때에는 피청구인은 결정취지에 따른 처분을 해야 한다.[41] 권한쟁의심판에서는 국회의 입법행위를 대상으로 권한의 유무나 범위를 심판할 수도 있는데, 이러한 규범통제형 권한쟁의심판의 결정도 기속력을 갖는다. 이때에는 종국결정의 형성력으로 인하여 법률관계가 새롭게 형성되지만, 주문뿐만 아니라 주문의 내용이나 효력이 미치는 범위를 확정하기 위해 주문과 불가분의 일체를 이루는 결정이유도 기속력을 가지므로 그 범위에서는 중요한 의미가 있다.

(다) 헌법소원

헌법소원의 인용결정도 기속력을 갖는다. 헌법소원이 인용되면 특정한 공권력의 행사나 불행사가 청구인의 기본권을 침해하였음이 확정되는데, 헌법재판소는 기본권 침해의 원인이 된 공권력의 행사를 취소하거나 그 불행사가 위헌임을 확인할 수 있다. 공권력의 불행사에 대한 헌법소원을 인용하는 결정을

40) 대법원 2001. 4. 27. 95재다14.

41) 헌법재판소법 제66조 제2항.

한 때에는 피청구인은 결정취지에 따라 새로운 처분을 해야 한다.[42] 헌법재판소는 공권력의 불행사뿐만 아니라 공권력에 의한 기본권 침해행위가 이미 종료되어 취소할 대상이 없어진 경우에도 기본권 침해행위가 반복될 위험이 있거나 헌법적 해명이 긴요한 경우에는 공권력 행사가 위헌임을 확인하는 결정을 할 수 있다.[43] 법령에 대한 헌법소원의 인용결정은 위헌결정과 동일한 효력을 가지므로 마찬가지로 기속력을 갖는다.

헌법소원의 인용결정은 기속력을 가지므로 모든 국가기관과 지방자치단체는 이를 존중하여 그 결정에 따라야 한다. 즉, 인용결정에서 위헌으로 확인된 공권력의 행사나 불행사를 반복해서는 안 되고, 인용결정의 내용과 모순되거나 종국결정에서 금지한 내용으로 권한을 행사해서는 안 된다. 또한, 자신의 권한의 범위에서는 종국결정을 통해 위헌으로 확인된 공권력의 행사로 인하여 초래된 결과를 제거하고 인용결정의 취지에 맞게 새로운 처분을 해야 한다. 특히, 헌법소원에서 공권력의 행사 또는 불행사가 위헌인 법률 또는 법률조항에 기인한 것이라고 인정될 때 인용결정에서 해당 법률 또는 법률조항이 위헌임을 선고할 수 있는데, 이러한 부수적 위헌선고도 헌법소원의 인용결정에 해당하므로 기속력을 갖는다.[44]

(라) 탄핵심판과 정당해산심판

탄핵심판의 인용결정과 정당해산심판의 인용결정도 기속력을 가질까. 탄핵심판청구를 인용하는 경우에는 피청구인을 해당 공직에서 파면하는 결정을 선고하고, 정당해산심판청구를 인용하는 경우에는 정당해산을 명하는 결정을 선고한다. 이들 종국결정은 그 자체가 법적 효력을 발생시키는 형성적 효력을 가진다. 모든 국가기관은 이러한 종국결정을 준수하고 따라야 하지만, 이는 기속력에 의한 것이 아니라 헌법과 헌법재판소법 등이 직접 공직파면이나 정당해산이라는 법적 효과를 부여한 것에 따른 것이다.

기속력을 인정하기 위해서는 법률적 근거가 필요한데, 탄핵심판의 인용결정과 정당해산심판의 인용결정에는 기속력을 부여하는 법률적 근거가 없으므로 기속력이 인정되지 않는다고 해석된다. 하지만, 국가기관이나 지방자치단체가 탄핵심판과 정당해산심판의 결정을 자의적으로 무시해도 된다는 의미는 아

42) 헌법재판소법 제75조 제3항, 제4항.

43) 2017. 11. 30. 2016헌마503.

44) 헌법재판소법 제75조 제6항.

니다. 중앙선거관리위원회는 정당의 해산을 명하는 헌법재판소의 결정을 정당법에 따라 집행해야 한다.[45)]

(3) 내용

(가) 소극적으로 반복금지

기속력은 단순히 기판력의 주관적 범위를 확장하는 것이 아니고, 모든 국가기관과 지방자치단체에게 새로운 실체법적 의무를 부과한다. 국가기관과 지방자치단체는 기속력이 인정되는 종국결정을 존중해야 하고 위헌성이 확인된 내용과 모순되거나 종국결정에서 금지한 내용을 반복적으로 행사해서는 안 된다.

정부는 위헌결정된 법률을 집행할 수 없고, 위헌성이 확인된 공권력의 행사에 기초하여 후속조치를 이행해서도 안 된다. 법원은 위헌결정된 법률을 재판에 적용해서는 안 되고, 그 법률에 대해 다시 위헌심판제청을 할 수도 없다. 국회 역시 국가기관에 포함되므로 위헌으로 확인된 법률과 동일한 내용의 법률을 새롭게 제정해서는 안 된다. 국회에 대해서는 기속력의 주관적 범위에서 제외된다는 견해도 있지만,[46)] 국회 역시 국가기관에 포함되고 헌법재판소의 위헌결정을 존중해야 한다.

(나) 적극적으로 실현

국가기관과 지방자치단체는 소극적으로 종국결정에 위반하여 반복적 행위를 하지 않아야 할 뿐만 아니라, 나아가 자신의 권한을 행사할 때에는 적극적으로 종국결정의 내용에 부합하도록 행위하여 종국결정을 실현해야 한다. 그 구체적인 내용과 범위는 헌법재판의 유형에 따라 다양하게 결정된다. 다만, 국가기관과 지방자치단체는 종국결정에서 합헌이라고 확인된 내용을 그대로 실현해야 하는 것도 아니다. 기속력은 위헌결정에 대해서만 인정되기 때문이다.

헌법재판소가 권한쟁의심판에서 부작위에 대한 심판청구를 인용하는 결정을 한 때에는 피청구인인 국가기관이나 지방자치단체는 그 결정취지에 따른 처분을 해야 한다.[47)] 헌법소원에서 공권력의 불행사에 대한 헌법소원을 인용하는 결정을 한 때에는 피청구인인 공권력의 주체는 그 결정취지에 따라 새로운 처

45) 헌법재판소법 제60조.

46) 정종섭, 헌법소송법, 369~371면.

47) 헌법재판소법 제66조 제2항.

분을 해야 한다.[48] 이때 새로운 처분에는 입법도 포함되므로 입법부작위에 대해 위헌결정이 선고되면 기속력에 따라 국회는 그 취지에 맞게 새로운 입법을 해야 할 의무를 진다.

(다) 적극적 실현의무의 한계

국가기관과 지방자치단체는 종국결정을 적극적으로 실현해야 할 의무의 범위는 명확하지 않다. 위헌결정을 통해 확인된 위헌상태는 명확하지만, 그 위헌성을 제거하고 회복해야 할 합헌상태의 구체적 내용과 범위는 명확하지 않고 그 수단도 다양하다. 그와 같은 내용을 헌법재판소가 다른 국가기관과 지방자치단체에 강제하도록 의무를 부과하는 것은 권력분립의 원칙에 위반될 수 있다. 하지만, 국가기관과 지방자치단체는 헌법재판소가 위헌성을 확인한 종국결정의 내용을 적극적으로 실현해야 하고, 그 위헌적 결과나 상태를 제거하여 합헌상태로 회복시켜야 할 의무를 부담한다.[49]

헌법재판소는 권한쟁의심판에서 권한침해를 확인하는 인용결정은 장래에 그 결정을 존중해야 할 의무를 부과하는 것이지 적극적인 재처분의무나 결과제거의무를 포함하는 것은 아니라고 판단하였다.[50] 이는 권한쟁의심판에서 피청구인의 처분에 대해 취소결정이나 무효확인결정을 하지 않고 권한침해의 확인결정을 한 경우에 그 기속력의 범위를 제한적으로 해석한 것으로 이해된다. 재처분의무나 처분으로 인한 위헌 · 위법한 결과의 제거의무는 취소결정이나 무효확인결정에 의해 부여되는 것으로 판단하였기 때문이다.

(4) 효과

국가기관이나 지방자치단체가 종국결정의 기속력에 위반되는 행위를 하였을 때 어떠한 법적 효과가 있을까. 헌법재판소법이 기속력을 규정하고 있으므로 기속력을 위반한 경우에는 위법한 행위가 된다. 국가기관이나 지방자치단체가 기속력을 위반한 경우에 그 행위는 하자가 명백하고 중대하므로 무효라고 볼 수도 있다.[51] 하지만, 헌법재판의 유형에 따라 종국결정의 기속력이 미치는 주문과 결정이유는 다양하며, 기속력을 위반한 내용과 정도도 매우 다양하다.

---

48) 헌법재판소법 제75조 제4항.
49) 김하열, 헌법소송법, 265~266면.
50) 2010. 11. 25. 2009헌라12.
51) 정종섭, 헌법소송법, 186면.

따라서 종국결정의 내용과 국가기관이나 지방자치단체가 기속력을 위반한 행위의 태양을 고려하여 개별적으로 판단하여 법적 효과를 부여해야 한다.

위헌결정으로 실효된 법률을 그대로 집행하기 위해 후속행위를 속행하거나 위헌결정된 법률에 근거하여 행정처분과 같은 행정행위를 하면 그 하자가 중대하고 명백하므로 당연무효이다. 국가기관과 지방자치단체가 행정처분을 한 이후 그 근거법률에 대해 위헌결정이 선고되는 경우에도 그 행정처분은 사후적으로 위법하게 되어 집행력이 배제되지만, 그 하자는 원칙적으로 중대하고 명백한 것이 아니므로 당연무효의 사유는 아니고 취소사유에 해당한다.

법원이 위헌결정된 법률을 적용하여 재판한 경우에도 위법한 사법작용이 되어 항소 또는 상고사유가 된다. 하지만, 재판 자체가 당연무효가 되는 것은 아니고 그 재판에 대해 헌법소원을 청구할 수 있을 뿐이다.[52] 법원이 위헌결정된 법률조항에 대해 위헌법률심판을 제청하는 것도 부적법하여 각하된다. 법률에 대한 위헌결정은 그 자체가 국회에게 새로운 입법을 해야 할 의무를 부과하지는 않는다. 위헌결정으로 인하여 법률이 실효되어 그 법률의 부재상태가 될 뿐이지, 국회가 위헌결정에 따라 구체적으로 새로운 입법을 해야 하는 것은 아니다. 국회가 새로운 입법을 할지 여부는 원칙적으로 국회의 입법형성권에 속한다. 국회가 기속력을 위반하여 위헌결정된 법률과 동일한 내용의 법률을 반복하여 제정한 경우에도 당연무효가 아니라 그 법률에 대해 다시 위헌법률심판을 통해 무효화할 수 있을 뿐이다.

기속력이 인정되지 않는 종국결정에 대해서는 국가기관과 지방자치단체는 스스로 판단하여 자신의 권한을 행사할 수 있다. 국회는 합헌결정된 법률을 개정할 수 있고, 법원은 합헌결정된 법률에 대해 다시 위헌법률심판을 제청할 수도 있다. 국가기관과 같은 공권력의 주체는 헌법소원에서는 공권력의 행사에 대해 위헌결정이 선고되지 않더라도 직권으로 공권력의 행사를 취소·철회하거나 변경할 수도 있다.

(5) 범위

(가) 객관적 범위

1) 법정의견의 주문

기속력은 종국결정이 법률이나 공권력의 위헌성을 확인한 부분에 대해서

52) 1997. 12. 24. 96헌마172.

만 인정된다. 기속력은 헌법재판소와 다른 국가기관과 지방자치단체의 권한배분과 그 한계에 영향을 미치므로 중요한 의미가 있다. 기속력은 헌법재판에서 위헌성을 확인한 것에 기초하므로 위헌법률심판과 헌법소원에서는 재판관 6인 이상의 찬성이 있어야 한다. 다만, 권한쟁의심판에서는 일반정족수에 따라 재판관 과반수의 찬성으로 결정하므로 재판관 6인 이상의 찬성을 얻어야 하는 것은 아니다. 종국결정의 최종적 판단은 법정의견으로 표현되므로 법정의견의 주문만 기속력을 갖는다. 반대의견이나 보충의견과 같은 개별의견은 기속력을 갖지 않는다. 보충의견은 법정의견의 주문에 동의하더라도 보충의견 자체가 기속력을 갖는 것은 아니다.

2) 결정이유는 예외적으로만 인정

종국결정의 이유도 기속력을 가질까. 결정이유에 대해 기속력을 인정하게 되면 기속력의 범위가 지나치게 넓어 헌법재판의 한계를 일탈하고 권력분립의 원칙을 침해할 수 있다. 결정이유에서 기속력을 인정하는 부분을 구분하여 그 내용과 범위를 확정하기 어렵고, 주문에 이르게 된 논거나 관련성도 다양하기 때문에 결정이유에 기속력을 인정하게 되면 법적 안정성을 해칠 우려가 있다. 이러한 이유로 결정이유에 대해서는 기속력을 부정하는 견해가 있다.[53] 하지만, 종국결정은 주문과 이유에서 그 위헌성에 대해 판단하는데, 주문은 매우 간명하게 표현되므로 헌법적 의미가 충분히 드러나지 않을 수 있다. 헌법재판소는 쟁점별 평결이 아니라 주문별 평결을 채택하고 있어 주문만으로는 헌법재판소의 헌법해석이 불분명할 수도 있다. 종국결정의 주문만으로는 국가기관에게 기속력의 내용을 실천하는 구체적인 국가작용의 기준이나 지침을 명확하게 제시할 수 없는 경우가 있다. 종국결정에서 위헌성의 의미를 정확하게 반영하기 위해서는 주문뿐만 아니라 이유에 대해서도 기속력을 인정할 필요가 있다.

종국결정의 기속력은 원칙적으로 주문에만 미치고 이유에 대해서는 예외적으로 주문의 직접적이고 핵심적인 근거가 되는 범위에서 주문의 내용이나 효력이 미치는 범위를 확정하기 위해 주문과 일체를 이루는 경우에만 기속력을 인정할 수 있을 것이다. 종국결정의 주문뿐만 아니라 주문에 이르게 된 중요이유에 대해 기속력을 인정하자는 견해도 결정이유에 대해서는 필요한 범위에서

53) 정종섭, 헌법소송법, 188면.

기속력을 제한적으로 인정하자는 취지로 이해된다.[54] 헌법재판소는 헌법소원의 인용결정에 있어서 주문뿐만 아니라 그 이유도 기속력을 갖는다는 것을 전제로 그 이유에 대해서도 재판관 6인 이상의 찬성이 있어야 한다고 판단하였다.[55] 하지만, 권한쟁의심판에서는 주문은 물론 결정이유가 기속력을 갖는 경우에도 재판관 6인 이상의 찬성을 얻어야 하는 것은 아니다.

기속력은 법정의견에만 미치므로 개별의견의 이유는 기속력을 갖지 않는다. 헌법재판소는 위헌법률심판의 결정이유에서 입법촉구결정을 하는 경우가 있는데, 국회는 이에 기속되지 않는다. 기속력이 인정되는 결정이유의 구체적인 범위는 개별적 사건에서 주문과의 관계를 고려하여 결정되므로 근본적으로 불명확할 수밖에 없는 한계가 있다.

3) 헌법해석에 대한 사법적 판단에 국한

종국결정의 주문과 이유가 기속력을 갖는다고 하더라도 그 가운데 헌법해석에 대한 사법적 판단에 대해서만 기속력이 인정된다. 하지만, 종국결정은 법률이나 국가작용이 일반적으로 위헌인지를 판단한 것이 아니라 헌법재판에 제기된 구체적이고 개별적인 헌법분쟁을 전제로 그 사건에서 선고 당시의 사실관계와 법률상황을 기준으로 심판대상의 위헌성을 판단한 것이라는 것을 유의해야 한다.

종국결정의 주문과 이유에는 헌법해석뿐만 아니라 법률해석과 그 적용에 대한 사법적 판단도 포함될 수 있다. 법률해석과 적용에 대한 판단은 헌법재판소가 아니라 법원의 전속적 권한에 속하므로 종국결정의 기속력은 원칙적으로 인정되지 않는다. 다만, 헌법불합치결정이나 한정위헌결정과 같은 변형결정은 헌법해석과 관련하여 법률의 적용이나 해석가능성에 대해 그 위헌성을 확인하는 것이므로 그 범위에서는 기속력이 미친다. 또한, 권한쟁의심판에서도 헌법이나 법률이 부여한 청구인의 권한이 침해되었는지 여부를 심사하므로 이러한 범위에서는 법률해석과 그 적용에 관한 사법적 판단에도 기판력이 인정된다.

(나) 주관적 범위

1) 모든 국가기관과 지방자치단체에 미침

헌법재판소법은 종국결정의 기속력이 미치는 대상으로 법률의 위헌결정에

54) 김하열, 헌법소송법, 260면; 허영, 헌법소송법론, 180~182면; 홍성방, 헌법소송법, 150~151면.
55) 2008. 10. 30. 2006헌마1098등.

서는 '법원 기타 국가기관 및 지방자치단체'라고, 권한쟁의심판과 헌법소원의 인용결정에서는 '모든 국가기관과 지방자치단체'라고 규정한다. 법률의 위헌결정은 법률을 해석하고 적용하는 법원에게 중요한 의미가 있어 이를 특별히 강조한 것이라고 이해된다. 법원도 모든 국가기관에 포함되므로 종국결정의 기속력은 법원을 포함하여 모든 국가기관과 지방자치단체에 미친다. 법원이 헌법재판소의 결정에 기속되도록 하는 것이 사법권의 독립을 침해하는 것은 아니다. 오히려 헌법재판소가 위헌결정을 선고한 법률을 법원이 재판에 적용하는 것은 헌법재판을 규정하는 헌법에 정면으로 위배된다고 판단하였다.[56)]

기속력은 헌법재판의 당사자가 아니어서 심판절차에 참여하지 않은 국가기관과 지방자치단체에게까지 종국결정을 존중할 법적 의무를 부과하는 것이다. 국가작용의 위헌성을 확인한 종국결정에 대해서는 국회, 정부, 법원과 같은 국가기관과 지방자치단체는 물론 지방의회, 지방자치단체의 장, 교육자치기관은 물론 공적 업무를 수행하는 기관에게도 기속력이 미친다. 국가기관과 지방자치단체 이외에도 공공단체와 국공립대학, 국·공영방송국, 공무수탁사인에게도 공적 기능을 수행하는 범위에서는 기속력이 미친다.

헌법재판소는 국가기관이지만 스스로 기존의 판례를 변경할 수 있으므로 기속력이 미치지 않는다. 기속력은 법률이나 국가작용의 위헌성을 확인하고 이를 시정하기 위한 것이므로 일반 국민에게는 기속력이 미치지 않는다. 정당 역시 공적 기능을 수행하지만 법적으로는 국가기관이나 공공단체가 아니므로 기속력이 미치지 않는다.

2) 국회도 포함

법률에 대한 위헌결정의 기속력이 국회에도 미칠까. 이는 헌법재판소가 위헌으로 결정한 법률과 동일한 내용의 법률을 국회가 다시 제정하는 것이 가능한지의 문제와 관련된다. 헌법재판소는 위헌결정의 기속력이 국회에 미치는지에 대해 직접 판단하지는 않았지만, 개정법률이 위헌결정된 법률의 반복입법에 해당하는지 여부는 입법목적이나 동기, 입법 당시의 시대적 배경 및 관련 조항들의 체계 등을 종합적으로 고려해야 한다고 판단하였다.[57)] 이는 개정법률이 반복입법에 해당한다면 기속력에 위반된다는 것을 전제로 하는 것으로 해석된다.

56) 1997. 12. 24. 96헌마172등.
57) 2013. 7. 25. 2012헌바409.

국회는 기속력의 주관적 범위에서 제외된다는 견해가 있다.[58] 헌법재판소의 헌법적 판단은 역사적 환경의 변화에 따라 달라질 수 있고, 국회는 헌법현실의 변화를 반영하여 입법을 할 수 있다고 한다. 국회가 법률에 대한 위헌결정에 기속되면, 국회는 헌법현실이 변화하더라도 위헌결정된 법률과 동일한 내용의 법률을 영원히 제정할 수 없게 된다는 것이다. 따라서 국회는 법률의 위헌결정에 기속되지 않으며, 기속력이 미치는 '모든 국가기관'에는 국회가 제외되므로 헌법재판소가 위헌법률로 결정하더라도 국회는 동일한 내용의 법률을 제정할 수 있게 된다.

기속력은 법률이 헌법재판에 대해 특별히 부여하는 법적 효력이고, 헌법재판소법은 기속력의 주관적 범위에서 국회를 제외하지 않고 '모든 국가기관'이라고 규정한다. 국회 역시 국가기관의 하나이며, 헌법과 헌법재판소법을 준수해야 한다. 헌법재판소가 법률의 위헌성을 확인하여 위헌결정을 하였음에도 국회가 이를 정면으로 위배하여 그와 동일한 내용의 법률을 제정하는 것은 헌법에 부합하지 않는다. 국회도 기속력의 주관적 범위에 포함되어 반복입법은 금지되고, 헌법에 부합하는 입법을 해야 할 의무를 부담한다.[59] 다만, 위헌결정은 심판사건과 관련되는 범위에서만 기속력을 갖는 것이지, 그 법률이나 국가작용이 모든 경우에 위헌이라는 것을 의미하는 것은 아니라는 것을 유의해야 한다.

기속력의 범위는 구체적으로 특정된 심판대상에 한정되므로 국회는 기속력이 미치는 범위 이외의 조건과 상황에서는 위헌결정된 법률과 동일한 내용으로 입법할 수 있다. 따라서 국회는 헌법재판소가 위헌성을 확인한 범위를 벗어나거나 위헌결정의 기초가 되는 사실관계와 법률상황이 변화된 경우에는 위헌결정된 법률과 동일한 내용으로 입법할 수 있다고 하겠다. 국회는 동일한 이유에 근거하여 동일한 법률을 반복하여 제정하는 것이 금지되고 근본적인 법적·사실적 변화가 존재하는 경우에는 동일한 내용의 법률을 제정할 수 있으므로 상대적으로만 기속력이 미친다는 견해도 있는데,[60] 이는 국회도 기속력의 범위에 포함된다는 것을 전제로 하는 것으로 이해된다.

(다) 시간적 범위

헌법재판소법은 종국결정의 기속력이 미치는 시간적 범위에 대해 아무런

58) 정종섭, 헌법소송법, 369~371면.

59) 김하열, 헌법소송법, 263면; 성낙인, 헌법학, 825면.

60) 한수웅, 헌법학, 1426면.

규정을 두지 않고 있다. 기속력은 종국결정이 선고됨으로써 발생하고 헌법재판소가 확인한 위헌성이 제거될 때까지 국가기관과 지방자치단체는 그 종국결정에 기속되므로 시간적으로 제한이 없다. 특히, 종국결정에서 헌법불합치결정을 하면서 입법시한을 제시한 경우에 국회는 그 시한까지 위헌법률을 개선하여 위헌성을 제거해야 할 헌법적 의무를 부담한다. 국회가 그 입법시한까지 개선입법을 하지 않은 경우에는 그때부터 법률의 효력이 상실되고, 이때 국회의 개선입법의무는 소멸한다.

위헌결정은 헌법재판에서 심판한 범위에서만 기속력을 갖는 것이고, 기속력의 내용은 종국결정을 할 당시의 사실관계와 법률상황을 기준으로 확정된다. 따라서 그 이후에 새로운 사실관계나 법률상황의 변화 등 사정변경이 발생한 경우에는 더 이상 종국결정에 기속되지 않는다. 국회는 그 이후에 새로운 사실관계나 법률상황의 변화 등 사정변경이 발생한 경우에는 그에 맞게 새로운 입법을 할 수 있다. 이때 국회가 위헌결정과 동일한 내용의 법률을 제정하더라도 이는 위헌결정된 법률과는 별개의 법률이며, 종국결정의 기속력에도 위반되지 않는다. 헌법재판소는 위헌법률심판절차를 거쳐 이 법률에 대해 다시 위헌으로 결정할 수는 있다.

7. 법규적 효력

(1) 법적 근거

헌법재판소법 제47조 제2항은 “위헌으로 결정된 법률 또는 법률의 조항은 그 결정이 있는 날부터 효력을 상실한다”라고 규정한다. 헌법재판소가 법률에 대해 위헌결정을 하면 그 법률은 효력을 상실하게 되는데, 이를 법규적 효력이라고 한다. 법규적 효력은 헌법재판소와 당사자, 모든 국가기관과 지방자치단체를 넘어 일반 국민에게까지 종국결정의 효력을 확장한 것이다.

법규적 효력은 종국결정 그 자체에서 발생하는 것이 아니라 헌법재판소법의 규정에 의해 인정된다. 헌법재판소법은 위헌결정을 요건으로 하여 법규적 효력이라는 법적 효과를 부여한 것이다. 따라서 법률적 근거가 있는 경우에만 인정되고, 종국결정의 유형에 따라 구체적인 범위가 확정된다. 법률의 위헌결정은 법률의 위헌성을 확인한 것일 뿐, 위헌결정 그 자체가 법률을 실효시키는 입법행위가 아니고, 법규범의 효력을 상실시키는 형성력을 갖는 것도 아니다. 따라서 위헌결정 자체로 법률이 실효되는 것이 아니고, 위헌성이 확인된 법률의 효력을 어떻게 할 것인지는 입법정책적으로 결정할 수 있다.

일반적으로 위헌결정된 법률의 효력은 규범통제의 방식에 따라 다르게 결정된다. 구체적 규범통제를 채택하는 경우에는 재판의 전제성을 요구하므로 당해사건에 적용하지 않을 뿐, 법률 그 자체의 효력을 일반적으로 무효화시키지는 않는다. 한편, 추상적 규범통제를 채택하는 경우에는 특정한 사건의 분쟁해결이 아니라 법률 그 자체의 효력을 다투는 것이므로 법률 자체의 효력을 일반적으로 무효화시킨다. 다만, 위헌법률을 소급적으로 무효화시킬 수도 있고, 장래적으로만 무효화시킬 수도 있다.

헌법은 구체적 규범통제를 채택하고 추상적 규범통제를 채택하지 않고 있다. 그럼에도 불구하고 법률이 위헌으로 결정되면 개별적으로 당해사건에 적용하지 않을 뿐만 아니라 일반적으로 법률의 효력을 상실시킨다. 위헌결정된 법률이 법규적 효력에 따라 무효화되는 것은 국회가 입법에 의해 법률을 폐지하는 것과는 그 형식에서 큰 차이가 있다. 위헌결정으로 법률이 그 효력을 상실하더라도 법률의 외관은 그대로 유지되며, 위헌결정을 관보에 게재하고 헌법재판소 인터넷 홈페이지에 게재하여 공시할 뿐, 헌법과 법률에 따라 별도의 입법절차를 거치는 것도 아니다. 법규적 효력은 헌법재판의 유형에 따라 그 내용과 범위가 다르다.

(2) 위헌법률심판

(가) 위헌결정

위헌법률심판에서 법규적 효력을 갖는 종국결정은 법률에 대한 위헌결정이다. 헌법재판소법 제45조는 “헌법재판소는 제청된 법률 또는 법률조항의 위헌여부만을 결정한다. 다만, 법률조항의 위헌결정으로 인하여 당해 법률 전부를 시행할 수 없다고 인정될 때에는 그 전부에 대하여 위헌의 결정을 할 수 있다”라고 규정한다. 따라서 심판대상이 아니더라도 위헌결정이 선고된 법률은 모두 법규적 효력을 갖는다. 헌법재판소법 제75조 제6항은 “… 제68조 제2항에 따른 헌법소원을 인용하는 경우에는 제45조 및 제47조를 준용한다”라고 규정한다. 규범통제형 헌법소원의 위헌결정도 실질적으로 위헌법률심판에 해당하므로 그 위헌결정은 법규적 효력을 갖는다.

규범통제에서 합헌결정은 법규적 효력을 갖지 않는다. 합헌결정은 심판대상이 된 법률이 위헌이 아니라는 것을 확인한 것일 뿐, 그로 인하여 새로운 법적 효과가 발생하는 것이 아니다. 헌법재판소는 합헌결정된 법률이 다시 심판대상이 되었을 경우에는 그 위헌성을 다시 판단하여 결정한다.

(나) 변형결정

위헌법률심판에서 변형결정을 선고하는 경우에도 법규적 효력이 발생할까. 헌법재판소법 제47조 제2항은 '위헌으로 결정된 법률 또는 법률조항'에 대해 법규적 효력을 인정하는데, 여기에 변형결정도 포함되는지의 문제이다. 법규적 효력의 직접적인 근거는 종국결정이 아니라 법률의 규정이므로 변형결정이 법규적 효력을 갖는지 여부는 위 조항의 해석을 통해 결정해야 한다.

헌법불합치결정은 실질적으로 법률의 위헌성을 확인한 것이지만, 법률 자체의 효력은 그대로 유지된다.[61] 헌법불합치결정을 하면서 계속적용을 명할 경우에는 그 법률을 그대로 적용해야 하므로 법규적 효력이 발생할 여지가 없고, 적용중지를 명하는 경우에도 법률 자체의 효력은 그대로 인정된다. 따라서 헌법불합치결정은 법규적 효력을 갖지 않는다. 다만, 헌법불합치결정은 국회에게 개선입법의무를 부과하는데, 국회가 개선입법을 마련하거나 개선입법기한이 경과한 때에는 그 법률의 효력이 상실하게 된다. 이는 법규적 효력을 시기적으로 제한하여 국회의 개선입법시 또는 개선입법기한의 만료시까지 완화시킨 것이다.

한정위헌결정은 법률 자체의 외양은 그대로 유지되지만, 일정한 법률해석에 대해 위헌성을 확인한 것이다. 헌법재판소법은 위헌결정에 대해 법규적 효력을 인정하고, 이때 위헌결정에는 한정위헌결정도 포함된다고 해석되므로 한정위헌결정에서 위헌성이 확인된 부분은 법규적 효력을 갖고 위헌결정과 마찬가지로 일정한 범위에서는 소급효를 가진다.[62] 헌법재판소는 한정위헌결정이 선고된 법률에 대해 다시 심판청구가 제기된 경우에 다시 한정위헌결정을 선고한 적도 있지만,[63] 법률의 위헌성이 확인된 부분은 실효되어 그 법률은 위헌성이 제거된 나머지 부분으로 축소되었으므로 합헌결정을 선고하는 것이 타당하다.[64]

61) 정종섭, 헌법소송법, 398면.
62) 정종섭, 헌법소송법, 390~391면.
63) 2003. 12. 18. 2002헌바99.
64) 2014. 5. 29. 2012헌마641.

한정합헌결정은 일정한 범위에서 합헌이라는 판단을 하였을 뿐, 그 나머지 부분에 대해 위헌성을 확인하였는지는 명확하지 않고 그 위헌성이 주문에도 표시되지 않는다. 한정합헌결정은 위헌결정에 포함되지 않으므로 법규적 효력을 갖지 않는다. 헌법재판소는 한정합헌결정이 선고된 법률에 대해 다시 심판청구가 제기된 경우에는 다시 한정합헌결정을 선고하였다.[65] 한정합헌결정을 위헌결정의 하나로 이해하여 위헌성이 확인된 부분은 그 결정이 있는 날부터 효력을 상실하게 되므로 적법요건을 갖추지 못하여 각하결정을 하는 것이 타당하다는 견해가 있다.[66] 하지만, 한정합헌결정은 법규적 효력을 갖지 않아 심판대상인 법률이 그 효력을 상실하게 되는 것이 아니므로 다시 본안판단을 해야 한다.

(3) 헌법소원

(가) 부수적 위헌선고

헌법재판소법 제75조 제5항은 “헌법재판소는 공권력의 행사 또는 불행사가 위헌인 법률 또는 법률의 조항에 기인한 것이라고 인정될 때에는 인용결정에서 해당 법률 또는 법률의 조항이 위헌임을 선고할 수 있다”라고 규정한다. 제6항은 “제5항의 경우 … 에는 제45조 및 제47조를 준용한다”라고 규정하여 위헌결정의 법규적 효력에 관한 제47조를 준용하도록 규정한다. 헌법소원에서 인용결정을 하면서 공권력의 근거인 법률에 대해 추가적으로 위헌결정을 하는 부수적 위헌선고도 헌법재판소법 제47조 제2항에 따라 법규적 효력을 가진다. 헌법재판소는 부수적 위헌선고에서 위헌결정은 물론 헌법불합치결정이나 한정위헌결정과 같은 변형결정도 할 수 있는데, 변형결정은 위헌법률심판에서와 마찬가지로 제한된 범위에서만 법규적 효력을 갖는다.

(나) 법령에 대한 권리구제형 헌법소원

법령에 대한 권리구제형 헌법소원도 규범통제의 기능을 하는데, 이때 위헌결정은 법규적 효력을 가질까. 헌법재판소법은 이에 대해 아무런 규정을 두지 않고 있다. 국회의 입법작용도 공권력의 행사로 헌법소원의 대상이 되고, 헌법재판소는 기본권 침해의 원인이 된 공권력의 행사를 취소하거나 그 불행사가 위헌임을 확인할 수 있다. 헌법재판소는 법령에 대한 헌법소원에서 인용결정을

65) 2002. 4. 25. 99헌바27.

66) 허완중, 헌법소송법, 221면.

할 경우에는 취소결정이나 위헌확인결정을 하지 않고, 위헌결정이나 헌법불합치결정과 한정위헌결정과 같은 변형결정을 선고한다.

헌법재판소법은 헌법소원에서 부수적 위헌선고를 할 경우에는 법규적 효력을 규정하는 제47조를 준용하도록 하는데, 그 이외에는 아무런 규정을 두지 않고 있다. 헌법재판소법이 공권력 행사나 불행사가 위헌성을 갖는 근거가 되는 법률이 위헌임을 선고하는 경우에 법규적 효력을 인정하면서 보다 강력하고 직접적으로 기본권을 침해하는 입법작용의 위헌결정에 대해 법규적 효력을 인정하지 않는 것은 균형에 맞지 않는다.

법령에 대한 권리구제형 헌법소원에서 위헌결정이 선고될 경우에도 법규적 효력을 인정하는 것이 타당하다. 이 부분은 입법의 불비라고 생각되며, 헌법재판소법을 개정하여 이 경우에도 제45조와 제47조를 준용하도록 규정하는 것이 바람직하다.[67] 법령에 대한 권리구제형 헌법소원에서 헌법불합치결정이나 한정위헌결정과 같은 변형결정은 법규적 효력은 갖지 않는다. 한편, 법령에 대한 권리구제형 헌법소원에서는 법률뿐만 아니라 명령이나 규칙도 심판대상이 되므로 명령이나 규칙에 대해 위헌결정이 선고된 경우에도 법규적 효력이 인정되어 그 효력이 상실된다.

(4) 규범통제형 권한쟁의심판

권한쟁의심판에서 재판부가 권한의 유무와 범위에 대해 청구인의 권한침해를 확인하는 인용결정을 하는 이외에 권한침해의 원인이 된 피청구인의 처분을 취소하거나 그 무효를 확인할 수 있다. 이때 국회의 입법작용과 입법부작위도 '피청구인의 처분 또는 부작위'에 해당되어 심판대상이 될 수 있고, 이를 규범통제형 권한쟁의심판이라고 한다. 규범통제형 권한쟁의심판에서 권한의 유무나 범위에 대한 확인결정을 할 수 있는데, 이때에는 법률은 효력을 그대로 유지하고 국회가 기속력에 따라 그 법률의 위헌성을 제거하고 개선입법을 해야 할 의무를 부담한다.

규범통제형 권한쟁의심판에서 국회의 입법작용에 대해 취소결정이나 무효확인결정을 할 수 있을까. 헌법재판소법은 권한쟁의심판에서 헌법재판소의 종국결정의 방식에 별도의 제한을 두지 않으므로 국회의 입법작용에 대해서도 취소결정이나 무효확인결정을 할 수 있다고 해석된다. 한편, 헌법재판소법은 권

67) 김하열, 헌법소송법, 590면.

한쟁의심판에서 법규적 효력에 대해서는 아무런 규정을 두지 않고 있다. 규범통제형 권한쟁의심판에서 청구를 인용하여 국회의 입법작용에 대해 취소결정을 하거나 무효확인결정을 하게 되면, 이에 따라 그 법률은 효력을 상실하게 된다.[68]

규범통제형 권한쟁의심판에서 인용결정으로 법률이 효력을 상실하게 되는 것은 국회의 입법작용에 대한 취소결정이나 무효확인결정이 가지는 형성력의 효과이지 법규적 효력에 따른 결과는 아니다. 따라서 규범통제형 권한쟁의심판의 인용결정은 법규적 효력을 가지지 않는다고 해석된다. 한편, 국회의 입법부작위에 대해서는 권한의 유무 또는 범위에 대한 확인결정만 할 수 있고, 취소결정이나 무효확인결정을 할 수가 없으므로 법규적 효력이 발생할 여지가 없다.

(5) 범위

(가) 객관적 범위

법규적 효력이 미치는 객관적 범위는 위헌결정의 주문에서 표시한 위헌성을 확인한 법률에 국한된다. 법규적 효력은 위헌결정을 요건으로 하여 법률이 부여한 효력으로 헌법재판의 당사자뿐만 아니라 제3자를 포함하여 대세적 효력을 가진다. 법률의 효력을 상실시키는 것은 국민생활에 큰 영향을 미치므로 법적 안정성을 기하기 위해서는 그 내용과 범위가 명확해야 한다. 위헌결정의 이유는 주문에 직접적이고 핵심적 근거가 되는지를 불문하고 법규적 효력을 인정할 필요가 없다.

(나) 주관적 범위

법규적 효력은 헌법재판소는 물론 당사자, 모든 국가기관과 지방자치단체를 넘어 일반 국민에게까지 미친다. 법규적 효력은 위헌성이 확인된 법률을 일반적으로 무효화시키는 법적 효과를 발생시키므로 법률이 일반성을 가지고 모든 사람에게 동등하게 적용되는 것과 마찬가지로 주관적 범위에는 제한이 없다. 법규적 효력은 그 법률적 효과와 영향을 고려할 때 명시적 법률적 근거를 가져야 하고 법적 안정성도 요구된다. 이는 헌법재판이 권리보호를 위한 주관소송일 뿐만 아니라 헌법질서의 수호를 위한 객관소송이라는 성격에도 부합한다.

---

68) 김하열, 헌법소송법, 682~683면.

(다) 시간적 범위

법규적 효력은 종국결정이 선고된 시점부터 발생한다. 헌법재판소법 제47조 제2항은 "… 그 결정이 있는 날부터 효력을 상실한다"라고 규정하여 소급적으로 무효화시키지 않고 장래적으로 폐지하는 효력을 발생시킨다. 다만, 법률의 명시적 근거가 있거나 법률해석을 통해 법률을 소급적으로 실효시킬 필요성이 있는 경우에는 예외적으로 소급효를 인정할 수 있다. 위헌결정은 법률의 위헌성을 확인한 것이고 그때부터 장래에 법률로서의 효력을 상실시키는 것인데, 규범통제의 실효성을 확보하고 그 법률을 적용하게 되는 개별적 사건에서 법적 정의를 실현하기 위해서 당해사건과 같이 일정한 범위에서는 소급효를 인정한다.

또한, 헌법재판소법 제47조 제3항은 "제2항에도 불구하고 형벌에 관한 법률 또는 법률의 조항은 소급하여 그 효력을 상실한다. 다만, 해당 법률 또는 법률의 조항에 대하여 종전에 합헌으로 결정한 사건이 있는 경우에는 그 결정이 있는 날의 다음 날로 소급하여 효력을 상실한다"라고 규정하여 형벌에 관한 법률은 일정한 범위로 소급하여 실효된다.

종국결정의 법규적 효력은 형성력과 마찬가지로 법률에 특별한 규정이 없는 한 시간적 제한을 받지 않고 법률관계의 효과가 계속된다. 종국결정을 할 당시의 사실관계나 법률상황이 변화되더라도 법규적 효력은 그대로 유지된다. 국회가 위헌결정으로 실효된 법률과 동일한 내용으로 입법을 한 경우에도 이미 실효된 법률이 유효하게 되는 것은 아니므로 법규적 효력은 확정적이다. 다만, 종국결정이 재심을 통해 취소된 경우에는 법규적 효력이 소급하여 소멸하게 된다.

제9장 가 처 분

제1절 허용 여부

1. 필요성

가처분이란 종국결정의 실효성을 확보하고 잠정적으로 권리를 보호하기 위해 종국결정이 있기 전에 임시적으로 당사자의 법적 지위와 권리를 정하는 재판이다. 헌법재판이 진행되는 동안 사실관계가 변화되면 당사자가 본안심판에서 승소하더라도 법적 지위나 권리를 실현할 수 없게 되거나 헌법질서에 회복하기 어려운 손해가 발생할 수 있다. 가처분은 이러한 위험성을 예방하기 위해 본안심판에 부수적으로 행하는 잠정적인 긴급조치이다.[1] 가처분은 적법한 본안심판을 전제로 하지만, 본안심판의 승패와 관계없이 독자적인 사유에 따라 결정되므로 본안심판에 완전히 종속되는 것은 아니다.

2. 법률규정

헌법재판소법 제57조는 "헌법재판소는 정당해산심판의 청구를 받은 때에는 직권 또는 청구인의 신청에 의하여 종국결정의 선고 시까지 피청구인의 활동을 정지하는 결정을 할 수 있다"라고 규정하고, 제65조는 "헌법재판소가 권한쟁의심판의 청구를 받았을 때에는 직권 또는 청구인의 신청에 의하여 종국결정의 선고 시까지 심판대상이 된 피청구인의 처분의 효력을 정지하는 결정을 할 수 있다"라고 규정한다. 즉, 정당해산심판과 권한쟁의심판에 대해서만 가처분을 규정하고 있고, 나머지 헌법재판의 유형에 대해서는 아무런 규정을 두지

1) 2014. 2. 27. 2014헌마7.

않고 있다.

헌법재판소법은 헌법재판의 심판절차에서 가처분의 성격을 갖는 규정을 두기도 한다. 법원이 위헌법률심판제청을 한 경우에는 헌법재판소의 위헌여부 결정이 있을 때까지 당해사건의 재판을 정지한다.[2] 탄핵심판에서 탄핵소추의 결을 받은 사람은 헌법재판소의 심판이 있을 때까지 권한행사가 정지된다.[3] 헌법재판소가 위헌법률심판에서 헌법불합치결정을 선고하면서 계속적용을 명하는 것도 본안심판의 실효성을 확보하고 헌법질서를 유지하기 위한 긴급한 조치라고 할 수 있다.

3. 다른 헌법재판에서도 허용

정당해산심판과 권한쟁의심판에서는 헌법재판소법의 규정에 따라 가처분이 인정되는데, 다른 헌법재판에도 가처분이 허용될까. 모든 헌법재판에서 가처분을 인정할 필요가 있고, 가처분을 규정하는 다른 법률의 준용을 배제할 이유가 없다. 헌법재판소법이 정당해산심판과 권한쟁의심판에 대해 개별적으로 가처분을 특별히 규정하는 것은 가처분을 특별히 강조하여 규정한 것으로 다른 헌법재판에 대해서는 가처분이 금지된다는 취지가 아니다. 따라서 헌법재판소법의 규정을 제외하고는 민사집행법과 행정소송법의 가처분을 준용하는 것이 타당하다.

헌법재판소도 모든 유형의 헌법재판에서 민사소송에 관한 법령과 행정소송법을 준용하여 당사자의 신청 또는 직권으로 가처분을 할 수 있다고 해석한다. 즉, 헌법소원을 비롯한 모든 헌법재판에서 직권 또는 당사자의 신청에 따라 가처분을 인정할 필요성이 있을 수 있고, 달리 가처분을 허용하지 아니할 상당한 이유가 없다고 판단하였다.[4] 정당해산심판에서 민사소송에 관한 법령을 준용하는 것이 청구인의 공정한 재판을 받을 권리를 침해하는 것이 아니며, 그에 따라 가처분을 허용하는 것이 정당활동의 자유를 침해하는 것이 아니다.[5] 특히, 위헌법률심판에서는 당사자가 없어 가처분의 신청도 상정하기 어려워 재판부가 직권으로 가처분을 결정하는 것이 중요한 의미가 있다.

---

2) 헌법재판소법 제42조.
3) 헌법재판소법 제50조.
4) 2000. 12. 8. 2000헌사471.
5) 2014. 2. 27. 2014헌마7.

4. 다른 법률의 준용

헌법재판에서도 가처분에 대해서는 다른 법률을 준용한다. 민사집행법과 행정소송법은 가처분에 대해 규정하지만, 형사소송에 관한 법령은 가처분에 대해 아무런 규정을 두지 않고 있다. 헌법재판은 일반적으로 민사소송에 관한 법령을 준용하고, 권한쟁의심판과 헌법소원은 행정소송법을 추가로 준용하고, 탄핵심판은 형사소송에 관한 법령을 추가로 준용한다.

민사소송에서는 현상이 바뀌면 당사자가 권리를 실행하지 못하거나 이를 실행하는 것이 매우 곤란할 염려가 있을 경우에 가처분을 할 수 있고, 특히 계속하는 권리관계에 끼칠 현저한 손해를 피하거나 급박한 위험을 막기 위하여, 또는 그 밖의 필요한 이유가 있을 경우에는 다툼이 있는 권리관계에 대해 임시의 지위를 정하기 위하여도 할 수 있다.[6] 행정소송에서도 취소소송이 제기된 경우에 처분 등이나 그 집행 또는 절차의 속행으로 인하여 생길 회복하기 어려운 손해를 예방하기 위하여 긴급한 필요가 있다고 인정할 때에는 본안이 계속되고 있는 법원은 당사자의 신청 또는 직권에 의하여 처분 등의 효력이나 그 집행 또는 절차의 속행의 전부 또는 일부의 정지를 결정할 수 있다. 다만, 처분의 효력정지는 처분 등의 집행 또는 절차의 속행을 정지함으로써 목적을 달성할 수 있는 경우에는 허용되지 않는다.[7]

제2절 적법요건

1. 재판관할권

(1) 본안심판의 재판관할권

가처분은 본안심판에 부수적인 재판이므로 헌법재판소는 본안심판에 대해 재판관할권을 가져야 한다. 가처분은 본안결정의 실효성을 확보하기 위한 부수적 절차이므로 당사자는 본안심판의 범위를 초과하여 가처분을 신청할 수 없고, 재판부도 본안심판과 관련이 없는 부분까지 그 범위를 초과하여 결정할 수

6) 민사집행법 제300조 제1항, 제2항.

7) 행정소송법 제23조 제2항.

없다. 본안심판이 청구되기 이전이라도 본안심판을 청구할 수 있는 기간이거나 본안심판이 계속 중인 이상 언제든지 가처분신청을 할 수 있다. 본안심판이 종결된 이후에는 당사자가 가처분신청을 할 수가 없고, 재판부도 가처분결정을 할 수 없다. 본안심판의 관할권은 헌법재판의 심판청구로 인하여 발생하고 종국결정을 선고함으로써 소멸된다.

가처분은 적법한 본안심판을 전제로 하고 본안심판에 부수적인 재판이므로 본안심판에 대한 재판관할권과 밀접하게 관련되지만, 가처분에 대한 재판관할권은 본안심판에 대한 재판관할권에 완전히 종속되는 것은 아니다. 가처분에 대한 재판은 본안심판과는 독자적으로 규범적 의미가 있기 때문이다.

(2) 재판부의 직권과 당사자의 가처분신청

가처분에 대한 재판관할권은 가처분절차의 개시방식에 따라 다르게 결정된다. 가처분은 재판부의 직권이나 당사자의 신청에 따라 이루어진다. 재판부가 직권으로 가처분결정을 할 수 있는데, 이는 본안심판에 대한 재판관할권을 가지고 있는 경우에만 가능하다. 재판부는 당사자가 본안심판을 청구하지 않은 상태에서 본안심판을 청구할 것을 예상하여 직권으로 가처분결정을 할 수는 없다. 이때에는 가처분에 대한 재판관할권은 특별히 문제되지 않는다.

재판부가 당사자의 신청에 따라 가처분에 대해 결정하려면 가처분에 대한 재판관할권이 문제될 수 있다. 당사자가 본안심판이 청구된 이후에 가처분신청을 하거나 본안심판과 동시에 가처분신청을 한 경우에는 본안심판에 대한 재판관할권이 있으므로 문제가 없다. 하지만, 당사자가 본안심판을 청구하기 전에 가처분신청을 할 경우에는 아직 본안심판이 계속되지 않은 상태이므로 재판부가 가처분에 대해 결정할 수 있는지 여부가 문제된다. 정부는 통합진보당에 대해 정당해산심판청구와 함께 정당활동정지가처분신청도 함께 하였는데, 헌법재판소는 해산결정을 하면서 가처분신청에 대해서는 그 이유를 구체적으로 명시하지 않고 기각결정을 하였다.[8)]

(3) 본안심판이 청구되기 전에 가처분신청을 한 경우

당사자는 본안심판이 청구되기 전에 가처분신청을 할 필요가 있으므로 다른 적법요건을 갖추고 있는 이상 본안심판을 청구하기 전에도 가처분을 신청할

8) 2012. 12. 19. 2013헌사907.

수 있다. 하지만, 가처분은 본안심판을 전제로 그에 부수하여 행하는 재판이고, 당사자가 가처분을 신청하더라도 그 이후에 본안심판이 청구되지 않을 수도 있다. 재판부가 본안심판이 청구되기 전에도 가처분에 대한 결정을 할 수 있을까.

헌법재판소법은 정당해산심판에 대해서는 "헌법재판소가 … 정당해산심판의 청구를 받은 때에는"라고, 권한쟁의심판에 대해서는 "헌법재판소가 … 권한쟁의심판의 청구를 받았을 때에는"이라고 규정한다. 정당해산심판에서 피청구인인 정당의 활동을 정지하거나 권한쟁의심판에서 피청구인의 처분의 효력을 정지하는 것은 그 영향력이 매우 크고 헌법재판의 심판이 청구되지 않은 상태에서 이러한 가처분을 할 필요성을 인정하기도 어렵다. 이때 본안심판이 청구되기 전에 당사자가 가처분을 신청하더라도 재판부는 본안심판이 청구되어야 그와 같은 가처분을 할 수 있다고 해석된다.[9)]

행정소송법 제23조 제2항은 "취소소송이 제기된 경우에 … 본안이 계속되고 있는 법원은 … 그 집행 또는 절차의 속행의 전부 또는 일부의 정지를 결정할 수 있다"라고 규정한다. 항고소송에서 법원은 적극적 처분에 대해 소극적인 집행정지의 가처분을 할 수 있지만, 이때에는 민사집행법의 가처분은 준용되지 않는다. 따라서 행정소송법이 우선적으로 준용되는 헌법소원과 권한쟁의심판에서 당사자가 소극적인 집행정지의 가처분을 신청하더라도 본안심판이 청구되기 전에는 재판부가 그와 같은 가처분결정을 할 수 없다고 해석된다.

헌법재판에서는 정당해산심판에서 정당활동을 정지하거나 권한쟁의심판에서 피청구인의 처분의 효력을 정지하는 가처분은 물론 행정소송법이 규정하는 취소소송에서의 집행정지와 같은 가처분 이외에도 다양한 가처분을 할 필요가 있다. 이때 본안심판이 청구되기 전에도 재판부가 가처분에 대한 결정을 할 수 있을까. 위헌법률심판과 탄핵심판에서는 민사소송에 관한 규정을 준용하므로 본안심판의 계속 전에도 가처분신청과 그에 기초한 가처분결정이 가능하다는 견해가 있다.[10)] 헌법재판에서는 본안심판이 청구되기 전이라도 당사자가 본안심판을 전제로 하여 가처분을 신청할 수 있다, 하지만, 재판부는 본안심판이 청구되기 전에는 가처분신청에 대해 각하결정과 기각결정만 할 수 있고, 가처분결정은 본안심판이 청구된 이후에야 할 수 있다고 해석하는 것이 타당하다.

본안심판의 청구가 제기되기 전에 가처분신청을 한 경우에는 민사소송법

---

9) 김하열, 헌법소송법, 173면.

10) 김하열, 헌법소송법, 173면.

에서 규정하는 본안의 제소명령과 같은 장치가 필요하다는 견해도 있다.[11] 하지만, 헌법재판은 객관소송의 성격을 가질 뿐만 아니라 헌법소원을 제외하고는 당사자가 국가기관이나 지방자치단체이므로 재판부가 당사자에게 본안심판을 청구하도록 명령하는 것이 적절하지 않다. 헌법소원의 경우에도 당사자가 가처분을 신청한 이후 본안심판을 청구하지 않을 가능성은 거의 없다. 따라서 헌법재판에는 민사소송법에서 규정하는 본안의 제소명령에 관한 규정을 준용하기는 어려울 것으로 판단된다.

(4) 본안심판의 청구가 부적법하거나 이유 없음이 명백한 경우

본안심판의 청구가 부적법하거나 이유 없음이 명백한 경우에도 가처분에 대한 재판관할권은 인정될까. 가처분신청만으로도 본안심판의 청구가 부적법하거나 이유 없음이 명백하다는 것을 알 수 있는 경우도 있다. 가처분은 본안심판에 부수적으로 행해지는 재판이므로 본안심판의 청구가 부적법하여 각하되는 경우에는 가처분에 대해 결정할 실익이 없어 가처분을 각하할 수 있다. 헌법재판소는 본안심판의 청구가 명백히 부적법한 경우에는 가처분의 적법요건을 갖추지 못하였으므로 각하해야 한다고 판단하였다.[12] 하지만, 본안심판의 청구가 부적법하다는 것이 명백한지 여부는 상대적이고 불명확하므로 본안판단을 각하하면서도 가처분신청에 대해서는 각하결정을 할 수도 있고 기각결정을 할 수도 있다.[13]

본안심판이 청구되기 전에 가처분신청을 할 수도 있는데, 이때에는 본안심판의 청구가 부적법한지를 판단할 수가 없다. 특히, 본안심판의 청구가 이유 없음이 명백하다는 것은 본안심판에서 비로소 판단할 수 있고, 그 사유 역시 상대적이고 불명확하다. 본안심판의 청구가 부적법하거나 이유 없음이 명백하더라도 이런 이유로 가처분에 대한 재판관할권이 소멸하는 것은 아니다. 본안심판의 청구가 부적법하거나 이유 없음이 명백하다는 것은 가처분의 다른 적법요건인 권리보호이익을 판단하는 요소가 될 수 있고, 권리보호이익이 없다는 이유로 각하될 수는 있을 것이다.

11) 정종섭, 헌법소송법, 220면.
12) 2006. 2. 23. 2005헌사754.
13) 2020. 4. 23. 2018헌사376.

2. 당사자적격

(1) 신청인과 피신청인

헌법재판에서 가처분은 재판부가 직권으로 할 수도 있고, 당사자의 신청에 따라 할 수도 있다. 재판부가 직권으로 가처분결정을 할 경우에는 가처분의 당사자적격이 문제될 여지가 없다. 당사자가 가처분을 신청할 경우에는 본안심판의 청구인과 피청구인 모두 가처분을 신청할 수 있고, 본안심판의 소송참가인도 본안소송의 당사자능력을 가지므로 가처분을 신청할 수 있다. 하지만, 이해관계인은 심판절차에서 의견진술권만 가지고 본안소송의 당사자능력을 갖지 않으므로 가처분을 신청할 수 없다. 가처분의 신청인은 본안심판의 당사자적격을 가져야 하지만, 피신청인은 반드시 본안심판의 당사자적격을 가져야 하는 것은 아니다. 본안심판의 당사자가 아니더라도 가처분의 목적을 달성하기 위해 필요한 경우에는 가처분의 피신청인이 될 수 있기 때문이다.

헌법재판소는 권한쟁의심판을 청구할 것을 전제로 원자력안전위원회의 의결의 효력정지를 구하는 가처분신청에 대해 당사자능력이 없는 자를 상대로 제기된 것으로서 부적법하다고 판단하여 각하결정을 하였다.[14] 정당이자 교섭단체인 신청인은 권한쟁의심판의 당사자가 될 수 없고, 피신청인 역시 헌법이 아닌 '원자력안전위원회의 설치 및 운영에 관한 법률'에 설치 근거를 두고 있는 국가기관으로 '헌법에 의하여 설치된 국가기관'에 해당하지 아니하여 권한쟁의심판의 당사자능력을 인정할 수 없으므로 그 가처분신청이 부적법하다는 것이다.

(2) 변호사강제

가처분의 절차에서도 변호사강제가 적용될까. 가처분은 본안심판에 부수적인 절차이므로 본안심판에서 변호사강제가 적용되는 경우에는 당사자의 신청에 의한 가처분에서도 변호사강제가 적용된다. 즉, 헌법소원의 청구인과 정당해산심판의 피청구인이 가처분을 신청할 경우에는 변호사강제가 적용된다.[15] 하지만, 본안심판에서 변호사강제가 적용되지 않는 경우에는 가처분의 절차에서도 변호사강제가 적용되지 않는다. 재판부가 직권으로 가처분을 하는

14) 2020. 5. 27. 2019헌사1121.

15) 2019. 11. 28. 2019헌사562.

경우에는 당사자의 대리와 무관하므로 변호사강제가 적용될 여지가 없다.

3. 권리보호이익

(1) 본안심판과 관계

가처분도 재판이므로 이를 통해 권리를 보호할 수 있는 구체적인 법적 이익이 있어야 한다. 가처분의 권리보호이익은 가처분의 사유와 구별된다. 권리보호이익은 적법요건이므로 그것이 인정되지 않으면 각하되지만, 가처분의 사유가 인정되지 않으면 기각결정을 한다. 가처분은 본안심판에 부수되는 재판이므로 본안심판과 밀접한 관계를 갖는다. 본안심판의 적법요건이나 소송절차의 진행에 따라 가처분의 권리보호이익도 영향을 받는다.

가처분은 본안심판이 적법하다는 것을 전제로 하므로 본안심판이 부적법하다는 것이 명백할 경우에는 가처분의 권리보호이익이 인정되지 않아 가처분 신청은 각하된다.[16] 헌법재판에서 본안심판에 대한 종국결정이 제때에 내려지고 이를 통해 당사자의 불이익이 해소될 수 있으면 가처분의 목적이 이미 실현되었으므로 권리보호이익이 없다. 본안심판이 종국결정을 할 수 있을 만큼 충분히 진행되어 사건이 성숙된 경우에도 가처분의 권리보호이익이 인정되지 않는다. 이때에는 가처분을 각하할 수도 있고, 본안심판에 대한 종국결정과 함께 가처분의 사유가 충족되지 않는다는 이유로 가처분의 신청을 기각할 수도 있다.

(2) 본안심판의 권리보호이익과 구별

가처분의 권리보호이익은 본안심판의 권리보호이익과 구별되며, 가처분의 결정에 필요한 독자적인 적법요건이다.[17] 가처분은 본안심판과 밀접하게 관련되지만, 본안심판에 완전히 종속되는 것은 아니며, 가처분 자체가 가지는 고유한 권리보호이익이 있다. 본안심판의 권리보호이익이 인정되지 않으면 본안심판의 청구가 부적법하여 각하되고, 가처분의 권리보호이익도 없게 될 수도 있다. 가처분의 권리보호이익은 본안심판의 권리보호이익과 중복될 수 있고 서로 명확하게 구별되지 않는 경우도 있다. 하지만, 가처분의 권리보호이익이 인정

16) 2020. 5. 12. 2020헌사468.
17) 2017. 2. 15. 2017헌사107.

되지 않으면 가처분 자체를 각하하고, 본안심판의 권리보호이익이 인정되지 않으면 본안심판이 각하된다는 점에서 구별의 실익이 있다. 본안심판의 권리보호이익이 명확하지 않은 경우에는 가처분을 각하할 것이 아니라 그것이 가처분의 사유에 해당하는지를 판단하는 것이 타당하다.

(3) 본안심판의 청구가 이유 없음이 명백한 경우

본안심판에서 청구가 이유 없음이 명백한 경우에도 가처분의 권리보호이익이 인정될까. 본안심판에서 청구가 이유 없음이 명백하면 그 청구가 기각될 것이므로 가처분의 권리보호이익이 인정되지 않을 가능성이 크다. 하지만, 본안심판에서 이유 없음이 명백한지 여부는 불명확하고 본안판단에서 최종적으로 확정된다. 본안심판의 청구가 이유 없다는 점은 가처분의 권리보호이익을 판단하는 요소의 하나로 고려할 수 있고, 가처분의 사유인 '중대한 불이익을 방지할 필요성'이 인정되지 않는다는 근거가 될 수도 있다.

가처분의 권리보호이익은 본안판단과는 구별되는 독자적인 적법요건이므로 본안심판에 대한 종국결정이 있기 전에 본안심판의 청구가 이유 없음이 명백하다는 이유로 가처분만 각하하는 것은 타당하지 않다. 본안심판이 이유 있어 인용된다고 하여 당연히 가처분이 인정되는 것은 아니고,[18] 본안심판의 청구가 기각된다고 하여 가처분신청이 각하되는 것도 아니다.[19]

(4) 다른 구제수단이 있는 경우

본안심판에서 다른 구제수단을 통해 가처분의 목적을 달성할 수 있는 경우에도 가처분의 권리보호이익은 인정될까. 다른 구제수단이 있다는 점은 가처분의 권리보호이익을 판단하는 요소가 될 수는 있지만, 본안심판에서 다른 구제수단이 있다는 것만으로 가처분을 각하해서는 안 된다. 일반법원의 재판절차를 통해 권리구제를 받을 수 있다고 해서 당연히 헌법재판에서 가처분의 권리보호이익이 없는 것은 아니다.

다른 구제수단을 통해 구제를 받을 수 있다는 것은 가처분의 적법요건이 아니고 실체적 사유를 판단하는 요소가 될 수는 있다. 따라서 본안심판에서 다른 구제수단을 통해 가처분의 목적을 달성할 수 있는 경우에도 가처분을 각하

18) 2019. 7. 25. 2018헌사608.
19) 2020. 3. 26. 2019헌사795.

할 것이 아니라 가처분의 사유를 심사하여 인용하거나 기각해야 한다.

제3절 사유

1. 중대한 불이익을 방지할 필요성

(1) 회복하기 어려운 현저한 손해나 중대한 손해

가처분이 인정되기 위해서는 그 필요성이 있어야 한다. 가처분의 필요성이란 종국결정이 인용되더라도 중대한 불이익이 발생할 것이 예상되어 이를 방지할 필요가 있다는 것이다. 중대한 불이익이란 회복하기 어려운 현저한 손해 또는 회복이 가능하더라도 그 정도가 중대한 손해를 말하고, 여기에는 당사자의 사적 불이익은 물론 헌법재판으로 달성하고자 하는 공적 불이익도 포함된다. 이때 중대한 불이익인지 여부를 판단하는 일반적 기준을 제시하기는 어려우며, 개별적 사건에서 헌법재판의 조건과 상황을 종합하여 확정할 수밖에 없다.

(2) 소극적인 불이익형량

가처분은 종국결정의 실효성을 확보하고 당사자의 권리를 보호하기 위한 것이지만 적극적으로 이익을 실현하는 것이 아니라 소극적으로 중대한 불이익을 방지하기 위한 것이다. 따라서 가처분의 필요성은 적극적인 이익형량이 아니라 소극적인 불이익형량을 통해 확정된다. 즉, 가처분을 기각한 뒤 종국결정에서 본안심판의 청구가 인용되었을 경우에 발생하는 불이익과 가처분을 인용한 뒤 종국결정에서 본안심판의 청구가 기각되었을 때 발생하는 불이익을 비교하여 전자가 후자보다 크다고 인정될 경우에 그 필요성이 인정된다.[20]

헌법재판은 권리구제를 위한 주관소송일 뿐만 아니라 헌법질서의 수호를 위한 객관소송의 성격을 갖고 있어서 종국결정은 국가의 법질서에 미치는 영향이 매우 크다. 가처분은 임시적 권리구제를 위한 제도지만, 종국결정에서 본안심판의 청구가 기각될 경우에는 그 가처분으로 인하여 헌법질서가 불안정해지고 새로운 권리침해가 발생할 위험성이 있다. 특히, 규범통제의 경우에는 법질

20) 2018. 4. 6. 2018헌사242등.

서를 원래대로 되돌리기가 쉽지 않아 법적 혼란을 초래하기 쉽다. 헌법재판은 국가기관의 권한배분에도 중요한 역할을 하므로 권력분립의 원칙도 고려해야 한다. 따라서 헌법재판에서 가처분은 그 결과와 영향을 고려하여 엄격하게 불이익을 형량하여 결정해야 한다.

(3) 본안심판의 승소가능성

본안심판의 승소가능성도 가처분의 사유에 포함될까. 본안심판에서 승소할 가능성이 없으면 가처분에 대한 불이익형량을 통해 중대한 불이익을 방지할 필요성이 인정되지 않을 수 있다. 따라서 본안심판의 승소가능성이 가처분의 사유에 포함되는 것으로 해석할 여지가 있다. 헌법재판소는 “본안심판이 부적법하거나 이유 없음이 명백하지 않은 한, … 가처분결정을 허용할 수 있다”라고 판단하고,[21] 본안심판이 명백히 부적법한 경우에는 가처분의 신청에 대해 각하결정을 한다.[22] 이는 본안심판의 승소가능성이 없으면 가처분의 권리보호이익이 없는 것이고, 가처분의 사유에는 해당되지 않는 것으로 판단한 것으로 해석할 수도 있다.

가처분의 재판은 종국결정 이전에 결정되는데, 본안심판의 결과를 명확하게 예상하기는 어렵다. 본안심판은 헌법적 쟁점을 포함하고 있어서 신속하게 결정되지 않을 수도 있다. 본안심판의 승소가능성이 있어야 한다는 것을 가처분의 사유에 포함시키면 가처분의 사유가 불명확하게 되고 가처분의 독자적 의미와 실효성이 약화된다. 따라서 본안심판의 승소가능성은 가처분의 사유에 포함시킬 필요가 없다.[23] 재판부가 가처분에 대한 결정을 할 때 본안심판의 승소가능성은 중대한 불이익을 방지할 필요성을 판단하는 불이익형량에서 중요한 요소가 될 수는 있다.

2. 긴급성

가처분결정을 하기 위해서는 긴급성이 인정되어야 한다. 가처분의 긴급성이란 시간적으로 종국결정을 기다려서는 중대한 불이익을 방지하는 것을 기대

21) 2000. 12. 8. 2000헌사471.
22) 2020. 3. 10. 2020헌사274.
23) 정종섭, 헌법소송법, 211면.

할 수 없는 긴급한 상황을 말한다. 긴급성은 현저한 손해가 이미 발생하였거나 그 발생이 임박하여 필요한 조치를 본안심판의 결정까지 미룰 수 없는 경우에 인정된다. 가처분의 긴급성은 가처분을 인정할 것인지 여부를 결정하는 사유이지만, 가처분의 적법요건에 해당하는 권리보호이익을 판단하는 자료로 고려될 수도 있다. 이때에는 적법요건인 권리보호이익을 우선적으로 판단해야 할 것이다.

가처분의 사유는 중대한 불이익을 방지할 필요성이 있고, 그것이 긴급한 상황이어야 인정된다. 가처분의 사유인 중대한 불이익을 방지할 필요성과 긴급성은 서로 밀접하게 관련되고 엄격하게 구분하기도 어렵다. 재판부가 가처분결정을 위해 그 사유를 심사할 때에는 중대한 불이익을 방지할 필요성을 판단할 때 긴급성도 고려해야 하고, 긴급성을 판단할 때에는 중대한 불이익을 방지할 필요성도 함께 고려해야 한다.

3. 공공복리에 중대한 영향을 미칠 우려가 없을 것

행정소송법 제23조 제3항은 "집행정지는 공공복리에 중대한 영향을 미칠 우려가 있을 때에는 허용되지 아니한다"라고 규정한다. 헌법재판소는 가처분의 필요성이 인정된다고 하더라도 공공복리에 중대한 영향을 미칠 우려가 있을 때에는 인용되어서는 안 된다고 판단하였다.[24] 공공복리에 중대한 영향을 미칠 우려가 없다는 것을 가처분의 사유로 해석할 여지가 있다.

헌법재판은 헌법질서를 수호하기 위한 객관소송의 성격을 가지므로 공공복리에 중대한 영향을 미칠 우려가 있다는 것은 가처분결정에 있어서 고려해야 할 중요한 사항이다. 공공복리에 중대한 영향을 미치는지 여부는 불명확하고 여러 가지 사정을 종합적으로 고려해서 판단해야 하는데, 재판부는 가처분의 사유인 중대한 불이익을 방지할 필요성과 긴급성을 심사하는 과정에서 구체적인 불이익형량을 통해 이를 반영할 수 있다.[25] 따라서 '공공복리에 중대한 영향을 미칠 우려가 없을 것'을 중대한 불이익을 방지할 필요성이나 긴급성과 구별되는 독자적인 가처분의 사유로 인정할 필요는 없다.

24) 2002. 4. 25. 2002헌사129.
25) 2006. 2. 23. 2005헌사754.

제4절 절차

1. 당사자의 신청 또는 직권

가처분의 절차는 헌법재판소법과 민사소송에 관한 법령 등에 따른다. 가처분 절차는 당사자의 신청 또는 직권으로 개시된다. 당사자는 헌법재판의 본안심판이 계속 중인 때에는 언제든지 가처분을 신청할 수 있다. 본안심판이 청구되지 않더라도 당사자는 앞으로 본안심판이 계속될 것을 전제로 가처분을 신청할 수도 있다. 당사자는 본안심판의 종국결정이 선고될 때까지 가처분을 신청할 수 있다. 헌법소원에서는 변호사강제가 적용되므로 가처분을 신청할 때에도 변호사강제가 적용된다.[26] 다만, 재판부가 직권으로 가처분을 결정할 경우에는 변호사강제가 적용될 여지가 없다. 가처분이 신청되면 별건의 사건으로 접수하여 '헌사'사건으로 분류하고, 신청서 등본을 피신청인에게 바로 송달해야 한다.

재판부는 당사자의 신청이 없더라도 가처분의 사유가 인정되면 직권으로 가처분결정을 할 수도 있다. 이는 당사자를 상정하기 어려운 위헌법률심판에서 중요한 의미가 있다. 헌법재판에서 국가기관의 헌법적 분쟁을 다루는데, 재판부가 직권으로 가처분을 하는 것은 권력분립의 원칙에 위반될 우려가 있다. 하지만, 헌법재판이 객관소송의 성격을 가진다는 것을 고려하여 민사소송에 관한 법령 등을 준용하여 재판부가 직권으로 가처분결정을 할 수 있다. 재판부가 직권으로 가처분 결정을 하는 것은 본안심판이 계속 중인 때에만 가능하고 본안심판이 청구되지 않은 상태에서는 가처분결정을 할 여지가 없다.

2. 심리

가처분에 대한 재판은 원칙적으로 변론을 열어야 한다. 재판부는 가처분에 대한 심리를 위해 변론기일 또는 심문기일을 열 수 있다. 재판부는 필요하다고 인정되는 경우에는 당사자의 신청이나 직권으로 증거조사를 할 수 있고, 국가기관 등에 필요한 사실을 조회하거나 기록의 송부나 자료의 제출을 요구할 수 있다.

26) 2019. 11. 28. 2019헌사562.

가처분에는 신속한 판단이 요구되므로 필요적 구두변론사건에서도 서면심리만으로 결정할 수 있고, 특별히 긴급한 경우에는 당사자나 이해관계인에게 의견진술의 기회를 주지 않아도 된다. 재판부가 가처분신청에 대해 결정하면 결정서 정본을 신청인에게 바로 송달하고, 답변서를 제출한 피신청인과 의견서를 제출한 이해관계인에게도 송달해야 한다. 정당해산심판에서 헌법재판소장은 가처분 결정을 한 때에는 국회와 중앙선거관리위원회에 가처분 결정서 등본을 붙여 그 사실을 통지해야 한다.[27]

제5절 결정

1. 정족수

(1) 일반정족수

재판부는 당사자의 가처분신청에 대해 심판할 때에는 본안심판의 정족수가 그대로 적용되어 재판관 7인 이상의 출석으로 심리하고 종국심리에 관여한 재판관 과반수의 찬성으로 결정한다.[28] 재판부가 직권으로 가처분결정을 할 때에도 마찬가지다.

(2) 지정재판부

헌법소원에서 지정재판부가 가처분에 대해 결정할 수 있을까. 헌법재판소는 지정재판부에서 당사자의 가처분신청에 대해 가처분사유가 인정되지 않는다는 이유로 기각결정을 하였다.[29] 헌법재판소가 가처분에 대해 결정하기 위해서만 전원재판부를 여는 것은 적절하지 않다는 이유로 지정재판부도 가처분에 대해 결정할 수 있다는 견해도 있다.[30] 지정재판부는 가처분신청에 대해 각하나 기각만 할 수 있고, 인용하는 결정을 할 수 없다는 견해도 있다.[31] 하지만, 지정재판부는 헌법소원에서 적법요건을 사전적으로 심사하기 위해 설치된 것

27) 헌법재판소법 제58조 제1항.
28) 헌법재판소법 제23조 제1항, 제2항.
29) 2020. 4. 21. 2020헌사416.
30) 허완중, 헌법소송법, 176면.
31) 김하열, 헌법소송법, 578면; 신평, 헌법재판법, 325면.

이므로 가처분에 대해서는 결정할 수 없다고 해야 한다.[32]

당사자는 지정재판부에 가처분신청을 할 수 있는데, 이때 지정재판부는 신속하게 심판회부결정을 하여 전원재판부가 가처분에 대해 결정하도록 하든지 재판관 3인의 일치된 의견으로 본안심판을 각하하면서 가처분신청에 대해서도 각하결정을 할 수 있을 뿐이다.[33] 지정재판부가 본안심판을 각하할 경우에는 가처분신청에 대해서는 판단할 필요가 없기 때문이다. 지정재판부는 가처분신청에 대해 가처분의 사유를 심사하여 가처분결정을 하거나 기각결정을 할 수 없고, 직권으로 가처분결정을 할 수도 없다.

2. 유형

(1) 주문

재판부는 가처분에 대해 당사자의 신청이나 직권으로 결정할 수 있다. 가처분신청에 대해서 재판부는 각하결정, 가처분결정, 기각결정을 할 수 있다. 재판부가 직권으로 결정하는 경우에는 가처분결정만 할 수 있고, 각하결정이나 기각결정을 할 여지가 없다. 가처분심판에서도 모든 재판관은 결정서에 자신의 의견을 표시해야 할까. 가처분심판에서는 본안심판에서와 같이 재판관이 반드시 의견을 표시할 의무를 부담하는 것은 아니지만, 재판관이 개별의견을 표시할 수는 있다.[34]

(2) 각하결정

당사자가 가처분을 신청한 경우에 재판관할권, 당사자적격, 권리보호이익이 없어 적법요건을 갖추지 못하면 각하결정을 한다. 가처분신청을 한 이후에 다시 동일한 가처분신청을 하거나 가처분에 대한 결정이 난 이후 다시 동일한 가처분신청을 한 경우에도 각하결정을 한다. 가처분신청에 있어서는 가처분의 적법요건과 사유가 엄격하게 구별되지 않는 경우가 많지만 논리적으로는 적법요건을 먼저 판단해야 한다. 헌법재판소는 가처분신청만을 각하하기도 하지만,

32) 정종섭, 헌법소송법, 223면; 허영, 헌법소송법, 191면.

33) 정재황, 헌법재판론, 1475면.

34) 정종섭, 헌법소송법, 225~226면.

본안심판을 각하하면서 가처분신청을 함께 각하하기도 한다.[35]

(3) 기각결정

재판부는 당사자의 가처분신청에 가처분사유가 인정되지 않을 경우에는 기각결정을 한다. 기각결정을 하는 경우에도 결정서에 그 이유를 기재해야 한다. 가처분에 대해서는 긴급하게 결정해야 하므로 “이 사건 신청은 이유 없으므로”와 같이 형식적인 이유만 기재할 수도 있다. 헌법재판소는 가처분신청을 기각하면서 본안심판을 각하하기도 하고,[36] 가처분신청을 기각하였지만 본안심판을 인용하기도 한다.[37]

(4) 가처분결정

재판부는 당사자의 가처분신청에 가처분사유가 인정될 경우에는 그 목적을 달성할 수 있도록 적절한 내용으로 가처분결정을 하고, 결정서에 그 이유를 기재해야 한다.[38] 이때에도 “이 사건 신청은 이유 있으므로”와 같이 형식적인 이유만 기재할 수도 있다. 헌법재판소는 가처분신청을 인용하여 임시적 지위를 인정하는 결정을 하고 본안심판도 인용한 적도 있고,[39] 가처분신청을 인용하였지만 본안심판을 기각하기도 한다.[40] 또한, 가처분신청을 인용하였지만, 헌법소원이 청구된 이후 법률이 개정되어 권리보호이익이 없어지게 되어 본안판단을 각하한 적도 있다.[41]

가처분은 본안심판에 부수하여 종국결정이 이루어지기 전까지 잠정적으로 현상을 유지하거나 임시적 지위를 정하여 권리를 확보하는 것이므로 가처분결정에는 원칙적으로 “종국결정의 선고시까지”라는 문구가 들어가야 한다. 이때에는 본안심판의 종국결정이 내려지면 가처분은 당연히 실효된다. 만약, 가처분결정에 위와 같은 문구를 포함시키지 않은 경우에 재판부가 본안심판의 종국결정에서 기각결정을 할 때에는 가처분결정도 직권으로 취소한다.

---

35) 2014. 1. 30. 2012헌사129.

36) 1998. 7. 14. 98헌사31.

37) 2018. 6. 28. 2018헌사213; 2019. 4. 11. 2018헌마221.

38) 헌법재판소법 제36조 제2항 제4호.

39) 2014. 6. 5. 2014헌사592; 2018. 5. 31. 2014헌마346.

40) 2018. 4. 6. 2018헌사242등; 2020. 3. 26. 2018헌마77등.

41) 2000. 12. 8. 2000헌사471; 2001. 4. 26. 2000헌마262.

3. 가처분결정의 내용

(1) 본안심판의 목적과 범위

재판부는 가처분사유가 있다고 인정되는 경우에는 그 목적을 달성하는 데 필요한 내용과 범위에서 가처분결정을 한다. 가처분은 본안심판을 전제로 하고 본안심판에 부수하여 이루어지므로 당사자는 본안심판의 청구를 벗어난 범위에서 가처분을 신청할 수는 없고, 재판부도 본안심판의 목적과 범위에서만 가처분결정을 할 수 있다. 하지만, 가처분은 본안심판과 그 목적과 대상이 완전히 일치하는 것은 아니다. 재판부는 가처분사유가 있다고 인정될 경우에는 직권으로 당사자가 신청한 범위를 초과하거나 본안심판의 목적을 달성하기 위해 필요한 범위에서 다양한 내용으로 가처분결정을 할 수 있다.

(2) 정당해산심판과 권한쟁의심판에서는 예시적 규정

헌법재판소법은 정당해산심판에서는 피청구인의 활동을 정지하는 결정을 할 수 있고, 권한쟁의심판에서는 심판대상이 된 피청구인의 처분의 효력을 정지하는 결정을 할 수 있다고 규정한다. 정당해산심판에서 피청구인의 활동을 정지하는 결정을 하거나 권한쟁의심판에서 피청구인의 처분의 효력을 정지하는 결정을 하는 것은 그 정치적 영향이 크므로 신중하게 결정해야 한다.

정당해산심판에서 정당활동을 정지하는 가처분을 하면 정치활동은 물론 재산처분과 같은 사법행위도 정당의 이름으로 할 수 없다. 이때 정당활동의 내용과 범위는 불확정적이며 구체적인 활동내용을 종합적으로 고려하여 그 활동의 효과가 정당에 귀속되는 것을 의미한다. 정당활동을 정지하는 가처분결정이 내려지더라도 그 정당에 대해 국고보조금을 지급할 수 있다는 견해가 있지만,[42] 정당활동을 정지하면서 그 활동을 위해 국고보조금을 지급하는 것은 모순이므로 국고보조금이나 후원금을 지급할 수 없다고 해석된다.[43] 하지만, 피청구인 정당에 소속된 국회의원의 직무가 당연히 정지되는 것은 아니다. 개별 국회의원에 대해 직무활동의 계속으로 헌법파괴의 위험성을 방지할 필요가 있는 경우에는 별도의 가처분을 할 수 있을 것이다. 정당활동을 정지하는 가처분

42) 김하열, 헌법소송법, 765~766면.

43) 정종섭, 헌법소송법, 500면; 허영, 헌법소송법론, 306면.

은 그 정치적 영향이 매우 크므로 신중하게 결정해야 한다.

헌법재판소법이 정당해산심판과 권한쟁의심판에 대해 가처분을 규정하지만, 이는 예시적 규정이며 가처분의 목적을 달성하기 위해 필요한 범위에서 헌법재판의 유형에 따라 그 특성을 반영하여 다양한 내용으로 가처분결정을 할 수 있다. 재판부는 법령이나 처분의 효력정지, 집행이나 절차의 정지, 행위나 방해의 금지와 같이 현재의 법적 상태를 규율하는 소극적 가처분뿐만 아니라 임시적 지위를 정하는 것과 같이 새로운 법적 상태를 형성하는 적극적 가처분도 할 수 있다.[44]

(3) 가처분결정의 재량

헌법재판소는 가처분사유가 인정되는 경우에는 반드시 가처분결정을 해야 할까. 재판부가 가처분사유가 있는지 여부를 판단하는 것은 고유한 권한으로 재량에 속한다고 할 수 있지만, 가처분사유가 있다고 인정하는 이상 가처분결정은 재량사항이 아니므로 의무적으로 가처분결정을 해야 한다는 견해가 있다.[45] 하지만, 재판부는 가처분사유가 있는지 여부뿐만 아니라 가처분사유가 인정되더라도 가처분의 목적을 달성하기 위해 가처분의 시기, 방법, 범위 등을 재량으로 결정할 수 있다. 다만, 재판부가 자의적으로 가처분에 대해 결정할 수 있는 것은 아니고, 당사자가 가처분을 신청한 경우에는 그 사유를 판단하여 결정해야 한다.

4. 구체적 한계

(1) 위헌법률심판

위헌법률심판에서 심판대상이 되는 법률의 효력정지를 명하는 가처분이 가능할까. 이때에도 가처분사유가 인정되면 재판부가 법률의 효력정지를 명하는 가처분을 할 수 있다. 하지만, 법률에 대한 효력정지는 그 파급효가 매우 중하고 광범위하므로 가처분의 사유를 신중하게 판단해야 한다.[46] 헌법재판소는

---

44) 2014. 6. 5. 2014헌사592.

45) 정종섭, 헌법소송법, 224면.

46) 김하열, 헌법소송법, 187면; 정종섭, 헌법소송법, 216면.

위헌법률심판에서 법률의 효력을 정지시키는 가처분을 허용하면서도 공공복리에 중대한 영향을 미칠 우려가 있는 경우에 해당하는 경우에는 기각해야 한다고 판단하였다.[47] 규범통제형 헌법소원에서도 마찬가지로 해석해야 한다.

규범통제형 헌법소원에서 당해사건의 재판을 정지시키는 가처분이 허용될까. 법원의 제청으로 개시된 위헌법률심판에서는 당해사건의 재판이 정지되므로 재판을 정지시키는 가처분이 인정될 여지가 없고, 법원이 긴급하다고 인정하는 경우에는 종국재판 이외의 소송절차를 진행할 수 있을 뿐이다. 규범통제형 헌법소원에서는 재판이 정지되지 않으므로 재판을 정지시킬 필요가 발생할 수 있다. 하지만, 규범통제형 헌법소원에서는 당해사건의 확정으로 인하여 발생하는 권리침해와 불이익은 위헌결정의 소급효를 인정하거나 형사처벌에 대한 재심을 통해 구제할 수 있다. 따라서 당해사건의 재판을 정지시키는 가처분은 허용되지 않는다.[48]

(2) 탄핵심판

헌법재판소법은 탄핵심판에서는 탄핵소추의 의결을 받은 사람은 헌법재판소의 심판이 있을 때까지 그 권한행사가 정지된다고 규정한다.[49] 탄핵소추의결을 받은 자가 국회의 탄핵소추의결에 대해 그 효력정지를 구하는 가처분이 허용될까. 탄핵심판은 탄핵소추에 의해 비로소 개시되는데, 그 효력을 정지시키면 그 권한행사를 정지시키는 헌법재판소법에 정면으로 위배될 뿐만 아니라 탄핵소추의 효과를 없애는 결과를 초래하므로 이러한 가처분은 인정되지 않는다.

(3) 헌법소원

헌법소원에서도 일정한 경우에는 가처분의 범위가 제한된다. 입법부작위와 행정처분의 부작위에 대한 헌법소원에서 일정한 작위처분을 내용으로 하는 가처분은 허용되지 않는다. 적극적인 입법행위와 작위처분을 가처분으로 결정하면 권력분립의 원칙을 침해할 수 있고, 본안심판의 청구가 기각되었을 경우에 법적 혼란이 매우 크기 때문이다. 검사의 불기소처분에 대해 헌법소원을 청구한 경우에도 불기소처분의 효력을 정지하거나 기소명령을 하는 것과 같은 가

47) 2006. 2. 23. 2005헌사754.
48) 2012. 9. 4. 2012헌사757.
49) 헌법재판소법 제50조.

처분도 허용되지 않는다.[50] 법원의 재판도 헌법소원의 대상이 아니므로 재판의 정지를 구하는 가처분은 허용하지 않는다. 다만, 재판에 대해 예외적으로 헌법소원이 인정되는 경우에는 그 재판의 정지를 명하는 가처분결정도 할 수 있다.

법령에 대한 권리구제형 헌법소원에서 법령의 효력을 정지시키는 가처분이 가능할까. 이때에도 위헌법률심판과 마찬가지로 가처분의 사유가 인정되면 가능하지만, 그 사유를 엄격하게 판단해야 한다. 법령에 대한 헌법소원은 실질적으로 규범통제로 기능하고 심판결과가 국가의 법질서에 미치는 영향이 매우 크고, 가처분결정과 달리 본안심판의 청구가 기각되었을 경우에는 법질서를 원래대로 되돌리기가 쉽지 않아 법적 혼란을 초래하기 쉽다. 또한, 입법권을 가지는 국회와 권력분립의 원칙도 고려해야 하므로 가처분의 사유에 대해서는 그 결과와 영향을 고려하여 엄격하게 이익을 형량하여 신중하게 판단해야 한다. 헌법재판소는 법률의 효력을 정지시키는 가처분을 허용하면서도 공공복리에 중대한 영향을 미칠 우려가 있는 경우에는 기각해야 한다고 판단하였다.[51]

제6절 가처분에 대한 결정의 효력

1. 소송법적 효과

(1) 공통적 효력

가처분에 대한 결정은 불가변력과 불가쟁력을 가지므로 법률이 허용하는 경우 이외에는 재판부는 결정을 취소하거나 당사자가 다툴 수 없다. 가처분의 결정에 대해 당사자는 아무런 사정변경이 없이 동일한 사유로 가처분신청을 하는 것은 허용되지 않는다. 가처분에 대한 결정은 본안심판과의 관계에서는 기판력이 발생하지 않지만, 당사자가 후행 보전처분에서 동일한 사유로 가처분을 신청하거나 재판부가 동일한 사안에 대해 달리 판단할 수는 없다. 특히, 가처분결정은 그 목적을 달성하기 위해 필요한 범위에서는 일정한 소송법적 효과가 발생한다.

50) 정종섭, 헌법소송법, 214면.
51) 2006. 2. 23. 2005헌사754.

(2) 가처분결정의 효력

재판부가 직권이나 당사자의 신청을 인용하여 가처분결정을 할 수 있는데, 각하결정이나 기각결정과는 달리 사실이나 법률관계에 변화를 초래하므로 그에 따른 특별한 법적 효력이 발생한다. 가처분결정이 내려지면 적극적 처분이든지 소극적 처분이든지 그 내용대로 법률관계가 형성된다. 이때에는 피신청인이 별도의 행위를 하지 않더라도 가처분결정대로 법률관계가 형성되므로 이 범위에서는 형성력을 갖는다. 가처분결정은 그 목적을 달성하기 위해서 임시적으로 법률관계를 형성하는 것이므로 민사소송에 관한 법령을 준용하여 그 임시적 효력이 미치는 범위에서는 기속력을 가진다. 가처분의 당사자인 피신청인은 물론 다른 국가기관과 지방자치단체도 가처분결정을 존중하여 이와 위반되는 행위를 해서는 안 된다.

가처분결정은 그 내용에 따라 새로운 법률관계를 창설하지만, 이는 본안심판을 통해 최종적으로 확정된다. 가처분결정은 잠정적인 임시처분이므로 본안심판의 종국결정이 선고될 때까지만 효력을 가지며, 종국결정이 내려지면 가처분의 효력은 상실된다. 다만, 가처분은 본안심판과 구별되는 독자적 이익을 가지므로 본안심판에서 기각결정을 하더라도 이미 행한 가처분의 효력이 소급하여 상실되는 것은 아니다.

(3) 가처분의 취소

재판부는 가처분결정을 하였더라도 본안심판에 대한 종국결정을 선고하기 전에 가처분사유가 소멸하였다고 판단되면 민사집행법과 행정소송법을 준용하여 당사자의 신청이나 직권으로 가처분결정을 취소할 수 있다.[52] 당사자는 가처분신청을 하였더라도 재판부가 가처분에 대해 결정을 하기 전에는 그 신청을 취하할 수 있다. 이때에도 재판부는 직권으로 가처분결정을 할 수 있다. 재판부가 가처분결정에 “종국결정의 선고시까지”라는 문구를 포함시키지 않았을 경우에 본안심판에서 기각결정을 할 때에는 가처분결정도 직권으로 취소한다.

---

52) 민사집행법 제307호, 행정소송법 제24조 제1항.

2. 가처분심판에 대한 불복

재판부가 가처분에 대해 결정한 것을 당사자가 불복할 수 있을까. 민사소송에서는 가처분의 인용결정에 대해서는 이의신청이, 그 각하결정이나 기각결정에 대해서는 즉시항고가 인정된다.[53] 행정소송에서는 집행정지결정이나 기각결정에 대해 즉시항고가 인정된다.[54] 형사소송법은 가처분을 인정하지 않으므로 불복절차도 없다. 이의신청은 가처분을 한 법원에 변론이나 당사자가 참여하는 심문을 거쳐 다시 가처분신청의 당부에 대해 판단할 것을 요구하는 것이다. 당사자의 이의신청이 있으면 변론기일 또는 당사자 쌍방이 참여할 수 있는 심문기일을 열어 심리한다. 당사자의 이의신청이 이유 있는 경우에는 가처분결정을 취소하는 결정을 해야 한다. 당사자가 이의신청을 하더라도 당연히 가처분의 집행이 정지되는 것은 아니지만, 가처분의 집행을 정지할 수는 있다. 한편, 즉시항고는 가처분에 대해 결정한 법원이 아니라 상급심법원에 불복하는 것이다.

헌법재판의 가처분심판에서도 민사소송에 관한 법령과 행정소송법을 준용하여 가처분에 대한 결정에 불복하는 것은 허용된다. 이때 헌법재판이 최종심이라는 특성을 고려해야 한다. 따라서 가처분결정에 대해 민사집행법을 준용하여 당사자가 이의신청을 할 수 있지만, 즉시항고는 허용되지 않는다.[55] 이의신청에 대한 즉시항고도 허용되지 않는다.

53) 민사집행법 제281조 제2항, 제283조 제1항, 제309조.

54) 행정소송법 제23조 제5항.

55) 김하열, 헌법소송법, 184면.

제10장 재 심

제1절 허용 여부

1. 필요성

재심이란 확정된 종국결정에 중대한 하자가 있는 경우에 그 결정을 취소하고 이미 종결된 사건에 대해 재심판을 구하는 비상적 심판절차이다. 재심은 재판이 확정되어 더 이상 다툴 수 없음에도 불구하고 판결에 중대한 하자가 있는 것이 발견되어 이를 그대로 유지하는 것이 사법적 정의에 반하는 경우에 예외적으로 인정되는 불복수단이다. 재심사유가 인정되어 재심절차를 진행하게 되면 확정된 판결을 취소하고, 그 중대한 하자를 보정한 상태에서 다시 재판을 해야 한다.

헌법재판소법은 재심에 대해서는 아무런 규정을 두지 않고 있다. 일반적으로 개인의 권리구제를 위한 주관소송에서는 재심이 허용되지만, 헌법질서의 수호를 위한 객관소송에서는 재심을 인정하기 어렵다. 재심을 허용하게 되면 확정된 판결로 인하여 새롭게 형성된 법률관계가 취소되어 법적 안정성을 해치게 되기 때문이다. 하지만, 헌법재판에는 민사소송법, 형사소송법, 행정소송법이 준용되고, 헌법재판에도 중대한 하자가 있어 사법적 정의를 회복해야 할 경우도 있으므로 그 범위에서 재심을 허용할 수 있다.

2. 다른 법률의 준용

민사소송에서는 법률에 따라 법원을 구성하지 아니한 때, 법률상 그 재판에 관여할 수 없는 법관이 관여한 때와 같이 절차상 중대하고 명백한 위법이 있는 경우에는 확정된 종국판결에 대해 재심을 청구할 수 있다.[1] 형사소송에서도 원판결의 증거가 된 서류 또는 증거물이 확정판결에 의하여 위조되거나 변조된 것임이 증명된 때와 같은 사유가 있는 경우에는 유죄의 확정판결에 대해 그 선고를 받은 자의 이익을 위하여 재심을 청구할 수 있다.[2] 행정소송에서도 처분 등을 취소하는 판결에 의해 권리 또는 이익의 침해를 받은 제3자는 자기에게 책임 없는 사유로 소송에 참가하지 못함으로써 판결의 결과에 영향을 미칠 공격 또는 방어방법을 제출하지 못한 때에는 확정된 종국판결에 대해 재심의 청구를 할 수 있다.[3]

헌법재판은 주관소송과 객관소송의 성격을 가지고 있고, 종국결정을 통해 헌법분쟁을 최종적으로 해결하는 사법작용이므로 헌법질서의 안정성을 확보해야 한다. 헌법재판에서 재심을 인정하더라도 심판절차의 중대한 하자를 시정하여 구체적 사건의 사법적 정의를 회복하는 것과 헌법질서의 안정성을 확보하는 것을 조화롭게 실현해야 한다. 헌법재판에서 재심은 헌법재판의 유형에 따라 개별적으로 판단하여 필요한 경우에 한하여 예외적으로만 허용된다.[4] 헌법재판은 그 심판유형에 따라 절차와 효과에 차이가 있으므로 재심이 인정되는지 여부, 그 요건과 재심사유, 효과 등은 심판유형에 따라 개별적으로 판단해야 한다.

3. 심판유형에 따른 구분

(1) 위헌법률심판

위헌법률심판은 개인의 권리구제를 위한 주관소송보다 헌법질서를 수호하기 위한 객관소송의 성격이 강하다. 특히, 위헌결정은 법규적 효력을 가지고 있어서 위헌법률은 일반적으로 무효화되므로 재심을 통해 위헌결정을 취소하면 실효된 법률이 다시 살아날 수 있고, 합헌결정을 통해 유효한 것으로 확인된 법률이 위헌결정으로 바뀌게 되어 무효화될 수도 있다. 이는 국민의 법률관계에 큰 혼란을 초래하게 되어 법적 안정성을 해치게 된다. 위헌법률심판에서는 당사자가 없어 재심을 청구할 당사자도 없다. 따라서 위헌법률심판에서는 재심

1) 민사소송법 제451조 제1항.
2) 형사소송법 제420조.
3) 행정소송법 제31조 제1항.
4) 2016. 5. 26. 2015헌아20.

이 허용되지 않는다.

헌법재판소도 규범통제형 헌법소원에서 종국결정에 대해 재심을 허용하지 아니함으로써 얻을 수 있는 법적 안정성의 이익이 재심을 허용함으로써 얻을 수 있는 구체적 타당성의 이익보다 훨씬 높을 것으로 쉽사리 예상할 수 있어 재심에 의한 불복방법이 그 성질상 허용될 수 없다고 판단하였다.[5] 위헌법률의 효력을 상실시키는 규범통제형 헌법소원, 규범통제형 권한쟁의심판, 법령에 대한 권리구제형 헌법소원의 경우에도 동일하게 해석해야 한다. 다만, 재판부의 구성이 위법한 경우에는 헌법재판의 정당성을 상실하므로 예외적으로 재심이 허용된다.[6]

헌법재판소는 퇴직한 재판관이 재판에 관여하였다는 이유로 당해사건의 당사자가 재심을 청구한 경우에 각하결정을 한 적이 있다. 법원이 당사자의 제청신청을 받아들여 위헌제청을 하였으므로 당해사건의 당사자는 재심을 청구할 적격이 없으며, 그 흠결을 보정할 수 없는 경우에 해당한다고 판단하였다.[7] 헌법재판소가 위헌법률심판에서 재심이 허용되는지 여부를 명확하게 판단하지는 않았지만, 재심청구에 대해 재심청구인의 당사자적격을 이유로 각하결정을 한 것은 재판부의 구성에 위법이 있는 경우에는 재심사유가 된다는 것을 전제로 한다고 해석할 수도 있다.

(2) 탄핵심판

탄핵심판에서 재심을 허용하면 국정운영에 큰 혼란을 초래할 수 있지만, 파면결정은 피청구인에게만 효력을 미친다는 것을 고려할 때 예외적으로 구체적 타당성의 이익을 확보하기 위해서는 재심을 인정할 필요가 있다. 탄핵심판에서도 형사소송법을 준용하여 탄핵사유에 해당하는 사실에 대해 허위증거가 발견되거나 파면결정의 핵심적 이유가 된 직무집행이 형사재판에서 무죄로 선고된 경우에는 재심이 인정된다.[8] 다만, 여러 개의 탄핵사유 중 일부에 대해서만 재심사유가 있는 경우에는 나머지 탄핵사유만으로 파면결정이 정당화되는 경우에는 재심이 인정되지 않을 것이다.

탄핵심판의 각하결정이나 기각결정에는 재심이 허용되지 않고, 인용결정

---

5) 2004. 11. 23. 2004헌아47.

6) 정종섭, 헌법소송법, 415면.

7) 2004. 9. 23. 2003헌아61.

8) 정종섭, 헌법소송법, 458면.

인 파면결정에 대해서만 재심이 허용된다. 탄핵심판에서 준용되는 형사소송법에서 유죄의 확정판결에 대해서만 재심을 허용하기 때문이다.[9] 탄핵심판에서 대통령에 대해 파면결정이 선고되면 대통령권한대행체제를 거쳐 60일 이내에 후임 대통령이 선출되므로 재심이 받아들여져 파면결정이 취소되면 2명의 대통령이 존재하는 국정혼란이 야기될 수 있다. 탄핵심판에서 예외적으로 재심이 인정되더라도 대통령의 파면결정에 대해서는 그 헌법적 의미나 정치적 파장을 고려하여 이를 허용될 수 없다는 견해도 있다.[10] 대통령에 대한 탄핵심판을 예외로 인정할 근거가 없으므로 재심의 대상과 절차 등에 대해서는 입법을 통해 해결해야 할 것이다.

(3) 정당해산심판

정당해산심판에서는 재판부의 구성에 위법한 점이 있는 경우를 제외하고는 재심이 인정되지 않는다는 견해가 있다.[11] 헌법재판소가 해산결정을 선고하면 그 종국결정은 확정력을 가지므로 원칙적으로 이에 대해 다툴 수가 없다. 하지만, 정당해산심판절차에 대해서는 민사소송에 관한 법령을 준용하므로 민사소송법에서 규정하는 재판절차의 중대하고 명백한 하자가 있는 경우에는 예외적으로 재심이 인정된다.[12] 헌법재판소도 정당해산심판절차에서 재심을 허용하지 아니함으로써 얻을 수 있는 법적 안정성의 이익보다 재심을 허용함으로써 얻을 수 있는 구체적 타당성의 이익이 더 크므로 재심이 허용된다는 것을 전제로 통합진보당에 대한 해산결정의 재심청구사건에서 청구인의 주장은 해산결정이 사실을 잘못 인정하였거나 법리를 오해한 위법이 있다는 것에 불과하므로 민사소송법에서 규정하는 재심사유에 해당하지 않는다는 이유로 각하결정을 하였다.[13]

(4) 권한쟁의심판

권한쟁의심판은 객관소송의 성격이 강하지만, 그 종국결정은 당사자 사이에만 그 효력을 미치므로 재심을 허용하지 않음으로써 얻을 수 있는 법적 안정

9) 형사소송법 제420조.
10) 김하열, 헌법소송법, 741면; 성낙인, 헌법학, 966면; 허완중, 헌법소송법, 190면.
11) 정종섭, 헌법소송법, 498면.
12) 김하열, 헌법소송법, 768면.
13) 2016. 5. 26. 2015헌아20.

성의 이익보다 재심을 허용함으로써 얻을 수 있는 구체적 타당성의 이익이 큰 경우에는 재심이 인정된다. 권한쟁의심판은 행정소송법과 민사소송에 관한 법령을 준용하므로 재심사유가 있는 경우에는 재심이 인정된다. 다만, 규범통제형 권한쟁의심판에서 법령의 효력을 상실시키는 결정에 대해서는 헌법질서에 큰 영향을 미치므로 재심이 허용되지 않는다.[14] 또한, 권한쟁의심판에서 국가기관이나 지방자치단체의 처분을 취소하는 결정은 그 처분의 상대방에 대해 이미 생긴 효력에 영향을 미치지 않으므로 행정소송법이 규정하는 제3자에 의한 재심청구는 인정되지 않는다.[15]

(5) 헌법소원

헌법소원은 개인의 기본권을 구제하는 것이 핵심이므로 심판절차와 종국결정에 중대한 하자가 있는 경우에는 재심이 허용된다. 헌법재판소는 민사소송에 관한 법령을 준용하여 재판부의 구성이 위법한 경우 등 절차상 중대하고도 명백한 위법이 있어서 재심을 허용하지 아니하면 현저히 정의에 반하는 경우에 한하여 재심을 허용한다.[16] 하지만, 법령에 대한 헌법소원에서는 위헌법률심판과 마찬가지로 법령에 대한 위헌결정이 법규적 효력을 가지기 때문에 원칙적으로 재심을 허용하지 아니함으로써 얻을 수 있는 법적 안정성의 이익이 재심을 허용함으로써 얻을 수 있는 구체적 타당성의 이익보다 높으므로 재심이 허용되지 않는다.[17] 다만, 재판부의 구성이 위법한 경우에는 헌법재판의 정당성을 상실하므로 재심을 인정하는 것이 타당하다.[18]

제2절 사유

1. 심판절차에 중대하고 명백한 하자

헌법재판에서는 종국결정에 중대하고 명백한 하자가 있고, 이를 그대로 유

14) 김하열, 헌법소송법, 255면; 허완중, 헌법소송법, 190면.
15) 정종섭, 헌법소송법, 568면.
16) 1995. 1. 20. 93헌아1.
17) 2006. 9. 26. 2006헌아37.
18) 정종섭, 헌법소송법, 415면.

지하는 것이 사법적 정의를 해치는 경우에만 예외적으로 재심이 허용된다. 재심사유로는 종국결정에 있어서 제척사유가 있는 재판관이 재판에 참여한 것과 같이 재판부의 구성이 위법한 경우, 재판부가 청구기간을 잘못 계산하여 판단한 경우를 들 수 있다. 재판부가 특별의결정족수를 위반하고 선례를 변경한 경우에도 재판부의 구성이 위법한 경우에 해당하므로 재심사유에 포함된다. 헌법재판소는 헌법소원의 청구기간을 잘못 계산하여 각하한 경우를 재심사유로 인정하였지만,[19] 사실인정의 오류는 재심사유에 해당되지 않는다고 판단하였다.[20]

2. 종국결정에 영향을 미칠 중요한 사항에 관한 판단유탈

헌법재판에서 '종국결정에 영향을 미칠 중요한 사항에 관하여 판단을 누락한 때'도 재심사유가 될까. 민사소송에서는 판결에 영향을 미칠 중요한 사항에 관하여 판단을 누락할 때는 재심사유에 해당한다. 헌법재판은 헌법질서를 수호하기 위한 객관소송의 성격이 강하고 사실관계에 대한 증거판단보다 헌법적 분쟁을 심판하는 재판이므로 사실인정의 오류와 같은 사실판단은 재심사유로 인정하기 어렵다. 하지만, 종국결정에 영향을 미칠 중요한 사항에 관한 판단으로 법치의 관점에서 그 하자가 중대하고 명백하여 사법적 정의를 해치는 경우에는 재심사유로 인정할 수 있을 것이다.

헌법재판소는 헌법소원에서는 변론주의가 적용되지 않으며, 보충성에 따라 사전적 구제절차를 모두 거친 뒤에 심판을 청구하는 것이므로 판단유탈은 재심사유가 아니라고 하였다.[21] 그 이후 판례를 변경하여 헌법소원에서 직권주의가 적용된다고 하더라도 당사자가 주장한 사항에 대해서는 판단해야 하고, 중대한 헌법사항에 대해 판단유탈한 잘못을 영원히 시정할 수 없으므로 '헌법재판소의 결정에 영향을 미칠 중대한 사항에 관하여 판단을 유탈한 때'에는 재심이 허용된다고 판단하였다.[22]

헌법재판소는 헌법소원에서 헌법재판소의 결정에 영향을 미칠 중대한 사항에 관하여 판단을 유탈한 때가 재심사유로 인정된다고 판단하였지만, 헌법소원뿐만 아니라 다른 헌법재판의 유형에서도 재심사유로 인정될 여지가 있다.

19) 2007. 10. 4. 2006헌아53.
20) 2000. 6. 29. 99헌아18.
21) 1998. 3. 26. 98헌아2.
22) 2001. 9. 27. 2001헌아3.

이때 헌법재판소의 결정에 영향을 미칠 중대한 사항에 관하여 판단을 유탈한 때에 해당하는지 여부가 중요하다. 이는 당사자가 소송상 제출한 공격방어방법으로서 종국결정에 영향이 있는 것에 대해 결정이유 중에 판단을 명시하지 아니한 경우를 말하고, 판단이 있는 이상 그 판단에 이르는 이유가 소상하게 설시되어 있지 아니하거나 당사자의 주장을 배척하는 근거를 일일이 개별적으로 설명하지 아니하더라도 판단유탈에 해당하지 않는다.[23] 청구인이 판단유탈이라고 주장하지만, 단순히 재심대상결정의 판단내용이 부당하다고 주장하는 것에 불과한 경우에는 적법한 재심사유에 관한 주장이 있다고 볼 수 없으므로 각하한다.[24] 헌법재판소는 헌법소원에서 적법한 사전구제절차를 경유하였음에도 부적법하다고 판단하여 각하한 경우에는 판단유탈에 준하는 재심사유에 해당한다고 판단하였다.[25]

제3절 절차와 효과

1. 절차

재심을 허용하는 경우에는 그 절차, 방식, 청구기간 등은 민사소송에 관한 법령 등을 준용한다. 재심은 헌법재판을 받은 당사자가 청구할 수 있고, 제청법원이나 당사자가 아닌 제3자는 청구할 수 없다.[26] 다만, 행정소송법이 준용되는 헌법소원에서는 일정한 경우에 제3자도 재심을 청구할 수 있다. 재심은 확정된 종국결정에 대해서만 청구할 수 있다. 당사자는 종국결정이 확정된 후 재심사유를 안 날부터 30일 이내에 재심청구를 해야 하며, 이 기간은 불변기간이다. 종국결정이 확정된 후 5년이 경과한 때에는 재심을 청구하지 못한다.[27] 다만, 형사소송에서는 재심청구의 기간을 제한하지 않고 있으므로 형사소송에 관한 법령을 준용하는 탄핵심판에서는 재심청구의 기간제한이 없다고 해석된다. 하지만, 탄핵심판은 형사소송과 달리 객관소송의 성격이 강하므로 법적 안정성

23) 대법원 2000. 11. 24. 2000다47200.
24) 2021. 9. 28. 2021헌아556.
25) 2003. 9. 25. 2002헌아42.
26) 2004. 9. 23. 2003헌아61.
27) 민사소송법 제456조 제1항, 제2항, 제3항, 제4항.

을 위해 청구기간을 제한하는 것이 필요하다. 재심의 허용여부와 청구기간에 대해서는 헌법재판소법에 규정하는 것이 바람직하다.[28]

2. 결정과 효과

헌법재판소는 청구인이 재심사유에 해당하지 않는 사유를 들어 재심을 청구하면 그 심판청구를 기각하지 않고 부적법하다고 판단하여 각하한다.[29] 청구인이 불복신청이 허용되지 않는 헌법재판소의 결정에 대해 적법한 재심사유를 지적하지 아니한 채 계속적·반복적으로 불복하는 경우에도 이를 헌법소원심판 청구권의 남용에 해당하는 것으로 판단하여 각하한다.[30]

재판부가 재심사유가 인정된다고 판단하면 재심결정을 하고, 종전에 확정된 종국결정은 취소된다. 헌법재판소는 단일한 재판부이므로 재판부가 스스로 다시 심판절차를 진행한다. 재심결정에 따라 재심이 진행되는 절차에서는 원래의 심판을 다시 진행하지만, 재심사유에 따라 종국결정을 하는 것은 아니다. 재심사유는 재심을 결정하는 재판에서 원래의 심판을 다시 재판할지 여부를 결정하는 사유일 뿐이므로 재심사유가 인정된다고 하여 당연히 원래의 종국결정이 변경되는 것은 아니다. 재심결정을 통해 진행된 재심에서 재판부가 종국결정을 선고하면 이는 종국결정으로 효력을 갖는다.

28) 정종섭, 헌법소송법, 195면.

29) 2007. 2. 22. 2006헌아50.

30) 헌법재판소법 제72조 제3항 제4호; 2021. 9. 28. 2021헌아540.

제 3 편

특별심판절차

제 1 장 위헌법률심판

제1절 규범통제

1. 개념

규범통제란 법규범을 통제하는 것, 즉 하위법이 상위법에 위반되는지 여부를 심판하여 상위법에 어긋나는 하위법의 적용을 배제하거나 그 효력을 무효화하는 것을 말한다. 법규범은 헌법을 최고법으로 하여 법률, 명령, 규칙 등의 순서로 서열화되어 있다. 법률을 비롯한 모든 법은 최고법인 헌법을 위반해서는 안 된다. 하위법이 상위법에 위반되면, 상위법이 실효적이지 못하게 되고 법적용에서도 혼란이 발생한다. 규범통제는 법규범이 정합적으로 적용되고 법질서가 통일적이고 체계적으로 유지되게 하는 제도적 장치이다.

규범통제는 1803년 미국 연방대법원이 연방법률의 위헌여부에 대해 심사권을 가진다는 것을 선언한 것에서 유래하며, 오스트리아가 1920년 처음으로 법원 이외의 독립된 사법기관으로 하여금 규범통제를 담당하도록 하였다. 현대 법치국가에서는 최고법인 헌법을 비롯하여 상위법의 규범력을 확보하는 제도적 장치를 마련하고 있다. 규범통제에 대한 별도의 제도를 마련하지 않는 경우에도 다양한 법규범 사이의 모순과 충돌을 해결하기 위한 법해석을 통해 규범통제의 기능을 수행한다. 즉, 상위법 우선의 원칙이라는 법률해석을 통해 실질적으로 헌법의 규범력을 확보한다. 규범통제는 그 구별기준에 따라 다양하게 구분될 수 있다.

2. 구체적 규범통제와 추상적 규범통제

(1) 구체적 재판의 계속 여부

규범통제는 심사대상이 되는 법규범이 구체적으로 적용되는 사건에 재판이 계속되고 있는지 여부를 기준으로 구체적 규범통제와 추상적 규범통제로 구분된다. 구체적 규범통제는 구체적 사건이 재판계속 중이고, 그 재판에 적용되는 법규범이 상위법에 위반되는지 여부를 심사하는 것이다. 추상적 규범통제란 구체적 사건에 대해 재판이 개시되지 않은 상태에서 하위법이 상위법에 위반되는지 여부를 심사하는 것이다.

구체적 규범통제와 추상적 규범통제는 헌법의 최고규범력을 확보하기 위해 각 나라의 역사적 현실을 반영하여 정책적으로 선택할 수 있는 방법이나 절차일 뿐, 헌법이론에 의해 도출되는 결과가 아니다. 따라서 구체적 규범통제와 추상적 규범통제는 어느 일방을 선택할 수도 있고, 양자 모두 채택할 수도 있다. 그 구체적인 방법과 절차도 다양할 수 있다.

(2) 심사를 담당하는 기관

구체적 규범통제와 추상적 규범통제에서 규범통제는 누가 담당할까. 규범통제의 유형에 따라 규범통제의 주체가 결정되는 것은 아니다. 구체적 규범통제에서는 당해사건을 재판하는 법원이 중요한 역할을 담당하지만, 규범통제는 그 법원이 할 수도 있고, 별도의 헌법재판기관이 할 수도 있다. 추상적 규범통제에서는 당해사건을 재판하는 법원이 존재하지 않지만, 법원이나 별도의 헌법재판기관이 규범통제를 할 수 있다. 구체적 규범통제는 당해사건을 전제로 하므로 법원이 위헌심사를 제청하는 등 일정한 역할을 담당하고, 추상적 규범통제는 재판을 전제로 하지 않으므로 일정한 수의 국회의원이나 정부 등이 위헌심사를 청구한다.

(3) 효력

규범통제를 통해 하위법이 상위법에 위반되는 경우에 그 하위법의 효력은 어떻게 될까. 규범통제의 효과 역시 규범통제의 유형과 반드시 견련되는 것이 아니고, 입법정책에 따라 상위법에 위반되는 하위법의 효력이 결정될 수 있다.

규범통제에 의해 상위법에 위반된다고 심판된 하위법은 구체적 사건에 적용되어서는 안 된다. 이때 하위법의 효력을 그대로 유지하면서 당해사건에만 적용되지 않도록 할 수도 있고, 그 효력을 일반적으로 상실하게 할 수도 있다. 전자가 개별적 효력상실이고, 후자는 일반적 효력상실이다.

구체적 규범통제는 당해사건의 재판을 전제로 하므로 통상적으로는 개별적 효력상실을 채택하지만, 일반적 효력상실을 채택할 수도 있다. 하위법이 상위법에 위반된다고 판단하면서도 개별적 효력상실을 채택하여 당해사건에만 적용하지 않고, 그 일반적 효력은 그대로 유지하게 하는 것은 법적용의 형평성을 저해하고 법질서의 혼란을 초래할 수 있다. 구체적 규범통제에서 개별적 효력상실을 채택한 경우에는 재판의 선례구속력을 통해 상위법을 위반한 하위법을 적용하지 않음으로써 법질서의 통일성을 유지할 수 있다. 한편, 추상적 규범통제는 당해사건의 재판을 전제로 하지 않으므로 당해사건에서만 적용을 배제하는 개별적 효력상실을 채택할 여지가 없고 일반적으로 효력을 상실시킨다.

3. 사전적 규범통제와 사후적 규범통제

(1) 심사시기

규범통제는 심판대상인 하위법이 효력을 발생하는 시점을 기준으로 사전적 규범통제와 사후적 규범통제로 구분된다. 사전적 규범통제는 하위법이 공포되어 발효되기 이전에 상위법에 위반되는지 여부를 심사하는 것이고, 사후적 규범통제는 하위법이 발효된 이후에 상위법에 위반되는지 여부를 심사하는 것이다. 프랑스, 포르투갈, 헝가리 등은 사전적 규범통제를 인정하고 있다. 특히, 프랑스 헌법은 국제조약이 위헌이라고 판단할 경우에는 관련 헌법조항을 개정하여 위헌성을 해소한 이후에만 비준동의를 하도록 규정한다. 독일, 오스트리아 등은 사후적 규범통제만 인정한다.

사전적 규범통제를 인정하는 나라에서는 대부분 사후적 규범통제도 인정한다. 일반적으로 사전적 규범통제에서는 법령을 적용하는 구체적 사건이 존재하지 않으므로 법원이 아니라 별도의 헌법재판기관이 규범통제에 대해 심사한다. 사후적 규범통제에서는 법원이 규범통제에 대해 심사할 수도 있고, 별도의 헌법재판기관이 심사할 수도 있다.

(2) 구체적 규범통제 및 추상적 규범통제와 관련성

사전적 규범통제에서는 법령이 발효되어 적용되기 이전에 위헌여부를 심사하는 것이므로 구체적 사건에 적용될 여지가 없어 구체적 규범통제는 불가능하고 추상적 규범통제만 가능하다. 사후적 규범통제는 법령이 발효되어 적용될 수 있는 상태에 있으므로 구체적 규범통제와 추상적 규범통제 모두 가능하다. 사전적 규범통제는 위헌적 법률이 발생하지 않도록 한다는 장점이 있지만, 국회의 입법권을 과도하게 제한하여 권력분립의 원칙을 저해한다는 단점이 있다. 사후적 규범통제는 국회의 입법권을 존중하지만, 법적 안정성을 해친다는 단점이 있다.

사전적 규범통제에서 심사대상이 된 법령이 상위법에 위반된다고 판단되면 그 법령은 예정대로 발효되지 않는다. 사전적 규범통제에서 위헌심판이 기각되어 법령이 발효되더라도 사후적 규범통제를 통해 그 위헌성을 다시 심사할 수도 있다. 사후적 규범통제에서 하위법이 상위법에 위반되는 것으로 인정되는 경우에는 구체적 규범통제와 추상적 규범통제로 구분되어 그 효력이 다르게 발생한다. 즉, 구체적 규범통제인 경우에는 심판대상인 하위법은 당해사건에 적용되지 않거나 일반적으로 실효될 수 있고, 추상적 규범통제인 경우에는 일반적으로 실효된다.

4. 본원적 규범통제와 부수적 규범통제

(1) 심판대상의 직접성 여부

규범통제는 법령에 대한 위헌여부를 직접 심판대상으로 하는지 여부를 기준으로 본원적 규범통제와 부수적 규범통제로 구분되기도 한다. 본원적 규범통제는 법령을 직접 심판대상으로 하여 규범통제를 하는 것이고, 부수적 규범통제는 헌법재판의 심판절차에 수반하여 관련 법령의 위헌여부에 대해 부수적으로 규범통제를 하는 것이다. 헌법과 헌법재판소법은 원칙적으로 본원적 규범통제를 규정하고, 부수적 규범통제에 대해서는 헌법소원에서 공권력의 근거법률에 대해 위헌을 선고하는 부수적 위헌선고만 규정한다.

헌법과 헌법재판소법이 규정하는 위헌법률심판과 위헌명령·규칙심판은 본원적 규범통제에 해당하고, 헌법재판소법 제68조 제2항에서 규정하는 규범통제형 헌법소원, 법령에 대한 권리구제형 헌법소원과 규범통제형 권한쟁의심판도 법령에 대한 위헌여부를 직접 심판대상으로 하므로 본원적 규범통제에 해당한다.

본래의 소송사건을 전제로 하는지 여부를 기준으로 본원적 규범통제와 부수적 규범통제를 이해하는 견해도 있다.[1] 본래의 소송사건 없이 규범의 위헌여부를 심사하는 것이 본원적 규범통제이고, 본래의 소송사건 해결을 위한 선결문제로 적용규범의 위헌여부를 심사하는 것이 부수적 규범통제라는 것이다. 이 견해에 따르면, 위헌법률심판, 위헌명령·규칙심판, 규범통제형 헌법소원은 부수적 규범통제에 해당하고, 법령에 대한 권리구제형 헌법소원과 규범통제형 권한쟁의심판만 본원적 규범통제에 해당한다.

(2) 헌법재판의 선결문제

헌법재판소가 헌법재판의 심판절차를 진행하면서 법령이 위헌인지 여부를 선결문제로 판단해야 할 경우가 발생할 수 있고, 이때 부수적 규범통제를 한다. 재판부는 법령이 위헌이라고 판단한 경우에는 그 법령을 그대로 적용해서는 안 된다. 헌법재판소는 부수적 규범통제를 통해 앞으로 발생할 수 있는 위헌적 상황이나 기본권 침해를 예방할 수도 있다. 헌법재판소가 심판절차에서 선결문제로 법률의 위헌여부를 심사하는 것에 대해서는 아무런 규정을 두지 않고 있다. 부수적 규범통제는 법령의 적용과 효력에 큰 영향을 미치므로 법률에 그 근거를 마련하여 명확하게 규정하는 것이 바람직하다.

헌법재판소는 탄핵심판, 권한쟁의심판, 헌법소원에서 선결문제로 그 심판에서 적용되는 법률의 위헌여부를 심사하여 결정이유에서 위헌이 아니라는 취지를 표시한 적이 있다.[2] 재판부는 위헌법률심판에서 선결문제로 법률의 위헌여부를 심사해야 할 경우에 심판대상을 확장하여 원래 심판대상인 법률의 위헌여부와 밀접하게 관련되는 법률로 판단하여 선결문제의 대상이 되는 법률의 위헌여부를 함께 심사할 수도 있다.

헌법재판소는 헌법소원에서 공권력의 행사 또는 불행사가 위헌인 법률 또는 법률조항에 기인한 것이라고 인정할 때에는 인용결정에서 당해법률 또는 법

1) 김하열, 헌법소송법, 273면; 한수웅, 헌법학, 1401면.

2) 2019. 4. 11. 2016헌라7; 2008. 1. 17. 2007헌마799.

률조항이 위헌임을 선고할 수 있다.[3] 이를 부수적 위헌선고라고 한다. 부수적 위헌선고는 헌법소원에서 인용결정의 실효성을 확보하기 위해 법률이 특별히 인정한 것으로 그 법률의 위헌여부를 직접 심판대상으로 하는 것이 아니어서 부수적 규범통제에 포함된다.

5. 우리나라의 규범통제

(1) 헌법적 정당성

헌법은 위헌법률심판을 중심으로 규범통제에 대해 규정하는데, 법령에 대한 규범통제는 권력분립의 원칙이나 민주주의와 체계적으로 정합하지 않는 측면이 있다. 국민의 대표기관인 국회가 제정한 법률이나 국민이 직접 선출한 대통령이 발동한 행정명령에 대해 헌법재판소나 법원이 그 위헌이나 위법여부를 심사하는 것은 권력분립의 원칙과 부합하지 않을 수 있다. 주권자인 국민에 의해 직접 민주적 정당성을 부여받은 국회나 대통령이 제정한 법령에 대해 민주적 정당성이 보다 약한 헌법재판소나 법원이 심판하여 무효화하는 것은 민주주의와도 충돌할 수 있다.

헌법재판소는 주권자인 국민이 제정한 헌법에 의해 헌법재판의 권한과 책무를 부여받고 있어서 헌법적 정당성을 가진다. 국회나 대통령이 제정한 법령을 헌법에 의해 통제하는 것은 권력분립을 실질화할 수 있고, 헌법과 법률의 규범력을 보장함으로써 법치국가를 강화한다는 관점에서 정당화될 수 있다. 특히, 위헌법률심판은 국회가 그 기능을 제대로 수행하지 못하여 민주주의가 실패한 경우에 강력한 기능을 발휘한다. 국회가 다수의 폭력적 지배를 통해 기본권을 침해하거나 국민의 일반이익을 대변하지 못하고 특수이익에 의해 좌우되어 입법을 할 경우에 국회가 헌법의 틀을 벗어나지 않도록 통제한다.

(2) 종류

헌법재판소는 다음과 같이 6가지 유형의 규범통제를 실시한다.

첫째, 위헌법률심판이다. 헌법 제111조 제1항 제1호에서 헌법재판소의 관장사항으로 '법원의 제청에 의한 법률의 위헌여부심판'을 포함시키고 있다. 헌

3) 헌법재판소법 제75조 제5항.

법재판소법 제41조 제1항은 "법률이 헌법에 위반되는지 여부가 재판의 전제가 된 경우에는 당해사건을 담당하는 법원은 직권 또는 당사자의 신청에 의한 결정으로 헌법재판소에 위헌여부심판을 제청한다"라고 규정한다. 법원은 직권 또는 당사자의 신청에 따라 위헌법률심판을 제청할 수 있다. 이는 구체적 규범통제, 사후적 규범통제, 본원적 규범통제에 해당한다.

둘째, 명령·규칙에 대한 위헌·위법심사이다. 헌법 제107조 제2항은 "명령·규칙 또는 처분이 헌법이나 법률에 위반되는 여부가 재판의 전제가 된 경우에는 대법원은 이를 최종적으로 심사할 권한을 가진다"라고 규정한다. 헌법은 위헌법령심판을 그 심판대상에 따라 심판절차를 이원화시키고 있다. 즉, 법률에 대한 위헌여부에 대해서는 헌법재판소가 심사하고, 명령·규칙에 대한 위헌·위법여부는 각급 법원이 심사하되, 최종적으로는 대법원이 심사한다. 이것 역시 구체적 규범통제, 사후적 규범통제, 본원적 규범통제에 해당한다.

셋째, 규범통제형 헌법소원이다. 헌법재판소법 제68조 제2항은 "법률의 위헌여부 심판의 제청신청이 기각된 때에는 그 신청을 한 당사자는 헌법재판소에 헌법소원심판을 청구할 수 있다"라고 규정하여 당사자의 청구에 의한 위헌법률심판도 인정한다. 법원이 위헌법률심판을 헌법재판소에 제청하는 경우 이외에도 당사자가 헌법소원의 형식으로 위헌법률심판을 청구하는 것도 허용한 것이다. 이는 법원이 당사자의 위헌법률심판제청신청을 거절한 경우에 당사자가 그 기각결정에 대해 불복하는 수단이기도 하다. 규범통제형 헌법소원은 헌법소원의 형식을 띠지만, 그 실질은 위헌법률심판이다. 이것 역시 구체적 규범통제, 사후적 규범통제, 본원적 규범통제에 해당한다.

넷째, 법령에 대한 권리구제형 헌법소원심판이다. 헌법재판소법 제68조 제1항은 "공권력의 행사 또는 불행사로 인하여 헌법상 보장된 기본권을 침해받은 자는 법원의 재판을 제외하고는 헌법재판소에 헌법소원심판을 청구할 수 있다. 다만, 다른 법률에 구제절차가 있는 경우에는 그 절차를 모두 거친 후에 청구할 수 있다"라고 규정한다. 국회나 정부의 입법작용도 공권력의 행사에 해당되고, 그 결과로 나타난 법령에 대해 개인은 헌법소원을 청구할 수 있다. 이는 구체적 사건의 재판을 전제로 하지 않으므로 구체적 규범통제라고 할 수는 없지만, 법령이 직접 개인의 기본권을 침해한 경우에만 허용되므로 법령 자체에 대한 추상적 규범통제와도 다르다. 이것은 사후적 규범통제, 본원적 규범통제에 해당한다.

다섯째, 규범통제형 권한쟁의심판이다. 권한쟁의심판은 국가기관 등 권한의 유무 또는 범위에 관한 다툼을 해결하는 헌법재판이다. 국회나 정부의 입법작용이 다른 국가기관 등의 권한을 침해하였는지가 문제되면 법령이 위헌인지 여부에 대해 심사하게 된다. 규범통제형 권한쟁의심판은 규범통제의 전형은 아니다. 법령 자체를 규범통제의 대상으로 하는 것이 아니라 국회나 정부의 입법작용을 심판대상으로 하기 때문이다. 하지만, 헌법재판의 심판절차에서 상위법을 위반한 법령의 적용을 배제하거나 법령의 효력을 실효시키는 것이므로 규범통제로 기능한다. 이는 구체적 사건의 재판을 전제로 하는 것이 아니므로 구체적 규범통제라고 할 수는 없지만, 법령에 대한 입법권한의 유무 또는 범위에 대한 다툼이 발생한 경우에만 허용되므로 법령 자체에 대한 추상적 규범통제와는 다르다. 이것 역시 사후적 규범통제, 본원적 규범통제에 해당한다.

여섯째, 헌법재판의 심판절차에서 심판의 선결문제로 법령의 위헌여부를 심사하는 규범통제이다. 헌법재판소는 헌법재판의 심판절차를 진행하면서 그 사건의 해결을 위해 선결문제로 법령이 위헌인지 여부를 판단해야 할 경우가 있다. 권리구제형 헌법소원에서 공권력의 행사 또는 불행사가 위헌인 법률에 기인한 것이라고 인정할 때에 인용결정과 함께 부수적 위헌선고를 하는 것도 이에 해당한다. 이것은 구체적 사건에 대한 재판을 전제로 하므로 구체적 규범통제에 해당하고, 사후적 규범통제, 부수적 규범통제에 해당한다.

제2절 심판대상

1. 형식적 법률

(1) 법률

위헌법률심판은 법률이 헌법에 위반되는지 여부를 심판하는 것이므로 그 심판대상은 법률의 위헌여부이다. 하지만, 일반적으로 위헌법률심판의 심판대상은 위헌여부의 대상인 법률을 말한다. 이때 법률이란 헌법에 따라 국회가 제정한 법률이고, 국회는 대한민국 국회를 의미한다. 외국법은 이에 포함되지 않으므로 법원이 섭외사건에 관한 재판에서 외국법을 준거법으로 채택한 경우에도 그 외국법은 심판대상이 되지 않는다. 헌법재판소는 법률의 위헌여부를 심사하기 위해 법률 자체의 효력뿐만 아니라 입법의 기초가 된 조건이나 상황, 입법목적과 이를 실현하는 수단, 입법의 효과 등과 같은 입법사실에 대해서도 조사하여 함께 판단할 수 있다.[4)]

행정명령이나 행정규칙과 같은 행정입법이나 지방자치단체의 조례와 규칙도 국회가 제정한 법률이 아니므로 위헌법률심판의 대상이 되지 않는다.[5)] 헌법에 근거하여 국민의 권리와 의무에 관한 사항을 규율하는 법규명령이라도 심판대상이 되지 않는다. 행정입법의 근거가 된 법률은 그 자체로 심판대상이 되고 시행령과 결합하여 전체로서 하나의 완결된 법적 효력을 가지는 경우에도 법률만 심판대상이 되고 시행령은 심판대상이 되지 않는다. 법률의 위임에 따라 대통령령으로 규정한 내용이 헌법에 위반되는 경우에도 그로 인해 정당하고 적법하게 입법권을 위임한 수권법률까지 위헌으로 되는 것은 아니다.[6)] 명령·규칙이 재판의 전제가 되는 경우에는 대법원이 그 위헌여부에 대해 최종적인 심사권을 가진다. 법원이 명령·규칙에 대해 위헌법률심판을 제청하거나 당사자가 명령·규칙에 대해 규범통제형 헌법소원을 청구한 경우에는 헌법재판소가 각하한다.[7)]

(2) 제정 중인 법률

위헌법률심판의 대상이 되는 법률은 유효하게 시행되는 법률에 국한된다. 법률은 정부나 국회의원이 법률안을 제출하고, 국회의 심의·의결을 거쳐 대통령이 공포함으로써 성립하고 그 효력이 발생하는데, 그 과정에 있는 법률안은 심판대상이 되지 않는다. 국회가 법률안을 의결하더라도 대통령이 공포하기 전까지는 유효한 법률이 아니다. 대통령이 공포한 법률이라도 아직 시행기간이 도래하지 않은 법률도 유효한 법률이 아니므로 심판대상이 아니다. 헌법재판소는 위헌법률심판을 제청할 당시에 공포는 되었지만 아직 시행되지 않고 있다가 폐지되어 효력을 상실한 법률은 심판대상이 아니라고 판단하였다.[8)]

---

4) 1994. 4. 28. 92헌가3.
5) 1998. 10. 15. 96헌바77.
6) 2010. 3. 25. 2009헌바130.
7) 2011. 7. 28. 2009헌바158.
8) 1997. 9. 25. 97헌가4.

(3) 폐지되거나 개정된 법률

(가) 원칙적으로 제외

법률이 폐지되었거나 개정된 경우에는 더 이상 유효한 법률이 아니므로 구법은 심판대상이 아니다. 헌법재판소가 위헌결정을 선고한 법률도 법규적 효력에 따라 실효되어 법률이 폐지된 것과 동일한 효과가 있으므로 심판대상이 되지 않는다.[9] 헌법재판소가 합헌결정을 선고한 법률은 기속력과 법규적 효력을 갖지 않으므로 심판대상에 포함되고, 헌법불합치결정이나 한정위헌결정이 선고된 법률은 그 자체로 법률의 효력이 상실되는 것은 아니므로 심판대상에 포함된다.[10] 이때 변형결정이 선고된 법률에 대한 위헌제청이나 제청신청은 심판이익이 없어 적법요건을 갖추지 못하는 경우가 있을 수 있다. 국회가 위헌결정된 법률과 동일하거나 유사한 내용으로 새로운 법률을 제정한 경우에는 그 법률은 위헌결정이 선고된 법률과는 별개의 법률이므로 심판대상이 된다.

(나) 재판의 전제성에 관한 문제로 귀결

법원이 당해사건의 재판에서 실효된 법률을 적용해야 할 경우가 있는데, 이때에는 폐지되거나 개정된 법률도 심판대상이 될 수 있다. 구체적 규범통제에서는 법률이 현재 유효하게 적용되는지 여부가 아니라 당해사건에 적용되는지 여부, 즉 재판의 전제성에 따라 심판대상이 결정된다.[11] 법원은 당해사건에 적용되는 법률에 대해서는 헌법재판소에 위헌법률심판을 제청할 수 있어야 한다. 법원이 당해사건에 적용되는 법률이 위헌이라고 판단하더라도 그 법률을 그대로 적용하는 것은 법치국가와 사법적 정의에도 어긋나는 일이다. 폐지되거나 개정된 법률이라도 재판의 전제성이 인정되는 경우에는 그 법률의 적용으로 법익이 침해될 가능성이 있으므로 그 법률에 대해 위헌심판의 필요성이 인정되고 그 심판이익이 있다.[12]

범죄가 행해진 이후 처벌조항이 폐지되거나 개정되더라도 법원이 형사재판에서 행위 당시의 법률을 적용해야 하는 경우에는 심판대상이 될 수 있다. 다만, 형벌규정이 피고인에게 유리하게 개정되어 당해사건에서 신법이 적용될

9) 1994. 8. 31. 91헌가1.
10) 2003. 12. 18. 2002헌바99.
11) 김하열, 헌법소송법, 289면.
12) 1994. 6. 30. 92헌가18.

경우에는 개정되기 전의 구법은 적용되지 않으므로 심판대상이 아니다.[13] 행정처분이 행해진 이후 그 근거가 되는 법률이 폐지된 경우에도 법원이 행정재판에서는 처분 당시의 법률을 적용해야 하므로 그 폐지된 법률도 심판대상이 될 수 있다. 법원이 당해사건의 재판에서 적용되는 법률을 결정함에 있어서 폐지된 법률의 위헌여부가 그 이후 개정된 신법을 소급하여 적용하기 위한 전제가 되는 경우에도 그 심판이익이 인정되므로 폐지된 법률은 심판대상이 된다.[14]

법률이 폐지되거나 개정되었더라도 부칙규정을 통해 계속적으로 적용되는 경우에도 재판의 전제성이 인정되는 경우에는 심판대상이 된다.[15] 특정한 법률을 폐지하거나 개정할 때 그 법률 대신에 '폐지법률'이나 '개정법률'을 제정하는 방식을 채택할 수 있는데, 이때에도 재판의 전제성이 있으면 그 '폐지법률'이나 '개정법률'은 심판대상이 된다.[16] 헌법재판소에 의해 위헌결정이 선고되기 이전에 법률이 개정된 경우에는 그 개정되기 전의 법률은 위헌결정된 법률이 아니므로 당해사건에 적용될 경우에는 위헌법률심판의 대상이 된다.

(4) 현행헌법 이전에 제정된 법률

(가) 일제 강점기 법령

1948년 헌법이 제정되기 이전 미군정청이 발한 법령과 일제 강점기에 조선총독이 발한 법령으로서 미군정청에 의해 그 효력이 인정된 일정법령도 당해사건에 적용되어 재판의 전제성이 인정되는 경우에는 심판대상이 된다. 1948년 제정된 헌법 제100조는 "현행법령은 이 헌법에 저촉되지 아니하는 한 효력을 가진다"라고 규정하여 헌법에 위반되지 않는 경우에는 그 당시에 적용되는 법령의 효력을 유효한 것으로 인정하였다. 이들 법령은 대한민국 국회가 제정한 법률은 아니지만, 실질적으로 법률과 같은 효력을 가지는 것으로 인정되므로 심판대상이 된다.[17]

(나) 구헌법에서 제정된 법률

현행헌법이 아니라 구헌법에서 제정된 법률도 심판대상이 될까. 구헌법에

---

13) 2010. 9. 2. 2009헌가9등.
14) 1994. 6. 30. 92헌가18.
15) 1996. 8. 29. 94헌바15.
16) 2001. 1. 18. 2000헌바7.
17) 2001. 4. 26. 98헌바79등.

서 제정되었더라도 현재 유효하게 적용되는 법률은 심판대상이 된다.[18] 현행헌법 부칙 제5조는 "이 헌법 시행 당시의 법령과 조약은 이 헌법에 위배되지 아니하는 한 그 효력을 지속한다"라고 규정하여 구헌법에 따라 제정된 법률도 현행헌법에 위반되지 않으면 유효한 법률로 인정하므로 심판대상이 된다.

(5) 입법절차의 하자

(가) 입법형성권과 자율권

입법절차에 하자가 있는 법률도 위헌법률심판의 대상이 되고 그 하자를 이유로 위헌결정을 할 수 있을까. 입법절차의 하자는 심판대상에 국한되는 것이 아니라 위헌심사의 기준에 관한 문제이기도 하다. 입법절차에 하자가 있더라도 법률인 이상 그 법률은 심판대상이 되지만, 입법절차의 하자 그 자체는 위헌법률심판의 대상이 아니다. 입법절차의 하자가 법률의 내용과 별개로 독자적인 위헌사유가 되는지는 별개의 문제이다. 특히, 법률의 내용은 위헌이 아니지만 그 입법절차가 위헌 또는 위법인 경우에 이를 사유로 규범통제를 할 수 있는지 여부가 중요한 쟁점이 된다.

국회는 헌법과 국회법에 정한 절차에 따라 입법해야 하는데, 입법에 있어서는 광범위한 재량권을 가진다. 법률의 내용에 있어서는 입법형성권을 가지고, 입법절차에 있어서는 자율권을 가진다. 헌법재판소는 국회의 자율성을 존중하여 원칙적으로는 입법절차의 하자를 이유로 법률에 대해 위헌결정을 할 수는 없다. 하지만, 법치국가는 합헌적 법률을 전제로 하고, 입법과정에서도 적법절차가 준수되어야 하며, 민주주의는 절차적 정당성을 가져야 하므로 입법절차의 하자에 대해서도 헌법적 심사를 하는 것이 필요하다.[19]

(나) 헌법을 위반한 경우

국회의 입법권은 헌법에 의해 부여된 권한이므로 그 재량권과 자율권 역시 헌법을 위반해서 행사되어서는 안 된다. 국회가 제정한 법률은 실체적으로는 그 내용이, 절차적으로는 그 입법절차가 모두 헌법에 위반되어서는 안 된다. 비록 법률의 실체적 내용이 헌법에 위반되지 않다고 하더라도 그 입법의 형식이나 절차가 헌법에 위반된 경우에도 그 법률은 헌법적 정당성을 갖지 못한다.

---

18) 김하열, 헌법소송법, 290면; 정종섭, 헌법소송법, 247면.

19) 정종섭, 헌법소송법, 251면.

헌법이 직접 입법절차에 대해 명시적으로 규정하는 경우에는 국회가 반드시 그 입법절차에 따라 입법을 해야 하고, 이에 위반하여 제정된 법률은 그 내용이 헌법에 위반되지 않더라도 입법절차가 위헌이므로 위헌법률이 된다.

(다) 국회법을 위반한 경우

국회법은 입법절차에 대해 구체적으로 규정하고 있는데, 국회법의 규정을 위반하여 제정한 법률도 심판대상이 된다. 국회법은 헌법을 구체화하는 실질적 헌법에 해당하고, 국회가 스스로 제정한 법률을 위반하여 입법하는 것은 적법하지도 않고 정당하지도 않으므로 입법절차를 규정한 국회법을 위반하여 제정한 법률도 위헌이라는 견해가 있다.[20] 하지만, 법률의 위헌여부를 심사하는 기준은 헌법이지 법률이 아니다. 국회법은 위헌법률심판의 대상이 될 수 있지만, 위헌심사의 기준이 되는 것은 아니다. 헌법재판소는 위헌법률심판에서 입법절차의 하자를 위헌심사의 대상으로 삼아 판단한 적이 있지만,[21] 국회가 국회법과 같이 입법절차를 규정한 법률을 위반하였더라도 헌법에서 정한 입법절차를 준수한 경우에는 국회의 자율권을 존중하여 위헌이 아니라고 판단하였다.[22]

국회가 국회법에서 규정한 입법절차를 위반하였고, 이를 헌법에서 규정한 입법절차를 위반한 것으로 해석할 수 있는 경우에만 그 입법절차의 위반을 독자적인 위헌사유로 인정할 수 있다. 하지만, 국회가 국회법에서 규정한 입법절차를 위반한 것이 정당화될 수는 없으므로 그것이 다른 국가기관이나 지방자치단체의 권한을 침해한 경우에는 권한쟁의심판을 통해 그 위헌성을 제거할 수 있다.

(6) 입법부작위

(가) 헌법에서 유래하는 입법의무의 위반

입법부작위란 국회가 헌법이나 헌법해석에 의해 입법의무를 부담함에도 불구하고 입법을 하지 않는 것을 말한다. 국회는 헌법에 근거하여 입법권을 부여받아 입법형성권을 가지고 헌법에 위반되지 않는 이상 어떠한 법률도 제정할 수 있다. 국회가 입법할지 여부도 입법형성권에 속한다. 하지만, 일정한 경우에는 법률을 제정해야 하는 헌법적 의무를 지는 경우가 있다. 국회가 헌법적 의

20) 정재황, 헌법재판론, 342~343면.
21) 2001. 4. 26. 98헌바79등.
22) 2011. 8. 30. 2009헌라7.

무를 위반하여 입법의무를 게을리하는 것은 위헌이다. 국회의 입법작용이 위헌인지 여부는 입법형성권의 한계에 관한 문제로 귀결된다. 입법부작위는 헌법적 의무를 전제로 하므로 국회가 법률적 의무를 위반하거나 단순히 입법하지 않는 것은 입법부작위에 해당되지 않는다.

(나) 진정입법부작위와 부진정입법부작위

국회의 입법부작위는 진정입법부작위와 부진정입법부작위로 구분될 수 있다. 진정입법부작위는 헌법적 의무가 있음에도 불구하고 아무런 입법을 하지 않는 것이고, 부진정입법부작위는 입법을 하였으나 그 내용이 불충분하여 헌법적 의무를 제대로 이행하지 못한 것이다. 진정입법부작위와 부진정입법부작위는 그 입법기준과 관점에 따라 상대적으로 결정되므로 명확하게 구분되지 않지만, 헌법재판의 유형에 따라 그 심사대상과 기준에 있어서는 차이가 있으므로 구별의 실익이 있다. 입법부작위에 대해 그 위헌성을 다투는 방법은 헌법재판의 유형에 따라 다르다.

위헌법률심판에서는 구체적 규범통제를 채택하고 있어 재판에 적용되는 법률이 심판대상이 되는데, 입법부작위는 재판에 적용될 여지가 없다. 국회의 입법부작위는 그것이 진정입법부작위든지 부진정입법부작위든지 위헌법률심판의 대상이 되지 않는다. 진정입법부작위는 아무런 법률의 형식을 갖지 않으므로 심판대상이 되지 않고, 부진정입법부작위도 불완전하게 법률을 제정하는 행위 그 자체는 심판대상이 되지 않는다.[23] 부진정입법부작위로 인하여 발생한 불완전한 법률은 '법률'의 형식을 가지고 존재하므로 위헌법률심판의 심판대상이 된다.[24] 당사자가 법률이 불충분하다는 이유로 규범통제형 위헌법률심판을 청구한 경우에 그것이 법률 자체의 위헌성을 다투는 것으로 해석되고 재판의 전제성이 인정되는 경우에는 위헌법률의 심판대상으로 인정된다.[25]

국회의 입법부작위는 다른 헌법재판을 통해 그 위헌성을 다툴 수 있다. 국회의 입법부작위는 공권력의 불행사에 해당하므로 헌법소원의 대상이 될 수 있다. 다만, 부진정입법부작위에 있어서는 불충분한 입법작용이 헌법소원의 대상이 되고, 부작위의 위헌성은 불충분한 법률에 흡수되므로 부작위 그 자체는 헌법소원의 대상이 되지 않는다. 한편, 국회의 입법부작위가 다른 국가기관이나

23) 2014. 4. 24. 2012헌바332.

24) 2014. 9. 25. 2013헌바208.

25) 2004. 1. 29. 2002헌바36.

지방자치단체의 권한을 침해한 경우에는 권한쟁의심판의 대상이 될 수도 있다. 이때에도 부진정입법부작위에서는 불충분한 입법작용이 권한쟁의심판의 대상이 되고, 부작위 그 자체가 심판대상이 되는 것은 아니다.

2. 실질적 법률

(1) 긴급명령과 긴급재정경제명령

(가) 법률적 효력

국회에서 제정한 법률뿐만 아니라 실질적으로 법률과 동일한 효력을 갖는 법규범도 심판대상이 된다. 위헌법률심판의 대상을 확정할 때에는 '법률'이라는 형식보다 '법률의 효력'이라는 실질이 더욱 중요하다. 대통령이 국가긴급권으로 행사하는 긴급명령과 긴급재정경제명령은 법률과 동일한 효력을 가지므로 심판대상이 된다. 긴급명령과 긴급재정경제명령도 헌법에 위반되어서는 안 된다.

헌법은 긴급명령과 긴급재정경제명령에 대해서는 그 요건, 절차와 효과에 대해 자세하게 규정하므로 우선적으로 이를 기준으로 위헌여부를 심사해야 한다. 헌법재판소는 긴급재정경제명령이 헌법 제76조 소정의 요건과 한계에 들어맞는다면, 그 자체로 목적의 정당성, 수단의 적정성, 피해의 최소성, 법익의 균형성이라는 기본권 제한의 한계로서의 과잉금지원칙을 준수하는 것이 된다고 판단하였다.[26] 하지만, 헌법 제76조의 내용은 긴급명령과 긴급재정경제명령 그 자체의 성립과 효력에 관한 것이고, 긴급명령 등이 기본권을 제한하는 것이 헌법적으로 정당화되는지 여부는 별도로 판단해야 한다.[27]

긴급명령과 긴급재정경제명령은 통치행위에 해당할 수 있으므로 헌법재판소가 위헌법률심판의 판단을 자제하는 경우도 있을 수 있다. 이때에도 긴급명령과 긴급재정경제명령이 통치행위라는 이유만으로 심판대상에서 제외되어서는 안 된다. 긴급명령과 긴급재정경제명령이 헌법에서 규정하는 절차를 위반하거나 기본권의 침해와 직접 관련되는 경우에는 헌법재판소가 심판을 자제해서는 안 되고, 적극적으로 그 위헌여부를 심사해야 한다.

---

26) 1996. 2. 29. 93헌마186.

27) 허완중, 헌법소송법, 424면.

(나) 구헌법상 긴급조치

현행헌법이 아니라 구헌법에서 발동된 긴급조치도 심판대상이 될까. 위헌법률심판의 대상은 그 명칭이나 제정되는 형식과 절차를 기준으로 결정되는 것이 아니라 그 규범적 효력이 법률과 동일한 효력을 가졌는지를 기준으로 결정되어야 한다. 구헌법에 근거하여 발동된 긴급조치라도 그것이 법률적 효력을 가지고 법원의 당해사건에 적용되는 경우에는 심판대상이 된다.

1972년 유신헌법에 근거한 대통령의 긴급조치에 대해 대법원과 헌법재판소는 그 위헌성을 확인하여 무효라고 판단하지만, 그 심판대상이 되는지 여부에 대해서는 달리 평가하였다. 대법원은 1972년 헌법에 근거한 긴급조치는 국회의 의결을 거친 법률이 아니고, 국회의 입법권 행사라고 평가할 실질을 갖추지 못하여 법률적 효력이 없으므로 위헌법률심판의 대상이 아니라고 하였다. 긴급조치의 위헌여부의 심사권은 최종적으로 대법원에 속한다고 하면서 긴급조치는 위헌이므로 무효라고 선고하였다.[28] 한편, 헌법재판소는 긴급조치 역시 법률과 동일한 효력을 가지므로 그 위헌여부에 대한 심사권한은 헌법재판소의 전속된다고 판단하고 긴급조치 1호는 위헌으로 무효라고 선언하였다.[29]

(2) 조약과 일반적으로 승인된 국제법규

(가) 국내법과 국제법의 관계

국제법도 위헌법률심판의 대상이 될까. 헌법은 제6조 제1항에서 "헌법에 따라 체결·공포된 조약과 일반적으로 승인된 국제법규는 국내법과 같은 효력을 가진다"라고 규정한다. 국내법은 헌법을 정점으로 법률, 명령, 규칙으로 서열화되고, 국제법은 조약과 일반적으로 승인된 국제법규로 구분된다. 국제법이 법원의 당해사건에 적용되는 경우가 있는데, 이때 국내법과 국제법의 관계를 파악하는 관점에 따라 달리 결정된다.

국내법과 국제법의 관계를 파악하는 관점에는 일원론과 이원론이 있는데, 일원론의 관점에서만 국제법이 심판대상이 되는지 여부가 문제된다. 국제법을 국내법과 다른 규범체계로 이해하는 이원론의 입장에서는 국제법이 국내법인 헌법과 무관하게 그 효력을 가지므로 서로 모순되거나 충돌될 가능성이 없어

28) 대법원 2010. 12. 16. 2010도5986.
29) 2013. 3. 21. 2010헌바132.

심판대상이 될 여지가 없다. 국제법을 국내법과 단일한 체계로 이해하는 일원론의 입장에서는 헌법과 국제법의 관계에 따라 심판대상이 되는지 여부가 결정된다.

헌법을 최고법규범으로 국제법의 상위법으로 이해하면 국제법도 심판대상이 될 것이고, 국제법이 헌법의 하위법이 아니라고 이해하면 심판대상이 되지 않는다. 헌법은 일원론과 이원론에 대해 명확하게 규정하지 않고 있지만, 조약과 일반적으로 승인된 국제법규는 "국내법과 같은 효력을 갖는다"라고 규정하고 있어 일원론으로 해석될 수 있다.

(나) 조약

1) 조약의 효력

조약이란 국제법의 주체 상호간에 권리와 의무에 대한 법적 효과를 발생시킬 목적으로 문서로 이루어진 합의를 말한다. 조약이 위헌법률심판의 대상이 되는지 여부는 조약의 법적 효력에 따라 결정된다. 헌법은 조약에 대해 국내법과 같은 효력을 갖는다고만 규정하는데, 국내법에는 헌법, 법률, 명령, 규칙이 포함된다. 이를 형식적으로 이해하면 조약에는 헌법적 효력을 갖는 조약, 법률적 효력을 갖는 조약, 명령이나 규칙과 같은 효력을 갖는 조약이 있다고 해석할 수 있다. 이때 법률적 효력을 갖는 조약만 위헌법률심판의 대상이 되고, 헌법적 효력을 갖거나 명령이나 규칙과 같은 효력을 갖는 조약은 심판대상이 되지 않을 것이다.

2) 헌법적 효력을 갖는 조약

헌법적 효력을 갖는 조약이 인정될 수 있을까. 조약은 '헌법에 의해 체결·공포된 경우에만' 국내법과 같은 효력을 가지므로 헌법을 근거로 하여 법규범으로 인정된다. 헌법 부칙 제5조도 "이 헌법시행 당시의 법령과 조약은 이 헌법에 위배되지 아니하는 한 그 효력을 지속한다"라고 규정한다. 따라서 헌법적 효력을 갖는 조약은 인정되지 않는다고 해석된다. 하지만, 유럽연합과 같이 국가를 초월한 국제공동체가 발전하고 보편적 인권의 보장이 강조됨에 따라 국제법이 헌법보다 우월한 효력을 갖는다는 주장이 제기되고 있다. 헌법적 효력을 갖는 조약이 인정될 경우에는 위헌법률심판에서 심사대상이 아니라 심사기준이 될 수도 있다.

3) 법률적 효력을 갖는 조약

헌법에 따라 체결되고 공포되어 법적 효력을 갖는 조약은 그 효력을 기준으로 법률적 효력을 갖는 조약과 행정명령의 효력을 갖는 조약으로 구분된다. 법률적 효력을 갖는 조약은 위헌법률심판의 대상이 된다.[30] 헌법재판소는 일원론에 따라 헌법이 조약보다 우월한 효력을 갖는다고 해석한 것이다. 조약이 법률적 효력을 갖기 위해서는 헌법 제60조 제1항에 따라 국회의 사전동의를 받아야 한다. 이를 통해 국민의 대표기관인 국회의 사전동의를 받도록 하여 법률적 효력을 부여하는 정당성을 확보한다. 국회의 동의를 받은 조약만 법률적 효력을 가진다.

법률적 효력을 갖는 조약은 국내법으로 시행되기 위해서 국내적 입법조치가 필요한지 여부를 기준으로 자기집행적 조약과 비자기집행적 조약으로 구분할 수 있다. 자기집행적 조약이든 비자기집행적 조약이든 모두 헌법재판의 심판대상이 된다는 견해도 있지만,[31] 자기집행적 조약은 별도의 국내적 입법조치가 필요가 없으므로 위헌법률심판의 대상이 되나, 비자기집행적 조약은 그 자체만으로는 법적으로 유효하게 시행되지 않으므로 심판대상이 되지 않는다. 비자기집행적 조약에 따라 법률이 제정된 경우에 그 법률이 독자적으로 위헌법률심판의 대상이 된다.[32]

법률적 효력을 갖는 조약이 체결되었으나 아직 효력발생일이 도래하지 않은 경우에도 유효하게 시행되지 않고 있으므로 심판대상이 되지 않는다. 헌법재판소에 의해 위헌결정이 선고된 조약은 그때부터 국내법적 효력을 상실하게 되지만, 국내법을 이유로 조약이나 국제법규의 효력이 국제법적으로 무효화되지 않는다. 따라서 조약법에 관한 비엔나협약과 같은 국제법에 따라 조약을 무효화하는 조치를 하지 않는 이상 위헌결정된 조약이라도 국제법적 효력에는 영향을 미치지 않는다.

4) 행정명령과 동일한 효력을 갖는 조약

헌법에 따라 체결되고 공포된 조약이라도 국회의 사전동의를 받지 않는 경우에는 법률적 효력이 아니라 행정명령과 동일한 효력을 갖는다. 이러한 조

---

30) 2001. 9. 27. 2000헌바20.

31) 김하열, 헌법소송법, 283면; 정종섭, 헌법소송법, 256면.

32) 한수웅, 헌법학, 355면.

약은 위헌법률심판의 대상이 되지 않고 헌법 제107조 제2항에 따라 대법원이 최종적으로 그 위헌여부를 심판한다. 법률적 효력을 갖는 조약인지 여부는 그 명칭에 구애되지 않고 실질적인 효력을 기준으로 판단해야 한다. '대한민국과 아메리카합중국 간의 상호방위조약 제4조에 의한 시설과 구역 및 대한민국에서의 합중국군대의 지위에 관한 협정'과 같이 '협정'이라는 명칭을 사용하더라도 입법사항을 포함하여 국회의 동의를 요하는 조약은 심판대상이 된다.[33]

(다) 일반적으로 승인된 국제법규

일반적으로 승인된 국제법규도 국내법과 같은 효력을 가지며, 그것이 법률적 효력을 갖는 경우에는 심판대상이 될 수 있다. 일반적으로 승인된 국제법규는 세계 대다수 국가가 승인하는 법규를 말하고, 여기에는 성문의 국제법규와 법의 일반원칙과 같은 국제관습법도 포함된다. 우리나라가 가입하지 않더라도 일반적으로 승인된 조약도 이에 포함되지만, 우리나라가 가입한 조약은 헌법에 의해 체결·공포된 조약에 해당하므로 일반적으로 승인된 국제법규에는 포함되지 않는 것으로 해석해야 한다.

일반적으로 승인된 국제법규가 무엇인지를 판단하는 것은 매우 어렵다. 헌법은 일반적으로 승인된 법규에 대해서는 조약과 달리 국회의 사전동의를 요구하지도 않아 법률적 효력을 갖는지 여부를 판단하기도 어렵다. 헌법재판소는 인권에 관한 세계선언에 대해 일반적으로 승인된 국제법규가 아니라고 판단하였고,[34] 양심적 병역거부권의 보장에 관해서도 국제관습법이 형성되었다고 할 수 없다고 판단하였다.[35] 대법원은 정치범 불인도의 원칙은 국제관습법에 해당하지만, 정치적 피난민에 대한 보호는 일반적으로 승인된 국제법규에 해당하지 않는다고 판단한 적이 있다.[36]

일반적으로 승인된 국제법규의 효력에 대한 규범적 기준에 대해서는 판례도 확립되어 있지 않아 조약의 경우를 유추할 수 있을 것이다. 즉, 일반적으로 승인된 국제법규는 헌법보다 하위의 효력을 가지지만, 법률이나 명령·규칙과의 관계에 대해서는 개별적으로 그 내용과 성격을 고려하여 판단해야 한다. 일반적으로 승인된 법규가 법률과 동일한 효력을 갖는 경우에는 헌법재판소가 위

---

33) 1999. 4. 29. 97헌가14.

34) 1991. 7. 16. 89헌가106.

35) 2011. 8. 30. 2008헌가22등.

36) 대법원 1984. 5. 22. 84도39.

헌법률심판을 통해 규범통제를 하고, 명령·규칙과 동일한 효력을 갖는 경우에는 대법원이 최종적으로 위헌여부를 심사한다.[37] 일반적으로 승인된 국제법규가 위헌법률심판의 대상이 되는지 여부는 법원이 구체적인 사건에서 재판의 준거로 삼을 것인지를 결정하는 과정에서 일차적으로 확정되고, 그 위헌여부는 최종적으로 헌법재판소가 판단한다.

(3) 관습법

(가) 보충적 법규범

관습법은 법규범의 형식은 아니지만 어떤 사항에 관한 관행의 반복이 사회구성원의 법적 확신에 의해 인정된 법규범이다. 우리나라는 성문법체계를 채택하지만, 민법 제1조에서 "민사에 관하여 법률에 규정이 없으면 관습법에 의하고, 관습법이 없으면 조리에 의한다"라고 규정하여 관습법도 법률에 대한 보충적 법원(法源)으로 인정한다. 법원은 재판에서 관습법을 적용하는 과정에서 관습법인지 여부와 그 구체적인 효력에 대해서도 판단한다. 관습법에 대한 판단은 일정한 사실관계에 법적 효과를 부여하는 것이므로 법률해석의 문제에 속한다고 할 수 있다. 하지만, 관습법을 법규범으로 인정할 경우에는 헌법에 위반해서는 안 되므로 헌법해석과 무관할 수가 없다.

(나) 판례의 입장

관습법이 심사대상이 되는지 여부에 대해서는 대법원과 헌법재판소는 다르게 판단한다. 대법원은 관습법의 인정여부와 그 효력을 법률해석의 문제로 판단하고 스스로 최종적인 심사권을 가진다는 것을 전제로 기존에 인정하였던 관습법의 법적 효력을 무효화시키기도 하였다.[38] 또한, 당사자가 관습법에 대해 위헌법률심판제청을 신청한 것에 대해서도 관습법은 심판대상이 아니라는 이유로 부적법하다고 그 신청을 각하하였다.[39] 한편, 헌법재판소는 법률과 같은 효력을 갖는 관습법도 규범통제형 헌법소원의 대상이 되고, 단지 형식적인 의미의 법률이 아니라는 이유로 그 예외가 될 수는 없다고 판단하였다.[40]

---

37) 한수웅, 헌법학, 357면; 허영, 헌법소송법, 216면.
38) 대법원 2005. 7. 21. 2002다1178.
39) 대법원 2009. 5. 28. 2007카기134.
40) 2013. 2. 28. 2009헌바129.

(다) 심판대상으로 인정

법원은 헌법과 법률에 따라 재판해야 하는데, 이때 법률에는 관습법도 포함된다. 관습법은 사실적 관행과 그에 대한 법적 확신으로 성립되고 존속되지만, 헌법에 위반해서는 안 된다. 법원이 법규범으로 인정한 관습법에 대해서는 헌법을 정점으로 하는 법질서의 통일과 안정성을 확보하기 위해서도 그 위헌여부는 심사되어야 한다. 헌법은 원칙적으로 법원에 사법권을 부여하지만, 예외적으로 헌법재판사항에 대해서는 헌법재판소에 사법권을 부여한다.

헌법재판소와 대법원은 각각 헌법해석권과 법률해석권을 갖고 각자의 사법권을 행사한다. 헌법재판소가 최종적인 헌법해석권을 가지므로 관습법에 대해 헌법재판소가 헌법해석과 법률해석을 통해 그 위헌여부를 판단할 수 있다. 법원은 관습법의 위헌여부가 재판의 전제가 되면 헌법재판소에 제청하고 그 심판에 따라 재판해야 한다. 헌법재판소가 관습법을 위헌으로 결정하면 그 관습법의 효력은 상실된다.

현실적으로 관습법이 위헌법률심판의 대상이 되는 경우는 많지 않을 것이다. 법원이 당해사건의 재판에서 관습법으로 인정하지 않을 경우에는 위헌법률심판을 제청하지 않을 것이어서 심판대상이 될 여지가 없다. 법원이 관습법으로 인정하더라도 그것이 위헌이라고 판단하게 되면 스스로 이를 관습법으로 인정하지 않을 것이다. 따라서 법원이 직권으로 위헌법률심판을 제청할 가능성은 거의 없다. 법원이 관습법으로 인정한 경우에는 당사자가 법원에 관습법에 대해 위헌법률심판제청을 신청하고, 법원이 이를 각하하거나 기각한 경우에 당사자가 헌법재판소에 헌법소원을 청구할 수 있을 것이다.

(4) 법률해석

(가) 한정위헌결정의 심판청구

위헌법률심판의 대상은 '법률'이고 법률해석은 법원의 권한에 속하므로 특정한 법률해석은 심판대상이 아니다. 법률해석은 법원의 재판에 포함되고, 재판에 대해서는 위헌법률심판은 물론 헌법소원도 허용되지 않기 때문이다. 하지만, 재판은 구체적 사건에 대해 법률을 해석하고 적용하는 것이며, 법률해석에 따라 재판의 결과가 달라지게 된다. 법률은 해석을 통해 의미가 구체화되는데, 이는 헌법해석과 밀접하게 관련된다.

법률을 위헌적으로 해석하여 적용하면 법률이 위헌인 것과 같은 결과를 초래하므로 이를 통제할 필요성이 제기될 수 있다. 법률해석에 대한 위헌법률심판의 청구는 "…로 해석하는 것은 헌법에 위반된다"라는 형식으로 나타나고, 이는 법률 자체가 위헌이라는 것이 아니지만 법률을 특정한 내용과 범위로 해석하여 적용하게 되면 위헌이라는 한정위헌결정을 청구하는 것이다.

(나) 판례의 입장

대법원은 한정위헌결정을 구하는 위헌법률심판은 법률에 대한 법원의 해석을 다투는 것에 불과하므로 법원의 제청이나 당사자의 제청신청은 부적법하다고 판단하였다.[41] 헌법재판소는 원칙적으로 위헌법률심판의 대상은 법률이지 법률해석은 아니지만, 예외적으로 위헌법률심판청구가 법률 자체의 불명확성을 다투는 것으로 해석되고, 그 법률해석에 대해 법원이 일정한 사례군을 상당한 기간에 걸쳐 형성하고 집적하여 법률 자체에 대한 다툼으로 볼 수 있는 경우에는 심판대상이 된다고 판단하였다.[42]

헌법재판소는 선례를 변경하여 원칙적으로 법률뿐만 아니라 법률해석도 심판대상이 되므로 한정위헌결정의 청구도 적법하지만, 실질적으로는 재판의 기초가 되는 사실관계의 인정이나 평가 또는 개별적이고 구체적 사건에서 법률조항의 단순한 포섭이나 적용에 관한 문제를 다투거나, 의미 있는 헌법문제를 주장하지 않으면서 법원의 법률해석이나 재판결과를 다투는 경우에는 예외적으로 규범통제의 취지에 어긋나므로 허용될 수 없다고 판단하였다.[43]

(다) 규범적 한계

헌법재판소는 법률해석에 대해 원칙적으로는 위헌법률심판의 심판대상이 되지 않지만, 예외적으로 법률 자체의 위헌여부를 다투는 것으로 해석할 수 있는 경우에는 심판대상이 된다고 판단하였다가 선례를 변경하여 법률해석은 원칙적으로는 위헌법률심판의 심판대상이 되지만, 예외적으로 사실관계에 관한 재판결과를 다투는 것으로 해석할 수 있는 경우에는 심판대상이 되지 않는다고 판단한 것이다. 특히, 법원이 법률해석을 심판대상으로 인정하지 않고 있어 법률해석에 대해 위헌제청을 할 여지가 없고, 규범통제형 헌법소원에서만 인정될

41) 대법원 2009. 2. 18. 2009아14등.

42) 2000. 6. 29. 99헌바66.

43) 2012. 12. 27. 2011헌바117.

여지가 있다. 하지만, 이러한 원칙과 예외에 대한 기준이 불명확하고 원칙과 예외의 구별도 상대적이어서 규범적 기준으로는 한계가 있다.

국회가 제정한 법률과 그 법률에 대한 해석은 구별되고, 한정위헌결정과 같은 변형결정을 선고하는 것이 인정된다고 하더라도 이것이 한정위헌결정을 청구하는 근거가 될 수는 없다. 헌법은 헌법해석권과 법률해석권을 헌법재판소와 법원에 배분하고 있으며, 법률해석에 대해 한정위헌결정의 청구를 인정하는 것은 실질적으로 재판소원을 우회적으로 허용하는 것이므로 한정위헌결정의 청구를 인정하지 않는 것이 타당하다.[44)]

3. 헌법조항

(1) 헌법적 효력의 우열

위헌법률심판의 대상은 법률이며, 헌법재판소는 법률의 위헌여부를 판단하므로 헌법조항은 위헌여부의 심사기준이지 심판대상이 아니다. 하지만, 헌법에는 다양한 층위의 규범이 혼재되어 있어 그 효력에 우열이 존재하는 것으로 파악할 경우에는 특정한 헌법조항에 대해서도 위헌여부를 심판할 여지가 있다. 즉, 헌법에는 핵심적 가치를 정하는 조항에서부터 법률로 규정할 수 있지만 헌법이 특별히 정하는 조항까지 그 헌법적 규범력에 위계가 있는데, 하위의 규범력을 갖는 조항이 상대적으로 우월한 효력을 갖는 헌법조항에 위반될 경우에는 위헌법률심판의 대상이 될 수 있다는 것이다.

하지만, 헌법조항에 존재하는 헌법적 규범력의 위계는 명확하지 않으며, 이를 확인하는 수단도 존재하지 않는다. 헌법조항들이 체계적으로 정합하게 규범력을 확보하는 것은 헌법해석의 몫이므로 헌법재판소는 헌법을 규범조화적으로 해석하여 헌법의 규범력을 실현해야 한다. 따라서 헌법조항은 위헌법률심판의 대상이 되지 않는다.

(2) 판례의 입장

헌법재판소는 위헌법률심판의 대상이 되는 법률은 국회의 의결을 거쳐 제정된 형식적 의미의 법률만 의미하므로 헌법조항은 심판대상에 포함되지 않는

44) 한수웅, 헌법학, 1517면.

다고 선언하였다. 즉, 헌법규범 상호간에 가치의 우열을 인정할 수 있으나 이는 헌법의 통일적 해석에 있어서 유용할 뿐, 헌법의 특정 규정이 다른 규정의 효력을 전면적으로 부인할 정도로 효력의 차등이 있다는 것이라고 볼 수는 없다고 판단하였다.[45] 또한, 구헌법에 따라 제정된 긴급조치는 현행헌법을 심사기준으로 하여 그 위헌여부를 심사할 수 있지만, 긴급조치의 근거이자 긴급조치에 대해서는 사법심사를 할 수 없다고 규정한 1972년 헌법 제53조는 재판의 전제성이 없어 심판대상이 아니라고 판단하였다.[46]

4. 심판대상의 확정

(1) 심판대상의 조정

헌법재판소가 위헌법률심판을 하기 위해서는 우선 심판대상을 확정해야 한다. 위헌법률심판에서 심판대상은 적법요건이 되므로 심판대상이 되지 않는 법률에 대해 심판을 청구하면 각하한다. 재판부는 심판대상에 대해서만 심판할 수 있고, 종국결정은 그 심판대상에 대해서만 효력이 발생하므로 심판대상을 확정하는 것은 중요한 의미를 갖는다. 헌법재판소는 구체적 규범통제를 채택하고 있어 재판의 전제성이 인정되는 경우에만 심판대상이 되고, 법원이 일차적으로 재판의 전제성을 판단한다.

위헌법률심판에서는 법원에게 위헌제청권을 부여하고 있으므로 법원이 제청한 법률 또는 법률조항만 심판대상이 된다. 규범통제형 헌법소원에서는 당사자가 법원에 위헌법률심판제청을 신청하였다가 기각된 법률 또는 법률조항만 심판대상이 된다. 위헌법률심판에서 이와 같이 심판대상을 한정하는 것이 구체적 규범통제의 본질이나 소송물에 대한 신청주의에도 부합된다. 다만, 위헌법률심판은 형식적으로는 법률의 위헌여부를 심사하는 것이지만, 그 실질적인 심판대상은 법률 자체가 아니라 구체적인 사안에서 그 법률을 적용하는 것이 위헌인지 여부라는 것을 유의해야 한다.

위헌법률심판은 주관소송일 뿐만 아니라 헌법질서를 수호하기 위한 객관소송의 성격을 갖는다. 재판부는 법원의 제청이나 당사자의 청구를 존중해야

45) 2007. 11. 29. 2007헌바30.
46) 2013. 3. 21. 2010헌바132.

하지만 그에 엄격하게 기속되는 것은 아니고 모든 헌법적 관점에서 법률의 위헌여부를 심사할 필요가 있다. 따라서 헌법재판소는 직권으로 심판대상을 축소, 변경, 확장하는 것을 통해 조정할 수 있다. 하지만, 재판부가 심판범위를 임의로 선택할 수 있는 것은 아니고, 재판의 전제성이 인정되는 범위에서만 심판대상을 조정할 수 있다. 이는 심판대상을 정확하게 확정하여 소송경제를 도모하고 헌법질서의 통일성을 유지하기 위한 것이다. 재판부가 심판대상을 조정하여 확정할 경우에는 결정이유에서 그 취지와 사유를 설명해야 한다.

(2) 축소

위헌법률심판에서 헌법재판소는 제청법원에 의해 제청된 법률 또는 법률조항만을 심판대상으로 할 수 있고, 규범통제형 헌법소원에서는 청구인이 법원에 위헌법률심판제청을 신청하였다가 기각된 부분에 한하여 심판할 수 있다. 법원이나 청구인이 당해사건에 적용되지 않아 재판의 전제성이 인정되지 않는 법률까지 심판대상으로 제청하거나 청구할 수가 있다. 이때 재판부는 그 부분에 대해 적법요건을 갖추지 못했다는 이유로 각하할 수 있지만, 직권으로 그 부분을 제외하고 심판대상을 재판의 전제성이 인정되는 부분만으로 축소하여 확정할 수도 있다.[47]

헌법재판소가 재판의 전제성이 없거나 기본권의 침해와 관련이 없는 법률조항에 대해 별도로 각하하는 것보다 처음부터 심판대상을 정확하게 한정하는 것이 소송경제를 위해서도 바람직하다. 재판부는 법원이 재판의 전제성이 인정된다고 판단한 것을 가급적 존중하고 그에 대해서는 심판대상을 축소하지 않는 것이 바람직하다. 하지만, 재판부는 법원의 제청이나 당사자의 청구에 기속되지 않고 재판의 전제성을 독자적으로 판단할 수 있으므로 심판대상을 축소할 수 있다.

헌법재판소가 심판대상을 축소하는 것은 청구인의 주장을 임의로 제한하는 것이 아니라 법원이나 청구인이 제대로 제청이나 청구를 하지 않은 것을 정확하게 판단하여 심판대상을 확정하는 것이다. 하지만, 재판부는 법원이 제청하거나 당사자가 청구한 심판대상에 대해 판단유탈을 하지 않도록 주의해야 한다. 법원이나 당사자가 여러 개의 독자적인 법률이나 법률조항에 대해 제청하거나 청구한 경우에는 심판대상의 축소를 이유로 특정한 심판대상에 대한 판단

47) 2009. 9. 24. 2007헌바102.

을 누락해서는 안 된다. 헌법재판소는 독자적인 별개의 심판대상에 대해서는 적법요건을 갖추지 못하였더라도 따로 판단하여 각하결정을 하여 판단유탈이 되지 않도록 해야 한다.

(3) 확장

(가) 필요성

헌법재판소법 제45조는 "헌법재판소는 제청된 법률 또는 법률조항의 위헌 여부만을 결정한다. 다만, 법률조항의 위헌결정으로 인하여 해당법률 전부를 시행할 수 없다고 인정될 때에는 그 전부에 대하여 위헌결정을 할 수 있다"라고 규정한다. 헌법재판소가 제청된 법률 또는 법률조항의 위헌여부만 결정한다는 것은 법원과의 관계에서 법률의 위헌여부만 판단해야 하고 재판의 전제가 된 당해사건에 대해서는 심판할 수 없다는 의미일 뿐, 심판대상을 확장하지 못하도록 한 것은 아니다. 오히려, 단서의 규정은 재판부가 위헌결정의 효력을 확장할 필요가 있는지 여부를 판단하면서 이와 함께 심판대상을 확장할 수 있다는 것을 전제로 한다.

헌법재판소는 법원의 제청이나 당사자의 청구에 기속되지 않고 당해사건과 법률과의 관계에 대해 모든 헌법적 관점에서 검토하여 심판대상을 필요한 범위에서 확장할 수 있다. 헌법재판소가 심판대상을 확장하는 것은 청구인의 의사를 정확하게 파악하여 반영하는 측면보다 헌법질서의 통일성이나 소송경제를 고려하여 심판대상을 조정하는 측면이 강하다.

(나) 심판대상과 밀접하게 관련되는 법률

헌법재판소는 법원이나 청구인이 제청하거나 청구한 법률이나 법률조항뿐만 아니라 심판대상으로 인정되는 부분과 내용적으로나 체계적으로 밀접하게 관련되는 법률이나 법률조항에 대해서는 별도의 위헌제청이 없어도 직권으로 심판대상으로 삼을 수 있다.[48] 헌법재판소는 법원이나 청구인이 제청하거나 청구하지 않은 법률이나 법률조항이라도 소송경제나 당사자의 권리구제를 위해 필요하고, 헌법적 핵심쟁점과 밀접한 관련이 있는 경우에는 심판대상에 포함시킬 수 있다.[49]

---

48) 2007. 5. 31. 2005헌바47.

49) 2018. 6. 28. 2011헌바379등.

헌법재판소는 법률이 형벌조항뿐만 아니라 별도로 그 전제가 되는 의무조항을 둘 경우에 원래 심판대상인 의무조항은 형벌조항의 근거가 되고, 의무조항이 위헌이면 형벌조항도 독자적인 존재의미를 가질 수 없는 경우에는 의무조항뿐만 아니라 형벌조항까지 심판대상을 확장할 수 있다고 판단하였다.[50] 법령에 대한 권리구제형 헌법소원에서도 청구인이 주장하는 법률조항을 적용하기 위해 그 전제가 되는 법률조항도 함께 심판할 필요가 있는 경우에는 그 전제가 되는 법률조항도 심판대상이 될 수 있다.[51]

(다) 개정법률이나 유사한 법률

심판대상인 법률이 심판청구 이후에 개정된 경우에 그 개정법률도 심판대상으로 확장할 수 있을까. 개정법률이 당해사건에 적용되어 재판의 전제성을 갖는 경우에는 심판대상이 될 수 있지만, 구법이 당해사건에 적용되는 경우에는 개정법률은 심판대상이 아니다. 개정법률이 구법과 동일하거나 유사한 내용이 포함된 경우에는 소송경제와 헌법질서의 통일성을 위해 심판대상에 포함시키는 것이 바람직하다는 견해가 있다.[52] 심판대상인 법률과 동일하거나 유사한 내용이 규정된 다른 법률도 재판의 전제성이 인정되지 않는 이상 심판대상이 될 수 없다. 이때에도 유사한 내용의 법률이 당해사건과 밀접하게 관련되어 심판대상인 법률과 함께 심판할 필요성이 있는 경우에만 예외적으로 심판대상으로 확장할 수 있다고 해석해야 한다.[53]

헌법재판소는 청구인이 개정된 법률조항까지 청구취지를 확장할 것을 청구하였으나, 개정된 법률은 재판의 전제성이 없을 뿐만 아니라 청구인이 법원에 위헌제청신청을 하지도 않았다는 이유로 받아들이지 않았다.[54] 법원이 당해사건에 적용되는 법률에 대해 위헌제청한 경우, 그 법률이 동일하거나 유사한 내용으로 개정되어 그 위헌여부에 대해 결론이 같을 때에도 그 개정법률까지 심판대상에 포함시키기도 하였다.[55] 한편, 법원이 위헌제청을 한 이후 심판대상인 법률조항이 개정된 경우에 일부 자구만의 표현만 다를 뿐 그 내용이 동일하여 구법조항과 결론을 같이 할 것이 명백한 경우에는 법질서의 통일성과 소

50) 2001. 5. 31. 2000헌바43등.
51) 2007. 3. 29. 2005헌마985.
52) 허영, 헌법소송법론, 237면.
53) 허완중, 헌법소송법, 157면.
54) 2002. 10. 31. 99헌바76.
55) 2020. 6. 25. 2019헌가9등.

송경제를 위해 심판대상을 확장하기도 하였다.[56)]

헌법재판소는 법률이 서로 내용적으로 동일한 헌법적 쟁점을 포함하고 있어 법질서의 정합성을 유지하고 소송경제를 위해 필요한 경우에만 심판대상을 확장해야 한다. 당해사건의 재판과 무관하고 법원의 제청이나 당사자의 청구를 통해 주장한 심판대상과 아무런 관련이 없는 부분까지 심판대상을 확장할 수는 없다. 헌법재판소가 심판대상을 확장할 경우에는 반드시 법원이 제청한 법률조항에 적용하는 심사기준을 그대로 적용할 필요는 없고, 그 법률조항의 내용과 효력에 따라 상이한 심사기준을 적용할 수도 있다.

(4) 변경

헌법재판소가 심판대상을 변경하는 것은 당해사건의 재판과 종국결정의 효력에 크게 영향을 미치므로 헌법재판소가 임의로 할 수 있도록 허용해서는 안 된다. 하지만, 헌법재판소는 재판의 전제성이 인정되는 범위에서 당해사건을 합리적이고 효율적으로 재판하기 위해 필요한 범위에서 심판대상을 변경할 수도 있다. 위헌법률심판에서는 법원의 법적 견해를 존중해야 하므로 그 의견을 배척하고 심판대상을 적극적으로 변경하기는 쉽지 않지만, 규범통제형 헌법소원의 경우에는 청구인의 주장을 배척하고 재판부가 스스로 재판의 전제성이 인정되는 법률로 변경할 수 있다. 헌법재판소는 직권으로 심판청구서에 기재된 형식적 청구취지에 구애되지 않고 심판청구의 실질적인 이유, 위헌법률심판제청을 신청한 사건의 경과, 재판과의 관련성 여부와 그 정도, 청구인의 주장요지를 종합적으로 판단하여 필요한 범위에서 심판대상을 변경할 수 있다.[57)]

법률이 형벌조항과 별도로 그 전제가 되는 의무조항을 둘 경우에 제청법원이나 청구인이 주장하는 청구의 취지와 이유를 종합적으로 검토하여 심판대상을 변경할 수 있다. 원래의 심판대상은 의무조항이지만, 청구인이 형벌이 지나치게 과중하거나 다른 범죄와 비교하여 불평등하다고 주장하는 것과 같이 형벌조항 자체의 위헌성을 다툴 경우에는 형벌조항만 심판대상이 될 수 있다. 형벌조항과 의무조항이 분리되어 있는 경우에는 제청법원이나 청구인의 의사를 명확하게 확인하여 의무조항이나 형벌조항을 선택적으로 심판대상으로 할 수도 있고, 양자를 모두 그 심판대상으로 확정할 수도 있다.

---

56) 2010. 7. 29. 2008헌가28.

57) 1998. 3. 26. 93헌바12.

5. 심사기준

(1) 헌법

(가) 현행헌법

위헌법률심판은 법률이 헌법에 위반되는 여부를 심판하는 것이므로 심판대상은 법률이고, 심사기준은 헌법이다. 이때 헌법은 전문, 본문, 부칙으로 구성되는 형식적 헌법전을 말하고, 헌법의 특정한 조항만이 아니라 전체로서의 헌법을 의미한다. 헌법의 전문도 헌법적 규범력을 가지므로 심사기준에 포함된다.[58] 헌법은 기본원리에 대한 조항, 기본권 조항, 국가작용을 규율하는 조항으로 구별할 수 있는데, 모두 심사기준이 될 수 있다. 헌법의 기본원리는 위헌심사기준이 되지만, 그 구체적인 내용과 범위가 불명확하여 법률의 위헌여부를 판단하기가 쉽지 않다. 헌법재판소는 민주주의, 법치국가, 사회복지, 권력분립의 원칙뿐만 아니라 비례성의 원칙, 신뢰보호의 원칙, 명확성의 원칙, 자기책임의 원칙 등도 위헌심사기준으로 인정한다.[59] 국회가 제정한 법률이 기본권을 침해하거나 국가작용에 관한 헌법규정을 위반한 경우에는 위헌이 되므로 위헌심사기준이 된다.

헌법은 법률의 실체적 내용을 규율하기도 하고, 국가작용의 형식과 절차를 통제하기도 한다. 헌법재판소는 법률의 실체적 내용이 헌법의 기본원리나 기본권을 침해하였는지 여부를 심판할 뿐만 아니라 국가기관의 권한행사에 대해 그 방식과 절차에 대해 규정하는 경우에는 국회의 입법작용이 이를 위반하였는지 여부도 심판할 수 있다. 국회가 헌법에서 직접 규정하거나 헌법해석을 통해 도출되는 입법절차를 위반하여 법률을 제정한 경우에는 위헌이다. 헌법재판소는 제청법원이나 청구인이 특정한 헌법조항을 심사기준으로 주장하더라도 이에 국한되지 않고 직권으로 헌법 전체를 심사기준으로 채택할 수 있으므로 심판대상인 법률에 의해 제한되는 기본권을 전반적으로 고려해야 한다.[60]

(나) 구헌법

구헌법은 현재 유효하게 시행되는 헌법이 아니지만, 구헌법에서 제정된 법

58) 2015. 12. 23. 2013헌바11.

59) 1996. 4. 25. 92헌바47.

60) 2002. 8. 29. 2000헌가5등.

률은 여전히 유효하게 시행될 수 있다. 구헌법에서 제정된 법률의 위헌여부를 심사하는 기준은 구헌법일까, 현행헌법일까. 헌법재판소의 헌법해석은 헌법적 가치와 이념을 확인하고 실현하는 것이므로 법률이 제정될 당시에 유효하였던 구헌법에 위반되지 않는다는 것만으로 정당화되지는 않는다. 헌법재판소는 심판대상인 법률이 정당하게 제정되었는지 여부만을 심사하는 것이 아니라 현행헌법의 헌법적 가치에 위반되는지 여부도 함께 심사한다. 구헌법에 근거한 법률도 현재 구체적 사건에 적용될 수 있기 때문에 현행헌법에 의해 정당화되어야 한다.

대법원은 1972년 헌법에서 대통령이 행한 긴급조치에 대해 구헌법인 1972년 헌법을 기준으로 위헌이라고 판단하였다.[61] 하지만, 헌법재판소는 긴급조치가 시행되었던 당시의 헌법조항이 아니라 헌법재판을 할 당시에 효력을 갖는 현행헌법을 심사기준으로 채택하고 위헌으로 판단하였다.[62] 헌법 부칙 제5조는 "이 헌법 시행 당시의 법령과 조약은 이 헌법에 위배되지 아니하는 한 그 효력을 지속한다"라고 규정한다. 이는 구헌법에서 제정된 법령이라도 현행헌법에 위반되지 않는 경우에 한하여 그 효력이 인정된다는 것을 전제로 한다. 위헌법률심판의 심사기준은 법률이 제정될 당시의 구헌법이 아니라 헌법재판을 할 당시에 규범적 효력을 가지는 현행헌법이라고 해야 한다.[63]

(다) 관습헌법

관습헌법은 헌법적 사항에 대해 사실적 관행이 존재하고 그에 대해 법적 확신이 부여되어 헌법으로 수용된 것이다. 성문헌법을 채택하는 우리나라에서 관습헌법을 인정하지 않는 경우에는 관습헌법이 심사기준이 될 여지가 없다. 하지만, 관습헌법의 효력을 인정하는 경우에는 성문헌법과 동일한 효력을 부여하든지 보충적 효력을 부여하든지 헌법으로서 법률보다 우월한 효력을 가지므로 위헌법률심판의 심사기준이 될 수 있다. 헌법재판소는 실질적 의미의 헌법이라 할 수 있는 관습헌법도 위헌법률심판의 심사기준으로 인정한 적이 있다.[64]

헌법재판소는 위헌법률심판에서 제청법원이나 당사자의 주장이 옳고 그른지를 판단하는 것이 아니라 법률의 위헌여부를 심판하는 것이다. 따라서 제청

61) 대법원 2010. 12. 16. 2010도5986.
62) 2013. 3. 21. 2010헌바132.
63) 김하열, 헌법소송법, 321면.
64) 2004. 10. 21. 2004헌마554.

법원이나 당사자가 주장하는 헌법적 관점에서만 아니라 모든 헌법적 관점에서 그 위헌여부를 심사할 수 있다. 따라서 관습헌법도 위헌법률의 심사기준이 될 여지가 있다. 하지만, 헌법재판은 헌법을 해석하고 구체화하는 사법작용이므로 그 심사기준은 객관적으로 명확해야 한다. 관습헌법에 대해 그것이 헌법적 사항인지, 그에 관한 관행이 존재하는 것인지, 그리고 법적 확신이 있는 것인지를 판단하고 확인하는 것은 매우 어렵다.

관습헌법은 그 내용과 효력이 불명확하여 헌법적 안정성을 해치게 되고, 헌법조항을 초월하여 위헌심사기준으로 인정하게 되면 그 자체가 헌법을 침해하는 결과를 초래할 수도 있다. 국민의 대표기관인 국회에 의해 제정된 법률을 헌법재판소가 관습헌법을 심사기준으로 하여 위헌으로 판단하는 것은 위험할 수도 있다. 관습헌법은 그것이 인정되는지 여부에 대해서도 신중하게 판단해야 하고, 관습헌법으로 인정하더라도 성문헌법을 위반하는 내용이어서는 안 된다. 관습헌법은 헌법해석을 통해 위헌심사기준을 도출하기 어려운 경우에 예외적으로 관습헌법을 동원하여 그 심사기준을 보충할 필요가 있는 때 한하여 심사기준이 될 수 있다.

(2) 국제법

헌법 제6조 제1항은 헌법에 의하여 체결·공포된 조약과 일반적으로 승인된 국제법규에 대해서는 국내법과 동일한 효력을 인정한다. 조약과 일반적으로 승인된 국제법규의 국내법적 성격과 효력은 헌법해석에 의해 확정된다. 헌법은 "국내법과 동일한 효력을 가진다"라고 규정하는데, 국내법에는 헌법, 법률, 명령, 규칙, 조례 등이 모두 포함되는 것으로 해석할 여지가 있다. 국내법에 헌법도 포함되는 것으로 해석할 경우에는 헌법과 동일한 효력을 갖는 조약과 일반적으로 승인된 국제법규도 인정할 수 있고, 이들은 위헌법률심판의 대상이 아니라 위헌법률심판의 심사기준이 될 수 있다.

헌법재판소는 조약이나 일반적으로 승인된 국제법규는 헌법보다 하위의 규범으로 위헌법률심판의 대상이지 기준이 될 수 없다고 판단하였다.[65] 대한민국이 가입한 조약은 물론 세계인권선언과 같은 국제법규에 대해서도 심사기준이 아니라고 판단하였다.[66] 이에 따르면 헌법이 국내법과 동일한 효력을 부여

65) 2015. 6. 25. 2013헌바193.

66) 1991. 7. 22. 89헌가106.

하는 국제법은 위헌법률심판의 심판대상이지 심사기준이 아니라고 해석된다. 하지만, 세계화가 진행되고 국제법의 구속력이 강화됨에 따라 장래에는 헌법적 효력을 갖는 조약이나 국제법규를 수용하는 것이 바람직하다고 판단된다.[67)]

헌법재판소는 국제인권규약에 대해 "우리 헌법은 실질적으로 동일한 내용을 규정하고 있고, … 우리 헌법에 위반되지 않는다고 판단하는 이상 위 규약에 위반될 소지는 없다"라고 판단하고,[68)] "헌법 제6조 제1항에서 말하는 일반적으로 승인된 국제법규로서 헌법적 효력을 갖는 것이라고 볼 만한 근거도 없으므로"라고 표현하였다.[69)] 이는 헌법재판소가 헌법적 효력을 갖는 조약이나 국제법규를 인정할 수 있는 여지를 보여주는 것이라고 할 수 있다.

(3) 자연법

정의나 공정과 같은 자연법은 헌법에 명시적으로 규정되지 않더라도 헌법적 이념의 기초가 된다. 헌법은 자연법적 원리를 규정하지만 모든 내용을 조문화하기는 어렵다. 모든 국가기관은 헌법의 기초가 되는 자연법을 존중해야 하고, 국회는 자연법에 위반하는 법률을 제정해서는 안 된다. 이 점에서 자연법도 위헌법률심판의 심사기준이 될 여지가 있다. 하지만, 자연법은 그 개념과 범위가 명확하지 않고, 구체적인 요건과 내용은 역사적 현실에 따라 다르게 드러난다.

헌법이 자연법적 원리에 어긋나서는 안 되지만, 헌법과 모순되는 내용을 자연법이라는 이유로 쉽게 수용해서는 안 된다. 헌법재판소가 임의로 자연법을 확정하여 심사기준을 채택하게 되면 헌법을 침해하는 결과를 초래할 수도 있다. 자연법은 그것이 헌법조항이나 그 해석을 통해 도출할 수 있는 경우에는 헌법에 포함되어 심사기준이 될 수 있다. 위헌법률심판은 법률이 헌법에 위반되는지 여부를 심판하는 재판이라는 것을 고려할 때 자연법이 헌법과 별개로 독자적인 심사기준이 된다고 할 수는 없다.

67) 정재황, 헌법재판론, 333면.
68) 1998. 7. 16. 97헌바23.
69) 2005. 10. 27. 2003헌바50.

6. 심사기준의 확장과 축소

(1) 확장

헌법재판소는 구체적 규범통제를 채택하여 법원의 위헌제청에 따라 법률의 위헌여부를 심판한다. 헌법재판은 헌법질서의 통일성을 확보하는 객관소송의 성격을 가지므로 재판부는 법원이 주장하는 헌법조항에 국한되지 않고 직권으로 모든 헌법적 관점을 심사기준으로 채택하여 위헌여부를 심판할 수 있다. 하지만, 헌법재판소가 반드시 모든 헌법적 관점을 동원하여 위헌여부를 심사해야 하는 것은 아니다.

헌법재판소는 주류판매업자에 대한 기본권 침해가 문제된 사안에서 주류제조업자나 소비자의 기본권을 침해하였는지 여부도 심사기준으로 포함시켰고,[70] 과외교습금지에 대해서도 청구인인 과외교습자의 직업의 자유뿐만 아니라 학부모나 학생의 기본권도 위헌심사기준으로 인정하였다.[71] 또한, 소득세법의 1세대 3주택 이상에 해당하는 주택에 대해 양도소득세를 부과한 사안에서도 청구인뿐만 아니라 그 배우자의 기본권을 침해하였는지 여부도 함께 심사하였다.[72]

헌법재판소가 심사기준을 확장하더라도 일정한 한계가 있다. 헌법재판소는 법원이나 당사자가 주장하는 심사기준에 기속되는 것은 아니지만, 신청주의에 따라 당사자의 의사를 존중해야 한다. 재판부는 당사자가 주장하지 않았음에도 불구하고 모든 헌법적 관점을 빠짐없이 동원하여 법률의 위헌여부를 심사하는 것은 소송경제의 측면에서뿐만 아니라 권력분립의 측면에서도 바람직하지 않다. 헌법재판소는 구체적 규범통제의 취지를 고려하여 당해사건을 처리하기 위해 필요한 범위에서만 심판기준을 확장할 수 있다.

(2) 축소

헌법재판소는 모든 헌법적 관점에서 법률의 위헌여부를 심판해야 하지만, 심판절차에서 주장되는 심사기준을 모두 판단해야 하는 것은 아니고 필요한 범

70) 1996. 12 26. 96헌가18.
71) 2000. 4. 27. 98헌가16.
72) 2011. 11. 24. 2009헌바146.

위에서 심사기준을 축소할 수도 있다. 심판절차에서 위헌심사기준으로 다수의 기본권 조항이 주장되는 경우에는 기본권 경합을 통해 구체적으로 심사하는 기본권 조항을 제한할 수 있다.

법률이 당해사건에서 다수의 기본권을 제한하는 경우에 헌법재판소는 제청법원이나 청구인의 의도, 기본권을 제한하는 입법자의 객관적 동기 등을 참작하여 사안과 가장 밀접한 관계가 있고, 침해의 정도가 큰 주된 기본권을 중심으로 그 제한의 한계를 심사한다.[73] 심판절차에서 위헌심사기준으로 자기책임의 원칙과 같은 헌법원리가 기본권 조항과 함께 주장될 수도 있는데, 이때에도 당해사건을 처리하기 위해 필요한 범위로 심사기준을 제한하고 불필요한 심사기준을 배제할 수도 있다.[74]

제3절 재판의 전제성

1. 재판의 의미

(1) 법률규정

헌법은 제111조 제1항에서 위헌법률심판을 '법원의 제청에 의한 법률의 위헌여부 심판'으로 규정하고, 헌법재판소법 제41조 제1항은 "법률이 헌법에 위반되는지 여부가 재판의 전제가 된 경우에는 … 헌법재판소에 위헌여부 심판을 제청한다"라고 규정한다. 위헌법률심판에서는 구체적 규범통제를 채택하여 법률의 위헌여부가 재판의 전제가 되어야 할 것을 요구하며, 이를 재판의 전제성이라고 한다. 위헌법률심판에서 재판의 전제성은 법률의 위헌여부를 심판하는 법적 이익이라고 할 수 있다. 재판의 전제성은 위헌법률심판의 적법요건이므로 이를 갖추지 못하면 부적법하게 되고, 헌법재판소는 각하결정을 선고한다.

헌법과 헌법재판소법은 재판의 전제성만 규정할 뿐, 그 구체적인 요건과 내용에 대해서는 아무런 규정을 두지 않고 있다. 헌법재판소는 재판의 전제성의 구체적인 의미를 법률해석을 통해 확정한다. 첫째, 구체적인 사건이 법원에 계속 중이어야 하고, 둘째, 위헌여부가 문제되는 법률 또는 법률조항이 당해사

73) 1998. 4. 30. 95헌가16.
74) 2016. 11. 24. 2014헌바203등.

건에 적용되어야 하며, 셋째, 그 법률 또는 법률조항의 위헌여부에 따라 법원이 다른 내용의 재판을 하게 되는 경우에 재판의 전제성을 인정한다. 규범통제형 헌법소원도 실질적으로 위헌법률심판에 해당하므로 재판의 전제성이 요구된다.

(2) 재판의 범위

재판의 전제성에서 요구되는 '재판'이란 법원이 행하는 실질적인 사법적 판단과 결정을 의미하며, 판결·결정·명령 등 그 형식과 무관하다. 재판에는 본안에 관한 재판과 소송절차에 관한 재판이 모두 포함되며, 종국재판뿐만 아니라 중간재판도 포함된다.[75] 따라서 법원의 증거채부결정이나 인지첩부를 명하는 보정명령은 물론 소송비용, 가집행, 체포·구속·압수·수색영장, 구속적부심사청구, 보석허가, 구속기간갱신결정과 같은 재판도 포함된다.[76] 이러한 재판에서도 위헌인 법률이 적용되어서는 안 된다.

법원의 사법행정작용은 특정한 사안에 대해 사법적 판단과 결정을 하는 것이 아니므로 재판의 전제성이 요구되는 재판에 포함되지 않는다. 재판장이 법정에서 녹음행위를 허가하지 않는 것에 대한 이의신청을 처리한 것이나 변리사의 소송대리를 허용하지 않고 원고불출석으로 처리한 것은 사법행정작용에 해당하므로 재판에 해당되지 않는다.[77]

2. 요건과 내용

(1) 구체적인 사건이 법원에 계속 중일 것

(가) 적법하게 계속 중일 것

1) 재판이 적법할 것

재판의 전제성이 인정되기 위해서는 구체적인 사건이 법원에 계속 중이어야 한다. 법원에 재판이 계속 중인 당해사건이 없을 경우에는 당해사건에 적용되는 법률의 위헌여부를 심판할 이익이 없다. 구체적 규범통제는 구체적 사건의 재판을 통해 그 사건에 적용되는 법률의 위헌성을 통제하는 것이기 때문이

75) 2011. 12. 29. 2010헌바459등.
76) 2001. 6. 28. 99헌가14등.
77) 2011. 6. 30. 2008헌바81; 2011. 12. 29. 2010헌바459.

다. 구체적 사건이란 재판절차를 통해 분쟁을 해결하는 당해사건을 말하는데, 중간재판에 대한 이의신청이나 항고와 같이 독립한 불복방법이 있는 경우에만 그 재판절차가 당해사건이 된다. 독립한 불복방법이 없는 재판절차의 경우에는 종국재판이 선고되기를 기다려 그에 대한 상소와 함께 상소심에서 다투어야 한다. 이때에는 그 재판절차가 아니라 종국재판절차가 당해사건에 해당한다.[78)]

구체적 사건이 법원에 계속 중이기 위해서는 당해사건이 '적법하게 계속 중'이어야 한다. 당해사건이 부적법하면 각하될 것이므로 그 사건에 적용되는 법률의 위헌여부를 심판할 이익이 없다. 당해사건의 재판에서 재판관할권이 없거나 당사자적격이 인정되지 않는 경우, 행정소송의 제소기간이 도과된 경우와 같이 당해사건이 부적법한 경우에는 재판의 전제성이 인정되지 않는다.

2) 종국결정시까지 계속

재판의 전제성은 위헌법률심판의 적법요건이므로 법원이 위헌제청을 할 때는 물론 헌법재판소가 종국결정을 할 때까지 존재해야 한다. 당해사건에서 소를 취하하거나 공소를 취소한 경우, 재판상 화해나 조정이 성립한 경우, 청구의 인낙이 있는 경우는 재판이 계속되지 않고 종결되므로 재판의 전제성이 인정되지 않는다. 법원이 위헌제청을 하게 되면 헌법재판소가 위헌여부를 결정할 때까지 재판이 정지되지만, 이는 재판이 종료되는 것은 아니므로 재판이 계속 중인 것에 해당한다.

3) 법원의 재판이 계속될 가능성이 있으면 인정

재판은 소의 제기부터 선고에 이르기까지 일련의 시간적 과정을 거치므로 사실관계나 법률상황의 변화가 발생할 수 있다. 심판청구가 시작되었을 때에는 재판이 계속 중이더라도 그 이후 그 요건이 소멸할 수도 있다. 이때 법원은 제청을 철회할 수 있고, 규범통제형 헌법소원을 청구한 당사자는 청구를 취하할 수 있고, 헌법재판소는 심판절차종료선언을 한다. 법원이 철회하지 않거나 당사자가 청구를 취하하지 않는 경우에 헌법재판소는 재판의 전제성이 없어 부적법하다는 이유로 각하결정을 선고한다.

반대로, 심판청구가 시작되었을 때에는 재판이 계속 되지 아니하였더라도 심판절차를 진행하는 과정에서 그 요건을 갖출 수 있는 경우에는 법원에 계속 중이라고 인정할 수 있다. 헌법재판소는 당해사건이 법원에 계속 중인지 여부

78) 2017. 5. 25. 2015헌바349.

가 명확하지 않더라도 재판에서 본안판단을 받을 가능성이 있는 경우에는 재판의 전제성을 인정하여 적극적으로 본안판단을 할 기회를 부여할 수 있다. 결국, 당해사건이 명백하게 부적법하여 각하되는 경우에만 구체적 사건이 법원에 계속 중이 아니라고 판단하고 재판의 전제성을 부인한다. 이는 헌법재판소가 재판의 전제성이 없다는 이유로 각하결정을 선고하고, 다시 재판의 전제성을 갖추어 동일한 심판청구를 반복하는 것은 소송경제에 반하기 때문에 이를 방지하기 위한 것으로 이해된다.

헌법재판소는 공법상 당사자소송으로 다툴 사항을 항고소송으로 다툴 경우에는 법원의 석명을 통해 청구취지를 변경하여 적법요건을 갖출 수 있거나 현행법률에 의하면 그 재판이 부적법하지만, 향후 심판대상인 법률이 위헌으로 결정되거나 청구변경을 통해 적법한 청구가 될 가능성이 있으면 재판의 전제성을 인정한다.[79] 당사자가 규범통제형 헌법소원을 청구한 경우에도 법원이 당해사건에 대해 각하하고 그 판결이 확정된 때에는 재판의 전제성이 인정되지 않지만,[80] 법원의 각하판결이 아직 확정되지 않았고, 부적법사유에 대해 대법원의 확립된 판례도 존재하지 않아 각하판결이 상급법원에서 확정될 것이 불분명한 경우에는 재판이 계속될 가능성이 있으므로 재판의 전제성이 인정된다.[81]

(나) 규범통제형 헌법소원과 예외적 인정

헌법재판소법 제68조 제2항에 따라 당사자가 규범통제형 헌법소원을 청구한 경우에는 당해사건의 재판은 정지되지 않으므로 법원은 당해사건의 재판을 진행하여 종결할 수 있어 헌법재판소가 종국결정할 때까지 구체적 사건이 법원에 계속되지 않을 수 있다. 헌법재판소가 법률에 대해 위헌결정을 선고하면 당사자는 당해사건에 대해 재심을 청구할 수 있으므로 당해사건이 확정되더라도 본안판단을 할 심판이익이 인정된다.[82] 따라서 당사자가 법원에 위헌제청신청을 할 당시에 당해사건이 법원에 계속 중이면 종국결정시에 법원이 이미 재판을 종결하여 당해사건이 계속되지 않더라도 재판의 전제성을 갖춘 것으로 인정된다.

79) 2009. 5. 28. 2005헌바20.
80) 2009. 10. 29. 2008헌바73.
81) 2004. 10. 28. 99헌바91.
82) 1998. 7. 16. 96헌바33등.

당사자가 구속적부심사절차나 영장발부절차에 관한 법률조항에 대해 위헌제청신청을 한 경우에는 법원은 위헌제청신청에 대해 우선적으로 판단하여 제청여부를 결정하고 나서 구속적부심사나 영장발부에 대해 재판해야 한다. 하지만, 당사자가 위헌제청신청을 할 당시에 당해사건에 대해 재판이 계속 중이면 법원이 위헌제청신청에 대해 재판하지 않고 구속적부심사나 영장발부에 관하여 재판하더라도 재판의 전제성은 인정된다.[83]

(2) 위헌여부가 문제되는 법률이 당해사건의 재판에 적용될 것

(가) 직접 적용되는 법률

1) 실질을 기준으로 판단

당해사건에 적용되는 법률인지 여부는 재판을 담당하는 법원이 법률해석을 통해 우선적으로 판단한다. 헌법재판소는 가급적 법원의 의견을 존중해야 하지만, 반드시 그 의견에 기속되는 것은 아니다. 법률이 당해사건의 재판에 적용되는지 여부는 재판의 형식보다 실질을 기준으로 판단해야 한다. 형식적으로는 법률에 대해 부진정입법부작위를 주장하는 경우에도 당사자가 그 불완전한 법률 자체의 위헌여부를 다투는 것으로 해석되면 당해사건에는 그 불완전한 법률이 적용되므로 재판의 전제성이 인정된다.

공소장의 적용법조란에 기재되었더라도 법원이 실제로 적용하지 않는 법률조항에 대해서는 재판의 전제성이 없고, 공소장에 기재되지 않은 법률조항이라도 법원이 직권으로 공소장변경 없이 실제로 적용한 법률조항에 대해서는 재판의 전제성이 인정된다.[84] 재판과정에서 상급법원은 당해사건의 재판에 적용되는 법률을 변경할 수 있는데, 이때에도 법원이 실제로 적용하는 법률인지를 기준으로 재판의 전제성을 판단해야 한다. 즉, 전심에서 위헌여부가 다투어진 법률이라도 상급법원이 다른 법률을 적용하면서 위헌법률심판을 제청한 경우에는 전심에서 위헌여부가 다투어진 법률은 당해사건에 적용되는 법률이 아니다.

2) 법률이 개정된 경우

법원이 당해사건에 대해 재판을 진행하는 중 적용법률이 개정된 경우에도 실질적으로 당해사건에 적용되는 법률이 재판의 전제성을 갖는다. 형벌에 관한

---

83) 1995. 2. 23. 92헌바18.

84) 1997. 1. 16. 89헌마240.

법률이 당사자에게 유리하게 개정되어 신법이 적용될 경우에는 구법은 더 이상 당해사건에 적용되지 않으므로 재판의 전제성을 갖지 않는다. 다만, 구법의 위헌여부가 신법을 적용하기 위한 전제가 되는 경우에는 구법에 대해 본안판단을 할 필요가 있으므로 구법도 재판의 전제성을 갖는다.[85)]

당해사건에 구법이 적용되는 경우에는 구법이 재판의 전제성을 갖는데, 신법이 구법과 동일한 내용을 포함하고 있더라도 당해사건에는 적용되지 않으므로 신법은 재판의 전제성을 갖지 않는다.[86)] 이때 헌법재판소가 구법에 대해 위헌결정을 선고하더라도 동일한 내용을 포함하는 신법은 그대로 유효하다. 하지만, 신법의 위헌여부가 구법과 같이 위헌임이 명백한 경우에는 재판부가 법질서의 정합성과 소송경제를 위해 심판대상을 확장하여 신법에 대해서도 위헌결정을 할 수 있다.[87)]

3) 위헌결정으로 효력을 상실한 경우

법원이 이미 위헌결정된 법률에 대해 위헌제청을 하거나 당사자가 규범통제형 헌법소원을 청구한 경우에 헌법재판소는 각하결정을 선고한다.[88)] 법원에 재판이 진행 중인 당해사건에 적용되는 법률에 대해 헌법재판소의 위헌결정이 선고되면 그 효력을 상실하게 되어 당해사건에 적용되지 않으므로 재판의 전제성이 인정되지 않는다.[89)] 이러한 경우에 헌법재판소는 규범통제형 헌법소원을 청구한 사건에서 각하결정이 아니라 위헌확인결정을 선고한 적도 있는데,[90)] 이는 위헌법률을 적용한 당해사건이 확정될 경우에 재심을 청구할 수 있다는 것을 확인하고 당사자의 재심청구권을 보장하기 위한 것으로 이해된다.

법원에 재판이 진행 중 당해사건에 적용되는 법률에 대해 헌법불합치결정이 선고되고, 이에 따라 국회가 법률을 개정할 수도 있다. 헌법재판소가 계속적용을 명하지 않는 이상 당해사건에는 개정된 신법을 적용해야 하므로 헌법불합치결정이 선고된 구법은 재판의 전제성을 갖지 않는다.[91)]

---

85) 2018. 2. 22. 2017헌가17.
86) 2001. 4. 26. 2000헌가4.
87) 2018. 6. 28. 2011헌바379등.
88) 2014. 7. 24. 2012헌바294등.
89) 2000. 8. 31. 97헌가12.
90) 2012. 7. 26. 2009헌바35등.
91) 2001. 4. 26. 99헌바99.

4) 재심사건에 적용되는 법률

재심사건에 적용되는 법률에 대한 재판의 전제성은 재심을 청구한 사건에 대한 심판과 재심대상이 되는 원래의 본안사건에 대한 재심판을 구분해야 한다. 재심청구에 대한 심판은 재심사유가 있는지 여부를 판단하는 재판이고, 원판결에 대한 재심판은 재심개시결정이 확정된 이후에 비로소 원판결의 심급에 따라 다시 심판을 하는 재판이다. 재심청구에 대한 심판에 적용되는 법률은 원판결에 적용되는 법률과 다르다.

원판결에 적용되는 법률은 재심청구에 대한 심판에는 적용되지 않으므로 재판의 전제성이 인정되지 않는다.[92] 하지만, 예외적으로 재심청구가 적법하고 재심사유가 인정되는 경우에는 원판결의 재심판에 적용될 수 있으므로 재판의 전제성이 인정된다.[93] 또한, 재심개시를 결정하지 않은 상태에서 위헌제청되거나 재심개시결정이 상급심에서 취소된 경우에는 원판결의 재심판에 적용되는 법률에 대해서는 재판의 전제성이 인정되지 않는다.[94]

(나) 간접적으로 적용되는 법률

위헌법률심판에서 심판대상이 되는 법률은 원칙적으로 당해사건의 재판에 직접 적용되어야 한다. 당해사건에 직접 적용되지 않고 재판결과에 따라 비로소 적용되는 법률이나 당해사건과 별도의 절차에 적용되는 법률은 재판의 전제성을 갖지 않는다.[95] 하지만, 재판에 간접적으로 적용되는 경우에도 당해사건과 내적 관련성이 있으면 재판의 전제성을 인정할 수 있다. 당해사건에 직접 적용되는 법률과 밀접하게 관련되고 심판대상이 되는 법률과 동일한 심사척도가 적용되는 경우에는 그 부분도 심판대상이 될 수 있어 재판의 전제성이 인정될 수 있다.[96]

간접적으로 적용되는 법률에 대해 재판의 전제성을 인정하는 기준은 명확하지 않다. 헌법재판소는 그 법률의 위헌여부에 따라 당해사건의 재판에 직접 적용되는 법률의 위헌여부가 결정되는 경우, 당해사건의 재판의 결과가 달라지는 경우, 당해사건의 재판에 직접 적용되는 법률의 규범적 의미가 달라져 재판

92) 2010. 11. 25. 2010헌가22.

93) 2007. 12. 27. 2006헌바73.

94) 2016. 3. 31. 2016헌가2.

95) 2015. 12. 23. 2015헌가27.

96) 2003. 6. 26. 2001헌가17등.

에 영향을 미치는 경우에는 재판의 전제성을 인정한다.[97] 또한, 당해사건의 재판에 직접 적용되는 것은 시행령이지만 그 시행령의 효력은 모법인 법률에 의존하고 그 법률이 무효가 됨으로써 결과적으로 제청신청인의 본안소송이 그 목적을 달성할 수 있는 경우에는 재판의 전제성이 인정된다.[98] 다만, 시행령과 같은 하위법령이 모법인 법률의 위임을 벗어난 경우에는 법률이 하위법령에 대한 위임의 근거가 되지 못하므로 그 법률은 재판의 전제성을 갖지 않는다.[99]

헌법재판소가 재판의 전제성이 인정되는 법률조항에 대해 위헌결정을 할 경우에 그로 인하여 법률 전부를 시행할 수 없다고 인정할 때에는 그 전부에 대해 위헌결정을 할 수 있다.[100] 이때 헌법재판소는 당해사건에 적용되지 않는 법률조항까지 포함하여 위헌결정을 할 수 있는데, 이는 간접적용되는 법률에 대해 재판의 전제성을 인정한 것과는 다르다. 재판부가 헌법질서의 통일을 위해 위헌결정의 범위를 확장한 것이지 재판의 전제성의 범위를 확대하여 인정한 것은 아니다.

(3) 법률의 위헌여부에 따라 다른 내용의 재판을 하게 될 것

(가) 주문이 달라지는 경우

1) 원칙

당해사건에 적용되는 법률의 위헌여부에 따라 법원이 다른 내용의 재판을 하게 되어야 위헌법률심판의 이익이 있다. '다른 내용의 재판'의 대표적인 경우가 당해사건의 재판에서 결론과 주문이 달라지는 것이다. 법률의 위헌여부에 따라 당사자의 권리에 영향을 미치더라도 주문이 달라지는 것이 아니면 심판이익이 없으므로 재판의 전제성이 인정되지 않는다.

당사자가 당해사건에서 승소하여 그 판결이 확정되거나 무죄판결이 확정된 경우에는 당사자는 재심을 청구할 수 없으므로 당해사건에 적용되는 법률에 대해 위헌결정이 선고되더라도 주문은 달라지지 않는다.[101] 형사재판의 항소심에서 당해사건의 법률이 위헌으로 인정되어 당사자가 승소하더라도 불이익변경금지의 원칙이 적용되어 1심판결의 주문을 그대로 유지할 수밖에 없는 경우

97) 2018. 6. 28. 2011헌바379등.
98) 1994. 6. 30. 92헌가18.
99) 2008. 5. 29. 2006헌바78.
100) 헌법재판소법 제45조 제1항 단서.
101) 2016. 4. 28. 2013헌바196; 2015. 9. 24. 2014헌바258.

에도 재판의 주문이 달라지는 것이 아니다. 이러한 경우에는 당해사건에 적용되는 법률이 위헌이든지 합헌이든지 재판의 결론이나 주문이 달라지지 않으므로 재판의 전제성이 인정되지 않는다.

2) 제소기간이 도과된 이후 제기된 행정소송에서 행정처분의 근거가 되는 법률

행정소송의 제소기간이 도과한 이후에 행정소송이 제기된 경우 그 행정처분의 근거법률도 재판의 전제성을 가질까. 이때에는 근거법률의 위헌여부가 행정처분의 효력에 영향을 미치는 경우에는 주문이 달리지게 되지만, 행정처분의 효력에 아무런 영향을 미치지 못하는 경우에는 주문이 달라지지 않는다. 취소소송의 제소기간이 도과된 이후 행정처분에 대해 취소소송이 제기된 경우에는 그 행정처분의 근거법률이 위헌이더라도 행정처분의 효력은 이미 확정되었으므로 그 효력에는 아무런 영향을 미치지 않는다. 따라서 당해법률의 위헌여부에 따라 당해사건의 재판에서 주문이 달라지지 않으므로 재판의 전제성이 인정되지 않는다.

당사자는 취소소송의 제소기간이 경과된 이후 행정처분의 근거법률이 위헌임을 주장하면서 무효확인소송을 제기할 수도 있다. 이때에는 그 근거법률에 대해 위헌결정이 선고되더라도 그 하자는 당연무효가 아니고 취소사유에 불과하고, 그 제소기간이 경과한 후에는 행정처분의 효력에 영향이 없어 주문이 달라지지 않는다.[102] 이는 행정처분의 하자와 그 효력에 대해 대법원이 기본적으로 채택하고 있는 중대명백설의 입장을 수용한 것으로 이해된다.[103]

헌법재판소는 행정처분의 근거법률이 헌법에 위반된다는 것은 위헌결정이 선고되기 전에는 객관적으로 명백한 것이라고 할 수 없어 그러한 하자는 중대할 수는 있어도 명백한 하자는 아니라고 해석한 것이다. 이에 따르면, 근거법률이 위헌성이 중대하고 명백한 하자에 해당될 경우에는 행정처분의 당연무효사유에 해당하므로 무효확인소송에서 주문이 달라져 다른 내용의 재판을 하게 되므로 재판의 전제성이 인정된다.

헌법재판소는 조세부과처분이나 부담금부과처분과 같은 행정처분에 대한 취소소송의 제소기간이 도과된 이후 그 근거법률이 위헌이라고 주장하면서 부당이득반환청구를 한 민사소송에서도 근거법률에 대해 위헌결정이 선고되더라

102) 2014. 1. 28. 2010헌바251.
103) 대법원 2000. 6. 9. 2000다16329.

도 이는 그 행정처분의 취소사유에 해당할 뿐, 당연무효사유는 아니어서 당해 사건의 주문에 영향을 미치지 않으므로 재판의 전제성이 인정되지 않는다고 판단하였다.[104)]

3) 후행처분에 대한 행정소송에서 선행처분의 근거법률

두 개 이상의 행정처분이 연속적으로 행하여지는 경우 후행처분의 효력을 다투는 행정소송에서 이미 불가쟁력이 발생하여 그 효력을 다툴 수 없게 된 선행처분의 근거법률에 대해 재판의 전제성이 인정될까. 선행처분의 근거법률이 위헌이더라도 선행처분은 그 불가쟁력으로 인하여 효력이 달라지지 않지만, 선행처분이 위헌이라는 하자는 후행처분에 승계될 수도 있다. 후행처분의 효력을 다투는 당해사건에서는 선행처분의 하자가 후행처분에 승계되는지 여부에 따라 주문이 달라지므로 이를 기준으로 위헌여부를 심판할 수 있는지를 판단해야 한다.

첫째, 선행처분과 후행처분이 결합하여 하나의 법률효과를 발생시키는 경우에는 선행처분의 하자가 후행처분에 승계된다. 따라서 선행처분의 근거법률이 위헌인 경우에는 후행처분의 효력에도 영향을 미치므로 선행처분의 하자를 이유로 후행처분의 효력을 다툴 수 있다. 따라서 후행처분에 대한 행정소송의 당해사건에서는 재판의 전제성이 인정된다.

둘째, 선행처분과 후행처분이 서로 독립하여 별개의 법률효과를 목적으로 하는 경우에는 선행처분의 하자가 후행처분에 승계되지 않아 선행처분의 하자를 이유로 후행처분의 효력을 다툴 수 없다. 이때에는 선행처분의 근거법률에 대해 위헌결정이 나더라도 후행처분의 효력에는 아무런 영향을 미칠 수가 없어 주문이 달라지지 않으므로 재판의 전제성이 인정되지 않는다.[105)]

셋째, 선행처분과 후행처분이 서로 독립하여 별개의 법률효과를 목적으로 하는 경우에도 선행처분의 하자를 이유로 후행처분의 효력을 다툴 필요가 있는 경우에는 예외적으로 재판의 전제성이 인정된다. 선행처분의 근거법률이 위헌인 경우에 선행처분이 부존재하게 되거나 선행처분의 하자가 중대하고 명백하여 당연무효가 되는 경우에는 그 효력이 후행처분의 판단에 영향을 미치게 되어 주문이 달라지므로 재판의 전제성이 인정된다.

---

104) 2010. 2. 25. 2007헌바131등.

105) 대법원 2015. 1. 29. 2010두10907.

선행처분이 위헌법률에 근거하여 내려진 것이더라도 그 목적을 달성하기 위해 필요한 후행처분이 아직 이루어지지 않은 경우에는 선행처분을 무효로 하더라도 법적 안정성을 크게 해치지 않는 반면에 그 하자가 중대한 경우에는 당연무효가 되므로 선행처분의 근거법률에 대해 무효확인을 다툴 심판이익이 인정된다.[106] 또한, 선행처분이 확정되어 다툴 수 없게 되었더라도 당사자에게 예측할 수 없고 수인할 수 없는 불이익을 초래하는 경우에는 선행처분의 구속력이 후행처분에 미치게 할 수 없어 선행처분의 하자를 이유로 후행처분의 효력을 다툴 수 있다.[107]

넷째, 후행처분의 효력을 다투는 행정소송에서 선행처분의 하자가 선결문제가 되는 경우가 있는데, 이때에도 선행처분의 근거법률의 위헌여부가 후행처분의 효력에 영향을 미치는지 여부에 따라 재판의 전제성을 판단해야 한다. 전소에서 선행처분의 재판이 확정되어 그 기판력이 후소인 후행처분의 행정소송에 미치는 경우에는 선행처분의 근거법률이 위헌이더라도 후행처분의 판결에 영향을 미치지 않으므로 재판의 전제성이 인정되지 않는다. 과세처분이 무효임을 이유로 그 후행처분인 압류처분에 대해 무효확인을 구하는 당해사건에서 위 과세처분의 무효여부는 당해사건의 판단에 있어서 선결문제가 된다. 이때 전소인 과세처분취소소송에서 원고의 청구가 기각되고 그 판결이 확정된 경우에는 그 기판력이 후소인 당해사건에도 미치므로 위 과세처분이 무효라고 판단할 수 없게 된다. 따라서 과세처분의 근거법률이 위헌이라고 하더라도 당해사건에서 재판의 주문이 달라지지 않으므로 재판의 전제성이 인정되지 않는다.[108]

4) 수혜적·수익적 법률

당해사건에 적용되는 법률이 수혜적·수익적 법률인 경우에도 그 법률의 위헌여부에 따라 당사자의 법적 지위에 실질적으로 영향을 미치는지에 따라 재판의 전제성이 결정된다. 일반적으로 수혜적·수익적 법률에 대해서는 그 적용대상에서 제외되는 당사자가 평등권의 침해 등을 이유로 그 위헌성을 주장하게 된다. 이때 그 법률에 대해 위헌결정이 선고된다고 하더라도 그 당사자에게 수혜적·수익적 법률이 확대되어 적용되는 것은 아니다. 수혜적·수익적 법률은 당해사건의 당사자에게 적용되는지 여부에 따라 재판의 전제성이 달라질 수 있다.

106) 2001. 9. 27. 2001헌바38.
107) 대법원 1994. 1. 25. 93누8542.
108) 1998. 3. 26. 97헌바13.

첫째, 당해사건의 당사자에게 수혜적·수익적 법률이 적용되는 경우에는 원칙적으로 재판의 전제성이 인정된다. 그 법률이 위헌으로 선고되면 당사자를 포함하여 모든 수혜자에 대해 그 법률의 적용이 배제될 수 있어 당해사건의 주문이 달라지게 되므로 재판의 전제성이 인정된다.[109] 하지만, 수혜적·수익적 법률에 대해 위헌결정이 선고되고 당사자뿐만 아니라 다른 비교집단까지 그 법률의 적용을 확대함으로써 법률의 위헌성을 제거하는 경우에는 당해사건의 주문은 달라지지 않으므로 재판의 전제성이 인정되지 않는다.

둘째, 당해사건의 당사자에게 수혜적·수익적 법률이 적용되지 않는 경우에는 원칙적으로 재판의 전제성이 인정되지 않는다. 그 법률이 위헌으로 선고되더라도 당사자의 법적 지위가 달라지거나 당사자가 새로운 권리를 주장할 수 없어 주문이 달라지지 않으므로 재판의 전제성이 인정되지 않는다.[110] 하지만, 수혜적·수익적 법률에 대해 위헌결정이 선고되고 국회가 개선입법을 통해 당사자도 수혜대상에 포함시키는 경우에는 개선입법이 당해사건에 적용될 수 있어 주문이 달라질 수 있으므로 재판의 전제성이 인정될 수 있다.[111]

(나) 재판의 내용이나 효력에 관한 법률적 의미가 달라지는 경우

1) 재판에 실질적으로 영향을 미칠 것

법률의 위헌여부에 따라 당해사건에서 재판의 내용이나 효력에 관한 법률적 의미가 달라지는 대표적 사례가 재판의 주문이 달라지는 것이다. 하지만, 주문이 달라지지 않더라도 법률의 위헌여부에 따라 재판의 결론을 이끌어내는 이유가 달라지게 되고, 이것이 재판의 내용이나 효력에 관한 법률적 의미에 영향을 미칠 수 있다. 이때에는 헌법재판소가 법률의 위헌여부를 심판할 이익이 있기 때문에 재판의 전제성이 인정된다.

주문이 달라지지 않고 주문에 이르게 되는 이유가 다르다는 것만으로는 재판의 내용이나 효력에 관한 법률적 의미가 달라지는 것은 아니다. 재판의 내용이나 효력에 관한 법률적 의미가 달라지는 것이 무엇인지는 명확하지 않다. 당해사건의 재판을 담당하는 법원이 일차적으로 헌법의 관점에서 재판의 내용과 효력에 관한 법률적 의미를 판단하여 헌법재판소에 위헌제청을 할 수 있고, 헌법재판소가 최종적으로 재판의 내용과 효력에 관한 법률적 의미가 실질적으

109) 1994. 2. 24. 91헌가3.
110) 1999. 7. 22. 98헌바14.
111) 2010. 6. 24. 2008헌바128.

로 달라지는지 여부를 판단하여 결정한다.

헌법재판소는 개별사건에서 재판의 내용과 효력에 관한 법률적 의미가 달라지는 경우를 확정하는데, 당해사건의 재판에 대해 실질적으로 영향을 미치는 경우만 재판의 전제성을 인정한다. 헌법재판소는 공무원의 불법행위에 기인한 손해배상소송에서 행정처분의 근거법률의 위헌여부가 선결문제가 되는 경우에 행정처분의 하자가 중대하고 명백하여 당연무효가 되는 것이 아닌 이상, 행정처분의 근거법률의 위헌여부에 따라 당해사건의 주문이 달라지지 않을 뿐만 아니라 재판의 내용이나 효력에 관한 법률적 의미도 달라지지 않는다고 판단하였다.[112] 근거법률의 위헌여부는 위헌결정이 선고되기 전에는 객관적으로 명백한 것이라고 할 수 없고, 이를 심사할 수 있는 권한이 없는 공무원으로서는 그 법률을 적용한 것에 고의나 과실을 인정할 수 없으므로 근거법률이 위헌이라도 당해사건에서 재판에 실질적으로 영향을 미치지 않는다고 판단한 것이다.

헌법재판소는 대체복무제를 규정하지 아니한 병역법이 양심적 병역거부자의 양심의 자유를 침해한다는 이유로 헌법불합치결정을 선고하였으나,[113] 진정한 양심의 결정에 따라 예비군훈련을 거부하는 사람을 처벌하는 것은 심판대상인 법률의 위헌여부가 아니라 법원의 구체적 판단의 문제에 해당한다는 이유로 예비군법과 향토예비군설치법에 대한 위헌법률심판제청은 재판의 전제성이 없어 부적법하다고 각하결정을 선고하였다.[114] 이때 병역법의 처벌조항은 그 위헌여부가 재판에 실질적으로 영향을 미치지 않는다고 판단한 것으로 이해된다. 한편, 대법원은 진정한 양심에 따라 병역을 거부한 행위는 병역법에서 규정한 '정당한 사유'에 해당한다고 판단하였으며,[115] 예비군훈련을 거부한 행위도 예비군법과 향토예비군설치법에서 규정한 '정당한 사유'에 해당한다고 판단하였다.[116]

2) 한계

재판의 전제성과 관련하여 당해사건에서 주문이 달라지는 경우에는 다른 내용의 재판에 해당된다는 것이 명확하지만, 재판의 내용이나 효력에 관한 법

112) 2011. 9. 29. 2010헌바90; 2016. 11. 24. 2015헌바207.
113) 2018. 6. 28. 2011헌바379등.
114) 2021. 2. 25. 2013헌가13등.
115) 대법원 2018. 11. 1. 2016도10912.
116) 대법원 2021. 1. 28. 2018도4708등.

률적 의미가 달라지는 경우에는 다른 내용의 재판에 해당하는지 여부를 판단하기가 쉽지 않다. 재판의 전제성은 위헌법률심판의 적법요건이므로 재판의 전제성이 인정되어야 헌법재판소가 본안판단을 할 수 있다.

헌법재판에서 적법요건은 청구인의 재판청구권을 제한하는 동시에 헌법재판소가 본안판단을 할 수 있는 권한을 통제하는 역할을 한다. 위헌법률심판은 헌법질서를 수호하기 위한 객관소송의 성격을 가지고 있어 법률의 위헌여부를 보다 적극적으로 심사함으로써 규범통제의 역할을 강화할 필요성이 있다. 하지만, 헌법재판소는 재판의 전제성을 인정하는 요소인 '다른 내용의 재판'에 대해 자의적으로 판단하여 적법요건의 범위를 지나치게 확대하지 않도록 유의해야 한다.

3. 판단의 주체

(1) 제청법원이 일차적으로 판단

위헌법률심판은 법원의 제청으로 시작되는데, 법원이 재판의 전제성에 대해 일차적으로 판단한다. 법원은 당해사건에 적용되는 법률에 대해 위헌제청을 할 것인지를 결정할 때 재판의 전제성이 있는지 여부를 판단한다. 당해사건의 당사자가 위헌제청신청을 한 경우에도 재판의 전제성이 없다고 판단하면 그 신청을 기각해야 한다. 법원은 사법권의 독립에 따라 당해사건을 담당하는 재판부가 독자적으로 위헌제청권을 행사하는데, 상급심법원은 하급심법원과 독자적으로 위헌제청권을 가지므로 하급심법원이 재판의 전제성을 인정하지 않았더라도 상급심법원은 재판의 전제성을 인정하여 위헌제청을 할 수 있다.

법원이 재판의 전제성을 인정하여 위헌제청한 경우에 헌법재판소는 가급적 법원의 판단을 존중해야 한다. 당해사건을 담당하는 법원이 법률에 대한 해석과 적용을 통해 재판의 전제성에 대해 가장 정확하게 알 수 있기 때문이다. 법원은 사실관계의 인정과 그에 대한 법률의 해석과 적용을 담당하고, 헌법재판소는 그 법률의 해석과 적용에 대한 위헌심사를 담당하는 방식으로 사법권을 분유하므로 법원의 판단을 존중해야 한다.[117] 하지만, 재판의 전제성은 위헌법률심판의 적법요건이므로 최종적으로는 헌법재판소가 판단해야 한다. 헌법재판

117) 2007. 4. 26. 2004헌가29등.

소는 법원의 판단에 기속되는 것은 아니므로 법원이 재판의 전제성을 인정한 것이 명백하게 잘못된 것이라고 판단하는 경우에는 재판의 전제성을 부정할 수 있다.[118)]

(2) 규범통제형 헌법소원이 제기된 경우

위헌법률심판에서 재판의 전제성이 인정되는지 여부에 대한 판단기준은 심판절차에 따라 차이가 있다. 법원이 직권이나 당사자의 신청을 받아들여 위헌제청한 경우에 헌법재판소는 법원의 일차적 판단을 존중해야 하지만, 당사자가 헌법재판소법 제68조 제2항에 따라 규범통제형 헌법소원을 청구한 경우에는 법원의 판단을 존중할 필요가 없이 독자적으로 재판의 전제성에 대해 판단해야 한다.[119)]

법원은 당사자의 위헌제청신청에 대해 재판의 전제성이 없다는 이유로 그 신청을 기각할 수 있지만, 재판의 전제성을 판단하지 않고 당해사건에 적용되는 법률이 위헌이 아니라고 판단하여 기각할 수도 있다. 한편, 당해사건의 당사자는 법원에 위헌제청을 신청하고, 헌법재판소에 규범통제형 헌법소원을 청구할 수 있지만 재판의 전제성을 판단하는 주체는 아니다.

규범통제형 헌법소원에서는 법원이 당사자의 위헌제청신청을 기각하였으므로 당해사건의 재판은 중지되지 않고 계속 진행된다. 헌법재판소가 법원의 판단과 달리 재판의 전제성이 있다고 결정한 경우에도 법원은 그 판단에 기속되지 않고 법률을 적용하여 재판을 진행한다. 이때 재판은 계속 진행되어 판결이 선고될 수 있고, 상급심법원은 독자적인 위헌제청권을 가지므로 재판의 전제성에 대해서는 하급심법원과 달리 판단할 수도 있다. 상급심법원은 재판의 전제성이 인정된다고 판단한 경우에는 위헌법률심판을 제청할 수 있다.

(3) 헌법재판소가 직권으로 최종결정

재판의 전제성은 위헌법률심판의 적법요건이므로 헌법재판소가 직권으로 재판의 전제성이 있는지 여부를 판단하여 결정한다. 헌법재판소는 법원이 제청하지 않은 법률이나 당사자가 청구하지 않은 법률에 대해서도 위헌여부를 심판하는 경우도 있다. 헌법재판소는 심판대상을 확장하거나 변경할 수 있기 때

118) 2012. 2. 23. 2011헌가13.
119) 2003. 11. 27. 2002헌바102등.

문이다. 이때에도 헌법재판소는 직권으로 판단하여 재판의 전제성이 인정되는 경우에만 심판대상으로 확정할 수 있다. 헌법재판소가 헌법재판의 심판절차를 진행하면서 법률의 위헌여부가 선결문제가 되는 경우에도 그 법률의 위헌여부를 판단하기 위해 직권으로 재판의 전제성이 인정되는지 여부를 판단할 수도 있다.

4. 효력

(1) 적법요건

재판의 전제성은 위헌법률심판의 적법요건이므로 재판의 전제성이 없으면 헌법재판소는 법률의 위헌여부에 대해 본안판단하지 않고 각하결정을 선고해야 한다. 재판의 전제성은 법원이 제청할 당시부터 헌법재판소가 종국결정할 때까지 존재해야 한다. 따라서 당사자가 소의 취하, 화해, 인낙과 같이 당해사건의 소송을 종료시키는 행위를 하거나 법률의 개정·폐지나 헌법재판소의 위헌결정으로 법률이 실효된 경우에는 재판의 전제성이 소멸하게 된다.

다만, 당사자가 규범통제형 헌법소원을 청구하는 경우에는 법원에 위헌법률심판제청을 신청할 당시에 재판의 전제성을 갖추고 있으면 적법요건을 갖춘 것으로 인정된다. 이때에는 당해사건의 재판이 중지되지 않고 계속되므로 법원이 재판을 종결할 수 있고, 헌법재판소가 재판의 전제성을 부정하여 법률에 대한 위헌여부를 심판하지 않으면 당사자의 헌법재판청구권을 침해하게 된다.

(2) 기속력이 없음

헌법재판소가 재판의 전제성에 대해 최종적으로 판단한 것은 법원에 대해 기속력이 미치지 않는다. 당해사건의 재판에서 사실관계를 확정하고 법률을 적용하는 권한은 법원에 전속되기 때문이다. 제청법원은 헌법재판소에 위헌제청을 한 경우에 당해사건의 재판은 정지되고, 법원은 헌법재판소의 종국결정에 따라 재판을 해야 하지만, 이것은 구체적 규범통제의 본질에 따른 것이지 재판의 전제성에 관한 판단에 구속되는 것은 아니다.

법원이 재판의 전제성이 있다고 판단하고 제청하였으나 헌법재판소가 재판의 전제성이 없다는 이유로 각하결정을 한 경우에도 법원은 당해사건에 그 법률을 적용할 수 있다.[120] 헌법재판소가 당해사건에서 재판의 전제성을 부정하더라도 다른 법원은 독자적으로 판단하여 그 법률을 적용하여 재판할 수도 있고, 위헌제청을 할 수도 있다. 상급심법원도 독자적인 위헌제청권을 가지므로 재판의 전제성을 인정하여 위헌제청을 하거나 재판의 전제성을 부인할 수도 있다.[121]

(3) 예외적 본안판단

헌법재판소는 재판의 전제성이 없으면 각하결정을 선고해야 하지만, 예외적으로 본안판단을 할 수도 있다. 위헌법률심판은 객관소송의 성격을 가지므로 재판의 전제성이 인정되지 않더라도 심판이익이 있다고 인정되는 예외적인 경우에는 본안판단을 할 수 있다. 헌법재판소는 기본권 침해와 같이 위헌적 상태가 반복될 위험성이 있거나 헌법적 해명이 긴요한 경우에는 객관적인 헌법질서의 수호와 유지를 위해 심판의 필요성이 인정되므로 법률의 위헌여부를 심판할 수 있다고 판단하였다.[122]

헌법재판소가 재판의 전제성을 적법요건으로 하면서도 그 예외를 인정하는 것은 당해사건의 적법요건인 법률상 권리보호이익과 위헌법률심판의 적법요건인 심판이익이 서로 다르다는 것을 반영한다. 즉, 헌법재판에서는 법률상 권리보호이익이 없더라도 심판이익이 있다고 인정할 수 있다는 것이다. 이때에도 헌법재판소에 위헌법률심판이 청구될 당시에는 재판의 전제성을 갖추고 있어야 한다. 법원이 위헌제청을 할 당시 또는 당사자가 규범통제형 헌법소원을 청구할 당시에 재판의 전제성이 없는 경우에 헌법재판소가 당해사건에 적용되는 법률의 위헌여부를 심판하는 것은 법원의 재판권을 침해할 수 있기 때문이다.

헌법재판소가 재판의 전제성이 인정되지 않는다고 하면서도 예외적으로 심판이익을 인정하여 적법요건을 갖춘 것으로 인정하는 것은 매우 신중해야 한다. 헌법재판소는 헌법재판이 객관소송의 성격이 있다는 것을 고려하여 위헌법률심판의 이익을 독자적으로 판단할 수 있지만, 구체적 규범통제를 채택한 취지를 고려해야 한다.

위헌법률심판에서 심판이익은 재판의 전제성과 마찬가지로 적법요건의 하나인데, 심판이익이 인정된다고 해서 재판의 전제성이 치유되는 것은 아니다.

---

120) 정종섭, 헌법소송법, 316면.

121) 대법원, 1993. 4. 27. 92누9777.

122) 2013. 3. 21. 2010헌바132.

헌법재판소는 판례를 통해 재판의 전제성을 인정하기 위한 요건에 대해 이를 엄격하게 해석하지 않고 폭넓게 허용하면서도 재판의 전제성 자체에 대해서도 그 예외를 인정하여 적법요건을 완화하는 결과를 초래하고, 이는 구체적 규범통제가 추상적 규범통제로 변질될 위험이 있다.

적법요건은 청구인의 심판청구를 제한하는 소송조건일뿐만 아니라 헌법재판권을 통제하는 수단이기도 하다. 즉, 헌법재판소는 적법요건을 갖춘 경우에만 본안판단을 할 수 있는데, 헌법재판소가 스스로 적법요건과 그 예외를 결정해서는 안 된다. 헌법재판소는 재판의 전제성이 없더라도 본안판단에서 위헌결정을 할 경우에 심판이익을 인정하는데, 이는 적법요건에 앞서 본안판단을 하여 위헌결정을 확정하고 나서 추후에 적법요건의 흠결을 보완하기 위해 심판이익을 원용하는 것이다. 이는 소송의 기본적 논리를 왜곡하는 것이다.

특히, 헌법재판소는 심판이익의 사유로 제시하는 '기본권 침해와 같이 위헌적 상태가 반복될 위험성이 있거나 헌법적 해명이 긴요한 경우'도 매우 불명확하여 헌법재판소가 자의적으로 판단할 위험이 있다. 이는 헌법재판소가 권력분립의 원칙에 위배하여 법원의 재판권을 침해할 우려가 있고 구체적 규범통제를 추상적 규범통제로 변질시킬 위험이 있으므로 헌법재판소가 재판의 전제성에 대한 예외를 지나치게 확대하지 않도록 유의해야 한다.[123)]

제4절 법원의 제청

1. 법원의 위헌법률심사권

(1) 법률규정

헌법 제101조 제1항은 "사법권은 법관으로 구성된 법원에 속한다"라고 규정한다. 즉, 사법권은 법원의 권한에 속하며, 법원의 재판이 사법권의 핵심이다. 법원은 헌법과 법률에 따라 재판을 해야 하고, 법률을 해석하고 적용하는 과정에서는 헌법에 위반되지 않도록 해야 한다. 헌법 제107조 제1항은 "법률이 헌법에 위반되는 여부가 재판의 전제가 된 경우에는 법원은 헌법재판소에 제청하여 그 심판에 의하여 재판한다"라고 규정한다. 법원이 재판에 적용되는 법률

123) 한수웅, 헌법학, 1449면.

이 위헌이라고 의심되는 경우에는 재판절차를 정지하고 헌법재판소에 위헌심판을 제청하여 그 결정에 따라 재판해야 한다.

(2) 법원의 헌법해석권

법원은 직권 또는 당사자의 신청에 따라 위헌법률심판을 제청하는데, 위헌제청을 할지 여부를 결정하기 위해서는 재판에 적용되는 법률이 헌법에 위반되는지 여부를 심사할 수밖에 없다. 특히, 당사자가 위헌제청을 신청한 경우에는 법원이 재판을 통해 법률의 위헌여부를 심사하여 위헌제청을 할지 여부를 결정한다. 법원의 재판은 사실관계를 확정하고 법을 해석하고 판단하는 사법작용이다. 이때 해석과 판단의 대상이 되는 법에는 법률은 물론 헌법도 포함된다. 법원은 재판과정에서 법률과 헌법을 해석할 권한과 책무를 가지며, 그 과정에서 법률이 헌법에 위반되는지 여부를 해석할 권한도 갖는다.

법원이 헌법해석권을 가진다고 하더라도 헌법은 법률에 대한 최종적인 위헌여부의 심판권을 헌법재판소에 부여하고 있으므로 헌법재판소의 헌법해석권보다 우월할 수는 없다. 법원은 위헌제청권을 행사하기 위해서만 헌법을 해석할 수 있고 최종적인 헌법해석권을 가지지 않으므로 법률에 대한 위헌여부를 심사하더라도 헌법재판소와 같이 헌법불합치결정이나 한정위헌결정과 같은 변형결정을 할 수는 없다.

한편, 헌법 제107조 제2항은 "명령·규칙 또는 처분이 헌법이나 법률에 위반되는 여부가 재판의 전제가 된 경우에는 대법원은 이를 최종적으로 심사할 권한을 가진다"라고 규정한다. 명령·규칙 또는 처분이 헌법에 위반되는지 여부가 재판의 전제가 되는 경우에는 헌법재판소가 아닌 대법원이 최종적으로 헌법해석권을 가진다고 해석해야 한다. 헌법은 법률에 대한 최종적인 위헌심판권과 명령·규칙 또는 처분에 대한 최종적인 위헌심판권을 헌법재판소와 대법원에 배분하고 있는 것이다.

2. 제청법원

(1) 재판기관으로서의 법원

헌법과 법률에 의해 설치된 모든 법원은 위헌법률심판을 제청할 권한을 가진다. 제청법원이란 사법행정기관으로서의 관청인 법원을 의미하는 것이 아니라 개별적 소송사건에 대해 재판권을 행사하는 재판기관으로서의 법원을 말한다. 제청법원에는 헌법에 의해 특별법원으로 인정되는 군사법원은 물론 수소법원과 집행법원도 포함된다. 외국법원이나 국제중재재판소와 같은 국제기구는 대한민국의 법원이 아니므로 위헌제청권을 갖지 않는다.

제청법원은 당해사건의 재판을 담당하는 법원을 의미하므로 그 사건관할에 따라 합의부 또는 단독판사가 제청법원이 된다. 제청법원은 각 심급법원의 담당재판부를 의미하므로 항소심이나 상고심을 담당하는 상급심의 재판부도 하급심의 재판부와 별도로 위헌제청권을 행사할 수 있다. 파기환송심을 담당하는 재판부도 독자적으로 위헌제청권을 갖는다.[124] 비송사건을 담당하는 판사와 수명법관도 그 직무범위에서는 재판기관으로서의 법원이므로 독자적으로 위헌제청권을 갖는다.

(2) 재판과정에 참여하는 위원회는 제외

재판을 담당하는 법원이 아닌 입법기관이나 행정기관은 위헌제청을 할 수 없고, 행정심판기관이나 언론중재위원회와 같은 각종 행정위원회도 법관이 구성원으로 참여하더라도 위헌제청권을 가진 법원에 포함되지 않는다. 한편, 민사조정위원회, 가사조정위원회와 같이 재판과정에 참여하는 각종 위원회는 법관에 의해 주도되기 때문에 위헌제청할 수 있다는 견해도 있다.[125] 하지만, 이들 위원회는 법관의 자격을 가진 위원들이 참여하더라도 그 자체가 재판기관은 아니므로 위헌제청권을 갖지 않는다.[126]

3. 절차

(1) 직권에 의한 제청

(가) 위헌이라는 합리적 의심

법원은 직권에 의해 위헌법률심판을 제청할 수 있다. 법원은 재판을 진행

124) 2016. 2. 25. 2013헌바175등.

125) 정종섭, 헌법소송법, 264면; 허영, 헌법소송법론, 203면.

126) 김하열, 헌법소송법, 293면.

하는 과정에서 당해사건에 적용되는 법률이 합헌이라고 판단하면 위헌제청을 하지 않고 재판을 그대로 진행해야 한다. 그 법률이 위헌이라는 의심이 들면 스스로 위헌여부를 확정해서는 안 되고, 헌법재판소에 위헌법률심판을 제청하여 헌법재판소의 최종적인 판단에 따라 재판해야 한다. 법원이 직권으로 제청할 것인지 여부를 결정하는 것은 재량에 속하지만, 재판에 적용되는 법률에 대해 위헌일지도 모른다는 단순한 의심을 넘어 위헌이라는 합리적인 의심이 있으면 위헌법률심판을 제청하는 결정을 해야 한다.[127] 법원이 위헌법률심판을 제청하는 것은 헌법적 권한이자 책무이기도 하다.

(나) 제청법원의 독자적 권한

법원은 법률의 위헌여부에 대해서는 다른 법원의 판단에 구속되지 않고 독자적으로 판단하여 위헌제청을 할지 여부를 결정한다. 법원이 법률에 대한 위헌여부를 판단하는 것도 재판에 해당하고 사법권의 독립이 보장되어야 하기 때문이다. 따라서 다른 법원이 동일한 법률에 대해 직권으로 위헌제청한 적이 있다거나 당사자의 위헌제청신청을 기각하였더라도 그 해석이나 판단에 구속되지 않는다. 상급심법원은 하급심법원의 판단에 구속되지 않고, 하급심법원의 판단과 무관하게 독자적으로 위헌제청을 할 수 있다. 한편, 헌법재판소가 이미 심판을 거친 동일한 사건에 대하여는 다시 심판할 수 없으므로 헌법재판소가 제청법원의 위헌제청에 대해 위헌여부를 결정한 경우에는 제청법원이 동일한 법률에 대해 다시 위헌제청하는 것은 허용되지 않는다.

법원은 제청서를 헌법재판소에 제출함으로써 위헌법률심판을 제청한다. 제청기간에는 제한이 없어 판결을 선고하기 이전에는 언제든지 제청할 수 있다. 제청서에는 제청법원의 표시, 사건 및 당사자의 표시, 위헌이라고 해석되는 법률 또는 법률조항, 위헌이라고 해석되는 이유, 그 밖에 필요한 사항을 기재해야 한다. 법원은 증거서류나 참고자료를 제청서에 첨부할 수 있다.

(2) 당사자의 신청에 의한 제청

(가) 신청의 당사자

법원은 직권 이외에 당해사건의 당사자의 제청신청에 따라 위헌법률심판을 제청할 수도 있다. 당해사건이란 법률의 위헌여부가 재판의 전제가 된 사건

---

127) 한수웅, 헌법학, 1435면; 1993. 12. 23. 93헌가2.

을 말한다. 당해사건의 당사자는 위헌법률심판을 제청할 것을 법원에 청구할 수 있을 뿐, 직접 헌법재판소에 제청할 수는 없다. 위헌제청을 신청할 수 있는 당사자는 모든 재판의 당사자를 의미하므로 당해사건의 유형에 따라 다르게 특정되지만, 민사소송에 관한 법령을 준용하여 소송행위를 할 수 있는 자는 위헌제청을 신청할 수 있는 당사자에 포함된다.

당해사건이 민사소송인 경우에 당사자에는 원고와 피고가 포함된다. 민사소송의 보조참가인도 피참가인의 소송행위와 저촉되지 아니하는 한 소송에 관하여 공격·방어·이의·상소 기타 일체의 소송행위를 할 수 있으므로 당사자에 포함된다. 형사소송에서는 검사와 피고인이 당사자에 포함되지만, 고소인은 형사재판의 당사자라고 할 수 없으므로 위헌제청을 신청할 수 있는 당사자에 포함되지 않는다. 한편, 행정소송에서는 원고뿐만 아니라 피고인 행정청도 당사자에 포함되므로 위헌제청을 신청할 수 있다. 행정소송에서도 당해사건의 당사자뿐만 아니라 보조참가인도 위헌제청을 신청할 수 있다.[128)]

(나) 신청절차

당사자는 법원의 위헌제청을 요구하는 신청서를 서면으로 제출해야 한다. 신청기간은 제한이 없어 재판이 계속 중인 한, 당사자는 언제든지 신청할 수 있다. 신청서에는 사건 및 당사자의 표시, 위헌이라고 해석되는 법률 또는 법률조항, 위헌이라고 해석되는 이유를 기재해야 한다.[129)] 재판장은 위 사항을 기재하지 않은 신청에 대해서는 상당한 기간을 정해 보정하도록 명하고, 그 기간 이내에 흠을 보정하지 아니한 때에는 명령으로 신청을 각하한다.

법원은 당사자의 제청신청에 대해서는 당해사건의 본안판단에 앞서 신속하게 판단하여 결정해야 한다. 당사자의 제청신청은 당해사건의 재판에 적용되는 법률의 위헌성을 주장하는 것이므로 법원이 그 신청에 대해 결정을 하지 않고 본안판단을 하게 되면 당사자의 제청신청권을 침해하게 된다. 법원이 구속적부심사청구와 관련하여 당사자의 제청신청에 대해 결정을 하지 않고 구속적부심사청구를 기각한 다음, 제청신청을 기각하는 것은 사건을 부당하게 처리한 것이다. 이때 당사자가 규범통제형 헌법소원을 청구할 당시에 이미 구속적부심사청구가 기각되었다고 하더라도 재판의 전제성이 인정되므로 헌법재판소는

128) 2008. 4. 24. 2004헌바44.

129) 헌법재판소법 제41조 제2항.

법률에 대한 위헌여부를 심판할 수 있다.130)

(다) 신청에 대한 결정

법원은 당사자의 제청신청이 이유 있다고 판단한 경우에는 위헌제청결정을 하고 헌법재판소에 위헌법률심판을 제청한다. 법원은 단순한 의심을 넘어선 합리적인 위헌의 의심이 있으면 심판을 청구할 수 있고, 반드시 위헌에 관한 확신이 있어야 위헌제청을 할 수 있는 것은 아니다. 이때에도 법원은 직권으로 위헌제청하는 절차와 방식에 따라 위헌제청한다. 법원은 당사자의 제청신청에 대해 기간의 제한을 받지 않고 당해사건의 재판을 선고하기 전이면 언제든지 위헌제청결정을 할 수 있다.

법원은 당사자의 제청신청에 대해 재판을 하는데, 당사자는 법원이 헌법재판소에 위헌제청을 할 것을 요청하는 것이므로 그 소송물은 위헌제청을 할 것인지 여부이다. 여기에는 당해사건에 적용되는 법률이 위헌이라는 판단 이외에 위헌법률심판의 대상이 되는지 여부, 재판의 전제성이 있는지 여부도 포함된다. 따라서 법원은 위헌제청의 사유가 없다고 판단한 경우에는 기각결정을 해야 하고, 당사자가 아닌 자가 제청신청을 한 때와 같이 예외적인 경우에만 각하결정을 해야 한다. 재판의 전제성은 위헌법률심판의 적법요건에 해당하지만, 당사자의 제청신청에 대한 재판에서는 본안판단의 대상이다. 따라서 법원이 재판의 전제성이 없다고 판단한 경우에 각하결정을 할 것이 아니라 기각결정을 해야 한다.

(3) 대법원의 경유와 송달

법원이 위헌법률심판을 제청할 경우에는 대법원을 거쳐야 한다. 이는 대법원이 사법행정의 차원에서 위헌제청결정서 정본을 헌법재판소에 제출하는 형식적인 사무절차에 불과하다. 대법원은 법원의 위헌제청에 대해 일차적인 심사권을 갖는 것이 아니므로 법원의 위헌제청이 필요한지를 스스로 판단하여 헌법재판소에 제청하지 않는 것은 허용되지 않는다. 대법원의 법원행정처장은 제청법원으로부터 받은 위헌제청결정서 정본을 그대로 헌법재판소에 송부하여야 하고, 이로써 위헌법률심판의 제청이 이루어진다.131) 다만, 대법원은 자신의 재

---

130) 1995. 2. 23. 92헌바18.

131) 헌법재판소법 제26조 제1항 단서.

판관할사항에 대해서는 스스로 제청법원이 되어 헌법재판소에 위헌법률심판을 제청할 수도 있다.

위헌법률심판의 제청은 당해사건의 당사자뿐만 아니라 심판대상인 법률을 집행하는 국가기관에게 큰 영향을 미친다. 따라서 헌법재판소는 위헌법률심판의 제청이 있으면 당해사건의 당사자와 법무부장관에게 그 제청서의 등본을 송달한다. 제청서의 등본을 송달받은 당해사건의 당사자와 법무부장관은 위헌제청된 법률의 위헌여부에 대해 의견서를 제출할 수 있다. 이때 당사자에는 위헌제청신청을 하였는지 여부와 관계없이 당해사건의 재판에서 대립하는 양 당사자가 모두 포함된다. 헌법재판소규칙은 의견서를 제출할 수 있는 자의 범위를 확대하여 심판에 이해관계가 있는 국가기관이나 공공단체를 포함시키고 있다.

4. 제청의 효과

(1) 재판정지

(가) 당해사건의 재판만 정지

법원이 헌법재판소에 위헌제청하면 당해사건의 재판은 헌법재판소가 위헌여부를 결정할 때까지 정지되고, 헌법재판소가 종국결정을 하면 그에 따라 다시 재판을 진행해야 한다. 법원이 법률의 위헌성을 의심하여 위헌제청을 하고도 당해사건에 그 법률을 그대로 적용하는 것은 자기모순이기 때문이다. 법원이 위헌제청을 한 때부터 헌법재판소가 종국결정을 한 때까지의 기간은 형사소송법과 군사법원법에 의한 피고인의 구속기간과 민사소송법에 의한 판결선고기간에는 산입되지 않는다.[132] 한편, 당사자가 규범통제형 헌법소원을 청구한 경우에는 당해사건의 재판은 정지되지 않으므로 법원은 헌법재판소의 위헌법률심판과 무관하게 당해사건의 재판을 진행한다.

법원이 위헌제청하면 당해사건의 재판만 개별적으로 정지되고 다른 사건의 재판은 정지되지 않는다. 제청법원이 위헌제청을 하더라도 다른 법원은 자신의 재판에서 위헌제청된 법률을 그대로 적용할 수 있고, 그 재판은 정지되지 않는다. 모든 법원은 독자적으로 위헌제청권을 가지므로 제청법원의 위헌제청에 기속되지 않기 때문이다. 다른 법원은 제청법원의 위헌제청을 원용하여 자

132) 헌법재판소법 제42조 제3항.

신의 재판을 정지할 수 없고, 그 법률에 대해 독자적으로 위헌제청을 해야 비로소 재판이 정지된다.

다른 법원이 재판을 종료하여 판결을 선고할 때까지 헌법재판소가 위헌제청한 법률에 대해 위헌결정을 선고하지 않은 경우에는 그 재판은 확정될 수 있고, 그 이후에 그 법률에 대해 위헌결정이 선고되더라도 확정된 재판의 효력에는 아무런 영향이 없다. 다른 법원이 재판을 종료하기 전에 헌법재판소가 그 법률에 대해 위헌결정을 선고한 경우에는 그 재판에 대해서는 위헌결정의 기속력과 법규적 효력이 미치므로 그 법률을 적용해서는 안 된다.

(나) 예외적 진행

제청법원이 위헌제청을 하더라도 당해사건과 헌법재판을 합리적으로 진행하기 위해서 예외적으로 일정한 범위에서는 법원이 당해사건의 재판을 그대로 진행할 수 있다.

첫째, 법원이 당해사건에서 긴급하다고 인정하는 경우에는 종국재판 외의 소송절차를 진행할 수 있다.[133] 법원은 헌법재판소의 종국결정을 기다려서는 중대한 불이익을 방지하는 것을 기대할 수 없는 긴급한 상황에서 가처분결정을 하는 것과 같이 긴급하다고 인정할 경우에는 당해사건의 소송절차를 진행할 수 있다. 이러한 예외적 사유가 있는지 여부는 제청법원이 판단하여 결정한다. 다만, 법원은 당해사건의 종국재판을 할 수는 없다.

둘째, 법원이 위헌제청을 철회하기 위해 필요한 소송절차는 진행할 수 있다. 법원이 위헌제청을 하더라도 그 이후에 재판의 전제성이 소멸하는 것과 같이 일정한 사유가 있으면 위헌제청을 철회할 수 있는데, 이를 위한 소송행위는 인정되어야 한다. 따라서 법원이 위헌제청한 이후에도 당사자는 소의 취하와 같이 당해사건의 소송을 종료하는 소송행위를 할 수 있고, 법원도 위헌제청을 철회하는 소송행위를 할 수 있다.

(2) 불복금지

법원의 위헌제청에 관한 결정에 대하여는 항고할 수 없다.[134] 법원이 직권으로 제청결정을 한 경우는 물론이고 당사자의 제청신청을 각하 또는 기각하는

133) 헌법재판소법 제42조 제1항.
134) 헌법재판소법 제41조 제4항.

결정을 한 경우에도 항고할 수 없다. 법원이 당사자의 제청신청을 인용하더라도 제청신청을 한 당사자의 상대방도 항고할 수 없다. 당사자가 제청신청하였으나 기각당한 경우에는 규범통제형 헌법소원을 청구할 수 있을 뿐이다.

법원의 위헌제청에 관한 결정에 대해 특별항고를 할 수 있을까. 민사소송에서 당사자는 불복할 수 없는 결정이나 명령에 대해 재판에 영향을 미친 헌법위반이 있거나, 재판의 전제가 된 명령·규칙·처분의 헌법 또는 법률의 위반여부에 대한 판단이 부당한 경우에는 대법원에 특별항고를 할 수 있다.[135] 법원의 위헌제청에 관한 결정은 불복할 수 없는 결정이지만, 특별항고의 대상이 되는 것은 아니다. 법원이 당사자의 제청신청에 대해 결정한 것은 종국재판이 아니라 소송절차에 관한 중간재판이고, 이는 상급심에서 본안에 대한 종국재판과 함께 판단을 받을 수 있어 독자적으로 불복수단을 인정할 필요가 없다.[136]

5. 제청의 철회

(1) 인정 여부

위헌법률심판은 헌법질서를 수호하는 객관소송의 성격을 가진다. 법원의 제청결정도 재판으로 자기구속력을 가지므로 법원이 임의로 이를 철회할 수 없다. 하지만, 위헌법률심판은 구체적 규범통제를 채택하고 있고, 당해사건에서 재판의 전제성이 소멸하여 위헌여부를 심판할 필요성이 없어진 경우에는 사정이 변경되었으므로 위헌제청의 철회를 인정하는 것이 타당하다. 제청법원은 제청결정을 취소하고 그 취소결정 정본을 헌법재판소에 송부함으로써 위헌제청을 철회한다.

(2) 사유

법원이 위헌제청한 이후 자신의 견해를 변경하여 법률이 위헌이 아니라고 판단한 경우에도 이러한 사유만으로는 위헌제청을 철회할 수 없다. 법원이 위헌제청을 철회할 수 있는 것이 정당화되는 경우에만 철회할 수 있는데, 법원은 다음과 같은 사유가 있는 경우에만 위헌제청을 철회할 수 있다.

---

135) 민사소송법 제449조 제1항.

136) 대법원 1993. 8. 25. 93그34.

첫째, 법원이 위헌제청한 이후에 법률이 당해사건에 적용되지 않게 된 경우이다. 여기에는 법률이 폐지되어 당해사건에 적용되지 않게 된 경우, 법률이 개정되어 신법이 당해사건에도 적용되어 구법은 더 이상 당해사건에 적용되지 않는 경우, 법원의 위헌제청 이후 다른 사건에서 법률에 대해 위헌결정이 선고되고 그 효력이 당해사건에 미치는 경우가 포함된다. 이때에는 위헌여부가 문제되는 법률이 당해사건의 재판에 적용되지 않아 재판의 전제성이 소멸한다.

둘째, 당해사건의 당사자가 소·항소·상고의 취하, 공소취소, 화해, 포기, 인낙과 같이 소송을 종료하는 소송행위를 한 경우이다. 당사자가 사망하고 그 소송수계가 불가능하게 된 경우에도 마찬가지다. 이때에는 당해사건의 소송이 종료되어 구체적 사건이 법원에 계속 되지 않아 재판의 전제성이 소멸하게 되므로 법원은 위헌제청을 철회할 수 있다.

셋째, 법원이 당사자의 위헌제청신청에 따라 위헌제청하였는데, 당사자가 위헌제청신청을 취하한 경우이다. 다만, 이때에는 당사자의 제청신청의 취하만으로는 철회사유가 되지 않고 법원이 직권으로 철회사유가 있다고 인정한 경우에만 철회사유가 된다. 당사자가 제청신청을 취하하더라도 이것만으로 재판의 전제성이 소멸하는 것이 아니므로 이를 이유로 법원이 위헌제청을 철회해야 하는 것은 아니고, 법원이 직권으로 철회사유가 인정된다고 판단할 경우에만 제청을 철회할 수 있다. 당사자의 제청신청은 법원의 위헌제청에 계기가 되었을 뿐, 법원의 위헌제청을 기속하는 것은 아니기 때문이다. 법원은 당사자의 제청신청에 대해 재판을 통해 위헌제청한 것이고, 당사자의 신청이 없어도 직권으로 위헌제청을 할 수도 있다.

(3) 효과

법원이 위헌제청을 철회하면 헌법재판소는 위헌법률심판절차를 종료한다. 법원이 위헌제청을 철회하기 위해 제청결정에 대해 취소결정을 하면 재판정지가 종료되고 당해사건의 재판이 다시 진행된다. 법원이 철회사유가 있음에도 불구하고 위헌제청을 철회하지 않은 경우에 헌법재판소는 재판의 전제성이 없어 부적법하다는 이유로 각하결정을 선고한다.[137] 헌법재판소는 재판의 전제성이 없더라도 예외적으로 위헌상태가 반복될 위험이 있거나 헌법질서의 수호를 위해 헌법적 해명이 필요한 경우에는 심판이익을 인정하여 위헌법률심판의 본

137) 1989. 4. 17. 88헌가4.

안판단을 할 수 있다는 입장이다. 이에 따르면 법원이 위헌제청을 철회하더라도 심판이익이 인정되는 경우에는 본안판단을 할 수도 있을 것이다.

6. 부수적 규범통제

(1) 직권으로 심사

헌법재판소는 헌법재판의 심판절차에서 법률의 위헌여부가 그 심판의 전제가 되는 경우에는 별도로 법원의 위헌제청이 없이도 스스로 법률의 위헌여부를 선결문제로 심사할 수 있다. 이는 소송경제의 관점에서 헌법적 분쟁을 일괄적으로 해결하고, 장래에 동일한 위헌법률이 적용되는 것을 방지하기 위한 것이다. 헌법재판소법이 헌법소원에서 공권력의 행사나 불행사가 위헌인 법률이나 법률조항에 기인한 것으로 인정되면 인용결정에서 해당 법률이나 법률조항에 대해서도 부수적으로 위헌선고를 할 수 있도록 규정한 것도 같은 취지이다.

헌법재판소는 지방자치단체가 감사원을 상대로 자치사무에 관한 합목적성 심사까지 포함한 감사에 대해 지방자치권을 침해하였다고 주장하면서 권한쟁의심판을 청구한 사안에서 감사의 근거가 되는 감사원법의 조항이 지방자치권의 본질을 침해하지 않으므로 위헌이 아니라고 판단하였다.[138] 또한, 대통령이 중앙선거관리위원회를 상대로 선거중립의무 준수요청을 한 조치에 대해 정치적 표현의 자유를 침해하였다고 청구한 헌법소원에서도 중앙선거관리위원장의 조치의 근거가 된 공직선거법의 관련 조항이 위헌이 아니라고 판단하였다.[139]

(2) 의결정족수와 효력

헌법재판소가 부수적 규범통제에서 법률의 위헌여부를 판단하더라도 부수적 위헌선고를 제외하고는 주문에 표시되지 않고 결정이유를 통해 확인된다. 헌법재판의 선결문제로서 심사하는 부수적 규범통제에서 결정이유에 대해 기속력을 인정하기 위해서는 재판관 6인 이상의 찬성이 있어야 한다.[140] 부수적 규범통제는 종국결정의 주문에 표시되지 않고 결정이유에서 법률의 위헌여부

138) 2008. 5. 29. 2005헌라3.

139) 2008. 1. 17. 2007헌마700.

140) 2008. 10. 30. 2006헌마1098등.

를 판단하는데, 그것이 주문의 근거가 되어 주문과 불가분의 일체를 이루는 경우에는 종국결정의 일부가 되어 일사부재리를 근거로 불가변력, 불가쟁력, 기판력을 가지며, 선례구속력도 갖는다.

헌법재판의 선결문제로서 심사하는 부수적 규범통제는 주문을 통해 법률효과를 변경시키지 않고 별도의 법률효과를 형성시키는 법률적 근거도 없으므로 위헌여부에 대한 판단은 형성력을 갖지 않는다. 또한, 법률을 위헌이라고 판단하더라도 법규적 효력이 발생하지 않으므로 법률의 효력이 상실되는 것도 아니다.

제5절 종국결정

1. 유형

(1) 심판절차종료선언

법원이 위헌제청을 철회한 경우에 헌법재판소는 심판절차를 종료하지만, 심판절차가 종료되었음을 명확히 하기 위해 심판절차종료선언을 할 수도 있다. 위헌법률심판에서는 당사자가 존재하지 않으므로 당사자의 사망은 심판절차종료선언의 사유가 아니다. 당해사건의 당사자가 사망하더라도 그로 인하여 재판의 전제성이 소멸하여 위헌법률심판의 각하사유가 될 수는 있지만 그 자체만으로 심판절차종료선언을 할 수는 없다. 헌법재판소는 재판의 전제성이 없더라도 예외적으로 위헌상태가 반복될 위험이 있거나 헌법질서의 수호를 위해 헌법적 해명이 필요한 경우에는 심판이익을 인정하여 위헌법률심판의 본안판단을 할 수 있다는 입장이다. 이에 따르면 심판이익이 인정되는 경우에는 본안판단을 할 수도 있을 것이다.

규범통제형 헌법소원에서도 당해사건의 당사자인 청구인이 헌법소원을 취하하거나 청구인이 사망하고 그 수계자가 없는 경우에는 심판절차종료선언을 한다. 헌법재판소는 이때에도 종국결정을 할 수 있을 정도로 사건이 성숙되어 있고, 종국결정에 의해 유죄판결의 흠결이 제거될 수 있는 경우 특별히 유죄판결을 받은 자의 이익을 위하여 결정의 필요성이 있다고 판단되는 때에는 종국결정을 할 수 있다고 판단하였다.[141)]

141) 1994. 12. 29. 90헌바13.

위헌법률심판에서 심판청구가 취하되거나 청구인이 사망하고 소송수계가 허용되지 않을 때에는 이미 종국결정을 할 수 있을 정도로 사건이 성숙되었다거나 기본권 침해행위가 반복될 위험성이 있거나 헌법적 해명이 긴요하다고 하더라도 심판절차종료선언을 하는 것이 타당하다.

(2) 각하결정

재판부는 적법요건을 갖추지 못하였다고 판단한 경우에는 본안판단을 하지 않고 각하결정을 선고한다. 헌법재판소는 주문에서 “이 사건 위헌법률심판제청을 각하한다”라고 결정한다. 각하사유에는 위헌법률심판의 대상이 되지 않는 경우, 재판의 전제성이 인정되지 않는 경우, 그리고 심판이익이 없는 경우가 해당한다. 규범통제형 헌법소원의 경우에는 “이 사건 심판청구를 각하한다”라고 결정하며, 법원의 위헌제청에 의한 위헌법률심판의 각하사유 이외에 청구인적격이 없는 경우, 청구기간을 도과한 경우, 변호사대리를 위반한 경우에도 각하결정을 한다.

(3) 합헌결정

재판부가 법률의 위헌여부를 심사한 결과 위헌이 아니라고 판단한 경우에는 주문에서 “…은 헌법에 위반되지 아니한다”라고 결정한다. 위헌법률심판은 법률이 헌법에 위반하였는지 여부를 심사하는 것이지, 법률이 헌법에 합치하는지 여부를 심사하는 것이 아니다. 합헌결정은 법률이 헌법에 합치한다는 것을 적극적으로 확인한 것이 아니라 헌법에 위반되는 것은 아니라는 것을 소극적으로 선언한 것이다. 따라서 ‘합헌결정’보다 ‘헌법에 위반되지 않는다는 결정’이 더 정확한 표현이다.

헌법재판소가 합헌결정을 하면 그 법률은 그대로 효력을 유지하지만, 이는 법률이 헌법에 합치한다는 종국결정에 따른 효과가 아니다. 종국결정은 당해사건에 그 법률을 적용하는 것이 위헌이 아니라는 것을 확인한 것에 불과하므로 법률은 종전과 마찬가지로 그 자체로 유효하게 적용된다. 따라서 일사부재리에 위반되지 않는 이상 법원은 합헌결정된 법률에 대해 다른 사건에서 다시 위헌제청을 할 수 있고, 헌법재판소는 이에 대해 다시 법률의 위헌여부를 심판할 수 있다. 합헌결정은 위헌결정과 달리 기속력과 법규적 효력을 갖지 않기 때문이다.

하지만, 당해사건을 재판하는 법원은 합헌결정이 선고된 법률을 당해사건에 적용해야 하고 그 법률을 위헌으로 해석하여 적용에서 배제해서는 안 되며, 합헌결정된 법률에 대해 다시 위헌제청을 할 수도 없다. 이는 당해사건에 적용되는 법률의 위헌여부에 대해서는 헌법재판소의 판단에 따른다는 구체적 규범통제의 본질과 종국결정의 일사부재리에서 비롯된 것이지 합헌결정의 기속력에 따른 것은 아니다.[142)]

재판부가 위헌결정을 선고하기 위해서는 재판관 6인 이상의 찬성이 있어야 하므로 재판관 과반수가 위헌의견을 내더라도 위헌결정을 할 수 없는 경우가 발생한다. 이때 헌법재판소는 "헌법에 위반된다고 선언할 수 없다"라는 주문을 선고하기도 하였다.[143)] 하지만, 위헌불선언결정은 실질적으로 합헌결정의 효력과 아무런 차이가 없어 1996년 이후 현재에는 채택하지 않고 있다. 헌법재판소는 합헌결정을 선고하는 경우에도 법률이 부당하거나 체계적으로 부조화하다고 판단한 때에는 입법촉구결정을 병행하는 경우도 있다. 입법촉구결정은 주문에 별도로 표시하지 않고 이유에서만 설시하는데, 국회에 대해 입법정책적 의견을 제시하는 것일 뿐, 종국결정으로서 아무런 효력을 갖지 않는다.

(4) 위헌결정

(가) 특별한 법적 효력

헌법재판소는 법률이 위헌이라고 판단한 경우에는 위헌결정을 하는데, 이때에는 재판관 6인 이상의 찬성이 있어야 한다. 위헌결정은 주문에서 "…은 헌법에 위반된다"라고 결정한다. 위헌법률심판에서 위헌결정은 그 법적 효력과 관련하여 중요한 의미를 가진다. 헌법재판소가 본안판단을 하는 것은 당해사건에 그 법률을 적용하는 것이 위헌인지 여부를 심판한다는 것이지 심판대상인 법률 그 자체가 모든 관점에서 절대적으로 위헌인지 여부를 심판하는 것은 아니라는 것을 유의해야 한다. 추상적 규범통제에서는 심판대상인 법률 그 자체가 위헌인지 여부를 심사하지만, 헌법재판소는 구체적 규범통제를 채택하고 있어 당해사건과 관련된 범위에서 그 사건에 적용되는 법률의 위헌여부를 심판한다.

위헌법률심판의 종국결정은 공통적으로 일사부재리에 따라 불가변력, 불

---

142) 정종섭, 헌법소송법, 338면.

143) 1989. 12. 22. 88헌가13.

가쟁력, 기판력을 가지고, 헌법해석을 변경할 때까지 선례구속력을 가진다. 헌법재판소법은 위헌결정에 대해서는 기속력과 법규적 효력이라는 특별한 효력을 부여한다. 위헌결정은 기속력을 가지므로 모든 국가기관과 지방자치단체는 위헌결정을 존중하여 그에 어긋나는 행위를 해서는 안 된다. 또한, 위헌결정이 선고되면 법규적 효력에 따라 그때까지 유효하게 적용된 법률이 일반적으로 효력을 상실하게 된다. 위헌결정은 특별한 법적 효력을 가지므로 위헌결정의 범위를 확정하는 것이 중요하다. 위헌결정은 법률의 위헌성을 확인한 것이므로 헌법불합치결정과 한정위헌결정과 같은 변형결정에 대해서도 기속력과 법규적 효력이 변형되어 인정된다.

(나) 심판대상의 일부에 대한 위헌결정

헌법재판소가 위헌결정을 선고하는 경우에도 그 위헌결정의 범위가 심판대상과 항상 일치하는 것은 아니다. 재판부는 심판대상의 일부에 대해서만 위헌결정을 할 수 있는데, 이를 일부위헌결정이라고 한다. 일부위헌은 심판대상의 일부를 별도로 구분하여 그 부분에 대해서만 위헌결정을 하는 양적 일부위헌과 심판대상을 제한적으로 해석하여 적용하는 부분에 한정하여 위헌결정을 하는 질적 일부위헌으로 구분될 수 있다. 양적 일부위헌의 나머지 부분은 위헌이 아니므로 그 효력이 유지된다.[144] 질적 일부위헌은 위헌성이 확인된 부분에 대해서는 위헌결정의 효력을 가지며, 한정위헌결정이 이에 해당한다. 결국, 양적 일부위헌은 별도로 구분된 부분에 대한 위헌결정과 동일하고, 질적 일부위헌은 한정위헌결정과 동일하므로 일부위헌결정을 독자적인 종국결정으로 인정할 실익이 없다.

재판부는 심판대상의 일부에 대해 위헌결정을 하지 않고 미리 심판대상을 위헌결정할 부분으로 축소한 다음, 심판대상의 전부에 대해 위헌결정을 선고할 수도 있다. 하지만, 일부위헌과 심판대상의 축소는 구별해야 한다. 일부위헌은 심판대상의 일부에 대해 위헌결정을 선고하는 것이고, 심판대상을 축소하는 것은 적법요건인 재판의 전제성을 심사하여 본안판단을 할 심판범위를 확정하는 것이다. 일부위헌결정은 심판대상의 나머지 부분은 합헌이라는 의미이고, 심판대상의 축소에서 제외된 부분은 아직 위헌여부를 판단하지 않은 것이다. 재판부가 심판대상과 위헌결정의 범위를 일치시키기 위해 심판대상인 법률의 위헌

144) 1993. 12. 23. 93헌가2.

여부를 미리 판단하여 위헌결정의 범위를 정하고, 이를 기준으로 심판대상을 축소해서는 안 된다.

(다) 위헌결정의 확장

헌법재판소는 심판대상보다 넓은 범위까지 위헌결정을 선고하는 경우도 있다. 재판부는 법률조항의 위헌결정으로 인하여 그 법률의 전부를 시행할 수 없다고 인정될 때에는 그 전부에 대해 위헌결정을 선고할 수 있다.[145] 심판대상인 법률조항이 법률의 핵심적 사항이어서 그 법률조항이 위헌이면 법률 전부가 법적 의미나 정당성이 상실되는 경우에는 심판대상 이외에도 법률 전부에 대해 위헌결정을 선고할 수 있다.[146] 이때에는 심판대상을 넘어 위헌결정의 효력을 확장한 것이다.

재판부는 심판대상을 확장함으로써 심판대상과 위헌결정의 범위를 일치시키기도 한다. 재판부는 심판대상과 내용적으로나 체계적으로 밀접한 관계가 있어 전체적으로 일체로 평가할 수 있는 경우에는 그 범위까지 심판대상 자체를 확장할 수도 있다.[147] 재판부는 심판대상인 법률과 핵심쟁점에서 밀접한 관련이 있는 경우에는 그 범위까지 심판대상을 확장할 수 있고,[148] 심판대상인 법률조항이 위헌이면 다른 법률조항만 독립하여 존속할 법적 의미가 없어지는 경우에도 심판대상을 그 다른 법률조항까지 확장할 수 있다.[149] 이는 법률체계의 통일성을 유지하고 소송경제의 관점에서 위헌문제를 한꺼번에 해결함으로써 불필요한 법적 혼란이나 불공평한 결과를 방지하기 위한 것이다.

재판부가 심판대상보다 넓은 범위까지 위헌결정을 선고하는 것과 심판대상 자체를 확장하여 그 전체에 대해 위헌결정을 선고하는 것은 구별해야 한다. 하지만, 양자 모두 위헌결정이 선고된 부분에 대해 실질적으로 위헌여부를 판단한 것으로 위헌결정의 효력이 미치는 범위가 다르지 않아 특별히 구별할 실익은 없다.

145) 헌법재판소법 제45조 단서.
146) 1999. 4. 29. 94헌바37등.
147) 2002. 8. 29. 2001헌바82.
148) 2018. 6. 28. 2011헌바279등.
149) 2003. 9. 25. 2001헌가22.

2. 변형결정

(1) 인정여부

(가) 법률규정

헌법은 제111조 제1항에서 헌법재판소의 관장사항으로 “법원의 제청에 의한 법률의 위헌여부 심판”을 규정하고, 헌법재판소법 제45조는 “헌법재판소는 제청된 법률 또는 법률조항의 위헌여부만을 결정한다”라고 규정한다. 즉, 종국결정에 대해서는 위헌여부에 대한 심판만 규정하고 변형결정에 대해서는 아무런 규정을 두지 않고 있다. 헌법재판소는 초기부터 본안판단을 하는 경우 위헌결정과 합헌결정 이외에 헌법불합치결정, 한정위헌결정, 한정합헌결정과 같은 변형결정을 하였다. 이는 헌법재판소가 헌법재판소법의 공백상태를 보완하기 위해 심판절차에 대한 규범을 창설한 것으로 이해된다.

헌법재판소가 변형결정을 선고하는 것이 법적으로 허용될까. 이는 헌법과 헌법재판소법에 대한 해석을 통해 확정되는데, 헌법재판소법은 ‘법률의 위헌여부만’을 심판할 수 있다고 규정한다. 이는 헌법재판소가 법률의 위헌여부만 심판할 수 있을 뿐, 당해사건의 재판에 대해 심판할 수 없다는 것을 의미한다.[150) 즉, 헌법재판소가 위헌결정을 할 경우 그 형식이나 범위를 제한하는 것이 아니므로 주문형식에서 변형결정을 금지하는 것은 아니다.[151)

(나) 필요성

헌법재판소가 심판대상인 법률의 위헌성을 확인한 경우에는 이를 전면적으로 배제하는 것이 논리적이지만, 위헌결정을 통해 법률의 효력을 상실시키면 법적 안정성을 해치거나 법적 공백이 발생할 수도 있다. 이때 재판부는 위헌결정을 하는 대신 필요한 범위에서만 법률의 위헌성을 제거하는 것이 바람직할 수 있다. 이는 법률을 헌법합치적으로 해석하여 가급적이면 법률의 규범력을 인정하고자 하는 노력으로 이해되며, 위헌성이 확인된 법률에 대해서는 입법권을 가지는 국회가 이를 개선하도록 하는 것이 권력분립의 원칙에도 부합한다.[152) 변형결정은 당해사건의 재판에서 구체적 타당성과 법적 안정성을 조화

150) 1989. 9. 8. 88헌가6.

151) 허완중, 헌법소송법, 201면.

152) 1990. 6. 25. 90헌가11.

롭게 실현하기 위해 위헌결정의 범위를 양적, 질적, 시간적으로 제한한 것이다.

변형결정은 헌법재판소법에서 규정하는 위헌결정의 효력과 범위를 실질적으로 변경하는 결과를 초래하므로 헌법재판소가 마음대로 변형결정을 선고해서는 안 된다. 재판부는 법률의 위헌성을 확인하면서도 헌법질서의 통일성과 법적 안정성을 유지하고 기본권을 실효적으로 보장하기 위해 특별한 법적 효과를 부여할 필요가 있는 경우에만 변형결정을 할 수 있다. 이는 위헌법률심판이 개인의 권리구제를 위한 주관소송과 동시에 헌법질서의 수호를 위한 객관소송이라는 특성을 반영한 것이기도 하다. 헌법재판소가 사법적 판단을 회피하거나 정치적으로 타협하는 수단으로 변형결정을 악용해서는 안 된다.

(다) 유형

변형결정은 헌법이나 헌법재판소법에 근거하여 인정되는 것이 아니라 헌법재판소가 심판절차에 대한 규범으로 창설한 것이다. 변형결정은 위헌성이 있는 법률에 대해 전면적으로 위헌결정을 하지 않고 필요한 범위에서 위헌성을 확인하고 그 적용을 배제하기 위한 것이다. 변형결정의 유형은 그 법적 효력에 따라 확정될 수 있는데, 헌법재판소와 대법원은 변형결정의 유형과 그 범위를 달리 인정한다.

헌법재판소는 법률의 위헌성을 확인하면서도 정책적 관점에서 법률의 효력을 유지할 필요가 있는 경우에는 헌법불합치결정을 선고한다.[153] 법률의 질적 일부에 대해 위헌성을 확인한 경우에는 한정위헌결정이나 한정합헌결정을 선고한다.[154] 한편, 대법원은 헌법불합치결정을 위헌법률의 효력을 상실시키는 시기를 일정 기간 뒤로 미루는 위헌결정의 일종으로 판단하여 변형결정으로 인정하지만,[155] 한정위헌결정과 한정합헌결정에 대해서는 이를 법률해석의 일종으로 파악하여 변형결정으로 인정하지 않고 위헌결정의 법적 효력도 인정하지 않는다.[156]

153) 2006. 6. 29. 2005헌가13.
154) 1997. 12. 24. 96헌마172.
155) 대법원 2009. 1. 15. 2004도7111.
156) 대법원 2001. 4. 27. 95재다14.

(2) 헌법불합치결정

(가) 본질

1) 잠정적으로 법률의 효력을 유지

헌법불합치결정이란 법률이 위헌이라는 것을 확인하면서도 위헌결정을 통해 그 효력을 상실시키지 않고 법률의 외형과 효력을 잠정적으로 유지시키는 종국결정이다. 이는 국회로 하여금 법률의 위헌적 요소를 제거할 개선입법의무를 부과하고 그 개선입법을 적용하도록 하는 것이다. 심판대상인 법률은 위헌적이지만 법률로서 효력을 유지하되, 국회가 일정한 기간 내에 개선입법을 하지 않으면 그때부터 효력을 상실하게 된다. 헌법불합치결정은 위헌성을 확인하고도 법률 자체의 효력은 그대로 유지시키는 것이다. 하지만, 헌법불합치결정은 법률의 위헌성을 확인한 것이므로 그 법률을 적용하는 절차는 중지되고, 국회가 개선입법을 마련한 경우에 그 법률에 따라 절차를 진행해야 한다. 위헌결정이 선고되면 위헌성이 확인된 법률의 적용을 배제함으로써 공권력의 행사에 관한 절차를 진행하게 된다. 헌법불합치결정은 잠정적으로 법률의 효력을 유지하면서도 실제로 그 적용을 중지시키는 것을 본질적 내용으로 한다.

헌법재판소가 법률의 위헌성을 확인하고도 그 효력을 실효시키지 않고 유지하는 것은 법치와 사법적 정의에 어긋난다. 이는 헌법의 규범력을 약화시키고 국민의 기본권을 침해할 수도 있다. 그럼에도 불구하고 헌법불합치결정이 정당화되는 이유는 무엇일까. 위헌결정을 통해 법률의 효력을 상실시키는 것보다 잠정적으로 법률의 효력을 유지하도록 하는 법적 이익이 큰 경우에만 허용된다. 이는 헌법재판이 객관소송의 성격을 가진다는 것을 반영한 것이다.

2) 권력분립의 원칙을 존중

헌법불합치결정은 권력분립의 관점에서도 그 필요성이 인정된다. 위헌법률에 대해서는 국회가 입법권을 가지므로 스스로 개선입법을 통해 위헌성을 제거하는 것이 바람직하다. 국회는 법률의 위헌상태를 제거하는 다양한 방법을 선택하여 개선입법을 할 권한과 의무를 가지므로, 헌법재판소가 단순히 위헌결정을 하게 되면 국회의 입법형성권을 침해하는 결과를 초래할 수 있다.[157] 헌법재판소는 법률의 위헌성을 확인하고, 국회가 그 위헌성을 제거하며, 법원과

157) 2004. 5. 27. 2003헌가1.

정부는 개선된 법률에 따라 법률을 적용하고 집행해야 한다.

헌법재판소가 위헌법률에 대해 헌법불합치결정을 선고하기 위해서는 헌법적으로 정당화될 수 있는 사유가 있어야 한다. 헌법재판소는 국회의 입법형성권을 존중해야 하지만 국회의 입법형성권을 이유로 헌법불합치결정을 남발해서는 안 된다. 헌법재판소는 법률의 위헌부분을 합헌부분과 명확하게 구분할 수 있고 위헌결정을 선고하더라도 입법공백과 그로 인한 혼란을 방지할 필요가 인정되지 않는 경우에는 위헌결정을 해야 한다.[158)]

(나) 구체적 사유

1) 법적 공백이나 혼란을 방지할 필요

헌법재판소는 위헌결정으로 법률이 실효되면 법적 공백이나 혼란이 야기되는 경우에 헌법불합치결정을 할 수 있다. 이때에는 특정한 사안을 규율하는 법적 공백상태가 발생하여 법적 안정성을 해칠 수 있으므로 위헌법률이라도 잠정적으로 그 효력을 인정하는 것이 필요하다. 위헌결정으로 인하여 발생하는 법적 공백의 합헌상태와 위헌법률을 잠정적으로 적용하는 위헌상태를 비교하여 법적 안정성과 공익의 관점에서 후자가 전자보다 헌법질서에 부합한다고 판단되는 경우에는 국회가 입법개선을 통해 그 위헌성을 제거할 때까지 위헌법률을 잠정적으로 적용한다.[159)]

2) 위헌적 요소와 합헌적 요소의 공존

법률에 합헌부분과 위헌부분이 공존하여 헌법재판소가 위헌결정을 통해 이에 적절하게 대처하기 어려운 경우에도 헌법불합치결정을 선고한다. 위헌결정을 선고하여 법률의 효력을 상실시키면 법률의 합헌부분까지 무효화되고 이는 헌법재판소가 국회의 입법권을 침해하는 결과를 초래한다. 이때 헌법재판소는 법률 전체를 무효화하는 대신 국회로 하여금 필요한 범위에서 법률의 위헌성을 제거하도록 하는 것이 바람직하다. 국회는 입법개선의무를 통해 위헌부분을 제거할 다양한 입법수단을 선택할 수 있고, 헌법재판소는 그 입법형성권을 존중해야 한다.[160)]

158) 정종섭, 헌법소송법, 394면.
159) 2006. 5. 25. 2005헌가11등.
160) 2004. 5. 27. 2003헌가1.

3) 새로운 기본권 침해를 방지

위헌법률을 실효시키는 경우에 이로 인하여 기본권의 침해가 새롭게 발생하는 경우도 있는데, 이때에도 헌법불합치결정을 한다. 수혜적인 법률이 평등원칙을 위반한 경우에 그 법률에 대해 위헌결정하면 그 동안 수혜를 받아 온 일부 집단의 법적 이익을 박탈할 수 있고, 이는 하향식 평준화를 초래하게 된다. 일부 집단이 수혜를 받은 것 자체가 헌법적으로 허용될 수 없는 것이 아닌 한, 나머지 집단에 대해 혜택을 배제하더라도 그 법률의 효력을 잠정적으로 유지하는 것이 바람직할 수 있다. 이때에도 그 법률이 위헌이라는 것만 확인하고 국회로 하여금 그 위헌상태를 제거하도록 하는 것이 바람직하다. 하지만, 법률이 수혜자의 범위를 한정하는 것에 불과하여 위헌결정을 하더라도 기존의 수혜자에 대한 근거가 사라지지 않고, 법적 공백이나 혼란이 발생하지 않는 경우에는 헌법불합치결정을 할 필요가 없다.[161]

4) 법적용의 형평성 확보

위헌법률을 실효시킬 경우에 그 법률의 적용을 받는 당사자들 사이에 형평성을 상실하게 되는 경우에도 헌법불합치결정을 선고할 수 있다. 종국결정을 통해 법률의 위헌성이 확인된 경우에는 그 법률을 적용해서는 안 되고, 합헌적으로 개정된 법률을 적용해야 한다. 하지만, 이미 위헌법률의 적용을 받은 자와 형평성을 고려하여 그 법률을 잠정적으로 적용하는 것이 필요한 경우도 있다.

위헌법률에 따라 이미 조세를 납부한 사람이 있고, 그 조세납부가 확정된 경우에는 위헌법률을 실효시키면 조세를 성실하게 납부한 사람이 아직 조세를 납부하지 않은 미납자보다 불이익을 받게 된다. 위헌법률을 실효시키는 것이 현저히 불공평을 초래하고, 그 법률을 한시적으로 적용하더라도 정의와 형평에 크게 어긋나지 않는 경우에는 헌법불합치결정을 할 수 있다.[162] 이때에는 위헌법률이 적용되어 권리구제의 목적을 달성할 수는 없지만, 위헌법률의 적용을 그대로 유지하는 것이 헌법적으로 더욱 바람직하므로 위헌법률을 잠정적으로 적용하는 것이 정당화된다.[163]

161) 2011. 6. 30. 2008헌마715.
162) 1995. 11. 30. 91헌바1등.
163) 2001. 6. 28. 99헌바54.

(다) 유형

1) 계속적용과 적용중지

헌법불합치결정은 주문에서 "헌법에 합치되지 아니한다"라고 선고하여 법률의 위헌성을 확인한다. 위헌법률이라도 잠정적으로 그 효력을 유지시키는데, "…입법자가 개정할 때까지 그 효력을 지속한다"라고 결정한다. 이때에도 법률을 계속적용할지 여부에 따라 주문의 표현이 달라진다. 즉, "…헌법에 합치되지 아니한다. …까지 계속적용된다", "…헌법에 합치되지 아니한다. …까지 적용을 중지한다", "…헌법에 합치되지 아니한다. …까지 입법자가 개정하지 아니하면 그 효력을 상실한다 ", "…헌법에 합치되지 아니한다. …입법자가 개정할 때까지 그 효력을 지속한다"와 같이 표현한다. 계속적용이나 적용중지를 명하는 경우에는 주문에 표시하지 않고 이유에서 설명하기도 하지만, 이는 법률의 효력과 적용에 대한 중요한 사항이므로 주문에 표시하는 것이 바람직하다.[164]

헌법불합치결정은 법률의 위헌성을 확인한 것이므로 적용중지를 명하는 것이 원칙이지만, 실질적으로는 위헌성에도 불구하고 잠정적으로 적용하도록 하는 계속적용을 명하는 것에 중요한 의미가 있다. 헌법불합치결정은 대부분 계속적용을 명할 필요가 있을 때 선택되며, 위헌법률의 적용을 중지하더라도 그로 인한 법적 혼란이 발생하지 않을 것으로 판단할 경우에는 적용중지를 명한다.[165] 법률에 대해 위헌성을 확인하면서 적용중지를 명할 필요가 있는 경우에는 위헌결정을 선고하여 그 효력을 실효시키는 것이 타당하며, 적용중지를 명하더라도 그 법률의 효력을 그대로 유지시킬 필요가 있을 경우에만 헌법불합치결정을 선고해야 한다.[166]

2) 개선입법의무

헌법불합치결정에서는 법률의 위헌성을 확인하면서 국회에 대해 일정한 시한까지 법률의 위헌성을 제거할 개선입법의무를 부과하기도 한다. 헌법재판소는 주문에서 "법률은 …시한으로 입법자가 개정할 때까지 그 효력을 지속한다" 또는 "입법자는 …까지 위 법률조항을 개정해야 한다"라고 표현한다. 국회가 주문에서 정한 시한까지 개선입법을 하는 경우에는 그때까지는 위헌법률은

164) 2016. 12. 29. 2015헌마509등.

165) 2020. 11. 26. 2019헌바131.

166) 정종섭, 헌법소송법, 401～402면.

유효하게 존속한다. 국회가 그 기한을 경과할 때까지 개선입법을 하지 않으면 그때부터 위헌법률은 효력을 상실하게 된다. 개선입법의 시한을 특정하지 않고 법률의 계속적용이나 적용중지를 명하는 경우도 있는데, 법률의 위헌성을 확인하면서도 기한을 정하지 않고 계속적용하도록 하는 것은 옳지 않다. 계속적용을 명하는 경우에는 개선입법의 기한을 명시하는 것이 바람직하다.

3) 개선입법촉구

헌법재판소는 헌법불합치결정을 선고하면서 개선입법의무를 부과하지 않고 단순히 개선입법을 촉구하기도 한다.[167] 개선입법촉구는 헌법재판소가 바람직한 입법기준을 제시하면서 국회로 하여금 입법을 촉구하는 것으로 국회에게 개선입법의무를 부과하는 것과 다르다. 헌법재판소는 합헌결정을 하면서 입법촉구를 부가하기도 한다. 하지만, 개선입법촉구는 주문에는 표시되지 않고 이유에서만 부가되는데, 이는 기속력을 갖지 않는다.[168] 개선입법촉구는 법적 효력이나 실효성이 없으므로 부가하지 않는 것이 바람직하다.

(라) 효력

헌법불합치결정도 종국결정으로서 일사부재리에 따라 불가변력, 불가쟁력, 기판력을 갖고, 헌법적 판단을 변경할 때까지는 선례구속력도 갖는다. 헌법불합치결정 역시 위헌결정에 포함되므로 재판관 6인 이상의 찬성이 있어야 선고할 수 있다. 헌법불합치결정은 법률의 위헌성을 명확하게 확인하면서도 그 법률의 효력을 상실시키지 않고 그대로 유지하는 것이 핵심이다. 헌법재판소법은 위헌결정에 대해서는 기속력과 법규적 효력을 부여하는데, 헌법불합치결정도 법률의 위헌성을 확인한 것이므로 일정한 범위에서는 기속력과 법규적 효력을 갖는다.

헌법불합치결정은 실질적으로 법률의 위헌성을 확인한 위헌결정의 일종이고, 주문에서 법률의 위헌성을 명확하게 표시하고 있으므로 기속력을 갖는다. 헌법불합치결정이 선고된 법률은 외형적으로 법률의 효력을 그대로 유지하고 있더라도 법원을 비롯한 모든 국가기관과 지방자치단체는 위헌법률을 적용하거나 그에 근거한 후속행위를 속행해서는 안 된다. 모든 국가기관과 지방자치단체는 그 법률을 적용하는 모든 사건의 절차를 정지하고, 국회의 개선입법을

167) 2010. 7. 29. 2008헌가15.

168) 1997. 3. 27. 95헌가14등.

통해 위헌성이 제거된 이후 그 법률을 적용해야 한다. 다만, 헌법재판소가 계속적용을 명한 경우에는 국회가 입법개선을 할 때까지 법률을 그대로 적용할 수 있다. 헌법재판소와 대법원도 헌법불합치결정에 대해 기속력을 인정한다.[169)]

헌법불합치결정은 국회가 개선입법을 통해 법률의 위헌성을 제거하거나 개선입법의 기한이 도과한 경우에 비로소 위헌법률의 효력이 상실되므로 그때 법규적 효력이 발생한다. 헌법불합치결정을 선고하면서 계속적용을 명하는 경우에는 잠정적으로 위헌법률이 그대로 유효하게 적용되므로 법규적 효력이 발생할 여지가 없고, 적용중지를 명하는 경우에도 법률 자체의 효력은 그대로 유지된다. 헌법불합치결정은 위헌결정의 법규적 효력을 시기적으로 제한하여 국회의 개선입법시기 또는 개선입법기한의 만료까지 완화시킨 것이라고 할 수 있다.

(마) 형벌조항에 대한 헌법불합치결정

1) 필요성

형벌조항에 대해 헌법불합치결정을 할 수 있을까. 헌법불합치결정은 실질적으로 법률의 위헌성을 확인한 것이고, 위헌인 형벌조항을 적용하는 것은 죄형법정주의에 정면으로 위반된다. 범죄의 구성요건이나 형벌에 대해 위헌성이 확인되면, 그 위헌법률을 적용한 당해사건이 확정되더라도 재심을 통해 구제받을 수 있다. 하지만, 형벌조항이 위헌이라고 판단하면서도 그 법률을 그대로 적용하는 것은 헌법 제12조 제1항과 제13조 제1항에서 규정하는 죄형법정주의에 정면으로 위반된다는 문제가 있다.

형벌조항이 위헌이라면 위헌결정을 선고하여 법률의 효력을 상실시켜야 한다. 하지만, 형벌조항이 위헌이라도 위헌결정을 선고하여 무효화하게 되면 가벌성이 있는 범죄행위를 처벌하지 못하게 되는 법적 공백상태가 발생할 수 있다. 즉, 법률유보의 원칙에 위반하여 범죄의 구성요건과 형벌이 하위법령을 통해 확정되는 경우, 범죄구성요건이 광범위하여 위헌인 부분과 합헌인 부분이 혼재되어 있는 경우, 범죄구성요건은 명확하지만 법정형 그 자체가 너무 높거나 다른 범죄의 법정형과 비교하여 과중하여 형벌의 체계적 균형이 깨어졌을 경우가 이에 해당된다. 이때에는 헌법불합치결정을 통해 잠정적으로 위헌법률의 효력을 그대로 유지하는 것이 헌법적으로 정당화될 수 있다.

---

169) 2006. 6. 29. 2005헌가13; 대법원 1998. 4. 10. 97누20397.

2) 죄형법정주의와 관계

헌법재판소가 위헌이라고 판단한 형벌조항을 그대로 적용하는 것은 실질적 법치와 죄형법정주의에 위반되므로 원칙적으로 허용되지 않는다. 하지만, 헌법질서의 통일성과 법적 안정성을 유지하고 형벌조항을 형평성 있게 적용하기 위해서는 예외적으로 그 형벌조항의 효력을 유지하는 것이 허용된다. 이때에는 국회가 재량을 가지고 개선입법을 통해 위헌적 요소를 제거하는 것이 바람직하다. 형벌조항에 대해 헌법불합치결정을 선고하는 경우에는 비록 법률의 효력을 유지하더라도 죄형법정주의를 존중해야 하므로 계속적용을 명할 수는 없고 적용중지만 허용된다는 견해도 있다.[170] 하지만, 형벌조항의 유형과 내용에 따라 잠정적으로 위헌적 상태를 유지해야 할 법적 이익이 위헌적 상태를 제거하여 구체적 정의를 회복할 이익보다 클 경우가 있으므로 이때에는 계속적용을 명할 수 있다.

헌법재판소는 형벌조항에 대해서도 헌법질서의 수호를 위해 필요한 경우에는 헌법불합치결정을 할 수 있으며, 이때에는 적용중지를 명할 수도 있고,[171] 계속적용을 명할 수도 있다고 판단하였다.[172] 대법원은 형벌조항에 대해 적용중지를 명하는 헌법불합치결정이 선고된 사안에서 당해사건에 그 법률을 적용할 수 없으며, 국회가 개선입법을 하더라도 개정된 신법에 의해 새롭게 처벌하거나 가중처벌하는 것은 형벌불소급의 원칙에 위배된다고 판단하였다.[173] 또한, 계속적용을 명하는 헌법불합치결정이 선고되고 그 개선입법기한 내에 국회가 개선입법을 하지 않는 경우에도 그 형벌조항은 소급하여 효력을 상실한다는 이유로 당해사건에 대해 무죄를 선고하였다.[174] 대법원이 헌법불합치결정에 대해 개선입법을 적용하지 않은 것은 죄형법정주의를 강조한 것으로 이해된다.

(3) 한정위헌결정

(가) 본질

한정위헌결정은 법률을 특정하게 해석하고 적용하게 되면 위헌이라는 것

170) 김하열, 헌법소송법, 399면; 허완중, 헌법소송법, 255면.
171) 2004. 5. 27. 2003헌가1.
172) 2009. 9. 24. 2008헌가25.
173) 대법원 2009. 1. 15. 2004도7111.
174) 대법원 2011. 6. 23. 2008도7562.

을 확인하는 종국결정이다. 그 주문에서는 "…로 해석하는 한 헌법에 위반된다" 또는 "…로 적용하는 것은 헌법에 위반된다"라고 표현한다. 한정위헌결정은 법률 자체의 위헌성을 확인한 것이 아니라 특정한 해석과 적용의 가능성을 위헌으로 확인한 것이다. 이는 구체적 규범통제와 밀접하게 관련되는데, 법률 자체의 위헌여부를 심사하는 것이 아니라 당해사건에 적용되는 범위에서 법률의 위헌여부를 심사하여 그 범위에서만 위헌적 해석과 적용을 배제하는 것이다.

한정위헌결정은 법률에 대해 위헌으로 해석할 수도 있고 합헌으로 해석할 수도 있고 이를 양적으로 분리될 수 없지만, 질적으로는 분리될 수 있는 경우에 가능하다. 법률의 위헌적 해석이 양적으로 분리될 수 있는 경우에는 일부위헌결정을 할 수 있고, 이는 위헌결정과 동일하기 때문이다. 한정위헌결정에서 위헌으로 판단한 부분은 실질적으로 위헌결정과 동일하고 그 부분을 제외한 나머지에 대해서는 반대해석에 따라 위헌이라고 판단하지는 않은 것으로 이해된다. 위헌법률심판은 법률이 위헌인지 여부를 심판하는 것이고 위헌이라고 판단한 경우에만 위헌결정을 선고하기 때문이다.

한정위헌결정은 해석위헌과 적용위헌으로 구분하기도 한다. 전자는 법률문언이 다의적이어서 합헌으로 해석할 수도 있고, 위헌으로도 해석할 수 있는 경우에 위헌적 해석가능성을 확인하여 이를 배제하는 결정이고, 후자는 법률문언이 다의적이 아니라 일의적이지만 그 의미 내용의 일부가 위헌인 경우에 그 범위에서 적용을 배제하는 결정이라고 한다.[175] 하지만, 양자는 실제로 구별하기가 어려울 뿐만 아니라 그 법적 효과에 있어서 차이가 없으므로 법적 개념으로 구별할 실익은 없다.[176]

(나) 효력

한정위헌결정은 심판대상인 법률에 대해 위헌여부를 심사하여 위헌적 해석가능성을 확인하고 이를 법률의 해석과 적용에서 배제한다는 것에 의미가 있다. 한정위헌결정 역시 위헌결정에 포함되므로 재판관 6인 이상의 찬성이 있어야 선고할 수 있다. 한정위헌결정도 종국결정이므로 일사부재리에 따라 불가변력, 불가쟁력, 기판력을 갖고, 헌법적 판단을 변경할 때까지는 선례구속력도 갖는다. 한정위헌결정은 법률의 질적 일부위헌을 확인한 것이지만, 위헌결정과는

175) 허완중, 헌법소송법, 221~224면.
176) 정재황, 헌법재판론, 422면.

법률의 위헌성을 확인한 범위에서만 차이나는 것이 아니다. 위헌결정은 기속력과 법규적 효력을 갖는데, 한정위헌결정 역시 법률의 위헌성을 확인한 범위에서 기속력과 법규적 효력이 변형되어 나타난다.

한정위헌결정은 심판대상인 법률이나 법률조항의 내용에서 합헌적 의미를 넘어 해석하고 적용하는 범위를 특정하여 그 위헌성을 확인하는 결정이다. 따라서 한정위헌결정은 주문에서 법률의 위헌성을 명확하게 제시하고 있어 그 범위에서 기속력을 갖고, 그 이외의 부분에 대해서는 기속력이 인정되지 않는다. 대법원은 한정위헌결정의 기속력을 인정하지 않고 헌법재판소가 한정위헌결정을 선고하더라도 이는 법원에 전속된 법령해석권에 대하여 기속력을 가질 수 없으므로 당해사건이 확정된 후 법률에 대해 한정위헌결정이 선고되었더라도 재심사유가 존재한다고 할 수 없다고 판단하였다.[177] 하지만, 한정위헌결정도 위헌결정의 일종이므로 법률의 위헌성을 확인한 범위에서는 기속력을 갖는다.

한정위헌결정이 선고된 법률의 효력은 유지하며 특정한 법률해석에 대해서만 위헌성을 확인한 것이다. 한정위헌결정도 위헌성이 확인된 부분은 위헌결정에 해당하므로 법규적 효력을 가지며, 위헌결정과 마찬가지로 일정한 범위에서는 소급효를 가진다. 다만, 위헌성이 확인된 부분을 제외한 나머지 부분은 법률의 효력을 그대로 가진다.[178]

(4) 한정합헌결정

(가) 본질

한정합헌결정은 심판대상이 된 법률을 제한적으로 축소해석하여 그 범위에서 적용하는 한 헌법에 위반된 것이 아니라고 선고하는 결정이다. 그 주문에서는 "…로 해석하는 한 헌법에 위반되지 아니한다"라고 결정한다. 한정합헌결정은 헌법합치적 법률해석에 기초한다. 헌법합치적 법률해석이란 법률의 문언이 다의적이고 그 어의의 테두리 안에서 위헌으로 해석될 수도 있고, 합헌으로 해석될 수도 있는 경우에는 헌법에 합치되는 쪽으로 해석해야 한다는 것이다. 이는 헌법의 최고규범성과 법질서의 통일성을 확보하기 위한 것이며, 권력분립의 원칙을 준수하고 국회의 입법형성권을 존중하는 것이다.

헌법합치적 법률해석은 한정합헌결정의 이론적 근거가 되지만, 동시에 그

177) 2001. 4. 27. 선고 95재다14.

178) 정종섭, 헌법소송법, 390면.

한계를 설정하기도 한다. 즉, 합헌적 법률해석도 법률해석이므로 헌법과 법률의 문언적 의미와 입법목적을 벗어나서는 안 된다. 합헌적 법률해석의 이름으로 법률을 창조하여 국회의 입법권을 침해하거나 헌법을 합법률적으로 해석하여 헌법을 파괴해서는 안 된다. 따라서 법률을 최소한 합헌적으로 해석할 가능성이 있어야 헌법합치적 법률해석을 할 수 있다.

(나) 한정위헌결정과 구별

1) 헌법합치적 법률해석과 관계

한정합헌결정은 한정위헌결정과 어떻게 다를까. 양자는 모두 심판대상인 법률에 대해 위헌적으로 해석할 가능성과 합헌적으로 해석할 가능성이 혼재하여 양적으로 분리될 수 없고 질적으로만 분리될 수 있는 경우에 선고된다는 점에서 공통적이다. 이는 헌법합치적 법률해석과 밀접하게 관련되어 있는데, 한정합헌결정은 헌법합치적 법률해석의 결과이고, 한정위헌결정은 헌법합치적 법률해석의 한계로부터 도출된다고 할 수 있다.

헌법재판소는 한정합헌결정과 한정위헌결정의 공통점에 주목하여 양자는 서로 표리관계에 있어서 실제적으로는 차이가 없으며, 본질적으로는 모두 부분적 위헌결정이므로 동일한 결정유형이라고 판단하였다.[179] 즉, 한정합헌결정은 합헌적 한정축소해석으로 위헌적 해석가능성과 그 적용을 소극적으로 배제하는 것이고, 한정위헌결정은 위헌적 한정축소해석으로 위헌적 해석가능성과 그 적용을 적극적으로 배제한다는 것이라는 차이가 있을 뿐이라는 것이다.

헌법재판소는 심판대상인 법률에 대해 일부 해석 가능성에 대해서는 위헌이라고 선고하고, 다른 일부 해석 가능성에 대해서는 합헌이라고 선고한 적이 있다.[180] 헌법재판소는 한정위헌결정과 한정합헌결정을 본질적으로 동일하다고 인식하여 양자를 엄격하게 구별하지 않고 있어 그 주문형식과 해석에 있어서 혼란이 발생하였다.

2) 법률에 대한 축소해석을 통한 위헌성 확인

한정합헌결정과 한정위헌결정은 모두 법률에 대한 헌법합치적 해석의 결과로서 원칙적으로 서로 상호교환이 가능하고 대체할 수 있다는 견해가 있다.[181]

---

179) 1994. 4. 28. 92헌가3; 1997. 12. 24. 96헌마172.

180) 1989. 9. 30. 98헌가7등.

181) 한수웅, 헌법학, 1463~1465면.

한정위헌결정은 실질적으로 법률에 대한 위헌성판단이 아니라 법원의 재판에 대한 위헌성판단이며, 규범통제의 결과가 아니라 재판소원의 산물이라는 점에서 한정위헌결정과 한정합헌결정 사이에 괴리가 발생한다고 한다. 한정합헌결정에서는 합헌으로 해석되는 부분의 나머지 부분은 위헌으로 해석되고, 한정위헌결정에서는 위헌으로 해석되는 부분의 나머지 부분은 위헌이 아니라는 것일 뿐, 합헌으로 해석되는 것은 아니라는 견해도 있다.[182)]

한정위헌결정과 한정합헌결정은 법률의 위헌성을 확인하는 범위에서 차이가 있으므로 그 요건과 효과가 구별되는 독자적인 종국결정으로 서로 대체할 수 있는 것이 아니다. 한정위헌결정은 법률의 특정한 해석가능성과 그 적용이 위헌이라는 것을 명확하게 판단하고, 그 나머지에 대해서는 적극적으로 위헌여부를 판단하지 않아 결과적으로 합헌으로 해석된다. 하지만, 한정합헌결정은 법률의 축소해석을 통해 합헌적 해석가능성과 그 적용만 판단하고, 그 나머지에 대해서도 위헌이라는 것을 확인한 것이 아니다. 결국, 한정위헌결정은 일정한 부분에 대해 법률의 위헌성을 확인한 것이고, 한정합헌결정은 법률의 어떠한 부분에 대해서도 그 위헌성을 확인한 것이 아니다. 종국결정의 기속력은 위헌결정에만 인정되는데, 한정위헌결정은 법률의 위헌성을 적극적으로 확인한 것이므로 기속력과 법규적 효력을 갖지만, 한정합헌결정은 법률의 위헌성을 확인한 것이 아니므로 기속력과 법규적 효력을 갖지 않는다.

(다) 독자적 변형결정이 아님

변형결정은 법률의 위헌성을 확인하면서도 그 일정한 범위에서 위헌법률의 효력과 적용을 인정한다는 점에 의미가 있다. 한정합헌결정은 실질적으로 위헌결정의 효력을 가져야 독자적인 변형결정으로 인정할 실익이 있다. 한정합헌결정은 위헌적 해석가능성과 합헌적 해석가능성이 병존하는 것을 확인한 것이므로 위헌결정의 일종으로 이해할 수도 있다.

헌법재판소는 한정합헌결정을 위헌결정의 일종으로 이해하여 재판관 6인 이상의 찬성이 있어야 선고할 수 있다고 판단하였다.[183)] 하지만, 한정합헌결정은 법률에 대한 합헌적 해석범위를 확인하고, 그 법률을 축소해석하지 않고 적용하게 되면 위헌이 될 수 있다는 것을 추상적으로 확인하는 것에 그친다. 법

182) 정종섭, 헌법소송법, 381면.

183) 1992. 2. 25. 89헌가104.

률에 대한 위헌적 해석가능성을 특정하여 제시하지 않아 그 위헌성의 범위가 명확하지도 않다. 따라서 한정합헌결정은 위헌결정의 일종으로 볼 수 없으며, 실질적으로 합헌결정과 구별할 실익이 없으므로 독자적인 변형결정으로 인정할 의미를 찾기 어렵다. 헌법재판소는 2002년 이후 한정합헌결정을 선고하지 않고 있는데, 이러한 점을 고려한 것으로 판단된다.

헌법재판소는 주문에서 합헌결정을 하면서 그 이유에서 위헌적 해석가능성이 포함되어 있다는 것을 확인하여 한정합헌으로 기재하는 경우도 있다. 헌법재판소는 주문뿐만 아니라 이유에 대해 위헌결정의 기속력을 인정하기 위해서는 재판관 6인 이상의 찬성이 필요하다고 판단하였다.[184] 하지만, 이유는 주문과 불가분의 일체를 이루는 범위에서 기속력을 갖는데, 한정합헌결정은 주문에서 위헌성을 확인하지 않으므로 이유에 대해서만 기속력을 인정할 여지가 없다.

제6절 위헌결정의 효력

1. 위헌결정의 기속력

(1) 법적 근거

헌법재판소법 제47조 제1항은 "법률의 위헌결정은 법원 기타 국가기관 및 지방자치단체를 기속한다"라고 규정하여 위헌결정에 대해 기속력을 부여한다. 헌법재판소는 위헌결정을 통해 법률의 위헌성을 확인할 수 있을 뿐, 스스로 위헌상태를 제거하고 합헌상태로 회복하는 구체적인 조치를 집행할 권한이 없다. 기속력은 모든 국가기관과 지방자치단체가 위헌결정을 존중하고 이에 위반되는 행위를 할 수 없다는 법적 효력이며, 이를 통해 헌법재판의 규범력을 확보한다. 모든 국가기관과 지방자치단체는 위헌결정을 존중해야 하고 그와 모순되는 내용으로 권한을 행사해서는 안 된다.

(2) 위헌결정의 범위

(가) 심판절차종료선언, 각하결정, 합헌결정

기속력은 헌법재판의 실효성을 확보하기 위해 법률이 특별히 인정한 것이

184) 2008. 10. 30. 2006헌마1098.

므로 법률적 근거를 가져야 하는데, 헌법재판소법은 위헌결정에 대해서만 기속력을 부여한다. 기속력은 위헌결정에 대해서만 미치므로 심판절차종료선언, 각하결정, 합헌결정은 기속력을 갖지 않는다. 종국결정이 기속력을 갖지 않는다는 것은 국가기관과 지방자치단체에게 위헌결정의 내용을 존중하고 그에 위반하지 말도록 하는 법적 의무를 부과하지 않는다는 것이지, 국가기관이나 지방자치단체가 종국결정의 내용을 마음대로 위반해도 좋다는 것을 의미하는 것은 아니다.

(나) 헌법불합치결정, 한정위헌결정, 한정합헌결정

헌법재판소가 변형결정을 선고한 경우에도 기속력을 가질까. 위헌결정이 기속력을 갖는 것은 법률의 위헌성을 확인하였다는 것에 기초하므로 변형결정을 통해 실질적으로 법률의 위헌성을 확인한 경우에는 기속력이 인정된다. 헌법불합치결정은 실질적으로 법률의 위헌성을 확인한 위헌결정의 일종이고, 주문에서 법률의 위헌성을 명확하게 표시하고 있으므로 기속력을 갖는다. 다만, 헌법재판소가 계속적용을 명한 경우에는 국회가 개선입법을 통해 법률의 위헌성을 제거할 때까지는 그 법률을 유효하게 적용할 수 있다. 헌법재판소는 헌법불합치결정도 위헌결정의 일종으로 해석하여 기속력을 인정하고,[185] 대법원도 헌법불합치결정에 대해 기속력을 인정한다.[186]

한정위헌결정은 주문에서 법률의 위헌성을 명확하게 제시하고 있어 그 범위에서 기속력을 갖고, 그 이외의 부분에 대해서는 위헌성을 확인한 것이 아니므로 기속력이 인정되지 않는다. 하지만, 한정합헌결정은 법률의 위헌성을 확인한 것이 아니고 합헌결정과 동일한 효력을 가지므로 기속력을 갖지 않는다. 헌법재판소는 한정위헌결정과 한정합헌결정을 모두 동일한 질적 일부위헌으로 보아 기속력을 갖는다고 판단하였지만,[187] 대법원은 한정위헌결정이나 한정합헌결정은 모두 법률해석에 불과하고, 이는 법원의 권한에 속하므로 기속력을 갖지 않는다고 판단하였다.[188]

185) 2006. 6. 29. 2005헌가13.
186) 대법원, 1998. 4. 10. 97누20397.
187) 1997. 12. 24. 96헌마172.
188) 대법원 2001. 4. 27. 95재다14.

(3) 헌법불합치결정의 기속력

(가) 특별한 기속력

헌법불합치결정은 법률의 위헌성을 확인하면서도 그 법률의 효력을 상실시키지 않고 그대로 유지시킨다. 헌법재판소는 정책적 관점에서 헌법불합치결정을 통해 법률의 효력을 유지시키면서 잠정적으로 계속적용하거나 적용중지하는 것이다. 헌법불합치결정의 기속력에는 이와 같은 특성이 반영되어 그 기속력은 특별한 내용을 갖는다. 국가기관과 지방자치단체는 헌법불합치결정이 선고된 법률을 집행하거나 그 법률에 근거하여 새로운 조치를 할 수 없고, 그 법률을 적용하는 절차를 중단하고 국회의 개선입법을 통해 위헌성이 제거된 이후 그 법률에 따라야 한다. 법원도 마찬가지로 헌법불합치결정이 선고된 법률을 적용하여 재판을 해서는 안 되고, 그 법률을 적용하는 재판을 중단하고 원칙적으로 국회의 개선입법을 통해 위헌성이 제거된 법률을 적용하여 재판을 해야 한다.

헌법재판소는 헌법불합치결정을 하면서 위헌법률에 대해 계속적용을 명할 수도 있고 적용중지를 명할 수도 있다. 계속적용을 명한 경우에는 국회의 개선입법이 있을 때까지 위헌법률은 그대로 적용해야 한다.[189] 이는 권리구제의 목적을 달성할 수 없게 되는 결과가 되지만, 헌법질서를 수호하기 위한 객관소송의 성격을 반영하여 그 법적 안정성을 고려한 것이다. 하지만, 적용중지를 명한 경우에는 국회의 개선입법이 있을 때까지 그 법률을 적용해서는 안 된다.

(나) 개선입법의무

헌법불합치결정은 법률의 위헌성을 확인하지만, 그 법률의 효력을 상실시키지 않고 국회에게 법률의 위헌성을 제거할 개선입법의무를 부과한다. 헌법불합치결정을 선고한 경우에 국회는 개선입법의무를 부담하는데, 이는 헌법불합치결정의 기속력에 포함되지 않는다는 견해가 있다.[190] 하지만, 국회가 개선입법을 통해 헌법질서를 회복하는 것은 헌법불합치결정에 따른 법적 의무이므로 기속력에 포함된다.[191] 헌법불합치결정은 주문에서 법률의 위헌성을 확인하면서 법률의 계속적용이나 적용중지를 함께 선고한다. 헌법재판소는 헌법불합치

189) 2008. 11. 13. 2006헌바112.

190) 정종섭, 헌법소송법, 408면.

191) 김하열, 헌법소송법, 393면.

결정만 선고하고 법률의 계속적용이나 적용중지에 대해 주문에서 따로 표시하지 않는 경우도 있지만, 이때에도 국회는 개선입법의무를 부담한다.

헌법불합치결정이 개선입법의 기한을 밝힌 경우에는 국회는 그 기한 내에 개선입법을 해야 한다. 국회가 그 기간 내에 개선입법을 통해 법률의 위헌성을 제거하지 않으면 그 법률은 그때부터 효력을 상실한다. 헌법재판소가 입법기한을 설정하지 않은 경우에도 국회는 개선입법에 필요한 상당한 기간 내에 개선입법을 해야 하지만, 그 상당한 기간이 지났다고 하더라도 그 법률의 효력이 상실되는 것은 아니다. 헌법재판소는 개선입법기간을 정하지 않고 헌법불합치결정을 선고하기도 하는데,[192] 이는 규범통제의 실효성에 장애를 초래하므로 바람직하지 않다.

헌법불합치결정은 국회로 하여금 개선입법을 통해 헌법질서를 회복하라는 명령이므로 국회는 위헌적 상태를 조속한 시일 내에 제거해야 할 개선입법의무를 부담한다.[193] 국회는 입법개선의무를 이행하는 과정에서는 위헌성을 제거하는 다양한 방법과 내용을 선택적으로 결정할 수 있는 입법형성의 자유를 갖는다. 하지만, 헌법재판소가 헌법불합치결정을 통해 확인한 법률의 위헌성을 제거해야 할 의무를 부담하므로 이러한 범위에서는 입법형성권은 제한적일 수밖에 없다.

(다) 개선입법의 소급효

헌법불합치결정에 따라 국회가 개선입법을 한 경우에는 그 법률은 그때부터 효력을 발생하지만, 위헌결정과 마찬가지로 일정한 경우에는 소급효를 인정할 필요가 있다. 국회는 개선입법을 할 때 개선입법을 소급하여 적용할 것인지 여부와 그 범위에 대해서도 국회가 결정할 수 있고, 법률의 시간적 효력에 대해 경과규정을 둔 경우에는 그에 따라야 한다. 국회가 개선입법을 하면서 경과규정을 두지 않는 경우에도 일정한 범위에서 개선입법의 소급효를 인정할 필요가 있다.

헌법불합치결정이 선고된 법률은 그때까지는 그 효력을 그대로 유지하지만 국가기관과 지방자치단체는 위헌법률의 적용을 중지한 상태에서 개선입법을 기다려 새로운 법률을 적용해야 한다. 따라서 개선입법의 소급효는 적용중

192) 2003. 9. 25. 2003헌바16.
193) 1998. 12. 24. 89헌마214.

지를 명하는 헌법불합치결정에서만 발생하고 계속적용을 명한 경우에는 위헌법률을 그대로 적용해야 하므로 국회가 개선입법의 경과규정을 통해 소급효를 인정하지 않는 이상 소급효가 발생할 여지가 없다. 개선입법이 소급효를 가지는지 여부는 구체적 규범통제의 본질과 재판의 전제성과 밀접하게 관련된다.

국회가 헌법불합치결정에 따라 개선입법을 할 경우에 그 적용범위에 대해 입법형성권을 가지나, 헌법불합치결정의 취지와 구체적 규범통제의 실효성을 보장하기 위해서 당해사건, 동종사건, 병행사건에 대해서는 개선입법을 통해 위헌성이 제거된 새로운 법률이 소급하여 적용되어야 한다. 하지만, 일반사건에 대해서는 위헌결정과 마찬가지로 구체적 규범통제의 실효성을 보장할 필요가 없으므로 원칙적으로 소급효가 미치지 않고, 평등원칙 등을 위해 필요한 경우에만 개선입법의 규정에 따라 소급효를 미치게 할 수 있다. 국회가 헌법불합치결정을 한 이후에 그 법적 요건이 발생한 사건이나 개선입법을 한 이후에 발생한 사건에 대해서는 개선입법의 소급효가 미치지 않고, 헌법불합치결정이 선고된 구법은 재판의 전제성을 갖지 않는다.[194]

헌법불합치결정은 본질적으로 위헌결정에 해당하므로 위헌결정의 소급효가 미치는 범위에서는 소급효에 관한 규정이 없더라도 개선입법을 소급하여 적용해야 한다.[195] 대법원도 개선입법에 있어서 소급효를 인정할지 여부는 국회의 입법재량에 속하지만, 적어도 당해사건과 병행사건에 대해서는 개선입법을 소급적용해야 한다고 판단하였다.[196] 다만, 형벌조항은 개정된 신법에 의해 처벌하는 것이 형벌불소급의 원칙을 위반하는 경우에는 소급되지 않는다고 해야 한다.

헌법재판소가 헌법불합치결정을 선고하기 전에 국회가 미리 개선입법을 통해 위헌성을 제거하는 경우도 있다. 이때 당해사건에 구법을 적용할 경우에는 구법에 대해 위헌결정을 선고해야 하지만, 구법의 효력을 유지할 필요가 있으면 계속적용이나 적용중지를 명하면서 헌법불합치결정을 할 수 있다.[197] 대법원도 개선입법을 통해 위헌성이 제거된 신법이 시행되기 전까지는 구법을 잠정적으로 적용할 수 있다고 판단하였다.[198] 국회가 개선입법을 통해 경과규정을 두고 신법을 소급하도록 한 경우에는 그 법률에 따라 신법을 소급하여 적용

194) 2006. 6. 29. 2004헌가3.
195) 2007. 1. 17. 2005헌바41등.
196) 대법원 2006. 3. 9. 2003다52647.
197) 2001. 6. 28. 99헌바54.
198) 대법원 1998. 2. 10. 97누2771.

할 수 있지만, 그러한 규정이 없더라도 헌법재판소는 위헌성이 제거된 신법을 소급하여 적용할 것을 명할 수도 있다.[199]

(라) 개선입법의무를 위반한 경우의 효과

헌법불합치결정이 선고된 이후 국회가 개선입법의무를 위반하면 어떻게 될까. 헌법불합치결정에서 개선입법의 기한을 명시한 경우에는 그 기간이 종료함으로써 그 법률은 효력을 상실하게 된다. 계속적용이나 적용중지를 명하는 경우에도 그 기한이 종료하면 법률의 효력은 상실된다. 헌법불합치결정이 개선입법의 기한을 명시하지 않은 경우에도 국회가 법률을 개선하는 데 상당한 시간이 경과하면 법률의 효력을 상실한다는 견해가 있다.[200] 하지만, 상당한 기간의 개념이 불명확하여 법률의 효력상실의 시점을 확정하기 어려워 법적 안정성을 해칠 위험이 있으므로 국회가 개선입법을 할 때까지 계속적용이나 적용중지의 상태로 그 효력을 그대로 유지한다고 해석된다.

개선입법기한이 경과하여 법률의 효력이 상실된 경우에 국회의 개선입법의무도 소멸할까. 국회는 개선입법기한이 경과하더라도 헌법불합치결정을 통해 위헌성이 확인된 법률을 개선해야 하므로 국회의 개선입법의무를 여전히 존속한다는 견해가 있다.[201] 하지만, 개선입법기한이 경과하면 위헌법률의 효력이 상실되어 유효하게 존재하지 않으므로 국회는 더 이상 개선입법의무를 가지지 않는다. 위헌결정에 있어서도 법률의 효력이 상실된 이상 국회는 새로운 법률을 제정할 것인지 여부에 대해 입법형성권을 가지므로 위헌결정이 새로운 입법의무를 발생시키지는 않는다.

국회가 개선입법기한까지 개선입법을 하지 않은 경우에는 헌법불합치결정이 선고된 법률은 장래효에 따라 그때부터 효력을 상실한다. 다만, 헌법불합치결정은 본질적으로 위헌결정의 일종이므로 구체적 규범통제의 실효성을 확보하기 위해 일정한 범위에서는 소급효가 미친다. 헌법재판소가 헌법불합치결정을 하면서 계속적용을 명한 경우에는 국회가 개선입법기한까지 개선입법을 하지 않으면 그때부터 효력을 상실한다. 이때에는 당해사건에서도 그 법률에 따라 이루어진 법률행위는 적법하고 유효한 것으로 인정된다.[202]

199) 1995. 11. 30. 91헌바1등.
200) 허완중, 헌법소송법, 262~264면.
201) 허완중, 헌법소송법, 266면.
202) 대법원 2009. 1. 15. 선고 2008두15596.

헌법재판소가 적용중지를 명한 경우에는 위헌법률심판의 계기가 된 당해 사건과 종국결정을 할 당시에 그 법률의 위헌여부가 법적 쟁점이 된 동종사건과 병행사건에 대해서는 헌법불합치결정의 소급효를 인정한다.[203] 대법원도 헌법불합치결정이 선고된 법률에 대해 위헌결정과 마찬가지로 헌법불합치결정이 선고된 시점까지 소급하여 효력을 상실한다고 판단하였다.[204] 또한, 형벌조항은 위헌결정과 마찬가지로 소급하여 효력을 상실하므로 그 법률을 적용하여 공소가 제기된 사건에 대해서는 무죄를 선고하였다.[205]

국회는 개선입법기한이 경과하여 위헌법률의 효력이 상실된 이후에 비로소 개선입법을 할 수도 있다. 이때에는 국회가 새로운 입법권을 행사한 것이므로 원칙적으로 그때부터 장래적으로만 효력을 가지고, 국회가 특별히 소급하여 적용한다는 내용을 포함시킬 경우에만 소급입법이 인정되는 범위에서 그 소급효가 허용된다. 국회는 개선입법기한이 경과함으로써 개선입법의무를 갖지 않으므로 이는 헌법불합치결정의 기속력과는 별개의 문제이다.

(마) 개선입법의무의 위반에 대한 조치

국회가 입법개선의무를 위반한 경우에는 어떠한 조치를 할 수 있을까. 헌법불합치결정은 국회로 하여금 위헌성을 제거하도록 개선입법의무를 부과하지만, 국회의 개선입법의무를 직접적으로 강제할 수단이 없다. 국회가 개선입법의무를 이행하지 않을 경우에는 그 위헌법률의 효력이 상실될 뿐이다. 이때 그 효과는 장래에 향하여 미치게 되어 원칙적으로 그 법률에 따라 이루어진 법률관계의 효력에는 영향을 미치지 않는다.[206] 특히, 헌법불합치결정이 선고된 이후 사정변경이 발생하여 그 기속력이 국회에 미치지 않는 때에는 국회는 헌법불합치결정과 모순되는 내용으로 법률을 제정할 수도 있다. 국회가 입법개선의무를 이행하지 않을 경우에도 그 양태에 따라 조치하는 내용이 다르다.

첫째, 국회가 개선입법을 하지 않은 상태에서 개선입법기한이 경과한 경우에는 위헌법률은 확정적으로 그 효력을 상실하게 되고, 국회의 개선입법의무도 소멸한다. 위헌법률로 확정되어 그 효력을 상실하게 되는 것 자체가 개선입법의무를 위반한 것에 대한 제재라고 할 수 있다. 위헌법률이 규율하던 대상에

203) 2007. 1. 17. 2005헌바41.
204) 대법원 2020. 1. 30. 2018두49154.
205) 대법원 2011. 6. 23. 2008도7562.
206) 대법원 2012. 10. 11. 2012도7455.

대해 입법공백의 상태가 초래되더라도 이는 일반적으로 입법부재의 상태와 같이 국회가 새로운 입법을 제정할 것을 기대하는 수밖에 없다.

국회의 개선입법의무의 부작위에 대해 헌법소원을 청구할 수 있다는 견해가 있고,[207] 헌법재판소도 입법개선시한을 정하여 헌법불합치결정을 하였음에도 국회가 입법개선시한까지 개선입법을 하지 아니하여 국회의원의 선거구에 관한 법률이 존재하지 아니하게 된 경우에는 국회에 국회의원의 선거구를 입법할 헌법상 의무가 존재한다고 판단하였다.[208] 하지만, 위헌법률의 효력이 상실되는 것은 헌법재판소의 종국결정과 그에 대한 헌법재판소법의 규정에 따른 법적 효과이지 국회의 입법부작위에 기인한 것이 아니다. 따라서 국회가 개선입법의무를 해태한 것 자체는 헌법소원의 대상이 되는 공권력의 행사 또는 불행사에 해당되지 않는다. 국회가 효력이 상실된 위헌법률을 대체하여 새로운 입법을 할 것인지 여부는 원칙적으로 국회의 입법형성권에 속한다. 국회에 대해서는 개선입법의무의 부작위가 아니라 위헌법률의 효력이 상실된 상태에서 국회가 헌법에서 유래하는 입법의무가 있음에도 이를 위반하는 일반적인 입법부작위를 이유로 헌법소원을 청구할 수는 있을 것이다.

둘째, 헌법불합치결정이 개선입법기한을 명시하지 않은 경우에는 위헌법률은 그대로 효력을 유지하면서 계속적용되거나 적용중지된 상태를 유지한다. 헌법불합치결정이 잠정적이고 임시적으로 위헌상태를 감수하는 것이라는 것을 고려할 때 이러한 위헌상태를 지속해서는 안 된다. 이때 위헌법률로 인하여 새롭게 기본권이 침해된 경우에는 헌법소원을 청구할 수 있지만, 헌법불합치결정이 선고된 법률에 대해 위헌법률심판이나 규범통제형 헌법소원심판을 청구할 수는 없다. 이미 위헌성이 확인된 법률에 대해 다시 헌법재판을 통해 위헌결정을 하는 것은 헌법불합치결정의 취지에 맞지 않기 때문이다.

셋째, 국회가 개선입법의무를 불충분하게 이행하여 개선법률에서 위헌성이 완전히 제거되지 않을 수도 있다. 이때에는 헌법불합치결정이 선고된 위헌법률은 확정적으로 그 효력을 상실하였으므로 국회는 더 이상 개선입법의무를 부담하지 않는다. 개선법률은 새로운 법률로 효력을 발생하고, 이에 대해서는 별도의 위헌법률심판이나 헌법소원을 통해 그 위헌성을 제거할 수 있을 뿐이다. 헌법재판소는 계속적용을 명하는 헌법불합치결정을 선고한 법률에 대해 국

207) 정종섭, 헌법소송법, 410면.

208) 2016. 4. 28. 2015헌마1177등.

회가 개선입법을 하면서 헌법불합치결정을 선고한 시점까지 소급적용하는 경과규정을 두지 않는 것이 평등원칙에 위반되므로 위헌이라고 판단하였다.[209)]

2. 위헌결정의 법규적 효력

(1) 위헌법률의 효력 상실

(가) 법률규정

헌법은 위헌결정의 효력에 대해서는 아무런 규정을 두지 않고, 헌법재판소법 제47조 제2항은 “위헌으로 결정된 법률 또는 법률의 조항은 그 결정이 있는 날부터 효력을 상실한다”라고 규정한다. 제47조 제3항은 “제2항에도 불구하고 형벌에 관한 법률 또는 법률의 조항은 소급하여 그 효력을 상실한다. 다만, 해당법률 또는 법률의 조항에 대하여 종전에 합헌으로 결정한 사건이 있는 경우에는 그 결정이 있는 날의 다음 날로 소급하여 효력을 상실한다”라고 규정한다. 위헌결정이 선고되면 심판대상인 법률은 그 결정이 있는 날부터 효력을 상실한다. 규범통제형 헌법소원도 실질적으로 위헌법률심판에 해당하므로 법규적 효력을 갖는다.

위헌결정이 선고되더라도 위헌법률 그 자체가 폐지되는 것은 아니고 외형적으로는 법률의 형식을 그대로 유지한다. 법률을 폐지하는 권한은 국회의 입법권에 전속되기 때문에 헌법재판소가 법률을 폐지할 수는 없다. 하지만, 위헌법률은 효력을 상실하므로 더 이상 국가기관이나 국민에 대해 일반적 구속력을 갖지 않는다. 위헌결정이 선고된 법률은 확정적으로 효력을 상실하며, 그 이후 사정이 변경되더라도 다시 효력을 회복할 수는 없다.

(나) 효력이 실효되는 법률

1) 유효하게 시행되는 법률

위헌결정으로 효력을 상실하는 법률은 현재 유효하게 시행되는 법률이고, 헌법재판소가 위헌성을 확인한 범위에서만 실효된다. 다만, 법률조항의 위헌결정으로 인하여 그 법률 전부를 시행할 수 없다고 인정할 때에는 그 전부에 대해 위헌결정을 선고할 수 있고, 이때에는 유효하게 시행되는 법률 전체의 효력

209) 2019. 9. 26. 2018헌바218.

이 상실된다. 법률이 개정되거나 폐지되어 이미 효력이 없는 경우에도 그 법률이 당해사건에 적용되어 재판의 전제성이 인정되는 경우에는 심판대상에 포함되므로 그 범위에서는 구법도 효력을 상실하는 법률에 포함된다.

법률이 개정된 경우에는 위헌결정이 선고되는 대상에 따라 그 효력이 미치는 범위가 달라진다. 구법에 대해 위헌결정이 선고된 경우에는 개정된 신법이 그 자구만 형식적으로 변경된 것에 불과하고 법률의 의미내용이 실질적으로 동일한 때에는 위헌결정의 주문에 신법이 표시되지 않더라도 구법에 대한 위헌결정의 효력은 신법에도 미친다.[210] 이는 위헌결정의 실효성을 보장하고 불필요한 심판청구를 반복하지 않음으로써 소송경제를 도모하기 위한 것으로 이해된다. 이와 반대로, 신법에 대해 위헌결정이 선고된 경우에는 법률의 개정이 그 자구만 형식적으로 변경된 것에 불과하여 법률의 의미내용이 실질적으로 동일하더라도 신법에 대한 위헌결정의 효력은 구법에는 미치지 않는다.[211] 이는 구법이 적용된 과거의 법감정과 시대상황을 고려하여 법적 안정성을 도모하기 위한 것으로 이해된다.

2) 하위법령

위헌법률심판에서 재판부가 법률뿐만 아니라 그 하위법령에 대해서도 위헌여부를 심판할 수 있을까. 위헌법률심판에서는 법률이 아닌 그 하위법령은 심판대상이 될 수 없으므로 하위법령으로 심판대상을 확장할 수는 없다. 구체적 규범통제에서 법률이 아닌 그 하위법령에 대한 위헌심판권은 최종적으로 대법원에 귀속되므로 헌법재판소가 그 하위법령의 위헌여부를 심판하면 대법원의 헌법재판권을 침해하게 된다.

헌법재판소가 법률의 하위법령에 대해 위헌여부를 심판할 수는 없지만, 위헌결정으로 법률이 실효될 경우에는 그 법률의 위임에 근거하여 제정된 명령이나 규칙과 같은 하위법령도 그 효력을 상실하게 된다. 법률에 대해 위헌결정을 하면서도 그 위헌법률을 근거로 하여 효력을 갖는 하위법령을 그대로 유효하게 존속시키는 것은 헌법질서의 통일성을 저해하고 규범통제의 기능과도 모순된다. 대법원은 법률이 일정한 사항에 관하여 구체적인 내용을 하위법령에 위임하는 경우에 그 위임규정인 법률조항이 위헌결정으로 효력을 상실하게 되면 그

210) 대법원 2014. 8. 28. 2014도5433.

211) 대법원 2020. 2. 21. 2015모2204.

하위법령도 당연히 효력을 상실한다고 판단하였다.[212)]

(다) 위헌결정의 범위

법규적 효력이 발생하는 종국결정은 법률의 위헌성을 확인한 위헌결정에 국한되고, 심판절차종료선언, 각하결정, 합헌결정은 법규적 효력을 갖지 않는다. 법규적 효력을 갖는 위헌결정에는 변형결정도 포함될까. 헌법불합치결정은 법률의 위헌성을 확인하면서도 법률의 효력을 그대로 유지시키는 위헌결정이다. 헌법불합치결정을 하면서 계속적용을 명할 경우에는 법규적 효력이 발생할 여지가 없고, 적용중지를 명하는 경우에도 법률 자체의 효력은 그대로 인정된다. 헌법불합치결정은 국회에 대해 개선입법의무를 부과하고 국회가 개선입법을 마련하거나 개선입법기한이 경과한 때 비로소 위헌법률의 효력이 상실된다. 따라서 헌법불합치결정 그 자체는 법규적 효력을 갖지 않는다.

한정위헌결정은 비록 법률 자체의 외양은 그대로 유지되지만, 특정한 법률해석에 대해 위헌성을 확인한 것으로 위헌결정에 포함되므로 그 위헌성이 확인된 부분은 법규적 효력을 갖는다. 한편, 한정합헌결정은 실질적으로 합헌결정과 동일하므로 법규적 효력을 갖지 않고 심판대상인 법률은 여전히 법률로서 통용력을 갖는다.

(2) 효력상실의 범위

(가) 당연무효와 폐지무효

헌법재판소에서 위헌결정을 한 경우에 당해 법률의 효력을 상실시키는 것은 법적 정의에 합당하다. 하지만, 언제부터 상실할 것인지에 대해서는 서로 상충하는 헌법적 가치를 형량하여 정책적으로 결정할 수 있다. 헌법재판소법은 '위헌결정이 있는 날부터' 효력을 상실하는 것으로 규정하는데, 그 규범적 의미와 위헌결정이 선고된 법률의 효력은 당연무효의 관점과 폐지무효의 관점에 따라 다르게 이해된다.

당연무효의 관점에서는 위헌법률은 처음부터 당연히 무효이고, 위헌결정은 사후에 무효라는 것을 유권적으로 확인한 것으로 이해한다. 위헌법률은 법률이 제정된 시점에 소급하여 효력을 상실하게 되고, 이로 인한 법적 불안정성을 제거하기 위해 일정한 범위에서 소급효를 제한하는 장치를 마련한다. 한편,

---

212) 대법원 1996. 4. 9. 95누11405.

폐지무효의 관점에서는 위헌법률은 헌법재판소의 위헌결정이라는 형성적 행위로 인하여 비로소 효력을 상실하게 된다. 법률이 실효되는 시점에 대해서는 법률이 제정된 시점으로 소급하여 실효시키는 방안, 위헌결정이 선고된 시점부터 장래적으로 실효시키는 방안, 위헌결정 이후 일정한 기간이 경과한 이후의 시점에 미래적으로 실효시키는 방안을 선택할 수 있다.[213]

(나) 장래적으로 효력 상실

법률이 위헌으로 확인되면 위헌법률을 적용한 법적 효과도 부인해야 한다. 하지만, 위헌법률에 따라 이미 형성된 법률관계를 소급하여 무효화시키는 것은 법적 혼란을 초래하고 법적 안정성을 해칠 수 있다. 헌법재판소법이 규정하는 '위헌결정이 있는 날부터' 효력이 상실된다는 것은 폐지무효의 관점에서 위헌결정을 형성적 행위로 이해하고 위헌법률에 대해서는 위헌결정이 선고된 시점을 기준으로 장래적으로 효력을 상실하도록 하는 것으로 해석된다.

위헌법률은 구체적으로 어느 시점부터 장래적으로 효력을 상실하게 될까. 헌법재판소법 제47조 제2항은 "그 결정이 있는 날"이라고 규정하므로 위헌결정이 있은 날의 0시부터 효력을 상실한다고 해석해야 한다. 대법원과 헌법재판소가 동일한 법률에 대해 같은 날 서로 다른 재판을 선고한 적이 있다. 헌법재판소는 법률에 대해 위헌결정을 선고하였는데,[214] 대법원은 합헌으로 판단하고 그 법률을 적용하여 재판하였다.[215] 이때에는 대법원이 시간적으로 헌법재판소의 위헌결정이 있기 전에 재판하였더라도 위헌결정과 같은 날짜에 재판하였다면 위헌법률을 적용한 것으로 판단해야 한다. 위헌법률심판은 법원의 법률적용이 정당한 것인지를 심판하는 것이 아니라 법률의 위헌성을 제거하여 헌법질서를 유지하는 것을 목적으로 하기 때문이다.

(3) 예외적 소급효

(가) 소급효 인정의 범위

1) 당해사건

위헌법률에 대해서는 헌법재판소법에 따라 원칙적으로 장래효를 부여하여 법적 안정성과 신뢰보호의 원칙을 보호해야 한다. 하지만, 위헌법률을 장래적

213) 정종섭, 헌법소송법, 347~349면.
214) 2005. 11. 24. 2004헌가28.
215) 대법원 2005. 11. 24. 2005두8061.

으로만 실효시키는 효과를 엄격하게 적용하게 되면 개별사건에서 개인의 권리를 구제하지 못하게 되고 사법적 정의를 해치는 결과가 발생할 수 있다. 위헌결정의 효력에 대해서는 이러한 헌법적 가치를 비교형량하여 예외적으로 소급효를 인정할 필요가 있다. 위헌결정에 소급효를 허용하는 것은 헌법적합성에 관한 문제가 아니라 입법정책으로 선택할 수 있는 문제이며, 원칙적으로 장래효를 채택하면서 예외적으로 소급효를 인정하더라도 위헌이 아니다.[216)]

위헌결정에 대해 어느 범위에서 소급효를 인정해야 할까. 최소한 헌법재판소에 위헌결정의 계기를 부여한 당해사건에는 소급효가 미쳐야 한다. 당해사건에도 위헌법률을 적용하게 되면 위헌결정을 선고하더라도 당사자가 권리구제를 받을 수 없게 되는 결과가 발생한다. 이는 구체적 규범통제의 목적을 달성할 수가 없게 되고, 사법적 정의에도 위반된다.

2) 동종사건, 병행사건, 일반사건

헌법재판소는 위헌법률의 소급효를 인정할 필요가 있는 경우에는 그 예외적 범위를 넓게 허용한다. 위헌결정이 선고되기 전에 동일한 법률의 위헌여부에 관하여 법원이 헌법재판소에 위헌제청을 하였거나 당사자가 법원에 위헌제청신청을 한 다른 사건에도 소급효가 미친다. 이는 위헌결정을 할 당시에 이미 위헌여부에 대한 다툼이 발생하였다는 점에서 동종사건이라고 한다. 법원이 위헌제청을 하거나 당사자가 위헌제청신청을 하지 않았지만 그 법률이 재판의 전제가 되어 법원에 계속 중인 다른 사건에도 소급효가 미친다. 이는 위헌결정을 할 당시에 위헌여부에 대한 다툼이 발생하지는 않았지만, 법원에 구체적인 법적 분쟁이 계속되었다는 점에서 병행사건이라고 한다. 헌법재판소는 당해사건은 물론 동종사건과 병행사건에 대해서도 소급효를 인정한다.[217)]

한편, 위헌결정이 선고된 이후 비로소 법원에 소송이 제기된 다른 사건에는 원칙적으로 소급효가 미치지 않는다. 이는 위헌결정을 할 당시에 아직 법원에 법적 소송이 제기되지 않았다는 점에서 일반사건이라고 하며, 예외적으로만 소급효가 인정된다. 즉, 당사자의 권리구제를 위한 구체적 타당성의 요청이 현저한 반면, 소급효를 인정하여도 법적 안정성을 침해할 우려가 없고 이미 형성된 기득권자의 이익을 해칠 사안이 아닌 경우에만 소급효를 인정할 수 있다.[218)]

216) 2002. 5. 30. 2001헌바65.
217) 2000. 8. 31. 2000헌바6.
218) 1993. 5. 13. 92헌가10등.

이때에는 소급효를 인정하지 않는 것이 오히려 정의와 평등 등 헌법이념에 현저히 배치되기 때문이다.

대법원은 헌법재판소보다 더 넓게 위헌법률의 소급효를 인정한다. 당해사건, 동종사건, 병행사건에 대해서는 헌법재판소와 동일하게 소급효를 인정한다. 나아가 일반사건에서도 원칙적으로 소급효를 인정하고, 법적 안정성의 유지나 당사자의 신뢰보호를 위해 불가피한 경우에만 소급효를 부인한다.[219] 이는 헌법재판소가 일반사건에 대해 원칙적으로 소급효를 부인하고 예외적으로만 인정하는 것과 대비된다. 헌법재판소와 대법원은 일반사건에 대해 정도의 차이가 있지만, 구체적인 이익을 형량하여 개별적으로 판단한다는 점에서는 동일하다. 일반사건에서 소급효를 인정할 것인지를 누가 결정해야 할까. 헌법재판소는 구체적 사건을 재판하는 법원이 법률의 연혁, 성질, 보호법익 등을 검토하고 제반이익을 형량해서 합리적이고 합목적적으로 결정해야 하고, 헌법재판소도 이를 존중해야 한다고 판단하였다.[220]

(나) 소급효의 한계

위헌법률의 소급효가 인정되는 경우에도 그 법률을 적용하는 것에는 한계가 있다. 위헌법률에 대해 예외적으로 소급효를 인정하더라도 법적 안정성을 고려해야 하므로 이미 확정된 법률관계에 대해서는 위헌결정의 효력이 미치지 않는다고 해야 한다. 즉, 위헌법률을 적용한 판결이 이미 확정되거나 확정판결에 따라 기판력이 발생한 경우에는 더 이상 사법적 구제를 할 수 없으므로 위헌법률의 소급효는 인정되지 않는다.[221] 다만, 위헌결정이 선고되기 이전에 법률요건이 완성되었더라도 당사자가 재판을 청구할 수 있거나 법원에 재판이 계속 중이어서 사법적 구제가 가능한 경우에는 소급효가 인정될 수 있다.

위헌결정이 선고되기 전에 이미 위헌법률을 적용한 법률관계가 확정되어 더 이상 다툴 수 없게 된 경우에도 위헌법률의 소급효가 미치지 않는다. 즉, 행정처분의 근거법률에 대해 위헌결정이 나더라도 그 행정처분이 당연히 무효가 되는 것은 아니고, 이미 취소소송의 제소기간이 경과하여 확정력이 발생한 행정처분에 대해서는 소급효가 미치지 않는다.[222] 하지만, 위헌결정이 선고되기

219) 대법원 2017. 3. 9. 2015다233982.

220) 2013. 6. 27. 2010헌마535.

221) 대법원 2003. 7. 11. 2003다19572.

222) 대법원 2014. 3. 27. 2011두24057.

이전에 이미 법률관계가 형성되었더라도 새로운 위헌적 법률관계를 생성·확대하는 결과를 초래하는 경우에는 위헌결정의 기속력이 미치므로 그 법률관계에 기초하여 후속처분을 할 수는 없다.[223)]

(4) 형벌조항에 대한 위헌결정

(가) 소급효 원칙

1) 법적 성격

헌법재판소법 제47조 제3항 본문은 "제2항에도 불구하고 형벌에 관한 법률 또는 법률의 조항은 소급하여 그 효력을 상실한다"라고 규정한다. 위헌법률에 의해 개인을 형사처벌하는 것은 죄형법정주의와 사법적 정의의 관점에서 허용될 수가 없으므로 이때에는 위헌법률의 효력을 소급하여 상실하도록 한다. 형벌조항에 대해 소급효를 인정하는 것은 원칙적으로 위헌법률의 장래효를 인정하는 것에 대한 예외이므로 그 요건과 범위를 신중하게 결정해야 한다.

형벌조항에 대해 소급효를 인정하는 것은 유죄의 책임을 묻지 않겠다는 것이지 법원의 유죄판결을 무효로 하거나 확정판결의 집행을 정지시키는 것은 아니다. 즉, 법원의 유죄판결이 있고 나서 확정되기 전에 위헌결정이 선고된 경우에는 당연히 무효가 되는 것이 아니라 판결에 영향을 미친 헌법이나 법률의 위반에 있는 때에 해당하므로 항소와 상고의 사유가 된다. 법원의 유죄판결이 확정된 이후에 위헌결정이 선고된 경우에는 유죄판결은 그대로 유효하고 그에 따른 형벌도 집행해야 한다. 유죄판결의 근거가 되는 법률에 대해 위헌결정이 선고되더라도 확정판결의 기판력에 영향을 미치지 않고, 그것이 재심사유에 해당하는 경우에만 재심청구를 통해 확정판결을 다툴 수 있을 뿐이다.

소급효가 인정되는 형벌조항은 '형벌에 관한 법률 또는 법률조항'이므로 범죄의 구성요건에 관한 실체적인 형벌조항만 의미하고, 형사소송절차에 관한 법률은 이에 해당되지 않으므로 위헌결정이 선고되더라도 소급효가 인정되지 않는다.[224)] 다만, 형벌에 관한 법률이라고 하더라도 위헌결정의 소급효를 인정할 경우에는 형사처벌을 받지 않았던 자들에게 형사상의 불이익을 가하게 되는 결과가 될 때가 있다. 이때 소급효를 인정하게 되면 죄형법정주의를 위반하여 당사자의 권리를 침해하는 결과를 초래하기 때문에 소급효를 인정하지 않아야

223) 대법원 2012. 2. 16. 2010두10907.

224) 1992. 12. 24. 92헌가8.

한다.[225)]

2) 사건의 처리

형벌조항에 대해 위헌결정이 선고된 경우에는 사건의 경과에 따라 다음과 같이 처리해야 한다. 수사기관이 형사사건을 수사 중인 때 수사를 종결해야 하고, 검사는 혐의없음으로 불기소처분을 해야 한다. 형벌에 대한 가중처벌에 대해서만 위헌결정이 된 경우에는 가중처벌을 적용하지 말고 기본적 처벌조항을 적용한다. 형사사건에 대해 공소가 제기된 이후에 형벌조항에 대해 위헌결정이 선고되면 검사가 공소취소하거나 공소장을 변경하여 위헌법률을 적용하지 않도록 해야 한다. 법원이 형사재판을 진행하던 중 위헌결정이 선고되면 범죄 후 법령개폐로 형이 폐지된 것으로 해석하여 면소판결을 할 것이 아니라 범죄가 성립하지 않는 것에 해당하는 것으로 해석하여 무죄를 선고해야 한다.[226)]

(나) 소급효의 제한

위헌결정된 형벌조항은 언제까지 소급하여 실효하게 될까. 헌법재판소법은 그 구체적인 시점에 대해서는 아무런 규정을 두지 않고, 제47조 제3항 단서는 "다만, 해당 법률 또는 법률의 조항에 대하여 종전에 합헌으로 결정한 사건이 있는 경우에는 그 결정이 있는 날의 다음 날로 소급하여 효력을 상실한다"라고 규정한다. 위헌결정된 법률은 장래효에 따라 실효되지만, 예외적으로 형벌조항은 소급효에 따라 실효된다. 형벌조항의 경우에도 종전에 합헌결정이 있으면 예외적으로 소급효의 시간적 범위가 제한된다. 즉, 형벌조항의 소급효가 제한되는 것은 예외의 예외가 되므로 그 요건을 엄격하게 해석해야 한다.

형벌조항이 그 효력을 상실하는 것은 헌법재판소가 그 위헌성을 확인한 것에 따른 효과이므로 소급효가 미치는 범위도 그 위헌성이 확인된 시점까지만 소급되어야 한다. 헌법재판소가 형벌조항이 제정되거나 개정될 당시부터 위헌이라는 것을 확인한 경우에는 그 시점까지 소급효가 미치고, 형벌조항이 제정되거나 개정된 이후 사정변경으로 인하여 위헌이 된 경우에는 그 시점까지만 소급효가 미친다. 헌법재판소가 형벌조항에 대해 합헌결정을 하였다는 것은 중요한 사정변경에 해당한다. 헌법재판소가 그 형벌조항이 위헌이 아니라는 것을 유권적으로 해석한 것이므로 이를 존중해야 한다. 이때에는 그 합헌결정이 있

225) 2009. 2. 26. 2005헌마764.

226) 대법원, 1992. 5. 28. 91도2825.

는 날의 다음 날로 소급하여 효력을 상실하도록 한 것이다. 종전에 합헌결정이 있었던 경우에 소급효의 시간적 범위를 제한하여 합헌결정이 없었던 경우와 달리 취급하는 것이 평등원칙에 위반되는 것은 아니다.[227]

(다) 소급효 제한의 요건

1) 종전의 합헌결정

위헌결정이 선고된 형벌조항에 대해 종전에 합헌결정이 있으면 그 소급효를 제한하는 것은 헌법재판소가 형벌조항에 대해 종전에 합헌성을 확인한 것을 존중하고 그에 대한 신뢰를 보호하기 위한 것이다. 각하결정은 그 법률의 합헌성이 확인된 것이 아니기 때문에 종전의 합헌결정에 포함되지 않는다. 다만, 합헌결정의 확정력에 위반된다는 이유로 후소에 대해 각하결정을 한 경우에는 실질적으로 종전의 합헌성을 확인한 것이므로 합헌결정에 포함된다.

첫째, 종전의 합헌결정에는 변형결정도 포함될까. 헌법재판소가 형벌조항에 대해 실체적으로 위헌여부를 심사하여 합헌이라고 판단한 경우에는 그 부분에 대해서는 합헌결정으로 인정해야 한다. 종전의 합헌결정에는 단순히 위헌이 아니라는 결정뿐만 아니라 실질적으로 합헌성을 확인한 경우도 포함된다. 따라서 한정합헌결정에서 실질적으로 합헌성을 확인한 부분은 종전의 합헌결정에 해당한다.

하지만, 한정위헌결정은 위헌부분만 확인하고 그 나머지에 대해서는 적극적으로 합헌성을 확인한 것은 아니지만, 심판대상에 포함시키면서 위헌이라고 판단한 것이 아니므로 결과적으로 합헌결정과 동일한 효과가 부여된다. 하지만 헌법재판소가 적극적으로 합헌성을 확인한 것은 아니므로 '종전의 합헌결정'에는 포함되지 않는다. 한편, 헌법불합치결정은 실질적으로 위헌결정과 동일하고 그 법적 효과를 잠정적으로 제한한 것이고 합헌성을 확인한 것이 아니므로 '종전의 합헌결정'에 포함되지 않는다.

둘째, 법률에 대한 헌법소원에서 기각결정한 것도 종전의 합헌결정에 포함될까. 헌법소원의 기각결정은 위헌이 아니라는 취지이므로 합헌결정에 해당한다. 다만, 법률에 대한 헌법소원이 기각되더라도 그 법률의 시행일이 기각결정 이후인 경우에는 그 소급효가 미치는 시점에 유의해야 한다. 헌법소원의 대상은 원칙적으로 유효하게 시행 중인 법률이지만, 법률이 효력을 발생하기 이전

227) 2016. 4. 28. 2015헌바216.

이라도 공포되는 등 시행이 확실시되는 경우에는 기본권 침해의 현재성이 인정되어 그 법률에 대해 헌법소원을 청구할 수 있다. 이때에는 기각결정이 선고된 이후 그 법률의 시행일까지 종전의 합헌결정의 효력이 미치므로 위헌결정의 소급효는 기각결정의 선고된 시점이 아니라 그 법률의 시행일까지만 미친다.

셋째, 종전에 합헌결정이 여러 개인 경우에는 언제까지 소급효가 미칠까. 이때에는 마지막으로 합헌결정을 한 날의 다음 날로 소급하여 효력을 상실한다. 헌법재판소가 계속하여 그 법률의 합헌성을 확인한 것이므로 마지막 합헌결정까지 이를 존중해야 한다. 헌법재판소가 종전에 합헌결정을 한 이후 위헌결정을 하더라도 그 사이에 사정변경이 발생하여 그로 인하여 위헌결정을 한 경우에는 합헌결정을 선고한 시점이 아니라 사정변경이 발생한 시점까지 소급하는 것으로 해석해야 한다. 헌법재판소가 합헌결정을 한 것은 그 당시의 사실관계와 법적 상황을 기준으로 판단한 것인데, 그러한 사정이 변경되어 위헌결정을 한 때에는 그 시점까지는 합헌결정이 존중되어야 하기 때문이다.

2) 위헌결정의 범위

위헌결정이 선고된 형벌조항에 대해 종전에 합헌결정이 선고된 적이 있는 경우에 그 소급효가 제한된다. 이때 위헌결정은 형벌조항에 대해 위헌성을 확인한 결정이므로 헌법불합치와 한정위헌결정과 같이 법률에 대한 위헌성이 확인된 경우에는 위헌결정에 포함되고, 실질적으로 합헌결정과 동일한 효력을 갖는 한정합헌결정은 위헌결정에 포함되지 않는다. 법률에 대한 헌법소원에서 인용결정을 할 경우에는 실질적으로 위헌결정이므로 이때에도 형벌조항에 대한 소급효와 그 제한이 동일하게 적용된다. 위헌결정된 형벌조항에 대해 소급효가 제한되는 것은 동일한 심판대상인 법률에 대해 종전에 합헌결정이 선고된 경우이다.

첫째, 종전의 합헌결정과 위헌결정의 심판대상이 동일한 형벌조항이어야 한다. 소급효를 제한하는 것은 위헌결정이 종전의 합헌결정과 충돌한 경우에 합헌결정을 존중하자는 것이다. 심판대상이 다르면 합헌결정과 위헌결정은 서로 충돌하지 않기 때문에 소급효를 제한할 이유가 없다. 위헌결정된 사건과 종전의 합헌결정된 사건에서 객관적 심판대상인 형벌조항이 동일하면 충분하고, 당사자가 동일할 필요는 없다. 위헌결정의 법규적 효력은 당사자뿐만 아니라 대세적 효력을 가지기 때문이다.

심판대상인 형벌조항이 동일한지 여부는 그 내용이 아니라 형식의 동일성을 기준으로 판단한다. 합헌결정이 선고되고 나서 위헌결정이 선고되기 전에 형벌조항이 개정된 경우에는 그 내용이 실질적으로 동일하더라도 심판대상인 형벌조항 그 자체가 동일한 것이 아니다. 이때 개정된 신법에 대해 위헌결정이 선고되면 동일한 법률에 대해 종전에 합헌결정된 것이 아니므로 위헌결정은 그 형벌조항이 개정된 시점까지 소급효가 미치며, 개정 전의 형벌조항에 대해 합헌결정이 선고된 시점까지 소급하는 것이 아니다.[228]

둘째, 종전의 합헌결정과 위헌결정의 심판대상이 동일한 형벌조항이더라도 헌법재판소가 실제로 심사한 내용이 다르면 그 합헌성을 인정한 것이 아니다. 종전의 합헌결정에서는 법률유보의 원칙과 명확성의 원칙을 심사하여 합헌으로 결정하였는데, 위헌결정에서는 과잉제한금지의 원칙을 심사하여 위헌으로 결정한 경우에는 위헌결정이 종전의 합헌결정과 충돌하지 않기 때문에 합헌결정은 위헌결정에 아무런 영향을 미치지 않는다. 이때에는 위헌결정의 소급효는 합헌결정으로 제한을 받지 않는다.

종전의 합헌결정이 법률에 대한 헌법소원에서의 기각결정인 경우에는 종전의 기각결정에서 기본권을 침해하지 않는다고 판단한 것에 대해 위헌결정으로 다시 판단한 경우에만 종전의 합헌결정에 해당한다. 종전의 헌법소원에서는 기본권 침해 여부만을 심사하여 기각결정을 하였기 때문에 위헌결정의 이유가 기본권 침해가 아닌 다른 사유에 해당하는 경우에는 법률에 대한 헌법소원의 기각결정은 종전의 합헌결정이라고 할 수가 없다. 종전의 합헌결정과 그 이후의 위헌결정의 사유를 검토하여 실질적으로 심판한 대상이 동일한 경우에 한하여 소급효를 제한해야 한다.

(라) 재심청구

1) 재심청구의 대상

헌법재판소법 제47조 제4항은 “제3항의 경우에 위헌으로 결정된 법률 또는 법률의 조항에 근거한 유죄의 확정판결에 대하여는 재심을 청구할 수 있다”라고, 제5항은 “제4항의 재심에 대하여는 형사소송법을 준용한다”라고 규정한다. 위헌결정된 형벌조항은 종전의 합헌결정시까지 소급하여 그 효력을 상실하는 것을 전제로 그 위헌법률을 적용한 유죄의 확정판결에 대해 재심을 통해 당

228) 대법원 2020. 2. 21. 2015모2204.

사자의 권리를 구제한다. 재심청구의 대상이 되는 유죄의 확정판결은 위헌법률의 소급효가 미치는 경우에 국한되고, 소급효가 미치지 않는 경우에는 재심청구를 인정할 필요가 없다.

재심청구의 대상이 되는 것은 소급효가 미치는 범위에서 유죄판결이 이미 확정된 경우이다. 형벌조항에 대한 위헌결정에 대해 소급효를 인정하는 것은 유죄의 확정판결의 재심청구를 허용하기 위한 전제이고, 위헌결정의 소급효가 미치는 범위도 위헌법률을 적용한 유죄의 확정판결에 대해 재심청구를 허용할 것인지 여부를 기준으로 확정해야 한다. 종전의 합헌결정이 있는 경우에 소급효를 제한하는 것도 합헌결정 이전의 확정판결에 대한 무분별한 재심청구를 방지하기 위한 것이다.

종전의 합헌결정이 선고되기 이전에 범행이 이루어지더라도 합헌결정이 선고된 이후에 유죄판결이 선고되어 확정되면 위헌결정은 소급하여 유죄판결에 미치므로 그 유죄의 확정판결은 재심청구의 대상이 된다. 하지만, 합헌결정이 선고되기 이전에 이미 유죄판결이 확정된 경우에는 헌법재판소가 합헌결정을 통해 그 유죄판결이 위헌이 아니라고 확인한 것이므로 이때에는 재심을 청구할 수 없다. 다만, 위헌결정의 소급효로 인하여 유죄판결이 확정된 이후에 법률이 변경되어 그 행위가 범죄를 구성하지 아니한 경우에 해당하면 형의 집행을 면제할 수 있다.[229]

2) 절대적 재심사유

형벌조항에 대한 위헌결정이 소급효가 미쳐 유죄의 확정판결에 대해 재심을 청구하는 것은 헌법재판소법이 권리구제를 위해 인정한 것으로서 절대적 재심사유에 해당한다. 이때 재심청구에는 형사소송법을 준용하므로 재심청구를 하더라도 형의 집행을 정지하는 효력이 발생하는 것은 아니며, 검사가 재심청구에 대한 재판이 있을 때까지 형집행을 정지할 수 있을 뿐이다. 하지만, 이때 재심사유는 유죄의 확정판결에 적용된 법률의 효력이 변경된 것이므로 형사소송법에서 규정하는 중요한 사실에 관한 변경에 기인한 재심이 아니어서 재심이유에 대한 형사소송법의 규정(제420조, 제421조, 제422조)은 준용되지 않는다.[230]

위헌결정으로 위헌성이 확인된 형벌조항은 소급하여 그 효력을 상실하게

229) 형법 제1조 제3항.

230) 정종섭, 헌법소송법, 364면.

되고, 위헌법률을 적용하여 선고된 유죄판결이 확정된 경우에는 재심의 대상이 된다. 하지만, 형벌조항에 대해 한정위헌결정이 선고된 경우에는 현실적으로 재심의 대상이 되기는 어렵다. 위헌결정의 소급효를 적용하는 것은 법원이고, 대법원은 한정위헌결정에 대해 위헌결정의 효력을 인정하지 않고 있어 소급효를 인정하지 않을 것이기 때문이다. 다만, 헌법재판소는 법원이 위헌결정된 법률을 적용한 것으로 판단한 경우에는 예외적으로 그 재판에 대한 헌법소원을 인정할 수는 있을 것이다.

3. 위헌법률에 근거한 행정처분의 효력

(1) 행정처분의 하자와 효력

(가) 위헌결정과 행정처분의 하자

법률에 대해 위헌결정이 선고된 경우 그 법률에 근거하여 행해진 행정처분의 효력은 어떻게 될까. 위헌결정의 기속력은 위헌법률에 근거한 행정처분의 효력과 밀접하게 관련된다. 위헌결정의 기속력은 법률의 위헌성에 대한 판단을 존중하고 위헌적 행위를 반복하지 말 것을 요구하는 효력인데, 위헌법률에 근거한 행정처분 역시 위헌성을 가지기 때문이다. 위헌결정으로 인하여 그 법률이 장래적으로만 실효하게 되면 행정처분이 이루어지는 당시에는 합헌적 법률로 해석할 수 있어 행정처분이 유효하다고 할 여지가 있다. 하지만, 위헌결정은 그 법률의 위헌성을 확인한 것이고, 위헌법률에 근거한 행정처분을 그대로 유효한 것으로 인정하면 사법적 정의에 어긋난다.

행정처분의 근거법률에 대해 위헌결정이 선고된 경우에 그 행정처분은 하자가 있는 것이므로 그 효력을 다툴 수 있어야 한다. 이러한 행정처분의 하자에 대한 법적 평가는 당연무효라는 관점과 취소사유에 해당한다는 관점으로 구분된다. 위헌법률에 근거한 행정처분을 당연무효라고 보는 관점에서는 무효확인소송을 통해 그 하자를 다툴 수 있고, 취소사유라는 관점에서는 원칙적으로 취소소송을 제기해야 하고, 예외적으로 중대하고 명백한 하자가 있을 경우에만 무효확인소송을 청구할 수 있다.

이러한 관점의 차이는 청구기간의 경과로 인하여 그 하자를 다툴 수 있는 소송이 가능한지 여부에 영향을 미치므로 중요한 의미가 있다. 취소소송에는 청구기간의 제한이 있어서 청구기간이 경과한 경우에는 행정처분이 확정되어 그 하자를 다툴 수가 없지만, 무효확인소송에서는 청구기간의 제한이 없어 언제든지 그 하자를 다툴 수 있기 때문이다.

(나) 판례의 입장

헌법재판소는 행정처분의 근거법률에 대해 위헌결정이 선고된 경우에 그 행정처분은 원칙적으로 취소사유에 해당하고 예외적으로 하자가 중대하고 명백한 경우에는 당연무효사유가 된다고 판단하였다.[231] 즉, 행정처분이 내려지고 나서 그 근거법률에 대해 위헌결정이 선고되고, 아직 후행 행정처분이 이루어지지 않은 경우에 선행처분을 무효로 하더라도 법적 안정성을 크게 해치지 않고 그 하자가 중대하여 그 구제가 필요한 예외적인 경우에는 당연무효사유에 해당하므로 취소소송의 제소기간이 경과하고 나서도 무효확인을 구할 수 있다고 하였다.

대법원도 일반적으로 위헌법률에 근거한 행정처분은 원칙적으로 취소사유에 해당하고 예외적으로 하자가 중대한 경우에만 당연무효사유가 된다고 판단하였다.[232] 즉, 행정처분이 당연무효가 되기 위해서는 그 하자가 중대하고 명백한 것이어야 하는데, 일반적으로 법률이 헌법에 위반된다는 사정은 위헌결정이 나기 전에는 객관적으로 명백한 것이라고 할 수 없어 특별한 사정이 없으면 그 행정처분에 대한 취소소송의 전제가 될 수 있을 뿐이고 당연무효사유가 아니라고 하였다.

헌법재판소는 행정처분의 하자에 대해서는 대법원의 입장을 수용하면서도 구체적으로 그것이 취소사유인지 무효사유인지는 당해사건을 재판하는 법원이 판단할 사항이라고 하였다. 즉, 행정처분에 대한 무효확인소송에서 법원이 근거법률에 대해 위헌제청을 할 수 있지만, 헌법재판소는 그 법률의 위헌여부만 판단하고 위헌결정이 행정처분의 취소사유인지 당연무효사유인지를 판단할 필요가 없다는 것이다. 헌법재판소는 재판의 전제성을 판단하기 위해 부수적으로 행정처분의 효력을 살펴볼 수 있을 뿐이고, 그 행정처분이 당연무효인지 취소의 대상이 되는지는 법원이 판단해야 한다고 하였다.[233]

231) 2001. 9. 27. 2001헌바251.
232) 2014. 3. 27. 2011두24057.
233) 2014. 1. 28. 2010헌바251.

(다) 행정처분의 효력

행정처분의 하자와 그 효력은 행정처분이 행해지고 난 이후에 그 근거법률에 대해 위헌결정이 선고된 경우에 문제된다는 것을 유의해야 한다. 헌법재판소가 위헌결정을 선고한 이후에 위헌법률에 근거하여 행정처분을 하는 것은 위헌결정의 기속력에 위반되므로 당연무효가 된다. 위헌법률심판에서는 헌법재판소가 행정처분의 근거법률에 대해 위헌결정을 하더라도 행정청에 대해 행정처분을 취소하도록 명하거나 직접 행정처분을 취소할 수는 없다. 이는 헌법소원의 경우에는 헌법재판소가 공권력의 행사에 해당되는 행정처분을 직접 취소할 수 있는 것과 다르다.

행정처분의 근거가 된 법률에 대해 위헌결정이 선고되면 그 하자는 처음부터 중대하고 명백하므로 당연무효라는 견해가 있다.[234] 하지만, 근거법률이 위헌이라는 것은 중대한 하자에 해당할 수 있지만, 행정처분을 할 당시에는 그 법률이 유효하게 시행되고 있었으므로 그 하자가 명백하다고 할 수는 없다. 따라서 그 행정처분의 하자는 원칙적으로 취소할 수 있을 뿐이고, 그 이외에 중대하고 명백한 사유가 있는 경우에만 무효가 된다고 해석된다. 이때 위헌결정에는 헌법불합치결정이나 한정위헌결정과 같은 변형결정도 포함된다. 다만, 헌법불합치결정을 하면서 계속적용을 명하는 경우에는 그 법률에 근거한 행정처분은 정당화되므로 유효한 것으로 인정된다.

행정처분의 근거법률에 대한 위헌결정은 법률의 위헌성을 확인한 것일 뿐이지 직접 행정청에게 행정처분을 변경하거나 취소해야 할 법적 의무를 부과하는 것은 아니다. 행정청은 위헌결정을 근거로 하여 그 행정처분을 변경하거나 취소할 수 있으며, 이는 위헌결정의 기속력에도 부합된다. 행정처분이 행해진 이후 일정한 기간이 도과한 후에 효력이 발생하는 경우가 있는데, 행정처분의 효력이 발생하기 이전에 근거법률에 대해 위헌결정이 선고된 때에도 행정청은 그 행정처분을 변경하거나 취소할 수 있다.

(2) 재판의 전제성과 관계

(가) 취소소송의 청구기간이 경과한 경우

위헌법률에 근거한 행정처분의 효력은 그 법률에 대한 위헌법률심판에 있어

234) 정종섭, 헌법소송법, 363면.

서 적법요건인 재판의 전제성과도 밀접하게 관련된다. 행정처분에 대해 그 근거법률이 위헌이라고 주장하면서 취소소송을 청구할 수 있고, 이때 위헌결정이 선고되면 다른 재판을 하게 되므로 재판의 전제성이 인정된다. 하지만, 취소소송의 제소기간이 경과한 경우에는 재판의 전제성이 문제된다. 이때 당사자는 취소소송을 청구할 수 없고, 행정처분에 대해 무효확인소송을 청구할 수 있을 뿐이다.

위헌법률심판의 적법요건인 재판의 전제성이 인정되는지 여부는 행정처분의 근거법률에 대해 위헌결정이 선고된 경우에 그것이 취소사유인지, 아니면 당연무효사유인지에 따라 다르다. 즉, 근거법률의 위헌결정을 행정처분의 무효사유로 이해할 경우에는 행정소송에서 다른 내용의 재판을 하므로 재판의 전제성이 인정된다. 하지만, 취소사유로 이해할 경우에는 그 행정처분이 확정되므로 위헌결정의 효력이 당해사건에 미치지 않게 되어 위헌결정이 선고되더라도 다른 내용의 재판을 하지 못하므로 재판의 전제성이 인정되지 않는다.

(나) 판례의 입장

대법원은 행정처분에 대해 그 근거법률이 위헌이라는 이유로 무효확인의 소가 제기되면 다른 특별한 사정이 없으면 그 법률이 위헌인지 여부를 판단할 필요 없이 무효확인청구를 기각해야 한다고 판단하였다.[235] 헌법재판소도 취소소송의 제소기간이 지난 뒤 근거법률이 위헌임을 주장하면서 행정처분에 대해 무효확인의 소를 제기하더라도 그 행정처분의 효력에는 영향이 없고, 법률의 위헌여부에 따라 행정처분의 무효확인을 구하는 당해사건의 재판에서 주문이 달라지거나 재판의 내용과 효력에 관한 법률적 의미가 달라지는 것은 아니므로 재판의 전제성이 인정되지 않는다고 판단하였다.[236] 이는 행정처분의 근거법률에 대한 위헌결정은 특별한 사정이 없으면 행정처분의 취소사유일 뿐 당연무효사유는 아니라고 전제한 것이다.

(다) 다른 내용의 재판을 할 가능성

행정처분이 위헌법률에 근거하여 이루어진 경우에도 그 법적 효력에 대해서는 법원이 판단한다. 헌법재판소는 재판의 전제성을 인정하여 본안판단을 하더라도 근거법률의 위헌여부를 통해 위헌성만 확인할 수 있을 뿐, 행정처분의 효력에 대해서는 직접 판단할 수 없다. 행정처분의 효력이 위헌법률심판에서

235) 대법원 1994. 10. 28. 92누9463.
236) 2014. 1. 28. 2010헌바251.

재판의 전제성과 관련된 경우에는 행정처분의 하자가 상대적이라는 점을 고려하여 당해사건에서 다른 내용의 재판을 할 가능성이 조금이라도 있으면 재판의 전제성을 인정하여 본안판단을 할 수 있을 것이다. 특히, 헌법재판소는 재판의 전제성에 대해 예외를 인정하여 기본권 침해가 반복될 우려가 있거나 헌법적 해명이 긴요한 경우에는 본안판단을 할 수 있다고 판단한다.

(3) 후행 행정처분의 효력

(가) 연속적 행정처분과 그 하자

행정처분이 연속적으로 행해지는 경우 선행 행정처분의 근거법률에 대해 위헌결정이 선고된 경우 행정청이 행한 후행 행정처분의 효력은 어떻게 될까. 법률에 대한 위헌결정은 기속력을 가지므로 모든 국가기관과 지방자치단체는 위헌상태를 반복해서는 안 되고, 자신의 권한의 범위에서 위헌상태를 제거하고 합헌상태를 실현해야 한다. 행정청은 후속적 행정처분이 위헌결정의 기속력에 위반될 경우에는 그 행정처분을 할 수가 없다. 위헌결정이 선고된 법률이 선행 행정처분은 물론 후행 행정처분의 근거가 되는 경우에는 후행 행정처분을 해서는 안 되고, 위헌법률에 근거한 후행 행정처분은 당연무효가 된다.

위헌법률에 근거한 행정처분이 취소소송의 제소기간이 경과하여 확정력이 발생한 경우에 행정청은 후속적 행정처분을 할 수 있을까. 위헌법률에 근거한 선행 행정처분은 하자가 있고, 이는 원칙적으로 취소사유에 해당한다. 선행 행정처분에 대해 취소소송의 제소기간이 경과하여 확정력이 발생하였다는 것은 선행 행정처분의 하자를 사법절차를 통해 다툴 수 없다는 의미이지 그 행정처분이라는 하자가 제거되는 것은 아니다. 이때 후행 행정처분이 가능한지 여부는 선행 행정처분과의 관계에 따라 다르게 결정된다.

(나) 선행 행정처분과 후행 행정처분이 결합하여 단일한 효과를 발생시킨 경우

선행 행정처분과 후행 행정처분이 서로 결합하여 단일한 법률효과를 완성하는 경우에는 선행 행정처분의 하자가 후행 행정처분에 승계되므로 후행 행정처분을 해서는 안 된다. 만약 후행 행정처분이 행해진 경우에는 선행 행정처분의 존속력이 생겨 그 효력을 다툴 수 없게 되어도 선행 행정처분의 하자를 이유로 후행 행정처분의 효력을 다툴 수 있다.[237] 이때 당사자는 후행 행정처분

237) 2015. 1. 29. 2013헌바136.

을 다투면서 후행 행정처분의 고유한 하자가 아니라 선행 행정처분의 근거법률이 위헌임을 주장할 수 있고, 후행 행정처분도 선행 행정처분의 관계와 그 하자의 정도에 따라 당연무효가 되거나 취소사유가 된다.

(다) 선행 행정처분과 후행 행정처분이 별개의 독립적 효과를 발생시킨 경우

선행처분과 후행처분이 서로 독립하여 별개의 법률효과를 목적으로 하는 때에는 선행처분의 하자가 중대하고 명백하여 당연무효인 경우를 제외하고는 선행 행정처분의 하자는 후행 행정처분에게 승계되지 않는다. 따라서 선행 행정처분의 하자에도 불구하고 후행 행정처분을 할 수 있고, 선행 행정처분의 하자를 이유로 후행 행정처분의 효력을 다툴 수는 없다.[238] 조세의 부과처분과 체납처분은 별개의 행정처분으로서 독립성을 가지므로 부과처분에 하자가 있더라도 그 부과처분이 취소되지 아니하는 한, 그 부과처분에 기초한 체납처분은 위법하여 당연무효라고 할 수 없다.[239] 헌법재판소도 부과처분의 근거법률이 위헌이라고 하더라도 그 위헌성이 명백하다는 등 특별한 사정이 있다고 볼 자료가 없는 한 그 부과처분에는 취소할 수 있는 하자가 있음에 불과하다고 판단하였다.[240]

대법원은 조세의 부과처분과 체납처분에 대한 근거법률에 대해 위헌결정이 내려지면 후속 체납처분절차를 진행할 수 없고, 그럼에도 불구하고 이루어진 체납처분은 그 사유만으로 하자가 중대하고 객관적으로 명백하여 당연무효라고 판단한 적이 있다.[241] 이는 선행 행정처분의 하자를 승계한 것이 아니라 선행 행정처분은 물론 후행 행정처분의 근거법률에 대해 위헌결정이 선고된 경우에 해당한다.

4. 임시규율의 허용 여부

(1) 필요성

임시규율이란 헌법재판소가 법률의 위헌성을 확인하고 새로운 입법이 만들어질 때까지 임시적으로 위헌법률을 대체하는 법률적 규율을 말한다. 헌법재

238) 대법원 1994. 1. 25. 93누8542.
239) 대법원 1987. 9. 22. 87누383.
240) 2004. 1. 29. 2002헌바73.
241) 대법원 2012. 2. 16. 2010두10907.

판소가 헌법불합치결정을 할 경우 위헌법률에 대해 위헌성이 커서 계속적용을 명할 수도 없고, 적용중지를 명하더라도 개선입법을 기다릴 수 없는 사정이 있거나 개선입법을 소급하여 적용하더라도 문제를 해결할 수 없는 경우가 발생할 수 있다. 이때 헌법재판소는 종국결정을 통해 위헌법률을 대신하여 보충적, 예외적, 임시적으로 입법공백을 메울 수 있는 법률적 규율을 할 필요가 있다. 이때 임시규율은 법률을 대체하는 것으로 법률적 효력을 갖는다.

헌법재판소가 위헌결정을 하면서 법률적 효력을 갖는 임시규율을 명할 수 있을까. 헌법재판소는 헌법수호자로서 헌법질서를 수호하고 기본권을 보장하기 위해 임시규율을 할 수 있다는 견해가 있다.[242] 위헌법률심판은 헌법질서를 수호하기 위한 객관소송의 성격을 가지므로 국회가 개선입법을 할 때까지 입법공백상태를 유지할 수 없는 경우에는 이를 방치해서는 안 된다는 것이다. 헌법과 헌법재판소법은 임시규율을 인정하는 규정을 두지 않지만, 임시규율은 불문의 비상권한으로 법률이 흠결된 경우 법원이 재판을 위해 법관법을 형성하는 것과 마찬가지로 위헌법률의 적용을 거부하고 헌법에 의해 법률의 빈틈을 메워주는 것이라고 한다. 이 견해는 임시규율을 헌법불합치결정에 있어서 국회가 입법개선을 할 수 없거나 국회가 개선입법을 하지 않을 경우를 대비하여 필요한 최소한의 내용으로 법률적 효력을 갖는 새로운 유형의 헌법불합치결정의 하나로 이해한다.

(2) 판례를 통한 형성 가능성

헌법재판은 사법작용이므로 헌법재판소가 종국결정을 할 수 있는 유형은 법률적 근거에 기초하여 인정되어야 하고, 헌법재판소가 임의로 창조할 수는 없다. 변형결정도 헌법재판소법 제45조에 기초하여 '위헌결정'의 하나로 해석하여 위헌결정을 할 경우에 발생하는 법률적용의 공백과 모순을 제거할 필요가 있는 경우에만 예외적으로 인정된다. 변형결정은 헌법재판소가 판례를 통해 형성한 것일 뿐, 법이론적으로 당연히 인정되는 것은 아니다.

임시규율 역시 헌법재판에 있어 그 필요성이 인정될 경우에는 판례에 의해 수용될 가능성이 있다. 하지만, 추상적이고 가정적 상황을 예정하고 임시규율의 필요성을 성급하게 인정해서는 안 된다. 특히, 임시규율은 종국결정을 통해 법률적 효력을 발생시키는 것이므로 국회의 입법권을 침해할 위험성이 있어

242) 허완중, 헌법소송법, 282～290면.

권력분립의 원칙에도 부합하지 않을 수 있다. 현재까지 헌법재판소는 임시규율을 도입하지 않고 있다.

제7절 규범통제형 헌법소원

1. 법적 성격

(1) 위헌법률심판의 일종

헌법재판소법 제68조 제2항 전단은 "법률의 위헌여부심판의 제청신청이 기각된 때에는 그 신청을 한 당사자는 헌법재판소에 헌법소원심판을 청구할 수 있다"라고 규정한다. 법원은 직권이나 당사자의 신청을 받아들여 헌법재판소에 위헌법률심판을 제청할 수 있다. 당해사건의 당사자는 법원에 위헌제청을 신청할 수 있는데, 법원이 당사자의 신청을 기각한 경우에 당사자는 직접 헌법재판소에 헌법소원의 형식으로 위헌법률심판을 청구할 수 있다. 이를 헌법재판소법 제68조 제1항에서 기본권을 구제하기 위해 규정하는 권리구제형 헌법소원과 구별하여 규범통제형 헌법소원이라고 한다.

규범통제형 헌법소원은 법원이 당해사건에 적용되는 법률이 위헌임에도 불구하고 위헌제청을 하지 않는 경우에 당사자에게 위헌제청신청권을 부여하고, 법원이 기각한 경우에 당사자가 직접 헌법재판소에 위헌법률심판을 청구하는 것이다. 이는 헌법재판소법이 재판에 대한 헌법소원을 인정하지 않는 대신에 위헌제청신청에 대한 법원의 재판에 불복하는 수단을 인정한 것이다. 따라서 규범통제형 헌법소원은 실질적으로는 법률에 대한 규범통제에 해당하므로 위헌법률심판의 성격을 갖는다. 법원이 당사자의 제청신청을 기각결정한 경우에만 그 당사자가 헌법소원을 청구할 수 있도록 한 것이 당사자의 재판청구권을 침해하는 것은 아니다.[243]

(2) 적법요건

규범통제형 헌법소원은 실질적으로 위헌법률심판에 해당하므로 재판의 전제성이 가장 중요한 적법요건이다. 권리구제형 헌법소원의 적법요건에 해당하

243) 1993. 7. 29. 90헌바35.

는 기본권 침해의 가능성의 심사기준인 자기관련성, 직접성, 현재성은 그 적법요건이 아니며, 보충성도 요구되지 않는다.[244] 헌법재판소의 심판대상과 심사기준 역시 위헌법률심판과 동일하므로 심판청구서의 기재사항, 심판절차, 주문의 표시, 인용결정의 효력 등에 대해서는 위헌법률심판절차의 규정이 적용된다.

규범통제형 헌법소원에서는 제청법원이 없으므로 심판청구서의 '제청법원의 표시'를 대신하여 '청구인과 대리인의 표시'를 기재한다. 청구서에는 법률이 위헌이라고 해석되는 이유를 구체적으로 기재해야 하는데,[245] 법률이 막연히 헌법에 위반된다고만 주장할 뿐, 이를 구체적으로 뒷받침할 '법률이 위헌이라고 해석되는 이유'가 전혀 기재되지 않으면 부적법하여 각하된다.[246] 또한, 위헌법률심판과 마찬가지로 법무부장관 및 당해사건의 당사자는 심판청구된 법률의 위헌여부에 관한 의견서를 제출할 수 있다.

규범통제형 헌법소원은 실질적으로 위헌법률심판에 해당한다고 하더라도 개인이 직접 청구인이 되어 헌법소원의 형식으로 청구하는 것이다. 따라서 권리구제형 헌법소원과 마찬가지로 지정재판부에 의한 사전심사를 거치도록 하며, 변호사강제와 국선대리인에 관한 헌법재판소법의 규정도 적용된다.[247] 규범통제형 헌법소원은 권리구제형 헌법소원과는 그 심판유형을 달리하므로 지정재판부의 심사를 받을 필요가 없다는 견해도 있지만,[248] 규범통제형 헌법소원도 당사자가 국가기관이 아닌 사인(私人)이라는 것을 고려하여 지정재판부의 사전심사를 받도록 규정한 것으로 이해된다.

2. 재판의 전제성

(1) 판단시기

규범통제형 헌법소원은 헌법소원의 형식을 갖지만, 실질적으로는 위헌법률심판을 청구하는 규범통제이므로 당해사건의 재판에 적용되는 법률이 헌법에 위반되는지 여부가 재판의 전제가 된 경우에만 청구할 수 있다. 원칙적으로

244) 1997. 7. 16. 96헌바36.

245) 헌법재판소법 제71조 제2항, 제43조 제4호.

246) 2010. 2. 25. 2007헌바131.

247) 헌법재판소법 제25조 제3항, 제70조, 제72조, 제73조 제2항.

248) 정종섭, 헌법소송법, 286면.

는 재판의 전제성은 규범통제형 헌법소원의 적법요건이므로 심판청구시부터 종국결정시까지 존속해야 한다. 하지만, 규범통제형 헌법소원에서는 당사자가 위헌제청을 신청할 당시에 재판의 전제성이 있으면 적법요건을 갖춘 것으로 인정된다. 이는 당사자의 제청신청이나 헌법소원의 청구로 인하여 당해사건의 재판은 정지되지 않는다는 점을 반영한 것이다. 법원이 당해사건의 재판을 진행하여 종료하면 재판의 전제성이 소멸할 수 있기 때문이다.

당사자가 법원에 위헌제청을 신청할 당시에 재판의 전제성을 갖추었다면, 그 이후 당해사건의 재판이 확정되더라도 법률에 대한 위헌결정으로 재심청구가 가능하므로 재판의 전제성이 인정된다.[249] 법원이 판결을 선고하고 당사자가 상소를 하지 않아 당해사건이 확정된 후에 당사자가 헌법소원을 청구한 때에도 재판의 전제성이 인정된다.[250] 이때에는 법률에 대한 위헌결정이 있게 되면 당해사건이 이미 확정된 때라도 당사자는 재심을 청구할 수 있기 때문이다.

당사자가 당해사건의 판결이 확정된 후에 법원에 위헌제청을 신청한 경우에는 재판이 계속 중인 경우에 해당되지 않아 재판의 전제성이 인정되지 않는다.[251] 헌법재판소는 항소심에서 유죄판결을 선고받고 상고를 하지 않은 채 법원에 제청신청을 하였다가 그 신청이 각하되자 그 유죄판결이 확정된 이후 당사자가 헌법소원을 청구한 경우에는 재판의 전제성이 인정되지 않는다고 판단하였다.[252] 이는 당사자가 위헌제청을 신청할 당시에 재판이 계속 중이 아니라고 판단한 것으로 이해된다.

(2) 판단기준

재판의 전제성에 대해서는 법원과 헌법재판소가 다르게 판단할 수 있다. 헌법재판소는 법원의 판단을 존중해야 하지만 이에 기속되지 않고 독자적으로 재판의 전제성을 최종적으로 판단한다. 법원이 당사자의 제청신청에 대해 재판의 전제성이 없다고 판단하여 기각한 경우에도 헌법재판소는 재판의 전제성을 인정할 수 있다. 법원이 재판의 전제성을 인정하더라도 법률이 위헌이 아니라는 이유로 당사자의 제청신청을 기각할 수 있는데, 이때 당사자가 당해사건에

249) 2020. 6. 26. 2018헌바278.
250) 2010. 7. 29. 2006헌바75.
251) 1996. 5. 16. 96헌바61.
252) 2000. 6. 1. 99헌바73.

서 승소하여 재판이 확정된 경우에는 재판의 전제성이 인정되지 않는다.[253] 이때에는 헌법재판소가 위헌결정을 하더라도 그 재판의 결론이나 주문에 아무런 영향을 미치지 않기 때문이다.

헌법재판소는 재판의 전제성이 인정되지 않더라도 위헌법률로 인하여 기본권 침해가 반복될 위험이 있거나 헌법적 해명이 긴요한 경우에는 객관적인 헌법질서의 수호와 유지를 위해 심판의 필요성이 인정된다고 판단하여 본안판단을 할 수 있다. 헌법재판소는 당사자가 당해사건에서 승소하여 재판의 전제성이 없더라도 법률의 위헌여부에 대해 헌법적 해명이 필요하고 형벌조항에 대한 위헌결정의 대세적 기속력으로 인하여 유죄의 확정판결에 대해 재심을 청구할 수 있는 경우에는 예외적으로 재판의 전제성이 인정된다고 판단하였다.[254]

3. 심판청구의 절차

(1) 당사자의 위헌제청신청

(가) 당해사건의 당사자

규범통제형 헌법소원은 법원에 위헌제청신청을 하였다가 기각당한 당사자만 청구할 수 있고, 당사자가 위헌제청을 신청하지 않았거나 법원이 그 신청을 받아들여 위헌제청을 한 경우에는 청구할 수 없다. 당해사건의 당사자뿐만 아니라 보조참가인도 당해사건의 재판에서 공격과 방어 등 소송행위를 할 수 있으므로 헌법소원을 청구할 수 있다.[255] 다만, 피참가인인 당사자의 소송행위에 저촉되어서는 안 된다.

당해사건의 당사자가 행정청인 경우에 그 행정청도 규범통제형 헌법소원을 청구할 수 있을까. 헌법은 법률에 대한 위헌제청권을 법원에만 부여하고 있으며, 헌법소원은 개인의 주관적 권리구제절차이므로 행정청은 헌법소원을 청구할 수 없다는 견해가 있다.[256] 하지만, 규범통제형 헌법소원은 실질적으로 위헌법률심판에 해당하고, 행정청이 직접 위헌제청을 하는 것이 아니므로 당해사건의 당사자는 사인(私人)에 국한되지 않는다. 따라서 공권력의 주체인 국가기

253) 2009. 5. 28. 2006헌바109.
254) 2013. 3. 21. 2010헌바132.
255) 2003. 5. 15. 2001헌바98.
256) 한수웅, 헌법학, 1508～1509면.

관, 행정청, 지방자치단체 등도 일반법원의 재판에서 당사자가 될 수 있으므로 위헌제청을 신청할 수 있다. 행정기관도 당해사건의 당사자나 보조참가인으로 위헌제청을 신청할 수 있고, 법원에 의해 기각되면 헌법소원을 청구할 수 있다.[257]

(나) 위헌제청신청

1) 신청의 범위와 법원의 실질적 판단

당사자가 법원에 위헌제청을 신청하지 않는 법률에 대해서는 법원이 그 신청을 기각할 여지가 없고 그 법률에 대해 규범통제형 헌법소원을 청구한 경우에는 적법요건을 갖추지 못한 것이어서 각하된다.[258] 하지만, 법원이 실질적으로 심사하여 기각하였다고 인정할 수 있으면 헌법소원을 청구할 수 있다. 즉, 당사자가 위헌제청신청에 포함시키지 않은 법률이더라도 법원이 당사자가 제청신청에 포함시킨 법률과 필연적 연관관계를 맺고 있어 묵시적으로 그 신청의 대상으로 포함시켜 함께 판단하여 그 신청을 기각한 것으로 인정할 수 있는 경우에는 그 부분에 대한 헌법소원은 적법하여 심판대상에 포함될 수 있다.[259] 또한, 당사자가 당해사건에 직접 적용되지 않는 법률조항에 대해 제청신청을 하고, 법원이 기각결정한 경우에 당해사건에 직접 적용되는 법률조항과 불가분적으로 결합되어 그 위헌여부에 따라 당해사건의 판결이 달라질 수 있는 경우에는 재판의 전제성이 인정된다.[260]

2) 한정위헌청구

당사자가 한정위헌의 형식으로 제청신청을 하거나 헌법소원을 청구할 수 있을까. 이는 당사자가 법률 그 자체의 위헌성을 주장하는 것이 아니라 법률의 특정한 해석가능성과 그 적용에 대해 위헌성을 주장하는 것이 가능한지의 문제이다. 이는 실질적으로 법원의 재판에 대해 헌법소원을 청구하는 것이 되어 법원의 법률해석권을 침해할 수도 있다. 대법원은 당사자가 한정위헌의 형식으로 제청신청을 하는 것은 그 법률조항에 대한 법원의 해석을 다투는 것에 불과하여 부적법하다고 판단하여 각하하였다.[261]

헌법재판소는 한정위헌청구를 원칙적으로 인정하지 않고 예외적으로만 허

257) 2008. 4. 24. 2004헌바44.
258) 2011. 11. 24. 2010헌바412.
259) 2012. 4. 24. 2010헌바1.
260) 2020. 6. 25. 2018헌바278.
261) 2009. 2. 18. 2009아14등.

용하였으나,[262] 선례를 변경하여 원칙적으로 인정하고 예외적으로 법원의 법률해석이나 재판결과를 다투는 경우에는 허용하지 않는다.[263] 국회가 제정한 법률과 그 법률에 대한 해석은 구별되고, 법률해석에 대해 한정위헌결정의 청구를 인정하는 것은 실질적으로 재판소원을 우회적으로 허용하는 것이므로 한정위헌결정의 청구를 인정하지 않는 것이 타당하다.[264]

(2) 법원의 기각결정

(가) 기각결정

법원은 당사자의 제청신청을 받아들여 헌법재판소에 위헌제청을 할 수 있지만, 이를 받아들이지 않는 경우에는 결정으로 각하 또는 기각을 한다. 법원이 당사자의 제청신청을 기각할 경우에 당사자가 헌법소원을 청구할 수 있다. 법원은 당사자의 제청신청을 심사하여 법률이 위헌이 아니라고 판단하거나 재판의 전제성이 없다고 판단한 경우에는 그 신청을 기각한다.[265] 당사자는 법원이 기각한 법률에 대해서만 헌법소원을 청구할 수 있고, 법원이 기각하지 않은 법률에 대해 헌법소원을 청구하면 헌법재판소가 각하결정을 선고한다.[266]

법원은 당사자의 제청신청에 대해 재판의 전제성을 갖추지 못하였다고 판단한 경우에는 각하결정을 할 것이 아니라 기각결정을 해야 한다.[267] 재판의 전제성은 헌법재판소의 위헌법률심판에 있어서는 적법요건이지만, 법원의 제청신청심사에 있어서는 본안에 해당하기 때문이다. 다만, 법원은 당사자가 제청신청을 할 당시에 계속된 소송사건이 없는 때에는 재판의 전제성이 없는 경우에 해당하지만 각하한 적이 있다.[268]

(나) 예외적으로 각하결정에 대해서도 청구를 허용

법원은 당사자의 제청신청이 청구인적격을 갖추지 못하는 것과 같이 형식적 요건을 갖추지 못한 경우에는 부적법하므로 각하한다. 법원이 제청신청을 부적법하다는 이유로 각하한 경우에는 당사자의 제청신청에 대해 본안판단한

---

262) 2001. 8. 30. 2000헌바36등.
263) 2012. 12. 27. 2011헌바117.
264) 한수웅, 헌법학, 1517면.
265) 1993. 7. 29. 90헌바35.
266) 2003. 9. 25. 2003헌바21.
267) 1993. 7. 29. 90헌바35.
268) 대법원 2008. 6. 30. 2008초기224.

것이 아니므로 당사자는 헌법소원을 청구할 수 없는 것이 원칙이다. 당사자가 법원의 기각결정에 대해 불복하여 위헌법률심판을 청구하는 것이기 때문이다. 하지만, 헌법재판소는 법원이 각하하였더라도 당사자가 법원의 판단에 불복하여 헌법재판소에 헌법소원을 청구할 수 있다고 한다.[269] 헌법재판소법은 '기각된 때'라고 규정하지만, 규범통제형 헌법소원은 당사자가 법원의 판단에 불복하는 것을 허용하는 것이며, 헌법재판소는 법원의 판단에 기속되지 않고 독립적으로 헌법소원의 적법요건과 본안에 대해 판단할 수 있다는 점을 고려한 것으로 이해된다.

헌법재판소는 당사자의 제청신청에 대해 헌법재판소법이 '기각'이라고 규정함에도 법원이 각하결정을 한 경우에도 당사자의 헌법소원을 허용하는데, 이는 법원이 기각과 각하를 제대로 구별하지 않는 것에 기인한 것이다. 법원은 당사자의 제청신청에 대해 재판을 하는데, 당사자는 법원이 헌법재판소에 위헌제청을 할 것을 요청하는 것이므로 그 소송물은 위헌제청을 할 것인지 여부이다. 여기에는 당해사건에 적용되는 법률이 위헌이라는 판단 이외에 위헌법률심판의 대상이 되는지 여부, 재판의 전제성이 있는지 여부도 포함된다. 따라서 법원은 위헌제청의 사유가 없다고 판단한 경우에는 기각결정을 해야 하고, 당사자가 아닌 자가 제청신청을 한 때와 같이 예외적인 경우에만 각하결정을 해야 한다.

그런데, 법원은 기각과 각하를 명확하게 구별하지 않거나 기각해야 함에도 불구하고 각하하는 경우가 많아 헌법재판소가 당사자의 헌법소원청구권을 보장하기 위해 '기각'을 각하까지 확대하여 해석한 것으로 판단된다. 따라서 법원이 각하결정을 하더라도 당연히 당사자가 헌법소원을 청구할 수 있는 것이 아니라 법원이 제청신청을 기각결정을 해야 함에도 각하결정을 한 경우에 예외적으로만 헌법소원의 청구를 허용해야 한다.[270]

(3) 기각결정에 대한 재신청금지

(가) 법률규정

헌법재판소법 제68조 제2항은 "… 법률의 위헌여부 심판의 제청신청이 기각된 때에는 … 그 당사자는 당해사건의 소송절차에서 동일한 사유를 이유로

269) 2020. 3. 26. 2018헌바202.
270) 한수웅, 헌법학, 1510~1511면.

다시 위헌여부 심판의 제청을 신청할 수 없다"라고 규정한다. 법원이 위헌제청신청을 기각한 것은 당해사건의 재판을 그대로 진행하겠다는 것을 의미하는데, 당사자가 반복적으로 동일한 위헌제청을 신청하게 되면 재판진행에 장애가 초래되어 소송경제에 반하게 된다. 법원이 당사자의 위헌제청신청을 기각한 것에 대해 당사자는 불복할 수 없고, 그 대신 헌법재판소에 규범통제형 헌법소원을 청구할 수 있을 뿐이다.

(나) 당해사건의 소송절차

당사자는 '당해사건의 소송절차'에서 다시 위헌제청을 신청할 수 없는데, 당해사건의 소송절차의 범위는 어떻게 될까. 당사자가 제청신청을 한 심급법원만 의미할까, 아니면 그 상급심법원까지 포함될까. 당사자가 제청신청을 하였다가 기각되어 당해 심급에서 헌법소원을 청구한 경우에는 당해 심급에서는 물론 상급심에서도 제청신청을 할 실익이 없으므로 다시 제청신청을 할 수 없다. 당사자가 당해 심급에서 헌법소원을 청구하지 않고 있다가 다시 당해 심급에서 제청신청하는 것도 허용되지 않는다. 당사자가 헌법소원을 청구하지 않고 있다가 상급심에서 다시 제청신청을 할 수 있는지 여부가 문제된다.

당해사건의 소송절차는 동일한 심급의 소송절차에 한정될 뿐 상급심의 소송절차를 포함하는 것은 아니므로 심급을 달리하는 경우에는 당사자가 다시 위헌제청신청을 할 수 있다는 견해가 있다.[271] 법원은 각 심급마다 독자적으로 위헌제청권을 가지므로 상급심의 법원은 하급심의 판단에 기속되지 않고 제청할 수 있다는 것이다. 헌법재판소는 당해사건의 소송절차에는 당해사건의 상급심법원까지 포함된다고 판단하였다.[272] 즉, 원심에서 당사자의 위헌제청신청이 기각된 후 당사자가 헌법소원을 청구하지 않고 있다가 상고심에서 동일한 사유로 다시 위헌제청을 신청한 경우에는 재신청금지에 해당하므로 부적법하다는 것이다. 대법원도 당사자가 헌법소원을 청구하지 않고 있다가 상급심에 동일한 제청신청을 하였을 경우에는 그 신청을 각하하였다.[273]

헌법재판소법은 당사자에게 당해사건에서 위헌제청신청을 할 수 있도록 보장하고, 법원이 기각결정을 한 경우에는 그 결정에 대해 항고와 같은 방법으로 불복할 수 없고 헌법재판소에 헌법소원을 청구할 수 있도록 한 것이다. 당

271) 정종섭, 헌법소송법, 275면.
272) 2013. 6. 27. 2011헌바247.
273) 대법원, 2006. 6. 23. 2000카기44.

사자는 당해사건이 진행되는 과정에서 법원에 동일한 위헌제청신청을 반복할 수 없도록 제한한 것으로 해석된다. 당해사건의 소송절차는 하급심법원의 판단으로 종결되지 않고 상급심까지 계속되므로 당해사건의 소송절차가 진행되는 동안에는 당사자가 위헌제청신청을 반복할 수 없다.[274)]

(다) 동일한 사유

당사자는 '동일한 사유'로 다시 법원에 위헌제청신청을 할 수 없다. 당사자는 당해사건의 소송절차에서 법률에 대해 위헌제청을 신청하였다가 법원에 의해 기각당하더라도 다른 법률에 대해서는 제청신청을 할 수 있다. 또한, 동일한 법률에 대해 동일한 사유로 다시 제청신청을 할 수 없지만, 다른 사유로 위헌성을 주장하여 위헌제청을 신청할 수는 있다. 법원이 위헌제청신청을 기각한 이후 사실관계나 법률상황에 관한 사정변경이 발생한 경우에는 위헌제청신청이 기각된 것과는 동일한 사유가 아니므로 당사자는 다시 위헌제청을 신청할 수 있다.

(라) 재신청의 금지

법원에 의해 제청신청이 기각된 당사자는 동일한 이유로 다시 위헌제청을 신청할 수 없다. 법원이 당사자의 제청신청을 각하하거나 기각한 경우에는 당사자가 헌법소원을 청구하지 않고 같은 법원이나 상급심법원에 다시 동일한 사유로 제청신청을 할 수 없다. 당사자가 동일한 사유로 제청신청을 하고, 법원이 각하하자 헌법소원을 청구한 것은 부적법하다.[275)] 당사자가 법원의 제청신청에 대한 각하결정이나 기각결정에 따라 헌법소원을 청구하고, 헌법재판소가 각하결정을 하자, 상급심에 다시 동일한 이유로 제청신청을 하는 것도 부적법하다. 이때 당사자가 청구한 헌법소원도 부적법하므로 각하된다.[276)] 당사자가 법원의 제청신청의 각하결정에 따라 헌법소원을 청구하고, 헌법재판소가 이를 각하한 이후 다시 헌법소원을 청구한 것도 부적법하다.[277)]

'기각결정에 대한 재신청금지'는 당사자가 위헌제청신청을 반복하는 것을 금지하는 것이지 법원의 위헌제청권을 제한하는 것은 아니라는 것을 유의해야 한다. 즉, 상급심법원은 하급심의 판단에 기속되지 않고 독자적으로 위헌제청

274) 한수웅, 헌법학, 1512면.
275) 2013. 6. 27. 2011헌바247.
276) 2015. 2. 3. 2015헌바38.
277) 2017. 1. 17. 2017헌바21.

권을 가지므로 하급심법원이 위헌제청을 하지 않거나 당사자의 위헌제청신청을 기각하더라도 독자적으로 판단하여 직권으로 제청신청을 할 수 있다. 하급심법원이 위헌제청을 하였더라도 상급심법원은 그와 무관하게 다시 위헌제청을 할 수도 있다.

(4) 청구기간

당사자는 법원으로부터 제청신청을 기각하는 결정을 통지받은 날부터 30일 이내에 청구해야 한다.[278] 헌법재판에 대한 기각결정을 통지받은 날이란 특별한 사정이 없는 한 기각결정을 송달받은 날을 의미한다. 이 기간은 불변기간이 아니어서 소송행위의 추완을 통해 보완하는 것이 허용되지 않는다. 다만, 당사자가 법원에 국선대리인선임신청을 한 경우에는 그 신청이 있는 날을 기준으로 청구기간을 정하고, 기각된 경우에는 선임신청을 한 날부터 기각통지를 받은 날까지는 청구기간에 산입되지 않는다.[279] 헌법소원의 청구기간은 적법요건이므로 그 기간을 도과하면 부적법하여 각하된다.

제청신청은 당해사건에서 파생되는 부수적 소송행위로서 당해사건의 소송대리인은 특별한 사정이 없으면 제청신청에 대해서도 소송대리권을 가진다. 법원이 다수의 소송대리인 중 1명에게 제청신청의 기각결정을 송달하면 당사자에게 적법하게 송달된 것으로 본다.[280] 또한, 헌법소원을 청구한 이후 청구취지의 변경을 통해 심판대상을 추가할 경우에는 추가된 청구서가 제출된 시점을 기준으로 청구기간을 판단한다.[281] 구체적 규범통제에서 청구기간을 제한하는 것은 재판에 대한 법적 안정성을 확보하기 위한 것으로 당사자의 재판청구권을 침해하는 것은 아니다.[282]

헌법소원에는 행정소송법을 우선적으로 준용하는데, 규범통제형 헌법소원은 실질적으로는 위헌법률심판이지만 당사자가 헌법재판소에 직접 심판을 청구하는 헌법소원이므로 행정소송법을 준용한다. 행정소송법 제20조 제2항은 단서에서 "취소소송은 처분 등이 있은 날부터 1년을 경과하면 이를 제기하지 못한다. 다만, 정당한 사유가 있는 때에는 그러하지 아니하다"라고 규정한다. 따

278) 헌법재판소법 제69조 제2항.
279) 헌법재판소법 제70조 제1항, 제4항.
280) 1993. 7. 29. 91헌마150.
281) 2008. 10. 30. 2007헌바109등.
282) 2003. 3. 27. 2001헌마461.

라서 청구기간의 도과원인 등 여러 가지 사정을 종합적으로 고려하여 사회통념상 상당한 이유가 있는 경우에는 청구기간을 도과하여 헌법소원을 청구할 수 있다고 해석된다.

(5) 당해사건의 재판은 계속 진행

당사자의 제청신청을 기각한 법원은 당사자가 헌법소원을 청구하더라도 당해사건의 재판을 정지하지 않고 그대로 진행한다. 이는 법원이 위헌법률심판을 제청한 경우에 당해사건의 재판이 정지되는 것과 다르다. 법원이 제청신청을 기각한 것은 당해사건에 법률을 적용한다는 의미이므로 스스로 위헌제청을 하지 않으면 당해사건의 재판을 계속 진행해야 한다. 따라서 헌법재판소가 심판절차를 진행하는 중에 법원은 당해사건의 재판을 종료하게 되어 재판이 전제성이 소멸할 수도 있다.

법원이 당해사건의 재판을 진행하는 중에 헌법재판소가 종국결정을 하면 법원은 그 판단에 따라 당해사건을 재판해야 한다. 하지만, 헌법재판소가 위헌결정을 선고하기 전에 이미 당해사건이 확정된 경우에는 재판의 전제성이 소멸한다. 규범통제형 헌법소원에서 당사자가 법원에 제청신청을 할 당시에 재판의 전제성이 인정되면 적법요건을 갖춘 것으로 인정하는 것도 이러한 점을 고려한 것이다. 헌법재판소가 위헌결정을 선고하기 전에 이미 당해사건의 재판이 확정된 경우에는 당사자가 재심을 청구할 수 있도록 하여 권리보호와 구체적 타당성을 확보한다.[283] 규범통제형 헌법소원에서도 위헌결정이 선고된 경우에는 재심을 통해 권리구제를 할 수 있으므로 심판이익이 인정된다.[284]

4. 결정

(1) 위헌법률심판과 동일

헌법재판소법 제75조 제6항은 "제5항의 경우 및 제68조 제2항에 따른 헌법소원을 인용하는 경우에는 제45조 및 제47조를 준용한다"라고 규정한다. 규범통제형 헌법소원은 법원의 기각결정을 심사하는 것이 아니라 법률의 위헌여

283) 헌법재판소법 제75조 제7항.
284) 1993. 9. 27. 92헌바21.

부를 심판하는 것이다.[285] 규범통제형 헌법소원의 결정형식도 위헌법률심판과 동일하다. 즉, 심판절차종료선언, 각하결정, 합헌결정, 위헌결정은 물론 헌법불합치결정과 한정위헌결정과 같은 변형결정을 선고할 수 있다. 종국결정은 일사부재리에 따라 일반적 효력인 불가변력, 불가쟁력, 기판력, 선례구속력을 가지고 위헌결정은 기속력과 법규적 효력을 갖는다.

(2) 당해사건의 확정과 재심

헌법재판소법 제76조 제7항은 "제68조 제2항에 따른 헌법소원이 인용된 경우에 해당 헌법소원과 관련된 소송사건이 이미 확정된 때에는 당사자는 재심을 청구할 수 있다"라고 규정한다. 이때 헌법소원이 인용되었다는 것은 법률이 위헌이라는 것을 의미하고, '해당 헌법소원과 관련된 소송사건'이란 헌법소원의 전제가 된 당해사건만을 의미한다.[286] 규범통제형 헌법소원에서는 그 심판청구로 인하여 재판이 정지되지 않는다는 것을 고려하여 재심절차를 통해 권리구제를 도모하는 것이다.

재심을 청구할 수 있는 자는 규범통제형 헌법소원을 청구하여 인용결정을 받은 당사자에 한정된다. 헌법소원을 청구하지 않고 위헌결정된 법률의 적용을 받았던 다른 사건의 당사자는 이미 확정된 사건의 재심을 청구할 수는 없다.[287] 헌법재판소는 위헌결정의 효력에 대해 당해사건뿐만 아니라 동종사건, 병행사건, 일반사건에서도 예외적으로 소급효를 인정하고 있으므로 구체적 타당성을 확보하고 기본권을 실효적으로 구제하기 위해서는 소급효가 미치는 범위에서는 그 사건의 당사자가 재심을 청구할 수 있도록 하는 것이 바람직하다.[288]

헌법소원의 인용결정에는 위헌결정 이외에 변형결정도 포함될까. 헌법재판소는 위헌결정과 헌법불합치결정뿐만 아니라 한정위헌결정과 한정합헌결정도 위헌결정이므로 법원에 대한 기속력을 가진다고 판단하였다.[289] 이에 따르면 재심청구를 할 수 있다. 한편, 대법원은 헌법불합치결정에 대해서는 기속력을 인정하지만, 한정위헌결정과 한정합헌결정에 대해서는 이를 헌법재판소의

285) 한수웅, 헌법학, 1504면.
286) 2002. 3. 28. 2001헌바42.
287) 2000. 6. 29. 99헌바66; 대법원, 1993. 7. 27. 92누13400.
288) 정재황, 헌법재판론, 446면.
289) 2003. 4. 24. 2001헌마386.

단순한 법률해석으로 이해하고 법원에 대한 기속력이 없으므로 재심청구를 할 수 없다고 판단하였다.[290] 헌법불합치와 한정위헌결정은 그 법률의 위헌성을 확인하는 것이므로 위헌결정과 동일하게 그 범위에서 기속력을 가지고 재심사유가 될 수 있지만, 한정합헌결정은 그 법률의 위헌성을 확인한 것이 아니고 합헌결정과 동일하므로 기속력을 갖지 않아 재심사유가 될 수 없다.

290) 대법원 2013. 3. 28. 2012재두299.

제 2 장 탄핵심판

제1절 규범적 의미

1. 개념

(1) 헌법적 근거

헌법 제65조 제1항은 "대통령·국무총리·국무위원·행정각부의 장·헌법재판소 재판관·법관·중앙선거관리위원회 위원·감사원장·감사위원 기타 법률이 정한 공무원이 그 직무집행에 있어서 헌법이나 법률을 위배한 때에는 국회는 탄핵의 소추를 의결할 수 있다"라고 규정한다. 탄핵이란 행정부의 고위공무원이나 법관과 같이 신분이 보장되는 공직자가 직무상 중대한 위법행위를 저지른 경우에 일반적인 사법절차가 아닌 특별한 절차를 통해 처벌하거나 파면하는 것을 말한다. 헌법은 탄핵심판권을 법원이 아닌 헌법재판소에 부여하며, 탄핵의 소추와 심판절차에 대해서는 헌법재판소법과 국회법에서 구체적으로 규정한다.

탄핵은 주권자인 국민으로부터 국가권력을 위임받은 고위공직자가 그 권한을 남용하여 헌법이나 법률을 위반한 경우에 그 권한을 박탈하고 책임을 추궁하는 제도이다. 이는 행정부의 고위공무원과 법관에 대한 위법행위를 국민의 대표기관인 국회가 통제하기 위해 창안되었다. 대통령을 비롯한 행정부의 고위공무원은 법률을 집행하는 책임자이므로 같은 행정부에 소속된 검사가 이들을 기소하기 어려울 수 있다. 법관은 법을 해석하고 적용하는 헌법기관으로 사법권의 독립이 보장되어 위법행위를 저질러도 일반적인 사법절차나 징계절차에 의해 법적 책임을 묻기가 쉽지 않다.

(2) 기능

(가) 헌법의 규범력 확보

탄핵은 국가기관이 헌법과 법률에 따라 적정하게 권한을 행사하도록 하여 법치국가를 실현하고, 국가권력의 남용으로부터 기본권을 보장함으로써 헌법질서를 수호하는 기능을 한다. 헌법은 권력분립의 원칙에 따라 국가기관을 구분하고 그 권한행사의 범위와 절차를 규율하는데, 국가기관의 핵심적 구성원인 고위공직자는 헌법과 법률에 따라 그 권한을 행사해야 한다. 탄핵은 고위공직자가 권한을 남용하여 헌법이나 법률을 위반한 경우에 파면을 통해 법적 책임을 추궁함으로써 권력분립의 원칙을 규정하는 헌법의 규범력을 확보한다.[1)]

(나) 사법권의 독립을 보장

헌법은 탄핵심판권을 일반법원이 아니라 헌법재판소에 부여하는데, 이는 법관에 의한 사법권의 남용을 견제하는 동시에 법원이 정치적 소용돌이에 빠지지 않도록 봉쇄함으로써 사법이 정치화되는 것을 방지하기도 한다. 특히, 헌법재판관과 법관에 대해서는 중앙선거관리위원회 위원과 함께 탄핵이나 금고 이상의 형에 의하지 아니하고는 파면하지 못하도록 하는데, 이는 징계처분을 통해서는 그 지위를 박탈하지 못하게 하여 그 신분을 보장하는 기능도 한다.

2. 특징

(1) 정치적 책임이 아니라 법적 책임

탄핵심판은 국민의 대표자인 공무원에 대해 정치적 책임을 묻는 것이 아니라, 고위공직자의 위법행위에 대해 법적 책임을 지우는 것이다. 고위공직자에 대해 정치적 책임을 묻는 제도적 장치로는 임명권자인 대통령이 해임하거나 선출직 공무원을 다음 선거에서 선출하지 않는 것을 들 수 있다. 국민소환제도를 도입할 경우에는 주권자가 직접 고위공직자에 대해 정치적 책임을 물을 수도 있다. 탄핵심판은 고위공직자의 권한남용에 대해 국민의 대표기관인 국회가 소추하고, 헌법재판소가 최종적으로 심판하여 법적 책임을 묻는 것이다.

---

1) 2004. 5. 14. 2004헌나1.

탄핵심판은 법적 책임을 추궁하는 제도이지만, 이것은 형사처벌을 목적으로 하는 것이 아니라 파면을 통해 공직에서 추방하는 것을 목적으로 하므로 징계의 성격을 갖는다. 고위공직자가 탄핵심판을 통해 파면되더라도 민사상 또는 형사상 책임을 물을 수 있다. 하지만, 국회가 탄핵소추권을 갖는다는 점에서는 정치적 책임을 추궁하는 성격도 갖는다. 결국, 탄핵은 법적 책임을 지우는 것이지만, 징계의 성격과 정치적 책임을 추궁하는 성격을 복합적으로 갖는다.

(2) 해임건의와 구별

탄핵심판은 고위공직자에 대해 정치적 책임이 아니라 법적 책임을 묻는다는 점에서 해임건의와 구별된다. 국회가 고위공직자에 대해 정치적 책임을 추궁하려면 대통령에게 해임건의를 하고, 법적 책임을 지우려면 탄핵소추를 할 수 있다. 국회가 고위공직자의 해임을 건의하더라도 대통령은 이에 기속되지 않고, 대통령이 해임을 하는 경우에도 그 법적 효과는 탄핵과는 다르다.

대통령제를 채택하고 있는 우리나라에서는 대통령과 행정권력에 대해 불신임제도가 없고, 국회는 고위공직자에 대해 대통령에게 해임건의만 할 수 있는 것에 불과하여 탄핵은 국정통제수단으로서 중요한 의미를 가진다. 탄핵심판은 국회가 소추하고 헌법재판소가 파면하는 것으로 법적 책임을 지우는 것이다. 탄핵은 법적 책임을 지우는 것이므로 고위공직자가 직무집행에 있어서 헌법이나 법률을 위반한 것이 그 사유지만, 해임건의는 정치적 책임을 묻는 것이므로 그 사유에 제한이 없다.

(3) 사법적 절차를 적용

헌법은 고위공직자의 권한남용에 대해 헌법재판소로 하여금 탄핵심판이라는 사법적 절차에 따라 처리하도록 규정한다. 탄핵절차는 탄핵소추와 탄핵심판으로 구분되는데, 헌법은 탄핵소추권은 국회에게, 탄핵심판권은 헌법재판소에 부여한다. 고위공직자의 위헌·위법적 행위에 대해 국민의 대표기관인 국회가 민주주의적 관점에서 소추하고, 국회로부터 독립된 헌법재판소가 법치적 관점에서 심판하도록 한 것이다. 국가기관이 권한을 남용한 경우에는 권한쟁의심판을 통해서도 이를 규율할 수 있지만, 탄핵심판은 보다 강력하게 파면을 통해 공직에서 추방하는 법적 책임을 추궁하는 것이다.

탄핵심판이 제대로 기능하기 위해서는 권력분립의 원칙에 기초하여 정치적 민주와 사법적 법치가 균형을 이루어야 한다. 탄핵심판은 법적 책임을 묻는 것이므로 그 심판절차에는 법치에 따라 사법적 절차가 적용되어야 한다. 헌법재판소가 탄핵심판에 있어서 사법적 판단보다 정치적 고려를 우선하거나 여론에 영향을 받아서는 안 된다. 국회 역시 정치적 갈등과 대립을 사법적 절차인 탄핵심판을 통해 해결하려고 하거나 고위공직자에 대한 탄핵을 정치적 목적으로 악용해서도 안 된다.

(4) 역사적 경험

대한민국의 헌정사에서도 탄핵심판이 중요한 역할을 하였다. 1919년 4월 수립된 상해임시정부는 1925년 대통령이었던 이승만을 탄핵한 적이 있었다. 1948년 헌법을 제정하면서 지금까지 탄핵제도를 운영하고 있는데, 탄핵소추를 담당하는 것은 변함없이 국회의 권한으로 규정하였다. 하지만, 탄핵심판은 탄핵재판소, 헌법재판소, 탄핵심판위원회, 헌법위원회를 거쳐 현재는 헌법재판소가 담당한다.

대한민국 정부가 수립된 이후에는 1985년 대법원장에 대해 처음으로 탄핵소추가 발의되었으나 부결되었다. 그 이후 검찰총장에 대해 6차례, 대법관에 대해 1차례 탄핵소추가 발의되었으나 모두 부결되거나 폐기되었다. 2004년 처음으로 노무현 대통령에 대해 국회에서 탄핵소추가 의결되었으나, 헌법재판소는 대통령의 행위를 위헌으로 인정하면서도 파면에 대해서는 기각결정을 하였다. 2016년 12월 박근혜 대통령에 대해 탄핵소추가 의결되었고, 헌법재판소는 2017년 3월 파면결정을 내렸다. 2021년 2월 국회는 처음으로 현직 법관에 대해 재판에 부당하게 개입한 혐의 등으로 탄핵소추를 의결하였고, 헌법재판소는 같은 해 10월 임기만료로 퇴직한 피청구인에 대해서는 본안판단에 나아가도 파면결정을 선고할 수 없으므로 탄핵심판청구는 부적법하다는 이유로 각하결정을 선고하였다.[2)]

2) 2021. 10. 28. 2021헌나1.

제2절 탄핵심판의 대상과 사유

1. 대상

(1) 법적 근거

헌법은 탄핵심판의 대상으로 대통령, 국무총리, 국무위원, 행정각부의 장, 헌법재판소 재판관, 법관, 중앙선거관리위원회 위원, 감사원장, 감사위원, 기타 법률이 정한 공무원으로 규정하고, 헌법재판소법도 동일하게 규정한다. 대통령은 국민의 직접 선거를 통해 선출되어 민주적 정당성이 강하고 재직 중 내란·외환의 죄를 범한 경우가 아니면 형사소추의 대상에서 제외되므로 탄핵이 중요한 의미를 가진다. 탄핵소추권을 가진 국회의원은 탄핵대상에서 제외되지만, 탄핵심판권을 가진 헌법재판소 재판관은 탄핵대상에 포함된다. 다만, 재판관 3인 이상을 동시에 소추할 수는 없다고 해석해야 한다. 탄핵소추가 의결되면 재판관의 권한행사가 정지되므로 7인 이상의 심리정족수를 충족할 수 없어 헌법재판을 할 수 없기 때문이다.[3]

국무총리, 국무위원, 행정각부의 장은 국회의원을 겸직할 수 있는데, 이들도 탄핵대상이 된다. 다만, 탄핵사유는 그 공직의 직무집행상 헌법이나 법률을 위반한 행위에 국한되며, 국회의원의 직무집행상 헌법이나 법률을 위반한 행위는 탄핵사유에 해당되지 않는다. 헌법재판소가 탄핵결정을 하면 탄핵대상이 되는 직에서만 파면되고, 탄핵결정에 의해 당연히 국회의원의 직이 상실되는 것은 아니다. 하지만, 탄핵결정에 따라 파면된 자는 선고가 있은 날부터 5년간 공무원이 될 수 없으며, 이때 공무원에는 선거직 공무원도 포함되므로 국회의원의 피선거권을 박탈당하게 된다. 이에 따라 국회의원의 직을 상실하게 된다.

탄핵심판의 대상이 되는 법관에는 대법원장, 대법관, 판사가 포함되지만 군사법원의 군판사는 이에 포함되지 않는다. 헌법은 군사법원의 '재판관'을 법관과 구별하고 있고, 군사법원은 일반법원과 조직, 권한, 구성원의 자격이 다른 특별법원이기 때문이다. 헌법은 탄핵대상을 직접 규정하면서도 법률로 그 대상을 추가로 확장할 수 있도록 법률에 위임하고 있다. 헌법에서 직접 규정한 고위공무원뿐만 아니라 개별적 법률이 정한 공무원도 탄핵대상이 된다. 검사, 경찰청장, 방

3) 정종섭, 헌법소송법, 113면.

송통신위원회 위원장, 각급 선거관리위원회 위원, 원자력안전위원장, 특별검사와 특별검사보, 고위공직자범죄수사처장과 차장 및 수사처검사가 이에 해당한다.

(2) 권한대행자와 직무대리자

탄핵대상 중에는 헌법과 법률에 의해 권한대행이나 직무대리가 인정되는 경우가 있는데, 권한대행자나 직무대리자도 탄핵대상이 될까. 대통령과 같이 탄핵대상이 되는 공직자의 권한대행자나 직무대리자도 그 직무집행상 헌법이나 법률을 위반한 행위를 한 때에는 법적 책임을 져야 하므로 탄핵대상이 된다. 탄핵심판은 기본적으로 고위공직자의 직무집행을 규율하는 제도이기 때문이다. 권한대행자나 직무대리자가 본인의 공직도 탄핵대상이 되는 경우에는 자신의 직무집행상 위법행위에 대해 탄핵심판을 받을 수 있다. 이때 본인의 직에서 파면될 경우에는 권한대행이나 직무대리의 직도 그 자격을 잃게 되므로 상실하게 된다.

국회가 대통령을 탄핵소추하기 위해서는 재적의원 과반수의 발의와 재적의원 3분의 2 이상의 찬성이 필요한데, 권한대행을 탄핵소추하는 경우에도 가중적 의결정족수가 적용될까. 권한대행자에 대한 탄핵소추는 대통령에 대한 것이 아니므로 국무총리와 같은 권한대행자 본래 자신의 지위에 따라 재적의원 3분의 1 이상의 찬성으로 발의하고 재적의원 과반수의 찬성으로 의결한다는 견해가 있다.[4] 하지만, 탄핵사유에 해당하는 '그 직무집행'은 본인의 직무집행이 아니라 권한대행에 해당하는 대통령의 직무집행을 의미하므로 대통령과 마찬가지로 가중적 의결정족수를 적용하는 것이 타당하다.[5]

권한대행자나 직무대리자에 대해 탄핵결정이 내려지면 권한대행자의 직에서 파면되는데, 이때 본래 자신의 직도 파면될까. 탄핵심판은 권한대행자나 직무대리자의 권한남용에 대해 사법적 절차에 따라 법적 책임을 묻는 것이므로 권한대행자나 직무대리자의 직에서만 파면되고, 본래 자신의 직은 유지된다고 해석할 수도 있다. 하지만, 탄핵이란 고위공직자가 국민의 신뢰를 상실한 경우에 공직에서 추방하는 것을 본질로 하므로 권한대행자나 직무대리자의 직은 물론 본래 자신의 직도 파면된다고 해석해야 한다.[6] 탄핵결정에 의해 파면된 자

4) 허완중, 헌법소송법, 574면.
5) 김하열, 헌법소송법, 707면.
6) 김하열, 헌법소송법, 706~707면.

에 대해서는 5년간 공직의 취임을 금지하는 것도 탄핵을 통해 탄핵대상을 공직에서 추방하는 것이다.

2. 사유

(1) 직무집행에 있어서

(가) 직무의 범위

탄핵소추의 사유는 '공무원이 그 직무집행에 있어서 헌법이나 법률을 위배한 때'이다. 공무원의 직무집행이란 공무원이 자신에게 헌법과 법률에 의해 부여된 권한을 행사하고 의무를 이행하는 모든 공적 활동을 말한다. 법령에 의해 공무원이 관장하는 직무에 속하는 고유한 업무뿐만 아니라 사회통념상 그와 관련된 직무상 행위가 포함되며, 법령·조례·행정관행에 의해 그 지위의 성질상 필요로 하거나 지위에 수반되는 모든 활동이 포괄적으로 포함된다.

공무원이 직접 담당하는 직무수행에 해당하는 행위뿐만 아니라 실제로는 직무상 행위에 포함되지 않지만 객관적으로 직무행위의 외형을 갖춘 경우도 이에 포함된다. 따라서 직무와 관련 없는 행위, 공직에 취임하기 이전이나 퇴임 이후의 행위, 겸직하는 다른 공직의 직무행위는 물론 위헌·위법하지 않은 부도덕한 일탈행위, 직무상 착오나 판단에 따른 정책실패, 개인적 사생활은 탄핵사유에 해당하지 않는다.[7] 이러한 사유는 정치적 책임을 추궁하거나 징계할 수 있는 사유에 해당할 뿐이다.

(나) 전직에서의 직무집행

공무원은 대통령의 임면에 따라 다양한 공직을 수행할 수 있는데, 탄핵대상이 되는 공직자의 전직(前職)에서의 직무집행도 탄핵사유에 포함될까. 고위공직자라도 현직(現職)이 탄핵대상이 아닌 경우에는 탄핵심판을 할 수가 없으므로 최소한 현직은 탄핵심판의 대상이 되어야 한다. 전직이 탄핵대상이 아닌 경우에도 전직에서 헌법이나 법률에 위반한 행위를 하더라도 탄핵사유에 해당되지 않는다. 따라서 전직과 현직이 모두 탄핵대상인 경우에만 전직의 직무집행이 현직에 대해 탄핵사유가 될 수 있는지가 문제된다.

7) 한수웅, 헌법학, 1557면; 허영, 헌법소송론, 278면.

탄핵은 고위공무원의 지위에서 비롯되는 직무집행의 위헌성이나 위법성을 통제하는 것이므로 전직에서의 행위는 탄핵사유에 포함되지 않고 현직에서의 행위만 탄핵사유에 포함된다는 견해가 있다.[8] 하지만, 탄핵은 위헌·위법하게 직무집행을 수행한 사람을 공직에서 추방하는 것이므로 비록 전직에서 직무집행이라도 그것이 탄핵사유에 해당하는 경우에는 현직에서 파면하는 것이 타당하다.[9] 이것이 대통령으로 하여금 탄핵소추된 자의 사직원을 접수하거나 해임할 수 없도록 한 것이나 탄핵심판에서 파면된 자를 5년간 공직의 취임을 금지한 취지에도 부합된다.

(다) 대통령의 직무집행

대통령에 대해서는 내란 또는 외환의 죄를 범한 경우를 제외하고는 재직 중 형사상 소추를 할 수 없어 그 책임을 물을 수가 없으므로 그 재임 이전의 직무집행도 탄핵사유에 해당된다는 견해가 있다.[10] 하지만, 탄핵과 형사처벌은 차원을 달리하는 것이므로 대통령에 대해서도 그 직위를 보유하고 있는 상태에서 행한 직무집행만 탄핵사유가 된다고 판단된다.[11] 대통령이 후보자, 당선자를 거쳐 대통령으로 취임한 경우에도 대통령당선인으로 결정된 때부터 그 임기 개시일 전일까지 상당한 영향력을 실제적으로 가질 수 있으므로 탄핵사유에 해당된다는 견해도 있다.[12] 하지만, 대통령당선인은 아직 대통령의 지위를 갖지 않으므로 대통령에 취임한 이후의 직무집행만 탄핵사유에 해당된다.[13]

(2) 헌법이나 법률을 위배

(가) 객관적 위법성

고위공직자가 그 직무집행에 있어서 '헌법이나 법률을 위배한 때'란 그 직무집행이 형식적으로는 헌법과 법률을 위반한 것이고, 실질적으로는 위법한 것이라는 의미이다. 헌법을 위반한 경우는 물론이고 법률을 위반한 경우도 그 사유에 포함된다. 헌법재판소는 소추의결서에 기재된 헌법이나 법률조항에 기속

8) 한수웅, 헌법학, 1557면.
9) 김하열, 헌법소송법, 715면; 정종섭, 헌법소송법, 446면; 허영, 헌법소송론, 278면; 허완중, 헌법소송법, 575면.
10) 정재황, 헌법재판론, 1579면.
11) 2004. 5. 14. 2004헌나1.
12) 정재황, 헌법재판론, 1580면.
13) 김하열, 헌법소송법, 716면; 2004. 5. 14. 2004헌나1.

되지 않고 피소추인의 행위가 헌법과 법률을 위반하였는지를 종합적으로 판단한다.[14] 이때 헌법에는 법적 명확성과 안정성을 확보하기 위해 관습헌법이 포함되지 않는다는 견해도 있지만,[15] 관습헌법을 인정하는 이상 헌법재판소의 결정에 의해 확인된 관습헌법도 위헌심사의 기준에 포함된다.[16]

탄핵심판은 헌법재판이지만 헌법위반만 심사하는 것이 아니라 법률위반도 심사한다. 고위공직자가 국회가 제정한 법률을 준수하는 것은 법치국가의 실현과 권력분립의 원칙과 밀접하게 관련되는 헌법적 문제이기 때문이다. 이때 법률은 형식적 법률뿐만 아니라 긴급명령 · 긴급재정경제명령, 조약과 일반적으로 승인된 국제법규와 같이 법률과 동일한 효력을 갖는 실질적 법률을 포함하며, 형사처벌에 관한 법률에 한정되는 것도 아니다. 하지만, 법률의 하위규범인 명령이나 규칙, 지방자치단체의 조례는 이에 포함되지 않는다.

탄핵은 법적 책임을 추궁하는 것이므로 정치적 무능력이나 정책결정상의 잘못은 탄핵사유에 해당하지 않는다. 하지만, 그로 인하여 직무집행이 위법하게 된 때에는 탄핵사유가 된다. 직무집행의 위법성은 객관적으로 위법한 것이면 충분하고 반드시 고의나 과실에 의한 것일 필요는 없으며, 법의 무지로 인한 것이라도 탄핵사유에 해당된다. 고위공직자가 헌법이나 법률의 해석을 그르친 것도 그 자체는 탄핵사유가 아니지만,[17] 그로 인하여 헌법이나 법률을 잘못 적용하거나 집행하면 탄핵사유에 해당한다.[18]

(나) 구체적 법적 의무의 위반

헌법과 헌법재판소법은 직무집행이 헌법이나 법률에 위배되는 경우를 구체적으로 규정하지 않고 포괄적으로만 규정한다. 직무집행이 헌법이나 법률에 위배되는지는 헌법과 법률의 해석을 통해 확정되는데, 헌법과 법률에서 명시하는 구체적인 법적 의무를 위반한 경우만 탄핵사유에 해당된다. 헌법과 법률은 대통령에 대해 헌법수호의무와 평화통일을 위한 성실의무를 규정하고, 고위공직자에 대해서도 공무원으로서 성실의무와 친절공정의무 등을 규정하지만, 이는 추상적이고 지침적인 성격을 갖는 것이어서 그 위반여부를 판단하기가 어렵

14) 허영, 헌법소송론, 286면.
15) 김하열, 헌법소송법, 708면.
16) 2017. 3. 10. 2016헌나1.
17) 허영, 헌법소송론, 276면.
18) 정재황, 헌법재판론, 1576면.

다. 따라서 이러한 의무를 구체화하는 헌법이나 법률을 위반한 경우에만 탄핵사유에 해당한다. 헌법재판소는 대통령이 헌법을 준수하고 수호하여야 할 의무를 위반한 것은 탄핵사유에 해당한다고 판단한 적이 있다.19)

헌법재판소법 제53조 제1항은 "탄핵심판청구가 이유 있는 경우에는 헌법재판소는 피청구인을 해당 공직에서 파면하는 결정을 선고한다"라고 규정한다. 이때 '탄핵심판청구가 이유 있는 경우'는 탄핵심판사유에 해당하며, 탄핵소추사유에 해당하는 '공무원이 그 직무집행에 있어서 헌법이나 법률을 위배한 때'와는 다르게 표현된다. 탄핵심판이 재판작용이므로 재판부는 탄핵소추사유에 해당되는지 여부만 판단하고 그 법적 효과는 법률의 규정에 따라 발생하는 것이라고 해석해야 한다고 해석할 수도 있다. 하지만, 국회가 정치적 책임을 추궁하는 탄핵소추와 헌법재판소가 법적 책임을 부과하는 탄핵심판은 다를 수밖에 없다.

탄핵심판은 직업공무원제도에도 불구하고 헌법재판을 통해 고위공직자를 파면시키는 것이므로 그것이 헌법적으로 정당화될 수 있어야 한다. 탄핵심판사유는 형식적으로 그 직무집행이 헌법이나 법률에 위배되는지 여부를 판단할 것이 아니라 실질적으로 고위공직자를 파면하는 것이 정당화되는지를 고려하여 보다 제한적으로 해석해야 한다.

(3) 실질적 탄핵사유

(가) 파면할 정도의 중대한 위법성

탄핵대상이 되는 고위공직자가 국회에 의해 탄핵소추되면 그 권한행사가 정지된다. 헌법재판소에 의해 탄핵심판이 인용되면 공직에서 파면되고 5년간 공직취임도 금지된다. 탄핵의 법적 효과는 매우 중한데, 탄핵사유에 해당하는 직무집행은 광범위하고 그 위법행위의 행태와 정도도 다양하다. 탄핵사유는 그 법적 효과에 비례할 수 있도록 실질적 내용과 범위를 제한할 필요가 있다.

직무집행이 헌법이나 법률에 위배한 때라는 것은 단순히 위법행위를 한 경우가 아니라 위법행위가 중대하여 더 이상 공직에서 직무집행을 하도록 허용할 수 없을 경우로 제한해야 한다. 위법성이 중대한지 여부는 직무집행에 있어서 고의나 과실과 같은 주관적 요소가 아니라 직무집행의 결과로 드러난 위법성의 객관적 요소에 따라 결정된다. 탄핵심판을 인용하여 파면결정을 하는 핵심적인 사항은 탄핵대상에게 계속 직무집행을 하도록 허용할 수 있는지 여부이

19) 2004. 5. 14. 2004헌나1.

다. 위법행위가 중대하다는 것은 탄핵심판에서 파면결정을 선고하는 실질적 기준이다. 어떤 경우가 이에 해당하는지 여부는 개별적 사안에서 고위공직자의 지위, 직무수행, 위법의 내용과 정도 등을 반영하여 판단해야 한다.

헌법재판소도 직무집행에 있어서 모든 사소한 법위반을 이유로 파면하게 되면 탄핵대상의 책임에 상응하는 헌법적 징벌의 요청인 법익형량의 원칙에 위반된다고 하면서 '탄핵심판청구가 이유 있는 때'란 모든 법위반의 경우가 아니라 고위공직자의 파면을 정당화할 정도로 중대한 법위반의 경우를 말한다고 판단하였다.[20]

(나) 대통령과 그 밖의 공위공직자 구별

대통령에 대한 탄핵사유와 그 밖의 고위공직자에 대한 탄핵사유를 구분해야 한다는 견해가 있다.[21] 대통령은 국민으로부터 직접 민주적 정당성을 부여받고 헌법을 수호하는 책무를 가지므로 다른 고위공직자보다 더욱 중대한 위법행위가 있을 때에만 탄핵심판을 통해 파면할 수 있다는 것이다. 대통령이 국회에 의해 탄핵소추가 의결되더라도 이것만으로는 그 직무집행을 정지하는 것은 지나치므로 다른 고위공직자와 달리 권한행사를 정지하지 말아야 한다는 것도 같은 맥락이다.

헌법재판소는 대통령에 대해 헌법수호의 관점에서 중대한 법위반을 통해 자유민주적 기본질서를 위협하는 행위를 하거나 뇌물수수, 부정부패, 국가의 이익을 명백히 해하는 행위와 같이 국민의 신임을 배신한 용납될 수 없는 행위를 한 경우에 탄핵사유가 된다고 판단하였다.[22] 탄핵대상이 되는 고위공직자는 그 직위에서 비롯되는 헌법적 책무를 다양하게 부담하는데, 그 직무집행에 있어서 중대한 위반행위인지 여부는 그 직위를 함께 고려하여 결정한다. 국회가 일반적으로 재적과반수의 찬성으로 탄핵소추를 의결하지만, 대통령에 대해서는 재적의원 3분의 2 이상의 찬성으로 탄핵소추를 의결하는 것도 대통령에 대한 탄핵이 갖는 중요성과 정치적 영향을 고려한 것이다.

헌법재판소가 탄핵심판을 하는 경우에도 '파면을 정당화할 수 있을 정도로 중대한 위법행위'에 해당하는지를 판단함에 있어서는 대통령의 헌법적 지위와 직무집행의 중요성을 함께 고려할 수 있다. 따라서 대통령에 대한 탄핵사유 자

20) 2017. 3. 10. 2016헌나1.
21) 허영, 헌법소송론, 278면.
22) 2017. 3. 10. 2016헌나1.

체를 다른 고위공직자와 구별할 필요는 없다.[23)]

제3절 국회의 탄핵소추

1. 발의

(1) 재량행위

국회는 재적의원 3분의 1 이상의 찬성으로 탄핵소추를 발의한다. 다만, 대통령에 대해서는 재적의원 과반수의 찬성이 필요하다. 국회가 고위공직자의 위법행위를 발견한 경우에는 헌법질서를 수호하기 위해 탄핵소추해야 할 헌법적 책무가 있다. 하지만, 탄핵소추를 발의할 것인지 여부는 재량으로 판단할 수 있고, 탄핵소추를 발의해야 할 법적 의무가 발생하는 것은 아니다.[24)] 국회가 탄핵소추의결을 하지 않더라도 이는 공권력의 행사 또는 불행사에 해당되지 않으므로 헌법소원의 대상이 되지는 않는다.[25)] 국회가 고위공직자에 대해 그 직에 있는 한, 언제든지 탄핵소추를 할 수 있어 기간이나 시효의 제한을 받지 않고 탄핵소추를 발의할 수 있다.

(2) 발의절차

국회가 탄핵소추를 발의할 때에는 피소추자의 성명·직위와 탄핵소추의 사유·증거 기타 조사에 참고가 될 만한 자료를 제시해야 한다. 탄핵소추의 발의가 있은 때에는 국회는 즉시 본회의에 보고하고 본회의 의결로 법제사법위원회에 회부하여 조사하게 할 수 있고, 법제사법위원회는 지체 없이 조사·보고해야 한다. 국회는 법제사법위원회에 회부하기로 의결하지 아니한 때에는 본회의에 보고된 때로부터 24시간 이후 72시간 이내에 탄핵소추의 여부를 무기명투표로 표결하고, 이 기간 내에 표결하지 아니한 때에는 그 탄핵소추안은 폐기된 것으로 본다.[26)]

탄핵소추안이 폐기된 경우에는 실질적으로 부결된 것에 해당하므로 일사

23) 한수웅, 헌법학, 1563면.
24) 김하열, 헌법소송법, 720면.
25) 1996. 2. 29. 93헌마186.
26) 국회법 제130조 제1항, 제2항, 제3항.

부재의에 따라 폐기된 탄핵소추안은 같은 회기 중에 다시 제출하지 못한다.[27] 하지만, 국회는 폐기된 탄핵소추안과 다른 사유로 별도의 탄핵소추안을 동일한 회기에 제출할 수 있고, 동일한 탄핵소추안이라도 동일한 회기가 아닌 다음 회기에는 다시 제출할 수 있다. 이때에는 일사부재의에 위반되지 않는다. 국회가 탄핵소추를 의결한 경우에 그 입법기가 종료하여 국회의 구성원이 달라져도 국회 자체의 동일성은 유지되므로 그 탄핵소추는 그대로 유효하다.

2. 의결

(1) 절차

국회는 재적의원 과반수의 찬성으로 탄핵소추를 의결하는데, 대통령에 대해서는 재적의원 3분의 2 이상의 찬성이 필요하다. 국회는 탄핵소추안에 대해 무기명투표로 표결하며, 탄핵소추안이 의결되면 국회의장은 지체 없이 소추의결서의 정본을 법제사법위원장인 소추위원에게, 그 등본을 헌법재판소, 피소추자와 그 소속기관의 장에게 송달한다.[28] 소추위원은 헌법재판소에 소추의결서의 정본을 제출하여 탄핵심판을 청구하고,[29] 탄핵심판에서는 국회의 소추의결서의 정본으로 청구서를 갈음한다.[30] 소추위원은 탄핵심판청구권을 가지나, 이는 국회의 탄핵소추의결에 따른 절차상의 권한에 불과하며 탄핵심판을 청구할지 여부를 결정할 수는 없다.

(2) 법제사법위원회의 조사와 본회의 질의와 토론

국회가 탄핵소추를 의결하기 위해 반드시 법제사법위원회의 조사를 거쳐야 할까. 국회는 탄핵소추를 의결하기 전에 소추사유에 관하여 충분한 조사를 하고, 본회의에서 충분한 찬반토론을 거치는 것이 바람직하다. 하지만, 국회가 법제사법위원회에 회부하여 탄핵사유에 대한 조사를 할지 여부는 국회의 재량사항이므로 별도로 조사를 하지 않고 탄핵소추안을 의결할 수 있다.[31] 탄핵사유와 관련

27) 국회법 제92조.
28) 국회법 제134조 제2항.
29) 헌법재판소법 제49조 제2항.
30) 헌법재판소법 제26조 제1항.
31) 2017. 3. 10. 2016헌나1.

하여 국정조사나 특별검사의 수사가 진행 중이더라도 그 결과를 기다리지 않고 탄핵소추안을 의결하더라도 헌법이나 법률을 위반한 것이라고 할 수 없다.[32)]

국회는 탄핵소추 여부에 대해 본회의에서 질의와 토론을 해야 할까. 국회는 의사절차에 있어서 자율권을 가지므로 이를 존중하는 것이 타당하다. 헌법재판소도 국회가 탄핵소추에 대해 본회의에서 질의와 토론 없이 표결하였다고 하더라도 이는 국회의 재량사항으로 국회의 의사절차가 헌법이나 법률에 위반한 것이 아니라고 판단하였다.[33)] 하지만, 국회는 안건심사에 대해 위원회의 심사를 거친 안건에 대해서만 의결로 질의와 토론을 모두 생략하거나 그 중 하나를 생략할 수 있다.[34)] 따라서 법제사법위원회에 회부하지 않은 탄핵소추안에 대해서는 질의와 토론을 생략할 수 없다고 해석해야 한다.[35)]

(3) 개별적 사유의 일괄의결도 가능

탄핵소추사유가 여러 개인 경우에 각각의 사유에 대해 개별적으로 의결해야 할까. 국회가 개별적 사유마다 탄핵소추를 의결하는 것이 보다 명확하고 바람직하다. 국회가 모든 사유를 일괄하여 소추의결하게 되면 탄핵사유에 해당되지 않는 부분도 심판해야 하고, 이는 소송경제적으로도 바람직하지 않다. 하지만, 탄핵심판의 청구취지는 피청구인을 공직에서 파면하는 것이고 개별적인 탄핵사유의 위법성을 확인하는 것이 아니므로 국회가 탄핵소추사유를 의결하는 방식은 자율적으로 결정할 수 있다.

국회의장은 본회의에서 표결할 안건의 제목을 선포할 권한을 가지는데, 국회의장이 사유별로 분리하지 않고 포괄하여 안건을 표결에 부칠 경우에는 한꺼번에 의결할 수도 있다. 헌법재판소도 탄핵소추의 절차에 있어서 국회의 자율권을 존중하여 국회가 탄핵소추의 의결을 개별 소추사유별로 하지 않더라도 헌법이나 법률을 위반하거나 국회의원의 권한을 침해한 것이 아니라고 판단하였다.[36)]

(4) 적법절차의 원칙

탄핵심판은 고위공직자의 신분을 박탈함으로써 법적 책임을 추궁하는 것

---

32) 2004. 5. 14. 2004헌나1.
33) 2004. 5. 14. 2004헌나1.
34) 국회법 제93조.
35) 허완중, 헌법소송법, 581면.
36) 김하열, 헌법소송법, 720면; 허완중, 헌법소송법, 581면.

이고, 그 심판절차에는 형사소송에 관한 법령을 준용한다. 따라서 탄핵심판에도 적법절차가 준수되어야 한다. 헌법재판소는 탄핵소추절차는 국회와 대통령이라는 헌법기관 사이의 문제이고, 국가기관이 국민에 대하여 공권력을 행사할 때 준수하여야 하는 법원칙으로 형성된 적법절차의 원칙을 국가기관에 대하여 헌법을 수호하고자 하는 탄핵소추절차에 직접 적용할 수 없다고 판단하였다.[37] 국회가 탄핵소추를 의결하는 의사절차에 대해서는 국회의 자율권을 존중하여야 하므로 이것이 헌법이나 법률을 위반한 것은 아니라는 것이다.

국회가 탄핵소추를 의결하면 피소추자는 권한행사가 정지되고, 탄핵심판에서 인용되면 파면되므로 피소추자의 기본권의 제한과 그 파급효과가 매우 크다. 탄핵심판에는 형사소송절차가 준용되므로 피소추자의 방어권을 인정하는 것이 사법적 정의에도 부합한다. 적법절차는 모든 국가기관이 권한을 행사함에 있어서 지켜야 할 헌법원칙이므로 탄핵소추절차에서도 준수되어야 한다. 헌법재판소는 국회의 자율권을 존중하여 적법절차에 대해 사법적 판단을 자제할 수 있지만, 적법절차의 적용을 배제하는 것은 타당하지 않다. 따라서 국회가 탄핵소추를 의결하면서 피소추자에게 혐의사실을 알려주지 않고, 그 의견을 제출할 기회도 주지 않으면 적법절차의 원칙에 위반된다고 해석된다.

(5) 탄핵소추사유의 추가, 변경, 철회

국회는 탄핵소추를 의결한 이후 소추사유를 추가, 변경, 철회할 수 있을까. 형사소송에서 검사는 공소사실의 추가, 철회, 또는 변경을 할 수 있는데,[38] 탄핵심판에서도 형사소송법을 준용하여 국회는 탄핵심판의 변론이 종결하기 전에는 소추사유를 추가, 변경, 철회할 수 있다. 국회는 원래 발의한 탄핵소추와 기본적 사실관계의 동일성이 인정되는 범위에서 소추사유를 추가하거나 변경하는 것은 가능하지만,[39] 탄핵소추위원이 탄핵심판이 진행되고 있는 절차에서 당초의 소추의결서에 기재되지 아니한 새로운 소추사유나 사실을 임의로 추가할 수는 없다.[40]

---

37) 2017. 3. 10. 2016헌나1.

38) 형사소송법 제298조 제1항.

39) 김하열, 헌법소송법, 730면.

40) 허완중, 헌법소송법, 581면; 2014. 5. 14. 2004헌나1.

3. 탄핵소추의 효과

(1) 권한행사의 정지

헌법 제65조 제3항은 “탄핵심판의 의결을 받은 자는 탄핵심판이 있을 때까지 그 권한행사가 정지된다”라고 규정한다. 탄핵소추가 의결되면 국회의장은 지체 없이 소추의결서의 등본을 헌법재판소, 피소추자와 그 소속기관의 장에게 송달하는데, 소추의결서가 피소추자에게 송달된 때 그 권한행사가 정지된다.[41] 피소추자가 소추의결서 등본을 송달받기 전에는 적법하게 권한을 행사할 수 있고, 피소추자가 권한행사가 정지되기 이전에 행한 권한행사는 유효하다.

피소추자가 정지된 권한을 행사한 것은 위헌이며 당연무효가 된다. 피소추자는 탄핵심판이 있을 때까지 권한행사가 정지되는데, 탄핵심판의 결정에 따라 그 권한이 회복되거나 파면된다. 권한행사가 정지되는 효력이 종료하는 시점은 탄핵심판의 종국결정이 선고된 때이며, 그 결과가 피소추자에게 송달된 때가 아니다. 피소추자가 탄핵심판이 진행되는 중에 임기가 만료된 경우에는 그 직이 종료되므로 파면을 목적으로 하는 탄핵심판을 진행할 소의 이익이 없어지므로 각하결정을 한다.[42]

(2) 사직원의 접수와 해임의 금지

(가) 사직과 해임의 제한

국회의 소추의결서가 송달된 때에는 임명권자는 피소추자의 사직원을 접수하거나 해임할 수 없다.[43] 이는 사직이나 해임을 통해 탄핵결정의 효과인 파면을 회피하는 것을 방지함으로써 탄핵제도의 실효성을 확보하기 위한 것이다. 임명권자는 소추의결서가 송달되기 전에는 피소추자를 해임할 수 있고, 피소추자도 사직할 수 있다. 이때에는 임명권자의 권한을 존중해야 한다. 임명권자가 피소추자를 파면하는 것은 가능하다. 파면은 탄핵심판의 인용결정과 동일한 효과가 발생하는데, 해임은 허용하지 않지만 더 중한 징계인 파면은 허용된다. 피소추자가 탄핵결정이 선고되기 전에 해당 공직에서 파면되었을 때에는 헌법재

41) 헌법재판소법 제50조.

42) 2021. 10. 28. 2021헌나1.

43) 국회법 제134조 제2항.

판소는 심판청구를 기각해야 한다.[44]

국회법의 규정에도 불구하고 임명권자가 피소추자의 사직원을 접수하거나 해임할 수 있다는 견해가 있다.[45] 탄핵소추가 의결되어도 권한이 정지될 뿐이지 해당 신분을 박탈당하지는 않으므로 피소추자의 사임이나 임명권자의 해임은 가능하다는 것이다. 다만, 그 효력은 탄핵기각결정을 정지조건부로 발생하여 탄핵결정이 되면 그에 따라 파면되고, 탄핵기각결정이 내려지면 사임이나 해임의 효력이 그때 발생한다고 한다. 하지만, 국회법이 피소추자의 사임이나 해임을 명문으로 금지하고 있으므로 임명권자가 사직원을 접수하거나 해임하는 것은 무효이다. 국회가 탄핵소추를 의결한 이후 대통령이 피소추자를 다른 공직으로 이전시키는 것도 실질적으로 전직에 대한 사직이나 해임에 해당하므로 금지된다. 이때에는 사직원의 접수나 해임에도 불구하고 헌법재판소는 탄핵심판을 할 수 있다.

(나) 임명권자가 없는 피소추자의 사임

국민에 의해 선출된 대통령이나 국회에서 선출되거나 대법원장이 지명한 중앙선거관리위원회 위원과 같이 임명권자가 없는 고위공직자가 피소추자인 경우에 탄핵심판의 종국결정이 선고되기 전에 스스로 사임할 수 있을까. 특히, 대통령이 탄핵소추된 경우에 사임할 수 있는지 여부가 쟁점이 된 적이 있다. 탄핵심판은 고위공직자의 위법행위를 이유로 공직에서 파면함으로써 헌법적 갈등상황을 해소하려는 것이므로 국회의 탄핵소추의결 이후에는 대통령이 스스로 사임할 수 없다는 견해가 있다.[46] 대통령이 사임할 수 있고 그 효력은 탄핵기각결정을 정지조건부로 발생하여 탄핵결정이 되면 그에 따라 파면되고, 탄핵기각결정이 내려지면 사임의 효력이 그때 발생한다는 견해도 있다.[47] 한편, 대통령이 사직하는 것은 가능하지만 이는 탄핵심판절차에 아무런 영향을 미칠 수 없어 대통령의 위법사실을 확인할 수 있다는 견해도 있다.[48]

대통령은 국민에 의해 직접 선출되고 임명권자가 존재하지 않으므로 국회의 소추의결서가 송달되더라도 임명권자가 사직원을 접수하거나 해임할 여지가 없다. 대통령이나 임명권자가 없는 고위공직자가 탄핵소추된 이후에 스스로

---

44) 헌법재판소법 제53조 제2항.

45) 허완중, 헌법소송법, 583면.

46) 허영, 헌법소송론, 282~883면.

47) 허완중, 헌법소송법, 584면.

48) 한수웅, 헌법학, 1552~1553면; 이준일, 헌법학강의, 1133면.

사임하는 것은 자신의 권한이고 대통령의 사임을 제한할 법적 근거가 없다. 국회법은 임명권자로 하여금 피소추자의 사직원을 접수하는 것을 금지하고 있기 때문이다. 대통령이 사임하더라도 이를 무효화할 수 있는 방법도 없으므로 대통령은 스스로 사임할 수 있다고 해석된다.[49]

대통령이 사임한 경우에는 공직에서 추방하는 목적을 달성한 것이므로 탄핵심판을 계속할 소의 이익이 없으므로 각하결정을 해야 한다. 국회에서 선출되거나 대법원장이 지명한 중앙선거관리위원회 위원과 같이 임명권자가 없는 고위공직자가 피소추자인 경우에도 스스로 사임할 수 있다. 국회법은 임명권자로 하여금 피소추자의 사직원을 접수하는 것을 금지하고 있을 뿐, 사임을 금지하지는 않는다.

헌법재판소는 대통령이 사임한 경우에 파면결정을 할 수는 없더라도 객관적으로 헌법질서의 수호를 위해 헌법적 해명이 긴요하다고 판단하여 그 직무집행이 위헌이나 위법하였다는 것을 확인하는 결정을 할 수 있을까. 헌법재판소는 헌법재판에서 심판이익을 확대하고 있지만, 법률의 규정이 없는 한 그 직무집행의 위헌·위법을 확인하는 결정을 할 수 없다고 해석된다. 대통령이 사임한 경우에는 국회가 탄핵소추를 취하할 수도 있는데, 이때에도 심판종료결정을 해야 하고 직무집행의 위헌·위법을 확인하는 결정을 할 수 없다.[50] 국회에서 선출되거나 대법원장이 지명한 중앙선거관리위원회 위원과 같이 임명권자가 없는 고위공직자가 피소추자인 경우에도 마찬가지다.

(3) 탄핵심판청구의 취하

(가) 의결정족수

헌법재판소법과 국회법에서는 탄핵심판청구의 취하에 대해 아무런 규정을 두지 않고 있다. 민사소송에서는 판결이 확정될 때까지 소를 취하할 수 있고, 형사소송에서도 제1심판결이 선고될 때까지 공소를 취소할 수 있다.[51] 국회의 탄핵소추권은 권한이지 의무가 아니며, 국회는 탄핵소추를 의결하여 탄핵심판청구를 하였더라도 종국결정을 선고하기 전이면 정치적 상황을 반영하여 재량으로 심판청구를 취하할 수 있다.

---

49) 김하열, 헌법소송법, 723면.

50) 김하열, 헌법소송법, 723면.

51) 민사소송법 제266조, 형사소송법 제255조.

국회가 탄핵심판청구를 취하하는 경우에는 그 정족수는 어떻게 될까. 헌법에 따라 재적과반수의 출석과 출석의원 과반수라는 견해가 있고,[52] 탄핵소추에는 재적의원을 기준으로 하므로 재적의원 과반수의 찬성이 필요하다는 견해도 있다.[53] 탄핵심판청구를 취하하는 것은 탄핵소추를 번복하는 것이므로 탄핵소추를 의결하는 정족수와 마찬가지로 국회가 의결하여 심판청구를 취하하는 것이 타당하다.[54]

(나) 피청구인의 동의는 불요

탄핵심판청구를 취하하는 경우에 피청구인의 동의를 받아야 할까. 민사소송에서는 상대방이 본안에 관하여 준비서면을 제출하거나 변론기일에서 진술하여 변론을 하는 등 응소한 경우에는 상대방의 동의를 받아야 하지만, 형사소송에서는 피고인의 동의를 받지 않아도 검사가 공소취소를 할 수 있다. 탄핵심판의 경우에는 피청구인의 동의를 받아야만 탄핵심판청구를 취하할 수 있다는 견해가 있다.[55] 피청구인에게도 기각결정과 같은 종국결정을 받을 이익이 있으며, 국회가 피청구인의 동의를 받지 않고 탄핵소추를 취하한 이후 다시 탄핵심판을 청구할 수 있도록 허용하는 것은 형평성에 어긋난다는 것이다. 하지만, 탄핵심판에서는 형사소송법이 민사소송법에 우선하여 준용되므로 피청구인의 동의를 받지 않고 탄핵심판청구를 취하할 수 있다고 해석된다.

(다) 취하의 효과

국회가 탄핵심판청구를 취하할 경우에 헌법재판소가 더 이상 탄핵심판을 진행할 이익이 소멸한다. 국회의 탄핵심판청구는 신청주의가 적용되어 탄핵심판을 위한 적법요건이다. 하지만, 헌법재판소는 헌법재판의 심판청구를 취하한 경우에는 각하결정을 하지 않고, 심판절차종료선언을 하므로 이때에도 심판절차종료선언을 해야 한다.

헌법재판소는 국회가 탄핵심판청구를 취하하였더라도 헌법질서의 수호를 위하여 헌법적으로 해명할 긴요한 사항이라고 판단할 경우에는 본안결정을 할 수 있을까. 국회가 탄핵심판청구를 취하함으로써 정치적 분쟁을 종식시키고 더

52) 홍성방, 헌법소송법, 172면.

53) 박종보, 헌법주석, 449~450면.

54) 정종섭, 헌법소송법, 443면; 김하열, 헌법소송법, 733면; 허완중, 헌법소송법, 588면; 정재황, 헌법재판론, 1586면.

55) 김하열, 헌법소송법, 733~734면; 허완중, 헌법소송법, 589면.

이상 탄핵심판을 원하지 않으므로 본안판단을 통해 종국결정할 필요가 없고 심판절차종료선언을 하는 것이 타당하다.[56]

제4절 탄핵심판

1. 심판절차

(1) 소추의결서의 작성과 제출

국회가 탄핵소추를 의결하면 국회의장은 지체 없이 소추의결서 정본을 소추위원인 법제사법위원장에게 송달하고, 그 등본을 헌법재판소, 피소추자와 그 소속기관의 장에게 송달한다.[57] 하지만, 탄핵심판은 소추위원인 국회 법제사법위원회 위원장이 소추의결서의 정본을 헌법재판소에 제출함으로써 개시된다.[58] 소추의결서에는 헌법재판소가 심판대상과 내용에 대한 사실관계를 다른 사실과 구별될 정도로 구체적으로 기재하여 피청구인이 방어권을 행사할 수 있도록 해야 한다.[59] 소추위원이 소추의결서를 헌법재판소에 제출해야 하는 기간에 대해서는 아무런 규정이 없으나, 탄핵과 관련된 정치적 불안정을 최소화하기 위해서는 지체 없이 소추의결서를 제출하는 것이 타당하다.

탄핵심판의 청구인은 국회이고, 법제사법위원장은 국회를 대표하여 소송을 수행하는 소추위원이다. 헌법재판소가 소추의결서를 접수한 때에는 지체 없이 그 등본을 피청구인에게 송달하고, 피청구인은 헌법재판소에 답변서를 제출할 수 있다.[60] 탄핵심판은 고위공직자의 직무집행의 위법여부를 확인하여 그를 공직에서 파면하는 것이고, 탄핵심판절차에서는 피청구인의 방어권을 보장할 필요가 있으므로 형사소송법에 관한 법령을 준용한다.

(2) 필요적 구두변론

탄핵심판은 형사재판적 요소와 징계절차적 요소를 혼합적으로 갖추고 있

56) 김하열, 헌법소송법, 734면.
57) 국회법 제134조 제1항.
58) 헌법재판소법 제49조.
59) 2017. 3. 10. 2016헌나1.
60) 헌법재판소법 제27조 제1항, 제29조.

다. 탄핵심판절차에는 형사소송에 관한 법령이 우선적으로 준용되고 민사소송에 관한 법령도 일반적으로 준용된다. 탄핵심판은 반드시 구두변론에 의해야 하고, 재판부가 변론을 열 때에는 기일을 정하고 당사자와 관계인에게 출석을 요구해야 한다.[61] 당사자가 변론기일에 출석하지 아니하면 다시 기일을 정하여야 하고, 다시 정한 기일에도 당사자가 출석하지 아니하면 그의 출석 없이 심리할 수 있다.[62] 소추위원은 변론에서 피청구인을 신문할 수 있고, 재판부는 사건의 심리를 위하여 필요하다고 인정하는 경우에는 직권 또는 당사자의 신청에 의해 당사자신문, 증인신문과 같은 증거조사를 할 수 있다.[63]

재판부는 다른 국가기관이나 공공단체의 기관에 대해 심판에 필요한 사실을 조회하거나 기록송부나 자료제출을 요구할 수 있다. 다만, 재판·소추 또는 범죄수사가 진행 중인 사건의 기록에 대해서는 송부를 요구할 수 없다.[64] 헌법재판소는 탄핵소추의결서에 기재된 소추사유에 기속되므로 그 의결서에 기재되지 아니한 소추사유에 대해서는 판단할 수 없다. 하지만, 탄핵사유에 근거가 되는 법률과 그 판단에는 기속되지 않는다. 재판부는 국회가 주장하는 법률 이외에 다른 법률에 근거하여 탄핵원인이 된 사실관계와 그에 대한 법적 판단을 할 수는 있다.[65]

(3) 심판절차의 정지

피청구인에 대해 탄핵심판청구와 동일한 사유로 형사소송이 진행되고 있는 경우에는 재판부는 심판절차를 정지할 수 있다.[66] 이때 '동일한 사유'란 탄핵심판의 피청구인을 피고인으로 한 형사소송에서 그 공소사실이 탄핵사유와 기본적 사실관계에서 동일성이 인정되는 경우를 말한다. 대통령에 대해서는 내란이나 외환의 죄가 아니면 소추할 수가 없으므로 그 이외의 범죄에 대한 형사소송의 진행을 이유로 심판절차를 정지할 수는 없다.

재판부는 형사소송의 진행을 고려하여 심판절차를 재량으로 정지할 수 있으며, 반드시 정지해야 하는 것은 아니다. 따라서 동일한 사실에 대해 탄핵심판

---

61) 헌법재판소법 제30조 제1항.

62) 헌법재판소법 제52조 제1항, 제2항.

63) 헌법재판소법 제31조, 제49조 제2항.

64) 헌법재판소법 제32조.

65) 2017. 3. 10. 2016헌나1.

66) 헌법재판소법 제51조.

과 형사소송의 결론이 달라질 수도 있다. 탄핵심판에서는 청구가 이유 없다는 이유로 기각결정이 선고되더라도 형사소송에서는 동일한 사실에 대해 유죄가 확정될 수 있다. 탄핵심판과 형사소송은 소송물이 동일한 것이 아니므로 탄핵심판에서 기각결정이 선고된 것이 형사소송에서 재심사유가 되는 것은 아니다.[67]

2. 종국결정

(1) 유형

헌법재판소는 심리를 마친 후 종국결정을 한다. 종국결정에는 심판절차종료선언, 각하결정, 기각결정, 파면결정이 있다. 이때 심판에 관여한 재판관은 결정서에 의견을 표시하여야 한다.

첫째, 국회가 탄핵심판을 청구한 이후 적법한 절차를 거쳐 그 청구를 취하한 경우에는 심판절차종료선언을 한다. 피청구인은 탄핵심판의 당사자이므로 그가 사망한 경우에도 심판절차종료선언을 한다. 이때 주문에는 "…로 심판절차는 종료되었다"라고 표현한다.

둘째, 재판부가 탄핵심판의 적법요건을 심사하여 부적법한 경우에는 각하결정을 한다. 이때 주문에는 "…각하한다"라고 표현한다. 국회가 탄핵소추를 의결한 대상자가 적법한 대상자인지를 직권으로 심사한다. 피소추자의 임기가 만료되거나 임명권자가 없는 피소추자가 사임한 때에도 각하결정을 선고한다. 재판부는 탄핵소추의 의결절차와 탄핵심판청구가 헌법과 법률에 따라 이루어졌는지 여부도 직권으로 심사하고, 국회의 자율권을 존중하여 탄핵소추가 단순한 절차를 위반한 경우에는 적법요건을 인정하여 본안판단을 한다.

셋째, 탄핵심판사유가 인정되지 않을 경우에는 기각결정을 한다. 이때 주문에는 "…기각한다"라고 표현한다. 피청구인의 행위가 헌법이나 법률을 위반하지 않거나 파면을 정당화할 정도로 중대한 위법행위가 아닌 경우에 기각결정을 한다. 피청구인이 헌법재판소가 종국결정을 선고하기 전에 공직에서 파면된 때에도 심판청구를 기각한다.[68] 헌법재판소가 종국결정하기 전에 피청구인이 공직에서 파면되면 적법요건인 심판이익이 없어져 각하하는 것이 바람직한데,

67) 정종섭, 헌법소송법, 457면.
68) 헌법재판소법 제53조 제2항.

헌법재판소법은 기각하도록 규정한다.

넷째, 재판부가 탄핵사유가 인정된다고 판단한 경우에는 파면결정을 한다. 이때에는 재판관 6인 이상의 찬성이 있어야 한다. 심판에 관여한 재판관은 결정서에 의견을 표시하여야 하므로 개별의견도 결정문에 표시한다. 국회가 여러 개의 탄핵사유를 주장하였지만, 그 일부만 탄핵사유로 인정되는 경우에도 주문에는 파면결정만 표시한다. 주문에는 "…파면한다"라고 표현한다.

헌법재판소는 소추의결서에 기재된 일부의 사유만으로도 피청구인을 파면하기에 충분한 경우에는 모든 탄핵사유를 심리하지 않더라도 파면결정을 할 수 있다. 탄핵심판은 피청구인을 파면할 것인지를 최종적인 결론으로 판단하고 개별적 탄핵사유는 결론을 도출하기 위한 근거로 판단하기 때문이다. 탄핵소추의결서 가운데 파면사유로 인정되지 않는 부분은 결정이유에서 설명하는 것으로 충분하고 별도로 기각결정을 할 필요는 없다. 하지만, 헌법재판소가 기각결정을 하려면 국회가 제기한 모든 탄핵사유를 심리해야 하고 일부에 대한 판단을 누락하면 판단유탈이 될 수 있다.

(2) 효력

종국결정은 선고와 함께 바로 확정되고, 이에 대해서는 이의신청이나 상소와 같은 불복수단이 없으므로 탄핵심판결정이 선고되면 그때부터 효력이 발생한다. 탄핵심판결정이 내려지면 헌법재판소 서기는 즉시 결정서 정본을 작성하여 당사자에게 송달해야 하고, 관보에 게재하여 공시해야 한다.[69] 탄핵심판결정에는 일사부재리가 적용되므로 종국결정을 한 후에 국회가 동일한 자에 대해 동일한 사유로 다시 탄핵소추를 발의할 수는 없다. 탄핵심판의 종국결정은 헌법재판의 일반적 효력인 불가변력, 불가쟁력, 기판력, 선례구속력을 가진다.

재판부가 각하결정을 하면 그때부터 정지되었던 피청구인의 권한행사의 정지는 종료되고 그 권한은 회복된다. 국회는 적법요건을 보완하여 다시 탄핵심판을 청구할 수 있고, 이때에는 일사부재리가 적용되지 않는다. 재판부가 기각결정을 하면 피청구인의 권한행사의 정지는 종료되고 그 권한은 회복된다. 기각결정의 기판력은 동일한 피청구인에 대해 동일한 사유로 탄핵심판을 청구하는 경우에 미치므로 국회는 피청구인을 달리하거나 동일한 피청구인에게 대해 다른 탄핵소추사유로 탄핵심판을 청구할 수는 있다. 재판부가 파면결정을

69) 헌법재판소법 제36조 제4항, 제5항.

하면 피청구인은 파면된다.

3. 파면결정의 효력

(1) 형성력에 따라 파면이 확정

헌법재판소는 탄핵심판청구가 이유 있는 경우에는 피청구인을 공직에서 파면하는 결정을 선고하고, 피청구인은 공직에서 파면되는 법적 효과가 발생한다. 파면결정의 효력이 발생하는 시기에 대해서는 아무런 규정이 없지만, 피청구인의 권한행사는 '탄핵심판이 있을 때까지' 정지되므로 파면결정의 선고시에 그 효과가 발생한다. 즉, 기각결정의 선고시에 피청구인의 권한행사가 재개되고, 파면결정의 선고시에 즉시 파면되는 것이다.

헌법재판소는 대통령에 대한 탄핵결정에서 '2017. 3. 10. 11:21'이라고 선고일시를 결정문에 구체적으로 기재하였다. 피청구인에 대한 파면결정은 형성력을 가지므로 파면이라는 법적 효과를 발생시키며, 이는 장래적으로 효력이 발생하고 소급효를 갖는 것은 아니다. 따라서 피청구인이 공무원의 자격으로 자신의 권한을 행사한 것은 소급적으로 실효되지 않고 그대로 유효하다.

헌법 제65조 제4항은 "탄핵결정은 공직으로부터 파면함에 그친다"라고 규정하고, 헌법재판소법 제53조 제1항은 "탄핵심판청구가 이유 있는 때에는 헌법재판소는 피청구인을 해당 공직에서 파면하는 결정을 한다"라고 규정한다. 이는 탄핵결정 자체의 효과는 피청구인을 파면하는 것에만 미친다는 의미일 뿐, 다른 법률에 따라 법적 효과가 발생하는 것을 금지하는 것은 아니다. 피청구인이 국회의원을 겸직하는 경우에는 탄핵대상이 되는 직에서만 파면되고, 탄핵결정에 의해 당연히 국회의원의 직이 상실되는 것은 아니다. 하지만, 파면결정에 따라 5년간 공무원이 될 수 없으므로 국회의원의 직도 상실하게 된다. 피청구인이 권한대행자나 직무대리자인 경우에도 마찬가지이다.

(2) 공직취임의 제한

헌법재판소법 제54조 제2항은 "탄핵결정에 의하여 파면된 사람은 결정 선고가 있은 날부터 5년이 지나지 아니하면 공무원이 될 수 없다"라고 규정한다. 공직취임의 제한은 선거직의 경우에도 적용된다. 피청구인은 탄핵결정으로 공직으로부터 파면되지만, 형사처벌을 비롯하여 다른 법률을 근거로 특별한 불이익을 부과하는 것도 가능하다. 헌법재판소법이 공직취임을 제한하는 것은 탄핵결정은 공직으로부터 파면함에 그친다고 규정하는 헌법에 위반되는 것이 아니다. 개별적 법률에서는 탄핵으로 파면된 자에 대해서는 변호사, 변리사, 세무사 등 일정한 전문직업에 2년 내지 5년 동안 종사하는 것을 제한하기도 한다.[70]

(3) 사면은 불가능

탄핵심판에서 파면된 자를 대통령이 사면할 수 있을까. 사면법은 사면의 대상자를 죄를 범한 자, 형의 선고를 받은 자, 형의 선고로 인하여 자격이 상실 또는 정지된 자로 제한한다. 행정법규 위반에 대한 범칙 또는 과벌의 면제와 징계법규에 의한 징계 또는 징벌의 면제에 관하여도 사면법을 준용한다.[71] 탄핵결정에 따른 파면과 피청구인에 대한 형사처벌이나 행정제재는 층위를 달리하는 별개의 법적 효과를 가진다. 사면법은 형사처벌이나 행정제재를 규율할 뿐 탄핵결정에 따른 파면을 규율하지 않는다. 법률이 대통령의 사면권을 직접 제한하지 않으므로 파면된 고위공직자에 대해 사면법에 따라 사면하는 것은 가능하다.

사면법에 따른 사면과 탄핵결정에 따른 파면에 대한 사면은 구별해야 한다. 탄핵결정에 따른 파면을 사면하는 것은 사면법의 적용대상이 아니므로 불가능하다. 헌법재판소법과 국회법이 탄핵심판이 청구된 경우에는 임명권자로 하여금 피청구인의 사직원을 접수하거나 해임할 수 없도록 하고, 탄핵으로 파면된 공무원에 대해 5년 동안 공직취임을 제한하는 것은 탄핵제도의 실효성을 확보하기 위한 것이다. 탄핵으로 파면된 공무원을 사면하는 것은 탄핵제도를 유명무실하게 만들 수 있으므로 허용되지 않는다.[72]

(3) 민사상 또는 형사상 책임

헌법 제65조 제4항은 "탄핵결정은 공직으로부터 파면함에 그친다. 그러나 이에 의하여 민사상이나 형사상의 책임이 면제되지는 아니한다"라고 규정한다. 탄핵은 공직에서 파면하는 징계적 성격이 강하다. 탄핵결정은 피청구인의 민사상이나 형사상의 책임을 면제하지 아니하므로 탄핵결정으로 파면된 자에 대해

70) 변호사법 제5조, 변리사법 제4조, 세무사법 제4조, 공인회계사법 제4조, 공증인법 제13조.
71) 사면법 제3조, 제4조.
72) 김하열, 헌법소송법, 740면; 신평, 헌법재판법, 500면; 장영수, 헌법학, 1310면; 정종섭, 헌법소송법, 454면; 허영, 헌법소송법론, 291면.

민사상이나 형사상 책임을 지우는 것은 일사부재리나 이중처벌의 금지를 위반하는 것이 아니다.

탄핵결정으로 파면된 경우에 형사상 책임을 지우는 것은 대통령의 경우에 중요한 의미가 있다. 대통령은 헌법에 의해 내란·외환의 죄를 제외하고는 재직 중 형사상의 소추를 받지 않기 때문이다. 대통령이 탄핵결정으로 파면된 경우에는 탄핵사유에 형사범죄가 포함된 경우에는 대통령을 파면한 다음 그에 대해 형사소추하는 것이 가능하다. 대통령이 파면된 경우에는 필요한 기간의 경호 및 경비 이외에는 전직대통령의 예우를 받을 수 없고, 퇴직급여와 퇴직수당도 근무기간에 따라 일정액수를 감액한다.[73]

(4) 기속력은 인정되지 않음

헌법재판소법은 법률의 위헌결정, 권한쟁의에 관한 결정, 헌법소원의 인용결정에 대해서는 기속력을 인정하지만, 탄핵심판결정에 대해서는 아무런 규정을 두지 않고 있다. 기속력은 헌법재판이 가지는 헌법수호를 위한 과제를 보장하기 위해 당사자에게 미치는 실체적 확정력을 법원을 포함한 국가기관과 지방자치단체에 확대한 것이다. 종국결정의 기속력은 헌법재판에 있어서 특별히 부여하는 효력이므로 법적 근거가 필요하다.

탄핵심판은 국회가 피청구인을 파면할 것을 요구한 것에 대한 판단이므로 피청구인의 파면결정은 그 자체로 법적 효과를 발생시키는 형성력을 갖는다. 피청구인이 파면된 경우에는 모든 국가기관과 지방자치단체는 이를 존중하여 파면결정과 모순되는 내용으로 권한을 행사해서는 안 된다. 이는 파면결정의 형성력의 효과이지 탄핵결정의 기속력에 따른 것이 아니다. 따라서 파면결정은 기속력을 갖지 않는다고 해석된다.[74] 피청구인에 대한 파면결정에도 불구하고 그 민사상이나 형사상 책임을 면제하지 않으므로 법원은 독자적으로 재판할 수 있다.

---

73) 전직대통령의 예우에 관한 법률 제7조 제2항, 공무원연금법 제64조 제1항 제2호.

74) 김하열, 헌법소송법, 736면.

제3장 정당해산심판

제1절 규범적 의미

1. 개념

(1) 헌법적 근거

헌법 제8조 제4항은 “정당의 목적이나 활동이 민주적 기본질서에 위배된 때에는 정부는 헌법재판소에 그 해산을 제소할 수 있고, 정당은 헌법재판소의 심판에 의하여 해산된다”라고 규정한다. 제111조 제1항은 ‘정당해산심판’을 헌법재판소의 관할사항으로 규정하여 헌법재판소가 정당을 해산할 수 있는 헌법적 근거를 마련하고 있다. 정당해산심판은 헌법재판소가 사법적 판단을 통해 정당을 강제로 해산시키는 것이다.

헌법은 정당이 국가기관이 아님에도 그 정치적 기능을 고려하여 특별히 규율한다. 정당설립의 자유와 복수정당제를 보장하고, 정당운영에 필요한 자금을 보조하는 등 정당의 자유를 보호한다. 이는 정당이 국민의 주권적 의사를 수렴하고 선거에 참여하는 등 정치적 기능을 담당한다는 점에서 다른 단체나 결사와 다르다는 것을 반영한 것이다. 이와 동시에 정당에게는 특별한 의무를 부과하기도 한다. 정당은 그 목적·조직과 활동이 민주적이어야 하며, 국민의 정치적 의사형성에 참여하는데 필요한 조직을 가져야 한다.[1] 만약, 정당이 민주적 기본질서에 위반한 경우에는 강제로 해산할 수도 있다.

---

1) 헌법 제8조 제1항, 제2항, 제3항, 제4항.

(2) 기능

(가) 방어적 민주주의에 기초

헌법재판은 국가권력으로부터 헌법적 가치와 이념을 보호하는 것을 원칙으로 하는데, 정당은 국가기관이 아니지만 실질적으로 중요한 정치적 영향력을 행사한다. 전체주의나 공산주의를 지향하는 정당은 헌법질서를 침해할 수 있고, 이는 국가권력이 헌법을 침해하는 것만큼 위험하다. 정당해산심판은 '방어적 민주주의'에 기초하는데, 이는 민주주의의 이름으로 민주주의를 침해하는 것을 방관할 수 없고, 자유를 침해할 자유를 허용하지 않는다는 것이다. 정당에 의한 헌법침해에 대해서는 민사적·형사적·행정적 책임을 물을 수도 있지만, 이는 사후적 구제조치로서 헌법을 보호하는 데 효과적이지 않다. 정당해산심판은 위헌적인 정당을 해산함으로써 헌법침해를 예방하는 수단이기도 하다.

(나) 정당의 보호

정당해산심판은 정부가 제소하고 헌법재판소가 심판함으로써 권력분립의 원칙을 실현한다. 정당해산심판은 정당을 해산할 수 있는 근거가 되지만, 이와 동시에 정당해산을 어렵게 함으로써 정당을 보다 강하게 보호하는 기능을 한다는 것을 유념해야 한다. 즉, 정당을 강제로 해산하는 것은 절차적으로는 헌법재판소의 심판에 따라야 하고, 실체적으로는 정당의 목적이나 활동이 민주적 기본질서에 위반한 경우에만 가능하도록 한 것이다. 민주적 법치국가에서 정당은 필수적인 요소이므로 정당해산심판은 매우 엄격한 요건과 절차에 따라서만 운영되어야 한다.

2. 특징

(1) 자진해산과 등록취소와 구별

정당해산심판은 헌법재판을 통해 강제적으로 해산함으로써 헌법적 차원에서 정당의 지위와 특권을 박탈하는 것이다. 이는 정당의 자진해산이나 등록취소와 구별된다. 정당의 자유는 정당의 설립과 활동뿐만 아니라 해산의 자유도 포함한다. 자진해산은 정당이 그 대의기관의 결의를 통해 스스로 해산하는 것이다. 정당이 자진해산을 결의하면 그 대표자는 지체 없이 그 뜻을 관할 선거관리위원회에 신고해야 하고, 당해 선거관리위원회는 그 정당의 등록을 말소하고 지체 없이 그 뜻을 공고하여야 한다.[2)]

정당의 등록취소는 정당으로 갖추어야 할 법정요건을 갖추지 못한 경우에 정당의 등록을 행정적으로 취소하는 것으로 헌법재판소의 심판에 따라 강제적으로 해산되는 정당해산심판과 다르다. 정당이 등록한 후에 법정 시·도당수와 시·도당의 법정당원수를 갖추지 못하게 된 때, 정당이 최근 4년간 국회의원 총선거나 임기만료에 의한 지방자치단체장 또는 시·도의회의원의 선거에 참여하지 아니한 때에는 당해 선거관리위원회는 그 등록을 취소한다.[3)]

(2) 역사적 경험

1948년 제정된 헌법은 정당에 대해 아무런 규정을 두지 않고, 정당해산제도 역시 인정하지 않았다. 정당해산심판은 1960년 헌법에서 처음 도입되었는데, 이는 역사적 경험을 반영한 것이다. 1950년 6·25전쟁을 경험하면서 공산주의자의 정치활동을 차단할 필요가 제기되었다. 하지만, 정당해산심판이 헌법에 도입된 것은 정당해산의 근거를 마련하기 위해서가 아니라 정당을 특별하게 보호하기 위한 수단으로 등장하였다. 과거 진보당의 등록취소와 민주혁신당에 대한 등록거부와 같이 정부가 야당을 탄압하기 위해 정당을 폭력적으로 통제한 것을 경험하였다. 이에 4.19민주혁명 이후 새로 구성된 정부가 위헌적 정당으로부터 헌법을 수호함과 동시에 국가권력으로부터 정당을 보호하기 위해 정당해산심판을 헌법에 도입한 것이다.

1960년 헌법은 정당의 목적이나 활동이 민주적 기본질서에 위반되는 경우에 정부가 소추하고 헌법재판소가 판결로써 정당해산을 명할 수 있다고 규정하였다. 하지만, 헌법재판소가 설치되지도 못하고 헌법이 개정되었다. 그 이후 헌법이 여러 번 개정되었는데, 정부가 항상 정당해산을 제소할 수 있는 권한은 보유하였고, 정당해산심판권은 대법원, 헌법위원회가 보유하기도 하였다. 현행 헌법에서는 정부가 정당해산을 제소하고, 헌법재판소가 정당해산심판권을 갖는다. 2014년 정부는 처음으로 통합진보당에 대해 정당해산심판을 청구하였고, 헌법재판소는 해산결정을 선고하였다.

---

2) 정당법 제45조 제1항, 제2항.

3) 정당법 제44조 제1항.

제2절 대상

1. 정당의 범위

정당해산심판의 대상은 정당이다. 헌법은 정당에 대해 특별한 지위를 부여하지만, 정당의 개념을 직접 규정하지는 않는다. 정당법은 정당을 국민의 이익을 위하여 책임 있는 정치적 주장이나 정책을 추진하고 공직선거의 후보자를 추천 또는 지지함으로써 국민의 정치적 의사형성에 참여함을 목적으로 하는 국민의 자발적 조직으로 정의한다.[4] 정당의 개념은 먼저 헌법적 차원에서 확정되고, 정당법은 이를 구체화한 것으로 이해해야 한다. 헌법이 법률을 기속하고 법률이 헌법을 구체화하는 것이지, 법률적 개념이 헌법적 제도를 기속해서는 안 된다. 따라서 정당이란 헌법 그 자체의 해석을 통해 확정되며, 정당법에 따라 등록된 정당만 의미하는 것은 아니다.[5]

헌법에서 규정하는 정당은 다음과 같은 요건을 갖추어야 한다. 우선, 정당은 국민의 정치적 의사를 형성하는 데 직접 참여해야 한다. 대의제에서는 선거가 핵심이므로 선거에 참여해야 하지만, 이에 국한되지는 않는다. 정당이 국민의 정치적 의사를 형성하기 위해서는 최소한의 인적·물적 조직을 갖추어야 한다. 정당법은 헌법을 구체화하여 5개 이상의 시·도당을 가져야 하고, 시·도당은 1천인 이상의 당원을 가지도록 요구한다. 정당은 주권자인 국민의 자발적 조직이어야 한다. 외국인은 당원이 될 수 없고, 국민의 주권적 의사가 왜곡되지 않아야 하므로 법인이 아닌 자연인으로만 구성된다.

정당의 시·도당이나 정당의 하부조직도 정당해산의 대상이 된다는 견해도 있지만,[6] 정당의 하부조직은 정당을 구성하는 요소에 불과하고 방계조직은 정당의 조직이 아니므로 정당해산의 대상이 되지 않는다.[7] 정당으로 인정되지 않는 단체는 헌법재판소의 정당해산심판의 대상은 아니지만, 헌법적 기본권인 결사의 자유를 보장받는다.

---

4) 정당법 제2조.
5) 한수웅, 헌법학, 1570면.
6) 정종섭, 헌법소송법, 475면.
7) 김하열, 헌법소송법, 751면; 한수웅, 1570면.

2. 창당준비위원회와 등록 중인 정당

정당법은 정당의 성립, 운영, 활동, 소멸 등에 대해 자세하게 규정한다. 정당은 중앙당이 중앙선거관리위원회에 등록함으로써 성립하고, 이때 국고보조금이나 기탁금을 분배받을 자격을 취득한다. 헌법에서 요구하는 정당의 실질을 갖춘 경우에는 정당법에 따라 등록되지 않았더라도 정당해산심판의 대상에 포함된다. 창당준비위원회는 발기인으로 구성되어 중앙선거관리위원회에 신고한 때부터 창당등록을 마칠 때까지 창당을 목적으로 하는 단체이다. 창당준비위원회는 아직 정당이 아니므로 정당해산의 대상이 아니라는 견해도 있지만,[8) 창당준비위원회는 창당의 목적범위 안에서만 활동을 할 수 있으므로 정당의 실질을 갖춘 경우에는 정당해산의 대상이 된다.[9) 정당해산심판이 정당을 해산할 수 있는 법적 근거로 작용하기보다 정당을 보호하는 수단이라는 관점에서는 창당준비위원회 역시 정당해산심판을 통해서만 해산되도록 해야 한다.

정당의 창당활동이 진행되어 중앙당과 법정 시·도당을 창당하고 등록절차만 남겨둔 '등록 중의 정당'도 실질적으로 정당으로 활동하는 경우에는 정당해산의 대상에 포함된다.[10) 중앙선거관리위원회는 정당에 대해 실질적 심사권을 갖지 않고 형식적 요건만 갖추면 등록을 거부할 수가 없으므로 정당해산심판에서는 그 등록여부가 정당의 실질을 결정하지 않는다. 결국, 헌법에서 요구하는 정당으로서의 실질을 갖추었는지 여부를 기준으로 정당해산심판의 대상이 확정된다.

제3절 사유

1. 정당의 목적이나 활동이 민주적 기본질서에 위배

(1) 정당의 목적이나 활동

정당해산의 사유에 해당되는지 여부를 판단하는 대상은 정당의 목적이나

---

8) 신평, 헌법재판법, 508면.

9) 정종섭, 헌법소송법, 480면; 정재황, 헌법재판론, 1610면.

10) 김하열, 헌법소송법, 750면; 신평, 헌법재판법, 508면; 정종섭, 헌법소송법, 480면; 한수웅, 헌법학, 1570면; 허영, 헌법소송법론, 304면.

활동이다. 정당의 목적은 정당이 지향하는 정치적 목표나 실현하고자 하는 계획을 말하고, 활동이란 기관이나 정당인의 행위로 그 법적 효과를 정당에게 귀속시킬 수 있는 일반적 행위를 말한다. 정당의 목적은 강령, 당헌, 기관지의 내용, 출판물과 선전자료, 지도부와 당원의 활동 등을 종합적으로 고려하여 판단할 수 있다.

정당의 활동도 정당의 기관, 소속 국회의원이나 주요 당직자의 공개된 정치활동, 그리고 정당조직의 회의나 당원 개인의 활동까지 고려하여 그 활동을 정당에게 귀속시킬 수 있는지 여부를 기준으로 판단한다. 당원이 아닌 자의 활동도 정당과 밀접하게 관련되어 있는 경우에는 정당의 목적과 활동에 포함시킬 수 있다. 정당의 과거 활동도 현재의 목적이나 활동을 판단하는 자료가 될 수 있다. 한편, 정당의 대표나 주요 당직자의 행위라도 개인적 차원의 행위에 불과한 것이라면 정당의 활동이라고 보기는 어렵다.

헌법재판소는 정당의 목적이나 활동 가운데 어느 하나라도 민주적 기본질서에 위배되면 그 사유에 해당한다고 판단하였다.[11] 정당의 목적이 민주적 기본질서에 위반되면 현실에서 구체적인 위험이 없어도 해산사유가 된다는 견해가 있다.[12] 하지만, 정당의 목적과 활동은 엄격하게 구분되지 않고 실질적으로 밀접하게 관련된다. 정당의 목적이 민주적 기본질서에 위반된다고 하더라도 그 활동이 민주적 기본질서에 위반되지 않고 구체적 위험이 발생하지 않으면 해산사유에 포함되지 않는다.

정당해산의 사유에서는 정당의 목적보다 실제적 활동이 더 중요한 지표가 된다는 견해도 구체적 위험성을 강조한 것으로 이해된다.[13] 정당이 민주적 기본질서에 위반되는 활동을 전혀 하지 않으면 헌법재판소가 그 해산사유로 요구하는 '실질적으로 해악을 끼칠 수 있는 구체적 위험성'이 발생하지 않는다.[14] 따라서 정당의 목적과 활동을 엄격하게 구분하여 그 요건을 검토할 것이 아니라 정당의 '목적이나 활동'을 하나의 개념으로 통일적으로 이해하는 것이 타당하다.

(2) 민주적 기본질서

정당해산에서 정당의 목적이나 활동에 대한 규범적 기준은 민주적 기본질

11) 2014. 12. 19. 2013헌다1.
12) 정종섭, 헌법소송법, 485면.
13) 정재황, 헌법재판론, 1612면.
14) 김하열, 헌법소송법, 751면; 한수웅, 헌법학, 1577면.

서이다. 이는 주권자인 국민이 자유롭고 평등하게 국가의 정치적 의사를 결정할 수 있는 민주주의를 전제로 하고, 그 핵심적인 내용과 요소가 되는 기본적인 것을 의미한다. 헌법은 제8조 제4항에서 '민주적 기본질서'를 규정하면서 전문과 제4조에서 '자유민주적 기본질서'를 규정하는데, 민주적 기본질서와 자유민주적 기본질서는 구별된다는 것을 전제로 민주적 기본질서에는 자유민주적 기본질서와 사회민주적 기본질서를 포함한다는 견해가 있다.[15] 민주적 기본질서는 법치국가와 민주주의의 핵심적 가치를 결합한 것으로서 자유민주적 기본질서와는 규범조화적 차원에서 동일한 개념으로 이해해야 한다.

자유민주적 기본질서란 자유주의와 민주주의가 결합된 개념인데, 자유주의와 민주주의는 서로 다른 층위의 개념이다. 자유주의는 자유를 추구하고 증진시키는 국가공동체를 이념적으로 지향하는 신념체계이고, 민주주의는 국가공동체의 의사를 결정하고 국가권력을 행사하는 통치형태를 의미한다. 개념적으로 자유주의는 전체주의에 대응하고, 민주주의는 군주주의 또는 귀족주의에 대응한다. 헌법적 관점에서 자유주의와 민주주의는 자유민주주의를 매개로 하여 통합적으로 이해해야 한다. 자유민주주의는 헌법적 가치로서 인간의 존엄과 가치를 보장하고, 개인의 자유와 평등, 그리고 정의를 실현하는 것을 목적으로 한다. 헌법이 지향하는 민주주의는 형식적이고 가치중립적인 것이 아니라 자유를 보장하는 법치라는 헌법적 가치에 의해 통합되는 민주주의이다. 따라서 대한민국이 지향하는 헌법적 가치와 남북통일을 달성하는 규범적 기준, 그리고 위헌정당에 해당하는지 여부를 판단하는 기준도 모두 이러한 헌법적 가치를 의미한다고 할 수 있다.

헌법이 '자유민주적 기본질서'와 '민주적 기본질서'를 다르게 표현한 것의 배경은 헌법개정의 역사를 통해 이해할 수 있다. 1948년 헌법에서는 '자유민주적 기본질서'나 '민주적 기본질서'라는 표현이 없었으나, 1962년 헌법에서 위헌정당해산제도를 도입하면서 제4조에서 '민주적 기본질서'를 규정하였다. 한편, 1972년 개정헌법에서 전문에 '자유민주적 기본질서'를 규정하였고, 1987년 현행헌법 제4조에서 평화통일의 원칙으로 '자유민주적 기본질서'를 규정하였다. 자유민주적 기본질서와 민주적 기본질서는 모두 자유민주주의를 실현하는 실천적 기본원리이며, 자유민주적 기본질서는 자유에만 편중된 편협한 것이 아니고 평등과 정의를 강조하는 사회국가나 복지국가를 배척하는 것이 아니라 오히

15) 정재황, 헌법재판론, 1612~1613면.

려 이를 포함하는 기본질서라고 할 수 있다.[16)]

헌법재판소는 "민주적 기본질서란 모든 폭력적·자의적 지배를 배제하고 다수를 존중하면서도 소수를 배려하는 민주적 의사결정과 자유·평등을 기본원리로 하여 구성되고 운영되는 정치적 질서를 말하며, 구체적으로 말하면 국민주권주의, 기본적 인권의 존중, 권력분립제도, 복수정당제도 등이 현행 헌법상 주요한 요소라고 볼 수 있다"라고 판단하였다.[17)]

(3) 민주적 기본질서에 '위배'

민주적 기본질서를 '위배'하였다는 것은 무엇일까. 헌법이 정당해산심판을 규정한 것은 정당을 강제로 해산하는 것을 엄격하게 제한한다는 것에 규범적 의미가 있다. 정당해산의 사유에 해당되는 정당의 목적이나 활동이 민주적 기본질서에 위배되는 것 역시 헌법적 취지를 고려하여 엄격하게 해석해야 한다. 정당해산의 사유로 민주적 기본질서에 부합하지 않다거나 장애를 초래하였다는 것만으로는 부족하고, 객관적으로 그 위반의 정도가 중대하여 그 정당을 해산해야 할 정도로 민주적 기본질서에 위협이 되어야 한다. 정당이 자신의 목적이나 활동이 민주적 기본질서에 위배된다는 것을 스스로 인식할 필요도 없다.[18)]

어떤 정당이 특정 이념을 표명하더라도 그 정당의 목적이나 활동이 민주적 기본질서의 내용을 침해하는 것이 아닌 한, 그 특정 이념을 표방하는 것 자체만으로 곧바로 위헌적인 정당으로 볼 수는 없다. 정당해산의 사유가 되기 위해서는 민주적 기본질서에 대한 단순한 위반이나 저촉을 의미하는 것이 아니라, 민주사회의 불가결한 요소인 정당의 존립을 제약해야 할 만큼 그 정당의 목적이나 활동이 우리 사회의 민주적 기본질서에 대해 실질적인 해악을 끼칠 수 있는 구체적인 위험성을 초래하는 경우를 의미한다.[19)]

(4) 비례원칙

정당해산의 사유가 되기 위해서는 헌법 제37조 제2항에서 규정하는 과잉제한금지의 원칙을 충족시켜야 할까. 과잉제한금지의 원칙은 기본권의 제한에

16) 정종섭, 헌법소송법, 483면; 한수웅, 헌법학, 1572~1574면.

17) 2014. 12. 19. 2013헌다1.

18) 한수웅, 헌법학, 1574면.

19) 2014. 12. 19. 2013헌다1.

대한 규범적 기준이므로 헌법에서 특별하게 규정하는 정당해산에 있어서는 적용될 여지가 없다는 견해가 있다.[20] 정당해산은 정당의 자유를 제한하는 것을 필수적으로 수반하게 되고, 기본권을 제한하는 경우에는 헌법 제37조 제2항을 충족해야 하므로 정당해산의 사유로 인정되기 위해서는 과잉제한금지의 원칙이 적용되어야 한다. 헌법 제8조 제1항은 정당의 자유를 보장하는 헌법적 근거가 되고, 제8조 제4항의 해산은 정당의 자유를 제한하는 것이기 때문이다.

헌법재판소는 정당을 해산하기 위해서는 비례원칙을 준수해야 한다고 판단하였다. 정당을 해산함으로써 얻어지는 이익과 이로 인하여 초래되는 불이익을 비교형량하여 전자가 후자보다 더 커야 정당해산이 정당화될 수 있다는 것이다. 즉, “정당의 위헌적 문제성을 해결할 수 있는 다른 대안적 수단이 없고, 정당해산결정을 통하여 얻을 수 있는 사회적 이익이 정당해산결정으로 초래되는 정당의 정당활동의 자유의 제한으로 인한 불이익과 민주주의 사회에 대한 중대한 제약이라는 사회적 불이익을 초과할 수 있을 정도로 큰 경우에 한하여 정당해산결정이 헌법적으로 정당화될 수 있다”라고 판단하였다.[21]

헌법재판소는 정당해산의 요건으로 민주적 기본질서에 실질적으로 해악을 끼칠 구체적 위험성이 있어야 한다고 요구하고, 이를 심사하는 과정에서 과잉제한금지의 원칙을 심사할 수 있으므로 과잉제한금지의 원칙을 독자적인 해산사유로 인정할 실익은 크지 않다.[22] 하지만, 민주적 기본질서에 위배되는지 여부와 정당의 자유를 제한하는 것이 정당화되는지는 그 심사기준이 동일하지 않으므로 정당에 대한 보호를 강화하기 위해서는 과잉제한금지의 원칙이 적용된다고 해석해야 한다.

2. 한계

민주적 기본질서라는 것은 매우 추상적이고 정치적 목적에 따라 다양하게 해석될 가능성이 있다. 자유민주주의를 수호하기 위해 정당을 해산한다는 것은 정당의 자유를 침해하고 민주주의를 약화시키는 결과를 초래하기 쉽다. 민주주의는 가치상대주의에 기초하여 서로 다른 생각과 생활방식이 공존할 수 있도록

---

20) 허완중, 헌법소송법, 제609면.

21) 2014. 12. 19. 2013헌다1.

22) 김하열, 헌법소송법, 755~756면.

조정하는 것이므로 다양한 정치적 이념이 자유롭게 보장되어야 한다. 민주적 법치국가에서 정당은 다양한 정치적 이념을 수렴하여 국정에 반영하는 역할을 한다.

민주적 기본질서의 범위를 확대할수록 정당해산의 가능성은 커지고, 정당 활동의 자유는 그만큼 더 제한될 수 있다. 방어적 민주주의가 실제로는 민주주의를 파괴하는 원리로 작동할 위험성이 있다는 것이다. 민주적 민주국가에서 정당의 존립과 활동의 자유를 보장하는 것은 반드시 필요하다는 것을 고려하여 정당해산사유를 매우 엄격하게 해석해야 할 것이다.

제4절 심판절차

1. 청구

(1) 정부

정당해산심판의 청구권자는 정부이다. 정부는 정당의 목적이나 활동이 민주적 기본질서에 위배된다고 판단할 때에는 헌법재판소에 그 해산을 제소할 수 있다. 이때 정부는 입법부, 사법부에 대응되는 행정부를 의미한다. 정당해산심판의 청구권자는 대통령이라는 견해도 있다.[23] 하지만, 대통령이 정부의 수반이고 정당해산의 제소를 심의하는 국무회의가 대통령 소속이므로 실질적으로 대통령이 정당해산심판의 청구를 결정한다고 하더라도 법적으로는 대통령과 정부는 구별된다. 헌법이 정당해산심판의 제소권자로 정부라고 명시하고 있으므로 그 청구권자는 정부라고 해야 한다.

정당해산심판의 청구와 소송수행은 법무부장관이 정부를 대표하여 행하며, 법무부장관은 청구서를 헌법재판소에 제출함으로써 정당해산심판을 청구한다. 정당해산심판의 청구서에는 해산을 요구하는 정당의 표시, 청구의 이유를 기재해야 한다. 정당해산심판의 청구가 있는 때에는 헌법재판소장은 그 사실을 국회와 중앙선거관리위원회에 통지해야 한다.[24] 법원은 재판절차에서 정당의 목적이나 활동이 민주적 기본질서를 위배하였는지 여부가 선결문제가 되는 경

23) 정종섭, 헌법소송법, 470면.

24) 헌법재판소법 제56조, 제58조 제1항.

우에도 위헌법률심판의 제청과 유사한 방식으로 헌법재판소에 정당의 위헌성을 확인해 줄 것을 청구할 수는 없다.

정부가 정당해산심판을 청구할 경우에는 반드시 국무회의의 심의를 거쳐야 하고, 이를 거치지 않으면 부적법하여 무효가 된다. 대통령이 해외순방으로 일시적으로 직무를 수행할 수 없는 경우 국무총리가 대통령을 대행하여 국무회의를 주재할 수도 있고, 긴급한 의안이라고 판단한 경우에는 국무회의규정에 따라 차관회의의 사전심사를 거치지 않고 국무회의의 심의를 거칠 수도 있다.[25]

(2) 재량사항

정부가 정당에 대해 해산사유가 있다고 인정한 때에는 반드시 해산심판을 청구해야 할까. 헌법재판소는 헌법질서를 수호하기 위해 반드시 해산심판을 청구해야 할 의무를 부담하므로 명백하고 현존하는 위험이 있는 경우에는 위헌정당의 해산을 제소할 의무를 진다는 견해가 있다.[26] 정당해산심판을 청구하는 것은 기속재량행위에 속하므로 헌법수호를 위해 필요하다고 판단한 경우에는 위헌정당해산을 제소할 의무가 있다는 견해도 있다.[27] 하지만, 정당해산심판을 청구할 것인지 여부는 정부가 재량으로 결정할 수 있다.

헌법재판소법 제55조도 "…정당해산심판을 청구할 수 있다"라고 규정하며, 정당해산심판의 사유도 추상적이어서 정부에게 헌법적 의무로 부과하기는 어렵다.[28] 정당이 위헌적 활동을 하는 경우에 정부는 다양한 방법을 통해 그 위헌성을 제거할 수 있고 반드시 정당해산심판을 청구해야 하는 것은 아니다. 정부는 헌법을 수호할 권한과 책무를 가지므로 정당의 헌법침해를 방치하는 것이 헌법수호의무를 위반한 것으로 탄핵사유가 될 수는 있을 것이다.[29]

2. 청구의 취하

정부는 정당해산심판을 청구한 이후에 이를 취하할 수 있을까. 정부의 심판청구는 기속재량행위이므로 심판청구에 현저한 오류가 없는 이상 취하할 수

25) 2014. 12. 19. 2013헌다1.
26) 신평, 헌법재판법, 507면; 허완중, 헌법소송법, 613면.
27) 정종섭, 헌법소송법, 472~474면; 허영, 헌법소송법론, 298~299면.
28) 한수웅, 헌법학, 1568~1569면.
29) 정종섭, 헌법소송법, 474면.

없다는 견해가 있다.[30] 하지만, 정부는 민사소송법을 준용하여 정당해산심판을 청구한 후 심판청구를 유지할 만한 사정이나 필요가 없다고 판단할 경우에는 심판청구를 취하할 수 있다.[31] 다만, 피청구인이 본안에 관하여 답변서를 제출하였거나 변론준비기일에 진술하였거나 변론을 한 후에는 피청구인인 당해 정당의 동의를 받아야만 취하의 효력이 발생한다. 만약, 심판청구취하의 서면이 피청구인에게 송달된 날로부터 2주 이내에 이의제기가 없으면 피청구인은 정부의 청구취하에 동의한 것으로 간주된다. 청구가 취하되면 그 소송계속은 소급적으로 소멸하고, 정부는 동일한 사유로 정당해산을 청구할 수 없다. 정당해산심판의 청구는 국무회의의 필수적 심의사항이므로 그 청구를 취하하는 경우에도 국무회의의 심의를 거쳐야 한다.

정부가 해산심판청구를 취하하였음에도 불구하고 헌법질서의 수호를 위해 헌법적으로 해명이 긴요한 경우에는 종국결정을 할 수 있을까. 정당해산심판은 객관소송의 성격을 가지지만, 당사자 사이에 정치적 분쟁이 해결된 경우까지 종국결정을 할 필요성이 크지 않다. 정부가 정당해산심판을 청구할 것인지 재량권을 가진다는 것을 고려할 때, 정부가 심판청구를 취하한 경우에는 본안판단을 할 것이 아니라 심판절차종료선언을 하는 것이 타당하다.[32]

3. 심판절차

(1) 심리

정당해산심판의 청구가 있는 때에는 그 사실을 국회와 중앙선거관리위원회에 통지하여야 하고, 그 청구서의 등본을 피청구인에게 송달해야 한다. 청구서를 송달받은 피청구인은 답변서를 제출할 수 있다. 정당해산심판에 피청구인은 사인(私人)인 정당이므로 변호사강제가 적용되어 변호사를 대리인으로 선임하여 소송행위를 해야 한다. 정당해산심판은 구두변론에 의하고, 재판부는 변론기일을 정하고 당사자와 관계인에게 출석을 요구해야 한다.

정당해산심판의 심판절차에는 총괄적 준용규정에 따라 헌법재판의 성질에

30) 정종섭, 헌법소송법, 478면.

31) 김하열, 헌법소송법, 762~763면; 한수웅, 헌법학, 1569면.

32) 김하열, 헌법소송법, 763면; 한수웅, 헌법학, 1569면.

반하지 아니하는 한도에서 민사소송에 관한 법령을 준용한다. 헌법재판소법이 탄핵심판, 권한쟁의심판, 헌법소원의 경우와는 달리 정당해산심판에서 민사소송에 관한 법령 이외에 형사소송법과 같은 다른 법령을 준용하도록 규정하지 않는다고 하더라도 이는 피청구인인 정당의 재판을 받을 권리를 침해하는 것이 아니다.[33)]

(2) 자진해산, 분당과 합당의 금지

정당해산심판이 청구된 이후 피청구인 정당이 자진해산·분당·합당을 할 수 있을까. 법률은 이에 대해 아무런 규정을 두지 않고 있다. 심판절차가 진행 중에 정당이 자진해산·분당·합당을 하면 해산의 대상이 없어 심판이익도 사라지게 된다. 정당해산은 과거행위에 대한 제재가 아니라 앞날을 향해 헌법을 보호하는 것이므로 자진해산은 가능하지만, 분당·합당은 불가능하다는 견해가 있다.[34)] 자진해산·분당·합당이 가능하지만 해제조건부로만 효력이 있고, 정당해산심판절차를 속행할 수 있다는 견해도 있다.[35)] 해산결정이 내려지면 정당은 해산되고 그 자진해산 등은 소급하여 무효가 된다는 것이다.

자진해산과 해산결정에 의한 해산은 그 법적 효과에 있어서 큰 차이가 있다. 피청구인 정당이 해산결정된 경우에는 잔여재산이 국고로 귀속되고, 동일 명칭을 사용할 수 없고, 대체정당의 설립도 금지된다. 또한, 소속 정당원들의 국회의원직이 박탈당할 수도 있다. 피청구인 정당은 이러한 효과를 회피하는 수단으로 자진해산·분당·합당을 이용할 수 있고, 이를 통해 위헌적인 활동을 계속할 수도 있다. 따라서 정당해산심판이 청구된 이후에는 자진해산·분당·합당을 금지하는 것이 타당하다.[36)] 이에 대해서는 법률로 명확하게 규정하는 것이 바람직하다.

---

33) 2014. 2. 27. 2014헌마7.

34) 신평, 헌법재판법, 507~508면; 정종섭, 헌법소송법, 475~476면; 한수웅, 헌법학, 1571~1572면; 허영, 헌법소송법론, 299면.

35) 허완중, 헌법소송법, 617면.

36) 김하열, 헌법소송법, 761면.

제5절 종국결정

1. 유형과 효력

(1) 유형

헌법재판소는 심리를 마친 후 종국결정을 한다. 종국결정에는 심판절차종료선언, 각하결정, 기각결정, 해산결정이 있다. 이때 심판에 관여한 재판관은 결정서에 의견을 표시하여야 하므로 개별의견도 결정문에 그 이유를 표시해야 한다.

첫째, 정부가 정당해산심판청구를 취하한 경우에는 심판절차종료선언을 한다. 이때 주문에는 "…심판절차를 종료한다"라고 표현한다. 피청구인 정당은 정당해산심판이 청구된 이후에는 자진해산·분당·합당을 할 수 없으므로 심판절차종료선언을 할 것이 아니라 본안결정을 해야 한다.

둘째, 정당이 아닌 단체를 상대로 정당해산을 청구하는 등 정당해산심판청구의 적법요건을 갖추지 못한 경우에는 각하결정을 한다. 이때 주문에는 "…각하한다"라고 표현한다. 재판부는 정부가 제소한 정당이 정당으로서 실체를 가졌는지 여부, 심판청구의 절차가 헌법과 법률에 따라 이루어졌는지 여부를 직권으로 심사해야 한다. 적법요건을 갖추지 못하여 각하된 경우에 정부는 적법요건을 보완하여 다시 정당해산심판을 청구할 수 있다. 이때에는 동일한 사건이 아니므로 일사부재리가 적용되지 않는다.

셋째, 재판부는 적법요건을 갖추었으나 정당해산사유가 인정되지 않으면 기각결정을 한다. 이때 주문에는 "…기각한다"라고 표현한다. 정당의 목적이나 활동이 민주적 기본질서에 위배되지 않는다고 판단한 경우에 기각결정을 한다.

넷째, 재판부는 정당해산사유가 인정된다고 판단하면 정당해산을 명하는 결정을 선고한다. 주문에서는 "…정당을 해산한다"라고 표현한다. 이때에는 재판관 6인 이상의 찬성이 있어야 한다. 헌법재판소는 위헌정당이라고 판단하면 해산결정을 해야지, 단순히 위헌임을 확인하는 결정을 해서는 안 된다. 헌법재판소는 정당의 일부 조직에 대해 해산결정을 할 수는 없고 심판청구된 정당에 대해 해산결정을 해야 한다. 정당해산사유가 여러 가지이고, 그 일부가 해산사유에 해당하는 경우에는 주문에서 해산을 명하는 결정만 표시한다. 정당해산사유에 해당하지 않는 부분은 그 이유에서 설명하는 것으로 충분하고 별도로 기각결정을 할 필요는 없다.

정당해산심판을 인용하는 결정에는 일차적으로 민주적 기본질서에 위배된다는 위헌확인결정을 내포하고 있다는 것을 전제로 해산심판이 제소된 정당이 자진해산한 경우에는 해산결정을 할 수 없지만 위헌확인결정을 할 수 있다는 견해가 있다.[37] 하지만, 헌법재판소법은 인용결정의 유형으로 해산결정만 인정하고 있고, 자진해산도 금지되므로 위헌확인결정은 할 수 없다고 해석된다.

(2) 효력

정당해산심판에서 헌법재판소의 종국결정은 불가변력, 불가쟁력, 기판력을 가지고, 헌법적 판단을 변경할 때까지 선례구속력을 갖는다. 헌법재판소는 종국결정을 임의로 변경할 수 없고, 정부는 동일한 정당에 대해 동일한 사유로 다시 해산심판을 청구할 수 없다. 이는 일사부재리에 위반되고 기판력에도 위반되므로 적법요건을 갖추지 못하여 각하된다. 다만, 정부가 동일한 정당에 대해 이전의 결정과는 별도의 사유로 해산심판을 청구하는 것은 기판력에 위반되지 않으므로 가능하다.

2. 해산결정의 효력

(1) 정당해산

헌법재판소법 제59조는 "정당의 해산을 명하는 결정이 선고된 때에는 그 정당은 해산된다"라고 규정한다. 정당해산결정은 형성판결의 일종으로 창설적 효력을 가지므로 그 결정에 의해 위헌정당으로 확정되고 자동적으로 해산된다. 중앙당뿐만 아니라 시·도당 등 정당을 구성하는 모든 조직도 함께 해산된다. 정당의 일부 조직에 대해서만 해산결정을 할 수 있다는 견해도 있지만,[38] 심판대상인 정당 자체에 대해서만 해산결정을 할 수 있고, 시·도당과 같은 일부 조직에 대해서만 해산결정을 할 수는 없다.[39]

---

37) 한수웅, 헌법학, 1579면.

38) 신평, 헌법재판법, 507면; 한수웅, 헌법학, 1579~1580면.

39) 허영, 헌법소송법론, 304면.

헌법재판소의 해산결정을 받은 정당은 선고와 동시에 정당으로서의 모든 특권을 상실하게 되고 불법결사가 된다. 해산결정된 정당은 정당의 명칭을 사용할 수 없으며, 해산된 정당의 당원들도 그 자격을 상실한다. 정당해산의 효과는 해산결정이 선고된 순간부터 장래적으로 발생하며 소급적으로 미치지 않는다. 따라서 정당이 이미 행한 행위의 법률관계의 효력은 그대로 유효하며, 해산되기 전의 정당활동에 대해 불이익을 가할 수 없다.[40] 하지만, 해산된 정당의 당원과 같은 구성원이 법률을 위반한 경우에 형사상 또는 민사상 책임이 면제되는 것은 아니다.[41] 해산결정에 따라 해산된 정당의 목적을 달성하기 위한 집회나 시위는 누구도 주최할 수 없고, 이를 선전하거나 선동해서도 안 된다.[42]

헌법재판소는 즉시 결정서 정본을 당사자에게 송달해야 하는데, 정당해산을 명하는 결정서는 피청구인 외에 국회, 정부 및 중앙선거관리위원회에도 송달해야 한다.[43] 정부에게 송달할 때에는 법무부장관에게 송달해야 한다. 정당의 해산을 명하는 헌법재판소의 결정은 중앙선거관리위원회가 정당법의 규정에 따라 집행하고,[44] 당해 선거관리위원회는 그 정당의 등록을 말소하고 지체 없이 그 뜻을 공고해야 한다.[45] 이는 사후적 행정조치로서 헌법재판소의 해산결정을 확인하는 것에 불과하다.

(2) 동일명칭의 사용금지와 대체정당의 설립금지

헌법재판소의 종국결정에 의해 해산된 정당의 명칭과 같은 명칭은 정당의 명칭으로 다시 사용하지 못하고, 선거관리위원회는 그 등록신청을 거부해야 한다.[46] 헌법재판소가 주문에서 별도의 표시를 하지 않더라도 헌법재판소법에 의해 해산결정에 대해 추가적으로 법적 효과를 부여한 것이다. 해산된 정당과 동일한 명칭인지 여부는 형식적으로 일치하는지를 기준으로 판단한다.

정당이 헌법재판소의 결정으로 해산된 때에는 해산된 정당의 강령 또는 기본정책과 동일하거나 유사한 것으로 정당을 창당하지 못한다.[47] 이는 위헌으

40) 김하열, 헌법소송법, 770면; 허완중, 헌법소송법, 620면.
41) 정종섭, 헌법소송법, 492면.
42) 집회 및 시위에 관한 법률 제5조 제1항 제1호, 제2호.
43) 헌법재판소법 제58조 제2항.
44) 헌법재판소법 제60조.
45) 정당법 제47조.
46) 정당법 제41조 제2항, 제15조.
47) 정당법 제40조.

로 확인된 정당이 대체정당을 설립하여 활동하는 것을 금지하기 위한 것이다. 대체정당인지 여부는 정당의 기본정책이나 강령, 대표자나 주요 지도부의 인적 구성과 조직, 명칭의 유사성, 재정운용과 실제적 활동내역 등을 종합적으로 고려하여 판단한다. 대체정당인지 판정하는 기관에 대해서는 아무런 입법이 없으므로 정부가 다시 위헌정당해산심판을 청구할 수밖에 없다는 견해가 있다.[48] 하지만, 정당법이 대체정당을 금지하고 있으므로 중앙선거관리위원회가 대체정당인지 여부를 판정하고 행정조치를 취할 권한을 갖는다.

대체정당이 설립된 경우 그 정당은 더 이상 정당의 특권을 부여받지 못하기 때문에 헌법재판소의 해산결정을 거칠 필요가 없다. 중앙선거관리위원회는 해산결정을 집행해야 하므로 대체정당인지 여부, 그 설립금지의 효과에 대해 판단하고 행정적 조치를 취하는 권한을 가진다. 중앙선거관리위원회는 대체정당이라고 판단되는 경우에는 등록을 거부해야 하고, 등록 이후에 대체정당이라고 판명된 경우에는 등록을 취소해야 한다. 중앙선거관리위원회가 대체정당이 아니라고 판단하더라도 정부가 대체정당으로 인정한 경우에는 대체정당에 대해 별도로 정당해산심판을 청구할 수 있다.[49]

(3) 잔여재산의 국고귀속

헌법재판소의 해산결정에 의하여 해산된 정당의 잔여재산은 국고에 귀속한다.[50] 정당이 자진해산하거나 등록취소된 경우에는 정당법에 따라 잔여재산은 먼저 당헌이 정하는 바에 따라 처분하고, 그 나머지가 국고에 귀속된다. 헌법재판소의 해산결정으로 해산된 정당의 잔여재산에 대해서 무조건 국고로 귀속하도록 하는 것은 그 활동의 재정적 기반을 상실하도록 함으로써 해산결정의 실효성을 보장하기 위한 것이다. 잔여재산은 정당의 명의로 된 재산에 국한하며, 그 이전에 타인의 명의로 이전된 경우에는 국고귀속의 대상이 아니다. 다만, 가처분을 통해 정당이 재산을 빼돌리는 것을 막을 수 있다.

잔여재산의 범위에는 유형자산과 채권 등 적극재산 이외에 채무 등 소극재산도 포함될까. 위헌정당의 권리의무를 국가가 승계하거나 부담하는 것이 타당하지 않다는 견해가 있고,[51] 적극재산이 소극재산을 초과하는 경우에 한하여

48) 한수웅, 헌법학, 1574~1575면.
49) 김하열, 헌법소송법, 771면.
50) 정당법 제48조 제2항.
51) 정종섭, 헌법소송법, 493면.

국고에 귀속된다는 견해도 있다.[52] 하지만, 해산결정은 장래효만 가지므로 법적 안정성과 신뢰보호를 위해 그 이전에 발생한 법률관계를 존중할 필요가 있다. 따라서 잔여재산이 국고로 귀속되는 이상 정당이 소유한 모든 적극재산이나 소극재산은 국가에 귀속되는 것으로 해석해야 한다.

3. 소속 국회의원의 자격상실 여부

(1) 국회의원의 자격

(가) 학설

헌법재판소의 결정에 따라 해산된 정당에 소속된 국회의원은 그 자격을 상실할까. 1962년 헌법에서는 대법원이 정당해산을 판결하면 그 정당에 소속된 국회의원은 당연히 의원직을 상실한다고 규정한 적이 있었으나, 현행헌법과 법률은 이에 대해 직접 규정하지 않고 있다. 정당해산결정에 따라 국회의원의 자격이 상실되는지 여부에 대해서는 대의제도와 정당의 본질에 대한 관점에 따라 다양한 해석이 가능하다.

첫째, 국회의원직을 상실하지 않고 무소속으로 남는다는 관점이 있다.[53] 국회의원은 국민의 대표로서 자유위임의 법리에 따라야 하고, 이는 정당대표의 자격보다 우선한다. 국회의원은 정당해산심판의 당사자가 아니어서 해산결정의 효력이 미치지 않으며, 법률에 근거가 없이 국회의원직을 강제로 상실시킬 수 없다고 한다.

둘째, 비례대표 국회의원직은 상실되고, 지역구 국회의원직은 그대로 유지된다는 관점도 있다.[54] 지역구 국회의원은 자유위임의 법리에 따라 자격을 유지하지만, 비례대표 국회의원은 주권자인 국민이 정당에 투표한 결과에 따라 선출되므로 위헌정당으로 판단된 이상 그 자격을 상실하도록 해야 한다는 것이다.

셋째, 위헌정당으로 확인된 이상 그 정당에 소속된 국회의원은 자격을 상실한다는 관점도 있다.[55] 정당국가에서 국회의원은 실질적이고 정당활동을 주

52) 신평, 헌법재판법, 519~520면.

53) 신평, 헌법재판법, 520면; 양건, 헌법강의, 213면; 이준일, 헌법학강의, 225면.

54) 김학성, 헌법학원론, 174면.

55) 장영수, 헌법학, 279면; 정종섭, 헌법소송법, 496면; 한수웅, 헌법학, 1581~1582면; 홍성방,

도하므로 정당해산의 실효성을 확보하고 헌법질서를 수호하기 위해서는 국회의원직을 박탈해야 한다는 것이다.

(나) 헌법재판소의 입장

헌법재판소는 해산결정으로 그 정당에 소속된 국회의원의 의원직이 상실되는 것은 정당해산심판제도의 본질로부터 인정되는 기본적 효력이라고 판단하여 피청구인 정당에 소속된 지역구 국회의원과 비례대표 국회의원의 의원직이 상실된다고 결정하였다.[56] 이 사안에서 헌법재판소는 위헌정당해산결정을 하면서 국회의원의 자격에 대해 별도로 심사하여 자격을 박탈하는 결정을 주문에 표시하였다. 따라서 해산결정의 효력에 따라 당연히 의원직이 상실된다는 법적 효과가 발생하는 것과는 다른 문제이다.

헌법재판소는 정당해산결정이 선고된 경우에 국회의원의 자격에 대해서는 법률의 규정이 없지만, 그 국회의원이 지역구에서 당선되든지 비례대표로 당선되든지 아무런 차이가 없이 정당해산결정으로 그 신분유지의 헌법적 정당성을 상실하므로 국회의원직은 상실된다고 판단한 것으로 해석된다.

(다) 국회의원의 자격은 유지

정당해산결정은 형성판결에 해당되고, 그 결정으로 정당은 해산된다. 국회의원의 직을 상실하게 하는 것은 형성판결에 포함되고 이를 인정하기 위해서는 반드시 법률에 근거가 있어야 한다. 정당해산결정과 국회의원의 자격은 본질적으로 다른 차원의 것이므로 별도의 법률규정이 없는 이상, 해산결정으로 당연히 국회의원의 자격을 상실하는 것으로 해석할 수는 없다. 이것은 헌법재판소가 위헌정당해산결정을 하면서 국회의원의 자격에 대해서도 심판할 수 있는지의 문제와는 다른 것이다.

헌법재판소법이 정당해산결정에 대해서만 규정하고, 그 정당에 소속된 국회의원의 자격을 박탈할 것인지는 헌법정책 또는 입법정책적으로 선택할 수 있는 문제이다. 헌법과 헌법재판소법은 그에 대해서는 아무런 규정을 두지 않고, 공직선거법에서는 비례대표 국회의원의 자격에 대해 해산으로 인하여 퇴직한다고만 규정하고 있다. 국회의원이 실질적으로 정당에 기속되어 활동하고, 정당해산결정의 실효성을 확보할 필요성이 있다고 하더라도 이것만으로 헌법재

헌법소송법, 192면; 허영, 헌법소송법론, 311면.

56) 2014. 12. 19. 2013헌다1.

판소에 법률의 근거가 없는 권한을 부여해서는 안 된다. 따라서 정당해산결정으로 당연히 그 직이 상실된다고 해석할 수는 없고, 해산결정에도 불구하고 그 정당에 소속된 국회의원은 자격이 그대로 유지된다.

헌법재판소가 정당해산결정을 하면서 별도로 국회의원직의 상실을 결정한 것은 해산결정의 실효성을 확보하기 위한 것으로 이해된다. 하지만, 헌법재판소가 헌법과 법률에서 부여한 권한을 벗어나 종국결정의 유형을 새롭게 창설할 수는 없다.[57] 헌법재판소법에 정당해산결정의 효력에 대해 그 정당에 소속된 국회의원이나 지방의회의원의 자격상실에 관한 근거를 명확하게 규정하는 것이 바람직하다.

(2) 공직선거법 제192조 제4항의 해석

(가) 법률규정

공직선거법 제192조 제4항은 “비례대표 국회의원 또는 비례대표 지방의회의원이 소속정당의 합당·해산 또는 제명 외의 사유로 당적을 이탈·변경하거나 2 이상의 당적을 가지고 있는 때에는 국회법 제136조(퇴직) 또는 지방자치법 제78조(의원의 퇴직)의 규정에 불구하고 퇴직한다”라고 규정한다. 이때 ‘해산’의 범위를 어떻게 설정할 것인지에 따라 해산결정된 정당에 소속된 국회의원의 직이 상실되는 범위가 달라진다. 다만, 이 규정은 비례대표 국회의원 또는 비례대표 지방의회의원에 대해서만 규정할 뿐, 지역구 국회의원이나 지역구 지방의회의원에 대한 것이 아니라는 것에 유의해야 한다.

(나) 판례

헌법재판소는 공직선거법의 위 규정에 대해 정당이 자진해산한 경우에 비례대표 국회의원은 퇴직되지 않는다는 것을 의미한다고 해석하고, 강제해산의 경우에는 지역구 국회의원은 물론 비례대표 국회의원도 그 의원직을 상실한다고 주문에서 결정하였다.[58] 이때 지방의회의원에 대해서는 아무런 판단을 하지 않았다. 이는 공직선거법의 해산에는 자진해산만 포함되고 강제해산은 포함되지 않는다고 해석하면서도 지방의회의원에 대해서는 아무런 판단을 하지 않은 것이다.

---

57) 허완중, 헌법소송법, 624~625면.

58) 2014. 12. 19. 2013헌다1.

중앙선거관리위원회는 이 사안에서 헌법재판소의 해산결정에 따라 비례대표 지방의회의원은 해산결정이 선고된 때부터 그 직에서 퇴직된다고 결정하고, 지역구 지방의회의원의 자격에 대해서는 정당법이나 공직선거법의 규정이 없다는 이유로 아무런 판단을 하지 않았다. 중앙선거관리위원회도 공직선거법의 해산에는 자진해산만 포함되고 강제해산은 포함되지 않는다고 해석한 것이다. 이 사안에서 해산결정이 선고된 정당에 소속된 지역구 지방의원은 그 의원직을 그대로 유지하였다.

대법원은 정당해산결정의 효과로 그 정당의 추천 등으로 당선되거나 임명된 공무원의 지위를 상실시킬지 여부는 헌법이나 법률로 명확히 규정하는 것이 보다 바람직하지만 이와 같은 명문의 규정이 없더라도 정당해산결정에 따른 효과로 정당에 소속된 지역구 국회의원은 물론 비례대표 국회의원도 그 의원직을 상실한다고 판단하였다.[59] 이는 공직선거법의 해산에는 자진해산과 강제해산이 모두 포함되는 것으로 해석한 것이다. 하지만, 지방의회의원의 경우에는 지역구 지방의회의원은 물론 비례대표 지방의회의원의 지위는 상실되지 않는다고 판단하였다.

대법원은 정당해산결정에 따른 법적 효과와 관련된 헌법과 법률의 해석·적용에 대한 권한은 법원에 있다고 전제하고, 국회의원과 지방의회의원은 그 법적 지위, 역할, 정당에 대한 기속성의 정도에 있어서 본질적으로 다르다고 해석한 것이다. 즉, 국회의원이 국민의 정치적 의사형성에 관여하는 역할을 담당하는 반면 지방의회의원은 주로 지방자치단체의 주민의 복리에 관한 사무를 처리하고 재산을 관리하는 행정적 역할을 담당하므로 정당의 해산결정에 따른 법적 효과도 다르다고 판단한 것으로 이해된다.

(다) 자진해산과 강제해산을 포함

공직선거법이 규정하는 '해산'이란 자진해산만 포함되고 강제해산은 포함되지 않는다고 해석하면, 헌법재판소의 해산결정으로 인하여 그 정당에 소속된 비례대표 국회의원이나 비례대표 지방의회의원은 그 자격을 상실하게 된다. 한편, 자진해산과 강제해산이 모두 포함된다고 해석하면, 비례대표 국회의원이나 비례대표 지방의회의원의 자격은 그대로 유지된다. 공직선거법의 위 조항은 비례대표 국회의원이나 비례대표 지방의회의원이 자의로 당적을 이탈하면 당연

59) 대법원 2021. 4. 29. 2016두39825.

퇴직하도록 하지만, 타의로 당적을 이탈하면 그 직을 보장한다는 의미이다. 공직선거법의 위 조항은 '해산'이라고만 규정하고 자진해산과 강제해산을 구별하지 않는다.

국회의원이나 지방의회의원의 직은 국민이나 주민이 직접 선출하여 부여한 것이므로 그 지위를 박탈하기 위해서는 법률에 명확한 근거가 있어야 한다. 따라서 위 조항의 '해산'에는 자진해산과 강제해산이 모두 포함되고, 헌법재판소의 해산결정으로 인하여 당연히 비례대표 국회의원이나 비례대표 지방의원의 직이 박탈당하는 것은 아니다. 지역구 국회의원이나 지역구 지방의회의원에 대해서는 공직선거법의 위 조항이 적용되지 않으므로 그 직을 상실하지 않는다고 해야 한다.[60)]

정당해산심판의 제도적 취지를 고려하면 해산결정의 실효성을 확보하고 헌법질서를 수호하기 위해서는 그 소속 국회의원직과 지방의회의원직을 박탈하는 것이 바람직하다. 헌법재판소가 사안에 따라 결정할 수 있도록 할 것이 아니라 독일의 경우와 같이 법률에서 위헌정당해산결정이 있을 경우에는 국회의원직과 지방의원직이 상실된다는 내용을 명확하게 규정할 필요가 있다.

---

60) 성낙인, 헌법학, 974면.

제 4 장 권한쟁의심판

제1절 규범적 의미

1. 개념

(1) 헌법적 근거

헌법 제111조 제1항은 '국가기관 상호간, 국가기관과 지방자치단체간 및 지방자치단체 상호간의 권한쟁의에 관한 심판'을 헌법재판소의 관장사항으로 규정한다. 헌법재판소법 제61조 제1항은 "국가기관 상호간, 국가기관과 지방자치단체간 및 지방자치단체 상호간에 권한의 유무 또는 범위에 관하여 다툼이 있을 때에는 해당 국가기관 또는 지방자치단체는 헌법재판소에 권한쟁의심판을 청구할 수 있다"라고 규정한다. 권한쟁의심판이란 국가기관 상호간, 국가기관과 지방자치단체간, 지방자치단체 상호간에 권한의 유무나 범위에 관한 다툼이 생긴 경우에 헌법재판소가 헌법과 법률을 해석하여 그 분쟁을 해결하는 심판이다.

1948년 제정된 헌법에서는 권한쟁의심판에 대해 규정하지 않았다. 1960년 개정헌법에서 처음으로 '국가기관간의 권한쟁의'를 헌법재판소의 관장사항으로 규정하였으나 현실적으로 시행되지는 못했다. 그 이후 개정헌법에서는 권한쟁의심판이 헌법재판의 관장사항에서 제외되었다가 1987년 현행헌법에서 부활하였다. 헌법은 권한쟁의심판을 관장사항으로 직접 규정하고, 그 구체적인 사항은 헌법재판소법이 규정한다.

(2) 기능

국가의 법질서는 국가기관과 지방자치단체의 적정한 권한배분과 그 집행을 통해 유지된다. 국가기관과 지방자치단체의 권한은 헌법과 법률의 해석을 통해 확정되는데, 국가기관과 지방자치단체는 권한에 대해 다툼이 발생할 수 있다. 권한이란 국가기관이나 지방자치단체가 헌법 또는 법률에 의해 유효하게 행위를 할 수 있는 직무상의 능력 또는 범위를 말하며, 직무상 권한은 책임과 의무를 수반한다. 권한분쟁은 국가의 업무수행에 장애를 초래할 뿐만 아니라 개인의 기본권을 침해할 수도 있다. 권한쟁의심판은 헌법재판소로 하여금 국가기관이나 지방자치단체의 권한에 대한 다툼을 심판하여 그 권한의 유무와 범위를 확정하는 것이다.

헌법재판소는 헌법적 관점에서 권한쟁의심판을 통해 국가기관의 권한을 보호하고, 객관적 권한질서를 유지함으로써 국가기능을 원활하게 수행하게 한다. 권한쟁의심판은 헌법과 법률이 규정하는 권한배분의 질서를 안정적으로 확보하고, 국가권력 사이의 견제와 균형을 유지하며 지방자치제도를 보장함으로써 헌법질서를 수호하는 제도이다.[1]

2. 특징

(1) 객관소송의 성격

권한쟁의심판은 당사자의 권한을 보호하기 위한 주관소송의 성격보다 헌법질서를 수호하는 객관소송의 성격이 강하다. 권한쟁의심판의 당사자는 청구인이나 피청구인이나 모두 개인이 아니라 법적으로 대등한 지위를 갖는 공적 기관이다. 당사자는 권력분립의 원칙에 따라 배분된 권한을 독자적으로 행사하고, 그 내용과 범위는 헌법을 정점으로 하는 객관적인 법규범에 의해 확정된다. 권한쟁의심판은 헌법과 법률에 따라 부여된 당사자의 권한행사에 관한 다툼을 해결하는 헌법재판으로 궁극적으로는 헌법적 가치질서와 헌법의 규범력을 보호하는 객관적 기능을 수행한다.[2] 국가기관이나 지방자치단체의 권한과 그 행사는 당사자의 이익에 관한 문제에 그치는 것이 아니라 국가 전체의 이익과 법질서에 관한 문제이다. 권한쟁의심판에서는 이러한 객관소송의 특징을 고려해야 한다.

1) 1997. 7. 16. 96헌라2.
2) 2001. 6. 8. 2000헌라1.

권한쟁의심판은 당사자 사이의 권한에 관한 다툼으로 대립적 당사자구조를 가지고 있어 주관소송의 성격도 함께 갖는다. 당사자는 법적으로 서로 대등한 공적 기관의 지위에서 자신의 법적 권한의 침해를 다투는 것이므로 청구인 적격이 제한된다. 권한쟁의심판은 피청구인의 행위가 구체적으로 청구인의 권한을 침해하였는지 여부를 심사하는 것이지 일반적으로 헌법과 법률에 합치하는지 여부를 심사하는 것이 아니다.[3] 헌법재판소가 권한쟁의심판에서 인용결정을 하는 경우에 다른 헌법재판과 달리 재판관 6인 이상의 찬성을 요구하지 않고, 과반의 찬성만 요구하는 것도 이러한 특성을 반영한 것이다.

(2) 헌법적 분쟁과 법률적 분쟁을 포함

권한쟁의심판에는 헌법적 권한쟁의뿐만 아니라 법률적 권한쟁의도 포함된다. 국가기관이나 지방자치단체의 권한은 헌법이 직접 규정하기도 하지만, 그 구체적인 내용과 범위는 법률이 규정한다. 비록 국가기관과 지방자치단체의 권한배분이 법률에 의해 규정되더라도 이는 단순히 법률적 차원이 아니라 헌법적 차원에서 규율되어야 한다. 이는 권력분립의 원칙과 법치국가를 구체적으로 실현하는 헌법규범의 문제이기 때문이다. 따라서 헌법재판소는 헌법뿐만 아니라 법률을 해석하여 권한의 유무와 범위를 심판해야 한다.

헌법재판소법 제61조 제2항은 '헌법 또는 법률에 의하여 부여받은 청구인의 권한'을 침해하였거나 침해할 현저한 위험이 있는 경우에 권한쟁의심판청구를 할 수 있도록 규정한다. 헌법재판소가 권한쟁의심판에 헌법분쟁뿐만 아니라 법률적 분쟁을 포함시키는 것은 탄핵심판에서 고위공직자의 행위가 헌법뿐만 아니라 법률을 위반한 경우에도 탄핵사유가 되는 것과 공통적이다.

(3) 국가기관과 지방자치단체의 권한에 관한 다툼

권한쟁의심판에서는 독립된 법적 주체의 지위를 갖지 않아도 심판의 당사자가 될 수 있다. 권한쟁의심판의 당사자는 국가기관이나 지방자치단체이다. 국가기관은 독립된 법적 주체가 아니라 '국가'라는 독립된 법적 주체의 내부기관에 불과하다. 국가기관이 권한을 행사한 경우에 그 법적 효과는 독립된 법적 주체인 국가에 귀속된다. 권한쟁의심판은 국가가 아니라 그 내부기관인 국가기관이 자신의 권한을 적법하게 행사하도록 통제하는 것이다. 국가기관 상호간의

3) 한수웅, 헌법학, 1519면.

권한쟁의는 국가라는 권리주체의 대내적인 관계에서 발생하는 분쟁이다.

한편, 지방자치단체는 국가로부터 자치행정을 위임받은 공공단체로서 독립된 법적 주체이다. 지방자치단체에 대해서는 그 기관이 아닌 지방자치단체 자체가 자신의 권한을 적법하게 행사하도록 규율한다. 지방자치단체의 기관은 권한쟁의심판의 당사자가 될 수 없다. 권한쟁의심판은 국가권력이 적정하게 배분되고 행사되도록 규율하는데, 지방자치권도 국가권력으로부터 유래한다. 하지만, 지방자치단체의 기관의 권한에 대해서는 헌법적 차원이 아니라 법률적 차원에서 규율한다.

3. 종류

헌법은 제111조에서 권한쟁의심판의 종류를 규정하고, 헌법재판소법이 이를 구체적으로 규정한다.[4] 권한쟁의심판에는 다음과 같은 세 가지 종류가 있다.

첫째, 국가기관 상호간의 권한쟁의심판이다. 이것은 국회, 정부, 법원 및 중앙선거관리위원회 상호간의 권한쟁의심판이다.

둘째, 국가기관과 지방자치단체간의 권한쟁의심판이다. 이것은 정부와 특별시 · 광역시 · 도 또는 특별자치도 간의 권한쟁의심판, 그리고 정부와 시 · 군 또는 지방자치단체인 구(자치구) 간의 권한쟁의심판이다.

셋째, 지방자치단체 상호간의 권한쟁의심판이다. 이것은 특별시 · 광역시 · 도 또는 특별자치도 상호간의 권한쟁의심판, 시 · 군 또는 자치구 상호간의 권한쟁의심판, 특별시 · 광역시 · 도 또는 특별자치도와 시 · 군 또는 자치구 간의 권한쟁의심판이다.

제2절 행정소송과 관계

1. 공법상 권한분쟁에 관한 관할

헌법 제101조 제1항은 "사법권은 법관으로 구성된 법원에 속한다"라고 규정하면서도 제111조에서 권한쟁의심판은 헌법재판소의 관장사항으로 규정한

4) 헌법재판소법 제62조 제1항.

다. 헌법은 공법상 권한분쟁을 해결하는 사법권을 헌법재판소와 법원에 배분한다. 헌법재판소는 권한쟁의심판을 관장하고, 법원은 공법상 권한분쟁에 관한 행정소송을 관할한다. 헌법재판소가 관장하는 권한쟁의심판에 대해서는 법원이 관할할 수 없다.

헌법재판소의 권한쟁의심판권은 헌법적 권한분쟁뿐만 아니라 법률적 권한분쟁도 관장하므로 법원의 공법상 권한분쟁에 대한 행정재판권과 충돌할 가능성이 있다. 행정소송법은 국가 또는 지방자치단체의 공법상 권한분쟁을 해결하기 위해 기관소송, 항고소송, 당사자소송을 규정한다. 지방자치법은 일정한 사유가 있는 경우에는 지방자치단체의 장으로 하여금 국가기관 또는 상급 지방자치단체의 장을 상대로 대법원에 소송을 제기할 수 있도록 한다. 법원이 행정재판권을 행사하는 과정에서 권한쟁의심판에 관한 사항을 선결문제로 판단할 수도 있다.

헌법재판소의 권한쟁의심판권과 법원의 공법상 권한분쟁에 대한 행정재판권을 정합적으로 행사하기 위해서는 권한쟁의심판과 행정소송과의 관계를 명확하게 설정할 필요가 있다. 헌법 제111조 제1항 제4호는 권한쟁의심판의 관할사항을 구체적으로 규정한다. 권한쟁의심판의 관장사항은 헌법이 직접 규정하므로 헌법재판소가 배타적이고 독점적으로 그 재판관할권을 가지고 법원의 행정재판권은 배제된다고 해석할 수도 있다. 하지만, 헌법과 헌법재판소법의 해석만으로 헌법재판소의 관장사항에 대해서는 법원이 행정재판권을 행사할 수 없고, 권한쟁의심판의 관할사항과 행정소송의 관할사항을 중복적으로 규정한다고 하더라도 이를 위헌이라고 할 수는 없다. 헌법은 권한쟁의심판의 구체적인 내용을 법률로 정하도록 위임하고 있고, 헌법재판소법과 행정소송법은 각각 권한쟁의심판과 행정소송의 관할사항을 결정할 수 있기 때문이다. 다만, 행정소송법 제3조 제4호 단서가 권한쟁의심판에 속하는 사항은 헌법재판소가 관장하고 행정소송의 대상이 되지 않는다고 규정하므로 이때에는 행정재판권이 배제된다고 해석된다. 이는 헌법소원에서는 일차적으로 일반재판을 통해 권리구제절차를 거치도록 하는 보충성을 적법요건으로 요구하는 것과 다르다.

2. 기관소송과 관계

(1) 당사자의 차이

기관소송이란 국가 또는 공공단체의 기관 상호간의 권한의 존부 또는 그 행사에 관한 다툼이 있을 때 제기하는 소송이다.[5] 기관소송은 법률이 인정하는 경우에만 허용되는데, 법률이 정하는 기관만이 그 법률이 정한 개별적 사항에 대해 소송을 제기할 수 있다. 권한쟁의심판의 대상은 '권한의 유무나 범위'에 관한 다툼이고, 기관소송의 대상은 '권한의 존부나 그 행사'에 관한 다툼이지만 표현의 차이에 불과하고 실질적인 내용은 다르지 않다. 행정소송법은 기관소송의 당사자로 '국가 또는 공공단체의 기관 상호간'이라고 규정한다. 권한쟁의심판과 기관소송은 그 당사자에서 차이가 있다.

법원이 행정재판으로 관할하는 기관소송은 독립된 법적 주체인 '국가와 공공단체'의 내부기관들 사이의 권한쟁송이다. 기관소송의 당사자는 '국가기관'과 '공공단체의 기관'이며, 공공단체는 국가 아래에서 국가로부터 그 존립의 목적이 부여된 공법상의 법인으로서 지방자치단체는 물론 공공조합, 영조물법인, 공법상 재단도 이에 포함된다. 한편, 권한쟁의심판의 당사자는 '국가기관'과 '지방자치단체'이다. 국가기관과 지방자치단체의 권한분쟁과 지방자치단체 상호간 권한분쟁은 권한쟁의심판의 대상이지 기관소송의 대상은 아니다. 지방자치단체의 기관들 사이의 권한분쟁은 권한쟁의심판의 대상이 아니고 기관소송의 대상이다.

(2) 관할의 충돌과 해결

국가기관과 지방자치단체의 권한분쟁과 지방자치단체 상호간 권한분쟁은 기관소송의 대상은 아니고 권한쟁의심판의 대상이 된다. 지방자치단체의 기관들 사이의 권한분쟁은 권한쟁의심판의 대상이 아니고 기관소송의 대상이다. 이때에는 헌법재판소의 권한쟁의심판과 법원의 행정재판권은 서로 충돌되지 않는다. 하지만, 국가기관 상호간 권한분쟁은 기관소송의 대상이자 권한쟁의심판의 대상이 되므로 권한쟁의심판권과 행정재판권이 충돌될 여지가 있다.

행정소송법 제3조 제4호는 단서에서 "다만, 헌법재판소법 제2조의 규정에

5) 행정소송법 제3조 제4호.

의하여 헌법재판소의 관장사항으로 되는 소송은 제외한다"라고 규정한다. 기관소송 가운데 권한쟁의심판에 속하는 사항은 헌법재판소의 관장사항에 속하며, 이를 제외한 권한분쟁만 기관소송의 대상이 되어 법원의 관할에 속한다. 따라서 권한쟁의심판은 기관소송과 그 관할이 충돌하지 않는다.

3. 항고소송과 관계

(1) 당사자의 차이

항고소송이란 행정청의 처분 등이나 부작위에 대해 제기하는 소송이며, 그 종류로는 취소소송, 무효등확인소송, 부작위위법확인소송이 있다.[6] 항고소송은 행정청의 처분과 같은 공권력 행사에 의해 발생한 위법한 상태를 제거하여 권리나 이익을 보호하는 소송이다. 이때 '행정청'에는 법령에 의하여 행정권한의 위임 또는 위탁을 받은 행정기관, 공공단체 및 그 기관 또는 사인이 포함되므로 국가기관이나 지방자치단체가 항고소송의 피고가 될 수 있다. 한편, 항고소송은 행정청의 우월적 지위를 전제로 개인이 행정청의 작용에 불복하여 제기하는 것인데, 이때 지방자치단체는 항고소송을 제기할 수 있는 원고가 될 수도 있다.

권한쟁의심판의 당사자는 국가기관이나 지방자치단체다. 항고소송에서는 지방자치단체가 원고가 되고 국가기관이 피고가 될 수 있고, 지방자치단체 상호간에 원고와 피고가 될 수도 있다. 권한쟁의심판과 항고소송은 당사자적격이 서로 다르지만, 개별적 쟁송에서는 당사자가 동일할 수 있어 헌법재판소와 법원이 서로 다른 사법적 판단을 할 가능성이 있다.

(2) 관할의 충돌

지방자치단체는 행정청인 국가기관의 처분 등에 대해 지방자치권의 침해를 주장하면서 원고가 되어 항고소송을 제기할 수 있고, 다른 지방자치단체의 처분 등에 대해서도 항고소송을 제기할 수 있다. 이때 지방자치단체가 국가기관이나 다른 지방자치단체를 상대로 자신의 권한침해를 주장하면서 권한쟁의심판을 청구할 수도 있다. 이때 헌법재판소의 권한쟁의심판과 항고소송에 대한

---

6) 행정소송법 제3조 제1호.

법원의 행정재판권이 충돌할 수 있는데, 행정소송법은 기관소송과는 달리 권한쟁의심판이 우선된다는 규정을 두지 않고 있다. 헌법재판소의 권한쟁의심판과 항고소송에 대한 법원의 재판관할권은 입법을 통해 조정하여 그 충돌을 해결해야 한다.

개인이 행정청의 처분 등에 대해 그 취소나 무효확인을 구하는 항고소송을 제기한 경우 행정청의 권한의 유무와 범위를 항고소송의 선결문제로 판단해야 할 수도 있다. 이때 법원은 행정청에 해당하는 국가기관이나 지방자치단체에게 처분 등을 할 법률상 권한이 있는지 여부를 판단해야 한다. 이는 법원의 행정재판권에 속한다. 이때 동일한 사안에 대해 지방자치단체가 항고소송의 피고인 행정청에 해당하는 국가기관이나 다른 지방자치단체를 상대로 자신의 권한침해를 주장하면서 권한쟁의심판을 청구할 수도 있다. 이때에도 헌법재판소의 권한쟁의심판과 항고소송에 대한 법원의 행정재판권이 충돌할 수 있다.

(3) 기속력의 차이

권한쟁의심판과 항고소송은 그 재판의 효력에 차이가 있어 헌법재판소의 종국결정과 법원의 판결이 서로 모순되는 결과가 발생할 수도 있다. 권한쟁의심판은 모든 국가기관과 지방자치단체에게 기속력을 미치지만, 항고소송의 확정판결은 당사자인 행정청과 관계행정청에만 미친다. 항고소송에서 처분 등을 취소하는 확정판결은 그 사건에 관하여 당사자인 행정청과 그 밖의 관계행정청을 기속하고, 판결에 의하여 취소되는 처분이 당사자의 신청을 거부하는 것을 내용으로 하는 경우에는 그 처분을 행한 행정청은 판결의 취지에 따라 다시 이전의 신청에 대해 처분을 해야 한다.[7] 항고소송의 기속력이 미치지 않는 당사자인 행정청과 그 밖의 관계행정청이 아닌 행정청이나 지방자치단체는 항고소송의 확정판결과 다른 처분을 할 가능성이 있다.

항고소송에서 행정청의 권한의 유무와 범위를 선결문제로 판단한 경우에는 주문에서는 따로 표시되지 않아 기판력이 발생하지 않는다. 이때에도 국가기관이나 지방자치단체가 동일한 사안에 대해 항고소송에서 판단한 내용과 달리 처분을 할 가능성이 있다. 국가기관이나 지방자치단체의 권한의 유무나 범위에 대한 사법적 판단이 서로 모순되거나 충돌할 수가 있지만, 이를 해결하는 법제도적 장치는 마련되지 않은 상태이다. 행정소송법이 기관소송에 대해 권한

7) 행정소송법 제30조 제1항, 제2항.

쟁의심판과의 관할충돌을 방지하는 것과 같이 입법적으로 해결하는 것이 필요하다.

4. 당사자소송과의 관계

당사자소송이란 행정청의 처분 등을 원인으로 하는 법률관계에 관한 소송과 그 밖에 공법상의 법률관계에 관한 소송으로서 그 법률관계의 한쪽 당사자를 피고로 하는 소송이다.[8] 당사자소송은 반드시 행정처분의 존재를 전제로 하는 것은 아니고, 공법상의 권리관계에 대해 그 형성 또는 존부의 확인을 청구하는 소송이다. 당사자소송은 행정청을 피고로 하는 항고소송과 달리 국가, 공공단체, 그 밖의 권리주체를 피고로 하므로 지방자치단체도 당사자가 될 수 있다.[9] 한편, 당사자소송의 당사자인 지방자치단체는 국가기관이나 다른 지방자치단체를 상대로 자신의 권한침해를 주장하면서 권한쟁의심판을 청구할 수도 있다.

당사자소송은 공법상의 법률관계에 관한 다툼을 대상으로 하지만, 그 법률관계를 발생시킨 행정청의 처분에 대해 그 권한에 관한 유무와 범위를 당사자소송의 선결문제로 판단해야 할 수도 있다. 이때 법원은 행정청에 해당하는 국가기관이나 지방자치단체에게 처분 등을 할 법률상 권한이 있는지 여부를 판단해야 하고, 이는 행정재판권의 관할에 속한다. 이때에도 헌법재판소의 권한쟁의심판과 항고소송에 대한 법원의 행정재판권이 충돌할 수 있다. 이 부분 역시 입법을 통해 해결할 과제이다.

5. 지방자치법상 소송과의 관계

(1) 관할의 충돌

지방자치법은 일정한 경우에 지방자치단체가 법원에 행정재판을 청구할 수 있도록 규정하는데, 이때에도 헌법재판소의 권한쟁의심판과 그 관할이 충돌될 수 있다.

8) 행정소송법 제3조 제2호.

9) 행정소송법 제39조.

첫째, 행정안전부장관은 공유수면 매립지와 지적공부 등록 누락지의 귀속 여부를 결정할 수 있는데, 그 결정에 이의가 있는 관계 지방자치단체의 장은 그 결과를 통보받은 날부터 15일 이내에 대법원에 소를 제기할 수 있다.[10] 이때 지방자치단체의 장은 기관으로서의 지위에서 권한을 다투는 것이 아니라 지방자치단체의 대표로서 지방자치단체의 권한을 다투는 것이다. 공유수면 매립지와 지적공부 등록 누락지의 귀속은 지방자치단체의 관할구역에 관한 문제로 이에 관한 행정자치부장관의 결정이나 다른 지방자치단체의 관할권 행사는 지방자치단체의 자치권을 침해할 가능성이 있다.

지방자치법의 위 규정은 2009년 4월 1일 개정되면서 신설되었는데, 그 이전에는 헌법재판소의 권한쟁의심판을 통해 권한쟁의를 해결하였다.[11] 지방자치법은 지방자치단체의 관할구역에 관한 자치권을 보장하기 위해 대법원에 소송을 제기할 수 있도록 한 것이다. 한편, 공유수면 매립지와 지적공부 등록 누락지의 귀속에 관한 분쟁은 지방자치단체의 헌법 또는 법률상의 권한분쟁에 해당하므로 권한쟁의심판의 대상도 된다. 이때에는 헌법재판소의 권한쟁의심판권과 대법원의 행정재판권이 충돌될 수 있다. 실제로 헌법재판소는 당진시가 평택시를 상대로 청구한 매립지 경계에 관한 권한쟁의심판에서 청구인이 새롭게 형성된 매립지에 대해 어떠한 권한을 보유하고 있다고 볼 수 없다는 이유로 각하결정을 하였고,[12] 대법원은 당진시장 등이 지방자치법 제4조 제8호에 따라 행정안전부장관을 상대로 매립지의 관할귀속결정의 취소를 청구한 사안에서 매립지의 관할귀속결정이 위법하지 않다고 판단하여 기각하였다.[13]

둘째, 지방자치법은 제169조 제1항에서 "지방자치단체의 사무에 관한 그 장의 명령이나 처분이 법령에 위반되거나 현저히 부당하여 공익을 해친다고 인정되면 시·도에 대하여는 주무부장관이, 시·군 및 자치구에 대하여는 시·도지사가 기간을 정하여 서면으로 시정할 것을 명하고, 그 기간에 이행하지 아니하면 이를 취소하거나 정지할 수 있다. 이 경우 자치사무에 관한 명령이나 처분에 대하여는 법령을 위반하는 것에 한한다"라고, 제2항에서 "지방자치단체의 장은 제1항에 따른 자치사무에 관한 명령이나 처분의 취소 또는 정지에 대하여 이의가 있으면 그 취소처분 또는 정지처분을 통보받은 날부터 15일 이내에 대

10) 지방자치법 제4조.

11) 2004. 9. 23. 2000헌라2등.

12) 2020. 7. 16. 2015헌라3.

13) 대법원 2021. 2. 4. 2015추528.

법원에 소를 제기할 수 있다"라고 규정한다.

국가기관이나 상급 지방자치단체는 지방자치단체의 위법·부당한 명령·처분에 대해 감독권을 행사하여 이를 시정하기 위하여 취소하거나 정지할 수 있다. 지방자치단체의 장은 이에 대해 이의를 제기하기 위해 대법원에 소를 제기할 수 있도록 한 것이다. 이때에도 지방자치단체의 장은 기관으로서의 지위에서 권한을 다투는 것이 아니라 지방자치단체의 대표로서 자치사무에 관한 지방자치단체의 권한을 다투는 것이다. 따라서 지방자치단체는 이와 별도로 국가기관이나 상급 지방자치단체에 대해 권한쟁의심판을 청구할 수도 있다. 이때에도 헌법재판소의 권한쟁의심판권과 대법원의 행정재판권이 충돌될 수 있다.

(2) 관할의 충돌이 발생하지 않는 경우

지방자치법은 이외에도 일정한 경우에 지방자치단체의 장이 대법원에 행정소송을 청구할 수 있도록 규정하는데, 이때에는 헌법재판소의 권한쟁의심판과 그 관할이 충돌되지 않는다.

첫째, 지방자치법은 제170조 제1항에서 "지방자치단체의 장이 법령의 규정에 따라 그 의무에 속하는 국가위임사무나 시·도위임사무의 관리와 집행을 명백히 게을리 하고 있다고 인정되면 시·도에 대하여는 주무부장관이, 시·군 및 자치구에 대하여는 시·도지사가 기간을 정하여 서면으로 이행할 사항을 명령할 수 있다"라고, 제3항에서 "지방자치단체의 장은 제1항의 이행명령에 이의가 있으면 이행명령서를 접수한 날부터 15일 이내에 대법원에 소를 제기할 수 있다"라고 규정한다.

이는 지방자치단체의 장이 하급기관으로서 상급의 감독기관을 상대로 소송을 제기하는 것이므로 기관소송의 성격을 가진다. 국가나 상급 지방자치단체가 지방자치단체의 장에게 위임한 기관위임사무는 지방자치단체의 권한에 속하지 않으므로 이는 권한쟁의심판의 대상이 될 수 없다.[14] 이때에는 헌법재판소의 권한쟁의심판권과 대법원의 행정재판권은 충돌되지 않는다.

둘째, 지방자치법은 제172조 제1항에서 "지방의회 의결이 법령에 위반되거나 공익을 현저히 해친다고 판단되면 시·도에 대해서는 주무부장관이, 시·군 및 자치구에 대해서는 시·도지사가 재의를 요구하게 할 수 있고, 재의요구를 받은 지방자치단체장은 의결사항을 이송받은 날부터 20일 이내에 지방의회

14) 2008. 12. 26. 2005헌라11.

에 이유를 붙여 재의를 요구하여야 한다"라고, 제2항에서 "재의 결과 재적의원 과반수 출석과 출석의원 3분의 2 이상 찬성으로 전과 같은 의결을 하면 그 의결사항은 확정된다"라고, 제3항은 "지방자치단체의 장은 재의결된 사항이 법령에 위반된다고 판단되면 재의결된 날부터 20일 이내에 대법원에 소를 제기할 수 있다"라고, 제4항은 "주무부장관이나 시·도지사는 재의결된 사항이 법령에 위반되는데도 해당 지방자치단체장이 소를 제기하지 아니하면 그 지방자치단체장에게 제소를 지시하거나 직접 제소할 수 있다"라고 규정한다.

이때에도 지방자치단체의 장은 독립된 지방자치단체의 대표가 아니라 주무부장관이나 시·도지사의 하급기관의 지위에서 상급기관의 감독을 받는다. 행정소송의 상대방인 지방의회 역시 지방자치단체가 아니라 그 기관에 불과하므로 권한쟁의심판의 당사자가 될 수 없다. 이때에도 헌법재판소의 권한쟁의심판권과 대법원의 행정재판권은 충돌되지 않는다.

제3절 당사자

1. 국가기관

(1) 당사자능력

권한쟁의심판의 당사자는 국가기관과 지방자치단체이다. 이때 당사자란 당사자능력을 보유한 자이며, 청구인이나 피청구인이 될 수 있는 일반적 자격이나 능력을 의미한다.

국가기관의 종류와 범위는 어떻게 될까. 헌법은 제26조 제1항에서 청원권의 상대방으로 '국가기관'을 규정하고, 제111조 제1항 제4호에서 권한쟁의심판의 당사자로 '국가기관'이라고만 규정한다. 헌법재판소법은 국가기관 상호간의 권한쟁의심판에서는 '국회, 정부, 법원 및 중앙선거관리위원회 상호간의 권한쟁의심판'이라고 규정하고, 국가기관과 지방자치단체 간의 권한쟁의심판에서는 '정부'와 지방자치단체 간의 권한쟁의심판이라고 규정한다.[15] 헌법과 법률은 '국가기관'의 종류를 명확하게 규정하지 않고 있다. 권한쟁의심판의 당사자인 국기기관의 구체적인 종류와 범위는 헌법과 헌법재판소법의 해석을 통해 확정

15) 헌법재판소법 제62조 제1항 제1호, 제2호.

해야 한다.

(2) 예시규정

헌법재판소법이 규정하는 국가기관의 종류에 관한 규정은 열거규정일까, 예시규정일까. 헌법재판소는 열거규정으로 해석하였다가 판례변경을 통해 예시규정으로 해석하였다. 헌법재판소는 '국회, 정부, 법원 및 중앙선거관리위원회'만 당사자가 될 수 있고, 이들 국가기관 내부의 각급기관은 공권적 처분을 할 수 있는 지위에 있더라도 권한쟁의심판의 당사자가 될 수 없다고 판단하였다.[16] 하지만, 선례를 변경하여 '국회, 정부, 법원 및 중앙선거관리위원회'는 예시적 기관이고 그 이외의 기관도 당사자에 포함된다고 그 범위를 확대하였다.

헌법재판소는 당사자가 되는 국가기관인지 여부를 판단하는 기준을 제시하고 있다. 첫째, 그 국가기관은 헌법에 의해 설치되어야 하고, 둘째, 헌법과 법률에 의하여 독자적인 권한을 부여받아야 하고, 셋째, 국가기관 상호간의 권한쟁의를 해결할 수 있는 적당한 기관이나 방법이 없는 경우에는 권한쟁의심판의 당사자가 될 수 있다고 판단하였다.[17]

국가기관이 독자적 지위를 가지고 국가임무를 수행하더라도 헌법이 아닌 법률에 근거를 두고 설치된 기관은 국회에 의해 그 존폐와 권한의 범위가 결정되므로 당사자가 될 수 없다. 국가인권위원회는 헌법이 아니라 국가인권위원회법에 의해 설치된 기관이므로 당사자가 아니고,[18] 원자력안전위원회와 국가권익위원회 역시 헌법이 아니라 법률에 의해 설치된 기관으로 당사자가 아니다.[19] 헌법에 근거한 국가기관이라도 국가기관 상호간에 권한의 존부나 범위에 관한 다툼을 해결할 수 있는 적당한 기관이나 방법이 있는 경우에는 권한쟁의심판을 인정할 필요성이 없다. 국가기관의 부분기관이라도 헌법에 근거를 두고 설치되고 그 국가기관이나 상대방과의 관계에서 독자적인 지위를 가지며, 그 권한쟁의를 해결할 수 있는 적당한 기관이나 방법이 없는 경우에는 국가기관과 별도로 당사자가 될 수 있다. 국가기관의 보조기관에 불과하여 독자적 지위를 갖지 않는 경우에는 당사자가 될 수 없다.

---

16) 1995. 2. 23. 90헌라1.

17) 1997. 7. 16. 96헌라2.

18) 2010. 10. 28. 2009헌라6.

19) 2020. 5. 27. 2019헌사1121; 대법원 2013. 7. 25. 2011두1214.

(3) 국가기관의 종류

(가) 국회

국회는 그 자체가 당사자가 될 수 있다. 국회의 부분기관도 당사자가 될 수 있을까. 국회의 부분기관인 국회의장, 국회부의장, 국회의원, 상임위원회, 상임위원회 위원장은 헌법에 근거를 두고 설치되며, 헌법과 법률에 의해 독자적으로 권한을 부여받고 그 지위를 갖는데, 그 권한의 여부나 범위에 관한 다툼을 해결할 수 있는 적당한 기관이나 방법이 없는 경우에는 당사자가 될 수 있다.[20]

국회의 소위원회는 헌법에 의해 설치된 기관이 아니라 위원회의 의결에 따라 설치된 위원회의 부분기관에 불과하므로 당사자가 될 수 없으며, 소위원회 위원장도 마찬가지다.[21] 국회의 교섭단체는 국회의 원활한 운영을 위해 소속의원의 의사를 수렴·집약하여 의견을 조정하는 교섭창구의 역할을 하는 조직이다. 교섭단체도 당사자가 된다는 견해가 있지만,[22] 교섭단체는 헌법에 근거를 두고 설치되지 않았고, 원활한 국회 의사진행을 위해 국회법에서 인정하고 있는 권한만 행사할 수 있을 뿐이다. 따라서 교섭단체는 그 권한침해를 이유로 권한쟁의심판을 청구할 수 없다.[23]

(나) 정부

정부도 당사자가 될 수 있고, 독자적으로 헌법적 지위를 갖는 대통령, 국무총리, 국무위원, 행정각부의 장, 감사원도 당사자가 될 수 있다. 다만, 정부의 내부기관 사이의 권한분쟁은 대통령이나 국무총리를 통해 자율적으로 해결될 수 있고, 국무회의에서 심의를 통해 해결될 수도 있다. 따라서 정부의 내부기관이 서로 독립적 지위를 갖고 그 권한의 존부나 범위에 관한 다툼을 해결할 수 있는 적당한 기관이나 방법이 없거나 국회나 지방자치단체에 대한 대외적 관계에서 독자적 지위를 갖는 경우에만 당사자가 될 수 있다.[24] 정부가 당사자인 경우에는 법무부장관이 정부를 대표한다.

헌법재판소법은 국가기관과 지방자치단체 간의 권한쟁의심판을 "가. 정부

---

20) 2010. 12. 28. 2008헌라7.
21) 2020. 5. 27. 2019헌라4.
22) 허영, 헌법소송론, 322면.
23) 2020. 5. 27. 2019헌사1121.
24) 2010. 10. 28. 2009헌라6.

와 특별시·광역시·특별자치시·도 또는 특별자치도 간의 권한쟁의심판. 나. 정부와 시·군 또는 지방자치단체인 구(이하 '자치구'라 한다) 간의 권한쟁의심판" 이라고 규정한다.[25] 헌법에서 규정하는 '국가기관과 지방자치단체 간의 권한쟁의심판'의 당사자인 국가기관을 '정부'로 규정한다. 이때 정부는 예시규정으로 해석되며, 정부뿐만 아니라 정부의 부분기관은 물론 국회, 법원 등 다른 국가기관이나 그 부분기관도 지방자치단체와의 권한쟁의심판에서 당사자가 될 수 있다.[26]

(다) 법원

법원은 당사자가 될 수 있고, 여기에는 대법원, 각급 법원, 개별 법관도 포함된다. 법원의 내부기관 사이에 발생하는 권한분쟁 역시 심급제도나 사법행정작용을 통해 해결할 수 있으므로 내부기관이 서로 독립적 지위를 갖고 그 권한의 존부나 범위에 관한 다툼을 해결할 수 있는 적당한 기관이나 방법이 없거나 정부나 국회 등 대외적 관계에서 독자적 지위를 갖는 경우에만 당사자가 될 수 있다.

헌법재판소는 국회의원이 서울남부지방법원 제51민사부를 상대로 권한쟁의심판을 청구한 사안에서 당사자능력이나 당사자적격에 대해서는 판단하지 않았지만, 피청구인의 처분이 헌법 또는 법률에 의해 부여받은 청구인의 권한을 침해할 가능성이 없다는 이유로 각하결정을 선고한 적이 있다.[27]

헌법재판소는 헌법에 의해 설치되고 독자적인 권한을 부여받은 국가기관이고, 사법권을 행사하는 과정에서 그 권한의 유무나 범위에 관해 법원과 권한분쟁이 발생할 수 있다. 하지만, 헌법재판소는 스스로 자신의 권한쟁의를 심판할 수 없으므로 당사자가 될 수 없다.

(라) 중앙선거관리위원회

중앙선거관리위원회도 당사자가 될 수 있다. 중앙선거관리위원회 이외에 각급 구·시·군 선거관리위원회도 헌법에 의해 설치된 기관으로 헌법과 법률에 의해 독자적 권한을 부여받았으므로 당사자가 될 수 있다.[28] 다만, 중앙선거관리위원회와 각급 선거관리위원회의 내부적 권한분쟁이 행정작용을 통해

25) 헌법재판소법 제62조 제1항 제2호.
26) 허영, 헌법소송론, 323~324면; 2008. 6. 26. 2005헌라7.
27) 2010. 7. 29. 2010헌라1.
28) 2008. 6. 26. 2005헌라7.

해결할 수 있는 경우에는 당사자가 될 수 없다.

(4) 정당과 국민은 제외

정당도 당사자가 될 수 있을까. 정당은 헌법에 의해 특별한 지위를 보장받고, 선거와 관련하여 중요한 기능을 담당하며, 국가로부터 국고보조금을 받기도 한다. 하지만, 정당은 본질적으로 사적 결사로서 법인격 없는 사단으로 국가기관의 지위를 갖지 않는다.[29] 정당은 헌법에 근거하여 설치되는 기관이 아니며, 국회에서 교섭단체를 구성하더라도 교섭단체의 권한에 대해서는 국회의원 개인의 심의·표결권을 통해 그 분쟁을 해결할 적당한 기관이나 방법도 마련되어 있다고 할 수 있다. 다만, 정당은 기본권의 주체로서 정치적 활동의 자유와 같은 기본권을 침해당한 경우에 헌법소원을 청구할 수는 있다. 국민 역시 헌법에 의해 설치되고 헌법과 법률에 의해 독자적인 권한을 부여받은 국가기관이 아니므로 당사자가 될 수 없다.[30]

2. 지방자치단체

(1) 지방자치단체의 종류

권한쟁의심판의 당사자는 국가기관 이외에는 지방자치단체이다. 헌법과 헌법재판소법은 국가기관의 경우와는 달리 지방자치단체에 대해서는 지방자치단체의 기관이 아니라 지방자치단체 자체를 당사자로 규정하고 있다. 지방자치단체는 국가기관이나 다른 지방자치단체를 상대로 권한쟁의심판을 청구할 수 있는데, 지방자치단체의 종류와 범위는 어떻게 될까.

헌법은 지방자치단체의 종류를 법률로 정하도록 규정하고, 헌법재판소법은 지방자치법에 따라 특별시, 광역시, 특별자치시, 도, 특별자치도, 시, 군, 자치구를 당사자인 지방자치단체로 규정한다.[31] 헌법재판소는 지방자치단체에 대해서는 국가기관과 달리 예시규정이 아니라 열거규정으로 해석해야 한다고 판단하였다.[32] 즉, 헌법이 국가기관과 달리 지방자치단체의 경우에는 그 종류

29) 정종섭, 헌법소송법, 528면; 2020. 5. 27. 2019헌라6등.
30) 2017. 5. 25. 2016헌라2.
31) 헌법 제117조 제2항, 헌법재판소법 제62조 제1항 제3호, 지방자치법 제10조.
32) 2010. 4. 29. 2009헌라11.

를 법률로 정하도록 규정하고, 지방자치법은 헌법의 위임을 받아 지방자치단체의 종류를 명확하게 규정하므로 지방자치단체를 예시규정으로 해석할 필요성이나 법적 근거가 없다고 하였다.

(2) 지방자치단체의 기관은 제외

권한쟁의심판의 당사자인 지방자치단체에는 국가기관과 마찬가지로 지방자치단체에만 한정되는 것이 아니라 지방자치단체의 기관도 포함된다는 견해가 있다.[33] 하지만, 지방자치단체 그 자체가 당사자이고, 지방자치단체의 기관은 당사자가 아니다. 지방자치단체의 기관과 국가기관간의 권한분쟁, 동일한 지방자치단체에 속하는 기관간의 권한분쟁, 지방자치단체와 다른 지방자치단체에 속하는 기관간의 권한분쟁은 권한쟁의심판의 대상이 아니다.[34] 지방자치단체의 장은 지방자치단체를 대표하는 기관이므로 당사자가 될 수 없다.[35] 지방자치단체의 부분기관인 지방의회는 물론 지방의회 의장이나 의원도 당사자가 될 수 없다. 지방의회를 구성하는 지방의회의원과 그 지방의회의장 간의 권한분쟁과 같이 지방자치단체의 내부의 권한분쟁은 권한쟁의심판의 대상이 안 된다.[36]

헌법재판소법 제62조 제2항은 "권한쟁의가 지방교육자치에 관한 법률 제2조에 따른 교육·학예에 관한 지방자치단체의 사무에 관한 것인 경우에는 교육감이 제1항 제2호 및 제3호의 당사자가 된다"라고 규정한다. 이는 지방교육자치권의 특성을 반영하여 그 독자성을 보장하기 위한 것이지만, 이때 당사자가 된다는 의미는 교육감이 권한쟁의심판의 당사자가 된다는 것이 아니라 해당 지방자치단체를 대표한다는 것이다.[37] 지방자치단체의 기관은 당사자가 될 수 없고, 교육·학예에 관한 지방자치단체의 사무도 지방자치단체에 귀속된다. 따라서 교육감이 지방자치단체와 별도로 당사자가 되는 것은 아니다.[38] 교육감은 자신이 속한 지방자치단체와의 권한분쟁을 권한쟁의심판의 대상으로 삼을 수 없다. 교육감은 시·도의 교육·학예에 관한 사무의 집행기관이므로 교육감과 해당 지방자치단체는 서로 상이한 권리주체가 아니기 때문이다.

---

33) 정종섭, 헌법소송법, 526면.
34) 허영, 헌법소송법론, 325면.
35) 2018. 7. 26. 2018헌라1.
36) 2010. 4. 29. 2009헌라11.
37) 김하열, 헌법소송법, 636~637면.
38) 2016. 6. 30. 2014헌라1.

제4절 적법요건

1. 당사자적격

(1) 당사자능력과 구별

권한쟁의심판의 당사자도 당사자적격을 갖추어야 소송행위를 할 수 있는데, 당사자적격은 헌법과 법률에 의해 추상적이고 일반적인 자격을 부여받은 당사자능력과 다르다. 당사자능력이 있더라도 권한쟁의심판의 본안판단을 받을 수 있는 적합한 자격을 갖추어야 당사자적격이 인정된다. 당사자적격은 청구인적격과 피청구인적격으로 구분되는데, 당사자적격은 적법요건이므로 당사자적격이 없으면 헌법재판소는 각하결정을 한다. 당사자적격이 있는지는 권한쟁의심판의 청구인이 되거나 피청구인이 되는 형식에 따라 판단할 것이 아니라, 당사자의 법적 지위, 청구인과 피청구인의 관계, 심판의 대상과 범위, 처분의 내용과 효력 등을 종합적으로 고려하여 결정해야 한다.

지방자치단체가 당사자인 경우에는 그 사무의 종류에 따라 당사자적격이 달라진다. 지방자치단체는 헌법 또는 법률에 의해 부여받은 권한에 관한 쟁의에서만 당사자적격을 갖는다. 지방자치단체의 사무는 고유사무와 위임사무로 구분되고, 위임사무는 다시 단체위임사무와 기관위임사무로 구분된다. 고유사무는 지방자치단체에 고유하게 속한 사무이므로 그 권한을 보유한 지방자치단체는 당사자적격을 갖는다. 국가로부터 위임받은 위임사무 중 단체위임사무는 지방자치단체에 위임된 사무이므로 그 권한을 보유한 지방자치단체도 당사자적격을 갖는다. 하지만, 기관위임사무는 지방자치단체의 사무가 아니라 지방자치단체의 장에게 위임된 사무이며, 지방자치단체의 장은 국가의 하위기관으로 행하는 사무이므로 그 권한의 범위에서는 지방자치단체는 당사자적격을 갖지 않는다.[39]

(2) 청구인적격

국가기관이나 지방자치단체는 자신의 구체적이고 개별적인 권한이 침해된 경우에만 청구인적격을 갖는다. 청구인적격은 청구인의 권한이 헌법과 법률에

39) 2011. 9. 29. 2009헌라3.

의해 구체적으로 부여되어 있고, 구체적인 사안에서 그 권한이 침해될 가능성이 있는지 여부에 따라 결정된다. 헌법재판소는 국회의원은 조약의 체결·비준에 관한 동의권을 침해당한 경우에 청구인적격을 갖지 않는다고 판단했는데, 국회의 동의권은 국회의원에게 속하지 않고 국회의 권한에 속하기 때문이다.[40]

권한쟁의심판은 당사자 사이에 권한의 유무와 범위에 대한 다툼을 심판하는 것인데, 그 권한이 침해되었는지 여부는 본안판단에서 최종적으로 결정되므로 적법요건인 청구인적격을 심사하는 단계에서는 그 권한이 침해될 가능성이 있는지 여부에 대한 판단만으로 결정한다. 이는 헌법소원에서 기본권의 주체가 당사자이지만, 자신의 기본권이 침해된 경우에만 헌법소원을 청구할 수 있는 것과 동일하다.

대통령을 비롯하여 공무원은 국가기관의 구성원인 동시에 국민이라는 이중적 지위를 가진다. 공무원의 법적 지위가 다른 국가기관이나 지방자치단체의 처분에 의해 침해되는 경우에는 국가기관의 권한과 동시에 개인의 기본권이 침해될 수 있다. 헌법은 권한쟁의심판과 헌법소원을 구별하고 있으므로 전자의 경우에는 권한쟁의심판을 청구하고, 후자의 경우에는 헌법소원을 청구할 수 있다.[41]

(3) 피청구인적격

청구인은 피청구인적격을 가진 당사자를 상대로 권한쟁의심판을 청구해야 한다. 권한쟁의심판에서 청구인에 의해, 청구인의 권한을 침해하는 처분이나 부작위를 하였다고 주장되는 국가기관이나 지방자치단체가 피청구인적격을 갖는다. 피청구인은 자신의 처분이나 부작위가 청구인의 권한을 침해하였고 그에 대한 법적 책임을 부담하는 국가기관이나 지방자치단체로 지목되는 당사자이다. 피청구인적격도 피청구인의 권한이 헌법과 법률에 의해 구체적으로 부여되어 있고, 구체적인 사안에서 청구인의 권한을 침해할 가능성이 있는지 여부에 따라 결정된다.

헌법재판소는 당사자적격을 엄격하게 심사하여 적법요건을 판단한다. 대통령이 국회의 동의를 받지 않고 국무총리를 임명한 행위가 국회의 동의권한을 침해할 수는 있지만, 국회의원의 심의·표결권한을 침해할 가능성이 없으므로

40) 2008. 1. 17. 2005헌라10.

41) 정종섭, 헌법소송법, 546면.

국회의원은 대통령을 상대로 권한쟁의심판을 청구할 수 없다.[42] 대통령이 국회의 사전동의를 받지 않고 조약을 체결·비준하더라도 대통령은 국회의 의사절차에 관여하지 않으므로 조약의 동의안에 대한 국회의원의 심의·표결권을 침해할 가능성이 없기 때문에 대통령은 피청구인적격을 갖지 않는다.[43]

국회의장은 국회에서 선출되는 헌법상의 국가기관으로 국회를 대표하고 의사를 정리하며, 질서를 유지하고 사무를 감독할 지위에 있는데, 국회의원이 국회의장을 상대로 의사진행절차에서 자신의 심의·표결권을 침해한다는 이유로 권한쟁의심판을 청구한 경우에 국회의장은 피청구인적격을 갖는다.[44] 하지만, 국회의원이 국회의장을 상대로 국회 상임위원회 회의의 원만한 진행을 위한 질서유지조치를 취하지 아니한 부작위에 대해 권한쟁의심판을 청구한 사안에서는 국회의장의 피청구인적격을 인정하지 않았다.[45] 국회 상임위원회는 법률에 근거하여 그 소관에 속하는 의안을 심사하는 권한을 갖는 것이지 국회의장이 안건을 위원회에 회부함으로써 그 심사권한이 상임위원회에 부여되는 것이 아니기 때문이다.

국회의원이 국회의장의 직무를 대리하여 법률안 가결선포행위를 한 국회부의장을 상대로 그 가결선포행위가 자신의 법률안 심의·표결권을 침해하였음을 주장하여 권한쟁의심판을 청구한 사안에서는 국회부의장에게 피청구인적격을 인정하지 않았다.[46] 국회에서 의안을 상정하고 가결선포를 하는 권한은 국회의장의 권한이며, 국회부의장은 국회의장의 위임에 따라 그 직무를 대리하여 법률안을 가결선포할 수 있을 뿐, 법률안 가결선포행위에 따른 법적 책임을 지는 주체가 될 수 없기 때문이다.

(4) 제3자 소송담당

권한쟁의심판에서 제3자 소송담당이 인정될까. 제3자 소송담당은 권리주체 이외의 제3자가 당사자가 되어 자신의 이름으로 권리주체를 위하여 소송을 제기하는 것이다. 제3자 소송담당은 당사자적격에 관한 문제이다. 재판이란 원래 법적 권리의 주체가 소송을 제기하는 것이므로 제3자 소송담당은 법률이 규

42) 1998. 7. 14. 98헌라1.
43) 2007. 8. 20. 2005헌라8.
44) 2000. 2. 24. 99헌라2.
45) 2010. 12. 28. 2008헌라6.
46) 2009. 10. 29. 2009헌라8.

정하는 경우에만 예외적으로 인정된다. 헌법재판소법은 제3자 소송담당에 대해 아무런 규정을 두지 않고 있다. 권한쟁의심판에서는 행정소송법과 민사소송법이 함께 준용되고 있고, 민사소송에서는 법률상 제3자가 소송수행권을 가지거나 제3자가 고유한 법적 이익 또는 포괄적인 관리처분권을 가지는 경우에만 그 제3자가 당사자적격을 갖는다.

헌법재판소는 국회의원이 대통령을 상대로 국회의 권한인 조약안에 대한 체결·비준동의권의 침해를 주장하면서 권한쟁의심판을 청구한 사안에서 제3자 소송담당을 인정하지 않았다.[47] 국가기관의 부분기관이 자신의 이름으로 자신이 소속된 기관의 권한을 주장할 수 있는 제3자 소송담당을 명시적으로 허용하는 법률의 규정이 없으며, 소수의 국회의원에게 제3자 소송담당을 인정하게 되면 다수결의 원리와 의회주의의 본질에도 어긋나기 때문에 제3자 소송담당은 인정되지 않는다는 것이다.

권한쟁의심판은 헌법질서의 수호를 위한 객관소송의 성격이 강하므로 소수자 보호를 위해 제3자 소송담당을 인정할 필요성이 크다. 하지만, 헌법이나 법률이 제3자 소송담당을 규정하지 않는 이상 제3자 소송담당을 적극적으로 인정하기는 어렵다. 입법정책적으로는 제3자 소송담당을 인정하기 위해서는 헌법재판소법을 개정하여 국가기관에 속하는 부분기관이 피청구인의 작위 또는 부작위에 의해 그가 속한 국가기관의 권한이 침해되는 경우에는 권한쟁의심판을 청구할 수 있도록 명확하게 규정하는 것이 필요하다.[48]

2. 청구사유

(1) 피청구인의 처분 또는 부작위의 존재

(가) 피청구인의 처분

권한쟁의심판을 청구하기 위해서는 피청구인의 처분이나 부작위가 존재해야 한다. 피청구인의 처분은 국가기관이나 지방자치단체의 권한에 속하는 입법작용, 행정작용, 사법작용을 포함하는 모든 법적 행위와 사실행위를 말한다.

---

47) 2015. 11. 26. 2013헌라3.

48) 김하열, 헌법소송법, 653면; 성낙인, 헌법학, 945면; 정종섭, 헌법소송법, 523~524면; 한수웅, 헌법학, 1521~1529면; 허영, 헌법소송법론, 333~334면.

입법작용은 국회의 법률제정을 포함하여 법령의 제정과 개정행위를 포함하며, 법령 그 자체도 심판대상이라는 견해가 있다.[49] 하지만, 권한쟁의심판은 피청구인의 처분이 청구인의 권한을 침해하였거나 침해할 현저한 위험을 초래하였다는 것을 심판하는 것이지 처분의 결과인 법령의 위헌여부를 다투는 것이 아니므로 법령 자체는 심판대상이 아니다.[50] 행정작용은 법률을 집행하는 개별적인 행정행위를 비롯하여 모든 법적 행위를 포함하고, 사법작용의 경우에는 법원의 재판은 심급절차에 따라 불복할 수 있을 뿐이므로 권한쟁의심판의 대상이 되지 않고 사법적 행정작용만 피청구인의 처분에 포함된다.

헌법재판소는 국회를 비롯한 국가기관의 입법작용이 국가기관이나 지방자치단체의 권한을 침해한다고 인정하는 경우에도 그 입법작용에 대해 취소결정이나 무효확인결정을 선고할 수 있는데, 이는 실질적으로는 규범통제의 기능을 하므로 '규범통제형 권한쟁의심판'이라고 한다.[51]

(나) 피청구인의 부작위

피청구인의 부작위는 국가기관과 지방자치단체가 특정한 행위를 해야 할 헌법적 또는 법률적 작위의무가 있음에도 불구하고 그 행위를 하지 않은 법적 부작위를 의미한다. 피청구인의 부작위가 청구인의 권한을 침해할 가능성이 있으면 권한쟁의심판의 대상이 되는데, 피청구인이 법적 작위의무가 없는 상태에서 단순히 국가작용을 하지 않았다는 것은 권한쟁의심판의 대상이 되는 피청구인의 부작위에 포함되지 않는다.[52] 피청구인의 부작위 역시 입법부작위, 행정부작위, 사법부작위를 포함한다.

헌법재판소는 국회의원이 국회의장을 상대로 국회 상임위원회에서 의안심사와 관련하여 회의가 원만히 이루어지도록 질서유지조치를 하지 않았다는 부작위를 이유로 권한쟁의심판을 청구한 사안에서 이 사건 당일 국회의장에게는 상임위원회 전체회의를 위해 특별히 질서유지조치를 취할 구체적 작위의무가 있다고 인정되지 않는다는 이유로 각하결정을 선고하였다.[53]

49) 정종섭, 헌법소송법, 552면.
50) 김하열, 헌법소송법, 643면; 허영, 헌법소송법론, 333면; 2016. 5. 26. 2015헌라1.
51) 2008. 6. 26. 2005헌라7.
52) 2006. 8. 31. 2004헌라2.
53) 2010. 12. 28. 2008헌라6.

(다) 청구인의 법적 지위에 영향

피청구인의 처분이나 부작위는 청구인의 권한을 침해할 정도로 법적 중요성을 가져야 하고, 청구인의 법적 지위에 구체적으로 영향을 미칠 가능성이 없는 경우에는 권한쟁의심판이 청구대상이 되지 않는다.[54] 피청구인의 처분이나 부작위가 청구인의 법적 지위에 영향을 미치는지 여부는 형식적으로만 판단할 것이 아니라 실질적인 효과를 기준으로 판단해야 한다.

일반적으로 피청구인이 청구인에게 단순히 업무협조를 요청하거나 협력차원의 조언이나 권고를 한 경우, 관련기관으로서 업무연락, 견해표명, 통보행위를 하는 경우에도 권한쟁의심판의 대상이 되지 않는다.[55] 국가기관이나 지방자치단체의 내부에만 영향을 미치고 대외적 구속력이 없는 사전적 준비행위와 내부적 의견교환도 피청구인의 처분에 포함되지 않는다. 정부나 국회의원이 법률안을 제출하는 행위도 처분에 포함되지 않는다. 하지만, 피청구인의 사실행위나 내부적 행위에 불과하더라도 실질적으로 청구인의 권한이나 법적 지위에 영향을 미치는 경우에는 피청구인의 처분에 포함된다.[56]

(라) 피청구인의 장래처분

피청구인이 아직 처분을 하지 않은 경우에 그 부작위가 아니라 장래에 처분할 것으로 예상되는 처분에 대해 권한쟁의심판을 청구할 수 있을까. 피청구인의 처분 또는 부작위가 존재하지 아니한 경우에는 권한다툼에 대한 구체적인 사건이 아직 발생하지 않았으므로 권한쟁의심판청구를 할 수 없다. 청구인은 피청구인의 장래처분에 의해 권한침해가 예상되는 경우에는 장래처분이 행사되기를 기다린 이후에 이에 대한 권한쟁의심판청구를 통해 침해된 권한의 구제를 받을 수 있으므로 피청구인의 장래처분을 대상으로 하는 심판청구는 원칙적으로 허용되지 않는다.

헌법재판소는 피청구인의 장래처분이 확실하게 예정되어 있고, 피청구인의 장래처분에 의해 청구인의 권한이 침해될 위험성이 있어서 청구인의 권한을 사전에 보호해 주어야 할 필요성이 매우 큰 예외적인 경우에는 피청구인의 장래처분에 대해서도 권한쟁의심판을 청구할 수 있다고 판단하였다.[57] 하지만,

54) 2018. 7. 26. 2015헌라4.
55) 2008. 6. 26. 2005헌라7.
56) 2006. 3. 30. 2003헌라2.
57) 2004. 9. 23. 2000헌라2.

피청구인의 처분이나 부작위가 존재하는지 여부와 그 처분이나 부작위로 인하여 청구인의 권한을 침해하였거나 권한을 침해할 위험성이 있는지 여부는 구별된다. 헌법재판소법은 피청구인의 처분 또는 부작위가 존재한다는 것을 전제로 이를 적법요건으로 해석하고, 그것이 청구인의 권한을 침해하였거나 권한을 침해할 위험성이 있는지 여부는 본안판단에서 확정한다. 따라서 피청구인의 부작위는 권한쟁의심판의 대상이 되지만, 장래처분에 대해서는 권한쟁의심판을 청구할 수 없다고 해석해야 한다.

(2) 권한을 침해하였거나 침해할 현저한 위험

(가) 청구인의 권한

헌법재판소법 제61조 제1항은 "권한의 유무 또는 범위에 관하여 다툼이 있을 때에는"이라고 규정하고, 제2항은 "제1항의 심판청구는 피청구인의 처분 또는 부작위가 헌법 또는 법률에 의하여 부여받은 청구인의 권한을 침해하였거나 침해할 현저한 위험이 있는 경우에만 할 수 있다"라고 규정한다. 이때 '권한의 유무 또는 범위에 관한 다툼'은 '청구인의 권한을 침해'와 밀접하게 관련되고 그 권한행사를 전제로 하는 것이므로 권한의 유무와 범위를 구분할 것이 아니라 포괄적으로 이해해야 한다.[58] 청구인은 피청구인의 처분 또는 부작위가 헌법 또는 법률에 의해 부여받은 청구인의 권한을 침해하였거나 침해할 현저한 위험이 있는 경우에만 권한쟁의심판을 청구할 수 있다.

피청구인의 처분 또는 부작위에 대해 권한쟁의심판을 청구하기 위해서는 우선 그 처분이나 부작위로 인하여 침해되는 청구인의 권한이 존재해야 한다. 청구인의 권한은 헌법 또는 법률에 의해 유효한 행위를 할 수 있도록 부여된 권력의 범위나 능력이다. 피청구인의 처분이나 부작위에 의해 법적 지위나 권리가 제한되더라도 그것이 헌법과 법률에 근거한 독자적인 권능이 아니면 이에 포함되지 않는다. 법률이 일정한 기간 동안만 청구인의 권한을 행사하도록 규정한 경우에는 그 기간의 경과로 권한이 소멸하므로 그 기간 이후에는 권한에 대한 침해가 발생할 수 없다.[59]

58) 김하열, 헌법소송법, 646~647면.
59) 2013. 9. 26. 2012헌라1.

(나) 권한의 침해와 침해할 현저한 위험

'권한을 침해한 때'란 피청구인의 처분 또는 부작위로 인하여 청구인의 권한이 박탈당하거나 그 권한행사에 중대한 장애가 발생하여 청구인의 법적 지위가 불리해진 경우를 말한다. 이때 권한의 침해는 과거에 발생하였거나 현재까지 지속되는 경우를 말한다. 한편, '권한을 침해할 현저한 위험'이란 아직 권한을 침해한 것은 아니지만 조만간 급박하게 권한을 침해할 개연성이 상당히 높은 경우를 말한다.[60]

청구사유는 청구인의 권한을 침해하였거나 침해할 현저한 위험이 현실적으로 존재하지 않더라도 침해할 현저한 위험성이 발생할 가능성이 있으면 충분하다. 청구사유는 권한쟁의심판의 적법요건이고 청구인의 권한을 침해하였거나 침해할 현저한 위험이 현실적으로 발생한 것인지 여부는 재판부가 본안판단에서 최종적으로 결정한다.

헌법재판소는 청구사유를 엄격하게 요구한다. 국회가 지방세에 속하는 부동산 보유세를 국세로 전환하는 내용으로 법률을 개정한 행위는 지방자치단체의 자치재정권을 침해할 가능성이 있다.[61] 하지만, 국회의원의 심의·표결권은 국회의 대내적인 관계에서 행사되고 침해될 수 있을 뿐이지 다른 국가기관과 맺는 대외적인 관계에서는 침해될 수 없는 것이므로 대통령이 국회의 동의를 받지 않고 조약을 체결·비준하였더라도 국회의원의 심의·표결권이 침해될 가능성은 없다.[62]

국회의장이 상임위원회 소속 국회의원을 다른 위원으로 개선한 행위만으로는 국회의원의 심의·표결권이 침해될 가능성이 없고, 그 위원회가 개회되어 구체적인 안건에 관한 심의·표결절차에 들어갔을 때 비로소 권한의 침해 또는 침해의 위험성이 존재한다.[63] 국회가 국회의원선거와 관련하여 준연동형 비례대표제를 도입하는 것으로 공직선거법을 개정하더라도 이는 국회의원의 법률안 심의·표결권과는 아무런 관련이 없어 그 권한이 침해될 가능성은 없다.[64]

60) 2009. 11. 26. 2008헌라4.
61) 2006. 5. 25. 2005헌라4.
62) 2008. 1. 17. 2005헌라10.
63) 2020. 5. 27. 2019헌라3등.
64) 2020. 5. 27. 2019헌라6등.

(다) 소극적 권한쟁의심판은 불인정

소극적 권한쟁의심판도 인정될까. 소극적 권한쟁의심판이란 권한의 유무 또는 범위에 관하여 청구인과 피청구인이 서로 자신에게 권한이 없다고 주장하는 다툼을 해결하는 심판이다. 국가기능의 원활한 수행과 권력분립을 실현하기 위해서는 소극적 권한쟁의심판이 인정된다는 견해가 있다.[65] 소극적 권한쟁의도 '권한의 유무 또는 범위에 관한 다툼'에 해당하고, 피청구인의 작위뿐만 아니라 부작위도 심판청구의 대상에 포함된다는 것이다.

소극적 권한쟁의심판을 인정할 것인지 여부는 헌법정책 또는 입법정책의 문제에 해당한다. 헌법과 헌법재판소법은 국가기관이나 지방자치단체가 특정한 사안에서 서로 자기가 권한을 가진다고 주장하는 적극적 권한쟁의만 심판대상으로 인정한다.[66] 즉, 청구사유로 '청구인의 권한을 침해하였거나 침해할 현저한 위험'을 요구하여 소극적 권한쟁의를 심판대상으로 인정하지 않는다고 해석된다.[67] 소극적 권한쟁의는 권한이나 의무의 유무만이 문제될 뿐, 피청구인의 부작위로 인하여 청구인의 권한이 침해되는 것은 아니다. 소극적 권한쟁의에 대해서는 헌법재판이 아니라 항고소송이나 당사자소송과 같은 행정소송을 통해 분쟁을 해결할 수 있다.

헌법재판소도 소극적 권한쟁의심판청구에 대해 단순한 채권채무관계에 관한 다툼에 불과하여 권한쟁의심판의 요건을 갖추지 못하였다고 판단하고 각하결정을 선고하였다.[68] 다만, 시흥시가 정부를 상대로 공공시설을 관리하지 않아 청구인의 권한을 침해하였다고 주장하면서 권한쟁의심판을 청구하자 피청구인이 공공시설을 관리하지 않았다고 하더라도 이로 인하여 청구인이 공공시설을 관리해야 하는 것은 아니므로 청구인의 권한이 침해되었거나 침해될 현저한 위험이 있다고 할 수 없다고 판단하여 기각결정을 선고한 적이 있다.[69]

65) 양건, 헌법강의, 1495면; 정종섭, 헌법소송법, 547~549면; 허영, 헌법소송법론, 348~349면.

66) 헌법 제111조 제1항 제4호, 헌법재판소법 제61조 제2항.

67) 김하열, 헌법소송법, 650면; 성낙인, 헌법학, 950면; 신평, 헌법재판법, 527면; 한수웅, 헌법학, 1533~1534면.

68) 2010. 12. 28. 2009헌라2.

69) 1998. 8. 27. 96헌라1.

3. 권리보호이익과 심판이익

(1) 원칙적으로 권리보호이익이 필요

권한쟁의심판에도 권리보호이익이 요구될까. 권한쟁의심판은 객관소송의 성격이 강하므로 주관적 권리보호이익은 그다지 중요하지 않다. 하지만, 권한쟁의심판도 헌법재판으로 재판작용을 통해 실질적으로 법적 분쟁을 해결할 수 있다는 구체적인 소의 이익은 필요하다. 따라서 청구인에 대한 권한침해상태가 이미 종료한 것과 같이 권한쟁의심판을 하더라도 그 재판작용이 무용한 경우에는 권리보호이익이 없고, 이때에는 각하결정을 선고해야 한다. 권한쟁의심판에서 권리보호이익은 당사자적격을 판단하는 경우에 함께 고려될 수 있다.

(2) 심판이익이 적법요건

적법요건은 헌법재판을 청구할 때뿐만 아니라 종국결정을 할 때에도 필요하다. 권한쟁의심판을 청구한 후 사정변경으로 권한침해행위가 없어지거나 심판청구를 통해 달성하고자 하는 목적을 이미 달성한 경우에는 권리보호이익이 없어 각하결정을 선고해야 한다. 다만, 권리보호이익이 없더라도 향후 동일한 권한침해행위가 반복될 위험이 있거나 헌법질서의 수호를 위해 헌법적 해명이 긴요한 경우에는 심판이익이 인정될 수 있다. 이때 헌법재판소는 각하결정을 선고하지 않고 본안판단을 할 수 있다.[70] 권한쟁의심판에서도 권리보호이익이 아니라 심판이익이 적법요건이 된다.

권한쟁의심판에서는 헌법소원과는 달리 보충성이 요구되지 않는다. 청구인에게 다른 구제절차가 있는지 여부나 그 사전절차를 거쳤는지 여부는 적법요건이 아니다. 하지만, 권한쟁의심판에서 당사자를 확정할 경우에 그 권한쟁의를 해결할 수 있는 적당한 기관이나 방법이 있는지 여부가 중요한 기준이 된다. 또한, 권한쟁의를 해결할 수 있는 다른 구제수단이 존재하는지 여부는 권리보호이익의 판단에 중요한 요소가 될 수는 있다.

---

70) 2011. 8. 30. 2010헌라4.

4. 청구기간

(1) 피청구인의 처분과 부작위

권한쟁의심판은 그 사유가 있음을 안 날부터 60일 이내에, 그 사유가 있은 날부터 180일 이내에 청구해야 한다.[71] 이 두 기간 중 하나라도 경과하면 권한쟁의심판을 청구할 수 없다. 권한쟁의심판의 당사자는 국가기관이나 지방자치단체이며, 이들 권한행사는 중요한 공적 행위로서 국가운영과 개인의 생활에 큰 영향을 미치므로 법적 안정성을 보호할 필요가 있다. 권한쟁의심판에서는 이러한 점을 고려하여 청구기간을 제한한 것이다.

피청구인의 처분은 청구기간의 준수여부를 판단할 때 중요한 의미를 가진다. '그 사유가 있음을 안 날'이란 피청구인의 처분에 의해 청구인의 권한이 침해되었거나 침해할 현저한 위험이 발생하였다는 사실을 안 날이다. 청구인이 그 사실을 특정할 수 있을 정도로 인식하여 심판청구를 할 수 있게 된 때를 말하고, 그 처분의 내용이 확정되어 더 이상 변경할 수 없게 되는 것까지를 요구하는 것은 아니다.[72] '그 사유가 있은 날'이란 피청구인의 처분에 의해 청구인의 권한이 침해되었거나 침해할 현저한 위험이 실제로 발생한 날을 말한다.

피청구인의 부작위에 의해 청구인의 권한이 침해되었거나 침해할 현저한 위험이 발생한 경우에는 그 부작위가 계속되는 한 심판의 청구사유가 계속되므로 청구기간이 도과되는 문제는 발생하지 않고 청구인은 언제든지 심판을 청구할 수 있다.[73] 헌법재판소는 장래처분에 의해 권한침해의 위험성이 발생하는 경우에도 아직 장래처분이 내려지지 않은 상태이므로 청구기간은 기산되지 않고 그 제한이 없다고 판단하였다.[74]

(2) 불변기간

헌법재판소법 제63조 제1항은 권한쟁의심판의 청구기간을 불변기간으로 한다고 규정한다. 불변기간은 재판부가 임의로 신축할 수 없지만, 주소 또는 거소가 멀리 떨어져 있는 곳에 있는 사람을 위해 부가기간을 정할 수는 있다. 당

71) 헌법재판소법 제63조 제1항.

72) 2007. 3. 29. 2006헌라7.

73) 2006. 8. 31. 2004헌라2.

74) 2004. 9. 23. 2000헌라2.

사자가 책임질 수 없는 사유로 청구기간이 경과된 경우에는 그 사유가 없어진 날부터 2주일 안에 소송행위를 보완할 수도 있다. 헌법재판소는 직권으로 청구기간의 준수여부를 판단하고, 청구인이 청구기간을 도과한 이후 청구하였더라도 정당한 사유가 있으면 적법한 것으로 판단할 수 있다고 하였다. 이때 '정당한 사유'는 청구기간이 경과된 원인과 사정을 종합적으로 검토하여 사회통념상 청구기간을 도과하는 것이 허용된다고 판단되는 경우를 의미한다고 판단하였다.[75)]

이는 헌법재판소법 제40조 제1항과 행정소송법 제20조 제2항 단서를 근거로 하였는데, 행정소송법의 규정을 오해한 것으로 판단된다. 즉, 권한쟁의심판에서는 행정소송법이 준용되는데, 행정소송법 제20조 제1항은 "취소소송은 처분등이 있음을 안 날부터 90일 이내에 제기하여야 한다"라고 규정하고, 제3항은 "제1항의 규정에 의한 기간은 불변기간으로 한다"라고 규정한다. 한편, 행정소송법 제20조 제2항은 "취소소송은 처분등이 있은 날부터 1년을 경과하면 이를 제기하지 못한다. 다만, 정당한 사유가 있는 때에는 그러하지 아니하다"라고 규정한다. 행정소송에서 '처분등이 있음을 안 날부터 90일'은 불변기간이고, '처분등이 있은 날부터 1년'은 통상기간이다. 행정소송에서 청구기간이 경과하더라도 정당한 사유가 있는 때에는 제소할 수 있는 것은 통상기간에만 적용되고, 불변기간에는 적용되지 않는다.

권한쟁의심판의 청구기간은 불변기간이므로 행정소송법 제20조 제2항 단서를 준용할 수 없다. 이는 헌법재판소법이 헌법소원의 청구기간에 대해서는 불변기간이라고 규정하지 않는 것과 다르다. 즉, 헌법소원의 청구기간은 행정소송법을 준용하여 '그 사유가 있음을 안 날부터 90일'은 불변기간이고, '그 사유가 있은 날부터 1년'은 통상기간이지만, 권한쟁의심판의 청구기간은 불변기간이다. 권한쟁의심판의 청구기간은 불변기간이므로 행정소송법 제20조 제2항 단서를 준용할 것이 아니라 민사소송법 제173조 제1항에서 "당사자가 책임질 수 없는 사유로 말미암아 불변기간을 지킬 수 없었던 경우에는 그 사유가 없어진 날부터 2주 이내에 게을리한 소송행위를 보완할 수 있다"라고 규정하는 것을 준용하는 것이 타당하다.

(3) 규범통제형 권한쟁의심판

법령의 입법작용에 대한 규범통제형 권한쟁의심판에서는 청구기간의 산정

75) 2007. 3. 29. 2006헌라7.

에 유의해야 한다. 법령의 제정행위에 대해 '그 사유가 있음을 안 날'이란 법령이 공포되거나 이와 유사한 방법으로 일반에게 알려진 것으로 간주된 날을 의미한다.[76] 법률의 경우에는 법률안이 법률로 성립하기 위해서 국회의 의결을 거쳐 관보에 게재·공포되어야 하고, 이로써 이해당사자나 국민에게 널리 알려지기 때문에 이 날이 청구기간의 기산일이 된다. '그 사유가 있은 날'이란 법령의 제정이나 개정을 통해 그 법령이 시행된 날을 의미하고,[77] 법령이 제정된 이후 여러 차례 개정된 경우에는 실제로 청구인의 권한을 침해하였거나 권한을 침해할 현저한 위험을 발생시킨 법령의 개정일이 그 사유가 있은 날이므로 그 날짜를 기준으로 청구기간을 기산한다.[78]

(4) 무효확인결정을 구하는 청구

권한쟁의심판에서 청구인은 권한유무확인결정이나 권한범위확인결정을 청구하는 이외에 권한침해의 원인이 되는 피청구인의 처분에 대해 취소결정이나 무효확인결정을 청구할 수도 있다. 청구인이 무효확인결정을 청구하는 경우에도 청구기간의 제한을 받을까. 권한쟁의심판은 행정소송법을 준용하는데, 행정소송의 경우 무효등확인소송에서는 취소소송에 적용되는 청구기간의 제한을 준용하지 않는다.[79] 피고의 처분에 중대하고 명백한 하자가 있는 때에는 청구기간과 무관하게 무효라고 해석되기 때문이다. 권한쟁의심판에서 행정소송법을 준용하여 무효확인결정을 청구하는 경우에는 청구기간의 제한을 받지 않고 언제든지 청구할 수 있다는 견해도 있다.[80]

헌법재판소법은 권한쟁의심판의 청구기간을 규정하면서 취소결정이나 무효확인결정에 대해서는 따로 예외를 두지 않는다. 권한쟁의심판의 주된 소송물은 권한의 유무와 범위에 관한 다툼이고, 헌법재판소가 인용결정을 하는 경우에 부수적으로 권한침해의 원인이 된 피청구인의 처분에 대해 취소결정을 하거나 무효확인결정을 할 수 있는 것이다. 무효확인결정은 단순히 피청구인의 처분이 이미 무효라는 것을 확인한 것에 불과한 것이 아니라 권한의 유무와 범위에 대한 판단을 통해 청구인의 권한이 침해되었다는 것을 확인하고 추가로 그

76) 2006. 5. 25. 2005헌라4.
77) 2010. 6. 24. 2005헌라9등.
78) 2008. 6. 26. 2005헌라7.
79) 행정소송법 제38조.
80) 정종섭, 헌법소송법, 542면.

원인이 된 처분이 무효라는 것을 확인한 것이다. 따라서 취소결정은 물론 무효확인결정을 청구하는 경우에도 청구기간이 그대로 적용되는 것으로 해석하는 것이 타당하다.

제5절 심판절차

1. 심판청구

(1) 청구서의 제출

권한쟁의심판은 청구서를 제출함으로써 청구한다. 청구서에는 청구인 또는 청구인이 속한 기관 및 심판수행자 또는 대리인의 표시, 피청구인의 표시, 심판대상이 되는 피청구인의 처분 또는 부작위, 청구의 이유, 기타 필요한 사항 등이 기재되어야 한다.[81] 헌법재판소법은 심판청구서에 청구취지를 필요적 기재사항으로 규정하지 않지만, 심판대상과 청구이유를 통해 청구취지를 확정할 수 있다.

권한쟁의심판의 청구취지는 국가기관 또는 지방자치단체의 권한의 유무 또는 범위의 확인을 구하는 것이다. 여기에는 피청구인의 권한행사가 청구인의 권한을 침해한다는 것을 확인하는 것이 포함되며, 헌법재판소에 피청구인의 처분을 취소하거나 그 무효를 확인할 것을 구하는 취지를 포함시킬 수 있다.[82] 재판부는 청구인이 피청구인을 잘못 지정한 경우에는 청구인의 신청에 따라 결정으로 피청구인 경정을 허가할 수 있다. 청구인은 심판청구서에는 필요한 증거서류 또는 참고자료를 첨부할 수 있다.

(2) 소송참가

권한쟁의심판에서도 소송참가가 인정될까. 권한쟁의심판은 행정소송법과 민사소송에 관한 법령을 준용한다. 행정소송에서 다른 행정청을 소송에 참가시킬 필요가 있다고 인정할 때에는 당사자 또는 당해 행정청의 신청 또는 직권에 의하여 결정으로써 그 행정청을 소송에 참가시킬 수 있다. 또한, 소송의 결과에

81) 헌법재판소법 제64조.
82) 2011. 8. 30. 2009헌라7.

따라 권리 또는 이익의 침해를 받을 제3자가 있는 경우에는 당사자 또는 제3자의 신청 또는 직권에 의해 결정으로써 그 제3자를 소송에 참가시킬 수도 있다. 이때 법원은 미리 당사자 및 다른 행정청이나 제3자의 의견을 들어야 하고, 법원이 소송참가의 신청을 기각한 결정에 대해 제3자는 즉시항고할 수 있다.[83]

헌법재판소는 행정소송법을 준용하여 다른 국가기관 또는 공법인을 심판절차에 참가시킬 필요가 있다고 인정할 때에는 당사자 또는 다른 국가기관 등의 신청 또는 직권에 의해 다른 국가기관 등 제3자를 권한쟁의심판에 참가시킬 수 있다. 권한쟁의심판은 당사자 사이의 권한관계뿐만 아니라 헌법질서에 큰 영향을 미치고, 그 결정은 모든 국가기관과 지방자치단체에 대해 기속력을 미치므로 당사자 이외에 다른 국가기관 등이 심판절차에 참여할 기회를 보장할 필요가 있다. 소송참가를 할 수 있는 자는 종국결정에 의한 권한관계의 확정으로 그 법적 지위나 권한관계에 영향을 받게 되는 국가기관이다.

헌법재판소가 다른 국가기관 등의 소송참가를 허가할 것인지 여부를 결정할 때에는 당사자와 다른 국가기관 등의 의견을 들어야 한다. 소송참가인은 심판절차에 참여하여 참가인의 소송행위에 어긋나지 않는 한, 공격과 방어 등 모든 소송행위를 할 수 있다. 다만, 참가할 때의 소송의 진행 정도에 따라 할 수 없는 소송행위는 할 수 없다. 참가인의 소송행위가 피참가인의 소송행위에 어긋나는 경우에는 참가인의 소송행위는 법적 효력을 갖지 않는다.[84]

2. 심리

(1) 필요적 구두변론

권한쟁의심판은 필요적 구두변론사건이므로 반드시 구두변론을 거쳐야 하며, 변론기일을 정하여 당사자와 관계인을 소환해야 한다. 심리에 대해서는 행정소송법과 민사소송에 관한 법령을 함께 준용한다. 심리절차는 일반심판절차의 심리에 관한 규정을 적용하여 부적법한 청구로서 그 흠결을 보정할 수 없는 경우에는 변론 없이 결정으로 심판청구를 각하할 수 있다.

---

83) 행정소송법 제16조, 제17조.

84) 민사소송법 제76조.

(2) 의결정족수

권한쟁의심판의 결정은 재판관 7인 이상이 심리에 참석하고, 참석한 재판관 과반수의 찬성으로 한다. 각하결정과 기각결정은 물론 인용결정을 할 경우에도 마찬가지이다. 이것은 다른 헌법재판에서 인용결정을 하는 경우에는 6인 이상의 찬성이 있어야 하는 것과 다르다. 권한쟁의심판에서는 국가기관이나 지방자치단체 사이에 발생하는 권한의 유무와 범위에 관한 분쟁인데, 헌법재판소는 중립적 지위에서 청구인과 피청구인을 동등하게 취급해야 하므로 특별정족수를 요구할 필요가 없다. 다만, 종전에 헌법재판소가 판시한 헌법 또는 법률의 해석 적용에 관한 의견을 변경하는 경우에는 재판관 6인 이상의 찬성이 있어야 한다.

제6절 종국결정

1. 유형과 효력

(1) 유형

헌법재판소는 심리를 마친 후 종국결정을 한다. 종국결정에는 심판절차종료선언, 각하결정, 기각결정, 인용결정이 있다. 이때 심판에 관여한 재판관은 결정서에 의견을 표시하여야 하므로 개별의견도 결정문에 그 이유를 표시해야 한다.

첫째, 심판청구 이후 심판절차가 종료된 경우에는 심판절차종료선언을 하고, 주문에는 "…로 심판절차가 종료되었다"라고 표현한다. 권한쟁의심판은 객관소송의 성격을 갖지만, 대립적 당사자구조를 취하고 있어 민사소송법을 준용하므로 청구인은 심판청구를 취하할 수 있다. 헌법재판소는 권한쟁의심판청구가 취하된 경우에 위헌상태가 반복될 위험이 있거나 헌법질서의 수호를 위해 헌법적 해명이 긴요한 경우라고 하더라도 권한쟁의심판의 공익적 성격만을 이유로 심판청구의 취하를 배제할 수 없다고 판단하였다.[85] 청구인이 국회의원과 같이 사람인 경우에 그 청구인이 사망한 경우에도 당사자의 승계나 상속이 불가능하므로 심판종료선언을 한다.[86]

---

85) 2001. 5. 8. 2000헌라1.

86) 2010. 11. 25. 2009헌라12.

둘째, 재판부가 적법요건을 심사하여 부적법한 경우에는 각하결정을 하고, 그 주문에는 "…각하한다"라고 표현한다. 즉, 당사자능력이나 당사자적격이 없는 경우, 청구인의 권한이 헌법이나 법률이 부여한 권한이 아닌 경우, 권한의 침해 또는 침해위험의 가능성이 없는 경우, 권한쟁의의 심판이익이 없는 경우, 청구기간이 도과한 경우에는 각하결정을 한다. 재판부는 적법요건을 직권으로 심사해야 하며, 적법요건을 갖추지 못하면 각하결정을 한다. 이때 청구인은 적법요건을 보완하여 다시 권한쟁의심판을 청구할 수 있고, 이때에는 동일한 사건이 아니므로 일사부재리가 적용되지 않는다.

셋째, 재판부는 적법요건을 갖추었으나 청구가 이유 없는 경우에는 기각결정을 하고, 주문에는 "…기각한다"라고 표현한다. 청구인의 권한을 침해하지 않는 경우, 피청구인의 처분에 대한 취소 또는 무효확인을 청구하였으나 그 사유가 인정되지 않는 경우, 부작위가 위헌 또는 위법이 아니라고 판단한 경우에는 기각결정을 한다. 청구인은 동일한 피청구인에 대해 동일한 사유로 다시 권한쟁의심판을 청구할 수 없다. 이는 일사부재리에 위반되고 기판력에도 반한다. 하지만, 다른 국가기관이나 지방자치단체를 상대로 심판을 청구하거나 동일한 피청구인이라도 다른 사유로 권한쟁의심판을 청구할 수는 있다.

넷째, 재판부는 국가기관이나 지방자치단체의 권한의 유무와 범위에 관하여 심판청구가 이유 있다고 판단하면 인용결정을 한다. '권한의 유무'에 대한 판단은 침해되었다고 주장하는 권한이 청구인에게 있는가를 확인하는 것이다. 이때 주문에는 "…권한은 청구인(또는 피청구인)에게 존재한다" 또는 "…권한은 청구인(또는 피청구인)에게 있음을 확인한다"라고 표현한다. '권한의 범위'에 대한 판단은 권한이 미치는 범위를 확정하고, 이를 전제로 피청구인의 처분으로 인하여 청구인의 권한이 침해되었는가를 확인하는 것이다. 이때에는 주문에서 "…(헌법 또는 법률에 의해 부여된) 청구인의 권한을 침해한 것이다"라고 결정한다.

(2) 효력

권한쟁의심판의 종국결정은 헌법재판의 일반적 효력인 불가변력, 불가쟁력, 기판력을 갖고, 헌법적 판단을 변경하기 전까지는 선례구속력도 갖는다. 헌법재판소는 종국결정을 임의로 변경할 수 없고, 청구인은 피청구인을 상대로 동일한 권한쟁의심판을 청구할 수 없다. 이때에는 적법요건을 갖추지 못하여 각하된다.

헌법재판소법 제67조 제1항은 "권한쟁의심판의 결정은 모든 국가기관과 지방자치단체를 기속한다"라고 규정한다. 권한쟁의심판의 결정에 대해서는 인용결정만 아니라 기각결정에도 기속력을 인정한다. 이것은 위헌법률심판에서는 위헌결정에만, 헌법소원심판에서는 인용결정에만 기속력을 인정하는 것과 다르다. 권한쟁의심판에서는 인용결정이든 기각결정이든 실질적으로 청구인이나 피청구인의 주장에 대해 위헌성을 확인한 것이기 때문이다. 다만, 심판절차종료선언과 각하결정은 본안판단을 하지 않았으므로 기속력을 갖지 않는다.

헌법재판소가 인용결정을 하면서 선고한 취소결정이나 무효확인결정도 기속력을 갖는다. 모든 국가기관과 지방자치단체는 헌법재판소의 결정과 판단에 저촉되는 행위를 반복해서는 안 되고, 그 판단을 존중하여 자신의 판단의 기초로 삼아야 한다. 국가기관과 지방자치단체는 헌법재판소가 위헌성을 확인한 종국결정의 내용을 적극적으로 실현해야 하고, 그 위헌적 결과나 상태를 제거하여 합헌상태로 회복시켜야 할 의무를 부담한다.[87] 특히, 피청구인의 부작위에 대해 인용결정을 하면 피청구인은 결정취지에 따른 처분을 해야 한다.

헌법재판소는 권한쟁의심판에서 권한침해를 확인하는 인용결정은 장래에 그 결정을 존중해야 할 의무를 부과하는 것이지 적극적인 재처분의무나 결과제거의무를 포함하는 것은 아니라고 판단하였다.[88] 이는 권한쟁의심판에서 피청구인의 처분에 대해 취소결정이나 무효확인결정을 하지 않고 권한침해의 확인결정을 한 경우에는 위헌성을 확인한 범위로 그 기속력을 제한적으로 인정한 것으로 이해된다.

2. 인용결정의 효력

(1) 권한유무확인결정과 권한범위확인결정

헌법재판소는 심판청구가 이유 있다고 인정되는 경우에는 인용결정을 하며, 권한의 유무에 대해서는 권한유무확인결정을 선고하고, 권한의 범위에 대해서는 권한범위확인결정을 선고한다. 권한유무나 범위를 확인하는 결정이 선고되면 헌법재판소의 확인적 효력에 따라 당사자의 권한의 유무나 범위가 확정

---

87) 김하열, 헌법소송법, 677면; 한수웅, 헌법학, 1548면.

88) 2010. 11. 25. 2009헌라12.

된다. 이때 다른 국가기관이나 지방자치단체가 권한이 있는 것으로 확인된 당사자를 상대로 권한쟁의심판을 청구할 수 없다. 이는 기속력에 위반된다.

(2) 취소결정과 무효확인결정

(가) 재량적 판단

헌법재판소는 권한의 유무와 범위뿐만 아니라 권한침해의 원인이 되는 피청구인의 처분을 취소하거나 그 무효를 확인할 수 있다.89) 이때 주문에는 "피청구인의 처분을 취소한다" 또는 "피청구인의 처분이 무효임을 확인한다"라고 결정한다. 헌법재판소는 권한쟁의심판을 인용하는 경우에만 추가적으로 취소결정이나 무효확인결정을 할 수 있는데, 반드시 피청구인의 처분에 대해 취소결정 또는 무효확인결정을 해야 하는 것은 아니다. 헌법재판소는 직권으로 재량에 따라 취소결정이나 무효확인결정을 할 수 있다.90)

청구인은 권한유무확인결정이나 권한침해확인결정을 청구하면서 피청구인의 처분에 대해 취소결정이나 무효확인결정도 청구할 수 있다. 헌법재판소는 피청구인의 처분이 청구인의 권한을 침해한 것이라는 것을 확인하면서도 그 처분에 대한 취소나 무효확인을 구하는 청구에 대해서는 기각결정을 할 수 있다. 권한침해와 그로 인하여 발생한 결과의 법적 효력은 다른 차원이기 때문이다. 한편, 심판청구가 이유 있다고 판단하여 권한유무확인결정과 권한범위확인결정을 하더라도 취소결정을 해야 하는 것은 아니므로 행정소송에서 인정되는 사정판결은 허용되지 않는다.91) 피청구인의 처분을 취소하는 것이 현저히 공공복리에 적합하지 아니한다고 인정할 때에는 취소결정을 하지 않으면 되기 때문이다.

헌법재판소는 권한침해의 사유가 중대하고, 피청구인의 처분과 그로 인하여 침해되는 청구인의 권한이 헌법적으로 중요한 의미를 가지며, 권한쟁의심판의 결정을 통해 헌법질서를 회복할 이익이 큰 경우에는 피청구인의 처분을 취소하거나 무효확인을 결정할 수 있다. 헌법재판소는 피청구인의 처분이 청구인의 권한을 현실적으로 침해하였을 때뿐만 아니라 청구인의 권한을 침해할 현저한 위험이 있는 경우에도 취소결정이나 무효확인결정을 할 수 있다.92)

---

89) 헌법재판소법 제66조 제2항.

90) 2009. 10. 29. 2009헌라8.

91) 2004. 9. 23. 2000헌라2.

92) 정종섭, 헌법소송법, 560면.

(나) 취소결정과 무효확인결정의 구별

헌법재판소가 취소결정과 무효확인결정을 선택하는 기준은 무엇일까. 행정소송에서 취소는 소급적으로 효력을 무효화시키는 것이고, 무효확인은 처음부터 효력이 발생하지 않았음을 확인하는 것이다. 행정행위의 하자가 위법한 경우에는 취소사유에 해당하고 그 하자가 중대하고 명백한 경우에는 무효사유이지만 양자는 상대적이라고 할 수 있다.

권한쟁의심판에서 '취소'를 행정행위의 하자이론에서 무효와 구별되는 취소로 이해해서는 안 되고, 재판부의 취소결정에 수반하는 형성적 효력에 따라 발생하는 '폐지'로 이해해야 한다는 견해가 있다.[93] 한편, 피청구인의 처분에 의해 침해된 권한이 회복되는 시점을 기준으로 취소결정은 장래효를 갖는 것이고, 무효확인결정은 소급효를 갖는 것이라고 구별하는 견해도 있다.[94]

헌법재판소법은 권한쟁의심판에서 권한침해의 원인이 되는 피청구인의 처분에 대해 취소결정이나 무효확인결정을 할 수 있는 권한을 부여하고, 피청구인의 처분은 이 결정에 의해 법적 효력을 상실하게 된다. 권한쟁의심판에서도 취소와 무효를 명확하게 구별하고 있으므로 무효확인결정을 부인하거나 그 청구기간의 적용을 배제할 수는 없다고 해석된다.[95] 헌법재판소도 피청구인의 처분에 중대하고 명백한 하자가 있는 경우에는 무효확인결정을 하고, 그렇지 않은 경우에는 취소결정을 할 수 있다고 판단하였다.[96] 권한쟁의심판에서 취소결정과 무효확인결정은 그 소급효가 미치는 범위에서 큰 차이가 있으므로 이를 구별하는 것이 타당하다.

(다) 소급효와 제한

헌법재판소법 제67조 제2항은 "국가기관 또는 지방자치단체의 처분을 취소하는 결정은 그 처분의 상대방에 대하여 이미 발생한 효력에는 영향을 미치지 아니 한다"라고 규정한다. 이는 취소결정의 대상이 된 피청구인의 처분은 원칙적으로 소급하여 무효화된다는 것을 전제로 한다. 공적 기관인 피청구인의 처분은 취소결정으로 인하여 소급적으로 효력을 상실하지만, 제3자에 대한 처분을 소급하여 무효화시키면 제3자의 법적 지위와 안정성을 해치게 된다. 이는

93) 정종섭, 헌법소송법, 556~557면.
94) 허영, 헌법소송법론, 354~355면.
95) 김하열, 헌법소송법, 674~675면.
96) 1999. 7. 22. 98헌라4.

국가기관이나 지방자치단체가 당사자가 아닌 제3자를 상대로 처분을 한 경우에 헌법재판소의 취소결정이 소급되는 효력을 제한한 것이다.[97]

취소결정의 소급효가 제한되는 인적 범위는 취소결정의 대상이 되는 처분의 상대방이며, 그 처분의 상대방에는 청구인이 포함되지 않는다. 권한쟁의심판을 청구한 당사자에게는 종국결정의 실효성을 보장해야 하므로 취소결정의 소급효가 그대로 미친다. 따라서 피청구인이 청구인을 상대로 한 처분이나 상대방이 없이 행한 처분은 취소결정으로 인하여 그 법적 효력이 소급하여 소멸하고 그 소급효는 제한되지 않는다. 또한, 취소결정을 할 당시에 이미 발생한 효력만 그대로 인정될 뿐이고, 취소결정이 선고된 이후에도 피청구인이 그 취소된 처분을 다시 할 수 있는 것은 아니다.

무효확인결정에도 소급효가 제한될까. 취소결정은 그 처분을 소급하여 효력을 상실하게 하는 것이고, 무효확인결정은 그 처분이 처음부터 효력이 없음을 확인한 것이다. 취소결정과 무효확인결정은 피청구인의 처분에 대해 형성력을 갖는다. 특히, 무효확인결정은 그 명칭이 '확인결정'임에도 불구하고 재판부의 결정에 따라 비로소 그 처분이 무효화된다. 하지만, 헌법재판소법은 취소결정에 대해서만 소급효를 제한하는 규정을 둘 뿐, 무효확인결정에 대해서는 아무런 규정을 두지 않고 있다. 무효확인결정은 피청구인의 하자가 중대하고 명백하여 처음부터 당연히 무효라는 것을 확인한 것이므로 소급효의 제한이 적용되지 않는다. 따라서 피청구인이 제3자에게 행한 처분이라도 처음부터 무효이며 소급효에 제한이 없다고 해석된다.

(라) 부작위위법확인결정

피청구인의 부작위에 대해 인용결정을 할 경우에는 취소결정이나 무효확인결정을 할 대상이 없으므로 권한의 유무 또는 범위에 대해서만 판단하여 위헌 또는 위법을 확인하는 결정만 할 수 있다. 부작위에 대한 심판청구를 인용하는 결정을 한 때에는 피청구인의 부작위가 위법하다는 것이 확정되고, 피청구인은 그 결정의 취지에 따른 처분을 해야 한다.[98] 이는 피청구인의 부작위에 대한 인용판결의 실효성을 보장하기 위한 것이다.

---

97) 한수웅, 헌법학, 1547~1548면.

98) 헌법재판소법 제66조 제2항.

3. 규범통제형 권한쟁의심판

(1) 권한유무확인결정과 권한범위확인결정

규범통제형 권한쟁의심판은 국회의 입법권한의 유무와 범위에 관한 다툼을 해결하는 권한쟁의심판이다. 국회도 국가기관에 포함되고 국회의 입법작용으로 인하여 다른 국가기관이나 지방자치단체의 권한이 침해될 수 있으므로 재판부는 그 권한침해에 대해 권한의 유무나 범위에 대한 확인결정을 할 수 있다. 이때 권한쟁의심판의 대상은 법률 그 자체가 아니라 법률을 제정하거나 개정하는 행위이다.[99]

재판부가 권한의 유무와 범위에 대해 청구인의 권한침해를 확인하는 인용결정을 한 경우에는 국회의 입법행위가 위헌임을 확인할 수도 있고, 이때 법률의 효력은 상실된다는 견해가 있다.[100] 하지만, 권한침해를 확인하는 결정은 피청구인의 행위를 직접 소멸시키는 형성력을 가지지 않으므로 법률의 효력이 상실되는 것은 아니다. 다만 인용결정의 기속력에 따라 국가기관이나 지방자치단체는 그 법률을 적용할 수 없고, 국회는 인용결정의 기속력에 따라 위헌상태를 제거하고 개선입법할 의무를 부담한다.

헌법재판소는 국회의 입법작용에 대해 입법절차의 하자를 이유로 인용결정을 할 수 있을까. 국회가 헌법이나 법률에서 규정하는 입법절차를 위반하여 제정한 법률은 정당화될 수 없다. 국회가 입법절차를 위반하더라도 그것이 자율권의 범위 내에 해당할 때에는 입법절차의 하자가 법률의 효력에 영향을 미치지 않는다. 하지만, 국회가 입법과정에서 헌법에서 직접 규정된 내용을 무시하거나 중대한 법률을 위반한 경우에는 그 법률로 인하여 청구인의 권한이 침해될 수 있다. 따라서 헌법재판소는 입법절차의 하자가 청구인의 권한을 침해한 경우에는 권한의 유무와 범위에 대해 권한쟁의심판을 청구할 수 있다.[101]

(2) 취소결정과 무효확인결정

규범통제형 권한쟁의심판에서도 권한침해에 대한 결정 이외에 입법행위에

99) 2005. 12. 22. 2004헌라3.
100) 정종섭, 헌법소송법, 553면.
101) 김하열, 헌법소송법, 681면.

대해 취소결정이나 무효확인결정을 할 수 있을까. 헌법재판소법은 규범통제형 권한쟁의심판에 대해서는 별도의 규정을 두지 않고 있다. 헌법재판소가 국회의 입법행위에 대해서도 취소결정을 하거나 무효확인결정을 할 수 있고, 이에 따라 법률은 효력을 상실하게 된다. 이는 위헌법률심판에서 법률에 대해 위헌결정을 한 것과 동일한 효과를 발생시킨다.

헌법재판소가 입법행위에 대해 취소결정이나 무효확인결정을 할 때에는 법률이 무효화된다는 것을 주문에서 명확하게 밝혀야 하고, 모든 국가기관이나 지방자치단체는 기속력에 따라 그 법률을 더 이상 적용해서는 안 된다. 헌법재판소는 국회의 입법행위가 청구인의 권한을 침해한다고 판단하더라도 단지 위헌확인하는 것에 그치고 그 입법행위를 취소하거나 무효확인하는 것은 신중하게 결정해야 한다. 공적 기관의 권한다툼을 해결하는 권한쟁의심판이 규범통제의 수단으로 활용되어서는 안 된다.[102] 국회는 실체적으로 입법형성권을 가지고 절차적으로도 자율권을 가지므로 국회가 스스로 다양한 방법을 선택하여 그 위헌상태를 제거하고 합헌상태를 회복하도록 하는 것이 바람직하다.

헌법재판소는 국회의원과 국회의장간의 권한쟁의에서 국회의장이 표결을 강행하여 법률안을 가결선포한 행위가 국회의원의 법률안 심의·표결권을 침해하였다는 것을 확인하면서도 입법절차에 관한 헌법규정을 명백히 위반한 흠에 해당하는 것이 아니라고 보아 법률안 가결선포행위에 대한 무효확인청구를 기각하였다.[103] 또한, 국회 상임위원회 위원장이 조약비준동의안을 상정한 것이 국회의원의 동의안에 대한 심의권을 침해하였다는 것을 확인하면서도 조약비준동의안 상정행위가 무효는 아니라고 판단하였다.[104]

(3) 인용결정의 의결정족수

규범통제형 권한쟁의심판을 인용하는 경우에는 재판관 6인 이상의 찬성을 필요로 하는 특별정족수에 따라야 할까, 아니면 일반정족수로 충분할까. 규범통제형 권한쟁의심판은 국회의 입법행위에 대해 실질적으로 규범통제의 기능을 하는데, 헌법재판의 유형에 따라 의결정족수가 달라지면서 체계적으로 정합하지 않은 문제가 발생한다. 즉, 법률의 위헌성을 확인하고 무효화하는 절차에

102) 한수웅, 헌법학, 1545~1547면.
103) 2011. 8. 30. 2009헌라7.
104) 2010. 12. 28. 2008헌라6등.

있어서 권한쟁의심판을 통하면 심리에 참석한 재판관 과반수의 찬성으로 충분하지만, 위헌법률심판을 통하면 재판관 6인 이상의 찬성이 필요하게 된다.

국회의 입법행위에 대한 규범통제형 권한쟁의심판에서 인용결정을 할 경우에는 위헌법률심판의 위헌결정과 마찬가지로 재판관 6인 이상의 찬성이 있어야 하는 것으로 해석하는 것이 국회의 입법권을 존중하고 헌법체계적으로도 정합할 수 있다. 하지만, 헌법재판의 의결정족수는 중요한 소송법적 효과를 발생시키므로 법적 근거가 명확해야 한다. 헌법은 재판관 6인 이상의 찬성이 필요한 특별정족수를 요구하는 헌법재판의 유형에 규범통제형 권한쟁의심판을 포함시키지 않고 있고, 헌법재판소법도 권한쟁의심판의 의결정족수에 예외규정을 두지 않고 있다.

헌법이 직접 규정하는 중요한 사항을 헌법규정에 위반하는 해석을 통해 창설할 수는 없다. 권한쟁의심판은 위헌법률심판과 그 헌법재판의 유형과 목적을 달리하므로 반드시 의결정족수를 동일하게 할 필요는 없다. 따라서 규범통제형 권한쟁의심판에서 권한침해의 확인결정을 하는 것은 물론 국회의 입법작용에 대한 취소결정이나 무효확인결정을 하는 경우에도 권한쟁의심판에 필요한 일반적 의결정족수, 즉 심리에 참석한 재판관 과반수의 찬성으로 충분하다고 해석된다.[105]

(4) 인용결정의 기속력

규범통제형 권한쟁의심판에서 재판부가 인용결정을 할 경우에는 권한침해를 확인하는 인용결정만 할 수도 있고, 나아가 피청구인의 처분에 대해 취소결정이나 무효확인결정을 할 수도 있다. 재판부가 권한침해를 확인하는 인용결정만 하고, 별도로 취소결정이나 무효확인결정을 하지 않은 경우 그 기속력의 범위는 어떻게 될까. 국회가 적극적으로 위헌 또는 위법상태를 제거하고 개선입법을 해야 할 의무를 부담할까.

헌법재판소는 국회의원과 국회의장간의 권한쟁의심판사건에서 국회의장의 법안 가결선포행위가 국회의원의 법률안 심의·표결권을 침해한 것으로 확인한 인용결정에 대해 기속력을 인정하면서도 그 기속력에는 국회의장이 구체적으로 특정한 조치를 취할 작위의무가 포함되지 않는다고 판단하고, 국회의장의 부작위가 국회의원의 법률안 심의·표결권을 침해한다는 권한쟁의심판청구를

105) 김하열, 헌법소송법, 683면.

기각하였다.[106] 권한침해의 확인결정이 가지는 기속력은 장래에 어떤 처분을 행할 때 그 결정의 내용을 존중하고 동일한 사정 하에서 동일한 내용의 행위를 하여서는 아니 되는 의무를 부과하는 것에 그치고 적극적인 재처분의무나 결과제거의무를 포함하는 것은 아니라고 한 것이다.

헌법재판소법은 권한쟁의심판의 모든 결정에 기속력을 부여하고 있고, 헌법재판의 실효성을 확보하고 헌법규범의 통일적 질서를 확립하기 위해서는 권한침해를 확인하였음에도 그 위헌 또는 위법한 상태를 제거하지 않은 것은 기속력을 위반한 것이다. 따라서 권한침해를 확인하는 인용결정을 한 경우 그 기속력의 범위는 국회가 적극적으로 위헌·위법을 제거하고 개선입법을 해야 할 의무까지 포함한다고 해석하는 것이 타당하다.

(5) 인용결정과 법률의 실효

(가) 형성력

규범통제형 권한쟁의심판에서 인용결정을 할 경우 법률의 효력이 상실될까. 규범통제형 권한쟁의심판에서 인용결정을 할 경우 그 법률이 실효되는지 여부에 대해서는 권한의 유무와 범위에 관한 결정과 취소결정 또는 무효확인결정을 구분하여 이해해야 한다. 헌법재판소가 권한의 유무와 범위에 대해서만 인용결정을 한 경우에는 국회의 입법행위가 위헌·위법이라는 것을 확인한 것에 불과하므로 법률 그 자체를 실효시킬 수는 없다.

헌법재판소법은 위헌법률심판이나 규범통제형 헌법소원에서 위헌결정을 하는 경우에는 그 법률이 일반적으로 효력을 상실하게 된다는 법규적 효력을 인정하지만, 규범통제적 권한쟁의심판에서는 법규적 효력에 대해 아무런 규정을 두지 않고 있다. 따라서 헌법재판소가 인용결정을 하더라도 법률의 효력은 상실하지 않고 국회가 기속력에 따라 위헌·위법성을 제거하고 개선입법을 해야 할 의무를 부담하게 된다.

헌법재판소가 국회의 입법행위에 대해 취소결정이나 무효확인결정을 하게 되면, 그 법률은 효력을 상실하게 된다. 이는 권한쟁의심판의 종국결정에 따라 발생하는 형성력에 따른 효과이지 법률에 근거를 둔 법규적 효력은 아니다.

---

106) 2010. 11. 25. 2009헌라12.

(나) 장래효의 원칙

규범통제형 권한쟁의심판의 인용결정에 의해 법률이 실효되는 경우에 그 효력은 소급효를 가질까, 장래효를 가질까. 헌법재판소가 권한의 유무와 범위에 대해서만 인용결정을 한 경우에는 법률이 실효되지 않고 국회가 새로운 법률을 제정하거나 개정함으로써 장래적으로 실효된다. 하지만, 취소결정이나 무효확인결정을 한 경우에는 그 형성력에 따라 법률이 실효되므로 소급효가 문제된다.

헌법재판소법은 피청구인의 처분에 대해 취소결정을 한 경우 그 처분의 상대방에 대해 이미 생긴 효력에 영향을 미치지 않도록 소급효를 제한하는데, 이는 법적 안정성과 신뢰보호를 위한 것이다. 국회의 입법행위도 피청구인의 처분에 포함되므로 취소결정이나 무효확인결정은 소급효를 가지며, 취소결정의 경우에만 처분의 상대방에 대하여만 소급효가 제한된다고 해석할 여지가 있다. 하지만, 국회의 입법행위에 있어서 그 상대방은 모든 국가기관과 국민이므로 이들에 대해 이미 발생한 효력을 소급적으로 무효화하는 것은 법적 안정성을 크게 해치게 된다. 이는 입법행위에 대해 취소결정뿐만 아니라 무효확인확인결정을 하는 경우에도 마찬가지다.

국회의 입법행위에 대해 취소결정이나 무효확인결정을 하는 경우에는 그 법률은 장래적으로만 실효되는 것으로 해석하는 것이 타당하다. 다만, 인용결정의 계기를 제공한 당해 권한쟁의심판의 청구인에 대해서는 인용결정의 실효성을 확보하기 위해서 법률은 소급적으로 실효되어야 할 것이다. 법률을 실효시키는 것은 헌법재판의 중요한 사항이므로 규범통제형 권한쟁의심판의 인용결정에 대해서는 헌법이나 법률로써 그 근거를 명확하게 규정해야 한다.

(다) 선결문제로 법률의 위헌여부를 판단하는 경우

헌법재판소가 국가기관이나 지방자치단체의 권한의 유무와 범위에 관한 다툼을 해결하는 과정에서 재판의 전제가 되는 법률이 위헌인지 여부를 선결문제로 판단해야 하는 경우가 발생할 수 있다. 이때 헌법재판소는 그 선결문제에 적용되는 법률의 위헌여부를 판단할 수 있다.

헌법과 헌법재판소법은 이에 대해서도 명시적으로 규정하지 않지만, 헌법재판소는 부수적 규범통제로 위헌심사를 할 수 있다. 헌법재판소는 권한쟁의심판에서 선결문제로 적용되는 법률의 위헌여부를 심사하여 결정이유에서 위헌이 아니라는 취지를 표시한 적이 있다.[107] 하지만, 헌법재판소가 그 법률의 위헌성을 확인하더라도 종국결정의 주문에 표시되지 않으므로 이것만으로는 법률이 실효되는 효력이 발생하지 않는다.

107) 2008. 5. 29. 2005헌라3.

제 5 장 헌법소원심판

제1절 규범적 의미

1. 개념

(1) 법적 근거

헌법은 제111조 제1항 제5호에서 '법률이 정하는 헌법소원에 관한 심판'을 헌법재판소의 관장사항으로 규정한다. 헌법소원이란 공권력의 행사 또는 불행사로 인하여 헌법상 보장된 기본권을 침해받은 자가 헌법재판소에 그 공권력의 위헌여부의 심사를 청구하여 기본권 침해를 구제하는 제도를 말한다. 헌법은 헌법소원의 내용과 범위를 직접 규정하지는 않고 있으며, 구체적인 내용과 심판절차에 대해서는 법률에서 정할 수 있도록 한다.

헌법재판소법 제68조 제1항은 "공권력의 행사 또는 불행사로 인하여 헌법상 보장된 기본권을 침해받은 자는 법원의 재판을 제외하고는 헌법재판소에 헌법소원심판을 청구할 수 있다. 다만, 다른 법률에 구제절차가 있는 경우에는 그 절차를 모두 거친 후에 청구할 수 있다"라고 규정한다.

(2) 기능

헌법소원은 공권력으로부터 개인의 기본권을 보장하는 것이 핵심이다. 국가권력은 헌법적 가치를 실현해야 하고 헌법을 침해해서는 안 된다. 민주적 법치국가에서 기본권을 보장하는 것은 최고의 헌법적 가치이다. 공권력이 기본권을 침해한 경우에 이를 구제하기 위한 수단이 헌법소원이다. 헌법소원은 국가권력으로 하여금 헌법을 준수하고 기본권을 보장하는 임무를 충실히 수행하도록 함으로써 헌법질서를 수호하고, 헌법이 위반되었을 경우에 이를 사법적 구제절차를 통해 바로잡음으로써 헌법의 규범력을 확보하는 기능도 한다.

헌법소원은 1987년 개정된 현행헌법에서 처음으로 도입되었는데, 위헌법률심판과 함께 헌법재판의 중심적 제도로 자리잡았다. 헌법소원은 개인의 기본권을 보장하고 법제도의 개선에 크게 기여하였을 뿐만 아니라 국민의 인권의식을 제고하고 헌법의 기본권 조항이 살아있는 규범으로 작용할 수 있도록 하였다고 평가된다. 헌법소원은 그 법적 성격과 기능을 기준으로 두 가지 유형으로 구분할 수 있다. 권리구제형 헌법소원과 규범통제형 헌법소원이 그것이다. 전자는 기본권의 구제를 직접 목적으로 하고, 후자는 위헌법률심판의 한 방식이다.

2. 유형

(1) 권리구제형 헌법소원

헌법재판소법 제68조 제1항에서는 기본권을 침해받은 자가 그 구제를 청구하는 헌법소원을 규정한다. 이를 '권리구제형 헌법소원'이라고 하고, 일반적으로 헌법소원이라고 하면 이를 의미한다. 권리구제형 헌법소원은 주관소송의 성격이 강하여 공권력의 행사 또는 불행사에 의해 침해된 기본권을 구제하는 것이다. 따라서 기본권이 침해될 가능성이 중요한 적법요건이 되고, 헌법의 기본권 조항이 직접적 위헌심사기준이 된다. 헌법소원의 인용결정은 기속력이 인정되고, 재판부는 공권력의 행사를 취소하거나 공권력의 불행사가 위헌임을 확인할 수 있다. 헌법소원이 청구되면 지정재판부가 그 적법요건을 사전에 심사하고, 변호사강제와 국선대리인제도가 적용된다.

(2) 규범통제형 헌법소원

헌법재판소법 제68조 제2항에서는 당해사건의 당사자가 위헌제청신청을 하였으나 법원으로부터 기각당한 경우에 청구하는 헌법소원을 규정한다. 이를 '규범통제형 헌법소원'이라고 한다. 이는 형식적으로는 헌법소원이지만 실질적으로 위헌법률심판에 해당한다. 권리구제형 헌법소원과 규범통제형 헌법소원은 개인이 헌법재판소에 헌법소원을 청구하며 헌법재판의 일종으로 주관소송의 성격과 객관소송의 성격을 함께 갖는다는 점에서 공통적이지만, 그 법적 성격, 요건, 대상, 범위, 효과는 서로 다르다.

규범통제형 헌법소원은 위헌법률심판의 일종으로 법률이 위헌인지 여부를 심사하는 것이고, 구체적 규범통제를 채택하여 재판의 전제성이 적법요건이 된다. 그 위헌심사기준은 기본권 조항뿐만 아니라 헌법 전체가 포함되며, 위헌결정에 대해서는 기속력과 법규적 효력을 부여한다. 규범통제형 헌법소원은 객관소송의 성격이 강하여 재판부가 직권으로 심판대상과 기준을 조정할 수 있고, 헌법소원의 형식을 취하고 있어 권리구제형 헌법소원과 동일하게 지정재판부의 사전심사를 거치게 하고, 변호사강제와 국선대리인제도를 적용한다.

3. 특징

(1) 주관소송과 객관소송의 조화

헌법소원은 공권력의 행사 또는 불행사로부터 개인의 기본권을 보호하는 것이 핵심이므로 주관소송의 성격이 강하다. 헌법소원은 다른 헌법재판과 달리 청구인이 국가기관과 같은 공적 기관이 아니라 개인이고, 개인의 기본권을 구제하기 위한 것이므로 기본권이 침해될 가능성과 권리보호이익을 적법요건으로 요구한다. 하지만, 헌법소원 역시 헌법재판의 일종으로 주관소송의 성격과 객관소송의 성격을 함께 갖는다. 이러한 특징은 헌법소원의 심판절차에도 반영되는데, 주관소송과 객관소송의 성격을 반영하는 기준과 범위를 명확하게 설정할 필요가 있다.

헌법소원은 개인의 기본권을 구제하는 재판이라는 점에서 본질적으로 주관소송의 성격을 갖는다고 할 수 있다. 하지만, 헌법소원은 대립적 당사자구조를 갖지 않아 서면심리를 원칙으로 하고, 재판부는 청구인의 신청취지를 존중하면서도 청구인의 주장에 국한되지 않고 헌법의 모든 관점에서 공권력에 의해 기본권이 침해되었는지 여부를 심사한다. 적법요건을 판단할 때에도 주관적 권리보호의 이익이 없더라도 객관적 심판이익이 있으면 본안판단을 할 수 있고, 심판대상을 탄력적으로 조정하여 청구인이 위헌확인을 구하지 않은 근거법률도 심판대상으로 확장하거나 공권력의 근거법률까지 위헌결정의 범위를 확대할 수도 있다. 헌법소원의 심판비용도 당사자가 부담하지 않고 원칙적으로 국고로 부담하도록 한다.

(2) 재판소원의 금지와 보충성

헌법재판소법 제68조 제1항은 "공권력의 행사 또는 불행사로 인하여 헌법상 보장된 기본권을 침해받은 자는 법원의 재판을 제외하고는 헌법재판소에 헌법소원심판을 청구할 수 있다. 다만, 다른 법률에 구제절차가 있는 경우에는 그 절차를 모두 거친 후에 청구할 수 있다"라고 규정한다. 헌법소원의 대상에서 법원의 재판을 제외하는 한편, 기본권을 구제하기 위한 다른 절차가 있는 경우에는 먼저 그 절차를 거치도록 보충성을 규정한다.

헌법재판소법이 헌법의 위임에 따라 헌법소원을 구체화하면서 법원의 재판을 헌법소원의 대상에서 제외한 것은 법적 분쟁을 신속하게 해결하고 사법권의 독립을 보장하기 위한 것으로 이해된다. 헌법재판소는 헌법재판소법이 법원의 재판을 헌법소원의 대상에서 제외하도록 규정하는 것은 개인의 재판청구권이나 평등권을 침해하는 것은 아니라고 판단하였다.[1] 한편, 보충성은 법치국가에서 개인의 기본권이 침해된 경우에는 우선 통상의 구제절차를 거치도록 하고 그것이 불가능한 경우에만 헌법소원을 통해 구제하도록 한다. 이는 사법적 구제절차를 체계적으로 정합하게 하고 소송경제를 도모하기 위한 것이다.

법원의 재판을 헌법소원의 대상에서 제외하는 것은 보충성을 적법요건으로 하는 것과 결합되어 재판뿐만 아니라 그 밖의 공권력의 행사에 대해 헌법소원의 관할을 대폭 제한하는 효과가 있다. 기본권을 침해하는 공권력은 대부분 행정작용인데, 개인의 권리나 이익을 침해하는 행정행위는 행정소송의 대상이 된다. 한편, 보충성에 따라 헌법소원을 청구하기 전에 행정소송을 거치도록 하면서 그 행정재판에 대해서는 헌법소원을 금지한다. 이는 행정소송의 대상이 되는 행정작용은 헌법소원의 대상에서 제외되는 결과를 초래한다.

---

1) 2001. 2. 22. 99헌마461등.

제2절 당사자

1. 청구인

(1) 청구인능력

(가) 기본권의 주체

헌법소원을 청구할 수 있는 자는 '헌법상 보장된 기본권을 침해받은 자'이다. 기본권을 실제로 침해받았는지 여부는 헌법소원의 본안판단에서 확정될 수 있으므로 청구권자는 기본권을 침해받을 가능성이 있는 자라고 해석해야 한다. 즉, 기본권의 주체와 동일하다. 기본권의 주체는 청구인이 될 수 있는 일반적이고 추상적인 지위이고, 이를 청구인능력이라고 한다. 기본권의 주체는 원칙적으로 모든 '국민'이지만, 개별적 기본권에서는 구체적 사안에 따라 다양한 형태로 나타난다.

(나) 자연인, 법인, 외국인

대한민국 국적을 갖는 모든 자연인은 헌법소원을 청구할 수 있는 청구인능력을 갖는다. 살아있는 사람만 기본권의 주체가 된다. 헌법재판소는 자궁에 착상하기 전이나 원시선이 나타나기 전까지의 초기배아는 독립된 인격과 개체적 연속성을 확정하기 어렵다는 이유로 기본권의 주체성을 부인하지만, 태아에 대해서는 생명권의 주체가 된다고 인정하였다.[2] 또한, 사자(死者)의 인격적 가치는 보호되어야 하고, 그 명예나 평가는 그 후손들의 인격권의 내용이 된다고 판단하였으며,[3] 사후에 자신의 생전 의사에 관계없이 인수자가 없는 시체를 해부용으로 제공하도록 규정한 법률은 청구인의 시체의 처분에 관한 자기결정권을 침해한다고 판단하였다.[4] 이는 사자의 인격적 가치를 존중하지만, 사자가 기본권의 주체가 되지는 않는다고 판단한 것으로 이해된다.

사단이나 재단과 같은 법인, 권리능력 없는 단체는 물론 정당이나 노동조합과 같은 단체도 기본권의 성질에 따라 기본권의 주체가 될 수 있지만, 독립

2) 2010. 5. 27. 2005헌마346.
3) 2018. 5. 31. 2016헌마626.
4) 2015. 11. 26. 2012헌마940.

된 단체의 부분기관은 기본권의 주체가 될 수 없다.[5] 정당도 기본권의 주체가 되고, 정당등록이 취소되더라도 등록정당에 준하는 권리능력 없는 사단으로서 실질을 유지하는 경우에는 헌법소원의 청구인능력이 인정된다.[6] 재외국민은 물론 외국인이나 무국적자도 기본권의 종류와 사안에 따라 인간의 존엄과 가치, 행복추구권, 신체의 자유, 거주의 자유, 재판청구권, 변호인의 조력을 받을 권리 등 기본권의 주체가 될 수 있다.[7]

(다) 공적 기관

공적 기관도 헌법소원을 청구할 수 있을까. 헌법소원은 공권력의 행사 또는 불행사로 인하여 기본권을 침해받은 자가 권리구제를 위해 청구하는 것이다. 국가와 국가기관 등 공적 기관은 공권력을 행사하는 주체로서 기본권을 보장해야 하는 수범자이지 기본권의 주체가 아니다. 따라서 국가, 국가기관, 지방자치단체 등 공적 기관은 헌법소원을 청구할 수 없다. 공무원이나 공법인도 국가기관의 구성원이나 공적 기관으로 공권력의 주체이므로 헌법소원을 청구할 수 없다.[8] 기본권의 주체인 사인(私人)도 공무수탁인으로 공무를 수행하는 특별한 지위에서 행위하는 범위에서는 기본권의 주체가 아니므로 헌법소원을 청구할 수 없다.

헌법소원의 청구권자인지 여부는 특정한 사안에서 기본권의 주체로 인정되는지에 따라 확정되므로 공적 기관도 기본권의 주체가 될 수 있는 예외적인 경우에는 그 범위에서 헌법소원을 청구할 수 있다. 어떤 경우에 기본권의 주체가 되는지는 개별 사안에 적용되는 기본권의 종류, 직무상 공적 행위와 사적 행위의 구별가능성, 공적 기관의 직무내용과 기본권과의 관련성 등을 종합적으로 고려하여 결정해야 한다.[9]

헌법재판소는 국회의원, 국회상임위원회, 교육위원회와 교육위원, 지방자치단체, 지방의회와 지방자치단체의 장, 경찰공무원 등을 헌법소원의 청구권자가 아니라고 판단하였다.[10] 하지만, 공권력의 주체라고 하더라도 서울대학교는 학문의 자유 및 대학자치의 주체가 되고, 한국방송공사는 방송의 자유가 주체

5) 2014. 1. 28. 2012헌마431등.
6) 2006. 3. 30. 2004헌마246.
7) 2018. 5. 31. 2014헌마346.
8) 2001. 1. 18. 2000헌마149.
9) 2013. 9. 26. 2012헌마271.
10) 2000. 8. 31. 2000헌마156.

가 된다고 보아 헌법소원의 청구권자로 인정하였다.[11] 결국, 공적 기관이라도 헌법소원의 청구권자가 될 수 있는지 여부는 그 형식적 지위를 기준으로 판단할 것이 아니라 개별적 사안에서 실질적으로 기본권의 주체가 되는지를 기준으로 판단해야 한다.

(2) 청구인적격

기본권의 주체는 자신의 기본권이 침해되었을 경우에 헌법소원을 청구할 수 있다. 기본권의 주체는 청구인이 될 수 있는 일반적이고 추상적인 지위이고, 기본권의 주체가 개별적인 사건에서 구체적으로 기본권이 침해된 때에만 현실적으로 헌법소원을 청구할 수 있다. 전자는 청구인능력이고 후자는 청구인적격이다.

헌법소원을 청구하는 것은 소송행위이므로 소송행위능력이 필요하고, 기본권의 주체라도 소송행위능력이 있어야 청구인적격을 갖는다. 헌법소원에 공동참가하는 경우에는 참가인도 청구인인 피참가인과 마찬가지로 청구인적격을 갖추어야 하며, 공동참가의 요건을 갖추지 못하였더라도 보조참가의 요건을 갖춘 경우에는 보조참가로 인정될 수 있다.[12]

헌법소원에서 청구인적격은 현실적으로 심판절차에서 소송수행을 하는 자격과는 다르다. 헌법소원은 변호사강제를 채택하여 청구인적격을 갖더라도 스스로 변호사자격을 보유하거나 청구권자가 선임한 변호사인 대리인, 그리고 국선대리인만 소송수행을 할 수 있다.

2. 피청구인

(1) 피청구인능력

(가) 공권력의 주체

헌법소원은 특정한 공권력의 행사 또는 불행사가 청구인의 기본권을 침해하였는지 여부를 심판하고, 청구인은 공권력을 행사 또는 불행사한 주체를 상대로 헌법소원을 청구한다. 공권력의 주체는 피청구인이 될 수 있는 일반적이

---

11) 2015. 12. 23. 2014헌마1149.

12) 2008. 2. 28. 2005헌마872등.

고 추상적인 지위이고, 이를 피청구인능력이라고 한다. 공권력의 주체가 실제로 기본권을 침해했는지 여부는 헌법소원의 본안판단에서 확정된다.

공권력이란 국가나 공공단체가 우월한 지위에서 국민에 대해 명령하거나 강제하는 권력을 말한다. 공권력을 행사 또는 불행사하는 주체는 헌법소원의 피청구인이 되므로 공권력의 주체를 확정하는 것이 필요하다. 공권력의 주체는 공권력을 행사하여 국민의 권리의무에 영향을 미치며, 법률관계를 형성·변경·소멸시키는 법적 효과를 발생시킨다. 국가기관으로서 입법작용, 행정작용, 사법작용과 같은 국가작용을 담당하는 국회, 정부, 법원, 헌법재판소가 대표적인 공권력의 주체이다. 공권력은 대한민국의 공적 기관에 의해 행사되는 권력이므로 외국, 외국기관, 국제기관은 공권력의 주체가 될 수 없다.[13]

(나) 실질적 기준

공권력의 주체가 되는지 여부는 그 명칭과 관계없이 실질적으로 공권력을 행사할 수 있는 법적 지위를 기준으로 판단해야 한다. 국가기관과 지방자치단체는 물론 그 소속기관이나 국가인권위원회나 공정거래위원회와 같은 각종 위원회도 법률에 근거한 권한을 행사한 경우에는 공권력의 주체가 된다. 공법인과 국립대학교와 같은 영조물은 물론 공무원과 같은 개인도 공권력을 행사하는 지위에서는 그 범위에서 공권력의 주체가 된다.

헌법재판소는 대통령선거방송토론위원회는 공직선거법에 따라 설립되고 그에 따른 법적 의무를 수행하는 공권력의 주체이므로 방송토론회를 개최하기로 정한 결정과 그 공표행위는 헌법소원의 대상이 되는 공권력의 행사라고 판단하였다.[14] 법학전문대학원협의회도 적성시험의 주관 및 시행에 관해서는 교육과학기술부장관의 지정 및 권한의 위탁에 의해 관련 업무를 수행하는 공권력 행사의 주체라고 판단하였다.[15]

공권력의 주체와 독립하여 권한을 행사할 수 없는 그 내부기관은 그 행위가 공적 기관 내부적으로만 효력을 미치므로 공권력의 주체가 될 수 없다. 기본권의 주체인 개인은 공권력의 주체가 되지 않으며, 정당도 정치적 기능을 담당하지만 법적으로는 권리능력 없는 단체이므로 공권력의 주체가 될 수 없다.

13) 1997. 9. 25. 96헌마159.
14) 1998. 8. 27. 97헌마372.
15) 2010. 4. 29. 2009헌마399.

(2) 피청구인적격

공권력의 주체는 피청구인이 될 수 있는 일반적이고 추상적인 지위이고, 공권력의 주체가 개별적인 사건에서 구체적으로 권한을 행사하거나 불행사하여 기본권을 제한하는 경우에만 현실적으로 헌법소원의 피청구인이 될 수 있다. 전자는 피청구인능력이고 후자는 피청구인적격이다. 헌법소원은 청구인이 피청구인을 상대로 청구해야 적법하다. 헌법재판소는 청구서에 기재된 피청구인이나 청구취지에 구애되지 않고 청구인의 주장요지를 종합적으로 고려하여 피청구인과 기본권을 침해하는 공권력을 직권으로 조사하여 피청구인을 확정해야 한다.[16]

제3절 심판대상

1. 공권력의 행사 또는 불행사

(1) 권력작용과 비권력작용

헌법소원의 대상은 공권력의 행사 또는 불행사인데, 공권력이란 국기기관이나 공공단체의 고권적 작용을 말한다. 공권력의 주체가 행하는 국가작용이라도 모두 헌법소원의 대상이 되는 공권력의 행사에 포함되는 것은 아니다. 공권력의 행사에 해당되는지 여부는 국가작용의 형식과 유형에 따라 결정할 수 있다. 하지만, 이는 절대적인 기준이 아니며 개인의 기본권이 실질적으로 제한될 수 있는지 여부에 따라 판단해야 한다. 헌법소원의 본질은 공권력의 주체에 대한 법적 책임을 묻는 것이 아니라 개인의 기본권이 침해된 경우에 이를 구제하는 것이기 때문이다.

공권력의 주체가 행하는 국가작용은 권력작용과 비권력작용으로 구분된다. 권력작용은 국가가 우월한 지위에서 국민에게 일방적으로 명령하거나 의무를 부과하는 행위로 공권력의 행사에 포함된다. 비권력작용은 국가가 우월한 지위가 아니라 사인(私人)과 대등한 지위에서 사법적 관계를 맺는 행위이다. 비권력작용은 관리작용과 국고작용으로 구분된다. 관리작용은 공권력의 주체가

16) 1993. 5. 13. 91헌마190.

공물이나 공기업 등을 관리하고 경영하는 작용이며, 국고작용은 공권력의 주체가 단순한 재산권의 주체로서 개인과 물품을 구매하는 것과 같이 사적인 거래를 하는 작용이다. 한편, 국고작용은 전기나 수도의 공급과 같은 사법행정과 영리활동이나 물자조달과 같은 순수한 사법행위로 구분된다.

공권력의 주체가 행하는 모든 국가작용은 개인의 기본권을 보장해야 하므로 원칙적으로 공권력에 해당한다. 특히, 공권력의 주체가 행하는 권력작용, 관리작용은 원칙적으로 공권력의 행사에 포함된다. 다만, 관리작용이라도 실질적으로 기본권을 침해할 가능성이 없으면 공권력의 행사에 포함되지 않는다. 국고작용은 공권력의 주체가 행하는 것이라도 사인의 행위와 본질적으로 동일하므로 원칙적으로 공권력의 행사에 포함되지 않지만, 공익적 성격을 가지고 기본권을 침해할 가능성이 있으면 공권력의 행사에 포함된다.

헌법재판소는 한국방송공사가 특별한 공법적 규율을 받지 않고 자율적으로 직원채용을 할 수 있는 경우에 그 사전절차로 채용시험의 응시자격을 정하여 공고하는 것은 사법행위에 해당하므로 헌법소원의 대상이 되는 공권력의 행사가 아니라고 판단하였다.[17] 정부투자기관의 출자로 설립된 회사의 내부적 고용관계에 관한 사항은, 이를 규율하는 특별한 공법적 규정이 존재하지 않는 한, 원칙적으로 사법관계에 속하므로 직원에 대해 인사의 차별이나 해고를 한 행위도 공권력의 행사가 아니라고 판단하였다.[18]

(2) 대외적 권한행사

헌법소원은 개인의 기본권을 침해하였는지 여부를 심판하는 것이므로 공권력의 주체가 행하는 대외적인 권한행사만 공권력의 행사에 포함된다. 공권력의 행위라도 내부적 의사결정이나 행위는 원칙적으로 대외적 구속력을 갖지 않고 국민에 대해 직접 권리의무나 법률관계의 변동을 발생시키지 않으므로 헌법소원의 대상이 되는 공권력의 행사에는 해당하지 않는다. 이때에도 대외적 권한인지 내부적 행위인지를 구별하기는 쉽지 않으므로 실질적으로 국민의 권리와 의무에 영향을 미치는지 여부에 따라 공권력의 행사에 해당하는지를 판단해야 한다.[19]

---

17) 2006. 11. 30. 2005헌마855.

18) 2002. 3. 28. 2001헌마464.

19) 1993. 5. 13. 91헌마190.

공직선거에서의 개표행위는 공권력의 준비행위 내지 부수행위이고 투표결과를 집계하기 위한 단순한 사실행위에 불과하여 공권력의 행사에 포함되지 않는다.[20] 정부의 법률안 제출이나 예산안 편성은 공권력을 행사하는 과정에서 발생하는 내부적 행위에 불과하므로 공권력의 행사에 해당되지 않는다.[21] 정부의 정부투자기관에 대한 감독행위 역시 내부적 의사결정으로 국민의 권리의무와 무관하고, 기획예산처장관의 정부투자기관에 대한 예산편성지침, 그 통보행위, 예산배정유보방침의 통보행위도 정부투자기관에 대한 내부적 감독작용에 해당할 뿐이고 국민의 권리와 의무에 구체적으로 영향을 미치지 않으므로 공권력의 행사가 아니다.[22] 수사기관이 행정기관에게 사실조회하는 행위는 개인의 법률관계나 법적 지위를 불리하게 변화시키는 것이 아니고, 행정기관의 자발적인 협조가 있어야 비로소 개인정보자기결정권이 제한되므로 공권력의 행사에 해당되지 않는다.[23]

(3) 구체적으로 기본권과 관련될 것

공권력의 주체가 행한 권한행사가 형식적으로 공권력의 행사에 해당하는 성격을 가지는 경우에도 모두 헌법소원의 대상이 되는 것은 아니다. 공권력의 행사가 헌법소원의 대상이 되기 위해서는 구체적으로 기본권과 관련되어 그 기본권을 침해할 가능성이 있어야 한다. 공권력의 주체가 법령에 근거해서 행사할 수 있는 법적 지위나 상태 그 자체는 공권력의 행사라고 할 수 없고, 공권력의 권한행사가 일반적이고 추상적이어서 기본권과 관련을 맺지 않을 경우에도 공권력의 행사에 포함되지 않는다. 국회의 입법작용도 공권력의 행사에 포함될 수 있지만, 개인의 기본권은 국회가 제정한 법률로 인하여 비로소 침해될 가능성이 있으므로 구체적인 입법작용으로 제정한 법률이 존재해야 한다.

공권력의 행사에 포함되는지 여부는 권한행사의 형식이 아니라 그 실질적 효력을 기준으로 판단해야 한다. 즉, 국민의 권리와 의무에 대해 직접적인 법률효과를 발생시켜 개인의 법률관계나 법적 지위를 불리하게 변화시키는 것만 공권력의 행사에 포함된다.[24] 공권력의 행사라고 해도 애당초 기본권과 관련이

20) 2016. 3. 31. 2015헌마1056.
21) 2017. 5. 25. 2016헌마383.
22) 2002. 1. 31. 2001헌마228.
23) 2018. 8. 30. 2016헌마483.
24) 2012. 8. 23. 2010헌마439.

없는 것은 헌법소원의 대상이 될 수 없으며, 피청구인에게 그 공권력을 행사할 권한이 없는 경우에는 헌법소원의 대상이 되는 '공권력의 행사'에 해당하지 않는다.[25]

(4) 공권력의 불행사

공권력의 주체가 적극적 작위로 행위하는 공권력의 행사뿐만 아니라 소극적 부작위로 행위하는 공권력의 불행사도 헌법소원의 대상이 된다. 기본권은 일반적으로 공권력의 행사에 의해 침해되고 그 불행사에 의해서는 침해되지 않는다. 하지만, 공권력이 행사되지 않아 기본권이 침해되는 경우도 있다. 특히, 사회권의 경우에는 공권력의 행사로 인하여 비로소 보장되기 때문에 그 불행사가 기본권을 침해하게 된다.

공권력의 불행사는 단순한 부작위를 의미하는 것이 아니라 공권력의 주체에게 작위의무가 있음에도 불구하고 그 의무를 위반한 것이다. 이때 작위의무는 헌법의 규정이나 해석에 의해 공권력에 부과된다. 공권력의 주체에게 작위의무가 있다고 하더라도 기본권의 주체가 공권력의 주체에 대해 작위의무를 이행할 것을 청구할 수 있는 것은 아니다.[26] 공권력의 불행사가 헌법적 작위의무를 위반하고 그것이 기본권을 침해한 경우에는 헌법소원을 청구할 수 있고 반드시 기본권의 주체가 공권력의 행사를 청구할 수 있는 권리를 가져야 하는 것은 아니다.

헌법재판소는 재일 한국인 피징용부상자의 일본에 대한 보상청구권에 관한 한일청구권협정의 해석을 둘러싼 양국간 분쟁을 해결하기 위해 정부가 중재회부라는 특정한 방법을 취할 작위의무가 없다는 이유로 헌법소원의 대상이 아니라고 판단하였다.[27] 하지만, 일본위안부피해자의 일본에 대한 배상청구권에 관한 한일청구권협정의 해석을 둘러싼 양국간 분쟁을 해결하기 위해서는 정부가 외교적 행위를 통해 해결해야 할 작위의무가 있다고 판단하고 부작위위헌결정을 선고하였다.[28]

---

25) 2019. 2. 28. 2015헌마1204.
26) 1992. 10. 1. 90헌마5.
27) 2000. 3. 30. 98헌마206.
28) 2011. 8. 30. 2006헌마788.

2. 행정작용

(1) 행정처분

(가) 원칙적 가능, 현실적으로 제한

행정처분은 행정청이 행하는 구체적 사실에 관한 법집행행위로서 전형적인 권력적 행정작용에 해당한다. 행정처분은 공권력의 행사 또는 그 거부와 그 밖에 이에 준하는 행정작용 및 행정심판에 대한 재결을 포함하는데, 원칙적으로 항고소송의 대상이 된다.[29] 개인의 기본권과 밀접한 관련이 있는 공권력의 행사는 대부분 행정작용에 대한 것이고, 행정작용의 대부분은 행정처분으로 항고소송의 대상이 된다. 하지만, 현실적으로 행정처분은 헌법소원의 대상이 되기 어렵다. 헌법소원은 보충성에 따라 법원의 재판을 거쳐야 하고, 그 재판은 헌법소원의 대상에서 제외하기 때문이다.

행정처분이 기본권을 침해한 경우에 청구인은 다른 법률에 구제절차가 있는 경우에는 그 절차를 모두 거친 후에만 헌법소원을 청구할 수 있는데, 행정처분은 대부분 행정소송을 통해 구제받을 수 있다. 행정소송의 결과인 행정재판에 대해서는 헌법소원을 청구할 수 없다. 행정소송의 대상이 되는 행정처분에 대해 헌법소원을 청구하면 보충성에 위반되므로 각하결정을 하고, 행정소송의 결과인 행정재판에 대해 헌법소원을 청구해도 부적법하여 각하결정을 한다. 결국, 행정처분 중에서 행정소송의 대상이 되지 않는 것만 헌법소원의 대상이 되는 공권력의 행사가 된다.

(나) 행정심판의 재결

행정처분에는 행정심판위원회의 재결도 포함된다. 헌법소원에서는 행정소송법을 준용하는데, 원처분주의에 따라 헌법소원의 대상이 제한될 수 있다. 원처분주의란 행정처분에 대해 행정심판을 거쳐 취소소송을 제기할 경우 그 행정처분이 대상이 되어야 하고, 행정심판의 결과인 재결은 그 자체에 고유한 위법이 있는 경우에 한하여 취소소송의 대상이 된다는 것이다. 행정처분에 대한 재결은 그 자체의 고유한 위헌사유가 있는 경우에만 헌법소원의 대상이 된다.[30]

---

29) 행정소송법 제2조 제1항 제1호.

30) 2016. 4. 28. 2013헌마870.

이때에도 행정처분에 대한 재결이 행정소송의 대상이 되는 경우에는 헌법소원의 대상이 되지 않는다.

(다) 거부처분도 포함

행정청의 거부처분은 개인이 공권력을 행사해 줄 것을 신청하였으나 이를 거부하는 행정청의 행위이다. 거부처분은 개인의 신청을 거부하는 것이므로 적극적인 작위처분이지 공권력의 불행사가 아니다. 개인이 행정청에 대해 특정한 처분을 요구할 수 있는 권리가 존재하고, 그에 근거하여 신청하였음에도 행정기관이 적극적으로 거부하는 것이지 소극적으로 부작위에 머무는 것이 아니다.[31]

거부처분이 공권력의 행사가 되기 위해서는 개인에게 행정청에 대해 신청에 따른 행위를 해 줄 것을 요구할 법규상 또는 조리상 권리가 있어야 한다.[32] 하지만, 거부처분은 행정소송의 대상이 되므로 행정처분과 마찬가지로 행정소송의 대상이 되지 않는 경우에만 헌법소원의 대상이 될 수 있다.[33]

(2) 공법상 사실행위

(가) 권력적 사실행위와 비권력적 사실행위

공법상 사실행위란 일정한 법적 효과의 발생을 목적으로 하는 것이 아니라 직접 특정한 사실적 결과의 실현을 목적으로 하는 행정작용을 말한다. 공법상 사실행위는 권력적 사실행위와 비권력적 사실행위로 구분된다. 전자는 행정청이 우월한 지위에서 일방적으로 강제하는 사실행위이고, 후자는 당사자의 동의에 기초하여 강제력이 없거나 단순한 정보제공 행위와 같이 대외적 구속력이 없는 사실행위이다. 권력적 사실행위는 공권력의 행사에 포함되어 헌법소원의 대상이 되지만, 비권력적 사실행위는 공권력의 행사에 포함되지 않는다.[34]

권력적 사실행위와 비권력적 사실행위를 명확하게 구별하기는 쉽지 않다. 행정주체와 상대방과 관계, 사실행위에 대한 상대방의 의사·관여정도·태도, 사실행위의 목적·경위, 법령에 의한 명령·강제수단의 발동 가부 등 여러 사정을 종합적으로 고려하여 권력적 사실행위인지 여부를 판단해야 한다.[35] 하지

31) 2000. 2. 24. 97헌마13.
32) 대법원 1990. 9. 28. 89누8101.
33) 2004. 2. 24. 97헌마13등.
34) 2014. 5. 29. 2013헌마280.
35) 2014. 5. 29. 2013헌마280.

만, 비권력적 사실행위라도 실질적으로 개인에게 구속력을 가지는 경우에는 예외적으로 헌법소원의 대상이 될 수 있으므로 그 구별은 상대적이다.

(나) 심판이익이 인정되는 경우

권력적 사실행위가 공권력의 행사에 해당하는 경우에도 헌법소원을 청구하기 어려운 경우가 많다. 권력적 사실행위에 대해 헌법소원을 청구하더라도 이미 사실행위가 종료된 경우가 많고, 이때에는 권리구제의 실익이 없기 때문이다. 이때 헌법재판소는 그 행위로 인하여 기본권 침해가 반복될 위험이 있거나 헌법적 해명이 긴요하다고 판단할 경우에는 심판이익을 인정하여 본안판단을 할 수 있다.[36] 또한, 권력적 사실행위는 보충성의 예외에 해당하는 경우도 많다. 권력적 사실행위는 법적 효과를 발생시키는 것이 아니어서 행정소송의 대상이 되는지가 불명확한 경우가 많다. 또한, 행정소송을 제기하더라도 사실행위가 종료되어 권리보호의 이익이 없을 때가 많아 행정소송을 통해 구제받기 어려운 경우가 많다. 이때에는 보충성의 예외에 해당하여 헌법소원을 청구할 수 있다.

(3) 행정계획, 행정지도, 공고 등

현대국가는 행정영역이 전문화하고 복잡하게 되어 행정작용의 형식도 다양하게 나타난다. 행정청의 행정작용이 공권력의 행사에 포함되는지 여부는 그 형식적 측면만 고려하여 판단할 것이 아니라 관련된 법률의 규정 등을 반영하여 그 실질적 효력을 기준으로 기본권을 침해할 가능성이 있는지 여부를 판단하여 헌법소원의 심판대상이 되는지 여부를 결정해야 한다.

첫째, 행정계획이란 행정주체가 일정한 행정활동을 위한 목표를 설정하고, 행정수단의 조정과 종합화의 과정을 통해 그 목표를 실현하기 위한 활동기준 또는 이를 설정하는 행위를 말한다. 행정계획에는 구속적 행정계획과 비구속적 행정계획이 있다. 전자는 공권력의 행사로서 헌법소원의 대상이 되지만, 후자는 공권력의 행사에 해당되지 않는다. 비구속적 행정계획은 사실상의 준비행위나 사전안내 또는 행정기관의 내부지침에 지나지 않아 기본권을 침해할 여지가 없기 때문이다.

비구속적 행정계획이더라도 기본권에 직접 영향을 끼치고, 앞으로 법령에

36) 2005. 5. 26. 2001헌마728.

의해 그대로 실시될 것이 틀림없을 것으로 예상되는 때에는 공권력의 행사에 해당되어 헌법소원의 대상이 된다.[37] 행정계획이 구속적인지 비구속적인지는 상대적이므로 그것이 헌법소원의 대상이 되는지 여부는 실질적으로 기본권을 침해할 가능성이 있는지를 기준으로 판단해야 한다. 하지만, 이때에도 행정소송의 대상이 되는 경우에는 보충성과 재판소원의 금지에 따라 헌법소원의 대상이 되지 않을 수 있다.[38]

둘째, 행정지도란 행정청이 권력적·법적 행위에 의하지 않고 행정목적을 달성하기 위한 규제·유도의 수단으로서 일정한 행위를 하거나 하지 아니하도록 지도, 권고, 조언 등 협력을 구하는 행정작용을 말한다. 행정지도는 비권력적 사실행위로서 법적 효과를 발생시키지 않으므로 공권력의 행사에 포함되지 않는다. 다만, 행정지도에 따르지 않을 경우에 일정한 불이익조치를 예정하고 있어 사실상 상대방에게 그에 따를 의무를 부과하는 것과 다를 것이 없어 단순한 행정지도로서의 한계를 넘어 규제적·구속적 성격을 갖는 경우에는 헌법소원의 대상이 된다.[39]

셋째, 행정상 공고는 행정청이 광고나 게시 등에 의하여 어떤 사항을 널리 일반 대중에게 알리는 행위를 말한다. 공고는 일반적으로 법령의 규정을 단순히 확인하는 의미만 가지거나 이미 결정된 사항을 단순히 알리는 것이며, 비권력적 사실행위로서 공권력의 행사에 포함되지 않는다. 행정청이 대외적 구속력이 없는 행정관청 내부의 해석지침을 공고하는 것이나 행정청의 질의회신도 마찬가지다.[40]

공고가 법령에 근거하여 법령의 내용을 구체적으로 보충하거나 세부적인 사항을 확정하는 것으로서 공고에 의해 비로소 구체적인 법적 효과가 발생하는 경우에는 공권력의 행사에 해당된다.[41] 행정상 공고 역시 기본권에 직접 영향을 끼치고, 앞으로 법령에 의해 그대로 실시될 것이 틀림없을 것으로 예상되는 때에는 공권력의 행사에 해당되어 헌법소원의 대상이 된다.[42]

---

37) 2011. 12. 29. 2009헌마330.

38) 2012. 3. 20. 2012헌마186.

39) 2011. 12. 29. 2009헌마330.

40) 2001. 2. 22. 2000헌마29.

41) 2012. 5. 31. 2010헌마139.

42) 2008. 9. 25. 2008헌마456.

(4) 행정부작위

(가) 헌법에서 유래하는 작위의무의 위반

행정부작위는 행정청이 행정작용을 해야 할 법적 의무가 있음에도 이에 위반하여 아무런 행정작용을 하지 않은 것으로 공권력의 불행사에 해당하므로 헌법소원의 대상이 된다. 이때 행정부작위는 공권력의 주체에게 헌법에서 유래하는 작위의무가 특별히 구체적으로 부과되고, 이에 근거하여 기본권의 주체가 행정행위를 청구할 수 있음에도 공권력의 주체가 그 의무를 해태하는 경우를 말한다.[43] 헌법이 직접 행정청의 작위의무를 명문으로 규정하고 있는 경우, 헌법해석에 의해 작위의무가 도출되는 경우, 그리고 법령에 구체적으로 작위의무를 규정하는 경우를 포함한다.[44]

사인(私人)이 개인의 기본권을 침해하는 결과를 초래한 경우에는 공권력의 행사가 아니므로 헌법소원을 청구할 수 없지만, 이에 대해 국가가 공권력을 행사하였더라면 사인에 의한 기본권의 침해가 제거될 수 있었음에도 공권력을 행사하지 않아 사인에 의한 기본권의 침해상태가 계속되는 경우에는 그 행정부작위는 공권력의 불행사에 해당된다.[45] 행정청이 작위의무를 부담하지 않는 단순한 부작위는 공권력의 불행사에 포함되지 않는다.

(나) 기속행위는 작위의무 인정, 재량행위는 작위의무 불인정

공권력의 주체에게 헌법에서 유래하는 작위의무가 있는지 여부는 일차적으로 헌법과 법령의 규정형식에 따라 다르게 판단된다. 헌법과 법령에 행정청의 작위의무가 국민에 대한 기속행위로 규정되어 있는 경우에는 그 작위의무가 인정되지만, 법령에 행정청의 작위의무가 재량행위로 규정되어 있는 경우에는 작위의무가 인정되지 않는다. 재량행위는 행정청의 공익과 합목적성에 관한 판단으로서 재량을 그르친 행위는 위법이 아니라 부당한 것에 그친다.

재량행위인지 여부는 법령의 적용 방법, 행위의 성질·내용 등에 비추어 구체적으로 판단할 수밖에 없지만, 재량행위라 할지라도 행정청이 재량권을 남용하거나 재량권의 한계를 넘어선 행위를 한 경우에는 위법한 행위가 될 수 있다. 이때에는 재량행위의 부작위로 인하여 개인에 대해 기본권을 침해할 수 있

43) 2007. 7. 26. 2005헌마501.

44) 2018. 3. 29. 2016헌마795.

45) 1997. 3. 27. 94헌마277.

고, 이는 실질적으로는 기속행위로 해석해야 하므로 작위의무가 인정될 수 있다.

(다) 보충성과 관계

행정부작위가 헌법소원의 대상이 되는 경우에도 보충성의 요건을 적용하여 실제로는 적법요건을 갖추지 못한 경우가 발생할 가능성이 크다. 행정부작위는 행정소송인 부작위위법확인소송의 대상이 될 수 있고, 그에 대한 재판소원은 금지되기 때문이다. 부작위위법확인소송의 대상이 되는 부작위란 행정청이 당사자의 신청에 대하여 상당한 기간 내에 일정한 처분을 하여야 할 법률상 의무가 있음에도 불구하고 이를 하지 아니하는 것을 말한다.[46]

대법원은 당사자의 법규상 또는 조리상 권리에 따른 신청에 대해 행정청이 상당한 기간 안에 일정한 처분을 하여야 할 법규상 또는 조리상 의무가 있는데도 그 신청을 인용하거나 기각하는 처분을 하지 않으면 행정소송의 대상이 되는 부작위에 해당한다고 판단하였다.[47] 당사자가 행정청에 대해 처분을 신청하지 않았을 경우에는 부작위위법확인소송의 대상이 되지 않으므로 그 행정부작위는 헌법소원의 대상이 될 수 있다.[48]

(5) 검사의 불기소처분

(가) 원칙적 불인정, 예외적 인정

검사는 수사의 주체로서 수사결과를 기초로 사건을 기소처분하거나 불기소처분한다. 검사가 공소를 제기하거나 약식명령을 청구하는 기소처분을 한 경우에는 법원의 재판절차를 통해 사법적 판단을 받게 되고, 그 재판은 헌법소원의 대상에서 제외되므로 기소처분에 대해서는 헌법소원을 청구할 수 없다.[49] 검사가 불기소처분을 한 경우에는 개인의 기본권을 침해할 가능성이 있어 헌법소원의 대상이 된다. 형사소송절차에서는 검사의 기소독점주의와 기소편의주의가 채택되어 검사가 불기소처분을 할 경우에는 형사피해자의 재판절차진술권이나 평등권과 같은 사건관계인의 기본권이 침해될 가능성이 있기 때문이다.

헌법재판소는 행정작용 중 검사의 불기소처분에 대해 다수의 헌법소원을 처리하였다. 검사의 불기소처분은 형사피해자의 재판절차진술권과 고소인과 같

46) 행정소송법 제4조 제3호, 제2조 제1항 제2호.
47) 2000. 2. 25. 99두11455.
48) 김하열, 헌법소송법, 484면.
49) 2012. 7. 26. 2011헌바268.

은 사건관계인의 평등권을 침해할 수 있다는 이유로 위헌결정을 한 사례가 많았다. 하지만, 2008년 개정 형사소송법이 시행되어 재정신청의 대상을 대폭 확대함으로써 검사의 불기소처분에 대한 헌법소원은 대폭 감소하였다. 즉, 고소인은 모든 범죄에 대해, 고발인은 형법상 공무원 직무에 관한 죄 중 직권남용(형법 제123조), 불법체포 · 감금(형법 제124조), 폭행 · 가혹행위(형법 제125조)에 대해 검사가 불기소처분을 하면 고등법원에 불기소처분의 당부에 관한 재정을 신청을 할 수 있게 되었다.[50)]

재정신청에 대해서는 법원이 재판을 하게 되고, 재판은 헌법소원의 대상에서 제외된다. 헌법소원에서는 재정신청을 통한 권리구제가 확대되어 그만큼 헌법소원의 대상도 축소된 것이다. 하지만, 재정신청을 통해 구제받을 수 없는 경우에는 여전히 검사의 불기소처분에 대해 헌법소원을 청구할 수 있다. 검사의 불기소처분에 대해 헌법소원을 청구할 수 있는지에 대해서는 피해자와 피의자를 구별하여 판단해야 한다.

(나) 피해자의 경우

피해자의 경우에는 검사의 불기소처분으로 인하여 재판절차진술권이 침해될 수 있다. 이때에도 피해자가 고소인인지 여부에 따라 헌법소원을 청구할 수 있는지 여부가 달리 결정된다.

먼저, 피해자가 고소인인 경우에는 모든 범죄에 대해 검찰에 항고와 재항고를 거쳐 고등법원에 재정신청을 할 수 있다. 고소인은 보충성에 따라 먼저 법원에 재정신청을 거쳐야 하고, 법원의 재판에 대해서는 헌법소원을 청구할 수 없으므로 헌법소원을 청구할 수 없다. 다만, 헌법재판소는 적법한 절차에 따라 제출된 고소사건을 진정사건으로 공람종결처분을 하면 이는 부적법한 처분이므로 고소사건으로 인정할 수 있지만, 검사가 고소사건으로 수리하여 조사 후 처리하였다 하더라도 공소를 제기할 사건으로는 보이지 않는 경우에는 헌법상 보장된 재판절차진술권과 평등권이 침해되었다고 볼 수는 없다고 판단하였다.[51)]

피해자라도 고소를 하지 않아 고소인이 아닌 경우에는 검사의 불기소처분에 대해 검찰에 항고나 재항고를 통해 피해구제를 받을 수 없다. 또한, 고소인이 아니어서 법원에 대해 재정신청권을 갖지 않으므로 법원에 재정신청을 할

---

50) 형사소송법 제[260조 제1항.

51) 2000. 11. 30. 2000헌마356.

수도 없어 헌법소원을 청구할 수 있다.[52)]

고발인은 직권남용죄와 같이 재정신청이 인정되는 범죄에 대해서는 재정신청을 통해 권리구제가 가능하므로 헌법소원을 청구할 수 없다. 하지만, 그 밖의 범죄에 대해서는 재정신청을 할 수 없으므로 항고와 재항고를 거쳐 헌법소원을 청구할 수 있다. 피해자가 아닌 자가 고소한 경우에는 실질적으로 고발인과 같은 법적 지위를 가지므로 고발인과 마찬가지로 항고와 재항고를 거쳐 헌법소원을 청구할 수 있다.[53)]

(다) 피의자의 경우

피의자의 경우는 검사의 불기소처분의 종류에 따라 다르게 판단된다. 피의자는 고소인과 달리 법원에 재청신청을 할 수 없으므로 기소유예와 기소중지에 대해 평등권이나 행복추구권을 침해하였다는 이유로 헌법소원을 청구할 수 있다.[54)] 검사가 기소중지처분에 대해 수사재개불요처분을 한 경우에도 이는 새로운 기소중지로 볼 수 있으므로 헌법소원의 대상이 된다.[55)]

하지만, 검사가 혐의없음, 죄가안됨, 공소권없음으로 불기소처분을 한 경우에는 그 처분으로 인하여 피의자의 기본권이 침해될 가능성이 없으므로 그 불기소처분에 대해 헌법소원을 청구할 수 없다. 한편, 검사의 수사재기, 공소취소, 내사종결, 구형 등도 그것만으로는 피의자의 기본권을 침해할 가능성이 없으므로 헌법소원의 대상이 되지 않는다.[56)]

(6) 원행정처분

(가) 원칙적 불인정

원행정처분이란 법원의 행정재판의 대상이 된 원래의 행정처분을 말한다. 행정소송에서 패소한 청구인은 재판소원이 금지되므로 행정재판에 대해서는 헌법소원을 청구할 수 없다. 이때 원행정처분에 대해 헌법소원을 청구할 수 있을까. 청구인은 보충성에 따라 행정소송을 제기하였으므로 다른 법률의 구제수단을 거쳤으며, 직접 행정재판에 대해 헌법소원을 청구하는 것이 아니므로 재

52) 2010. 6. 24. 2008헌마716.
53) 2014. 6. 26. 2014헌마14.
54) 2020. 3. 26. 2018헌마589.
55) 2009. 9. 24. 2008헌마210.
56) 2003. 2. 27. 2002헌마309.

판소원의 금지를 위반한 것도 아니다.

헌법소원에서는 보충성을 요구하면서 재판소원을 금지하는 것은 보충성을 무의미하게 하는 것이고, 원행정처분도 공권력의 행사에 해당하는 이상 헌법소원의 대상이 되어야 한다는 견해도 있다.[57] 하지만, 원행정처분에 대해 헌법소원을 청구할 수 있도록 허용하면, 행정재판을 거친 원행정처분에 대해 다시 재판을 하는 것이므로 행정재판의 기판력에도 위반될 뿐만 아니라 사실상 재판에 대해 헌법소원을 인정하는 결과가 된다. 헌법이 명령·규칙 또는 처분에 대한 위헌·위법심사권을 최종적으로 대법원에게 부여한 취지에도 어긋난다. 따라서 원행정처분에 대해서는 헌법소원을 청구할 수 없다.

헌법재판소는 법원이 원행정처분에 대한 소를 각하한 경우에도 그 재판에 대해 헌법소원을 청구할 수 없으므로 원행정처분은 헌법소원의 대상이 되지 않는다고 판단하였다.[58] 이에 대해서는 각하판결은 기판력을 갖지 않을 뿐만 아니라 법원의 구제절차를 거친 경우에 해당하여 보충성의 요건에도 위반되지 않으므로 헌법소원의 독자적 관점에서 원행정처분에 대해 헌법소원을 인정할 수 있다는 견해도 있다.[59] 하지만, 헌법재판소법이 재판소원을 금지하고 있으므로 행정재판에서 각하판결을 한 경우에도 원행정처분은 심판대상이 되지 않는다고 해석하는 것이 타당하다.

(나) 예외적 허용

헌법재판소는 예외적으로 재판소원을 허용하는데, 이때 원행정처분에 대한 재판이 헌법소원의 대상이 되어 취소되는 경우에는 원행정처분도 헌법소원의 대상이 될 수 있다. 즉, 법원이 위헌결정한 법령을 적용하여 재판을 함으로써 기본권을 침해한 경우에는 그 재판에 대해 헌법소원을 청구할 수 있다. 이때 그 재판이 취소되는 경우에는 그 재판의 대상이 되었던 원행정처분에 대해서도 헌법소원을 청구할 수 있다.[60] 이것은 위헌결정의 실효성을 확보하기 위한 최소한의 조치이다. 헌법재판소는 구소득세법에 대해 한정위헌결정을 선고하였음에도 법원이 그 법률을 적용하여 재판한 것은 위헌결정의 기속력에 위반하여 개인의 재산권을 침해하였다는 이유로 법원의 판결을 취소하고, 그 판결

57) 정종섭, 헌법소송법, 597면.

58) 1998. 8. 27. 97헌마150.

59) 김하열, 헌법소송법, 478～479면.

60) 2010. 4. 29. 2003헌마283.

의 대상이 된 원행정처분인 과세처분도 취소하였다.[61]

(7) 행정입법

(가) 구체적 규범통제와 관계

헌법 제107조 제2항은 "명령 · 규칙 또는 처분이 헌법이나 법률에 위반되는 여부가 재판의 전제가 된 경우에는 대법원은 이를 최종적으로 심사할 권한을 가진다"라고 규정한다. 일반재판에서 당사자는 그 재판에 적용되는 명령 · 규칙에 대해 그 위헌성이나 위법성을 법원에 주장할 수 있고, 대법원이 최종적으로 이를 심사할 권한을 가진다. 따라서 당사자는 일반재판에 적용되는 행정입법에 대해서는 헌법재판소에 그 위헌성을 다툴 수 없다. 대법원은 이 규정을 근거로 행정입법에 해당하는 명령과 규칙에 대한 최종적인 위헌심판권은 대법원에 속한다고 판단하였다.[62]

헌법은 구체적 규범통제를 채택하여 재판의 전제성이 인정되는 경우에는 법원이 행정입법의 위헌여부를 판단한다. 하지만, 구체적 사건의 재판이 전제되지 않는 경우에도 행정입법이 직접 개인의 기본권을 침해할 수 있으므로 이 때에는 헌법소원을 청구할 수 있어야 한다. 헌법재판소는 구체적인 사건에서 명령 · 규칙의 위헌여부가 재판의 전제가 되었을 경우에는 헌법재판소에 제청할 것 없이 대법원이 최종적으로 그 위헌 여부를 심사할 수 있지만, 행정입법에 의해 직접 기본권이 침해된 경우에는 헌법소원의 대상이 된다고 판단하였다.[63]

헌법소원의 대상이 되는 행정입법에는 대통령령, 총리령 · 부령, 자치입법인 조례 · 규칙이 포함된다. 행정입법은 법규명령과 행정규칙으로 구분되는데, 헌법소원의 대상이 되는지 여부에 대해서는 그 실질적 효력을 기준으로 판단해야 한다. 헌법소원은 기본권이 침해되었다는 이유로 청구할 수 있기 때문이다. 행정입법이 행정소송의 대상이 되는 경우에는 보충성과 재판소원의 금지에 따라 헌법소원의 대상이 되지 않는다.

(나) 법규명령

법규명령은 법률의 위임에 따라 또는 법률을 집행하기 위해 발동된다. 법규명령은 위임명령이든지 집행명령이든지 모두 국민의 권리와 의무에 관한 사

---

61) 1997. 12. 24. 96헌마172등.

62) 대법원 1994. 4. 26. 93부32.

63) 1997. 6. 26. 94헌마52.

항을 규율하므로 헌법소원의 대상이 된다. 법규명령에는 대통령령, 총리령·부령, 국회규칙, 대법원규칙, 헌법재판소규칙, 중앙선거관리위원회규칙이 포함되고, 법률이 아닌 행정명령으로 성격을 갖는 조약인 행정협정도 헌법소원의 대상에 포함된다. 헌법재판소는 입법부·행정부·사법부에서 제정한 규칙이 별도의 집행행위를 기다리지 않고 직접 기본권을 침해하는 것일 때에는 헌법소원의 대상으로 인정한다.[64]

헌법소원에서 행정입법은 법률과 함께 심판대상이 되는 경우가 있다. 위헌법률심판에서는 법률이 아닌 행정입법은 심판대상에 포함되지 않지만, 법률에 대한 헌법소원에서는 그 심판대상인 법률뿐만 아니라 그 법률을 집행하기 위한 하위법령도 심판대상으로 포함시켜 함께 판단할 수 있다.[65] 반대로, 청구인이 하위법령에 대해 위헌을 주장한 경우에도 행정입법의 근거가 되는 법률도 시행령과 결합하여 전체로서 하나의 완결된 법적 효력을 가지는 때에는 심판대상이 될 수 있다. 이때에는 법률과 하위법령이 심판대상과 불가분의 관계를 이루면서 전체적으로 하나의 규율대상을 형성하는 경우에 해당하므로 법률과 그 하위법령이 모두 심판대상이 된다.

(다) 행정규칙

행정규칙은 행정기관에서 내부적 효력만 가지고 대외적인 구속력을 갖지 않으므로 기본권을 침해할 여지가 없어 원칙적으로 헌법소원의 대상이 되지 않는다.[66] 행정규칙은 고시, 공고 등 다양한 형식으로 발령되는데 그 명칭이 아니라 실질적인 효력에 따라 규범적 성격을 확정해야 한다. 행정규칙이라도 실질적으로 법규명령의 성격을 가지고 대외적인 구속력을 갖는 경우에는 헌법소원의 대상이 될 수 있다.

행정규칙이 법령에 의해 구체적 내용을 보충할 권한을 직접적으로 위임받아 그 집행을 위해 필요한 사항을 구체화하는 때에는 상위법령과 결합하여 대외적인 구속력을 갖는 법규명령으로 기능하므로 이때에도 헌법소원의 대상이 된다.[67] 행정규칙이 정하는 재량준칙이 반복적으로 시행되어 평등원칙이나 신뢰보호의 원칙에 따라 행정기관에게 자기구속력이 발생한 경우에도 대외적인

64) 2008. 12. 26. 2006헌마384.
65) 2001. 11. 29. 99헌마494.
66) 2018. 8. 30. 2014헌마843.
67) 1997. 7. 16. 97헌마70.

구속력을 가지므로 이때에는 헌법소원을 청구할 수 있다.[68]

행정규칙이 공권력의 행사에 해당되는 경우에도 보충성과 재판소원의 금지에 따라 현실적으로 헌법소원의 대상이 되지는 않을 수도 있다.[69] 행정규칙이 다른 집행행위의 매개 없이 그 자체로 직접 국민의 권리의무나 법률관계를 구체적으로 규율하는 성격을 가지면 행정처분에 해당한다. 이때 행정규칙은 행정소송의 대상이 되기 때문에 보충성의 예외에 해당하는 경우에만 헌법소원의 대상이 될 수 있다.

헌법재판소는 법원에서 보건 분야 관련 고시에 대해 행정처분성을 인정하는 판결이 선고된 일이 있더라도 그 고시의 내용과 성격이 다양하여 법원에서 모든 보건 분야 관련 고시에 대해 행정처분성을 인정할 것이라고 단정할 수 없으므로 그 고시조항에 대한 행정소송이 적법할지는 객관적으로 명확하지 않아서 보충성의 예외에 해당한다고 판단하였다.[70]

(라) 조례와 규칙

조례는 지방자치단체가 자치입법권에 근거하여 자주적으로 지방의회의 의결을 거쳐 제정한 자치법규범이다. 지방자치단체의 장이 법령이나 조례가 위임한 범위에서 그 권한에 속하는 사무에 관하여 규칙을 제정할 수 있다. 조례나 규칙이 국민의 권리의무와 직접 관련되지 않는 경우에는 공권력의 행사가 아니므로 헌법소원의 대상이 아니다. 하지만, 행정입법과 마찬가지로 구체적인 집행행위의 개입이 없이도 직접적으로 기본권을 침해할 가능성이 있는 경우에는 헌법소원의 대상이 될 수 있다.[71]

조례나 규칙이 집행행위의 매개 없이 그 자체로 직접 국민의 권리의무나 법적 이익에 영향을 미치는 법률적 효과를 발생시키면 그 조례는 항고소송의 대상이 되는 행정처분에 해당한다.[72] 이때에는 보충성이 적용되어 행정소송을 거쳐야 하고, 그 재판에 대해서는 헌법소원을 청구할 수 없다. 결국, 조례나 규칙이 일반적·추상적인 규정의 성격을 가지거나 항고소송의 대상이 되는 행정처분인지 여부가 불분명한 경우로서 청구인에게 항고소송에 의한 권리구제절

68) 2007. 8. 30. 2004헌마670.
69) 1998. 4. 30. 97헌마141.
70) 2010. 10. 28. 2008헌마408.
71) 2009. 10. 29. 2008헌마454.
72) 1996. 9. 20. 95누8003.

차를 거치도록 요구하거나 기대할 수 없어 보충성의 예외가 인정되는 경우에만 헌법소원의 대상이 된다.[73)]

(마) 행정입법부작위

1) 헌법에서 유래하는 행정입법의무의 위반

행정입법부작위란 국회가 헌법에서 유래하는 행정입법의무를 부담함에도 불구하고 입법을 하지 않는 것이며, 공권력의 불행사에 해당하여 헌법소원의 대상이 된다. 행정청에게 행정입법을 해야 할 법적 의무가 있고, 행정입법을 해야 할 상당한 기간이 지났음에도 그 입법의무를 하지 않는 경우에는 행정입법부작위에 대해 헌법소원을 청구할 수 있다. 행정입법부작위가 되기 위해서는 헌법에서 유래하는 입법의무를 위반한 경우에 해당해야 한다.

헌법에서 유래하는 입법의무는 헌법에 의해 국회가 법률을 제정하는 의무뿐만 아니라 국회가 법률에서 행정입법의무를 부과한 경우도 포함한다.[74)] 법률이 그 집행을 위하여 필요한 행정입법을 제정할 의무를 부과함에도 행정청이 입법을 하지 않는 것은 국회의 입법권을 침해하게 된다.[75)] 이는 단순히 위법한 것이 아니라 민주적 법치국가를 실현하는 법치행정의 원칙에 어긋나는 것이어서 헌법위반으로 평가할 수 있다.[76)] 이때에도 행정입법부작위 그 자체가 기본권을 침해할 가능성이 있어야 헌법소원의 대상이 될 수 있다.

2) 행정입법의무의 불인정

행정기관이 헌법에서 유래하는 행정입법의무를 부담하지 않는 경우에는 행정입법부작위는 헌법소원의 대상이 되지 않는다. 단순한 행정입법의 부존재도 행정청의 재량에 속하므로 헌법소원의 대상이 되지 않는다. 상위법령에서 하위행정입법의 제정을 예정하고 있더라도 상위법령만으로도 집행을 할 수 있는 경우에는 하위행정입법의 제정과 시행이 필수불가결한 것이 아니어서 행정입법을 해야 할 헌법적 작위의무는 인정되지 않는다.[77)]

행정기관이 헌법에서 유래하는 행정입법의무가 있는 경우에도 행정입법을 하는 데 필요한 상당한 기간을 넘기지 않았거나 행정입법부작위를 정당화하는

73) 2016. 3. 31. 2014헌마794.
74) 2009. 7. 30. 2006헌마358.
75) 2013. 5. 30. 2011헌마198.
76) 김하열, 헌법소송법, 472면.
77) 2013. 5. 30. 2011헌마198.

사유가 있는 경우도 있다. 이때 정당한 사유는 그 위임입법 자체가 헌법에 위반된다는 것이 명백하거나 전체적인 법질서 체계와 조화되지 아니하여 그 위임입법에 따른 행정입법의무의 이행이 오히려 헌법질서를 파괴하는 결과를 가져올 것이 명백한 경우를 말한다.[78] 이때에는 행정입법의무 그 자체가 없는 것이 아니라 행정입법부작위가 헌법적으로 정당화되는 경우이므로 헌법소원의 대상이 되지 않는다고 각하할 것이 아니라 기각결정을 선고해야 한다.[79]

3) 진정행정입법부작위와 부진정행정입법부작위

행정입법부작위는 진정행정입법부작위와 부진정행정입법부작위로 구분된다. 진정행정입법부작위는 행정입법의무가 있음에도 불구하고 이를 위반한 것이므로 행정입법부작위 그 자체가 헌법소원의 대상이 된다. 하지만, 부진정행정입법부작위의 경우에는 행정입법이 불완전하더라도 일정한 법령의 형식을 갖추고 있으므로 그 불완전한 행정입법에 대해 헌법소원을 청구할 수 있을 뿐이며 부진정입법부작위 그 자체에 대해서는 헌법소원을 청구할 수 없다.[80]

4) 보충성의 요건과 관련성

행정입법부작위가 헌법소원의 대상이 되는 경우에도 보충성의 요건을 갖추어야 하므로 실제로는 헌법소원의 대상이 되지 못하는 경우가 있다. 행정입법부작위는 행정소송인 부작위위법확인소송의 대상이 될 수 있고, 그에 대한 재판소원은 금지되기 때문이다. 부작위위법확인소송의 대상이 되는 부작위란 행정청이 당사자의 신청에 대해 상당한 기간 내에 일정한 처분을 하여야 할 법률상 의무가 있음에도 불구하고 이를 하지 아니하는 것을 말한다.[81] 헌법소원의 대상이 되는 행정입법부작위는 헌법적 행정입법의무를 전제로 하지만, 이는 대부분 법률상 의무로 구체화되므로 부작위위법확인소송의 대상이 될 가능성이 크다.

(8) 통치행위

통치행위란 국가가 고도의 정치적이고 외교적인 정책판단에 따라 행사하는 국가작용을 말한다. 통치행위의 개념을 적극적으로 인정할 경우에는 그것이

78) 2018. 5. 31. 2016헌마626.
79) 2009. 7. 30. 2006헌마358.
80) 2013. 8. 29. 2011헌마122.
81) 행정소송법 제4조 제3호, 제2조 제1항 제2호.

사법심사의 대상이 되지 않으므로 헌법소원의 대상이 되지 않는다. 법치국가에서는 모든 국가작용은 사법심사의 대상이 되어야 하므로 통치행위의 이름으로 사법심사에서 제외될 수는 없다. 모든 국가작용은 기본권에 기속되므로 기본권을 침해하는 것이 정당화될 수 없다. 헌법재판소는 기본권을 침해하는 공권력의 행사에 대해 그것이 통치행위라는 이유로 사법심사를 포기해서는 안 된다. 따라서 통치행위라는 개념 자체를 인정하더라도 헌법소원의 대상이 된다.

헌법재판소는 통치행위의 개념 자체를 인정하여 헌법재판을 자제하는 것이 바람직한 경우가 있다고 판단한 적이 있다. 즉, 외국에 대한 국군파병결정과 같이 국방 및 외교에 관한 대통령과 국회의 고도의 정치적 결단이 요구되는 사안이므로 헌법소원의 대상이 되기에는 부적법하다고 판단하였다.[82] 하지만, 대통령의 긴급재정경제명령, 신행정수도의 건설과 수도이전에 관한 문제, 그리고 한미연합 군사훈련에서 전시증원연습에 관한 대통령의 결정에 대해서는 헌법소원의 대상이 된다고 판단하였다.[83] 대법원도 비상계엄의 선포나 확대가 국헌문란의 목적을 달성하기 위해 행해진 경우에는 사법심사를 할 수 있으며,[84] 기본권을 보장하고 법치주의 이념을 구현하기 위해서 통치행위의 개념을 지극히 신중하게 인정해야 한다고 판단하였다.[85]

헌법재판소는 통치행위를 인정할 필요성이 있고, 권력분립의 원칙과 사법권의 독립을 보장하기 위해서 필요한 경우에 한하여 예외적으로만 통치행위에 대해 사법심사를 자제할 수 있다. 하지만, 국가작용이 기본권의 침해와 관련된 경우에는 통치행위라는 이유로 사법심사를 회피해서는 안 된다. 헌법재판은 헌법질서를 수호하기 위한 것이고, 이는 개인의 기본권을 보호하는 것으로 귀결된다. 따라서 통치행위라도 기본권의 침해와 관련되는 경우에는 헌법소원의 대상이 된다고 해석해야 한다.

82) 2004. 4. 29. 2003헌마814.
83) 1996. 2. 29. 93헌마186.
84) 대법원 1997. 4. 17. 96도3376.
85) 대법원 2004. 3. 26. 2003도7878.

3. 입법작용

(1) 법률

(가) 법률의 제정행위

헌법재판소는 국회가 제정한 법률에 대한 규범통제에 대해서는 위헌법률심판을 통해 법률이 위헌인지 여부를 심사하는 것을 원칙으로 예정한다. 하지만, 공권력의 행사 또는 불행사에는 입법작용도 포함되고, 법률이 직접 기본권을 침해할 수도 있어 법률도 헌법소원의 대상이 될 수 있다. 헌법소원의 대상이 되는 공권력의 행사는 입법행위 자체가 아니라 그 결과로 존재하게 된 법률이라는 견해가 있지만,[86] 법률에 대한 헌법소원은 실질적으로는 법률 자체에 대한 것이 아니라 법률을 제정하는 입법작용에 대한 것으로 이해해야 한다.

위헌법률심판은 구체적 규범통제를 채택하여 재판의 전제성을 적법요건으로 요구하며, 법률에 대한 위헌심사기준은 기본권 조항뿐만 아니라 헌법 전체가 된다. 법률에 대한 헌법소원은 재판의 전제성을 요구하지는 않지만, 추상적 규범통제라고 할 수는 없다. 법률에 대해서는 기본권 침해의 가능성에 관한 자기관련성, 직접성, 현재성이 인정되는 경우에만 청구할 수 있기 때문이다. 헌법소원은 기본권 침해를 구제하는 것이므로 법률에 대한 헌법소원의 위헌심사기준은 헌법 중에서도 기본권 조항에 국한된다.

(나) 유효하게 시행되는 법률

헌법소원의 대상이 되는 법률은 유효하게 시행되는 법률에 국한된다. 국회가 법률을 제정하는 과정에서 거치게 되는 내부적 의사결정행위는 헌법소원의 대상이 되지 않는다. 즉, 대통령의 법률안제출, 국무회의의 의결, 국회의 법률안의결과 같은 행위에 대해서는 헌법소원을 청구할 수 없다. 법률의 개폐를 요구하거나 법률해석에 대해 질의하는 행위도 헌법소원의 대상이 되지 않는다. 대통령이 법률을 공포한 경우에는 그 법률이 적법하게 성립하였으므로 아직 시행되지 않더라도 공권력의 행사로서 심판대상이 된다는 견해도 있다.[87] 하지만, 국회가 법률안을 의결하더라도 그것이 공포되기 전이거나 대통령이 공포한

---

86) 정종섭, 헌법소송법, 588면.

87) 김하열, 헌법소송법, 453면.

법률이라도 아직 시행기간이 도래하지 않은 법률도 유효하게 시행되는 법률이 아니므로 심판대상이 아니다.[88]

헌법재판소는 법률안이 대통령의 거부권에 의해 폐기되지 않은 이상 그 법률이 공포되기 이전에 법률안에 대해 헌법소원을 청구하였더라도 그 이후 확정되어 유효하게 공포되고 시행된 경우에는 본안판단을 할 수 있다고 판단하였다.[89] 또한, 법률이 공포되었으나 시행되기 이전이라도 시행이 확실시되어 청구인이 불이익을 입게 될 수 있음을 충분히 예측할 수 있는 경우에는 헌법소원의 대상이 된다고 판단하였다.[90] 이는 원칙적으로 심판대상이 아니지만 예외적으로 심판이익이 있는 경우에는 본안판단을 허용한 것으로 해석된다.

법률이 시행되었더라도 개정되거나 폐지되어 더 이상 유효하지 않는 경우에도 헌법소원의 대상이 아니다. 헌법재판소에서 이미 위헌결정이 선고된 법률은 법규적 효력에 따라 실효되었으므로 심판대상이 되지 않고, 헌법불합치결정이 선고된 법률도 이미 위헌성을 확인한 것이어서 권리보호이익이 없어 헌법소원의 대상이 되지 않는다.[91] 하지만, 헌법소원의 심판절차가 진행 중 법률이 개정된 경우에 실질적인 내용이 동일한 경우에는 그 개정된 신법도 심판대상이 될 수 있다.[92] 또한, 폐지된 법률이더라도 그 위헌 여부에 대한 해명이 이루어진 바가 없고, 그 법률이 기본권을 침해한 경우에 신법에서도 유사한 내용을 규정하고 있어 기본권을 침해할 것이 확실히 예상되는 경우에는 예외적으로 심판이익이 인정되어 헌법소원의 대상이 된다.[93]

(2) 입법절차의 하자

(가) 기본권 침해의 가능성

입법절차의 하자도 헌법소원의 심판대상이 될까. 국회는 헌법과 국회법에 정한 절차에 따라 입법해야 하고 법률유보에 따라 기본권을 제한하는 법률은 그 내용뿐만 아니라 절차에 있어서도 헌법적 정당성을 가져야 하므로 입법절차의 하자도 헌법소원의 대상이 될 여지가 있다. 하지만, 헌법소원은 법률의 위헌

88) 정종섭, 헌법소송법, 585면; 한수웅, 헌법학, 1468면; 허영, 헌법소송법론, 371면.
89) 2001. 11. 29. 99헌마494.
90) 1994. 12. 29. 94헌마201.
91) 2017. 10. 26. 2016헌마656.
92) 2007. 6. 28. 2004헌마644등.
93) 1995. 5. 25. 91헌마67.

성을 통제하는 위헌법률심판과 달리 공권력에 의한 기본권의 침해를 구제하는 것이 핵심이므로 국회의 입법작용에 의해 기본권이 침해될 가능성이 있어야 그 심판대상으로 삼을 수가 있다. 법률에 대한 헌법소원은 법률의 내용이 기본권을 침해하는 경우에 청구할 수 있고, 국회가 입법절차를 위반하였다고 하더라도 그 법률의 내용이 기본권을 침해한 것이 아닌 경우에는 그 입법절차의 하자만으로는 기본권이 침해되지 않아 헌법소원을 청구할 수 없다.

헌법재판소는 입법절차가 헌법이나 국회법에 어긋나더라도 그러한 사유만으로는 그 법률로 말미암아 청구인이 현재·직접 기본권을 침해받는 것으로 볼 수 없어 청구인적격이 인정되지 않는다는 이유로 각하결정을 하였다.[94] 법률의 입법절차의 하자로 인하여 직접 침해되는 것은 기본권이 아니라 국회의원의 법률안 심의·표결에 관한 권한이므로 입법절차의 하자는 위헌법률심판에서 위헌여부의 심사기준이 될 수는 있지만, 헌법소원의 대상은 아니라는 것이다. 이에 따르면 입법절차의 하자는 헌법소원의 심판대상이 될 수 없다. 하지만, 헌법재판소는 법률에 대한 헌법소원에서 적법절차의 원칙은 형사절차상의 제한된 범위뿐만 아니라 국가작용으로서 모든 입법 및 행정작용에도 광범위하게 적용된다고 전제하고 입법절차도 법률에 대한 헌법소원의 심사기준이 될 수 있다고 판단하였다.[95]

(나) 입법절차에 대한 규범통제와 구별

입법절차의 하자에 대해 헌법소원을 청구할 수 없다는 것은 입법절차에 대한 규범통제와는 구별해야 한다. 입법절차의 하자 그 자체는 기본권을 침해할 가능성이 없어 헌법소원의 대상이 되지 않는다는 것이지 입법절차의 하자가 헌법적으로 정당화되는 것은 아니다. 국회의 입법권은 헌법에 의해 부여된 권한이므로 그 재량권과 자율권 역시 헌법을 위반해서는 안 된다. 국회가 제정한 법률은 실체적으로는 그 내용이, 절차적으로는 그 입법절차가 모두 헌법에 위반되어서는 안 된다. 비록 법률의 실체적 내용이 헌법에 위반되지 않는다고 하더라도 그 입법의 형식이나 절차가 헌법에 위반된 경우에도 그 법률은 헌법적 정당성을 갖지 못한다. 헌법 제37조 제2항은 기본권을 제한할 경우에는 반드시 법률로써 해야 한다고 규정하고, 이때 법률은 그 내용이 헌법에 부합해야 할

94) 1998. 8. 27. 97헌마8등.

95) 2009. 6. 25. 2007헌마451.

뿐만 아니라 적법한 절차를 거쳐 제정되어야 헌법적으로 정당화된다.

헌법소원은 기본권의 제한을 전제로 하므로 입법절차의 하자가 기본권을 침해할 가능성이 있어야 독자적인 헌법소원의 심판대상이 될 수 있다. 국회가 입법절차에서 헌법이나 국회법을 위반하더라도 입법절차의 하자 그 자체가 기본권을 제한하는 것은 아니다. 입법절차의 하자가 있는 경우에 그 법률의 내용이 기본권을 침해하는 경우에는 헌법소원의 심판대상이 된다. 국회가 헌법이나 국회법에서 규정하는 입법절차를 위반하여 법률을 제정한 경우에는 헌법소원의 대상이 될 수는 없고, 위헌법률심판이나 권한쟁의심판을 통해 규율할 수는 있다. 위헌법률심판에서 입법절차가 헌법의 규정에 위반하는 경우에는 입법절차의 위반을 이유로 위헌결정을 할 수 있다. 또한, 국회가 입법절차를 위반함으로써 다른 국가기관 등의 권한을 침해한 때에는 입법절차의 하자를 이유로 권한쟁의심판을 청구할 수도 있다.

(3) 입법부작위

(가) 헌법에서 유래하는 입법의무의 위반

헌법은 국회에게 입법권을 부여하고, 국회는 입법형성권을 가지고 있어 입법에 대해 재량적으로 결정할 수 있다. 국회가 입법을 하지 않는 것은 원칙적으로 입법형성권에 포함되어 입법부작위가 되지 않는다. 하지만, 헌법에서 직접 입법하도록 규정하거나 헌법해석을 통해 국회의 입법의무가 인정되는 경우에는 국회는 입법해야 할 헌법적 의무를 부담한다. 국회가 이러한 헌법적 의무를 위반한 때에는 그 입법부작위가 공권력의 행사에 해당하여 헌법소원의 대상이 된다. 이때에도 입법부작위 그 자체가 기본권을 침해할 가능성이 있어야 독자적인 헌법소원의 대상이 될 수 있다.

(나) 진정입법부작위

입법부작위는 진정입법부작위와 부진정입법부작위로 구분될 수 있다. 진정입법부작위는 헌법상 입법의무가 있음에도 불구하고 전혀 입법을 하지 않는 것이다. 진정입법부작위는 그 자체가 법률은 아니므로 위헌법률심판의 대상이 되지 않지만, 헌법소원의 대상이 될 수는 있다. 진정입법부작위가 되기 위해서는 헌법에서 기본권 보장을 위해 법령에 명시적인 입법위임을 하였음에도 입법자가 이를 방치하고 있거나, 헌법해석상 특정인에게 구체적인 기본권이 생겨 이를 보장하기 위한 국가의 행위의무 또는 보호의무가 발생하였음이 명백함에도 입법자가 전혀 아무런 입법조치를 하지 않은 경우에만 인정된다.[96] 헌법재판소는 헌법 제23조 제3항은 재산의 수용 등에 대한 보상을 지급하도록 하면서 이를 법률이 정하도록 위임하고 있으므로 재산의 수용과 보상에 대해서는 국회에 입법의무를 부과한 것이라고 판단하였다.[97]

진정입법부작위라도 입법의무가 없으면 헌법소원의 대상이 되지 않지만, 입법의무가 있더라도 국회가 입법을 하지 않는 특별한 사정이 있는 경우에는 입법부작위가 정당화될 수 있다. 이때에는 입법의무를 위반하지 않는 것으로 평가되므로 헌법소원의 대상에서 제외되고, 헌법재판소는 각하결정을 할 수도 있다. 하지만, 입법부작위가 정당화된다는 것은 그 입법부작위가 기본권을 침해하지 않는다는 본안판단을 거쳐 도출되므로 헌법소원의 청구가 이유 없는 경우에 해당하는 것으로 판단하여 기각결정을 하는 것이 타당하다.[98]

(다) 부진정입법부작위

부진정입법부작위는 입법을 하였으나 그 내용 등이 불충분하거나 불완전하여 헌법적 의무를 위반한 것이다. 부진정입법부작위는 기본권을 침해할 가능성이 있더라도 부작위 그 자체를 대상으로 하여 헌법소원을 청구할 수는 없고, 불충분한 법률을 대상으로만 헌법소원을 청구할 수 있다.[99] 입법자가 입법개선의무를 이행하지 않아 기본권을 침해하는 경우에는 그 부작위 자체를 다툴 수 있는 헌법소원을 허용해야 한다는 견해가 있다.[100] 부진정부작위 자체를 헌법소원의 대상으로 인정할 경우에는 불완전한 법률의 경우와는 달리 청구기간의 제한을 받지 않으므로 기본권 보호의 관점에서 장점이 있다는 것이다. 하지만, 부진정입법부작위에서 부작위 자체와 그로 인한 불완전한 입법행위는 서로 분리하기 어렵고 단일한 공권력작용으로 파악하는 것이 타당하다.

(라) 진정입법부작위와 부진정입법부작위를 구별할 실익

진정입법부작위와 부진정입법부작위는 명확하게 구분되지 않는다. 입법의 목적이나 관점에 따라 상대적으로 결정되므로 헌법소원의 대상이 되는지 여부

---

96) 1989. 3. 17. 88헌마1.

97) 1994. 12. 29. 89헌바2.

98) 정재황, 헌법재판론, 749면.

99) 1996. 10. 31. 94헌마108.

100) 허영, 헌법소송법론, 383면.

를 판단하는 기준으로 삼기에는 한계가 있다. 청구인이 진정입법부작위를 주장한 경우에 그것이 부진정부작위로 판단되면 헌법재판소는 직권으로 그 심판대상을 조정할 수도 있다. 이때에는 헌법소원의 대상이 되지 않는다는 이유로 각하결정을 할 것이 아니라 부진정부작위에 대한 헌법소원으로 해석하여 그에 대해 본안판단을 해야 한다.[101] 하지만, 진정입법부작위와 부진정입법부작위는 헌법재판의 유형에 따라 그 위헌성을 다투는 방법에 차이가 있어 이를 구별하는 실익이 있다. 진정입법부작위에 대해서는 기본권 침해행위가 계속되어 청구기간이 도과할 여지가 없지만, 부진정부작위에 대해서는 청구기간이 도과되면 각하결정을 한다는 점에서 차이가 있다.[102]

(4) 긴급명령과 긴급재정경제명령

긴급명령과 긴급재정경제명령도 헌법에 의해 법률과 동일한 효력을 가지므로 기본권을 직접 침해할 가능성이 있으면 헌법소원의 대상이 된다. 긴급명령과 긴급재정경제명령은 통치행위에 해당할 수 있으므로 헌법재판소가 위헌법률심판의 판단을 자제하는 경우도 있을 수 있다. 이때에도 긴급명령과 긴급재정경제명령이 통치행위라는 이유만으로 심판대상에서 제외해서는 안 된다. 헌법재판소도 비록 고도의 정치적 결단에 의하여 행해진 국가작용이더라도 그것이 국민의 기본권침해와 직접 관련되는 경우에는 헌법재판의 대상이 되며, 긴급재정경제명령도 법률의 효력을 가지는 것이므로 헌법에 기속되어야 한다고 판단하였다.[103]

(5) 조약과 일반적으로 승인된 국제법규

(가) 조약

헌법은 조약에 대해 국내법과 같은 효력을 인정하고 있으며, 국회의 비준동의를 얻어 체결된 조약은 법률과 같은 효력을 가진다. 헌법에 의해 체결되고 공포된 조약은 국내법과 같은 효력을 가지며, 그 효력을 기준으로 법률적 효력을 갖는 조약과 행정명령의 효력을 갖는 조약으로 구분된다. 국회의 동의를 받아 법률과 동일한 효력을 갖는 조약은 물론 국회의 동의를 받지 않아 행정명령

---

101) 2013. 8. 29. 2012헌마326.
102) 2018. 12. 27. 2017헌마1266.
103) 1996. 2. 29. 93헌마186.

과 동일한 효력을 갖는 조약도 헌법소원의 대상이 될 수 있다.[104] 하지만, 명칭과 체결절차 등 형식적 측면이나 당사자의 의사 등 실체적 측면을 고려할 때 법적 구속력을 갖지 않는 비구속적 합의는 헌법소원의 대상이 되지 않는다.[105]

조약은 법적 효력을 갖고 개인의 권리의무에 영향을 미치므로 헌법소원의 대상이 되지만, 대통령이 조약을 체결하는 행위 그 자체는 국민에 대한 공권력의 행사가 아니므로 헌법소원의 대상이 되지 않는다.[106] 국회의 비준동의가 필요한 조약은 그 비준동의를 받아야 비로소 효력을 발생하게 되므로 조약의 비준동의를 저지하기 위한 헌법소원은 인정되지 않는다.[107]

조약은 그 집행력을 기준으로 자기집행적 조약과 비자기집행적 조약으로 구분할 수 있는데, 모두 심판대상이 된다는 견해가 있다.[108] 전자는 별도의 입법조치 없이 바로 국내에 적용되는 것으로 헌법소원의 대상이 되지만, 후자는 국내법률을 통해 구체화되어야 하는 조치가 필요하므로 헌법소원의 대상이 되지 않는다. 이에 대해서는 조약이 아니라 그 시행을 위한 법령을 대상으로 헌법소원을 청구할 수 있을 뿐이다.[109] 이는 기본권 침해의 직접성의 문제로 귀결된다.

(나) 일반적으로 승인된 국제법규

일반적으로 승인된 국제법규도 헌법소원의 대상이 될 수 있을까. 헌법은 조약과 함께 일반적으로 승인된 국제법규도 국내법과 같은 효력을 인정한다. 일반적으로 승인된 국제법규가 무엇인지를 판단하는 것은 매우 어렵다. 헌법은 일반적으로 승인된 법규에 대해서는 조약과 달리 국회의 사전동의를 요구하지도 않아 법률적 효력을 갖는지 여부를 판단하기도 어렵다. 일반적으로 승인된 국제법규의 구체적 효력과 그 규범적 기준에 대해서는 판례가 확립되어 있지 않지만, 조약의 사례를 유추할 수 있을 것이다. 즉, 일반적으로 승인된 국제법규는 헌법보다 하위의 효력을 가지지만, 법률이나 명령·규칙과의 관계에 대해서는 개별적으로 그 내용과 성격을 고려하여 법률과 동일한 효력을 가지거나 명령·규칙과 동일한 효력을 가지는 것으로 구분할 수 있을 것이다.

---

104) 2001. 3. 21. 99헌마139등.
105) 2019. 12. 27. 2016헌마253.
106) 정종섭, 헌법소송법, 616면.
107) 허영, 헌법소송법론, 376면.
108) 김하열, 헌법소송법, 456면.
109) 정종섭, 헌법소송법, 616면.

일반적으로 승인된 국제법규가 국내에 적용되려면 대한민국의 공권력이 매개되어야 하므로 일반적으로 승인된 국제법규도 헌법소원의 대상이 된다는 견해가 있다.[110] 하지만, 일반적으로 승인된 국제법규는 우리나라 공권력 작용이 전혀 개입되지 않았으므로 공권력의 행사가 아니라고 해석된다.[111] 일반적으로 승인된 국제법규는 헌법소원의 대상이 될 수 없고, 구체적 규범통제를 통해 위헌법률심판의 대상이 될 수 있을 뿐이다.

(6) 법률해석

법률 자체가 아니라 법률에 대한 특정한 해석이나 적용 가능성을 채택하거나 채택하지 않는 것이 기본권을 침해한다고 주장하면서 헌법소원을 청구할 수 있을까. 법률을 위헌적으로 해석하여 적용하는 것은 위헌법률을 적용하는 것과 같은 결과를 초래하므로 이를 통제할 필요가 있다. 하지만, 법률해석은 법원의 재판에 포함되고, 재판에 대해서는 헌법소원이 허용되지 않으므로 특정한 법률해석은 헌법소원의 대상이 아니다. 법률해석에 대한 헌법소원의 청구는 "…로 해석하는 것은 기본권을 침해한다"라는 형식으로 나타나고, 이는 법률 자체가 아니라 법률을 특정한 내용과 범위로 해석하여 적용하게 되면 기본권을 침해한다는 한정위헌결정을 청구하는 것이다.

대법원은 한정위헌결정을 구하는 위헌법률심판제청신청은 법률에 대한 법원의 해석을 다투는 것에 불과하므로 부적법하다고 판단하였다.[112] 이러한 입장에 따르면 한정위헌결정을 청구하는 헌법소원도 허용되지 않는다. 한편, 헌법재판소는 규범통제형 헌법소원에서 원칙적으로 한정위헌청구를 허용하되, 예외적으로 재판의 기초가 되는 사실관계의 인정이나 평가 또는 개별적이고 구체적 사건에서 법률조항의 단순한 포섭이나 적용에 관한 문제를 다투거나, 의미 있는 헌법문제를 주장하지 않으면서 법원의 법률해석이나 재판결과를 다투는 경우에는 허용하지 않는다.[113] 헌법재판소는 권리구제형 헌법소원에서도 규범통제형 헌법소원에서 한정위헌결정의 청구를 인정하는 판단기준을 제시하고 있지만,[114] 법률해석에 대해 한정위헌결정의 청구를 인정하는 것은 실질적으로

110) 허완중, 헌법소송법, 497면.
111) 김하열, 헌법소송법, 456면.
112) 대법원 2009. 2. 18. 2009아14등.
113) 2012. 12. 27. 2011헌바117.
114) 2018. 2. 20. 2018헌마78.

재판소원을 우회적으로 허용하는 것이므로 한정위헌결정의 청구를 인정하지 않는 것이 타당하다.

(7) 국회의 행정작용

국회는 입법작용 이외에도 일반적인 행정작용을 담당하기도 한다. 국회에는 국회의장, 국회부의장, 위원회, 국회의원과 같은 헌법기관 이외에 국회사무처와 같이 국회의 운영을 위한 행정조직이 있다. 국회에서 행해지는 다양한 행정작용에 대해서는 그것이 대외적 구속력을 가지고 기본권을 침해할 경우에는 헌법소원을 청구할 수 있다. 국회는 청원에 대해 심사할 의무가 있고 청원을 청구한 자는 심사를 요구할 권리가 있으므로 국회의장의 청원심사부작위는 헌법소원의 대상이 되며,115) 국회가 예산결산특별위원회 계수조정위원회에 방청을 불허한 행위도 헌법소원의 대상이 된다.116) 헌법재판소는 국회가 선출하는 헌법재판관이 공석이 된 경우에 국회는 공정한 헌법재판을 받을 권리를 보장하기 위하여 상당한 기간 내에 후임자를 선출하여야 할 구체적 작위의무를 부담하므로 그 부작위는 헌법소원의 대상이 된다고 판단하였다.117)

국회의 행정작용이 대외적 구속력을 갖지 않는 경우에는 기본권을 침해할 가능성이 없어 헌법소원의 대상이 되지 않는다. 국회의장이 국회의원을 상임위원회 위원으로 선임하는 행위는 기관내부의 행위에 불과하여 헌법소원의 대상이 되지 않고,118) 국회가 의결한 예산이나 국회의 예산안 의결도 국가기관만 구속할 뿐 국민을 구속하지 않으므로 헌법소원의 대상이 아니다.119) 국회는 국회의원에 대해 자격심사를 하고 징계를 할 수 있지만, 이에 대해서는 법원에 제소할 수 없다.120) 이는 국회의원의 신분에 대해 국회의 자율적 결정을 존중하고자 하는 것이므로 국회의원에 대한 자격심사나 징계를 한 처분에 대해서는 헌법소원을 청구할 수 없다.

---

115) 2000. 6. 1. 2000헌마18.
116) 2000. 6. 29. 98헌마443.
117) 2014. 4. 24. 2012헌마2.
118) 1999. 6. 24. 98헌마472.
119) 2006. 4 25. 2006헌마409.
120) 헌법 제64조 제4항.

(8) 헌법조항

헌법조항도 헌법소원의 대상이 될까. 헌법조항은 헌법의 제정이나 개정을 통해 규범력을 가지는데, 헌법의 제정이나 개정행위에도 공권력이 작용한다. 특히, 헌법의 개정은 개정안의 발의, 국회의 의결, 국민투표를 거쳐 대통령이 공포하는 절차를 거치는데, 그 과정에서 공권력이 작용하게 된다. 하지만, 헌법은 그 전체로서 주권자인 국민의 정치적 결단이나 국민적 합의의 결과이므로 헌법조항을 공권력의 행사의 결과로 볼 수는 없다.

헌법 제29조 제2항은 군인 등이 전투 등 직무집행과 관련하여 받은 손해에 대해서는 법률이 정하는 보상 외에 국가 또는 공공단체에 공무원의 직무상 불법행위로 인한 배상을 청구할 수 없도록 규정한다. 이 조항은 1967년 국가배상법에 처음 규정되었는데, 대법원이 1971년 위헌으로 판결하자 1972년 헌법개정을 통해 헌법조항으로 규정한 것이다. 이 조항에 대해서도 헌법소원을 청구할 수 없다. 헌법조항은 헌법소원의 대상이 될 수 없으므로 헌법의 개별규정을 대상으로 한 헌법소원의 심판청구는 부적법하다.[121)]

4. 사법작용

(1) 법원의 재판

(가) 원칙적 제외

헌법은 헌법재판소의 관장사항으로 '법률이 정하는 헌법소원에 관한 심판'을 포함시키고, 헌법재판소법 제68조 제1항은 "공권력의 행사 또는 불행사로 인하여 헌법상 보장된 기본권을 침해받은 자는 법원의 재판을 제외하고는 헌법재판소에 헌법소원심판을 제기할 수 있다"라고 규정한다. 헌법재판소법은 헌법의 위임에 따라 헌법소원을 구체화하면서 법원의 재판을 헌법소원의 대상에서 제외한 것이다.

국회가 재판을 헌법소원의 대상에서 제외한 것은 사법권을 헌법재판소와 법원에게 배분하는 과정에서 법적 분쟁을 신속하게 해결하고 사법권의 독립을 보장하기 위한 정책적 고려에 따른 것이다. 헌법재판소는 헌법재판소법이 재판

---

121) 2007. 11. 29. 2007헌바30.

을 헌법소원의 대상에서 제외하더라도 이것은 헌법의 위임에 따라 국회가 입법정책적으로 판단하여 결정한 것으로 개인의 평등권과 재판청구권을 침해하는 것은 아니라고 판단하였다.[122)]

재판이란 사법기관이 구체적인 분쟁사건을 해결하기 위해 공권적으로 내리는 법률적 판단이다. 재판에는 종국판결 이외에 본안전 소송판결이나 중간판결과 같이 소송절차에서 파생하는 부수적 사항에 관한 공권적 판단도 포함된다.[123)] 따라서 재판에 해당되는 판결, 결정, 명령 그 자체를 대상으로 헌법소원을 청구하면 부적법하여 각하된다. 재판을 헌법소원의 대상에서 제외하는 것은 보충성을 적법요건으로 하는 것과 결합되어 재판뿐만 아니라 그 밖의 공권력의 행사에 대해 헌법소원의 관할을 대폭 제한하는 효과가 있다.

법치국가는 개인의 권리나 이익을 침해하는 행정행위에 대해서는 개괄주의를 채택하여 행정소송의 대상으로 인정한다. 기본권을 침해하는 공권력은 대부분 행정작용인데, 보충성에 따라 행정소송을 거치도록 요구하면서 그 행정재판에 대해서는 헌법소원을 금지함으로써 헌법소원의 범위를 대폭 축소하게 된다. 따라서 행정작용에 대해서는 행정입법이 구체적 집행행위를 매개하지 않고 직접 기본권을 침해하는 경우, 재정신청 대상이 아닌 검사의 불기소처분, 헌법상 유래하는 작위의무를 위반한 행정부작위로서 행정소송의 대상이 아닌 경우에만 헌법소원의 대상이 된다.

(나) 예외적 인정

법원의 재판에 대해 헌법소원을 청구할 수 없지만, 예외적으로는 법원이 헌법재판소가 위헌결정한 법률을 적용하여 기본권을 침해한 경우에는 헌법소원의 대상이 된다. 헌법재판소는 재판소원을 금지하는 헌법재판소법 제68조 제1항에 대해 법원의 재판에 헌법재판소가 위헌으로 결정하여 그 효력을 상실한 법률을 적용함으로써 국민의 기본권을 침해하는 재판도 포함되는 것으로 해석하는 한도 안에서 헌법에 위반된다고 한정위헌결정을 하였다.[124)] 한편, 헌법재판소법 제68조 제1항 본문 중 '법원의 재판을 제외하고는' 부분에 대한 심판청구를 기각하는 결정을 하기도 하였다.[125)] 이는 헌법재판소가 이미 한정위헌결정

122) 2001. 2. 22. 99헌마461등.
123) 2018. 8. 30. 2016헌마344등.
124) 1997. 12. 24. 96헌마172.
125) 2019. 2. 28. 2018헌마336.

을 선고함으로써 위헌 부분이 제거된 나머지 부분은 합헌이라고 판단한 것이다.

법원이 헌법재판소에 의해 위헌결정된 법률을 적용하여 재판하는 것은 헌법재판소의 결정을 정면으로 무시하는 것으로 법질서의 통일과 개인의 기본권 보호에 장애가 된다. 이때에는 실질적 법치를 실현하기 위해 예외적으로 재판소원이 허용되어야 한다. 위헌법률의 적용을 금지하는 것은 위헌결정의 기속력과 법규적 효력과도 밀접하게 관련된다. 헌법재판소의 위헌결정은 법원을 비롯한 모든 국가권력이 존중해야 하고, 위헌결정된 법률은 대세적으로 효력을 상실하게 되므로 법원은 당해사건은 물론이고 모든 재판에서 위헌법률을 적용해서는 안 된다.

헌법소원의 대상이 되는 재판은 헌법재판소가 위헌결정한 법률을 적용하는 재판이므로 헌법재판소가 위헌결정을 선고하기 이전에 법원이 그 법률을 적용하여 판결을 선고하고, 그 판결이 확정된 경우에는 헌법소원의 대상이 되지 않는다.[126] 헌법재판소가 위헌결정을 하였더라도 법원이 재판을 할 당시에는 위헌결정을 선고하기 전이어서 법원이 위헌법률을 적용하여 국민의 기본권을 침해한 것이 아니기 때문이다.

헌법재판소가 위헌결정을 한 그날 법원이 그 위헌법률을 적용하여 재판을 한 경우에는 어떻게 될까. 법원의 재판은 판결을 선고한 시점부터 효력을 발생하지만,[127] 헌법재판소의 위헌결정은 선고일 0시를 기준으로 그 효력을 상실한다. 따라서 법원이 위헌법률을 적용한 것이므로 그 재판소원은 허용된다.

(다) 재판소원의 범위

1) 위헌결정된 법률을 적용한 재판

재판소원은 예외적으로만 허용되므로 그 요건을 엄격히 해석해야 한다. 헌법재판소가 위헌결정한 법률을 적용한 재판만 헌법소원의 대상이 된다. 재판소원은 법원이 위헌결정의 기속력을 위반한 것에 대한 제재의 성격을 가지므로 이때 위헌결정이란 헌법재판소가 그 법률의 위헌성을 확인하여 기속력을 갖는 종국결정을 의미한다.

재판소원이 허용되는 전제인 위헌결정에는 헌법불합치결정과 한정위헌결정도 포함된다. 변형결정도 법률의 위헌성을 확인한 종국결정으로서 기속력을

126) 1998. 7. 16. 95헌마77.

127) 민사소송법 제205조.

가지기 때문이다. 하지만, 계속적용을 명하는 헌법불합치결정은 그 위헌결정에 포함되지 않는다. 헌법불합치결정을 하면서 계속적용을 명하는 경우에는 위헌법률을 잠정적으로 적용하라는 취지이므로 법원이 그 법률을 적용하여 재판하는 것이 정당화되기 때문이다.

형벌조항에 대해 위헌결정이 선고된 경우에는 그 법률조항은 소급하여 효력을 상실하는데, 위헌법률을 근거로 유죄판결이 확정된 경우에는 재심대상이 된다.[128] 이때 당사자는 재심재판을 통해 권리를 구제받게 되는데, 재심재판은 위헌법률을 적용하는 것이 아니므로 헌법소원의 대상이 되지 않는다.

헌법재판소가 선고한 위헌결정은 반드시 위헌법률심판에 국한되는 것은 아니다. 권한쟁의심판결정과 헌법소원의 인용결정도 기속력을 가지므로 이를 통해 위헌성이 확인된 법률을 적용하는 재판에 대해서도 헌법소원을 청구할 수 있다. 즉, 규범통제형 권한쟁의심판의 결정과 법률에 대한 권리구제형 헌법소원의 인용결정은 그 법률의 위헌성을 확인한 것이고, 그 종국결정의 기속력을 실효적으로 확보할 필요가 있기 때문이다. 명령이나 규칙에 대한 헌법소원에서 인용결정이 선고되어 그 명령이나 규칙의 위헌성이 확인되었음에도 그 명령이나 규칙을 적용한 재판에 대해서도 헌법소원을 청구할 수 있다.

2) 종국판결에 국한

헌법소원의 대상이 되는 재판은 종국판결에 국한된다. 법원이 내린 중간판결에 대해서는 위헌법률을 적용한 잘못에 대해 종국판결을 통해 시정할 수 있기 때문이다. 하지만, 그 종국판결이 반드시 확정판결이어야 하는 것은 아니다. 법원이 위헌결정된 법률을 적용하여 종국판결을 한 이상 위헌결정의 기속력에 위반되므로 헌법재판소는 그 종국판결의 위헌성을 심판할 수 있다. 이에 대해서는 재판소원을 인정하더라도 보충성에 따라야 하고, 종국판결도 확정되기 이전에는 심급제를 통해 그 위헌성을 시정할 수 있으므로 확정판결에 대해서만 헌법소원을 청구할 수 있다고 이해할 수도 있다. 하지만, 법원이 위헌법률을 적용하여 재판한 이상 그 자체만으로 위헌적 재판이므로 확정판결이 아니더라도 헌법소원의 대상이 될 수 있다고 해석해야 한다.

대법원의 파기환송판결도 헌법소원의 대상이 될까. 대법원은 파기환송이나 파기이송을 할 수 있는데, 이때 당해사건은 재판이 계속 중이고, 확정되지

128) 헌법재판소법 제47조 제4항.

않은 상태이다. 대법원은 파기환송판결이 중간판결의 일종이라고 판단하였으나,[129] 판례를 변경하여 종국판결이라고 판단하였다.[130] 종국판결이란 소나 상소를 통해 계속 중인 사건의 전부나 일부에 대해 심판을 마치고 그 심급을 이탈하는 것을 의미하고, 파기환송판결은 원심판결을 파기환송하여 원심에서 다시 재판하도록 하는 것이다. 당사자의 권리를 신속하게 구제하고 법적 안정성을 확보하기 위해서는 파기환송판결도 재판소원의 대상으로 인정해야 한다. 대법원이 파기환송하여 원심에서 다시 재판하고, 그 판결이 확정된 경우에도 그 재판에서 위헌결정된 법률을 적용하여 종국판결이 선고된 때에는 그 종국판결은 헌법소원의 대상이 된다.

종국판결이라도 그것이 재심의 대상이 되는 경우에는 일사부재리가 적용되지 않고 다시 재심을 통해 재판할 수 있으므로 헌법소원의 대상이 되지 않는다. 재심재판은 법원의 재판이므로 헌법소원의 대상에서 제외되지만, 만약 재심재판에서 위헌결정된 법률을 적용한 경우에는 예외적으로 헌법소원의 대상이 된다.

법원의 재판이 위헌법률을 적용한 것인지 여부를 판단하는 기준은 재판의 주문뿐만 아니라 주문의 근거가 되는 이유도 포함된다. 재판의 주문에는 승소여부만 나타나므로 그것만으로는 헌법재판소가 선고한 위헌결정의 기속력에 어긋나는지 여부를 확인하기 어렵기 때문이다.

3) 기본권을 침해할 가능성

재판소원이 예외적으로 인정되는 경우에도 그 재판이 기본권을 침해할 가능성이 있어야 헌법소원의 대상이 된다. 법원이 위헌결정된 법률을 적용하여 재판함으로써 위헌결정의 기속력에 위반되더라도 그 재판의 결과가 달라지지 않는 것이 명백하면 기본권이 침해될 가능성이 없으므로 헌법소원의 대상이 되지 않는다.[131] 헌법재판소가 적용중지를 명하는 헌법불합치결정을 하였음에도 법원이 그 법률을 적용하여 재판을 하면 헌법불합치결정의 기속력에 어긋난다. 하지만, 위헌성이 제거된 개정법률을 적용하더라도 개정되기 전의 위헌법률을 적용한 것과 동일하여 그 행정처분이 달라지지 않는 경우에는 그 재판으로 인하여 청구인의 기본권이 침해되었다고 볼 수 없다. 이때에는 그 재판에 대해

129) 1981. 7. 7. 80다2955.
130) 1995. 2. 14. 93재다27,34.
131) 1999. 10. 21. 96헌마61등.

헌법소원을 청구할 수 없으며, 이는 헌법소원의 적법요건인 심판이익이 없는 경우에 해당한다.[132)]

4) 재판의 대상인 원행정처분에 대한 헌법소원도 가능

재판소원이 인정되는 경우에 그 재판의 심판대상인 원행정처분에 대해서도 헌법소원을 청구할 수 있을까. 헌법 제107조 제2항은 처분에 대한 최종적인 위헌심판권을 대법원에게 부여하고 있고, 원행정처분은 법률에 대해 위헌결정이 선고되기 전에 행하여진 것이어서 종국결정의 기속력에 위반되지 않으므로 헌법재판소가 취소할 수 없고 대법원이 최종적으로 판단해야 한다는 견해가 있다.[133)] 하지만, 원행정처분을 심판대상으로 삼았던 법원의 재판이 예외적으로 헌법소원의 대상이 되어 그 재판 자체까지 취소되는 경우에는 헌법소원의 대상이 된다고 해석된다. 이때에는 위헌결정의 효력을 실효적으로 보장하고 개인의 기본권을 신속하고 효율적으로 구제할 필요가 있기 때문이다.

헌법재판소가 원행정처분에 대한 헌법소원을 인용하여 이를 취소하는 것은 법원의 재판을 취소하는 경우에만 가능하다. 법원의 재판이 취소되지 아니하는 경우에는 원행정처분의 위법성을 주장하는 것은 확정판결의 기판력에 어긋나므로 헌법소원의 대상이 되지 않는다.[134)] 법원이 위헌결정된 법률에 근거한 원행정처분에 대해 당연무효가 아니고 취소할 수 있는 행정행위에 불과하다고 판단한 경우에도 그 재판은 헌법소원의 대상이 아니다.[135)] 원행정처분의 근거가 된 법률에 대해 위헌결정이 선고되더라도 그 행정처분의 하자와 효력에 대해서는 법원이 판단할 사항인데, 법원이 당연무효라고 판단하지 않으면 위헌결정된 법률을 적용함으로써 개인의 기본권을 침해한 재판에 해당되지 않기 때문이다.

(라) 입법적 과제

헌법재판소법이 법원의 재판을 헌법소원의 대상에서 제외하는 것에 대해서는 비판이 있다. 법원의 재판도 공권력의 행사이며, 법원의 재판에도 오류가 있을 수 있어 기본권을 침해할 가능성이 있으므로 기본권을 구제하기 위한 제도적 장치를 마련해야 한다는 것이다. 헌법이 헌법질서를 수호하고 기본권을

132) 1998. 4. 30. 95헌마93.

133) 성낙인, 헌법학, 899면.

134) 2001. 2. 22. 99헌마605.

135) 2001. 2. 22. 99헌마605.

보장하기 위해 헌법소원을 헌법재판의 하나로 인정하고 있는데, 하위법인 헌법재판소법으로 그 범위를 제한하는 것은 헌법에 위반된다고 한다. 이는 헌법이 헌법소원의 기본적인 사항을 규정해야 함에도 불구하고 헌법소원의 대상과 절차를 모두 입법권자에 위임한 것에서 비롯되며, 국회가 헌법재판소법에서 법원의 재판을 헌법소원의 대상에서 제외한 것 자체가 잘못된 것이라고 한다.[136]

헌법이론적으로는 법원의 재판도 헌법소원의 대상에 포함시키는 것이 타당하다. 법원의 재판을 헌법소원의 대상에서 제외하는 것은 개인의 기본권을 침해하는 것을 방치하는 결과를 초래할 수 있다. 헌법재판소는 헌법소원을 통해 최종적으로 기본권을 보장하고 헌법질서를 수호하고, 법원은 구체적 사건에 관한 분쟁을 해결하고 법률적 권리를 구제한다. 이러한 차이를 반영하여 법원의 재판이 헌법을 위반하여 기본권을 침해한 경우에는 헌법소원을 청구할 수 있도록 하는 것이 바람직하다.[137]

(2) 재판절차의 하자

법원의 재판절차에 하자가 있는 경우에 이를 이유로 헌법소원을 청구할 수 있을까. 재판장은 재판진행이나 소송지휘를 통해 재판절차를 통제하는데, 재판장이 소송절차에서 소송지휘권을 행사하는 것은 종국판결에 이르기 위한 준비행위로서 중간적이고 부수적 재판이다. 이러한 재판절차의 하자에 대하여는 독립하여 항고할 수 없고, 종국판결과 함께 상소심의 판단을 받게 된다. 재판절차의 하자는 종국판결에 흡수되어 종국판결과 일체를 이루므로 재판장의 소송지휘가 위법하거나 부당하다고 다투는 당사자는 종국판결에 대한 상소를 통해 시정할 수 있다.[138] 따라서 재판절차의 하자는 독자적인 헌법소원의 사유가 되지 않는다. 재판절차의 하자에 대해서는 법원의 종국판결을 통해 구제절차를 거쳐야 하고, 그 재판에 대해서는 헌법소원을 청구할 수 없다.[139]

(3) 재판부작위

재판부작위는 법원이 재판을 해야 할 법적 의무가 있음에도 불구하고 이를 행하지 않는 것이다. 재판부작위는 공권력의 불행사에 해당하고 헌법기관인

136) 정종섭, 헌법소송법, 611면; 허영, 헌법소송법론, 363면, 396~398면.
137) 김하열, 498~501면; 성낙인, 헌법학, 895~897면.
138) 민사소송법 제362조.
139) 1992. 6. 26. 89헌마271.

법원이 재판을 하지 않는 것이 헌법적 의무를 위반한 경우에는 헌법소원의 대상이 될 여지가 있다. 이때 법원은 법령에서 구체적으로 정한 재판청구행위에 대해서만 재판의무를 부담하므로 이에 해당하지 않는 경우에는 헌법적 의무를 부담하지 않으므로 헌법소원의 대상이 되지 않는다.[140] 재판부가 종국결정에서 판단을 유탈하거나 탈루한 것에 대해서는 여전히 법원에 계속 중이거나 재심을 통해 구제받을 수 있으므로 헌법소원을 청구할 수 없다.[141]

헌법재판소는 법원의 재판에는 재판절차에 관한 법원의 판단도 포함되고, 재판지연 역시 재판절차에 관한 사항이므로 헌법소원의 대상이 되지 않는다고 판단하였다.[142] 특히, 헌법재판소는 재판기간에 대한 규정에 대해서는 이를 훈시규정으로 해석하여 재판기간을 준수할 법적 의무가 없다고 한다. 따라서 법원이 재판기간을 도과하여 재판을 지연하더라도 이에 대해 헌법소원을 청구할 수는 없다.[143] 하지만, 헌법재판의 종국결정선고기간을 위반한 것이 헌법에 부합하지 않는 것과 마찬가지로 법원의 판결기간을 위반한 것은 위법한 것으로 재판청구권을 침해한다고 해석해야 하므로 이에 대해서는 입법적 개선이 필요하다.[144]

(4) 사법행정작용

법원은 재판 이외에 법원의 운영을 위해 일반적인 사법행정작용을 하는데, 이에 대해서는 행정작용에 대한 헌법소원과 마찬가지로 헌법소원을 청구할 수 있다. 사법행정작용의 부작위도 기본권을 침해하는 경우에는 헌법소원의 대상이 된다. 다만, 사법행정작용이 행정소송의 대상이 되는 경우에는 보충성을 적용하여 행정재판을 거쳐야 하고, 그 재판에 대해서는 헌법소원을 청구할 수 없다. 따라서 행정소송의 대상이 되지 않는 경우에만 헌법소원의 대상이 된다.

헌법에 따라 제정된 대법원규칙도 법규명령이므로 기본권을 침해한 경우에는 헌법소원을 청구할 수 있다.[145] 헌법재판소는 법원공무원이나 집행관 등이 접수를 거부하는 처분은 헌법소원의 대상이 되지만, 법원행정처장이 민원인

140) 1994. 6. 30. 93헌마161.
141) 1996. 4. 25. 92헌바30.
142) 1998. 5. 28. 96헌마46.
143) 1999. 9. 16. 98헌마75.
144) 정종섭, 헌법소송론, 635~637면; 허영, 헌법소송법론, 399~400면.
145) 1997. 5. 29. 96헌마4.

에 대해 법령질의회신을 하는 것은 청구인에게 법적 권리의무를 부과하는 것이 아니므로 대외적 구속력이 없어 헌법소원의 대상이 되는 공권력의 행사가 아니라고 판단하였다.[146]

(5) 헌법재판소의 결정

헌법재판소가 심판절차에서 내리는 결정에 대해서는 헌법소원을 청구할 수 없다. 헌법재판소는 최종적 사법기관으로 그 결정에 대해서는 헌법과 법률이 심판절차에서 인정하는 경우 이외에서는 불복할 수가 없다. 사법기관이 자신의 결정을 스스로 심판하는 것은 사법적 정의에 위반되며, 종국결정에 대해 헌법소원을 인정하는 것은 일사부재리에도 위배되어 법적 안정성도 해치게 된다. 따라서 헌법재판소의 종국결정은 헌법소원의 대상이 되지 않고,[147] 사법행정작용도 마찬가지다. 헌법재판소가 쟁점사항에 대해 미리 정리하여 종국결정을 준비하는 중간결정을 할 것인지 여부도 헌법재판소의 재량에 달려 있으므로 헌법재판소에 중간결정을 요구하는 헌법소원을 청구할 수 없다.[148]

제4절 적법요건

1. 체계

(1) 규범적 의미

헌법소원은 공권력의 행사 또는 불행사로 인하여 기본권을 침해당한 개인이 헌법재판소에 구제를 청구하는 것이고, 헌법재판소는 그 적법요건을 갖춘 청구에 대해 본안심판을 한다. 헌법소원의 적법요건은 본안판단을 위한 전제조건이고, 적법요건을 갖추지 못한 경우에는 본안판단을 할 수가 없어 각하결정을 선고해야 한다. 청구인은 자신의 기본권이 침해되었다는 사실뿐만 아니라 적법요건이 갖추어졌다는 점을 주장할 책임이 있고,[149] 헌법재판소는 직권으로 본안판단을 하기 전에 적법요건에 대해 판단해야 한다.

146) 2009. 9. 1. 2009헌마460.
147) 1990. 5. 21. 90헌마78.
148) 2007. 7. 30. 2007헌마837.
149) 김하열, 헌법소송법, 535면; 정종섭, 헌법소송법, 122면.

적법요건은 청구인이 헌법소원을 청구할 때 갖추어야 할 요건이지만, 헌법재판소에게는 본안판단을 할 수 있는 요건이므로 그 심판관할권을 제한하는 요인이기도 하다. 즉, 헌법재판소는 적법요건을 갖추지 못한 경우에는 본안판단을 할 수가 없고 각하결정을 선고해야 한다. 헌법재판소법은 공권력의 행사 또는 불행사가 기본권을 침해한 경우에는 헌법소원을 청구한다고 규정하지만, 적법요건을 엄격하게 해석하면 헌법소원의 본안판단이 허용되는 범위가 매우 협소하게 된다.

헌법재판소는 판례를 통해 적법요건에 대한 심사기준을 체계화한다. 적법요건은 구체적으로 당사자적격, 공권력의 행사 또는 불행사, 기본권 침해의 가능성, 권리보호이익, 청구기간, 보충성, 변호사강제로 구분할 수 있다. 당사자적격은 헌법소원의 당사자인 청구인과 피청구인에 관한 문제로 기본권의 주체인 청구인능력을 전제로 개별적 사건에서 헌법소원을 청구할 수 있는 청구인적격이 중요하다. 공권력의 행사 또는 불행사는 헌법소원의 심판대상을 확정하는 문제로 귀결된다. 기본권 침해의 가능성을 판단하는 심사기준으로는 자기관련성, 직접성, 현재성이 있다.

(2) 심사기준

헌법소원의 적법요건은 원칙적으로 독자적인 요건이므로 모두 갖추어야 적법요건을 충족시키므로 각자의 심사기준에 따라 구분하여 적법요건을 심사해야 하고, 특정한 적법요건을 다른 적법요건으로 대체할 수 있는 것이 아니다. 하지만, 적법요건은 실질적으로 서로 밀접하게 관련되어 있어 영향을 주고 받는다. 청구인적격은 기본권 침해의 가능성, 특히 자기관련성과 밀접하게 관련되고, 공권력의 행사 또는 불행사는 기본권 침해의 가능성을 고려하여 확정된다. 기본권 침해의 가능성을 판단하는 경우에도 현재성은 권리보호이익과 청구기간과 서로 연계되어 있다. 헌법소원의 적법요건을 판단함에 있어서는 각각의 심사기준을 분리하여 적용할 것이 아니라 그 관련성을 함께 고려해야 한다.

헌법재판소가 적법요건을 엄격하게 요구하면 본안판단을 할 기회가 봉쇄되어 기본권을 구제하는 역할을 수행하기 어렵게 된다. 헌법재판소는 헌법재판이 객관소송의 성격을 가진다는 특성을 반영하여 꾸준히 적법요건을 완화하는 규범적 기준을 마련하여 그 예외를 대폭 넓힘으로써 본안판단의 기회를 확대하고 있다. 이는 헌법소원이 헌법재판의 대부분을 차지하고 있는 현실에서 헌법재판의 기능을 실질화하기 위한 노력으로 평가된다. 하지만, 적법요건을 완화하는 규범적 기준이 불명확하여 헌법재판소가 자의적으로 적법요건을 완화할 경우에는 헌법재판에서 법적 안정성과 예측가능성을 해칠 우려가 있다.

2. 당사자적격과 심판대상

(1) 당사자적격

헌법소원은 공권력의 행사 또는 불행사로 인하여 기본권이 침해된 자가 그 구제를 청구하는 헌법재판이다. 헌법소원에서 청구인능력은 기본권의 주체와 동일하고, 피청구인능력은 공권력의 주체와 동일하다. 청구인은 구체적 사안에서 청구인적격을 갖추고 피청구인을 상대로 청구해야 적법하다. 당사자능력과 당사자적격은 헌법소원의 적법요건이고, 당사자능력이나 당사자적격이 없으면 부적법하여 각하된다.

(2) 공권력의 행사 또는 불행사

헌법소원의 심판대상은 공권력의 행사와 불행사이고, 심판대상이 되지 않는 것에 대해 헌법소원을 청구하는 경우에도 각하된다. 청구인은 심판대상에 대해 헌법소원을 청구해야 하고 공권력의 행사 또는 불행사는 심판대상을 확정하는 문제로 귀결된다. 공권력의 행사 또는 불행사는 입법작용, 행정작용, 사법작용으로 구분될 수 있다. 입법작용에 대해서는 원칙적으로 위헌법률심판에서 구체적 규범통제를 통해 그 위헌성을 심판한다. 법령에 대해 헌법소원을 인정하는 경우에도 기본권 침해의 직접성을 적법요건으로 요구하여 구체적 집행행위를 매개하지 않고 직접 기본권을 제한한 경우에만 헌법소원을 심판할 수 있다. 행정작용이 기본권을 침해하더라도 보충성을 적법요건으로 요구하여 행정소송을 거치도록 하고, 그 결과인 법원의 재판에 대해서는 헌법소원을 금지함으로써 그 심판대상이 제한된다. 사법작용의 핵심인 재판은 아예 헌법소원의 대상에서 제외된다.

헌법소원의 심판대상이 된다는 것은 적법요건 중의 하나지만, 이는 일반적이고 추상적으로 공권력의 행사 또는 불행사에 해당한다는 것이므로 다른 적법요건을 통해 보완되어야 한다는 것을 유의해야 한다. 공권력의 행사 또는 불행사는 청구인적격, 자기관련성, 현재성이나 권리보호이익과 같은 적법요건을 통해 특정한 사람과 사안을 전제로 하는 개별적 사건에서 구체적으로 기본권이 침해될 가능성이 있어야 실제로 심판대상이 된다.[150] 공권력의 행사 또는 불행사가 헌법소원의 대상이 되는 경우에도 그것이 구체적 사안에서 적법요건을 갖추지 못하면 역시 각하된다.

3. '헌법상 보장된 기본권'이 침해될 것

(1) 기본권 침해에 관한 문제

(가) 헌법상 기본권

헌법소원은 헌법상 보장된 기본권이 침해된 경우에 이를 구제하는 헌법재판이다. 헌법상 보장된 기본권의 침해를 주장하여 헌법소원을 청구하는 것은 헌법소원의 적법요건이다. 청구인이 기본권의 침해를 주장하지 않으면 부적법하여 각하된다. 헌법상 보장된 기본권이란 헌법이 직접 국민에게 부여한 주관적 공권이며, 국민이 국가에 대해 주장할 수 있는 헌법적 권리이다. 기본권은 헌법에서 직접 규정하거나 헌법해석을 통해 도출될 수 있어야 한다. 헌법이 규정하더라도 기본권이 아니라 국회의 입법권이나 지방자치단체의 지방자치권한과 같은 공적 기관의 권한이 침해된 경우에는 헌법소원을 청구할 수 없다.[151]

(나) 헌법원리는 제외

헌법원리는 기본권이 아니므로 공권력이 헌법원리를 침해하더라도 헌법소원을 청구할 수는 없다. 헌법원리는 헌법이나 법률을 해석하는 규범적 기준으로 기본권과 밀접하게 관련되고 기본권을 도출하는 근거가 되기도 한다. 헌법소원은 기본권을 구제하는 수단이고, 헌법원리는 그 자체가 기본권이 아니므로 국민주권, 법치국가, 권력분립의 원칙, 신뢰보호의 원칙, 적법절차의 원리와 같은 헌법원리가 침해되었다는 이유로 헌법소원을 청구할 수는 없다.[152]

헌법소원은 기본권 보장을 위한 주관소송일 뿐만 아니라 헌법질서의 수호를 위한 객관소송의 성격을 가지므로 기본권 조항이 아닌 헌법원리도 심사대상

150) 정재황, 헌법재판론, 634~635면.
151) 2006. 8. 31. 2006헌마266.
152) 2004. 12. 16. 2002헌마579.

이 될 여지가 있다. 공권력이 기본권을 제한하는 것은 '법률'에 의할 때에만 가능한데, 그 법률이 위헌인 경우에는 정당화되기 어렵다. 법률이 헌법의 기본권 조항이 아니라 다른 헌법조항을 위반한 경우에도 위헌인 법률이 되고, 그 법률에 의해 기본권을 제한하는 것은 기본권을 침해하는 것이기 때문에 헌법소원을 청구할 수도 있다.[153)]

헌법재판소는 법령에 대한 헌법소원에서 청구인이 주장한 기본권의 침해 여부에 관한 심사에 한정하지 않고 모든 헌법적 관점에서 심판대상의 위헌성을 심사한다고 판단한 적이 있다.[154)] 하지만, 헌법원리를 규정하는 헌법조항이라도 그로부터 특정한 기본권을 도출할 수 있는 경우에만 공권력의 행사가 헌법원리를 위반하였는지 여부를 심사할 수 있다고 이해해야 한다.

제도보장도 마찬가지다. 제도보장은 헌법제정권자가 특별히 중요하고 가치있다고 인정하여 헌법적으로 보장하는 국가제도이다. 이는 기본권과 밀접하게 관련되지만, 그 자체는 객관적 법규범으로서 주관적 권리인 기본권과는 구별된다. 따라서 제도보장이 침해되었다는 이유로만 헌법소원을 청구할 수는 없다. 헌법소원은 공권력의 행사가 헌법을 침해하는 모든 경우를 포괄하는 것이 아니라 그 중에서도 기본권을 침해한 경우에만 인정된다.

(다) 법률상 권리는 제외

헌법상 보장된 기본권이 아니라 법률적 권리는 헌법소원의 대상이 아니다. 법률적 권리는 일반재판을 통해 구제되고, 헌법적 권리인 기본권만 헌법소원을 통해 구제될 수 있다. 지방자치단체의 주민이 갖는 자치권 또는 주민권으로서 주민투표권은 헌법상 보장된 기본권이 아니다. 헌법재판소는 지방의회의원에 대한 선거권과 지방자치단체의 장에 대한 선거권은 비록 법률에서 규정하고 있지만, 모두 헌법상 보장된 기본권이라고 판단하였다.[155)] 헌법 제118조 제2항은 "지방의회의 … 의원선거와 지방자치단체의 장의 선임방법 … 법률로 정한다"라고 규정하는데, 지방의회의원에 대한 선거권은 헌법규정에 의해 직접 도출되므로 기본권이지만, 지방자치단체의 장에 대한 선거권은 헌법이 그 선임방법을 법률에 위임하고 있으므로 법률적 권리라고 해석하는 것이 타당하다.

법률상 권리도 헌법상 기본권과 관련되거나 그 권리의 행사가 기본권의

153) 정종섭, 헌법소송법, 680면.
154) 1997. 12. 24. 96헌마172등.
155) 2016. 10. 27. 2014헌마797.

문제로 귀결되는 경우에는 헌법소원의 대상이 된다. 형사소송법은 국민참여재판으로 재판을 받을 권리를 규정하고 있지만, 이를 형사소송절차에서 배제하기 위해서는 헌법에서 규정한 적법절차의 원칙을 따라야 한다. 이를 위반하여 적법절차에 관한 기본권을 침해하게 되는 경우에는 헌법소원을 청구할 수 있다. 또한, 법률적 권리라도 비교집단 사이에 불합리한 차별로 인하여 평등권을 침해한 경우에는 평등권이라는 기본권을 침해하게 되므로 이를 이유로 헌법소원을 청구할 수도 있다.[156]

(라) 간접적인 사실상 불이익도 제외

헌법적 권리라고 하더라도 법적 자유나 지위에 대한 불이익이나 영향은 헌법소원의 대상이 되지만, 단순히 사실적이고 경제적 불이익이나 영향, 반사적 불이익에 불과한 경우에는 헌법소원의 대상이 되지 않는다.[157] 종교의 자유나 결사의 자유가 제한되더라도 그것이 언론·출판의 자유를 제한한 것에 따른 부수적이고 간접적인 사실상의 불이익에 불과한 경우에는 독자적으로 헌법소원의 대상이 되지 않는다.[158]

중앙선거관리위원회가 헌법재판소의 정당해산결정에 따라 정당의 명칭으로 사용할 수 없다고 결정·공표한 행위는 정당법에 따라 사용이 금지되는 유사명칭에 해당하는지 여부에 대한 내부적인 판단을 공표한 것으로서, 그 자체로 청구인의 법적 지위에 어떠한 영향을 미친다고 볼 수 없어 헌법소원의 대상이 되는 공권력의 행사에 해당하지 않는다.[159]

(2) 기본권을 침해받을 가능성

헌법소원의 적법요건에 해당하는 '헌법상 보장된 기본권을 침해받은 자'란 현실적으로 기본권을 침해받은 자가 아니라 기본권을 침해받을 가능성이 있는 자라고 해석해야 한다. 기본권이 침해되었는지 여부는 본안판단에서 확정되므로 헌법소원의 적법요건은 기본권 침해의 가능성이다. 헌법소원은 헌법질서를 수호하기 위한 객관소송의 성격도 가지므로 헌법재판소는 청구인의 주장에만 얽매이지 않고 가능한 모든 범위에서 기본권의 침해가능성을 직권으로 심사한다.

156) 2007. 6. 28. 2004헌마643.
157) 2008. 2. 28. 2006헌마582.
158) 2020. 11. 26. 2016헌마275·606, 2019헌마199(병합).
159) 2021. 3. 25. 2020헌마94.

공권력의 행사가 청구인의 법적 지위나 권리의무에 아무런 영향을 미치지 않아 애당초 기본권을 침해할 가능성이 없는 경우에는 헌법소원의 대상이 되지 않는다.[160] 헌법에서 규정하는 국민투표권도 대통령이 국민투표에 부의한 경우에만 비로소 행사할 수 있으므로 대통령의 부의행위가 없는 이상 국민투표권은 침해될 가능성이 없어 헌법소원의 대상이 되지 않는다.[161] 헌법재판소는 헌법소원의 심판대상이 기본권이 아니라 반사적 이익에 불과하다고 판단하면서도 본안판단을 통해 기각결정을 한 적이 있다.[162] 이때에는 각하결정을 선고하는 것이 타당하다.

공권력의 행사 또는 불행사로 인하여 수개의 기본권이 침해될 가능성이 있는 경우에는 기본권 경합을 통해 사안과 직접 관련되는 특정한 기본권만 심판대상이 되고, 나머지 기본권은 심판대상에서 포함되지 않는 경우도 있다. 이때 심판대상에서 제외되는 기본권은 적법요건을 갖추지 못한 것이 아니라 심판절차의 효율성을 고려하여 심판대상에서 제외되는 것일 뿐이다. 일반적으로 알 권리와 언론·출판의 자유는 불가분의 관계 내지 표리일체의 관계에 있으므로 알권리는 언론·출판의 자유와 함께 판단된다.[163] 평등권이 제한되는 경우에도 특정사안과 직접 관련되는 다른 기본권과 함께 판단될 수 있는 경우에는 독자적인 헌법소원의 대상에서 제외될 수 있다.[164]

4. 기본권 침해의 가능성에 대한 판단기준

(1) 자기관련성

(가) 원칙

1) 청구인 자신의 기본권

자기관련성은 공권력의 행사 또는 불행사가 청구인 자신의 기본권 침해와 관련된다는 것이다. 청구인은 자기와 관련된 기본권이 침해당한 경우에만 헌법소원을 청구할 수 있고, 타인의 기본권이 침해되었다는 이유로 청구할 수 없다.

---

160) 2016. 4. 28. 2012헌마630.
161) 2013. 11. 28. 2012헌마166.
162) 2013. 11. 28. 2012헌마770.
163) 1991. 5. 13. 90헌마133.
164) 2020. 11. 26. 2016헌마275등.

헌법소원은 개인의 기본권 침해를 구제하는 헌법재판이므로 자신의 기본권이 침해되었다고 주장할 때에만 인정되고 이른바 민중소송은 허용되지 않는다. 자기관련성은 적법요건이므로 청구인의 주장 자체에서 공권력의 행사 또는 불행사로 인하여 청구인의 기본권을 침해할 개연성이 있으면 충분하고, 실제로 청구인의 기본권이 침해되었는지 여부는 본안판단을 통해 확정된다. 청구인은 막연히 침해되는 기본권이 자신에게 귀속된다고 주장하는 것만으로는 부족하지만, 기본권의 귀속에 대해 소명하면 충분하고, 헌법재판소는 이를 바탕으로 자기관련성이 있는지 여부를 판단할 수 있다.[165)]

2) 직접 상대방과 제3자

청구인이 공권력의 행사 또는 불행사의 직접 상대방인 경우에는 원칙적으로 자기관련성이 인정된다. 공권력의 직접 상대방이라도 기본권을 제한받지 않고 공권력의 행사 또는 불행사로 인하여 그 법적 지위와 이익에 간접적이나 사실적으로만 영향을 받거나 경제적 이해관계만 갖는 경우에는 자기관련성이 인정되지 않는다.[166)]

자기관련성은 공권력의 행사 또는 불행사의 직접 상대방이 반드시 청구인이어야 한다는 것을 의미하는 것은 아니다. 공권력의 행사나 불행사의 직접적 상대방이 아닌 제3자는 원칙적으로 자기관련성이 인정되지 않지만, 공권력의 행사 또는 불행사로 인하여 그 기본권을 침해받을 가능성이 있으면 자기관련성이 인정된다.[167)] 이때 제3자에게 자기관련성이 있는지 여부는 관련 법률의 입법목적, 실질적 규율대상, 제한이나 금지가 제3자에게 미치는 효과나 진지성의 정도, 직접적 수범에 의한 헌법소원 제기의 기대가능성을 종합적으로 고려하여 판단해야 한다.[168)]

시혜적 법률이 직접 적용되지 않아 수혜의 대상에서 제외된 자는 공권력 행사의 상대방이나 수범자가 아니다. 시혜적 법률의 적용대상에서 제외된 자가 평등권이 침해되었다고 주장하면서 헌법소원을 청구한 경우에 자기관련성이 인정될까. 법률의 적용에서 제외되는 제3자라도 시혜적 법률이 위헌으로 선고되면 자신과 비교되는 집단에게 부여되는 혜택이 소멸하게 되고, 그 비교집단

165) 2001. 11. 29. 99헌마494.

166) 2014. 3. 27. 2012헌마404.

167) 1993. 3. 11. 91헌마233.

168) 2017. 5. 25. 2014헌마844.

과 맺는 관계에서 자신의 법적 지위가 상대적으로 향상될 수 있으므로 자기관련성이 인정된다.[169)]

(나) 단체와 구성원

법인이나 단체가 자신의 기본권이 아니라 구성원의 기본권이 침해되었다고 주장하거나 구성원이 법인이나 단체의 기본권이 침해되었다고 주장하면서 헌법소원을 청구할 수 있을까. 이는 헌법소원에서 제3자 소송담당이 인정되는지에 관한 문제이다. 제3자 소송담당이란 권리주체가 아닌 제3자가 자신의 이름으로 권리주체를 위하여 소송을 수행하는 것이다. 원래 권리주체는 자기책임의 원칙에 따라 자신의 권리에 대해 직접 소송수행을 해야 한다.

제3자 소송담당은 특별히 법률의 규정에 의해서만 허용되는데, 헌법소원에서는 이를 인정하는 법률규정을 두지 않고 있고 헌법소원을 청구하기 위해서는 자기관련성을 갖추어야 한다. 따라서 기본권의 주체가 단체인 경우에는 단체가 자신의 기본권 침해를 이유로 헌법소원을 청구할 수 있을 뿐, 그 구성원을 위하거나 그를 대신하여 헌법소원을 청구할 수 없다.[170)] 반대로, 개인이 자신의 기본권 침해를 이유로 헌법소원을 청구하지 않고, 자신이 소속된 단체를 위해 대신하여 헌법소원을 청구할 수도 없다.

(2) 직접성

(가) 원칙

기본권의 침해는 공권력의 행사 또는 불행사로 인해 직접 발생되어야 한다. 공권력이 직접 기본권을 침해하지 않고, 다른 공권력의 행사를 매개로 하여 기본권을 침해할 경우에는 그 매개된 공권력에 대해 헌법소원을 청구해야 한다. 직접성의 요건은 공권력의 행사에 대해 요구되며, 공권력의 불행사는 그 자체에 의해 기본권이 제한되므로 직접성의 요건이 문제되지 않는다.

직접성은 신속하고 효율적으로 기본권을 구제하기 위한 것이며, 다른 구제절차가 있으면 먼저 그 절차를 거치도록 하는 보충성과도 밀접하게 관련된다. 이는 헌법소원은 기본권을 보호하기 위한 특별하고도 보충적 수단이라는 것을 반영한 것이다. 하지만, 직접성의 요건을 엄격하게 요구하게 되면 헌법소원이 기본권 침해에 대해 실효적인 구제수단이 될 수 없는 경우가 발생한다. 헌법재

169) 2008. 12. 26. 2007헌마1149.

170) 2007. 7. 26. 2003헌마377.

판소는 기본권 보장에 대한 공백상태를 초래하지 않도록 직접성의 요건을 완화하기도 한다. 기본권 침해의 직접성은 기본권 침해의 자기관련성이나 현재성과 밀접하게 관련되며 서로 중복되기도 한다.

(나) 법령에 대한 헌법소원

1) 원칙적 금지, 예외적 인정

직접성의 요건은 법령에 대한 헌법소원에서 중요한 의미를 갖는다. 법령은 일반적이고 추상적인 법규범을 정립하는 것이므로 원칙적으로 기본권을 직접 제한하지 않고 법령을 집행하거나 재판을 통해 적용되는 것과 같이 별도의 집행행위를 통해 기본권을 제한한다. 따라서 법령에 대해서는 직접성이 인정되지 않아 헌법소원을 청구할 수 없다.[171] 다만, 법령이 집행행위를 매개하지 않고 그 자체로 기본권을 제한하는 경우에는 법령에 대해 헌법소원을 청구할 수 있다.

법령이 개인의 권리나 법적 지위를 박탈하여 현실적이고 구체적으로 기본권 침해가 발생하는 경우에는 그 법령에 대해 직접성이 인정된다.[172] 특히, 처분적 법률은 법률 자체가 처분이 되어 행정이나 사법작용을 거치지 않고 직접 법적 효과가 발생하고 집행력을 가진다. 처분적 법률에 해당하는 개별인적 법률이나 개별사건적 법률은 직접성을 갖는다.

법령에 있어서 정의규정, 선언규정, 조직과 직무에 관한 규정은 그 자체로 국민의 권리의무에 영향을 미치지 않아 기본권을 침해하지 않으므로 원칙적으로 직접성이 인정되지 않는다. 다만, 이들 규정이 기본권 침해와 밀접한 관련을 가지거나 형벌조항의 중요한 구성요건을 이루는 경우에는 직접성이 인정된다.[173]

2) 법령에 근거한 집행행위가 심판대상

법령은 일반적으로 그 집행행위를 통하여 비로소 현실적으로 기본권 침해를 발생시키므로 청구인은 법령이 아닌 그 집행행위를 대상으로 헌법소원을 청구해야 한다.[174] 이때 집행행위란 일반적이고 추상적인 법령을 개별적이고 구체적인 사안에 적용하여 기본권 침해라는 법적 효과를 발생시키는 공권력의 행위를 말한다. 중앙선거관리위원회가 정당등록을 취소하도록 규정하는 조항에 대해서는 직접성이 인정되지 않으므로 헌법소원을 청구할 수 없다. 정당은 중

171) 1998. 3. 26. 96헌마166.

172) 2010. 10. 28. 2008헌마638.

173) 2006. 6. 29. 2005헌마1167.

174) 2002. 12. 18. 2001헌마111.

앙선거관리위원회의 심사와 등록취소라는 집행행위에 의해 비로소 소멸되고, 그 정당은 등록취소처분에 대한 취소소송에서 정당법의 정당등록취소조항에 대해 위헌제청을 신청할 수 있기 때문이다.[175] 과세관청의 부과처분, 보험자의 보험료 부과처분과 같이 법령에 따른 집행행위는 그 행위가 헌법소원의 대상이 될 뿐, 그 근거가 되는 법령은 직접성을 갖지 않는다.

법치국가에서 법령은 법원의 재판을 통해 해석되고 적용됨으로써 실현되는데, 법원의 재판 자체는 헌법소원의 대상에서 제외되므로 집행행위라고 할 수는 없다. 다만, 재판절차를 규율하는 소송법이나 재판절차를 통해 기본권이 제한되는 경우에는 그 재판도 집행행위에 포함될 수 있다.[176] 피고인의 신상정보의 공개·고지는 검사의 청구와 법원의 공개·고지명령으로 발생하므로 신상정보의 공개·고지명령조항에 의해 기본권의 침해가 발생하는 것은 아니므로 그 법령에 대한 헌법소원은 직접성이 인정되지 않는다.[177]

집행행위는 공권력의 행사를 의미하므로 법령을 집행하는 주체가 사인(私人)인 경우에 그 사인의 행위는 집행행위에 포함되지 않으므로 그 근거법령은 직접성을 갖는다. 정보통신서비스 제공자가 법률에 따라 임시조치를 하고, 이에 따라 정보게재자의 표현의 자유가 제한되는 것과 같이 법령이 사인의 행위를 매개로 하여 일정한 법적 의무를 부과함으로써 기본권을 제한하는 경우에는 그 법령은 직접성을 갖는다.[178] 법령에 대한 헌법소원은 직접성의 요건을 갖추어야 하고, 직접성은 매개되는 집행행위의 내용과 범위에 따라 결정된다. 직접성을 판단하기 위해서는 집행행위가 매개된 것인지, 그 집행행위가 심판대상이 되는지가 중요하다.

3) 집행행위가 재량행위인 경우

집행행위가 재량행위인 경우에도 직접성이 인정될까. 법령에 근거한 집행행위가 행정청의 재량에 맡겨진 경우 법령은 집행기관에게 기본권 침해의 가능성만 부여할 뿐, 집행기관의 재량권 행사에 의해 비로소 기본권이 현실적으로 침해될 수 있으므로 그 법령에 대해서는 직접성이 인정되지 않는다.[179] 하지만,

175) 2006. 4. 27. 2004헌마562.
176) 김하열, 헌법소송법, 528면.
177) 2015. 6. 25. 2014헌마54등.
178) 2020. 11. 26. 2016헌마275등.
179) 2018. 5. 31. 2015헌마476.

법령이 재량행위의 형식으로 규정되더라도 그 내용이 일의적이고 명백한 것이어서 집행기관이 심사와 재량의 여지가 없이 그 법령에 따라 일정한 집행행위를 해야 할 경우에는 그 법령에 대해 직접성이 인정된다.[180]

법령에서 집행행위를 필수적으로 요구하여 기속행위에 해당한다고 하더라도 그 법령이 당연히 헌법소원의 대상이 되는 것도 아니다. 법령이 집행행위를 예정하고 있는 경우에도 그 집행행위를 대상으로 행정소송과 같은 구제절차를 거칠 수 있는 경우에는 그 법령에 대해 직접성이 인정되지 않는다.[181] 이때 청구인은 집행행위에 대해 취소소송을 제기한 후 그 법령에 대해 위헌제청신청을 할 수 있는 기회가 있을 뿐만 아니라 취소소송을 제기하지 않고 법령에 대해 헌법소원을 청구한 경우에 법령에 대해 위헌결정이 선고되더라도 이미 집행행위가 확정될 수가 있어 청구인이 권리구제를 받지 못하게 되는 결과가 발생할 수 있기 때문이다.

법령에 근거한 집행행위가 재량행위인지 여부가 직접성을 확정적으로 결정하는 것은 아니다.[182] 집행행위가 재량행위이든 기속행위든 관계없이 집행행위가 존재하는 경우에는 원칙적으로 직접성이 인정되지 않고 실질적으로 법령 자체가 직접 기본권을 제한하는지 여부에 따라 직접성 요건을 판단해야 한다.[183]

4) 집행행위가 입법행위인 경우

법령에 근거한 구체적인 집행행위에는 입법행위도 포함된다. 법률이 구체적 집행을 위해 행정입법이나 지방자치단체의 조례와 같은 하위법령의 시행을 예정하고 있는 경우에는 그 하위법령이나 시행행위에 대해 헌법소원을 청구해야 하고, 그 근거가 된 법률은 직접성을 갖지 않는다.[184] 법률이 하위법령의 시행을 예정하더라도 시행령이 법률의 내용을 그대로 반복하여 규정하거나 법률 자체에서 권리를 제한하거나 의무를 부과하는 법적 효과를 발생시키는 경우에는 그 법률에 대해 직접성이 인정된다.[185]

법률이 하위법령에 구체적인 사항을 위임하고 있더라도 헌법위반이 그 법률조항에 의해 시원적으로 발생한 것이어서 그 위헌성이 위임받은 하위법령에

180) 2005. 5. 26. 2004헌마49.
181) 2013. 7. 25. 2012헌마934.
182) 김하열, 헌법소송법, 521면.
183) 한수웅, 헌법학, 1494면.
184) 2013. 6. 27. 2011헌마475.
185) 2018. 3. 29. 2015헌마1060등.

영향을 미치는 경우에는 그 법률조항에 대해서도 직접성이 인정된다.[186] 상위법령이 직접 의무를 부과하고 하위법령에 구체적인 방법이나 절차만 위임하거나 상위법령과 하위법령이 그 내용상 서로 내적인 연관관계를 맺고 불가분의 일체를 이루고 있는 경우에는 상위법령에 대해서도 직접성이 인정된다.[187]

5) 의무조항과 제재조항

법령이 일정한 행위나 금지를 의무로 규정하는 경우에는 그 규정형식에 따라 직접성이 다르게 판단된다. 법령이 하나의 조항에서 행위나 금지의 의무를 부과하면서 형벌이나 행정벌을 함께 규정할 수도 있고, 의무조항과 별도로 제재조항을 따로 규정할 수도 있다. 법령이 하나의 조항에서 의무부과와 제재처분을 함께 규정하는 경우에는 그 조항은 직접성이 인정된다. 법령에서 의무조항과 별도로 제재조항을 규정할 경우에는 의무조항은 별도의 집행행위를 거치지 않고 그 자체로 자유를 제한하고 의무를 부과하는 법적 효과를 발생시키므로 직접성이 인정된다. 개인에게 위헌인 법령을 적용하여 형벌이나 행정벌과 같은 제재처분을 받도록 하고, 그 처분에 대해 헌법소원을 청구하도록 하는 것은 개인에게 불법을 요구하게 되어 사법적 정의에 위반되며, 우회적인 권리구제절차를 강요하는 것이다. 이때 형벌이나 행정벌의 부과는 직접성에서 요구하는 법령의 집행행위가 아니라 의무위반에 대한 제재에 해당한다.[188]

하위법규인 시행령이 형벌조항의 구성요건 일부를 규정한 경우에도 검사의 기소와 법원의 재판을 통한 형벌의 부과라는 구체적 집행행위가 예정되어 있으므로 원칙적으로 직접성이 인정되지 않는다. 다만, 그 조항이 일의적이고 명백한 것이어서 집행기관이 심사와 재량의 여지없이 그 법령에 따라 일정한 집행행위를 해야 하거나, 그 집행행위인 형벌부과를 대상으로 하는 구제절차가 없거나 권리구제의 기대가능성이 없는 경우에는 예외적으로 직접성이 인정될 수 있다.[189]

법령에서 의무조항과 별도로 규정되는 제재조항은 그 자체만으로는 기본권을 침해하지 않고 그 조항을 적용하여 구체적인 형사처벌이나 행정처분과 같은 제재조치를 집행행위로 매개함으로써 비로소 기본권을 침해하므로 그 제재

186) 2012. 11. 29. 2011헌마827.
187) 2008. 11. 27. 2006헌마352.
188) 1998. 3. 26. 97헌마194.
189) 2016. 11. 24. 2013헌마403.

조치를 대상으로 헌법소원을 청구해야 하고, 제재조항은 직접성을 갖지 않는다.[190] 법령이 의무조항과 별도로 제재조항을 규정하는 경우에 제재조항에 대해서도 직접성이 인정되는 경우가 있다. 청구인이 제재조항 자체의 고유한 위헌성을 다투는 경우에는 의무조항과 무관하게 직접성이 인정된다. 청구인이 처벌조항에 대해 그 법정형이 체계정당성에 어긋나거나 지나치게 중형이라는 이유로 의무조항과 별도로 그 자체의 위헌을 주장하는 경우에는 직접성을 인정할 수 있다.[191]

6) 집행행위가 예정되더라도 법령에 대해 직접성이 인정되는 경우

법령의 집행행위가 예정되어 있더라도 예외적으로 법령에 대해 직접성이 인정되는 경우가 있다. 법령의 내용이 이미 국민의 권리와 의무를 직접 변동시키거나 법적 지위를 확정하는 것이어서 기본권의 침해가 집행행위의 유무에 의해 좌우되지 않을 정도로 확정된 상태인 경우에는 그 법령에 대해 직접성이 인정된다.[192] 공권력의 주체가 집행행위를 하기 전에 법령 자체에 의해 권리의무 관계가 일의적이고 명백하게 확정된 경우에도 마찬가지다.[193] 또한, 법령의 집행행위가 법령의 규정에 따른 기계적 내지 단순한 사실적 집행행위에 불과한 경우에도 직접성이 인정된다.[194] 이때에는 법령에 따른 집행행위를 기다릴 필요 없이 법령 자체에서 법적 효과가 발생하므로 법령 자체에 대해 헌법소원을 청구할 수 있다.

법령이 집행행위의 매개를 예정하고 있더라도 법령을 직접 다투지 아니하고는 권리구제가 불가능하거나 무의미한 경우에도 법령에 대해 직접성이 인정된다. 즉, 법령에 대한 집행행위를 대상으로 하는 구제절차가 없거나, 그에 대한 구제절차가 있더라도 이를 통해서는 권리구제의 기대가능성이 없어 청구인에게 불필요한 우회절차를 강요하는 결과가 되는 경우에는 직접성이 인정된다.[195] 이때에는 집행행위를 대상으로 헌법소원을 청구하는 것이 무의미하기 때문에 보다 근원적인 법령에 대해 헌법소원을 청구할 수 있어야 한다.

법령이 집행행위를 예정하고 있는 경우에도 그 집행행위의 상대방이 아닌

190) 2018. 6. 28. 2016헌마1153.
191) 2013. 6. 27. 2011헌마315등.
192) 2008. 6. 26. 2005헌마506.
193) 2008. 10. 30. 2007헌마1281.
194) 2013. 7. 25. 2011헌마781.
195) 2019. 7. 25. 2018헌마18.

제3자의 기본권이 제한되고 그가 행정소송을 제기할 수 없는 때에는 제3자도 법령에 대해 헌법소원을 청구할 수 있다. 정보통신부장관은 전기통신사업자로 하여금 공공의 안녕질서나 미풍양속을 해하는 내용의 통신취급을 거부하거나 정지할 수 있는데, 정보통신부장관의 집행행위의 상대방은 전기통신사업자이지만 이로 인하여 기본권을 침해당하는 자는 전기통신이용자이므로 전기통신이용자는 위 조항을 직접 헌법소원의 대상으로 삼을 수 있다.[196)]

(3) 현재성

(가) 원칙

1) 과거나 미래가 아닌 현재의 침해

기본권은 현재 침해된 상태에 있어야 한다. 이때 현재란 원칙적으로 청구인이 헌법소원을 청구할 때부터 종국결정을 선고할 때까지를 의미한다. 헌법소원은 과거에 기본권이 침해되었다는 것을 확인하거나 미래에 기본권이 침해될 것을 예방하는 것이 아니라 현재 기본권이 침해된 상태를 구제하는 것이다.

과거에 이미 기본권 침해가 종료되어 현재에는 더 이상 기본권이 침해되지 않은 상태에서는 헌법소원을 청구할 수 없다. 헌법소원은 과거에 기본권 침해가 있었음을 확인하는 것이 아니라 현재의 기본권 침해를 구제하는 것이기 때문이다. 비록 기본권을 침해하는 행위가 이미 종료되었더라도 현재까지 그 침해상태가 계속되고 있는 경우에는 현재성이 인정된다.

공권력의 행사나 불행사로 현실적으로 기본권 침해가 발생하지 않고 단순히 미래에 기본권 침해가 예상된다는 가능성만으로는 현재성이 인정되지 않는다. 이를 인정하게 되면 헌법소원이 민중소송이 될 수 있다. 하지만, 현재성을 엄격하게 요구하면 기본권 침해를 구제하지 못하게 되는 결과가 발생할 수 있으므로 일정한 범위에서는 그 요건을 완화하여 해석할 필요가 있다.

2) 기본권 침해가 확실하게 예상되는 경우

법령에 대한 헌법소원에서는 현재성의 요건을 완화하여 해석할 필요가 있다. 법령은 유효하게 시행되어야 법적 효과가 발생하므로 원칙적으로 그때 비로소 현재성이 인정된다. 하지만, 법령이 효력을 발생하기 전이라도 공포되어 있고, 청구인이 불이익을 입게 될 수 있음을 충분히 예측할 수 있어 사실상의

196) 2002. 6. 27. 99헌마480.

위험이 이미 발생한 경우에는 현재성이 인정된다.[197]

헌법재판소는 법령이 공포되기 이전이라도 헌법소원이 청구된 이후 유효하게 공포·시행되었고 그 법률로 인하여 기본권을 침해받게 되었다고 주장하는 이상 청구 당시의 공포 여부를 문제삼아 헌법소원의 대상성을 부인할 수는 없다고 판단하였다.[198] 이는 법령이 시행된 이후 헌법소원을 청구할 수 있도록 하면, 기본권의 침해를 장기간 방치하게 되어 청구인에게 기본권의 회복을 불가능하게 하거나 중대한 손해를 강요하는 결과를 초래할 수 있기 때문이다.

법령에서 시행일 이후 일정한 유예기간을 둔 경우에 그 유예기간이 도과하기 이전이라도 기본권 침해가 확실히 예상되는 경우에는 현재성이 인정될 수 있다. 공직선거법과 같이 주기적으로 반복되어 적용되는 법령에 있어서도 매번 새로운 선거가 행해지고 선거의 효과도 다음 선거가 있을 때까지만 미치므로 아직 선거가 실시되지 않은 시점에서 헌법소원을 청구한 경우에는 장래에 도래가 확실시 예측되는 선거에서 입게 될 기본권 침해를 미리 앞당겨 다투는 것이므로 현재성이 인정된다.[199]

(나) 권리보호이익과 관계

헌법소원에서 적법요건으로 요구되는 기본권 침해의 현재성은 기본권이 현재 침해된 상태에 있거나 그 침해가 확실히 예상되는 경우에 인정된다. 헌법소원의 적법요건은 원칙적으로 심판을 청구할 때뿐만 아니라 종국결정시까지 존재해야 한다. 하지만, 현재성은 시간의 경과에 관한 것이고, 헌법재판 역시 시간에 따라 변화하는 것이어서 다른 적법요건인 권리보호이익과 밀접하게 관련된다. 헌법소원을 청구할 당시에는 현재성을 갖추었더라도 종국결정시에는 공권력이 기본권 침해행위를 종료하여 현재성이 소멸할 수 있다. 이때에는 기본권 침해의 현재성이 인정되지 않더라도 권리보호이익이 있는 경우에는 본안판단을 할 필요가 있다. 현재성과 권리보호이익은 독자적인 적법요건으로 서로 대체할 수 없지만, 헌법재판소는 현재성과 권리보호이익을 긴밀하게 연계시키고 있다.

헌법재판소는 현재성의 요건에 대해서는 헌법소원을 청구할 당시를 기준으로 그 충족 여부를 심사하고, 그 이후 기본권의 침해가 종료된 경우에는 권

197) 2000. 6. 29. 99헌마289.

198) 2001. 11. 29. 99헌마494.

199) 2007. 6. 28. 2004헌마644.

리보호이익을 적법요건으로 심사하여 본안판단을 한다.[200] 권력적 사실행위가 기본권을 침해할 경우에는 헌법소원이 청구된 이후 사실행위가 종료되어 종국결정을 할 시점에서는 현재성이 소멸하는 경우가 많다. 이때 헌법재판소는 기본권의 침해행위가 반복될 위험이 있거나 헌법질서의 수호를 위해 헌법적 해명이 긴요한 경우에는 심판이익이 인정되어 본안판단을 할 수 있다.[201] 이때에도 헌법소원을 청구할 당시에는 현재성을 갖추고 있어야 한다. 결국, 현재성은 헌법소원을 청구할 당시에 갖추어야 할 적법요건으로 이때 '현재'란 헌법소원을 청구하는 시점을 의미하고, 그 이후에는 권리보호이익에 흡수되어 판단된다고 할 수 있다.

(다) 청구기간과 관계

헌법소원에서 현재성과 청구기간은 별도의 적법요건이므로 따로 판단해야 한다. 원래 현재성은 청구기간과 양립하기 어려운 측면이 있다. 현재성은 기본권이 침해된 상태가 종국결정시까지 유지될 것을 요구하지만, 청구기간이란 기본권이 침해된 이후 일정한 기간까지는 현실적으로 기본권 침해상태가 없더라도 헌법소원의 청구를 보장하는 것이기 때문이다. 현재성은 기본권 침해가 발생하였을 때부터 시작되고, 청구기간은 청구인이 헌법소원을 청구할 때를 기준으로 하는데, 기본권의 침해행위가 발생한 시점부터 기산된다.[202]

헌법소원의 적법요건을 판단할 때 현재성과 청구기간은 모두 기본권의 침해행위와 그 상태에 대한 법적 평가와 관련되므로 양자는 서로 밀접하게 관련된다. 현재성과 청구기간은 별개의 적법요건으로 헌법재판소는 그 중 하나라도 갖추지 못하면 부적법하다는 이유로 각하결정을 선고할 수 있다. 현재성이 인정되더라도 청구기간이 경과하여 부적법하게 될 수도 있고, 청구기간을 기산할 때에는 현재성과 권리보호이익을 고려하여 판단하기도 한다. 청구기간은 현재성을 전제로 판단하는데, 현재성이 인정되는 경우에도 기본권 침해의 양태에 따라 청구기간의 기산점이 달라질 수 있다.

첫째, 기본권을 침해하는 행위가 과거에 발생하여 현재에는 침해상태가 없더라도 청구기간이 경과하기 전에 헌법소원을 청구하면 적법하다. 이러한 범위에서 청구기간은 현재성을 보완하는 의미를 가진다.

---

200) 2001. 6. 28. 2000헌마111.

201) 2008. 12. 26. 2007헌마775.

202) 2019. 7. 25. 2016헌마641.

둘째, 기본권을 침해하는 행위가 과거에 발생하더라도 그 침해상태가 계속되는 경우에는 현재성이 인정되지만, 청구기간은 기본권의 침해행위가 처음 발생한 시점부터 기산되므로 청구기간이 경과되어 적법요건을 갖추지 못하게 될 수 있다.[203] 기본권 침해행위가 반복적으로 발생하는 경우에는 기본권 침해의 현재성이 인정되더라도 청구기간은 처음의 기본권 침해행위부터 기산될 수 있어 청구기간이 경과될 수 있다.

셋째, 기본권 침해행위가 계속되는 경우에는 현재성은 인정되고, 그 침해행위가 종료된 시점부터 청구기간이 기산되므로 침해행위가 계속되는 동안에는 청구기간이 경과될 여지가 없다.

넷째, 기본권 침해가 발생하지 않았지만 장래에 그 침해가 확실하게 예상되는 경우에는 기본권 침해의 위험성이 발생한 것으로 평가하여 현재성이 인정될 수 있다. 이때에도 기본권 침해행위가 현실적으로 발생하지 않았고 미래의 기본권 침해를 미리 앞당겨 다투는 것이므로 청구기간은 도과할 여지가 없다.[204] 청구기간은 기본권이 현실적으로 침해된 때를 기준으로 기산하기 때문이다.

(4) 권리보호이익과 심판이익

(가) 권리보호이익

1) 일반적 소송요건

헌법소원은 공권력에 의한 기본권 침해를 구제하는 재판이다. 헌법소원에서도 헌법재판을 통해 실효적으로 권리를 구제받을 수 있는 권리보호이익이 필요하다. 특히, 헌법소원은 주관소송의 성격이 강하므로 청구인의 기본권을 구제할 수 있는 실효적 의미가 있어야 한다. 권리보호이익은 적법요건이므로 헌법소원을 청구할 당시뿐만 아니라 종국결정을 선고할 당시에도 존재해야 한다. 헌법소원에서 인용결정을 하더라도 실질적으로 기본권 침해를 구제받을 수가 없으면 권리보호이익이 인정되지 않는다.[205] 이때 권리를 구제한다는 것은 공권력의 침해행위로부터 직접 권리를 구제한다는 것이므로 손해배상과 같이 간접적인 수단을 통해 권리를 구제하는 것은 이에 포함되지 않는다.

---

203) 2010. 10. 28. 2009헌마438.

204) 2005. 4. 28. 2004헌마219.

205) 1999. 11. 25. 95헌마154.

2) 권리보호이익의 소멸

청구인이 헌법소원을 청구할 당시부터 권리보호이익이 없는 경우에는 부적법하여 각하된다. 청구인이 헌법소원을 청구한 이후에는 권리보호이익이 있었으나 그 이후 시간의 경과에 따라 사실관계나 법률상황이 변화되어 권리보호이익이 소멸하는 경우가 있다.

첫째, 사실관계가 변화되어 권리보호이익이 소멸한 경우가 있다. 청구인이 사망하거나 그 법적 지위가 변화되어 기본권 침해가 소멸한 경우, 기본권을 침해한 권력적 사실행위가 종료하여 취소할 여지가 없는 경우, 기본권 침해의 원인이 된 공권력의 행사가 취소된 경우, 헌법소원을 통해 달성하려던 목적이 다른 경위로 달성된 경우, 판결이 확정되고 그에 대한 재심이 인정되지 않는 경우와 같이 권리보호이익에 관한 사실관계가 변화된 때에는 권리보호이익이 없어 부적법하게 된다.[206] 다만, 청구인이 사망하였더라도 헌법소원이 인용되면 형사소송법상 그 배우자나 직계친족 등이 확정된 유죄판결에 대해 재심을 청구할 수 있고, 이때에는 헌법소원이 법적 의미가 있으므로 권리보호이익이 인정된다.[207]

둘째, 법률상황이 변화되어 권리보호이익이 소멸하는 경우도 있다. 심판대상인 법령이 개정되어 청구인에게 적용될 여지가 없는 경우, 진정입법부작위에 대한 헌법소원에서 관련 법률이 제정된 경우, 기본권을 제한하는 법령이 폐지된 경우, 위헌결정으로 인하여 법령의 효력이 상실된 경우와 같이 법률상황이 변화된 때에도 권리보호이익이 없어 부적법하게 된다.[208]

셋째, 검사의 불기소처분에 대한 헌법소원에서는 실질적인 결과를 고려하여 구체적인 권리보호이익을 판단해야 한다. 고소인이 아닌 형사피해자가 검사의 불기소처분에 대해 헌법소원을 청구한 경우에 범죄의 공소시효가 완성된 경우에는 권리보호이익이 없다. 피해자가 헌법소원을 청구하더라도 범죄의 공소시효는 정지되지 않으며, 헌법재판소가 종국결정을 선고하기 이전에 범죄의 공소시효가 완성된 경우에는 피의자를 처벌할 수 없기 때문이다.[209] 피의자가 검사의 기소유예처분에 대해 헌법소원을 청구한 경우에는 그 이후 범죄의 공소시효가 완성되더라도 권리보호이익이 인정된다. 이때에는 공소시효의 완성으로

206) 2019. 5. 30. 2018헌마555.
207) 1999. 9. 16. 98헌마265.
208) 2018. 7. 26. 2016헌마431.
209) 2010. 5. 27. 2010헌마71.

공소권없음처분을 하는 것이 기소유예처분보다 청구인에게 유리하기 때문이다.

(나) 심판이익

1) 권리보호이익의 확장

가) 기본권 침해가 반복될 위험이 있거나 헌법적 해명이 긴요한 경우

헌법소원은 주관소송일 뿐만 아니라 객관소송의 성격을 가진다. 헌법소원에서 권리보호이익이 인정되지 않지만, 일정한 경우에는 헌법질서의 수호를 위해 권리보호이익의 범위를 확장할 필요가 있다. 헌법재판소는 권리보호이익이 없는 경우라도 기본권에 대한 침해행위가 앞으로도 반복될 위험이 있거나 헌법질서의 수호를 위해 헌법적 해명이 긴요한 경우에는 심판이익을 인정함으로써 권리보호이익과 심판이익을 구별한다.[210] 이때에는 각하결정을 할 것이 아니라 본안판단을 할 수 있다.

기본권의 침해행위가 반복될 위험성이란 이론적이고 추상적인 가능성이 아니라 실제적이고 구체적인 위험을 의미한다. 이는 일반적이고 계속적으로 이루어져 구체적으로 반복될 위험성을 의미하고, 그러한 행위가 개별적이고 예외적으로만 이루어질 경우에는 이에 포함되지 않는다.[211] 헌법적 해명이 긴요하다는 것은 일회적이고 특정한 상황에서 벌어진 공권력의 행사 또는 불행사에 대한 평가라도 헌법질서의 수호를 위해 일반적으로 헌법적 의미를 부여할 수 있는 경우를 말한다.[212]

기본권의 침해행위가 반복될 위험이 있거나 헌법적 해명이 긴요하다는 것을 판단하는 기준은 명확하지 않다. 헌법재판소가 구체적 사건에서 권리보호이익이 없음에도 불구하고 본안판단을 해야 할 필요성이 있는지 여부를 기준으로 개별적으로 판단할 수밖에 없다. 헌법재판소는 기본권 침해행위가 반복될 위험성에 대해 청구인에게 그 입증책임이 있다고 판단하였는데,[213] 이는 원칙과 예외에 대한 증명책임의 분배원리에 위반되며 헌법소원의 적법요건에 대해서는 재판부가 직권으로 심사하는 것이 옳다.[214]

210) 2008. 12. 26. 2007헌마775.

211) 2018. 8. 30. 2014헌마681.

212) 2010. 10. 28. 2009헌마438.

213) 1999. 7. 22. 96헌마141.

214) 정재황, 헌법재판론, 1156면.

나) 구체적 사례

헌법재판소는 권력적 사실행위에 대해 권리보호이익이 인정되지 않더라도 심판이익이 인정되는 것으로 판단하는 경우가 많다. 권력적 사실행위는 비교적 짧은 시간에 종료되고 기본권 침해상태도 단시간에 소멸할 가능성이 커서 심판이익을 인정할 필요성이 강하기 때문이다. 권력적 사실행위가 종료하여 취소할 여지가 없어 권리보호이익이 소멸하더라도 권력적 사실행위의 근거가 된 법령이 그대로 유효하게 적용되는 경우에는 기본권 침해행위가 반복될 위험성이 있는 것으로 판단할 수 있다. 하지만, 권력적 사실행위의 근거가 되는 법령에 대해 본안판단을 하는 경우에는 그 집행행위에 해당되는 권력적 사실행위에 대해서는 별도로 심판할 이익이 없어 이 부분에 대해서는 각하결정을 한다.[215)]

법령에 대한 헌법소원에서도 공직선거와 국가시험과 같이 장래에도 기본권 침해가 주기적으로 반복될 우려가 있는 경우에는 비록 선거나 시험이 종료되었더라도 심판이익을 인정할 필요가 있다.[216)] 헌법소원이 청구된 이후 심판대상인 법령이 개정되거나 폐지되어 권리보호이익이 소멸한 경우에도 그 법령의 위헌여부에 대해 아직 헌법적으로 해명이 이루어지지 않았고, 개정된 법령에도 동일하거나 유사한 내용이 그대로 존재하여 기본권 침해가 반복될 위험이 있는 경우에도 심판이익이 인정된다.[217)]

2) 독자적 적법요건

헌법재판소는 권리보호이익을 적법요건으로 인정하면서도 권리보호이익이 없는 경우에도 이와 별도로 심판이익을 적법요건으로 인정한다. 이는 일반재판에서는 주관적 권리보호이익이 적법요건이지만, 헌법소원에서는 객관적 심판이익이 적법요건이 된다. 권리보호이익이 없음에도 본안판단을 하는 것은 권리보호이익에 대한 예외가 아니라 헌법소원의 적법요건인 심판이익이 인정되는 경우에 해당한다.

헌법재판소는 권리보호이익이 있으면 당연히 심판이익도 인정되고, 권리보호이익이 없더라도 심판이익이 있으면 적법요건을 갖춘 것으로 판단하므로 헌법소원의 적법요건은 권리보호이익이 아니라 심판이익으로 이해해야 한다.

215) 2018. 8. 30. 2016헌마263.

216) 2013. 7. 25. 2012헌마174.

217) 2018. 2. 22. 2017헌마322.

헌법소원에서 권리보호이익이 아니라 심판이익을 적법요건으로 삼는 것은 헌법소원이 객관소송의 성격을 가진다는 특성을 반영하여 적법요건을 변용한 것이라고 할 수 있다. 이는 기본권 침해행위가 반복될 것을 예방하고 기본권 침해여부에 대한 헌법적 해명을 통해 헌법질서를 유지하는 역할을 한다.

권리보호이익을 대신하여 심판이익을 독자적인 적법요건으로 인정하는 것은 매우 신중해야 한다. 헌법소원에서 권리보호이익이 적법요건인데, 이를 심판이익으로 확대하여 권리보호이익을 형해화하여 적법요건을 완화하는 결과를 초래한다. 적법요건은 청구인의 심판청구를 제한하는 소송조건일뿐만 아니라 헌법재판권을 통제하는 수단으로 헌법재판소는 적법요건을 갖춘 경우에만 본안판단을 할 수 있는데, 헌법재판소가 스스로 적법요건과 그 예외를 결정해서는 안 된다.

헌법재판소는 권리보호이익이 없더라도 본안판단에서 인용결정을 할 경우에 심판이익을 인정하는데, 이는 적법요건에 앞서 본안판단을 하여 위헌결정을 확정하고 나서 추후에 적법요건의 흠결을 보완하기 위해 심판이익을 원용하는 것이다. 특히, 헌법재판소는 심판이익의 사유로 제시하는 '기본권 침해와 같이 위헌적 상태가 반복될 위험성이 있거나 헌법적 해명이 긴요한 경우'도 매우 불명확하여 헌법재판소가 자의적으로 판단할 위험이 있다. 따라서 헌법재판소가 심판이익을 지나치게 확대하지 않도록 유의해야 한다.

5. 청구기간

(1) 원칙

(가) 계산

헌법재판소법 제69조 제1항은 "헌법소원의 심판은 그 사유가 있음을 안 날부터 90일 이내에, 그 사유가 있은 날부터 1년 이내에 청구해야 한다"라고 규정한다. 헌법소원에 있어서는 헌법분쟁을 신속하게 해결함으로써 법적 안정성을 확보하기 위해 청구기간을 제한한다. 헌법소원의 청구기간을 제한하고 있는 것이 개인의 재판청구권을 침해하는 것이 아니다.[218] 청구기간은 주관적 기산인 '그 사유가 있음을 안 날부터 90일'과 객관적 기산인 '그 사유가 있은 날부

218) 2007. 10. 25. 2006헌마904.

터 1년' 가운데 어느 하나라도 경과하면 부적법하여 각하된다.[219)]

청구기간을 준수하였는지 여부를 판단하는 기준으로는 기간을 계산하는 기산일, 만료일, 기준일이 중요하다. 기산일은 특정기간이 시작되는 날이고, 만료일은 그 기간이 마치는 날이며, 기준일은 청구기간이 도과하였는지를 결정하는 기준이 되는 날이다. 헌법소원은 청구기간이 도과하기 이전에 청구되어야 하는데, 청구기간은 기산일과 만료일로 확정되고, 헌법소원을 청구한 날이 기준일이다.

헌법소원의 청구는 도달주의를 채택하므로 청구기간의 준수 여부는 심판청구서가 헌법재판소에 접수된 날을 기준으로 판단한다. 심판청구서를 청구기간 내에 발송하였더라도 헌법재판소에 도달한 시점이 청구기간을 도과한 경우에는 부적법하다.[220)] 청구기간의 계산은 민법을 준용하여 초일은 산입되지 않으며 기간 말일의 종료로 청구기간이 만료된다. 1년의 청구기간을 계산할 때에는 역(歷)에 의해 계산하고 청구기간의 말일이 토요일 또는 공휴일이면 청구기간은 그 익일로 만료한다.[221)]

헌법소원의 청구를 추가하거나 변경한 경우에는 추가 또는 변경된 청구서가 제출된 시점이 청구기간의 기준이 되고, 기존의 청구를 유지하면서 내용을 보충하는 것에 불과한 경우에는 처음 청구서가 제출된 시점이 청구기간의 기준이 된다.[222)] 헌법소원에 공동소송참가인이 참가청구를 할 경우에도 그 청구기간을 준수해야 한다.[223)]

(나) '그 사유가 있은 날'과 '그 사유가 있음을 안 날'

헌법소원의 사유는 공권력의 행사 또는 불행사가 기본권을 침해하였다는 것이고, '그 사유가 있은 날'이란 객관적으로 공권력의 행사에 의해 기본권 침해가 실제로 발생한 날을 의미하고, 그 기산일은 공권력이 기본권을 구체적이고 현실적으로 침해한 날을 기준으로 계산한다. '그 사유가 있음을 안 날'이란 청구인이 주관적으로 공권력에 의해 기본권이 침해되었다는 사실관계를 현실적으로 인식한 것을 말하고, 그 사실을 법률적으로 평가하여 그 위헌성으로 인

219) 2008. 3. 27. 2005헌마138.
220) 1990. 4. 10. 90헌마50.
221) 민사소송법 제157조, 제159조, 제160조, 제161조.
222) 2013. 9. 26. 2011헌마398.
223) 2009. 4. 30. 2007헌마106.

하여 헌법소원의 대상이 된다는 것을 안 날을 뜻하는 것은 아니다.[224]

청구기간을 계산할 때에는 기본권의 침해를 발생시키는 행위를 하였다는 것과 그로 인하여 기본권 침해의 결과가 발생하거나 그 침해상태가 계속되고 있다는 것은 구별해야 한다. 공권력의 행사가 있더라도 침해의 결과는 나중에 발생할 수 있고, 그 침해상태가 곧장 종료할 수도 있고 일정한 기간 동안 지속할 수도 있다. 청구기간의 기산점은 기본권의 침해가 발생한 것이므로 공권력의 행사로 기본권 침해가 즉시 발생한 경우에는 그 침해상태가 계속되더라도 기본권이 침해된 시점부터 청구기간이 기산된다.[225] 하나의 행위로 완료되는 기본권 침해행위가 반복적으로 이루어지는 경우에도 처음 기본권이 침해된 시점부터 청구기간이 기산된다. 이때에는 기본권 침해의 현재성은 인정되더라도 청구기간의 도과로 각하될 수도 있다.

(다) 청구기간이 문제되지 않는 경우

공권력의 행사가 기본권을 침해하는 경우에도 청구기간이 진행되지 않는 경우가 있다. 기본권의 침해행위가 일련의 과정을 거치고 있거나 침해행위 자체가 계속되고 있는 경우에는 그 동안에는 청구기간이 시작되지 않아 청구기간이 도과될 여지가 없다. 헌법소원을 청구할 당시에는 현실적으로 기본권 침해가 발생하지 않았지만, 장래에 기본권 침해의 발생이 확실하게 예상되어 현재성이 인정되는 경우에도 청구기간이 도과할 여지가 없다.

입법부작위, 행정부작위, 행정입법부작위와 같은 공권력의 불행사나 권력적 사실행위가 계속되는 경우에는 기본권 침해행위가 계속되는 한 그 침해상태도 계속되며, 청구기간이 기산되지 않으므로 언제든지 헌법소원을 청구할 수 있다. 다만, 부진정입법부작위에 대해서는 불완전한 법령 자체를 대상으로 헌법소원을 청구하므로 이때에는 청구기간의 제한을 받는다.[226]

(2) 법적 성격

헌법재판소법은 청구기간을 법정기간으로 규정하므로 당사자는 그 기간 내에 소송행위를 해야 하고, 그 기간이 도과하면 소송행위를 할 수 없다. 법정기간은 통상기간과 불변기간으로 구분된다. 통상기간은 원칙적인 법정기간으로

224) 1993. 11. 25. 89헌마36.

225) 2010. 10. 28. 2009헌마438.

226) 2018. 5. 31. 2016헌마626.

법원이 직권으로 신축할 수 있다. 불변기간은 법률에 "불변기간으로 한다"라고 규정한 기간이고, 법원은 이를 신축할 수 없다. 그 대신, 주소 또는 거소가 멀리 떨어진 곳에 있는 사람을 위해 부가기간을 정할 수 있고, 당사자가 책임질 수 없는 사유로 기간을 지킬 수 없었던 경우에는 그 사유가 없어진 날부터 2주 이내에 소송행위를 추후 보완할 수 있다.[227)]

헌법소원의 청구기간은 통상기간일까 불변기간일까. 헌법재판소법은 권한쟁의심판의 청구기간에 대해서는 이를 불변기간으로 규정하지만,[228)] 헌법소원에 대해서는 아무런 규정을 두지 않고 있다. 헌법소원에서는 행정소송법이 준용되는데, 취소소송은 처분 등이 있음을 안 날부터 90일 이내에 제기해야 하고, 이를 불변기간으로 규정한다. 한편, 취소소송은 처분 등이 있은 날부터 1년을 경과하면 이를 제기하지 못하고, 다만 정당한 사유가 있는 경우에는 그러하지 아니한다고 규정한다.[229)] 이는 통상기간으로 해석된다.

헌법소원의 청구기간 역시 행정소송법을 준용하여 '그 사유가 있음을 안 날부터 90일'은 불변기간이고, '그 사유가 있은 날부터 1년'은 통상기간으로 해석된다. 청구인은 정당한 사유가 있는 경우에는 1년이 도과하더라도 헌법소원을 청구할 수 있고, 이때 정당한 사유란 청구기간을 도과한 것이 여러 가지 사정을 종합하여 사회통념상 상당한 것으로 인정되는 경우를 말한다.[230)]

청구기간은 제척기간이 아니다. 제척기간은 권리의 존속기간으로서 그 기간이 경과함으로써 권리가 소멸되고, 당사자가 책임질 수 없는 사유로 그 기간을 지키지 못한 경우에도 추후에 보완할 수도 없다. 헌법소원의 경우에는 청구기간이 도과하더라도 실체법적 권리가 소멸하는 것은 아니고 헌법재판을 청구할 수 없을 뿐이므로 그 청구기간은 제척기간이 아니다.

(3) 법령에 대한 헌법소원

(가) 원칙

1) 청구기간의 적용

법령에 대한 헌법소원에서는 그 청구기간에 유의해야 한다. 법령은 일단 제정되면 폐지되거나 헌법재판소의 위헌결정이 있을 때까지 계속하여 효력을

227) 민사소송법 제172조, 제173조.
228) 헌법재판소법 제63조 제1항, 제2항.
229) 행정소송법 제20조 제1항, 제2항, 제3항.
230) 김하열, 헌법소송법, 547～548면; 2001. 12. 20. 2001헌마39.

가진다. 법령이 기본권을 침해하는 경우에 그 법령의 제정은 일회적으로 종료되는 행위이지만 그로 인한 기본권 침해의 가능성은 계속 남게 된다. 법령에 대한 헌법소원에 있어서는 법령 자체를 심판대상으로 삼아야 하고 법령의 효력이 지속되는 이상 그 청구기간은 배제되어야 한다는 견해도 있다.[231] 하지만, 헌법소원의 대상이 되는 공권력의 행사는 법령 자체가 아니라 법령의 제정이나 개정행위라고 이해해야 하고, 법령에 대해 청구기간을 적용하지 않으면 언제든지 헌법소원을 청구할 수 있게 되어 법적 안정성을 도모할 수가 없다. 법령에 대해 헌법소원을 청구하는 경우에도 청구기간이 적용되어야 한다.

2) 원칙적으로 '법령 시행일'이 기준

법령에 대해 헌법소원에 있어서 그 청구기간의 기산점은 언제일까. 법령은 일반적이고 추상적인 규범이므로 법령의 제정 자체만으로는 기본권 침해가 현실적으로 발생하지 않고 구체적인 사유가 발생한 때 비로소 기본권이 침해되는 경우가 많으므로 이러한 특징을 고려해야 한다. 법령에 의해 직접 기본권이 침해된 경우에는 법령이 제정되더라도 그 시행일부터 비로소 기본권이 침해되므로 그 법률이 시행된 사실을 안 날부터 90일 이내에, 그 시행된 날부터 1년 이내에 헌법소원을 청구해야 한다. 이때 법률이 시행된 날은 객관적으로 명확하게 드러나지만, 법률이 시행된 사실을 안 날은 주관적이어서 명확하지 않다. 법률이 시행된 사실을 안 날이란 법률의 시행과 그로 인하여 기본권이 침해된 것을 안 날이라고 해석해야 한다.

3) 예외적으로 '법령에 해당하는 사유가 발생한 날'이 기준

법령에 대한 헌법소원의 청구기간을 형식적으로 적용하게 되면 법령에 의해 기본권이 침해되는 것을 구제받을 기회가 현저하게 축소된다. 법령이 시행된 이후에 구체적 사유가 발생하여 현실적으로 기본권이 침해된 경우에는 청구기간의 도과로 헌법소원을 청구하지 못하는 경우가 발생하게 된다. 따라서 법령이 시행된 후에 비로소 그 법령에 해당하는 사유가 발생한 경우에는 법령 시행일이 아니라 그 사유가 발생한 날부터 기산해야 한다.[232]

'법령에 해당하는 사유가 발생한 날'이란 법령의 규율을 구체적이고 현실적으로 적용받게 되는 날이고, 법령에 해당하는 사유가 계속적으로 발생하는

---

231) 정종섭, 헌법소송법, 588면.
232) 2004. 4. 29. 2003헌마484.

경우에는 그 최초의 날을 의미한다. 법령에 의해 기본권 침해가 확실히 예상되더라도 아직 그 법령이 적용되지 않으면 청구기간이 시작되지 않고, 현실적으로 법령의 적용을 받는 날부터 청구기간이 기산된다. 하지만, 법령의 시행으로 법적 지위가 변동되어 실질적으로 법적 효과가 발생할 것이 명백한 경우에는 구체적인 기본권 침해의 결과가 나중에 발생하더라도 현실적으로 그 결과가 발생한 날이 아니라 법령의 시행일을 기준으로 청구기간이 기산된다.[233]

'법령에 해당하는 사유가 있음을 안 날'도 청구인이 주관적으로 법령에 의해 기본권이 침해되었다는 사실을 현실적으로 인식하여 헌법소원을 특정하여 청구하는 것이 가능해진 것을 말한다. 이는 기본권을 침해한 법령을 법률적으로 평가하여 그 법령의 위헌성으로 인하여 헌법소원의 대상이 될 수 있다는 것을 안 날을 의미하는 것은 아니다. 특히, 법령을 보충하는 행정규칙에 대해서는 공포절차를 거치지 않은 경우가 많아 청구인이 주관적으로 안 날을 특정하기 쉽지 않다. 이때에는 청구기간을 도과한 것에 대해 정당한 사유가 있는 것으로 인정할 수도 있다.[234]

(나) 개별적 경우

1) 법령의 시행에 유예기간을 설정한 경우

법령이 그 시행에 일정한 유예기간을 규정하고 있는 경우에는 그 유예기간이 경과한 때 구체적이고 현실적으로 적용되므로 이때부터 청구기간이 기산된다. 헌법재판소는 법령의 시행일에 이미 그 유예기간 이후에 기본권이 침해될 것이 명백하므로 법령의 시행일을 기산점으로 한다고 판단한 적이 있다.[235] 하지만, 선례를 변경하여 법령이 구체적이고 현실적으로 청구인들에게 적용된 것은 유예기간을 경과한 때부터이므로 이때부터 청구기간을 기산해야 한다고 판단하였다.[236] 이때에도 법령의 유예기간이 도과한 이후에 비로소 법령에 해당하는 사유가 발생한 경우에는 구체적이고 현실적으로 기본권이 침해된 시점이 청구기간의 기산점이 된다.

2) 법령의 개정

법령이 개정된 경우에는 실질적으로 기본권을 침해하는 내용이 포함되는

233) 2008. 10. 30. 2006헌마217.
234) 2001. 7. 19. 2001헌마335.
235) 2013. 11. 28. 2011헌마372.
236) 2020. 4. 23. 2017헌마479.

지 여부를 기준으로 청구기간을 기산해야 한다. 즉, 구법이 기본권을 침해하는 내용을 포함하고 있고 법령의 자구만 수정되고 기본권 침해에 대한 실질적인 내용에 변화가 없는 경우에는 법령이 개정된 시점이 아니라 구법을 기준으로 청구기간을 기산한다.[237] 구법에는 기본권을 침해하는 내용이 없었으나 법령의 개정을 통해 기본권을 침해하는 내용이 발생하는 경우에는 신법을 기준으로 청구기간을 기산한다.[238] 법령이 개정되어 신법에 기본권을 침해하는 내용이 포함되어 있더라도 그 법령에 해당하는 사유가 나중에 발생하는 경우에는 그 사유가 발생한 날이 기산점이 되지만, 법령의 개정으로 그 법적 지위의 변화에 따른 효과가 실질적으로 발생한 경우에는 법령이 개정된 시점이 청구기간의 기산점이 된다.

공무원의 정년을 단축하는 내용으로 법률이 개정된 경우 청구인이 현실적으로 기본권이 침해되는 것은 실제로 정년퇴임할 때이지만, 청구인은 개정된 법률의 적용으로 정년이 단축된 공무원으로서의 지위를 갖게 되므로 개정된 법률의 시행일을 기준으로 청구기간을 기산한다.[239] 국민건강보험법은 휴직 이전의 표준보수월액을 기준으로 보험료를 산정하도록 규정하는데, 청구인은 휴직과 동시에 기본권이 구체적이고 현실적으로 침해된 것이지 복직 이후 현실적으로 건강보험료의 징수가 이루어질 때 비로소 기본권 침해가 발생하는 것이 아니므로 육아휴직을 시작한 날을 기준으로 청구기간을 기산한다.[240]

3) 제재조항의 청구기간

법령이 형벌이나 행정벌과 같은 제재조항을 규정하는 경우에는 그 시행만으로 기본권이 침해되는 것은 아니고 청구인에 대해 그 조항을 적용한 때 구체적이고 현실적으로 기본권의 침해가 발생한다. 형벌조항으로 인해 기본권 침해의 사유가 있는 날은 검사가 그 조항을 적용하여 공소를 제기한 시점이고, 기본권 침해의 사유를 안 날은 공소장 부본을 송달받은 날이다.[241] 다만, 공소장 변경을 통해 적용법률을 바꾼 경우에는 공소장이 변경된 시점이 청구기간의 기산점이 된다.[242]

---

237) 2019. 8. 29. 2018헌마608.
238) 2007. 2. 22. 2003한마428등.
239) 2008. 10. 30. 2006헌마217.
240) 2007. 10. 4. 2006헌마648.
241) 2011. 12. 29. 2009헌마476.
242) 2007. 10. 4. 2005헌마1148.

제재조항을 적용하기 위한 전제로 의무조항을 규정하는 경우에는 의무조항을 위반한 때에 형벌이나 제재처분 등을 받을 가능성이 발생하므로 그 시점이 기산점이 된다.[243] 공무원이 형사처벌을 받으면 당연퇴직하도록 규정하는 법령에 대해서는 기본권 침해의 사유가 있는 날은 당연퇴직사유가 되는 확정판결을 받은 날이고, 기본권 침해의 사유가 있음을 안 날은 그 확정판결이 있음을 안 날이다.[244]

4) 주기적이나 반복적으로 적용되는 법령

법령이 기본권을 침해하는 경우에는 그 법령의 적용이 일회적으로 종료되지 않고 상당한 기간 동안 주기적 또는 반복적으로 적용되는 경우도 있다. 이때에도 기본권 침해의 사유가 있는 날이란 법령이 구체적이고 현실적으로 적용되는 최초의 날을 의미한다. 법령에 해당하는 사유가 발생하면 그때부터 청구기간이 기산되며, 그 이후에 새롭게 법령에 해당하는 사유가 발생한다고 해서 그 청구기간의 진행이 정지되고 새로운 청구기간의 진행이 개시되는 것이 아니다.

법령에 의해 상시적 또는 상당기간 의무를 부담하게 되는 경우에도 기본권 침해의 사유가 발생한 최초일이 청구기간의 기산점이 된다. 공직선거법과 같이 주기적으로 새롭게 반복되어 적용되는 경우에도 선거마다 새로운 청구기간이 다시 시작되는 것은 아니다. 다만, 주기적으로 반복되는 행위에 대해 기본권 침해를 미리 앞당겨 다투는 경우에는 아직 기본권의 침해가 현실적으로 발생하지 않았으므로 청구기간이 적용되지 않는다. 헌법재판소는 주기적으로 반복되는 공직선거에 있어서는 매 선거는 새로운 선거에 해당하고, 장래 도래가 확실시 예측되는 선거에서 입게 될 기본권 침해를 미리 앞당겨 다투는 것이므로 청구기간의 도과는 발생할 여지가 없다고 판단하였다.[245]

헌법재판소는 형이 확정된 자에 대해 선거권 또는 피선거권을 제한하는 법령에 대해서는 형이 확정된 때를 기본권 침해의 사유가 발생한 날로 본 경우도 있고,[246] 형이 확정된 이후 처음 실시되는 선거일에 기본권 침해의 사유가 발생하였다고 본 경우도 있다.[247] 법령이 형의 확정을 매개로 선거권이나 피선

243) 2011. 10. 25. 2010헌마648.
244) 2008. 12. 26. 2007헌마803.
245) 2007. 6. 28. 2004헌마644.
246) 2011. 12. 29. 2009헌마476.
247) 2014. 1. 28. 2013헌마105.

거권을 제한하는 것은 구체적인 선거와 무관하게 형이 확정된 때 발생하므로 이때를 기준으로 청구기간을 기산하는 것이 타당하다.

(다) 현재성과 관계

법령에 대한 헌법소원에서는 청구기간이 다른 적법요건인 현재성과 밀접하게 관련된다. 일반적으로 법령의 제정만으로는 기본권이 침해되지 않고 그 법령을 집행할 때 비로소 구체적이고 현실적으로 기본권이 침해된다. 헌법재판소는 법령에 의해 아직 기본권이 침해되지 아니한 경우에도 그 침해가 확실히 예상되는 경우에는 현재성을 갖추었고 청구인이 헌법소원을 청구할 수 있으므로 이 시점을 기준으로 청구기간을 기산한 적이 있다.[248] 현재성이 인정되지 않더라도 헌법판단을 할 수 있는 실체적 요건이 갖추어진 경우에는 헌법소원을 청구할 수 있다는 '상황성숙론'을 채택하여 청구기간의 기산점을 앞당긴 것이다.

헌법재판소는 그 이후 선례를 변경하여 현재성에 대한 상황성숙론과 청구기간의 문제를 구별하여 법령에 대한 헌법소원의 청구기간도 현실적으로 기본권을 침해받은 때부터 기산해야 한다고 판단하였다.[249] 헌법소원을 청구할 당시에는 현실적으로 기본권 침해가 발생하지 않았지만, 장래에 기본권 침해의 발생이 확실하게 예상되어 현재성이 인정되는 경우에도 청구기간의 도과는 발생하지 않는다. 청구기간은 기본권이 현실적으로 침해된 때를 기준으로 기산하기 때문이다.

(4) 청구기간의 특례

(가) 국선대리인을 선임할 경우

법원이 국선대리인을 선임한 경우에는 청구인이 국선대리인의 선임을 신청한 날을 기준으로 청구기간의 준수 여부를 판단한다.[250] 청구인이 청구기간 내에 국선대리인을 신청한 이상 법원이 청구기간을 도과한 이후 국선대리인을 선임하더라도 청구인에게 그 책임을 물을 수 없기 때문이다. 헌법재판소가 국선대리인을 선정한 경우에 그 국선대리인은 선정된 날부터 60일 이내에 심판청구서를 헌법재판소에 제출해야 한다. 헌법재판소가 국선대리인을 선정하지 아니한다는 결정을 한 때에는 지체 없이 그 사실을 신청인에게 통지해야 한다.

248) 1990. 6. 25. 89헌마220.
249) 1996. 3. 28. 93헌마198.
250) 헌법재판소법 제70조 제1항.

이때에도 신청인이 국선대리인의 선임을 신청한 날부터 선정하지 않는다는 통지를 받은 날까지의 기간은 청구기간에 산입되지 않는다.[251]

(나) 보충성이 적용될 경우

헌법재판소법 제69조 제1항 단서는 "다만, 다른 법률에 의한 구제절차를 거친 헌법소원의 심판은 그 최종결정을 통지받은 날부터 30일 이내에 청구하여야 한다"라고 규정한다. 헌법소원은 보충성에 따라 다른 법률에 의한 구제절차를 거친 이후에만 청구할 수 있는데, 이때에는 그 구제절차의 최종결정을 통지받은 날부터 30일 이내에 청구해야 한다.

청구기간의 기산점은 실제로 구제절차의 최종결정을 통지받은 날이다. 이때 다른 법률에 의한 구제절차는 적법한 구제절차를 의미하므로 청구인이 청구기간을 연장하기 위해 부적법한 구제절차를 악용하는 경우에는 적용되지 않는다. 청구인이 행정소송의 대상이 아닌 행정작용에 대해 행정소송을 제기한 후 헌법소원을 제기한 경우와 같이 부적법한 구제절차를 이용한 경우에는 부적법한 구제절차의 결과를 안 날이 아니라 기본권 침해사유가 발생하였음을 안 날을 기산점으로 청구기간을 계산한다.[252]

보충성이 적용되어 사전적 구제절차를 거쳐야 하는 경우 그 청구기간은 불변기간으로 해석된다.[253] 보충성이 적용되는 경우에 헌법소원의 청구는 사전적 구제절차의 최종결정에 대한 항고의 성격을 가지고, 이에 대해서는 민사소송법의 재판에 대한 불복기간과 취소소송의 불변기간을 규정하는 행정소송법 제20조 제1항과 제3항이 준용되기 때문이다.

6. 보충성

(1) 원칙

(가) 보충적이고 최후적 구제수단

헌법재판소법 제68조 제1항 단서는 "다른 법률에 구제절차가 있는 경우에는 그 절차를 모두 거친 후가 아니면 청구할 수 없다"라고 규정한다. 이를

251) 헌법재판소법 제70조 제4항.

252) 2003. 9. 25. 2002헌마789.

253) 정종섭, 헌법소송법, 672면.

보충성의 요건이라고 한다. 법치국가는 개인의 기본권이 침해된 경우에는 통상의 구제절차를 통해 해결하는 제도를 예정하고 있으므로 우선적으로 그 절차를 통해 구제받고, 그것이 불가능한 경우에 헌법소원을 통해 구제받도록 하는 것이다. 헌법소원은 예비적이고 최후적 구제수단이므로 다른 법률에서 구제절차를 마련하고 있는 경우에는 헌법소원을 청구하기 전에 그 구제절차를 거쳐야 한다.

(나) 직접적 구제수단

청구인은 헌법소원을 청구하기 전에 다른 법률에서 정한 구제절차를 거쳐야 하는데, 이때 구제절차는 다른 법률에서 공권력의 행사 또는 불행사를 직접 대상으로 하여 그 효력을 다툼으로써 기본권 침해를 구제하는 절차를 의미한다. 즉, 구제절차는 기본권 침해에 대한 직접적인 구제수단을 의미하고 청구인이 최종적 목적을 달성하기 위해 취할 수 있는 모든 우회적인 구제절차를 의미하는 것이 아니다.

손해배상청구나 손실보상청구와 같이 간접적이고 사후적인 구제수단은 다른 법률의 구제절차에 해당되지 않는다.[254] 청구인이 국가를 상대로 부당이득반환청구소송을 제기할 수 있었음에도 그 소송을 청구하지 않고 직접 헌법소원을 청구하였더라도 보충성에 위반되는 것이 아니다.[255] 청구인이 진정서나 탄원서를 제출하거나 권리구제를 청원하는 것도 헌법소원을 청구하기 전에 거쳐야 할 구제절차에 해당되지 않는다.[256]

(다) 적법한 구제절차

다른 법률에서 정한 사전적 구제절차는 적법해야 한다. 구제절차가 적법하지 않으면 청구인이 실질적으로 권리구제를 받을 기회를 갖지 못하기 때문이다. 청구인이 신청기간이나 제소기간을 도과시켜 적법하게 구제절차를 거치지 못한 것과 같이 적법하게 구제절차를 거치지 못한 책임이 청구인에게 있는 경우에는 헌법소원을 청구하더라도 보충성에 위반되어 각하된다.[257]

다른 법률에 구제절차가 있는 경우에는 그 절차를 종료하여 권리구제의 결과를 확인해야 하고, 그 절차가 종료되지 않은 경우에 헌법소원을 청구하는

254) 1989. 4. 17. 88헌마3.
255) 2000. 2. 24. 97헌마13등.
256) 1998. 10. 29. 98헌마4.
257) 1993. 7. 29. 91헌마47.

것은 부적법하다.[258] 보충성은 적법요건이므로 헌법소원을 청구할 당시는 물론 종국결정할 때까지 갖추어야 한다. 청구인이 헌법소원을 청구할 때에는 사전에 다른 구제절차를 거치지 않았지만, 헌법재판소가 종국결정하기 전에 그 구제절차를 거친 경우에는 그 하자가 치유되어 적법요건을 갖춘 것이 된다.[259]

(2) 예외

(가) 필요성

보충성은 헌법소원을 청구하기 전에 다른 법률에서 마련된 구제절차를 거치도록 요구하는 것인데, 이를 엄격하게 요구하게 되면 기본권을 제대로 보장하지 못하게 되어 헌법소원의 실효성이 감소될 수 있다. 보충성은 사전에 다른 구제절차를 통해 실효적으로 구제될 수 있다는 것을 전제로 하는데, 현실적으로 청구인이 자신의 기본권을 미리 사법적으로 구제받기는 쉽지 않다. 따라서 청구인에게 사전에 다른 구제절차를 거치는 것이 불가능하거나 기대하기 어려운 경우에는 다른 구제절차를 거치지 않더라도 예외적으로 헌법소원을 청구하는 것을 인정할 필요가 있다.

(나) 보충성의 비적용

다른 법률에 구제절차가 없는 경우에는 청구인에게 그 절차를 거치도록 요구할 수가 없다. 법령 자체가 직접 기본권을 침해한 경우에는 그 법령의 효력을 직접 다투는 것을 소송물로 하여 법원에 구제를 구할 수 있는 절차가 존재하지 않으므로 보충성이 적용되지 않는다.[260] 보건복지부고시가 처분성이 결여되고 일반적이고 추상적 성격을 가진 행정규칙 형식의 법규명령인 경우에는 법령 자체를 직접 다툴 수 있는 방법이 없으므로 직접 헌법소원을 청구할 수 있다.[261] 진정입법부작위에 대해서도 사전에 다른 법률에 구제절차를 거칠 수단이 없으므로 보충성이 적용되지 않는다.

대법원은 고시나 조례가 다른 집행행위의 매개 없이 그 자체로 직접 국민의 구체적인 권리의무나 법률관계를 규율하는 경우에는 항고소송의 대상이 된다고 판단하였다.[262] 이때에는 행정소송을 거치더라도 재판소원이 금지되므로

258) 2018. 7. 26. 2016헌마1029.
259) 1999. 3. 28. 95헌마211.
260) 1990. 6. 25. 89헌바220.
261) 2010. 9. 30. 2008헌마758.
262) 2003. 10. 9. 2003무23.

보충성과 상관없이 헌법소원의 대상이 되지 않는다. 헌법재판소는 다른 법률에 구제절차가 없는 경우를 보충성의 예외로 판단한 적이 있지만, 보충성은 다른 구제절차가 있는 것을 전제로 요구하는 것이다. 따라서 다른 구제절차가 없는 경우는 보충성이 적용되지 않는 것이지 그 예외가 아니라고 이해해야 한다.[263)]

(다) 객관적으로 다른 구제절차의 가능성이 희박하거나 불명확한 경우

다른 법률에 구제절차가 규정되어 있더라도 통상의 구제절차로는 청구인의 권리가 구제될 가능성이 희박하거나 사전 구제절차가 허용되는지 여부가 객관적으로 명확하지 않은 경우가 있다. 권력적 사실행위와 같이 행정심판이나 행정소송의 대상이 되는지 여부가 불분명하거나 사실행위의 종료로 인하여 권리보호의 이익이 부정될 가능성이 많은 경우가 이에 해당된다.[264)]

법률상 작위의무가 없는 행정부작위는 행정심판이나 행정소송의 대상이 되는 '부작위'에 해당되지 않으므로 청구인에게 행정심판이나 행정소송을 거치도록 요구하는 것은 무용한 우회절차를 강요하는 것이 된다.[265)] 지방자치단체의 조례가 일반적이고 추상적인 성격을 가지는지, 혹은 항고소송의 대상이 되는 행정처분인지 여부가 불분명한 경우에도 직접 헌법소원을 청구할 수 있다.[266)]

(라) 다른 구제절차를 거칠 기대가능성이 없는 경우

객관적으로 다른 법률에 구제절차가 규정되어 있더라도 당사자에게 그 구제절차를 거칠 것을 기대하기 어려운 경우도 있다. 청구인의 불이익으로 돌릴 수 없는 정당한 이유 있는 착오로 전심절차를 거치지 않은 경우와 청구인에게 불필요하게 우회적인 절차를 요구하는 것밖에 되지 않는 경우가 이에 해당된다. 이때에도 보충성의 예외가 인정된다. 헌법재판소는 국가인권위원회의 진정 각하결정과 기각결정에 대해 보충성의 예외에 해당되므로 헌법소원의 대상이 된다고 판단하였으나,[267)] 선례를 변경하여 이들 결정은 항고소송의 대상이 되는 행정처분이므로 행정소송을 거쳐야 한다고 판단하였다.[268)]

헌법재판소는 종전의 대법원 판례를 신뢰하여 헌법소원을 청구하였는데,

---

263) 김하열, 헌법소송법, 539~540면; 정재황, 헌법재판론, 1248면.

264) 1992. 1. 28. 91헌마111.

265) 1995. 7. 21. 94헌마136.

266) 2009. 10. 29. 2008헌마635.

267) 2010. 12. 28. 2010헌마101.

268) 2015. 3. 26. 2013헌마214등.

그 이후 대법원 판례가 변경되어 법원에 소송을 제기할 수 있는 기간이 도과되어 법원에 의한 권리구제를 받을 수 없게 되는 경우에는 예외적으로 보충성을 충족시킨 것이라고 판단하였다.[269] 한편, 대법원의 확립된 판례에 비추어 패소할 것이 예견된다는 점만으로는 전심절차로 권리가 구제될 가능성이 거의 없어 전심절차 이행의 기대가능성이 없는 경우에 해당한다고 볼 수는 없다고 판단하였다.[270]

7. 변호사강제

(1) 원칙

헌법재판소법 제25조 제3항은 “각종 심판절차에서 당사자인 사인(私人)은 변호사를 대리인으로 선임하지 아니하면 심판청구를 하거나 심판수행을 하지 못한다. 다만, 그가 변호사의 자격이 있는 경우에는 그러하지 아니하다”라고 규정한다. 청구인은 변호사강제에 따라 변호사를 통해서만 헌법소원을 청구할 수 있다. 청구인이 선임하지 않고 헌법소원을 청구하면 헌법재판소는 상당한 기간을 정하여 대리인을 선임하도록 보정명령을 내려야 하고, 이에 불응하면 부적법하여 각하결정을 선고한다.

헌법재판소는 변호사강제에 대해 청구인의 헌법재판청구권을 제한하는 것을 목적으로 하는 것이 아니고 재판청구권을 본질적으로 침해할 정도로 입법재량을 현저히 이탈한 것이 아니므로 위헌이 아니라고 판단하였다.[271] 변호사를 선임하여 헌법소원을 청구한 경우에는 도중에 대리인이 사임하더라도 그 대리인이 이미 행한 소송행위는 그대로 유효하며, 재판이 성숙하여 종국결정을 할 수 있는 단계라면 본안판단을 할 수도 있다.[272] 헌법소원에서 청구인이 변호사를 선임하지 않고 소송행위를 하더라도 변호사인 대리인이 추인하면 그 소송행위의 효력이 인정된다.[273]

변호사강제는 헌법소원을 청구하는 개인은 헌법재판의 본질을 이해하지 못하고 재판자료를 제대로 정리하여 제출할 능력이 없는 당사자라고 전제하고,

---

269) 2010. 3. 25. 2008헌마439.
270) 1998. 10. 29. 97헌마285.
271) 2010. 3. 25. 2008헌마439.
272) 1992. 1. 14. 91헌마156.
273) 1992. 6. 26. 89헌마132.

이러한 당사자를 보호해 주며, 사법적 정의의 실현에 기여하기 위한 것이라고 한다. 하지만, 비록 국선변호인제도를 두더라도 변호사를 선임할 재정적 능력이 없는 당사자의 헌법재판을 받을 권리를 침해한다는 비판이 있다.[274)]

(2) 국선대리인

헌법소원에서는 변호사강제를 채택하면서도 국선대리인을 통해 청구인의 권리를 보완한다. 헌법소원을 청구하려는 자가 변호사를 대리인으로 선임할 자력이 없는 경우에는 헌법재판소에 국선대리인을 선임하여 줄 것을 신청할 수 있다. 헌법재판소는 공익상 필요하다고 인정할 때에는 직권으로 국선대리인을 선임할 수도 있다.[275)] 이는 헌법소원이 객관소송의 성격을 갖는다는 것을 반영한 것이다.

헌법재판소는 대한민국에 사무소를 둔 변호사 중에서 국선대리인을 선정하고, 국선대리인으로 선정된 자는 그날부터 60일 이내에 심판청구서를 헌법재판소에 제출해야 한다. 헌법재판소는 국선대리인을 선정하지 않을 수도 있다. 헌법소원의 청구가 명백히 부적법하거나 이유 없는 경우 또는 권리의 남용이라고 인정되는 경우에는 국선대리인을 선정하지 않을 수 있다. 이것은 청구인이 국선대리인제도를 남용하는 것을 방지하기 위한 것이다. 이때에는 그 결정을 지체 없이 신청인에게 통지해야 하고, 청구인은 그 결정에 불복할 수 없다.[276)]

헌법재판소는 국선대리인 선정을 취소할 수도 있다. 청구인이 변호사를 선임한 때, 국선대리인이 변호사법에 규정한 자격을 상실한 때, 헌법재판소가 국선대리인의 사임을 허가한 때에는 그 선정을 취소해야 한다. 이는 필요적 취소사유이다. 헌법재판소는 국선대리인이 그 직무를 성실히 수행하지 아니하거나 기타 상당한 이유가 있는 때에는 그 선정을 취소할 수 있다. 이는 임의적 취소사유이다. 국선대리인은 그 직무를 수행할 수 없다고 인정할 만한 상당한 이유가 있는 때에는 헌법재판소의 허가를 받아 사임할 수 있다. 국선대리인에게는 헌법재판소규칙으로 정하는 바에 따라 국고에서 그 보수를 지급하며, 헌법재판소는 매년 예산의 범위 내에서 재판관회의에서 그 보수를 정한다.[277)]

---

274) 허영, 헌법소송법, 141~142면.

275) 헌법재판소법 제70조 제1항, 제2항.

276) 헌법재판소법 제70조 제3항, 제4항, 제5항.

277) 헌법재판소법 제70조 제6항.

제5절 심판절차

1. 청구절차

(1) 청구서의 제출

헌법소원은 서면으로 청구해야 하고, 심판청구서에는 청구인 및 대리인, 침해된 권리, 침해의 원인이 되는 공권력의 행사 또는 불행사, 청구이유, 기타 필요한 사항 등을 기재해야 한다. 청구서의 필수적 기재사항이 누락되거나 명확하지 않은 경우에는 헌법재판소가 적당한 기간을 정하여 이를 보정하도록 명하고, 위 명령에 따라 보정하지 아니하면 심판청구를 각하한다.

심판청구서에는 대리인 선임을 증명하는 서류나 국선대리인 선임통지를 첨부해야 한다.[278] 헌법소원은 기본권의 침해를 구제하는 것이므로 청구서에 침해된 기본권을 특정하지 않은 청구는 부적법하고,[279] 다수의 청구인이 공동으로 헌법소원을 청구한 경우에는 공권력의 행사 또는 불행사와 그로 인해 침해된 권리는 청구인별로 특정해야 한다.[280] 청구이유는 기본권을 침해하였다는 단순한 주장만으로는 부족하고 주장된 사실과 기본권의 침해 사이에 관련성이 있어야 할 정도로 구체적으로 이유를 기재해야 한다. 청구이유가 추상적으로 막연하고 모호하여 기본권의 침해를 특정할 수 없는 경우에는 부적법하여 각하된다.[281] 기타 필요한 사항으로 보충성이나 청구기간과 같은 적법요건을 갖추었다는 것을 소명하는 자료를 첨부할 수 있다.

헌법재판소법은 헌법소원에서는 공권력에 의해 기본권이 침해되었다는 것이 중요하고 피청구인이 누구인지는 그다지 중요하지 않기 때문에 청구서의 필수적 기재사항에 피청구인을 포함시키지 않는다. 헌법재판소심판규칙은 법령에 대한 헌법소원을 제외하고는 피청구인을 기재하도록 요구하며, 피청구인의 기재가 누락되었으면 보정명령을 하고, 이에 불응한 경우에는 각하한다고 규정한다.[282] 하지만, 헌법재판소는 피청구인을 기재하지 않더라도 청구인의 주장요

278) 헌법재판소법 제71조 제1항, 제3항.
279) 2005. 2. 3. 2003헌마544.
280) 2007. 11. 29. 2005헌마347.
281) 2019. 6. 28. 2017헌마1309.
282) 헌법재판소심판규칙 제70조.

지를 종합적으로 고려하여 침해되는 기본권과 침해의 원인이 되는 공권력을 직권으로 조사하여 피청구인과 심판대상을 확정할 수 있고,[283] 피청구인을 잘못 지정하더라도 직권으로 조사하여 피청구인을 정정할 수 있다.[284]

(2) 심판비용과 공탁금

헌법소원의 심판비용은 국가가 부담한다. 다만, 당사자의 신청에 의한 증거조사의 비용은 헌법재판소규칙이 정하는 바에 따라 그 신청인에게 부담시킬 수 있다. 헌법재판소는 헌법소원의 청구인에 대해서는 헌법재판소규칙으로 정하는 공탁금의 납부를 명할 수 있다. 이것은 헌법소원의 청구를 남용하는 것을 방지하기 위한 것이다. 헌법소원의 청구를 각하할 경우, 헌법소원의 청구를 기각하고 그 심판청구가 권리의 남용이라고 인정되는 경우에는 헌법재판소규칙이 정하는 바에 따라 공탁금의 전부 또는 일부의 국고귀속을 명할 수 있다.[285]

2. 심리절차

(1) 지정재판부의 사전심사

헌법재판소장은 재판관 3인으로 구성되는 지정재판부를 두어 헌법소원의 사전심사를 담당하게 할 수 있다. 헌법소원의 남소를 방지하기 위해 지정재판부로 하여금 적법요건에 대해 사전에 심사하도록 하는 것이다. 지정재판부는 헌법소원의 본안을 심판하는 것이 아니라 적법요건을 구비하였는지 여부를 심판한다. 이때 심판청구서에 기재된 청구요지와 청구인의 주장에 한정된 판단만을 할 것이 아니라 가능한 한 모든 측면에서 헌법소원에 필요한 적법요건을 갖추었는지를 직권으로 심사해야 한다.

지정재판부의 재판장은 심판청구서의 필수적 기재사항이 누락되거나 명확하지 않는 등 청구가 부적법하더라도 보정할 수 있다고 인정하면 상당한 기간을 정하여 보정을 요구해야 하고, 이에 불응하면 각하한다.[286] 지정재판부는 전

283) 1993. 5. 13. 91헌마190.
284) 2001. 7. 19. 2000헌마546.
285) 헌법재판소법 제37조 제1항, 제2항, 제3항.
286) 헌법재판소법 제72조 제5항, 제28조.

원의 일치된 의견으로 각하결정을 할 수 있다. 각하결정을 하지 아니하는 경우에는 결정으로써 헌법소원을 재판부의 심판에 회부해야 한다.

청구인이 헌법소원을 청구한 지 30일이 경과할 때까지 각하결정이 없는 때에는 심판에 회부하는 결정이 있는 것으로 본다.[287] 재판장이 보정을 요구한 기간과 기피신청 이후 그 결정이 있을 때까지 기간은 지정재판부의 심사기간에 포함되지 않는다. 그 기간 동안은 재판을 진행할 수 없기 때문이다. 지정재판부가 심판회부결정을 한 때에는 그 결정일로부터 14일 이내에 청구인 또는 그 대리인 및 피청구인에게 그 사실을 통지해야 한다.[288]

(2) 서면심리와 직권심리

헌법소원의 심판은 서면심리에 의하고, 서면심리는 공개하지 않는다. 다만 재판부가 필요하다고 인정하는 경우에는 변론을 열어 당사자, 이해관계인 기타 참고인의 진술을 들을 수 있다. 헌법소원의 심판에 이해관계가 있는 국가기관 또는 공공단체와 법무부장관은 헌법재판소에 그 심판에 관한 의견서를 제출할 수 있다.[289]

헌법소원은 주관소송의 성격과 함께 객관소송의 성격을 가진다. 헌법재판소는 당사자의 청구와 주장에 기속되지 않고 모든 헌법적 관점에서 기본권이 침해된 원인이 되는 공권력의 행사 또는 불행사에 대해 직권으로 조사하고 판단해야 한다. 즉, 헌법소원의 심리에는 당사자의 변론주의가 적용되지 않고 직권주의가 적용된다.[290] 청구인이 규범통제형 헌법소원의 형식으로 청구하였으나 헌법재판소가 직권으로 권리통제형 헌법소원으로 변경하여 판단할 수 있고, 그 반대의 경우도 가능하다.[291]

헌법재판소는 피청구인에 대해서도 직권으로 조사하여 특정하고, 심판대상도 축소, 확장, 변경하여 조정하기도 한다. 본안판단을 할 때에도 청구인의 주장에 구애되지 않고 모든 기본권조항을 심사기준으로 삼을 수 있다. 헌법재판소는 공권력의 행사가 기본권을 침해하였는지를 심판하면서 헌법원리를 위반하였는지에 대해서도 함께 판단할 수 있지만, 기본권 침해와 별도로 헌법원

287) 헌법재판소법 제72조 제4항.
288) 헌법재판소법 제73조.
289) 헌법재판소법 제74조 제1항.
290) 1993. 5. 13. 91헌마190.
291) 2008. 10. 30. 2006헌마447.

리를 위반하였다는 이유만으로는 인용결정을 할 수는 없다.[292] 청구인 역시 헌법원리를 위반하였다는 이유만으로는 헌법소원을 청구할 수 없다.

제6절 종국결정

1. 유형

(1) 심판절차종료선언결정

심판절차종료선언은 심판절차의 종료 여부가 불명확한 경우에 절차의 종료를 명확하게 확인하는 결정이다. 헌법소원의 심판절차를 종료하는 때에는 주문에서 "…로 심판절차는 종료되었다"라고 표현한다. 헌법소원에서 청구인이 심판청구를 취하하거나 사망한 경우에 심판절차종료선언을 한다.

헌법소원에는 민사소송법을 준용하여 심판청구의 취하가 인정된다. 헌법소원의 청구를 취하하는 것은 청구인이 헌법소원의 심판청구를 철회하여 심판절차의 계속을 소멸시키는 소송행위이다. 헌법소원의 청구인이 청구를 취하한 경우에는 헌법소원의 적법요건을 갖추고 있는지 여부나 청구가 이유 있는지 여부를 판단하지 않고 심판절차종료를 선언하는 결정을 한다. 이때에도 피청구인이 본안에 응소한 경우에는 피청구인의 동의를 받아야 한다. 청구인이 헌법소원청구를 취하한 경우에 헌법재판소는 심판절차를 종료하고 심판절차종료선언을 주문으로 표시한다. 헌법소원의 심판절차가 진행 중 청구인이 사망한 경우 재판을 수계할 당사자가 없거나 수계의사가 없는 경우에도 심판절차종료결정을 한다.

헌법재판소는 헌법소원의 심판청구가 취하된 경우에는 위헌상태가 반복될 위험이 있거나 헌법질서의 수호를 위해 헌법적 해명이 긴요하다고 하더라도 민사소송법을 준용하여 심판절차종료선언을 해야 한다고 판단하였다.[293] 하지만, 청구인이 사망한 경우에는 기본권이 일신전속적인 경우에는 수계가 불가능하므로 심판절차종료선언을 해야 한다고 하면서도 기본권 침해행위가 반복될 위험성이 있거나 헌법적 해명이 긴요하고, 청구인이 심판대상인 기본권 침해행위

292) 2009. 11. 26. 2008헌마711.

293) 2005. 2. 15. 2004헌마911.

로 인하여 사망한 경우에는 예외적으로 심판이익이 인정되므로 심판절차를 종료하지 않고 본안판단을 할 수 있다고 판단한 적이 있다.[294] 한편, 청구인이 심판청구를 취하한 경우에 이미 수차례의 평의를 거쳐 실체적인 심리를 사실상 종결하여 더 이상 심리가 필요하지 아니한 단계에 이르렀다고 하더라도 심판절차종료선언을 하면서 헌법재판소와 법원의 지위 및 권한배분에 관한 중요한 헌법적 쟁점에 대한 평결과 그 이유를 설시한 적도 있다.[295]

헌법재판소는 심판절차종료선언에 있어서 그 사유의 인정범위에 대해 일관되지 못한 태도를 보이고 있다. 헌법소원에서 심판청구가 취하되거나 청구인이 사망하고 소송수계가 허용되지 않을 때에는 이미 종국결정을 할 수 있을 정도로 사건이 성숙되었다거나 기본권 침해행위가 반복될 위험성이 있거나 헌법적 해명이 긴요하다는 이유로 본안판단을 하는 것은 바람직하지 않다. 이때에는 심판절차종료선언을 하는 것이 타당하다.

(2) 각하결정

헌법소원의 청구가 적법요건을 갖추지 못한 경우에는 각하결정을 한다. 헌법소원을 각하하는 경우에는 주문에서 "…각하한다"라고 표현한다. 각하결정은 전원재판부와 지정재판부에서 할 수 있다. 다만, 지정재판부가 적법요건을 사전적으로 심사하여 각하결정을 할 경우에는 재판관 3인의 전원일치로만 가능하다. 지정재판부가 각하결정을 하거나 심판회부결정을 한 때에는 그 결정일부터 14일 이내에 청구인 또는 그 대리인 및 피청구인에게 그 사실을 통지해야 한다.

각하결정의 사유로는 당사자능력이나 당사자적격이 없는 경우, 법원의 재판과 같이 심판대상이 아닌 사항에 대해 청구된 경우, 기본권 침해의 가능성과 관련하여 자기관련성, 직접성, 현재성이 없는 경우, 심판이익이 없는 경우, 보충성을 위배한 경우, 청구기간이 지난 경우, 변호사를 대리인으로 선임하지 않고 청구한 경우를 들 수 있다. 헌법소원의 청구가 부적법하고 그 흠결을 보정할 수 없으면 각하결정을 하고, 각하결정에 대해서는 적법요건의 흠결을 보정하지 않는 한 불복신청을 할 수 없다.

---

294) 2020. 4. 23. 2015헌마1149.

295) 2003. 2. 11. 2001헌마386.

(3) 기각결정

헌법소원의 청구가 이유 없을 때에는 기각결정을 한다. 즉, 공권력의 행사 또는 불행사로 인하여 기본권이 침해되지 않았다고 판단한 경우에는 청구인의 주장을 배척하여 기각결정을 한다. 이때에는 주문에서 "…기각한다"라고 표현한다.

(4) 인용결정

헌법소원의 청구가 이유 있을 때, 즉, 공권력의 행사 또는 불행사로 헌법상 기본권이 침해되었다고 판단한 경우에는 인용결정을 한다. 인용결정을 할 때에는 재판관 6인 이상의 찬성이 있어야 한다. 헌법소원을 인용할 때에는 주문에 따라 취소결정을 하는 경우에는 "…(공권력의 행사)를 취소한다"라고 결정하고, 위헌확인결정을 하는 경우에는 "…(공권력의 행사 또는 불행사)는 헌법에 위반됨을 확인한다"라고 표현한다.

헌법소원에서 인용결정을 할 때에는 인용결정서의 주문에 침해된 기본권과 침해의 원인이 된 공권력의 행사 또는 불행사를 특정해야 한다.[296] 헌법재판소는 법령에 대한 헌법소원을 인용하는 경우에는 침해된 기본권을 특정하지 않는 경우가 많다.[297] 또한, 공권력의 불행사에 대한 헌법소원을 인용하는 경우에도 공권력의 불행사는 특정하면서도 침해된 기본권을 특정하지는 않는다.[298] 이는 헌법소원이 객관소송의 성격을 갖는다는 것을 반영하여 공권력의 행사 또는 불행사가 위헌이라는 것이 보다 중요하다고 판단하고, 법령에 대한 헌법소원을 인용하는 결정은 위헌법률심판의 위헌결정과 동일한 효력을 갖는다는 것을 고려한 것으로 이해된다. 하지만, 헌법소원은 기본권의 침해를 구제하는 것이므로 공권력의 행사 또는 불행사로 인하여 침해되는 기본권을 특정하는 것이 타당하다.[299]

296) 헌법재판소법 제75조 제2항.
297) 1991. 3. 11. 91헌마21.
298) 2011. 8. 30. 2006헌마788.
299) 김하열, 헌법소송법, 593~594면; 정종섭, 헌법소송법, 734면.

2. 효력

헌법소원의 종국결정은 일사부재리를 근거로 불가변력, 불가쟁력, 기판력을 가지며, 선례구속력도 가진다. 이는 각하결정은 물론 본안판단에서 기각결정과 인용결정한 경우에도 마찬가지이고, 공권력의 행사 또는 불행사의 근거가 되는 법률에 대해 위헌선고를 한 경우에도 동일하다.

헌법소원에서 심판과 주문유형에 따라 개별적 효력이 인정된다. 즉, 헌법소원의 인용결정은 모든 국가기관과 지방자치단체에게 기속력이 미치고, 취소결정을 하거나 위헌확인결정을 하면 그 결정에 따라 법적 효과가 부여되는 형성력이 발생한다. 헌법소원을 인용하면서 부수적 위헌선고를 한 경우나 법령에 대한 헌법소원이 인용된 경우에는 법률에 대한 위헌결정과 동일하게 기속력과 법규적 효력이 발생한다.

3. 인용결정의 효력

(1) 취소결정

헌법재판소는 헌법소원을 인용할 때에는 기본권 침해의 원인이 된 공권력의 행사를 취소할 수 있다.[300] 헌법재판소는 공권력의 행사가 기본권을 침해하였다는 것을 확인할 뿐만 아니라 나아가 기본권을 침해한 개별적이고 구체적인 공권력의 행사를 직접 취소할 수 있도록 한 것이다. 취소결정은 그 자체로 형성력을 가지고 있어서 공권력의 행사는 취소되고 공권력의 법적 효력을 소급적으로 소멸시킨다.[301] 취소결정은 당사자에 국한되지 않고 대세적으로 효력을 미치며, 그 법적 효과를 부인하는 국가작용은 무효가 된다. 취소결정은 인용결정에 해당하므로 기속력을 가지며, 국가기관과 지방자치단체는 취소결정에 위반되는 행위를 해서는 안 되고, 공권력의 위헌성을 제거해야 할 의무를 부담한다.

헌법재판소는 예외적으로 법원의 재판을 취소할 수도 있다. 즉, 법원이 헌법재판소에 의해 위헌결정된 법률을 적용한 재판에 대해서는 헌법소원을 청구할 수 있고, 이때 헌법소원에 대해 인용결정을 할 경우에는 그 재판을 취소할

300) 헌법재판소법 제75조 제3항.

301) 김하열, 헌법소송법, 587면.

수 있다. 이때에는 그 재판의 효력이 상실하므로 법원은 다시 재판해야 하고, 그 재판에서 소송의 대상이 된 원행정처분도 취소할 수 있다.

헌법재판소는 침해의 원인이 된 개별적인 공권력의 행사에 대해 무효확인결정을 할 수 있을까. 권한쟁의심판에서는 처분에 대해 무효확인결정을 할 수 있다고 규정하지만, 헌법소원에 대해서는 아무런 규정이 없다. 이론적으로는 헌법소원에서 준용되는 행정소송법은 무효확인소송을 인정하므로 헌법소원에서도 그 하자가 중대하고 명백한 경우에는 무효확인결정을 할 수 있다고 해석할 수 있다. 하지만, 헌법소원에서는 무효와 취소를 구별하지 않고 동일한 청구기간을 적용하고 그 효과도 차이가 없어 무효와 취소를 구별할 실익이 없다. 헌법재판소도 무효확인결정을 하지 않고 있다.

(2) 위헌확인결정

헌법재판소는 헌법소원을 인용하면서 기본권 침해의 원인이 된 공권력의 불행사가 위헌임을 확인할 수도 있다. 공권력의 불행사에 대해 인용결정을 하더라도 취소할 대상이 없으므로 위헌확인을 선언하도록 한 것이다.[302] 헌법재판소가 공권력의 불행사에 대한 헌법소원을 인용하는 결정을 한 때에는 피청구인은 결정취지에 따라 새로운 처분을 해야 한다.[303] 이때 새로운 처분에는 입법작용도 포함되므로 입법부작위에 대해 위헌확인결정을 한 경우에는 국회가 입법의무를 부담한다. 헌법재판소는 헌법소원을 인용하여 검사의 불기소처분을 취소하였는데도 검사가 인용결정의 취지를 무시하고 충분히 수사를 하지 않고 다시 불기소처분을 내린 것을 취소한 적이 있다.[304]

공권력의 불행사나 거부처분에 대해 인용결정에 따라 위헌확인결정이 선고된 경우에는 적극적인 입법이나 처분을 해야 할 의무를 부담한다. 만약, 이러한 의무를 이행하지 않은 경우에는 어떻게 할까. 헌법소원에서는 행정소송법을 준용하는데, 행정청이 거부처분을 취소하는 판결의 취지에 따라 처분을 하지 않은 경우에는 제1심 수소법원은 당사자의 신청에 의하여 결정으로써 상당한 기간을 정하고 행정청이 그 기간 내에 이행하지 아니하는 때에는 그 지연기간에 따라 일정한 배상을 할 것을 명하거나 즉시 손해배상을 할 것을 명할 수 있

---

302) 2018. 5. 31. 2016헌마626.

303) 헌법재판소법 제75조 제4항.

304) 2011. 3. 31. 2010헌마312.

다.[305] 헌법소원에서도 이러한 간접강제를 준용할 수 있다.

헌법재판소는 공권력의 불행사뿐만 아니라 공권력에 의한 기본권 침해행위가 이미 종료되어 취소할 대상이 없어진 경우에도 위헌확인결정을 한다. 기본권 침해행위가 앞으로 반복될 위험성이 있거나 헌법적 해명이 긴요한 경우에는 공권력 행사가 위헌임을 확인하는 결정을 할 수 있다.[306] 헌법소원의 인용결정은 기속력을 가지므로 모든 국가기관과 지방자치단체는 이를 존중하여 그 결정에 따라야 한다. 즉, 종국결정의 내용과 모순되거나 종국결정에서 금지한 내용으로 권한을 행사해서는 안 되고, 자신의 권한의 범위에서는 종국결정을 통해 위헌으로 확인된 공권력의 행사로 인하여 초래된 결과를 제거해야 한다.

(3) 부수적 위헌선고

헌법재판소는 공권력의 행사 또는 불행사가 위헌인 법률 또는 법률의 조항에 기인한 것이라고 인정될 때에는 인용결정에서 당해 법률 또는 법률의 조항이 위헌임을 선고할 수 있다.[307] 이때 법률에는 형식적 법률뿐만 아니라 행정입법 등 하위규범도 포함된다. 이는 헌법소원의 객관소송의 성격을 반영하여 법질서의 통일을 기하고, 헌법적 쟁점을 명확하게 해명하여 기본권 침해가 반복되는 것을 예방하고 소송경제에도 기여하기 위한 것이다.

헌법재판소는 직권으로 그 재량적 판단에 따라 부수적 위헌선고를 할 수 있고, 당사자에게는 이를 청구할 권리가 없다. 당사자가 청구하더라도 이는 헌법재판소의 직권발동을 촉구하는 의미를 가질 뿐이다. 헌법재판소는 공권력의 행사 또는 불행사에 대한 심판에 부수하여 위헌결정을 선고할 수 있고, 헌법불합치와 한정위헌결정과 같은 변형결정을 선고할 수도 있다.[308] 헌법재판소법은 이러한 부수적 위헌선고에 대해서도 위헌법률심판에 적용되는 제45조(위헌결정)와 제47조(위헌결정의 효력)를 준용한다고 규정한다. 헌법재판소는 부수적 위헌선고를 통해 위헌결정의 범위를 확장할 수 있고, 그 인용결정은 기속력과 법규적 효력을 갖는다. 형벌조항에 대해 위헌결정을 하는 경우에는 그 법률조항을 적용한 형사재판에 대해서는 재심이 인정된다.

---

305) 행정소송법 제34조 제1항.

306) 2017. 11. 30. 2016헌마503.

307) 헌법재판소법 제75조 제5항.

308) 1995. 7. 21. 92헌마144.

헌법재판소는 특정한 법률조항에 대해 위헌결정을 할 경우 위헌법률심판으로 제청되지 않은 법률조항이나 위헌결정하는 법률조항과 밀접한 관련이 있어 합헌으로 남아 있는 법률조항만으로는 법적으로 독립된 의미를 갖지 못할 때에도 그 법률조항에 대해서 위헌선언을 할 수 있다. 이를 '부수적 위헌선언'이라고 하는데, 이는 공권력의 행사 또는 불행사의 근거가 되는 법률조항에 대한 '부수적 위헌선고'와는 다르다.

4. 법령에 대한 헌법소원의 경우

(1) 인용결정의 형식

법령에 대한 헌법소원은 실질적으로 규범통제의 기능을 하므로 그 인용결정의 유형과 효력도 위헌법률심판과 유사하다. 법령에 대한 헌법소원에서도 심판절차종료선언과 각하결정을 할 수 있고, 본안판단에서 기각할 경우에는 위헌법률심판과 같이 합헌결정을 하지 않고 기각결정을 한다.[309] 이는 법률뿐만 아니라 시행령과 같은 하위규범에 대한 헌법소원에서도 마찬가지이다.

법령에 대한 헌법소원을 인용할 때에는 공권력의 행사에 대해 취소결정을 하거나 불행사에 대해 위헌확인결정을 선고하지 않고, 위헌결정이나 헌법불합치결정과 한정위헌과 같은 변형결정을 선고한다. 이는 법령에 대한 헌법소원이 실질적으로 규범통제의 기능을 하는 것을 고려한 것이다.

(2) 기속력과 법규적 효력

법령에 대한 헌법소원의 인용결정은 기속력과 법규적 효력을 갖는가. 헌법재판소법은 규범통제형 헌법소원을 인용할 때와 위헌적 공권력 행사의 근거법률에 대해 부수적으로 위헌선고를 할 때 제45조(위헌결정)와 제47조(위헌결정의 효력)를 준용한다고 규정한다.[310] 하지만, 법령에 대한 권리구제형 헌법소원에 대해서는 제45조와 제47조를 준용할 수 있는 근거를 규정하지 않고 있다. 법령에 대한 헌법소원이 객관소송으로서 규범통제의 역할을 한다는 것을 고려할 때 법령에 대한 헌법소원에 대해서도 위헌법률심판에 관한 헌법재판소법 제45조와

309) 2009. 11. 26. 2008헌마114.

310) 헌법재판소법 제75조 제6항.

제47조를 준용하는 것이 타당하다. 헌법재판소법을 개정하여 이 경우에도 제45조와 제47조를 준용하도록 명시적으로 규정하는 것이 바람직하다.[311)]

법령에 대한 헌법소원에서 인용결정과 변형결정은 위헌성을 확인하는 범위에서 기속력을 갖는다. 권리구제형 헌법소원에서는 법원에 재판이 계속되는 것이 아니어서 법원이 구체적 사건의 재판에서 이를 확인할 수는 없고 위헌결정된 법령의 집행을 주관하는 국가기관이 이를 실행해야 한다. 즉, 헌법재판소법 제47조 제1항에 따라 국가기관은 위헌결정의 기속을 받으므로 그와 모순되는 내용으로 권한행사를 해서는 안 되고, 위헌으로 확인된 공권력 행사로 인하여 초래된 법적·사실적 결과를 제거할 의무가 있다.

법령에 대한 헌법소원에서 위헌결정된 법률은 그 결정이 있는 날부터 효력을 상실하는 법규적 효력을 갖는다. 법령에 대한 헌법소원의 인용결정이 법규적 효력을 가질 경우에 위헌법률심판의 위헌결정과 마찬가지로 소급효가 제한될까. 권리구제형 헌법소원은 기본권 침해로부터 개인의 권리를 구제하는 헌법재판이고 법령에 대한 헌법소원에서의 인용결정은 위헌결정과 동일한 효과가 발생한다.

법령에 대한 헌법소원의 인용결정에 장래효만 인정하게 되면 권리구제의 실효성이 없어진다. 따라서 최소한 인용결정의 계기를 부여한 당해사건에 대해서는 소급효를 인정해야 한다. 하지만, 재판의 전제성이 없어 구체적인 사건이 계속되는 것이 아니므로 헌법소원을 청구하지 않는 다른 사건에 소급효를 미치게 할 여지가 없다. 이들에게도 위헌결정의 소급효를 인정하게 되면 법률이 허용하지 않는 대표당사자소송을 인정하는 결과가 되기 때문이다.

(3) 하위법령에 대한 변형결정

법령에 대한 헌법소원은 법률뿐만 아니라 명령 등 하위규범도 심판대상이 되므로 그에 대해 위헌결정이 있으면 법규적 효력이 미쳐 그 효력을 상실하게 된다. 명령과 규칙에 대해서도 헌법불합치결정을 할 수 있을까. 명령·규칙은 법률과 달리 국회의 독점적 권한이 아니고, 국가기관이 헌법과 법률의 범위 안에서만 자신의 권한의 범위에서 제정할 수 있으며, 순수한 입법이 아니라 집행작용으로서의 성격을 함께 갖는다. 이러한 특징으로 인하여 명령과 규칙에 대해서는 단순위헌결정을 통해 입법개선의무를 부과할 수 있으므로 헌법불합치

311) 김하열, 헌법소송법, 590면.

결정을 인정할 실익이 없다는 견해가 있다.[312)]

명령·규칙은 법률과 비교하여 그 입법형성권의 범위가 좁고, 헌법불합치결정을 필요로 하는 사유가 제한적일 수 있다. 하지만, 명령·규칙이 법률과 다른 특징은 상대적이며, 법규범으로서 성격을 가지므로 국가기관은 그 권한범위 내에서 입법형성권을 가진다. 또한, 명령·규칙의 위헌성이 확인되더라도 단순히 위헌결정을 하는 것보다 법적 안정성이나 형평성을 기하기 위해 그 명령·규칙 자체의 효력을 그대로 유지할 필요가 있는 경우도 있다. 따라서 명령·규칙에 대해서도 헌법불합치결정을 할 수 있다.

헌법재판소는 행정입법과 자치입법에 대한 헌법소원에서 헌법불합치결정을 하면서 잠정적용을 명한 적이 있다.[313)] 근거법률과 함께 시행령에 대해 헌법불합치결정을 한 적이 있고,[314)] 법률조항과 상관없이 시행령조항에 대해서만 헌법불합치결정을 한 적도 있다.[315)] 다만, 명령·규칙은 법률에 비해 그 필요성이 인정될 가능성과 범위가 매우 협소하므로 이를 고려하여 엄격한 요건에 따라 필요한 경우에만 인정되어야 한다.

312) 허완중, 헌법소송법, 256~261면.

313) 2015. 10. 21. 2013헌마757.

314) 2008. 11. 27. 2006헌마352.

315) 2012. 5. 31. 2010헌마278.

사항색인

[ㅊ]

[ㅌ]

저자약력

서울대학교 법과대학(학사, 석사, 박사)
서울중앙지방검찰청 등 검사
독일 베를린자유대학 연수
독일 연방헌법재판소 연수
일본 나고야대학교 방문교수
서울대학교 법학전문대학원 교수

헌법재판강의

초판발행 2022년 2월 10일

지은이 이효원
펴낸이 안종만 · 안상준

편 집 김선민
기획/마케팅 조성호
표지디자인 이영경
제 작 고철민 · 조영환

펴낸곳 (주) 박영사
서울특별시 금천구 가산디지털2로 53, 210호(가산동, 한라시그마밸리)
등록 1959. 3. 11. 제300-1959-1호(倫)
전 화 02)733-6771
f a x 02)736-4818
e-mail pys@pybook.co.kr
homepage www.pybook.co.kr
ISBN 979-11-303-4077-7 93360

정 가 32,000원